投資社会の勃興

財政金融革命の波及とイギリス

Yuichiro Sakamoto
坂本優一郎【著】

名古屋大学出版会

投資社会の勃興　目　次

第II部　投資社会の形成

第III部　文化と投資社会

第IV部　投資社会の拡大と経済

序　章　「投資社会」論へ向けて

はじめに――「公信用」と「イングランド財政金融革命」

まず、同時代人の言葉を紹介しよう。

ヨーロッパ諸国において、商業で身を立てている人びとの繁栄は、つねに公信用がどれだけ健全であるかに左右される。それは、土地を所有する人びとの繁栄についても同じである。〔中略〕国家の信用と相互の信頼を高めることは、まさに国民の利益である。これを首尾よく実現するただひとつの手段とは、国家の名誉と誠実を維持することである。(1)

これは、一八世紀イギリスの時論家であるマラシ・ポスルスウェイト（一七〇七～一七六七）の言葉である。時は、アメリカ独立戦争勃発直前の一七七四年、つまり七年戦争（一七五六～六三年）の大勝利で完成した旧帝国体制が絶頂を極め、落日へとその一歩を踏み出す寸前である。死後に出版された著名な『万国商業事典』（第四版）の大項目「公信用」（Public Credit）で、ポスルスウェイトはこう説明した。公信用、すなわち国家の信用の適切な確立こそが、国際貿易あるいは国内交易にかぎらず、経済のあらゆる分野の繁栄に必須である、と。公信用の効用を前面に押し出すポスルスウェイトのこの言説には、当時、読者から少々の反発があったかもしれない。しかしそれは、常識とまではいかないにしても、同時代の人びとには世上よく説かれる類の言説として受けとめられたに違いない。

さて、時をさかのぼり、彼の見解が仮にその五〇年前に発せられたとしよう。ポスルスウェイトの言葉はおそらく、きわめて強く党派性を帯びた特定の政治的な傾向をもつプロパガンダとして身構えて受けとめられたことであろう。あるいは、政治には直接的な関心がなくても、その数年前に起こった大事件——同時代人からは「スキーム」と呼ばれ、後世の人びとからは「バブル」と呼ばれた——の記憶が生々しい人びとから、批判の標的とされたかもしれない。

では、さらに五〇年さかのぼって、名誉革命体制が樹立される一〇年以上前ではどうであっただろうか。そこでは、カネに窮した国王チャールズ二世が債務不履行に陥ったという話は耳にしても、ポスルスウェイトの言葉を完璧に理解できた人物は、ほとんど存在しなかったに違いない。なぜなら、公信用なる概念の萌芽はその当時のイングランドにも存在したが、公信用への認識はポスルスウェイトの言葉が発せられるほど成熟したものではなかったからだ。

この百年間にいったい何が起こったのであろうか。国王個人への信用ではなく、国家への信用、すなわち公信用が確立し、さらに公信用を中核とする信用体系が編成されることで、公信用が経済だけではなく政治や社会のありかたにも決定的な影響をおよぼすようになったのだ。それは、近代史上特筆に値する出来事であり、実は現在の私たちもまた、そこで作り上げられた枠組みのなかで生きている。イングランドを例にとると、一六八八〜八九年のいわゆる名誉革命体制の成立後、国王は議会に租税の徴収や債券の発行の承認を得た後に初めて国王大権を行使し、戦争を紛争解決の手段として用いることが可能となった。名誉革命時にオランダから迎えられたウィリアム三世とメアリ二世の政府は、租税のみでは戦費が不足するなか、議会で認められた特定の税を利払い源に設定して戦費を借り入れた。一六九三年一月二六日に国王から裁可を受けたのは、ビール、リンゴ酢、および外国から輸入されたビール、リンゴ酒、ブランデーにかかるエクサイズ（内国消費税）を利払い税源とした一〇万八一〇〇ポンドの「トンチン」による年利一〇％（七年後に七％に低利転換）という借り入れによる戦費調達であった。トンチン式（詳細は第6章で論じる）での借り入れでは通常、出資時に登録された名義人＝被保険者が存命のかぎり、利払い＝「年金」を支払い続けなければならない。それゆえ、イングランドの酒飲みたちに課せられた税は、国王裁可の前日にはじまり当時では「無限」の意と解された九九年間という長期にわたり年金として支払われ続けると法で明記された――どうやら名義人が百年生きることは想定外だったようだ。こうしてイングランドで史上初めての「公債」が起債された。その百数十年後には世界に「コンソル」の名で不朽の名声を誇ることになるイギリス政府公債が誕生したのである。

翌年の一六九四年には民間の出資者からなる株式銀行のイングランド銀行が創立され、特権と引き換えに政府に融資を行い、短期的な政府債務（短期債）を引き受け、公債に関わる管理事務を国家に代わり取り扱うこととなった。以後、議会で議決される租税を担保に長期債が発行され、イングランド銀行がそれを管理するというシステムが確立される。その過程で、政府公債の金利は一七世紀末の一〇％から、一八世紀前半中にはヨーロッパでも最低水準のオランダに匹敵する三％程度にまで低下していった。ピーター・ディクソンは、一七五〇年代のいわゆるコンソル債の誕生にいたる一連の公信用の制度的な革新を「イングランド財政金融革命」と名づけた。[2] 一七世紀末から一九世紀初めにかけての約一二〇年間、イギリスは主にフランス、スペイン、アメリカ、そしてまれにオランダと断続的に戦うが、戦費の大部分はディクソンのいうイングランド財政金融革命の成果によって調達できたのである。イングランド財政金融革命によって、戦費の安価で効率的な調達を達成したイギリス国家は、公信用の維持を可能にした効率的な徴税機構を発達させ、いわゆる「財政＝軍事国家」（ジョン・ブルーア）となっていった。[3] こうして戦争でフランスを破ったイギリスは、一九世紀から二〇世紀初めにかけてヘゲモニーを握るにいたる。

研究史と論点

一九六七年に発表されたイングランド財政金融革命論によって、イングランドで公信用制度と公債の流動性を保証する資本市場が発展した実態が明らかとなった。これらの独特な歴史的経験は研究者たちの関心を引きつけ、これまで関連する諸領域で多くの成果が世に問われている。ここでは本書に直接関係する研究に絞り、それらを簡単に要約しよう。

まず、公債の制度的な発展については、古くはエリック・ハーグリーヴズの古典的な成果がある。[4] これは公債の歴史をその制度に注目しつつ発展史として描く研究である。一九六〇年代に生まれたディクソンの研究もまた、枠組みとしてはハーグリーヴズの系譜に属すものとして位置づけることが可能だ。しかし、ハーグリーヴズがあくまで「通史」を目的とするのに対して、ディクソンの研究は黎明期のイギリス公信用制度史に焦点を絞っている。その結果、イギリス公債史でも最も重要な一七世紀末から一八世紀前半の叙述としては、ハーグリーヴズをはるかに凌ぐ金字塔的な研究となった。ヘンリ・ローズベアの研究は、ディクソンの研究で始点とされていた名誉革命以前にイングランド財政金融革命の淵源を探ろうとする。[5] 始点を前倒ししていくこうした近年の傾向を受けて、イングランド財政金融革命の金融的側面の定義を拡大しつつ、一七世紀初頭に起源を求める研究も現れはじめた。[6]

資本市場については、一九七〇年代から九〇年代初頭に計量的な研究が現れた。そこではエコノメトリクスの手法が用いられ、ロンドン資本市場の効率性が数量的に評価された。これらの研究に共通するのは、市場が効率的に機能していたかどうか、国家による巨大な資金需要が民間の経済成長の阻害要因となったか、つまり「クラウディング・アウト」が起こったか否か、という問題意識である。[7] その背景には、ニック・クラフツをはじめとする近代イギリスの経済成長率に関わる諸研究がちょうどこの前後に現れたこと、[8] ヴェトナム戦争以後の合衆国政府の財政支出とアメリカの経済成長の鈍化との関連性という経済学的な関心があったことがあげられる。

市場の存在を前提としてその機能を評価する視座に対し、一九九〇年頃より、市場そのものの形成要因に注目する新制度派的なアプローチが意識されるようになる。その嚆矢となったのは、新制度派経済学の主唱者のひとりでもあるダグラス・ノースとバリ・ワインガストによる記念碑的な研究である。[9] この研究で彼らは、国制の変革を伴った名誉革命の重要性を指摘する。すなわち、名誉革命によって確立された財産権が、資本市場の創出を決定的に導いたというのである。つまり、市場がいかに国制のありかたによって形成されるのか、という点を問題に取り上げたのだ。これらの背景には、冷戦の終焉に伴う東側諸国の体制の大転換と市場経済化という問題関心があったように思われる。また、ブルース・カラザーズはノースとワインガストの問題意識を受け継ぎ、両名の研究でも言及されたホイッグとトーリ間の党派抗争と資本市場のありかたとの関係をあらためて問う。[10] なお、ノース＝ワインガスト・テーゼについては最近、ジュリアン・ホピットによる批判が展開されている。[11]

その後、一九九〇年代後半から二〇〇〇年代にかけて、再度変化がみられた。資本市場の効率性や、その制度的形成よりも、市場で活動するミクロな個人の行動に焦点が移ってきている。[12] そこでは、とくに女性の存在に注目が寄せられ、たとえばラリー・ニールらの研究のように南海泡沫事件で女性投資家がどのような投資行動をとったのかという点が具体的に追究される。つまり、これまで市場分析と制度分析で「合計数」として匿名化されていた個人が前面に出てきているのである。

ここで現れたのが、アン・マーフィの研究である。彼女もまた一六九〇年代のイングランド財政金融革命の黎明期における個人の投資行動を追跡することから研究を開始したが、その後視野を一六八〇年代にも広げ、ディクソンやノースとワインガストの研究を批判する。すなわち、イングランド財政金融革命論や新制度派経済学のアプローチで主張されるように、証券を取引する資本市場は、名誉革命によって、つまり国制の転換によって生まれたわけではない。名誉革命前の一六八〇年代にも証券を取引するという徴候はみられる。そのため、ノースとワインガストらがいうような財産権の法的制度的確立は資本市場生成のための必要条件としては認められないというのである。また、イギリスの公債システムはオランダからウィリアム三世を迎えるとともに導入されたオランダ起源のシステムとしてこれまで理解されてきたが、[13]マーフィはこれも批判する。すなわち、一六八〇年代の早期の資本市場の存在はオランダとは関係なくイングランドで独自に市場が発展を遂げてきたことを意味し、また、イングランド銀行は振替業務が中心のアムステルダム振替銀行と機能が異なると主張する。そのうえでマーフィは、イングランド財政金融革命が社会に与えた衝撃に焦点をあてる。具体的には草創期の投資行動のありかたを追跡することによって、人びとが初めて目にする「革命」にどのように対処し、また、それをどう利用したのかという点を、「顔のみえる個人」の経験にもとづいて明らかにしようとする。[14]つまりマーフィーは視点を市場から社会へと移動させたといえる。

古典的な制度史、市場の効率性分析、市場の構成要因分析、市場のミクロな具体的様相の分析と、イングランド財政金融革命論を起点として関連する研究領域が開拓され、各研究が進展してきたことが理解できる。とくに注目したいのは、公信用の生成や発展が社会に与えたインパクトに注目するマーフィのような視点の出現である。それは、研究の対象空間が、国家や狭義の市場から社会へと拡大してきていることを示唆する。

しかし、このような研究の蓄積にもかかわらず、重要な欠落も指摘できる。ここでは論点を三つに絞る。

第一の問題は、対象となる時間の枠組みである。さきにみたようにイングランド財政金融革命の起源を前倒していく研究傾向を認めることはできるが、イングランド財政金融革命がはじまった一六九〇年代から一七二〇年まで、すなわち激しい党派抗争が起こった一七世紀末や、とくに一八世紀初頭のいわゆるオーガスタン期に、多くの研究が集中している。これらの研究では、イングランド財政金融革命の初期衝撃が主題とされている。また、一七二〇年の南海泡沫事件については、歴史的に著名な単独テーマとして、イングランド財政金融革命論とは切り離された大量の研究がみられる。しかし、南海泡沫事件後の一七三〇年代となると、研究は格段に少なくなる。とくに一七五〇年代以降、ようするにイングランド財政金融革命「完了」後の一八世紀後半から一九世紀初めにかけては、具体的な研究をみつけることさえ難しくなってしまう。[15] しかし、この時期は非常に重要な意味をもつ。とくに、大戦争となった七年戦争で英仏の勝敗を分けたのは、まさにイギリスの公信用の運用能力であった。また、その結果、人びとがこれまでみたこともないような国家債務の山が残された。この巨大な債務の債権者はほかでもなく社会の人びとであった。たしかにマーフィのいうように、イングランド財政金融革命の初期衝撃は、それが人びとにとって未知のものであったがゆえに、研究対象としてふさわしい。しかし、マーフィの扱う時代と比較にならない公債残高の山を吸収したのは、ほかならぬ同じ社会であった。その社会に対する公信用拡大の衝撃はどのようなものとして評価できるのであろうか。七年戦争の公信用がもたらしたインパクトは、イギリス帝国の再編――合衆国の独立――や、アンシャン・レジームの崩壊――フランス革命――につながり、近世末期の国際的な政治空間の変容を促進した。しかし、それだけではない。それは、人びとの投資行動のみならず、国家の信用に対する見方も一変させるとともに、科学による合理的な投資を促進していく大きな契機にもなったのである。

第二の問題は、空間の枠組みである。マーフィの研究を含めて大部分の研究に指摘できるのは、対象となる空間をイングランドに限定する視線である。たしかに一九四〇年代から五〇年代にかけて、チャールズ・ヘンリ・ウィルソンやアリス・カーターらは、オランダの重要性に特別の注意を払っている。[16] また、ディクソンのイングランド財政金融革命論でも、外国人公債保有者の存在に一章が割かれており、読者に特段の留意を促している。初期の資本市場研究でも、オランダ市場との連動性が明確に意識されており、政治的な境界を越えた市場の広がりが研究の前提とされていた。しかし、研究が市場の政治的な構成要素を注視するようになると、制度の形成促進要因として国内政治が前面に出てくる。それが党派抗争という具体的な政治行動に翻訳されてしまうと、オランダをはじめとする国外の要素は、どこかに雲散霧消するのである。もしくは、前倒しされていく始点をめぐり、「国産要素」を発見するという研究視角の陥穽も指摘できる。しかし、経済的な事象が政治的国境の内側にあたかも缶詰のように押し込まれて完結しているというのは、研究者の、あるいはディシプリンの制約が生み出した幻想にすぎない。また、政治的な境界を「ブリテン」や「帝国」に拡大しても、それは境界を変更したにすぎず問題の根本的な解決をもたらすわけではない。近年アイルランドの存在を重視した財政金融革命研究も出てきている。[17] しかし、例外なくすべての研究にいえるのは、因習的な本国と植民地関係を空間的な枠組みとし、時間的な枠組みは長くて一七六〇年までである。そのうえで、取り上げられる対象が「スウィフト」、要するにホイッグ—トーリ関係であったりする。イングランドを対象とした研究がそのまま——「問題点」とともに——アイルランドで再生産されているのである。このように、政治的な境界を前提としてその内部にイングランド財政金融革命をみるのではなく、逆にイングランド財政金融革命から政治的な境界の意味を問うべきである。[18]

第三の問題は、研究の対象である。これまで言及してきた研究の大部分が、イギリス政府公債とそれに準じる特権会社の証券に対象を限定している。いいかえると、イングランド財政金融革命を、公信用の枠内に限定するのである。B・L・アンダーソンによる「一八世紀の財政金融革命の地方的側面」の後、[19] 公信用と他の証券との関係は、長期間にわたり本格的に取り上げられることはなかった。しかし、一八世紀後半の人びとが保有していた証券は、けっしてイギリス政府公債に限定されるものではない。地方に住む政府公債保有者の保有財産を調べると、公債以外の証券、とくに運河、道路、街灯、橋梁、公園、上下水道、港湾といった社会的間接資本の構築に関係する証券の保有記録をしばしば目にする。また、集団でイギリス政府公債に投資しつつ、その利払い資金を、トンチンを組織して債券を発行し分配する例も、一八世紀末に増加する。つまり、一八世紀後半に生きていた人びとの立場でみれば、イギリス政府公債もその他の証券類も同じ投資対象であったのである。イギリス政府公債とこうした証券類とを、それぞれの関係を問いつつ、ひとつのパースペクティヴで同一地平線上にとらえる必要がある。

「投資社会」論

本書では、近世末期に誕生し現代まで拡大し続けているひとつの社会のありかたとして「(証券)投資社会」を提起し、イングランド財政金融革命論の可能性を開くことをめざす。投資社会とは何か。簡単にいえば、証券を売買し、保有し、利子や配当を得る行為が存在する社会のことをいう。こうした行為は近代社会の形成とともに人びとのあいだに定着していくため、投資社会の勃興は近代社会の形成にとって欠くことができない前提でもあった。

投資社会は以下の六つの要素からなる。第一に、個人が証券投資によってモネタリな関係をとり結ぶ。第二に、こうした個人の証券への投資をもとに政治・経済・社会上の諸制度（国家・株式会社・社会的間接資本・投資組合など）が構築される。第三に、事業設計や事業への投資は、学知が正しいと認めるかぎりにおいて、誰の目にも明らかなように「客観化」されるとともに専門家から評価され、貸し手、借り手、第三者に、予測可能性が付与される。第四に、証券への投資、あるいは一定の投資の様式が、社会的に承認される（投資と投機の峻別）。第五に、社会空間の構築や制度の設計・実施リスクが、「証券」を発行し、かつ、それに投資されることにより分散する。第六に、投資家がそのリスクを引き受け、リスク引き受けの対価として金銭的な利益、すなわち、利子や配当を得る。本書では、これらの要素がすべて、あるいはその多くがみられる社会を投資社会とみなす。

この概念の長所は、本書が課題とする三つの問題点を包括的に扱うことができる点にある。たとえば、論点のひとつの「対象」については、投資社会では証券の種別は問われない。人びとをモネタリに結びつけることができるという点では、イギリス政府公債も、フランス政府公債も、オランダ連合東インド会社株も、合衆国の「トンチン・コーヒーハウス」トンチンも、選ぶところはない。投資社会という枠組みを用いることで、これらをすべて同じ土俵に乗せることができるのだ。時間的な枠組みでは、イングランド財政金融革命は、たしかにきわめて重要な出来事ではあるが、あくまで投資社会における重要なエピソードのひとつとして位置づけられる。投資社会の空間的・社会的拡大に重要な役割を果したという点では、七年戦争もまた名誉革命とならぶ重要な事件として扱われる。さらに投資社会論において空間的な枠組みとなるのは、投資社会という無定形な空間である。既存の政治体、たとえば帝国、国家、植民地、都市自治体などは、あくまで投資社会という空間の内部に点在する政治的な空間にすぎない。ある政治体がひとたび投資社会空間に組み込まれるや、その政治体の存在はただちにその内部で政治体の公債価格すなわち金利として絶対的に表現され、かつ他の政治体とのあいだで公債価格によって相対的に評価される。投資対象となり数値化されて相対化された結果、それらは市場での評価を維持しなければならなくなるため、政治体や組織の凝集、すなわち政治体の境界内部における徴税能力や財務能力が強化されていく。財政金融革命下のイングランドも、七年戦争後の軍事費負担にあえぐアイルランドも、ジャック・ネッケルによる財政改革が試みられるフランスも、独立間もないハミルトン財政下の合衆国も、いずれも投資社会では、南海会社や「キュー橋トンチン」とともに、価格を添えて列挙される投資対象となる。投資対象となったがゆえに投資社会内の信用を得るため、財務の改善が図られ、さらにそれが投資社会の成員に公に説明できなければならないとされていく。この点で、投資社会空間はコス（ズ）モポリタン的な側面と政治的境界の明確化という側面が混在・共存するという、近世ヨーロッパの時代状況と親和的であるといえる。

ただし、注意しておかなければいけないのは、投資社会、あるいは投資そのものには、最終的に依拠することが可能な「安定した（と、多くの人びとが想定できる）基盤」が必要だということである。その安定的な基盤を提供したのが、国家であった。つまり、国家の信用である公信用こそが投資社会では相対的に最も安定している信用、もしくは、安定しているとみなされる信用でなければならなくなった。その結果、一般に市場経済における「信用」は金利で表現されるが、通常では一国の金利の体系、つまり信用の体系において、同条件下では国家の信用すなわち公信用が最も金利が低い、すなわち最も債務不履行の可能性が低く信用されることとなった。その場合、国家以外の組織に対する金利は、すべからく国家の金利にいわゆるリスクプレミアムを付して表現される。したがって、一般論として国家の金利が低位で安定すれば、その他の金利＝信用も通常であれば安定することになる。逆に公信用が安定しないと、当該国家の信用体系は不安定化する。本書が注目したいのは、この「国家が最も信用に足る存在である」という認識そのものが、歴史的にみればけっして与件ではなく自明なものでもない、という点である。それはあくまで、投資社会とともに歴史的に形成されてきた認識ではないだろうか。国家に対する信用認識の生成は、投資社会の勃興とその拡大に必要にして不可欠な最も重要な課題となったのである。

本書の構成

本書は、近世最末期に勃興した投資社会が近代社会の誕生といかに連関したのか、その具体的な様相を一八世紀後半から一九世紀初めにかけてのイギリスを中心に探る。原初期にこそ投資社会の根源的な原理の構築過程がみられるからである。その際、政治的な局面、社会的な局面、文化的な局面、経済的な局面の四局面をバランスよく配置し、これらの局面が相互に連関して勃興していく投資社会の相貌を可能なかぎり多面的に叙述したい。したがって、本書の構成は以下の四部構成となる。

第Ⅰ部では、投資社会の政治的な局面を扱う。具体的には、七年戦争期の公信用の生成過程を各年度の政府公債の起債の実態からとらえる。「ホイッグの優越」の下で、戦争資金を欲する中央政府、それに対抗して反政府の旗幟を鮮明にしていく都市自治体としてのロンドン・シティの人びと、国際的な金融ネットワークを稼働できるが、シティの支配者層とは政治的な対抗関係にあるコスモポリタンな外国人貿易商らが、相互にどのような関係を政治的にもつことで、公債の発行市場のありかたが規定されていくのか、その実態を検証していく。

第II部では、投資社会の社会的な局面を扱う。投資社会の構成員にはヨーロッパ商業社会の最上層に位置する大貿易商から労働者層の人びとまでが含まれる。本書では投資社会の最上層を形成した貿易商たちの経済基盤を構成した人的ネットワークの重層性を明らかにする。同時に、公債に投資した中・下層の人びとの実態を、公債流通ルートを特定しつつ具体的に描いていく。そのうえで、投資家たちが市場ではなく社会で保有する公債をどのような目的で購入・保有・売却したのか、つまり社会における証券類の存在意味を「公債の社会化」の観点から論じる。

第III部では、投資社会の文化的な局面を扱う。本書では、証券取引やそれに従事する人びとへの認識の変遷を明らかにすることで、証券取引が社会的に承認される過程や、正当とされる証券取引のありかたの確立について、文化史的な手法を用いて迫る。また、証券取引を合理的＝科学的にとらえようとする動きも同時代に現れる。そこで本書では、「アニュイティ」という年金の形態で発行された政府公債や各種債券が存在したことに注目し、人びとの生命の長さと債券価格の関係を合理的にとらえようとした人びとの営為を追跡したい。さらに、科学が貸し手・借り手双方に合理性を与えると同時に、借り手がそうした実際の適用実例をフィードバックし、その結果、科学がさらなる精緻化を遂げていくという循環の動きにも注意を払う。

第IV部では、投資社会の経済的な局面を扱う。本書が対象とするイギリスは、一八世紀末から工業化の過程に入る。ゆるやかな経済成長の過程にあった一八世紀後半のイギリスでは、経済の発展により各種の社会的間接資本の整備が啓蒙主義の実践という要素も加わって推進されていく。つまり、工業化の前提としての社会基盤の整備が工業化とほぼ並行して進められていくのである。当時、財政＝軍事国家からこうした事業費用の提供はほとんどなく、各推進主体には投資社会に資金を求める主体も現れた。公共的プロジェクトの主体が債券を発行して資金の調達を試み、投資社会がそれに応じるという構図が、研究者たちの想定をはるかに超えて各地でみられた。本書ではその具体像を明らかにすることで、イギリス政府公債以外の債券が一八世紀後半のイギリスに存在した意味を問う。同時に、公債を基軸とする投資社会は、各政治体に資金需要が発生した時にそれに対応することで空間的に拡大していくというサイクルに入っていく。その具体的な様相を一八世紀後半のアイルランド・トンチンの経験に求める。さらに、投資社会は複数の政治体を包含し政治的境界を超越する存在となる。各政治体に住む投資社会の構成メンバーはつねに政治的境界を越えて自己の投資対象の値動きを注視し、その結果、売買資金や利払い配当金が政治的境界を越えるようになる。投資社会内部で動くこのような国際的な資金移動の構造についても言及する。[20]

＊なお、「イギリス」という日本特有の用語はあいまいで、ときに致命的な誤解をまねく可能性がある。しかし、イギリス、連合王国、ブリテン、そしてイングランド、ウェールズ、スコットランド、(北) アイルランド、その他を厳密に使い分けると、きわめて煩雑になる。したがって本書では、イングランド、ウェールズ、スコットランド、アイルランドを個別に示す必要がある場合(統計処理・法制度など) にこれらの地域名を使用し、それ以外ではイギリスを用いることとする。また日付については、一七五二年九月一三日以前はユリウス暦、それ以後はグレゴリオ暦にもとづく表記とする。

第Ⅰ部　投資社会の政治経済学

「投資社会」が形成されるためには、その根幹に国家の信用、すなわち公信用が確立されるとともに、それが安定的に維持される必要があった。近世ヨーロッパ各国で公信用が確立されたきっかけは、各政治体間で頻発した戦争状態であった。それは、ヨーロッパ中世世界が解体され、近代世界へと再編される過程において、一方では主権国家が分立し、他方では宗教改革によって宗派抗争が激化した結果、両者が交錯することで起こった争いであった。長期的な視点でみると、一六世紀に主権国家が成立しはじめて以来、一九世紀にイギリスがヘゲモニーを獲得するまで、西欧社会は断続的な戦争状態を経験したといえる。しかも、そこで起こった戦争は、新兵器や戦術の発展によって大規模化するとともに、ちょうど同時期に進展しつつあった市場経済と深い関係を取り結ぶようになった。交戦国は例外なく戦費の膨張に悩まされるようになり、国境線の内側における財産権の合法的侵害、すなわち徴税のみでは、膨張する戦費の全額を賄うことがもはや不可能となった。その結果、国境線を問わずに出資者の自発的な意志にもとづく投資による資金を調達すること、つまり国家＝借り手の信用による戦費の借り入れこそが、戦争の継続に不可欠とされた。こうして「公信用」の構築と維持は、各政治体の政策担当者にとって再優先されるべき事項となったのである。

政府公債は、財政と金融の境界面、いいかえれば、政治と経済との接合点に位置した。国家への信用によって資本市場の秩序が形成されるとともに、国家財政は市場の動向に左右されるようになる。このような公信用を基軸とした信用体系、金利の秩序、それらにもとづく投資社会は、最終的なよりどころとなる国家への信用が確立されないかぎり、けっして安定性を獲得することはできなかった。一七世紀末にはじまった「イングランド財政金融革命」を、イギリス国家財政の制度的革新という枠内に限定して理解することの問題点は、まさにここにある。それは、金融上でもきわめて大きな革新であった。政治と経済、双方の視点を結びつけることによって初めて、イングランド財政金融革命の十全な理解が可能となる。それでは、ここでいう政治や経済とは、具体的には何をさすのであろうか。まず、投資社会の土台を構成したイギリスの公信用が生み出される実態を政治的な側面からながめてみたい。

第1章では、オーストリア王位継承戦争から七年戦争初期にかけて、イギリス政府公債の発行市場が当時の国政と都市政治の相互連関によって形成されたことや、その結果、アムステルダムとロンドンを中心とする国際金融ネットワークが、公に統治された市場秩序にもとづく政府公債の起債よりもむしろ、市場から一定の影響を受けつつも閉鎖的で個人的な関係を通じた融資へと誘引されたことを示す。

第2章では、一七五七年債の起債で形成された政治・経済的な枠組みが、ジョージ二世の死去とジョージ三世の即位や議会外勢力の動向から受けた影響という観点から評価される。オーストリア王位継承戦争以来の反宮廷派ホイッグから急進主義にいたる系譜が起債におよぼした影響を重視しつつ、そのようななかで逆に存在感を高めた公債請負人と政府との関係を政治面から検討する。

投資社会内を浮遊する遊休資金が政治体間の境界を越えて特定の政治体に移動していくさいに、政治的な要素は必要不可欠な役割を担った。第I部を通じて、政治（戦時財政）と経済（金融）とはどのように接触したのか。国際的な遊休資金の移動がどのような人物たちによって担われたのか、また、いかなる人物の接触によって投資社会の柱石となる国家への信用が生み出され、維持されたのか。そのような動きへの反発はどのようなかたちで起こったのか。投資社会の政治的局面が明らかにされるであろう。

第1章　国政・都市政治・国際金融

——一八世紀中頃のロンドン・シティと公債請負人

はじめに

一七世紀末から一九世紀初めにかけてのイギリスは、フランスやスペインなどヨーロッパ大陸のカトリック諸国家と断続的な戦争を繰り広げていた。なかでも、オーストリア王位継承戦争（一七四二～四八年）や七年戦争（一七五六～六三年）は、英仏のヘゲモニー争いの帰趨を分けるのみならず、[1]その後の近代世界の形成にまで大きな影響をおよぼした点で決定的に重要な意味をもつ。[2]とくに、七年戦争の戦費は両国がこれまで経験したことのない未曾有の金額まで膨張したため、戦費の円滑な調達こそが戦争の勝敗を左右する最も重要な要素となった。両戦争の戦費調達の大部分は公債によって賄われたことから、その起債を成功させることは政権の最重要課題となった。その提供者となったロンドン・シティ（以下、シティと略記）は、戦時財政においてその重要性を増していった。

本章では、ピーター・ディクソンの「イングランド財政金融革命」論を踏まえつつ、[3]オーストリア王位継承戦争から七年戦争のあいだに形成された起債の枠組みを、重要な分水嶺となった一七五七年債の事例分析を通じて提示する。そのさい、以下の三点を論点として提起したい。

第一に、政府の行動についてである。[4] フランスとの断続的な戦争のなか、イギリスの政策担当者の多くは、公信用の適切な維持が最も重要な政策のひとつであることを明確に認識していた。ロンドン資本市場が中央政府による戦費需要によって飛躍的な成長を遂げたのであれば、中央政府の市場における行動を市場の構成要素のひとつとして分析する必要がある。その際、市場の存在を与件とするのではなく、政府が独自の固有の利益を追求することでいかに市場が形成されたのかが問われる。この点を研究史にそくして言い換えれば、当時のパトロネイジによる利権操作による貴族的な統治のありかたを強調したルイス・ネイミアによる古典的な研究を再評価しつつ、[5] ホイッグ貴族による寡頭政治の意味を財政・金融の視点からとらえなおすことになる。

第二に、都市政治に注目する視点である。特権都市シティの内部では、ウォルポール政権の確立後、都市政治を主導する人びとと国政を担当するホイッグ主流派（宮廷派ホイッグ）とは対抗的な関係にあった。シティの政治的支配者層の多くは、南海泡沫事件の収拾後、長期間政権を担ったロバート・ウォルポール（初代オーフォード伯爵）や、その後を継いだヘンリ・ペラムとトマス・ペラム＝ホールズ（初代ニューカスル公爵）の兄弟によるホイッグ寡頭政と対峙した。また、彼らは市議会やコモン・ホールの中小商工業者とも結びつき、国政における議会外勢力としても強力な影響力をおよぼした。こうした不利な政治情勢下で、中央政府の政策担当者はオーストリア王位継承戦争や七年戦争の戦費調達において、いかにしてシティにおける公債の起債を成功させたのであろうか。都市自治体としてのシティの政治状況を視野に入れつつ、シティの政治的支配者層と、同じくシティの有力者層を形成し、同時に既存の支配者層と対抗しつつ、実際に公債の起債を請け負った「公債請負人」たちとシティの政治的な支配者層との関係を探る必要がある。つまり、国政と都市政治との相関関係が政府公債に与えた影響を評価しなければならない。研究史にあてはめると、先に述べたネイミアのような選挙時や議会内で「上から」利権が降りてくることで政治が規定されるとする視点のみでは十分ではない。リンダ・コリー、ニコラス・ロジャーズや、さらにはジョン・ブルーアの視点を借りつつ、[6] ホイッグ寡頭政への反作用という形であらわれる都市政治という「下から」の要素が、起債の構造に与えた影響を評価する必要がある。

第三に、国際的な資金の移動とシティの「コスモポリタン」的な要素との関係である。一八世紀中頃のイギリス政府公債には、オランダ連邦共和国（以下、オランダと略記）の在住者を中心とするヨーロッパ諸国の遊休資金の所有者からの資金の流入がみられた。こうした資金の大規模な国際移動を可能にしたのは、どのような人びとであったのだろうか。また、彼らはいかにして起債構造に組み込まれたのであろうか。さらにそれは、勃興期の金融センターとしてのシティに、どのような歴史的な意味をもたらしたのであろうか。ラリー・ニールらの研究は資本の国際的な移動を大局的にとらえつつマクロ・ミクロ双方からの視座で市場の経済的合理性や機能性については明らかにしているが、そのような国際的な資本の移動を支えた人的な構成やネットワークについては十分な議論はなされていない。したがってこの章では、ニールの研究を先にあげた二つの論点、すなわち上下双方向的な政治分析に組み込んで再評価することになる。[7]

これらの分析を通じて、オーストリア王位継承戦争から七年戦争にかけてのロンドンにおける戦債の発行市場は、一八世紀中頃特有の政治的な要素によって構成されていたことが明らかになる。こうした政治的に構成された市場構造こそが、コスモポリタンな金融業者を誘引し国際的な資金の移動をもたらしたのである。

1　都市自治体と特権会社

一七世紀末から一九世紀初めにかけて断続的に起こった英仏間の戦争には、図1-1のように膨大な金額の戦費

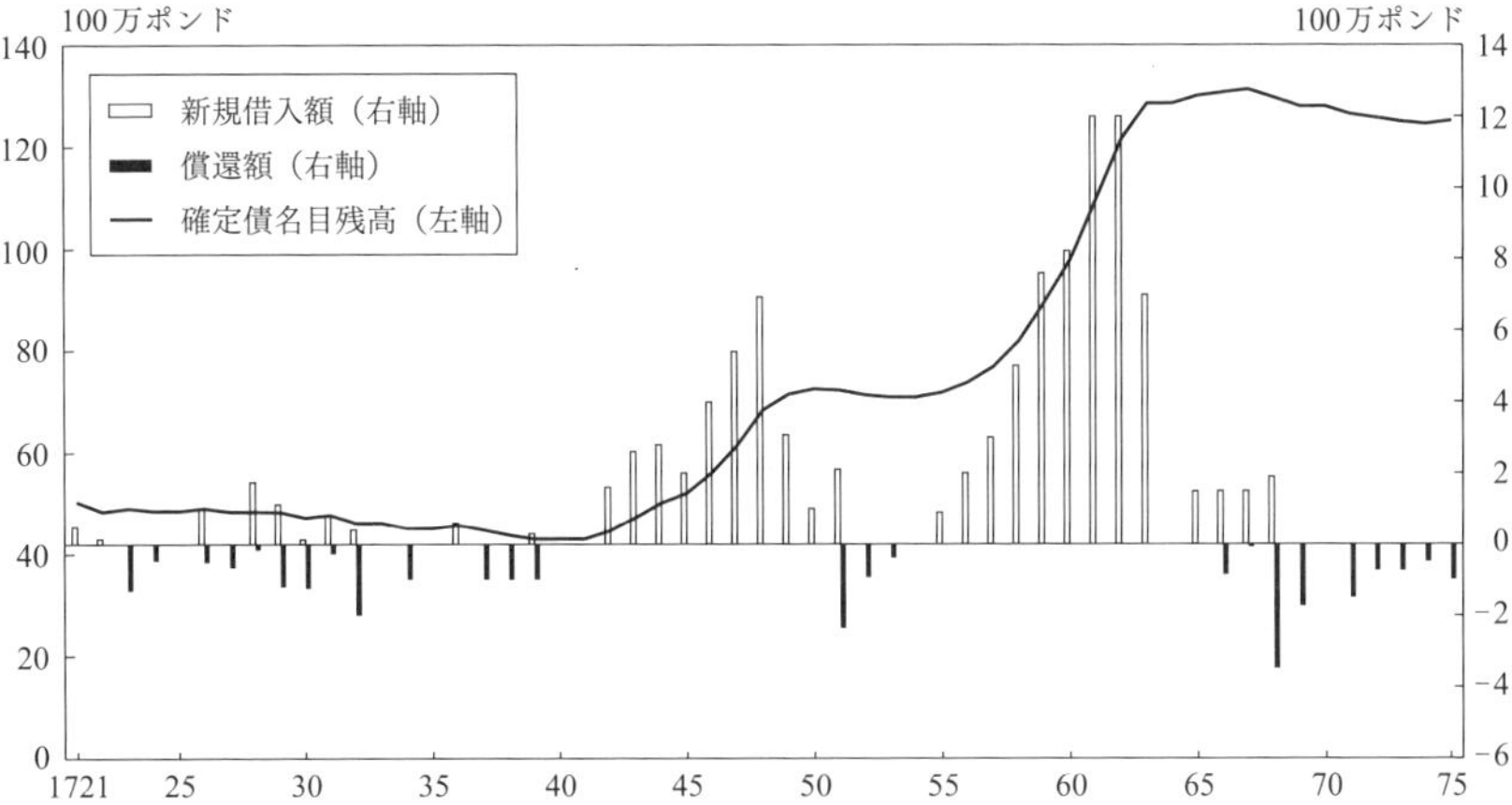

図 1-1　イギリス政府公債起債・償還・累積状況（1721〜75 年）

出典）British Parliamentary Papers, *National debt. history of the earlier years of the funded debt, from 1694 to 1786*, Cambridge : Proquest LLC, 1898, [C. 9010], pp. 14-33 より筆者作成。

がかかった。イギリス政府はつねに財政赤字に悩まされ続け、戦費の安定した調達とそれを可能にする国家の信用の維持が、歴代政権にとって重要な政策課題のひとつとなった。一六九三年のミリオン・トンチンを嚆矢として、政府はシティからの借り入れによって戦費を調達していく。一六九四年には株式会社であるイングランド銀行が創設され、同行への特権付与と引き換えに融資や流動債の引き受けによる長短の信用供与を受ける。その後、（合同）東インド会社や南海会社が設立され、イングランド銀行と同様に、特権と引き換えに戦費を政府に貸与していく。このように、一七世紀末から一八世紀初期の南海泡沫事件にいたる時期には、イギリス政府は公債を起債して戦費を調達するとともに、特権会社を通じても資金を獲得していた。[8] それでは、特権会社と都市自治体としてのシティはどのような関係にあったのであろうか。特権会社の支配者層である取締役と都市自治体としてのシティの政治的支配者層である市参事会員との結びつきをみることで、[9] その一端を明らかにできる。ここでは、三大特権会社のひとつであるイングランド銀行を具体例として検討してみよう。

（1）一七二五年までのイングランド銀行

イングランド銀行の取締役会は、総裁・副総裁を含め、計二六名の取締役によって構成された。取締役に就任する要件は、イングランド銀行の株式を額面金額にして二〇〇〇ポンド以上保有することであった。候補者は額面金額一〇〇〇ポンド以上の同行株式保有者で構成される株主総会で取締役に選出された。総裁や副総裁に就任するには、さらにそれぞれ三〇〇〇ポンドおよび四〇〇〇ポンドの高額におよぶ株式を保有することが必要であった(10)。

シティの有力なホイッグ系市参事会員は、イングランド銀行の創立後約二五年のあいだ、取締役会に強い影響力をもっていた。イングランド銀行の初代総裁に就任したジョン・ウーブロンは、シティの市参事会員、シェリフ、ロンドン市長といった、都市自治体としてのシティの要職を歴任し、ロンドン選挙区から庶民院議員にも選出された政治上の重要人物であった。彼はイングランド銀行の取締役として一六九四年から一七一二年まで一九年間在職した。イングランド銀行創設時の取締役二六名のうち、一七名が貿易商であり、しかも、ハンブルク会社、グリーンランド会社、イーストランド会社といった有力組織の総裁がそこに含まれていた。生涯に市参事会員を経験する取締役就任者は九名存在し、ロンドン市長には五名が就任している。シティの都市政治で大きな影響力をもったギルド組織であるリヴァリ・カンパニの上層部は、創設時の取締役二六名のうち一一名を占めた。ナイトや准男爵も同じく一一名が名を連ねた。本書巻末の付表1でもみられるように、こうした傾向はイングランド銀行創設時のみならずその後おおむね三〇年間ほど継続している(11)。

ところが、ロバート・ウォルポールが一七二〇年に起こった南海泡沫事件の収拾をはかり、長期的な寡頭政、すなわち「ウォルポールの平和」を確立させた頃には、イングランド銀行取締役会の様相は一変する。表1-1で明らかなように、一七三五年以降の約二〇年間に、イングランド銀行の取締役に占めるシティの市参事会員が大幅に減少するのだ。また、イングランド銀行総裁や副総裁といった要職に就任するシティの市参事会員は、まったく現れなくなる。これらの傾向は、同時期の南海会社や東インド会社でも認められる。[12]

多くの取締役を輩出していた特定の家系にも変化がみられるようになる。一七二〇年代後半から三〇年代前半にかけて、それまで複数の取締役を輩出していた有力家系が取締役会から姿を消すのだ。図1-2のように、一族や親類縁者で複数のイングランド銀行取締役を輩出した例は、一六九四年の同行設立時から一七六四年の七年戦争終結まで二六例あり、全体の約四分の一にあたる四五名の取締役が選出された。しかし、この約七〇年間に一貫して取締役を輩出したのは、ルチュイエ家やデュカン家を中核とするユグノーの家系が七名の取締役を出したわずか一例にかぎられる。初代総裁を輩出したウーブロン家、ギルバート・ヒースコートで著名なヒースコート家、何代にもわたり市参事会員を輩出したアイルズ家、代表的なトルコ商人の家系グールド家、創設後一〇年で四名の取締役を輩出したゴドフリ家などはいずれも、一七三〇年代前半以降は同行取締役を輩出しなくなった。一七二五年以前に就任した一〇七名の取締役中、三七名が複数の取締役を輩出する一族の出身者であったが、一七二五年以降に就任した取締役七四名中それは一五名にとどまる。また、二六例中九家系が市参事会員の取締役を輩出しているものの、一七四〇年代以降に取締役を輩出した例はグルード家とルチュイエ家の二例にとどまり、かつ、同家から一七三〇年代後半以降、市参事会員のイングランド銀行取締役は出ていない。一七三〇年代前半までは比較的少数の有力な家系からイングランド銀行取締役が輩出されていたものの、少なくとも一七三〇年代後半以降は取締役会の顔ぶれがそれ以前とは変化したと考えられる。表1-2のように、シティの市参事会員や、彼らを輩出するシティの名門の家系は、イングランド銀行・東インド会社・南海会社の取締役会から姿を消していくの

表1-1　市参事会員とイングランド銀行（1694～1764年）

（人）

期　間	取締役総数	総裁・副総裁
1694-1704	60(20)	11(5)
1705-14	64(18)	9(4)
1715-24	55(15)	10(6)
1725-34	55(13)	11(2)
1735-45	53(5)	11(0)
1745-54	45(4)	11(0)
1755-64	50(2)	8(0)

出典）注9の2文献より筆者作成。
注）（　）内は市参事会員数。

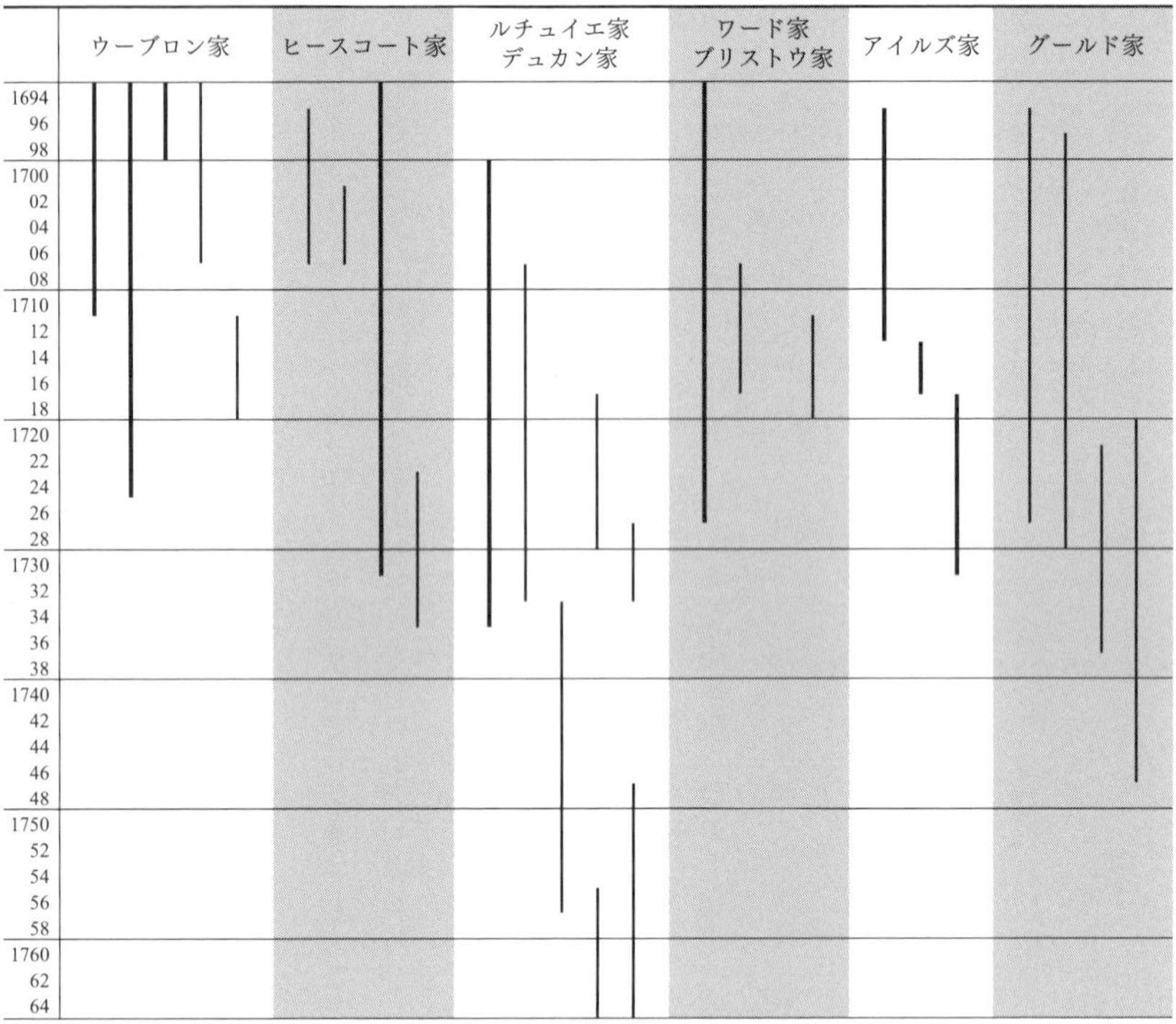

図 1-2　イングランド銀行取締役の主要家系（1694〜1764 年）

出典）注 9 の 2 文献より筆者作成。
注）太線は市参事会員を示す。

表 1-2　市参事会員と三大特権会社取締役会（1720〜69 年）

（人）

期　間	市参事会員数	内　訳		
		イングランド銀行	東インド会社	南海会社
1720-29	48	9	6	3
1740-49	43	4	6	2
1750-59	40	4	1	1
1760-69	45	2	1	0

出典）D. T. Andrew, ‘Aldermen and big bourgeoisie of London reconsidered’, *Social History* 6, 1981, p. 360 より筆者作成。

である。

（2）ロンドン市参事会

シティは、中世以来、イングランドでも最も強力な特権都市であった[13]。中世の雰囲気を色濃く残すシティの都市政治制度は非常に複雑であった。実質的な機能を果たしていたのは、市長、二名のシェリフと、市参事会、市議会、コモン・ホール、ウォード（区）にそれぞれ設置された四つの「コート」であった。

市参事会は、議長である市長のほか、二五名の市参事会員から構成される。市参事会員は選出された各区の治安判事職をつとめた。市参事会は二つの役割を担っていた。ひとつはシティの行政執行機関としての役割であり、もうひとつは立法過程における上級院（国政の貴族院にあたる）としての役割であった。市政の最高機関である市参事会は、市判事などの多数の市役員の選出、牢獄の管理、役員会の運営、パンの公定価格の監査、リヴァリ・カンパニ間の紛争処理など、さまざまな職務を遂行した。少なくとも一八世紀前半までは司法・行政機関として実質的な権能を有していたと考えられる。

市参事会員は政治的にも経済的にも、シティの支配者層を構成していた。市参事会員は終身で、シティ内の二六区で査定税を納める市民から選出された。市参事会員の被選挙権は、シティの市民権をもち、本人がイギリスで出生し、その父がイギリス人であることが要件であった。かならずしもシティ内の戸主や居住者である必要はないものの、一七一〇年時点で少なくとも一万五〇〇〇ポンド、一八世紀前半期には約三万ポンド以上の財産保有が事実上の最低要件となった。したがって、実際に就任することができたのは、商業社会のなかでも豊かな経済力をもつ最上層の人びとであった。こうした上層の人びとから構成された市参事会は、一五世紀以降シティを政治的に支配した。また、一七世紀にレヴァント貿易や東インド貿易に従事した商人が富裕層を占めたさいには、市参事会員の構成もそれに合わせて変化し、経済構造の変動に適応することで一八世紀まではその政治的な権力を維持し続ける。こうして市参事会は、中小の商工業者が多くを占める市議会やコモン・ホールとときに対立しつつ、その都市寡頭政的な性格を一貫して帯びることとなった。ニコラス・ロジャーズにいわせるなら「大ブルジョワジーの典型的なメンバー」であったわけである。その例として、ウィリアム・ベックフォードをあげることができよう。ベックフォードは、シティで生を受けたわけではないが、そのもちまえの経済的・政治的な才覚によって、シティでも最大級の一〇〇万ポンドの財産をもち、市長にも二度就任する最も有力な市参事会員のひとりとなった。彼は、後述するように、シティの都市政治で絶大な権力を誇っただけではなく、国政においてもウィリアム・ピット（大ピット）と結びつき、大きな影響力を保持した。

さて、市参事会員の新規就任者を時系列で整理し、政治的な傾向を摘出してみよう。シティでは、名誉革命が起こった一六八九年から七年戦争が終結した一七六三年までの七五年間で、あらたに就任した市参事会員は計一四四名を数える。そのなかで情報が得られる一三四名をみると、「宮廷派」（時期によって異なるが、おおむね政府を支持するホイッグや、いわゆる「宮廷派ホイッグ」）は六四名、「反宮廷派」（トーリおよびいわゆる「反宮廷派ホイッグ」）は七〇名と、党派ではほぼ均衡している。

しかし、七五年間という期間を一七二五年前後で二分してみると、図1-3が示すように傾向の変化が明瞭にあらわれる。名誉革命直後の三〇年間における党派構成の比率は、平均して宮廷派が五四名、反宮廷派が四六であるのに対して、一七一九年からの約四五年間では比率は三七対六三に逆転するのだ。要するに、当初の宮廷派優勢の傾向が、一七二〇年代以降反宮廷派優勢の傾向へと転じるのである。

変化の原因は、ロバート・ウォルポールによるホイッグ寡頭政にある。ウォルポールはトーリの影響力のもとで設立・運営された南海会社の処理を主導し、七年選挙法に加え、ジャコバイト反乱を利用したトーリ勢力の追放、パトロネイジ（恩顧＝コネ）を駆使した議会統制、カトリック諸国との平和外交による対外戦争の抑制などによって、ジョン・プラムのいう政治的安定状態をもたらすことに成功した。[14]

ウォルポールはシティ対策にも着手した。中小商工業者で構成されトーリ勢力が強い市議会を、富裕層で構成されホイッグが優勢な市参事会によって抑制させようと試みた。一七二五年、「シティ選挙法」を中央議会で制定させ、市議会議決に対する市参事会議決の優越（拒否権）、保有財産・税負担・居住期間規程による市参事会員および市議会議員選挙権の制限、庶民院議員選挙権の厳格化、選挙管理の厳密化などを実現した。[15]国政が特権都市の都市政治に強く介入したのである。しかしその結果、市参事会内のホイッグ勢力が、ウォルポールを支持する宮廷派（コート）とウォルポールに対抗する反宮廷派（オポジション・野党ホイッグ）に分裂する。その結果、従来、親ウォルポール的であった市参事会でも、ウォルポールの意に反して反宮廷派が優勢となってしまった。その後、一七二七年のジョージ二世の即位、一七三三年のエクサイズ危機、一七三九年のスペイン問題などで、その都度シティとウォルポール政権との対立が表面化し、激化した。[16]また、市参事会は一七二七年のジョージ二世即位時の建白書をはじめ、数回にわたり市議会に対して拒否権を行使した。[17]ウォルポールによるシティ政策の反作用こそが、一七二〇年代後半から三〇年代にかけての市参事会の政

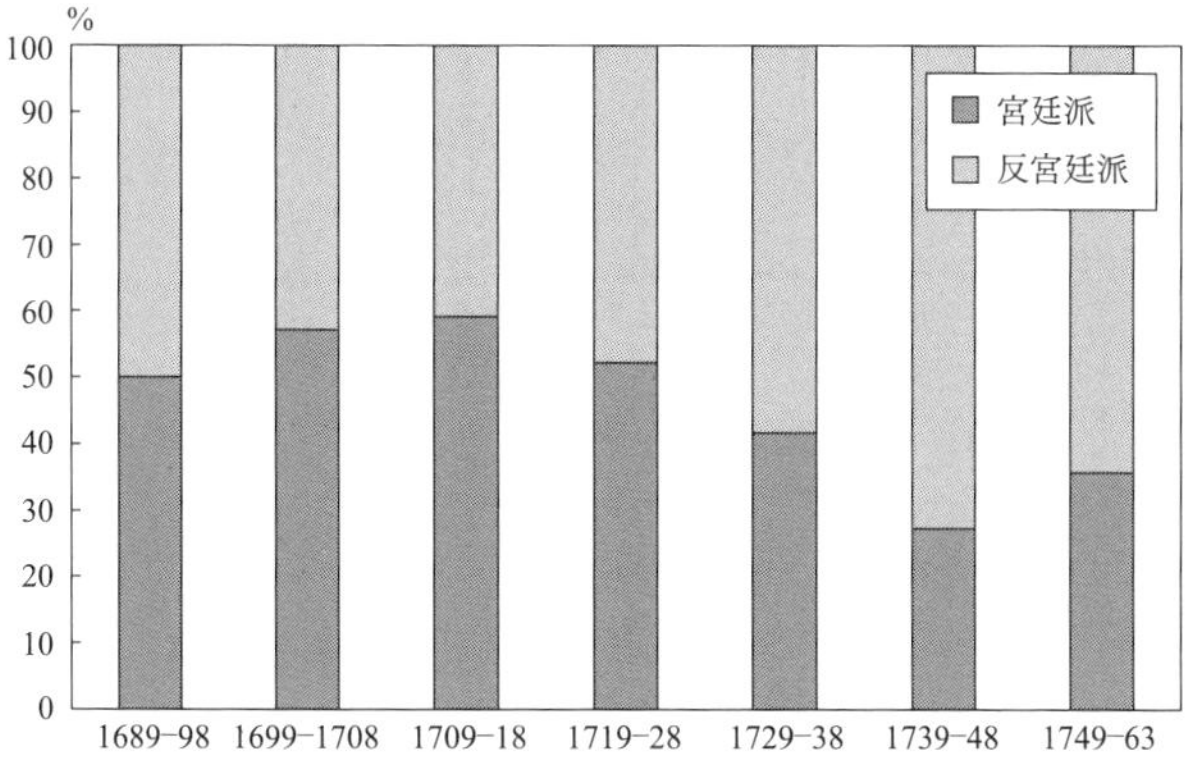

図 1-3　ロンドン市参事会員新規就任者党派別構成（1689～1763 年）

出典）注 9 参照。
注）10 年ごと。ただし，1749 年以降のみ 15 年分。

治的な傾向に変化をもたらした。

こうした党派対立によって、三大特権会社の取締役会における市参事会員は急激に減少した。一七二五年以降、イングランド銀行取締役に就任した市参事会員は七名いた。この七名すべてが市長かシェリフを経験する有力者であるが、明確にトーリと断じることができるのはわずかに一名である。逆に、残りの六名のうち、政治活動状況が不明の二名を除く四名は、すべて活発な宮廷派であった。一七二五年以降、特権会社取締役に就任した市参事会員は事実上、宮廷派に属していたといえる。ただし七名のうちイングランド銀行総裁に就任した者はいなかった。特権都市ロンドンの政治的な支配者層は、「党派抗争の時代」に有していた三大特権会社における影響力を、一七三〇年代以降のホイッグ寡頭政下でほぼ喪失してしまったと考えられる。

(3) 一七二五年以降のシティと特権会社

これまでの議論をイングランド銀行側から確認しよう。一七二五年以降のイングランド銀行取締役就任者六七名のうち、庶民院議員就任者は九名いる。ここでは、代表的な三名を具体例として検討しよう。一七二八年から四三年まで取締役に就任し、総裁にもなったスタンプス・ブロックスバンクは、当時の富裕層の代名詞でもあったトルコ商人であった。シティの反宮廷派勢力の代表的な存在で一七三七年には市長もつとめる独立派のシティ選挙区選出議員ジョン・バーナードが一七三三年に提出した「株式仲買人・売買規制法案」に対して、ブロックスバンクは庶民院でウォルポール派の立場から反対演説を行った。[18] 二人目は、北米植民地に毛織物を輸出していたジョン・サージェントで、ロンドンの貿易商の中核的な人物であった。彼は庶民院ではウォルポールの宮廷派に属し、北米方面の政府契約から莫大な利益をあげていた。[19] 三人目は、彼と同じく宮廷派の政権に密着して政府契約を得た雑貨商でかつトルコ貿易商人でもあった、ウィリアム・エワーである。二七年間におよぶ取締役在任中、総裁をもつとめたエワーは、レヴァント会社の総裁にも就任した有力者であった。彼と同様に総裁に就任するバーソロミュー・バートンやメリック・バレルをはじめとする他六名にも、親宮廷派としての政治傾向が認められる。彼らは総じて宮廷派ホイッグに属していたといえる。

イングランド銀行取締役の多くは貿易商によって占められた。ただし、レヴァント貿易に従事する貿易商は多く含まれていたものの[20]、砂糖を扱う西インド貿易商は取締役会にさほど関与していなかった。前者は宮廷派が多くを占めるが、後者はフランスやスペインに対して好戦的な反宮廷派が多く、ダニエル・ランバートやミカイア・ペリー（両名ともイングランド銀行取締役ではない）のように、特権会社を敵視するトーリや反宮廷派ホイッグの有力な市参事会員が多くみられた[21]。

イングランド銀行の取締役の大部分は宮廷派によって構成されていた。一七二〇年代以降、反政府的な政治的傾向を強めていた市参事会員や市議会議員は、おもに政治的な要因によって三大特権会社の経営から姿を消していった。しばしば暗黙の前提とされてきた「シティの政治的支配者＝イングランド銀行の取締役」という構図は、少なくとも一八世紀中頃には成立しえない。また、シティの政治的な支配者層はホイッグ寡頭政による特権都市ロンドンの都市政治への介入によって分裂し、反政府的傾向を強めた。他方、三大特権会社は宮廷派ホイッグが牛耳る中央政府との結びつきを強化し、反宮廷派の特権会社への反発をさらに誘発した。

2　一八世紀中頃の政府公債起債構造――一七五七年債の政治経済学

一七二五年のシティ選挙法制定以降、反作用的に勢力を拡大しつつあったシティ内の反宮廷派ホイッグは、いわゆる「カントリ・プログラム」のもとでトーリ勢力と連携してホイッグ貴族による寡頭政に対抗しようとした。その国政上の係争点は、エクサイズをはじめとする税負担問題、公信用、外交など多岐にわたった[22]。

シティにおける反宮廷勢力の中心人物は、ジョン・バーナードであった。彼は海運保険業を成業としていたが、早くから市参事会員になり、一七三七年には市長に就任している。彼は、激戦区のシティ選挙区で約四〇年にわたり議席を維持した実力者であり、商工業や金融問題の有力な論者でもあった。バーナードの主張はおおむね彼の支持層である小規模な貿易商・国内商人・親方手工業者の利害を反映するものであった。たとえば、一七三四年の証券取引規制法制定や、一七三七年の公債低利借り換え問題では、ブローカーによる取引に起因する証券価格の乱高下から少額公債保有者の保護を主張し、さらに低利化による中小商工業者の税負担の軽減を訴えている[23]。

反宮廷派が批判した外交政策は、カトリック諸国への平和政策によってヨーロッパ大陸での「勢力均衡」を維持し、ハノーファ出身の国王ジョージ二世の大陸利害の保全を重視する首相ウォルポールの手法そのものであった[24]。一七三〇年代末、「ジェンキンズの耳事件」を契機とするスペイン問題において、ウォルポール批判の急先鋒となったのは、バーナード、シティの市参事会員ペリー[25]などの西インド利害関係者、トーリ勢力が牛耳るシティの市議会であった。彼らはスペインとの戦争、つまり、大西洋における交易上の安全確保と大西洋周辺の植民地の拡大を強硬に求め、首相ウォルポールの過度に大陸中心的な政策を批判した[26]。反宮廷派を構成する西インドや北米貿易に関与する中流層は、議会外では反「宮廷・行政府党＝ホイッグ寡頭政」と、植民地拡大への要求とを巧妙に結合させ、重商主義的なプロパガンダを活発に展開した。こうした「商業トーリ主義」とも呼ぶべきイデオロギーは、「腐敗した政府」および中小商工業者が財政＝軍事国家のもとで負担する重税を公債利子として吸収するイングランド銀行、南海会社、東インド会社といった三大特権会社を批判の標的にすえた。(27)

(1) 限定請負制度とオーストリア王位継承戦争

騒然とした情況下で、「限定請負制度」が一七四二年より実施された。イギリス政府公債の起債は、オーストリア王位継承戦争以降、三大特権会社に依存する手法から、政権が指名したごく少数の特定の個人とのあいだで条件や請負金額が決められ、彼らが政府公債を独占的に引き受ける限定請負制度へと変化した。研究史上、この変化はほとんど注目されてこなかった。しかし、一八世紀中頃の起債構造を決定的に変容させることとなるきわめて重要な変化として積極的に評価しなければならない。

限定請負制度への移行は、戦費供給における特権会社の役割を変容させた。三大特権会社の資金が公債残高に占める割合は、一七四〇年代には約一割にとどまった。ただし、特権会社がただちに起債から完全に排除されたとするのは早計である。たしかに、三大特権会社が勅許更新とともに政府へ拠出した金額には、いちじるしい低下傾向が認められる。しかし、限定請負制度のもとで政権から政府公債を直接引き受けた人びとには、三大特権会社の総裁・副総裁・取締役などの有力者が多数含まれていた。さらに、政府から公債を引き受けた人びとのなかには、あくまで三大特権会社の代表として引き受けた人びとも存在する。彼らによって引き受けられた公債が特権会社内の他の取締役や職員などに再配分されることも時にみられた。つまり限定請負制度のもとでは、三大特権会社は政府公債を引き受ける個人の結合体として起債に関与したといえる。

なぜ、一七四二年に限定請負制度が突如として導入されたのか。これを直接物語る史料は残されていない。ウォルポール体制の動揺によって中央政界が混乱し、ジェンキンズの耳事件以降、植民地の確保を求めるシティ内の反宮廷派の好戦的な姿勢が過激化していたことから、いわゆる公募によって応募額が起債額に満たない「札割れ」を回避し、特権会社への依存から脱却することでシティ反宮廷派からの批判の双方を回避しようと、時の政権が試みたものと考えられる。シティ内の反政府的な政治状況が公募による資金調達の不確実性を高めたことと、少数の特権会社に依存すればするほど、その影響力を強めるどころか、反宮廷派に恰好の批判の口実を与えてしまうこととのあいだで、ウォルポールが選択した解答として理解されるべきであろう。

この一種のシンジケートのような手法での起債は、シティの貿易商、とくに次節でその詳細が明らかになる公債請負人にとっては、けっして新奇なものではなかった。一七三七年に、オランダ人貿易商のヘラルト・ファン・ネックとイギリス人貿易商のジョン・ゴアが、銅山を担保として各三二万ポンド、計六四万ポンドを請け負ってオーストリア皇帝ヨーゼフ一世に融資したいわゆる「コッパー・ローン」の事例がある。

限定請負制度によって公債を引き受けた公債請負人たちは、宮廷派ホイッグ政府の期待に応えた。とりわけ、一七四五年のジャコバイト反乱勃発直後の深刻な公信用危機では、信用リスクが飛躍的に高まり、シティがなかばパニック状態に陥るなか、イギリス人公債請負人ジョン・ブリストウやオランダ人公債請負人ヘラルト・ファン・ネックらが、ユダヤ人公債請負人サムスン・ギデオンとともに起債を援助し、ハノーヴァ朝の危機を救った[28]。

一方、シティの反宮廷派ホイッグやトーリ支持者は、公債請負人をホイッグ寡頭政のもとで戦時財政に寄生する独占的な利権集団として、すなわち「マニド・インタレスト」の中核中の中核として、手厳しく批判した。ジョン・バーナードは「公債請負人が『公募』による資金調達よりも高い金利で起債に参加するならば、一般の人びとは政府公債の購入機会を奪われるだけではなく、高い金利による必要以上の〔債券の利払いのための〕税を負担しなければならないという二重の侵害を受けることになる。〔中略〕一般の人びとに政府公債の引き受け機会を公平に与えることこそが、イギリスの公信用を安定させる最も優れた方法である」と論じ[29]、引き受け機会の独占化、金利上昇による重税化、公信用の不安定化を、限定請負制度への批判の論点とした。

首相ヘンリ・ペラムは、こうした反宮廷派の動きをみて政策を転換し、一七四七年以降、三回の起債、計一二〇〇万ポンドを公募で実施した。これは、トーリ色が濃厚なシティ内で反宮廷派がハノーヴァ朝の転覆を企図するジャコバイト側に加担することを恐れたためでもあった。たとえば、真偽は不明であるが、『ジェントルマンズ・マガジン』によれば、過去六年間にわたり「ヤング・プリテンダー」すなわちジャコバイトとして王位を僭称するチャールズ・エドワード・ステュアートへの七〇万ポンドにのぼる資金供与が、ロンドン市長リチャード・ホアをはじめ、一〇名の有力市参事会員によって行われていたとされる[30]。ハノーヴァ朝の危機に直接つながりかねない状況下で、首相ペラムは反宮廷派との宥和政策を推進してゆく。その結果、一方で、一七四七年の「シティ市参事会拒否権撤廃法」の制定というかたちで特権都市としてのロンドンに配慮しつつ、他方、オーストリア王位継承戦争終結後の一七五一年に政府公債の低利借り換えを実現するという財政上の一大改革に踏み切った。

しかし、政府の最重要政策のひとつである公信用問題においては、反宮廷派がいうマニド・インタレスト、すなわち公債請負人や三大特権会社の意向を無視することは、もはや不可能となっていた[31]。結局、シティ内の反宮廷派と公債請負人を両立させるという、バランス感覚を要する首相ペラムの試みは、限界を露呈する。一七五三年に提出された「ユダヤ人帰化法案」は、ペラムの金融アドヴァイザーのサムスン・ギデオンが執拗に求めたものであり、後にニューカスル公爵のアドヴァイザー役を担ったオランダ人公債請負人ヨシュア・ファン・ネックも賛同した。しかし、シティ内の中小商工業者が猛烈に反対したため、廃案となってしまう[32]。巧みな手腕で幾多の難問を処理してきた首相ペラムの限界が、ここに露呈した[33]。彼はその翌年の一七五四年に急逝する。宮廷派ホイッグの大黒柱が失われたことで、起債をめぐる情勢はますます混乱していくこととなる。

（2）七年戦争の勃発と一七五六年債

弟の急死後、首相の座についたのは兄トマス・ペラム＝ホールズ（初代ニューカスル公爵）であった。彼は援助金による積極的な大陸政策を展開した。[34] その彼を迎えたのが七年戦争であった。当時のイギリス人たちにとって未曾有の規模となったこの戦争（北米では「フレンチ・アンド・インディアン戦争」）では、一七五六年から六三年までの八度の起債により、五二一〇万ポンドの公債元本が累積された。オーストリア王位継承戦争で一七四二年から四八年まで一九七〇万ポンドの元本が累積したことを考えると、七年戦争期の累積額は約二・六倍に激増した。

北米植民地でフレンチ・アンド・インディアン戦争が勃発したのち、イギリス本国で初めて起債された公債が一七五六年債である。この公債では二〇〇万ポンドが起債され、そのうち一五〇万ポンドが三・五％の一五年の有期年金、残りの五〇万ポンドが富くじ（一くじ一〇ポンドで、計五万くじ、三％年金付き）で起債された。四〇〇ポンドの出資ごとに、三〇〇ポンドが三・五％年金債、一〇〇ポンドが富くじで構成された。なお、一五〇万ポンド三・五％年金債は、出資申し込みのさいに一〇％のデポジットを支払い、以後、一七五六年三月三〇日までに一五％、五月一五日までに二〇％、七月一六日までに二〇％、九月一六日までに二〇％、一〇月三〇日までに一五％の六分割払込みであった。もう一方の富くじは五分割の払込みとなっていた。なお、期限前に全請負金額を払い込んだ場合は、三％の割引が適用された。この割引制度は、七年戦争期の大部分の公債に適用されている。[35]

一七五六年債は限定請負制度のもとで起債されたようであるが、起債過程の詳細は残念ながら不明である。公債請負人のうち、ユダヤ人社会の指導者サムスン・ギデオンは一七五六年一月五日に請負金額全額を払い込んでいる。[36] 正確な金額は不明であるが、彼は「一〇万七九六〇ポンドを出資したものの、すべての払込みを完了するためには、一部手元の証券を処理する必要があった」と述べる。一般に、戦時に新規で起債された公債は、市場に流通する既発公債よりも表面上の金利が高いことが多く、新規の起債が近づくと既発公債の相場が下落し、新発公債そのものにも影響することがあった。また、銀行家のジョン・ソーントンは同年一月九日付書簡で「一〇万ポンドまでであれば、どんな条件でも出資したい」と首相ニューカスル公爵に出資を申し込んでいる。[37] 著名な銀行家の家系であるソーントンが、この公債で希望通り出資できたかどうかは不明である。ただし、彼はその後、一七五七年債で六万ポンド、一七六〇年債で一〇万ポンド、一七六一年債で一五万ポンド、一七六二年債で二〇万ポンド、一七六三年債でも二〇万ポンドの計七一万ポンドを引き受け、公債請負人としてその氏名を起債リストに連ねている。トマス・ウォルポールはヘラルト・ファン・ネックの弟ヨシュアの長女エリザベスを妻に迎え、父ホーラティオや叔父ロバートをはじめとするウォルポール家とファン・ネック家との姻戚関係の結節点にあった人物である。第3章で詳しくみるが、彼は結婚後ファン・ネック商会に入り、ヨシュアのもとで貿易商として修練を重ねることになる。そのトマスによれば、彼は一七五六年債で二六五〇口の富くじを売りさばいたとのことである。[38] たしかにニューカスル公爵への書簡には彼の氏名のみが記されているものの、当時、トマスはファン・ネック商会の共同経営者であったため、トマスとの取引は事実上ファン・ネック商会との取引を意味した。

この起債条件の策定にアドヴァイザー役として深く関わった人物は、サムスン・ギデオンとジョン・バーナードであった。[39] ギデオンは一七五六年一月二六日にニューカスル公爵の意を受けイングランド銀行に赴き「税を担保とする借り入れおよび他に可能な富くじによって資金調達を実施するのは二〇〇万ポンドにかぎらなければならない」という内容をイングランド銀行総裁マシュー・ビーチクロフトと副総裁メリック・バレルをはじめとする取締役に示している。[40] また、ヨシュア・ファン・ネックは、起債条件が市場に流通する既発公債の金利を下回ることを指摘している。[41] 一七五六年債はフレンチ・アンド・インディアン戦争が開戦してまもなく起債されたが、開戦当初の戦況はイギリスにとって思わしいものではなかった。そのため、公債市況も低迷しており、公債請負人たちの影響力はこの起債の計画段階からすでに強まりをみせていた。

（3）デヴォンシア＝ピット内閣の成立と一七五七年債

地中海の橋頭堡であるミノルカ島の陥落は、シティに衝撃と動揺をもたらした。戦況悪化により、ニューカスル公爵は一七五六年一一月に退陣を余儀なくされた。ミノルカ島陥落の責任追求はしだいに過激化し、ジョン・ビング提督の処刑にまでいたる。シティ内の反宮廷派勢力が積極的な海軍・帝国形成政策を声高に主張するなか[42]、新政権が誕生した。ウィリアム・ピット（大ピット）を実質的な首班とする、ホイッグ大貴族のウィリアム・カヴェンディッシュ（第四代デヴォンシア公爵）との連立政権である。[43]大ピットを熱狂的に支持したのは、庶民院のカントリ派、市参事会員ウィリアム・ベックフォードやシティの市議会、そして一部のリヴァリ・カンパニであった。ベックフォードは、ジャマイカにサトウキビの大プランテーションと多数の奴隷を所有する最大級の西インド貿易商人であり、当時最も富裕なロンドン貿易商のひとりといわれた。彼は後にロンドン市長に二度就任するロンドンでも屈指の政治家であった。[44]政治信条はトーリに近く、ホイッグ宮廷派の領袖ニューカスル公爵と対立する反宮廷派ホイッグの大ピットと通じ、シティにおけるピット派の中心人物として宮廷派ホイッグを攻撃した。

大ピットによる政策は、民兵法と公債の公募による戦費調達に主眼を置くものであった。限定請負制度を通じて公債請負人と癒着し、高金利で法外な金額を借り入れる。その資金を用いてヨーロッパ大陸で外国人傭兵を雇い、援助金として大陸同盟国にばらまく。こうしたホイッグ貴族寡頭政による政策を根本から改めようとしたのである。すなわち、公募による起債で低利を厭わない公共精神あふれる「市民」から戦費を調達し、公債請負人や特権会社といったマニド・インタレストの影響力を排除する。また、民兵法によって、古代ギリシアのポリス社会のようにイギリス人市民がみずから武器をとって戦い、イギリス人の「生まれながらの自由」を、カトリック諸国の専制からも、さらには腐敗した寡頭政を牛耳るホイッグ大貴族による「ノルマンの軛」からも護り抜く、という。これはまさに、反宮廷派ホイッグやトーリが理想とするカントリ・プログラムのイデオロギーを具現化した政策にほかならない。こうして大ピットは、公債請負人からの高利なカネを「勢力均衡」の大義名分で大陸同盟諸国への援助金や外国人傭兵代にばらまく宮廷派ホイッグ流のヨーロッパ中心的政策を、根本から修正しようとした。[45]

デヴォンシア＝ピット連立政権で起債を担当したのは、ピット派の中核となった財務府長官ヘンリ・レッグであった。財務府長官が起債を担当することには、宮廷派ホイッグによるトレジャリ（大蔵部）中心の財政政策立案を、本来の職掌部局であるエクスチェッカー（財務府）に戻そうという反宮廷派の主張が込められていた。こうして、首席大蔵委員のヘンリ・ペラムやニューカスル公爵らとは正反対の手法を、レッグは実行に移したのである。

一七五七年度の予算委員会を開いたレッグは、歳出予定として海軍費三三〇万三九三九ポンド三シリング七ペンスを、陸軍費一九三万七二〇五ポンド一シリングを、軍需費四三万七八二二ポンド八シリング九ペンスを、その他費用として九八万七七二五ポンド一九シリング一・七五ペンスの、計六六五万九四九四ポンド一六シリング五・七五ペンス（正しくは六六六万六六九二ポンド八シリング一七・七五ペンス）を議会に諮った。歳入の説明でレッグは、有利子の公債累積額は七四七八万一八八二ポンドであることを述べたうえで、「その莫大な負債の保有者であることは、今回の三〇〇万ポンドに対する出資申込者のいかなる利益よりも、莫大な公債の保有者により配慮する」と述べた。レッグはそこで生残者利益を伴う終身年金（要するに「トンチン」のこと）による二五〇万ポンドの起債動議を要求した。[46]

レッグは、反宮廷派が忌み嫌うマニド・インタレストの牙城イングランド銀行の設立（一六九四年）以前の起債例に注目した。すなわちウィリアム三世・メアリ二世治世下で実施された一六九三年のトンチンと、一六九四年のミリオン富くじのいわば「マニド・インタレスト前」の手法を採用することで、公債請負人や三大特権会社からなるマニド・インタレストからの決別を公衆にアピールした。終身年金の一種であるトンチン（「年金」はアニュイティの訳。トンチンとともに、第6章で詳述）による二五〇万ポンドを本体として公募し、さらに一般民衆が起債に参加できるように一口一ギニの富くじを一〇五万ポンド分（一〇〇万口）発行するという手法を選択した。トンチンでは、出資者が終身年金と有期年金のいずれかを選択することになっていた。出資者を年齢で五つのグループに分類し、それぞれのグループごとに金利を、有期年金選択の場合は年金支給期間もまた定める。同一グループに属す年金受給者が死亡すれば、当該死亡者に支給されることになっていた年金を生存者間で頭割りで分割しつつ、本来受け取るべき年金に死亡者分年金の頭割額を付加して分配される。なお、グループの全受給者が死亡した時点で、そのグループに対する政府の年金支給の義務が元本の返済義務とともに消滅する、という仕組みであった。また、終身年金を選択するにせよ、有期年金を選択するにせよ、高額出資のインセンティヴとして一〇〇〇ポンド出資ごとに年五ポンドの終身年金も付加された。[47] 富くじについては、前年の一七五六年債でもニューカスル公爵が採用していたが、一七五七年債の富くじでは偶然性と金利が前年よりも抑制されたものであった。当選くじ数は増やされているものの、当時の常識に反し、空くじには一切の支払いはなされないものとされた。ただし、富くじ購入者にはトンチンの購入権が与えられた。いずれの措置にも共通するのは、起債のありかたをマニド・インタレスト以前の「古き良き時代」へ戻そうという強い意図が働いていたことである。

レッグが採用した基本的な方針は、ジョン・バーナードを中心とするシティ内の反宮廷派の要求が、ほぼ反映されたものであった。その要点は、①新規公債の金利を抑制し、中小商工業者が支払う公債利払いに割り当てられる税負担を軽減すること、②公募による起債を採用することで限定請負制度での公債請負人による受益権の独占とその弊害をともに取り除くこと、③政府公債の利払いや名義変更など種々の管理事務をイングランド銀行から、反宮廷派によって本来あるべきとされた財務府に移管し、イングランド銀行の影響力を抑制すること（ただし、この原案は議会審議で修正を余儀なくされ、従来通りのイングランド銀行による管理事務となった）、④これまで一口一〇〇ポンドであった富くじの額面金額を一口一ギニ（一ギニは二一シリング、一ポンドは二〇シリング。ギニは金貨一枚の額面）と小口化することで、中小商工業者からの出資を容易にしたことであった。独立派と目されるバーナードは大ピットとは不仲であったが、生来の主張である反マニド・インタレストの立場にもとづき、金融問題のエキスパートとしてレッグとともにこの計画を主導した[48]。

レッグとバーナードが推進する一七五七年債の起債では、公債の確実な消化を目的として、プロパガンダに相当することも行われた。たしかに彼らの計画は、政府が低コストで資金調達が可能なうえに、中小商工業者でも出資できるという利点があるものの、金利は約三・五％と過去の起債条件よりも劣ったからである。そこで、シティ内の支持者に購入を促すため、レッグや大ピットらは、「愛国心」や「公共精神」といった言葉とともに新聞紙上に登場することとなった。日刊紙『パブリック・アドヴァタイザー』の一七五七年二月三日付紙面をみてみよう。

ヘンリ・レッグ閣下は、ミリオン富くじに一〇〇〇ギニ出資される。この富くじは現在、議会で審議中である。〔中略〕また、ウィリアム・ピット閣下も多額の出資をされる予定である。これらの方々は、国家のためにみずからが奉仕するという、誉れ高い行いをしておられる。ミノルカ島陥落など危機的な戦況のなかで、愛国者として名乗りをあげようとする男性ならみな、こうした高貴な方々の後に続くにふさわしい。彼らに続く人びとにこそ、真の愛国者として一流の人びとに列せられる名誉が与えられるであろう[49]。

反宮廷の立場をとる『ロンドン・イヴニング・ポスト』紙もまた、同年二月一九日付紙面でレッグによる起債内容を掲載している。とりわけ、シティの反宮廷派からミノルカ島陥落の主犯として糾弾されていたビング提督が、三月一四日に責任を問われ処刑された後、三月一五日、三月二六日、三月三一日と、繰り返し報道している[50]。

現在募集中の富くじは、今日の公共精神に対するひとつの実験である。財産を有するジェントルマンが、国家の危急存亡に際して自発的に貢献しようとするのか、確かめる目的をもつ。グレイト・ブリテンの愛国心が果たしていかほどのものなのかを示すため、近く出資者リストが公開される模様だ。[51]

これまで起債を独占的に引き受けてきた公債請負人たちは、レッグとバーナードらによる起債からは事実上排除された。彼らマニド・インタレストは、この起債にどう対処したのであろうか。デヴォンシア＝ピット連立政権の成立時から、宮廷派ホイッグは「〔イギリスを〕護るためには、ヨーロッパ大陸との関係をもつ必要があるのは明々白々だ。資金を〔大陸の同盟諸国に〕援助する手法こそが、大陸との関係を保つ安上がりで最良の手法であることは明らかだ」と「党派がおよぼす害」を匿名のパンフレットで批判する。[52] こうした彼らが、レッグやバーナードに積極的に協力した痕跡は、史料には認められない。

大ピットの政敵である陸軍主計長官ヘンリ・フォックス（初代ホランド男爵）は、限定請負制度にも深く関与した宮廷派の人物である。職務上、マニド・インタレストと起債や政府契約で密接に結びついていたフォックスは、彼の影響力が強い『テスト』誌を利用する。同誌の一七五七年二月一二日付誌面には、「この〔富くじ〕チケットは、額面が二一シリングにもかかわらず早くも一九シリングや一五シリングに割り引かれて再売買されている」とし、「彼〔レッグ〕が一〇〇〇ポンド出資してチケットが値上がりすれば、その大いなる愛国心は報われるであろうに」と、さきの『パブリック・アドヴァタイザー』の記事を皮肉る主張が展開される。[53] イングランドでは一七五六年から五七年にかけて各地で食料暴動が頻発していたが、[54] 同誌の三月五日付誌面では「貧者のパンを求める声に、愛国者の徒党は富くじを与えた」と嘲笑し、[55] さらにトーリの牙城オクスフォードからやってきたという、'True Blue'、すなわち「真のトーリ」（青はトーリの象徴色）を連呼する想像上の人物を三月二六日付誌面に、以下のように登場させる。[56]

〔筆者の〕オクスフォード出身者の友人は、イライラが募っていた。その原因は、愛国者の徒党内閣〔デヴォンシア＝ピット連立政権〕からは何も期待できないと、彼が確信をもってしまったことにあった。彼はいう。「お遊びは終わった。結局、彼ら〔愛国者の徒党＝デヴォンシア＝ピット連立政権〕の約束は、何の意味ももたなかった。彼らはシティに受け入れられていたと考えていたし、戦費調達も、唯一彼らこそが可能だと根拠もなく思い込んでいた。しかし、彼らの人気は自分たちが嬉しがっていたほどではなかった。〔中略〕ギニ富くじはヘンリクス〔ヘンリ・ヘンリクス、ユダヤ人金融アドヴァイザーで、富くじ計画の当初の立案者。レッグによって、計画の大部分が「愛国的」修正の憂き目に遭う〕の計画をまぎれもなく葬ってしまった。年金債へも、けっして出資されないであろう。何かがなされないかぎり、出資人による払込みが実行されるまで、我々〔反宮廷派〕がもちこたえられないであろうと恐れる理由が、あまりにも多いからだ。〔中略〕できることといえば、次の総選挙で馴染みのトーリに一票を投じることぐらいだろう。それまでのあいだ〔中略〕〔ピット派のベックフォードの影響力が強い〕『モニター』や〔反宮廷派を支持する〕『ロンドン・イヴニング・ポスト』でも読んで、〔反ピットの〕『テスト』で葉巻に火でもつけておこう」。

私の部屋から出て行った彼は、'True Blue, True Blue, Here's the Health of an Honest True Blue!' と口ずさみながら階段を降りていったが、突然、歌詞が変わったのだ。

「海を越えて、チャーリのもとへ！」

チャーリとはいうまでもなく、名誉革命で国王の座を追われた、ステュアート家ジェイムズ二世の孫、「ヤング・プリテンダー（若僭王）」チャールズ・エドワード・ステュアートのことである。一七四六年、彼は最後のジャコバイト反乱の決戦となったスコットランドのカロデンの戦いで名誉革命体制を護るハノーヴァ朝の政府軍に一敗地にまみれ、フランスへ逃亡したジャコバイト勢力の首領であった。つまり、再起の望みを完全に絶たれたジャコバイトによる反乱を頼みにするしかないほど、トーリ勢力や反宮廷派ホイッグによる起債が絶望的な状況に追い込まれたと、オクスフォード出身の友人に吐露させているのだ。四月二日には「彼ら〔レッグやバーナード〕は、公衆の尽きることのない信頼を手に入れたと自慢し、戦費調達は自分たち以外には不可能だと断じる」と、レッグやバーナードの起債を激しく批判した。このような『テスト』誌の論調は、レッグの案に対する宮廷派の姿勢を雄弁に物語っている。

『テスト』の批判に対し、ピット派の御用誌『コン・テスト』は、同じ四月二日に以下のように強調する。

現在の手法での起債が、現政権の最も輝かしい政策であることに議論の余地はない。これは子々孫々まで名誉なこととして記憶に残るであろう。イギリス国民をあざむくかつての破滅的なシステム、すなわち高利で資金を借り入れ、ごく少数の「マニド・メン」により公債を全額売り払う手法を、現政権は推進しなかった。

起債の主導的な役割を担うレッグらを褒め称えた同誌はさらに、

絶望的な党派〔宮廷派〕の手先が、出資状況がおもわしくないことをもちだして、いたずらに出資者の意図をくじこうとしていることは、百も承知だ。起債の困難と遅れは当然のことだ。というのも、〔今回の起債は公募を通じて〕個人によって行われるからである。すべての公債がわずかな数の金持ち〔公債請負人〕に分配され、彼らには利益を与え、公衆には重税という害を与える〔宮廷派の〕手法のように、応募が早期に満額に達することはありえない。[57]

と、公募による出資申込みの出足が当初の想定よりも鈍い状況を認めつつ、それを擁護する。

反宮廷派による積年の主張を具現したレッグとバーナードの起債は、『コン・テスト』が渋々認めるように、当初から暗雲漂うものであった。この起債はどのような運命をたどったのであろうか。締切日である一七五七年四月一四日の状況をみてみよう。まず、富くじについて。五〇万口計一〇五万ポンド分のうち出資応募は約四四万ポンドにとどまり、[58]失敗は誰の目からみても明らかであった。トンチンによる年金債は一カ月間公募され四月一四日に締め切りを迎えた。結果は、募集額二五〇万ポンドのうち、わずか三一万三〇〇〇ポンドの出資にとどまるという札割れとなった。起債予定額の約七九％が未達という現実を、レッグやバーナードらは眼前につきつけられた。『テスト』誌は一七五七年四月二三日号に「シティの道化芝居」なる架空の演劇台本を掲載している。[59]そこでは「サトウキビ」なる珍奇な名のシティの市参事会員が嘲笑の対象とされている。市参事会員「サトウキビ」とは、ほかでもなく、ジャマイカにサトウキビの最大級のプランテーションをもつベックフォードのことである。バーナードらによる「道化芝居」はこうして終幕を迎えた。まだなお諦めないバーナードが代替案を提示しようとした時にはすでに、大ピットは罷免され、レッグは職を辞していた。シティのトーリや反宮廷派ホイッグは、永年の主張をみずから否定したのである。

(4) 反宮廷派ホイッグの限界

失敗に終わったヘンリ・レッグらの計画に出資応募したのは、どのような人びとであったのか。一七五七年債では、レッグの失敗後に仕切り直しの起債が行われ、レッグらのトンチンへの払込金は新たな起債に組み込まれることとなった。起債確定後、払込みを完了した人びとのリストを確認することができる。[60]また、デヴォンシア公爵家の文書を収めた「チャッツワース文書」には、デヴォンシア公爵が作成した仕切り直し起債の割り当てリストが存在する。両者を照合すれば、失敗した計画への出資者をほぼ特定できる。

一〇〇〇ポンド以上の高額の出資者を獲得できなかったことは、反宮廷派にとって致命的であった。シティの市参事会員を生涯に経験する人物で一〇〇〇ポンド以上出資したのは、推進者のジョン・バーナード（一万九〇〇〇ポンド）、チャールズ・アスギル（五〇〇〇ポンド）、フランシス・ゴスリン（三万五〇〇〇ポンド）、ジェイムズ・ヘイウッド（二〇〇〇ポンド）、サミュエル・ターナー（二〇〇〇ポンド）の五名にとどまる。このうち、ゴスリンはレッグらの計画失敗後の起債で同額が割り当てられている。したがって、残りの四名がレッグらによるトンチンに出資したと考えられる。アスギルは、起債年である一七五七年にロンドン市長に就任したシティの有力者である。ヘイウッドは、厳密にいうと起債時には市参事会員ではなかった。彼は一七四六年にシティの市参事会員に選出されたものの、就任宣誓を拒否して罰金五〇〇ポンドを科せられた経歴をもつ。彼は著名なリネン生地商人で、政治的には反宮廷派の中心的な人物であり、経済的には死去時に八万六七八〇ポンドもの財産を遺した富裕な商人であった。ターナーは、一七六二年に市参事会員についた西インド貿易商である。ミノルカ島陥落時には、彼は市議会における政府問責決議を主導した活発な反宮廷派であり、死去時には数万ポンドを遺した。[61] 市参事会員からの出資は得られたものの、公債請負人とは比較にならない金額にとどまったのである。つまり、公債請負人への依存から脱却をはかり、「愛国心」や「公共精神」に訴えたレッグやバーナードの起債は、商業社会の最富裕層を構成したシティの市参事会員の支持を得られずに失敗したのだ。しかし、その一方で、十分には出資しなかったシティ内の反宮廷派は、下野した大ピットやレッグを熱狂的に迎えている。シティの市議会は動議を可決し、大ピットらの前政権での功績を称え、特権都市シティの独立性の象徴である市民権と一〇〇ポンドの価値があるという「ゴールデン・ボックス」を両名に授与した。ただし、独立派のバーナードは挙手して反対の意を示した。[62] その後、チェスター、ウースター、ノリッジ、ベドフォード、ヤーマス、ニューカスル、エクセタといった地方都市もまた、シティに続いた。[63]

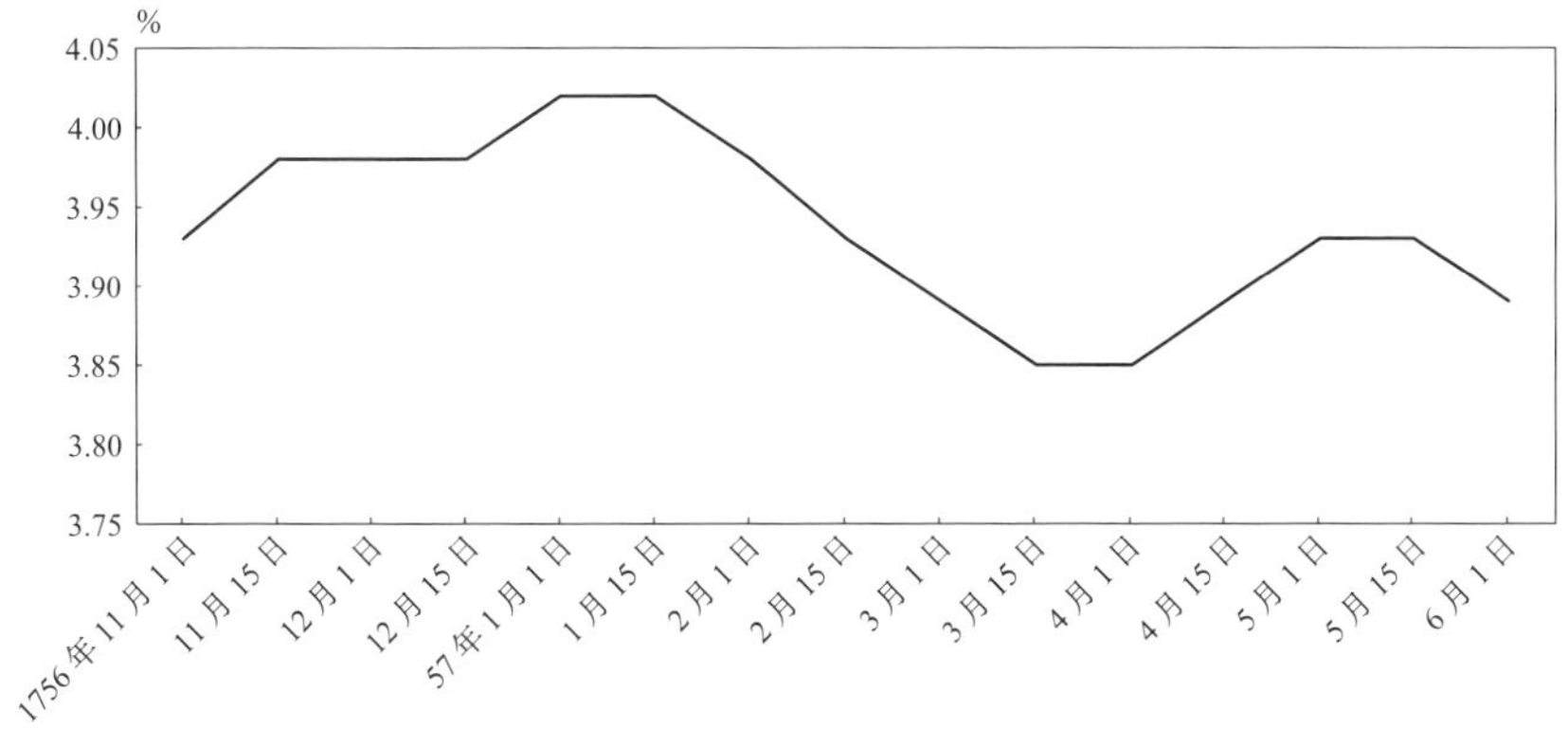

図1-4　1757年債起債時の市場における金利推移（3%債）

出典）Bank Archives, 10a 270/1 より筆者作成。

レッグらの計画が失敗した原因は二点ある。第一に、公債への投資の決定要因としての愛国心は有効ではなかったという明白な事実である。シティの反宮廷派は声高に愛国心を叫んだものの、収益を伴わない公債投資に関心を寄せる者はかぎられていた。[64] 当時の市況は図1-4のとおり三・八五％から四％ほどのレンジで推移していたが、失敗した公債金利はおおよそ三・五％に相当したと考えられる。たしかに、本体として採用されたトンチンは終身年金であるため、余命をめぐって若干ギャンブルの要素があり、それを金利に上乗せすれば、実際の金利は市況にもう少し近づいていくと考えられる。しかし、市況と公債本体の金利の差は、反宮廷派ホイッグやトーリたちの思惑とは異なり、愛国心で埋め合わせられなかった。シティの中流層は、公債保有者のなかでも大きな割合を占める集団であり、経済的な出資能力を有していた。しかし、ジョン・ブルとして象徴されたこのような中流層は、一方で戦債の増大と累積する公債利払いのための重税に苦しめられながらも、他方でそれとは矛盾する公債の収益性を追求したのである。反宮廷派のイデオロギーであるカントリ・プログラムは、あくまでイデオロギーにすぎなかった。愛国心を声高に強調するプロパガンダは、想定外の事態に追い込まれた反宮廷派の断末魔の叫びだったのである。

第二に、シティの市参事会員は、たとえ自己投資用の投資資金は確保できたとしても、それ以外の資金、たとえば親族や共通した商業利害をもつ人物たちの資金を自己の手元に集中させることはできなかった。たしかに、シティの反宮廷派には公債請負人を軽くしのぐほどの富裕層も含まれている。しかし、市参事会員や市議会議員の反宮廷派の人びとには、公債請負人のように、他者、とりわけ国外からの資金を集める力がなかった。

シティの反宮廷派の要求は、公的に統治された市場を通じた「公正な」資金調達であった。しかし彼らは、強硬に重商主義帝国形成による利益を追求したものの、彼らの重税負担やイデオロギーのみでは帝国は形成されなかった。実際にその資金を提供したのは、彼らの仇敵であるコスモポリタンな公債請負人にほかならなかった。それでは、反宮廷派から激しく敵視されたマニド・メンたちは、どのように公債起債に関わったのであろうか。

3　公債請負人とホイッグ政府

(1)　公債請負人と起債

限定請負制度では通常、大蔵部（とくに首席大蔵委員）と公債請負人とが、起債予定年の前年末から年初にかけて起債金額、金利、手法などについて折衝し、起債条件を確定した。[65] 当該公債の発行条件が確定すると、公債請負人や政権に近い人びとは、顧客、親族、知人などに情報を供与し、彼ら彼女らからの出資希望を受けつける。そのうえで、その合計額に自己投資額を含めた金額を出資保証額とし、起債者側にその金額分の割り当て希望を申し出る。起債者側は、申込状況や申込者の優先順位を政治的・経済的に勘案したうえで割当額を調整する。公債請負人は起債者が決定した金額分の政府公債の「スクリプト」(分割払込証書＝出資証書）を最終的に引き受け、みずからの手元に留めるか、購入依頼者に配分あるいは売却する。第2章でみるように、多くの場合、政府公債の決済は分割による払込みが採用されており、その回数は一〇回前後であった。払込完了後に初めて、当該スクリプトの保有者はスクリプトと引き換えに公債証券を受け取ることとなる。一方で、払込完了前のスクリプトが売却される場合もあった。払込義務が残存するスクリプトの価格は、そのスクリプトに対する払込済みの金額や既発公債の市場動向によって、はげしく変動した。そのため、スクリプト取引には多分に投機的な要素がつきまとった[66]。

一七五七年債に戻ろう。ヘンリ・レッグらの公募による起債は、出資締切日である一七五七年四月一四日に「札割れ」、つまり失敗が確定した。しかし、ヨーロッパ大陸での軍事行動は四月にはすでに開始されていたため、戦費調達の早急な善後策が必要となった。大ピットの解任やレッグの辞任によって閣内に独り残されたデヴォンシア公爵が、限定請負制度による起債で事態の収拾をはかることとなった。

ニューカスル公爵の秘書ジェイムズ・ウェストは、締め切り翌日の四月一五日付のニューカスル公爵宛の書簡で、二五〇万ポンドのうち三一万三〇〇〇ポンドの出資にとどまり、残りの二一八万七〇〇〇ポンドが新たな計画で調達される必要があると伝えている。また、ジョン・バーナードが出資締切日にコーヒーハウス「ギャラウェイ」にて一〇万ポンド近くの出資をしたこと、そのバーナードは新たな起債条件を印刷したビラを配布してその案が早晩議会で認められるといっており、直近の議会の予算委員会で法案を提出しようとしているなど、各地の起債に関する動きを説明する。そのうえで、オランダ人貿易商ヨシュア・ファン・ネックとイギリス人貿易商ジョン・ゴアの行動について、次のように報告している。

　サー・ヨシュア・ファンネック（ママ）とゴア氏は本日、デヴォンシア公爵を訪問し、以下の条件を提案しました。二五〇万ポンドを金利三%で起債し、それに二五シリング〔=一・二五%〕の終身年金のボーナスを付す。もしくは、〔二五〇万ポンドを〕金利三・五％で起債し、それに一二シリング六ペンス〔＝〇・六二五％〕の終身年金のボーナスを二ポンドの出資ごとに付す。[67]

ただし、ウェストの見立ては、仮にこのファン・ネックとゴアの提案をもとに法案が議会に提出されたとしても、バーナードは条件が公債請負人に有利すぎるということでこの案に反対するであろう、というものであった。

この起債の中心となった公債請負人は、ファン・ネックとゴアの二人であった。両者はちょうどその当時、ドイツのエッセンでの軍事行動に必要な資金の送金を政府から共同で請け負っていた。[68] デヴォンシア公爵とこの両者の三名によって起債条件の折衝がはじまると、レッグの起債時には静観を決め込んでいた公債請負人ら宮廷派ホイッグに近い人びとは即座に、希望する割り当て金額をデヴォンシア公爵に申し入れはじめた。事態はレッグたちの失敗した起債とは正反対の様相を呈しはじめる。たとえば、ある貿易商から仲介を要請されたヘンリ・フォックスは、すみやかに行動をおこしている。彼は一七五七年四月一五日、すなわち公募による起債の出資締切日の翌日付で、デヴォンシア公爵に以下のような文面を送っている。

閣下〔デヴォンシア公爵〕がヨシュア・ファン・ネック氏やジョン・ゴア氏と折衝された公債に対して、私はトウチェット氏とリンウッド氏から出資希望を受けました。〔中略〕閣下が起債するあらゆる公債の募集に、私は五〇万ポンド用意できます。右にあげた人びとに多くの割り当てがなされるよう希望いたします。[69]

出資申し込み者の大部分は貿易商であった。それに加えて、個人銀行も数行が出資を申し込んでいる。ファン・ネックと関係が深いスノウ銀行は、「私どもと友人のため」に四万ポンドの出資を希望している。[70] また、マーチン・ストーン・ブラックウェル銀行は、一六世紀半ばに設立されたシティでも名声を誇る個人銀行のひとつであるが、「弊行には多くのジェントルマンから〔新たな起債について〕問い合わせがありますが、彼らはつねにこの国の貨幣信用の偉大な支持者で、その〔出資〕希望額を合計すると少なくとも三〇万ポンドに達し、ひとりあたりの金額は一万ポンドはくだらないと思われます」と、デヴォンシア公爵に問い合わせ状況を知らせている。[71] このように個人銀行経由で起債時に公債投資をした投資家も存在したが、その仲介をした同行には五万ポンドの割り当てが認められた。また、イングランド銀行、南海会社、東インド会社といった三大特権会社にはそれぞれ、二〇万ポンド、一五万ポンド、一五万ポンドが割り当てられた。[72] 三大特権会社以外にも、ロンドン保険会社やサン保険会社への一万ポンドやロンドン病院に一万ポンドというように、組織として割り当てられている例もあった。[73]

公債請負人はどのように対応したのであろうか。ロンドンのユダヤ人社会の指導者サムスン・ギデオン[74]に比肩する実力をつけはじめたジョーゼフ・サルヴァドーレは、自身を含む一九名の出資希望者名と希望金額のリストをデヴォンシア公爵に送っている。[75] また、シティの市参事会員ウィリアム・ベイカーも同様に一〇名の出資希望者名と希望金額を伝えている。

フランスの事情に通じるヨシュア・ファン・ネックは「フランスがまさに現下五・七五％で借り入れざるをえない金額の倍額を、イングランドが閣下のもとで三・六二五％よりも低い金利で〔本体となる公債が〕借り入れ可能なのは慶賀の至りです」と述べながらも、以下のような警告を発している。

庶民院に提出される他のどのような〔起債の〕提案もお取り上げのないよう、ご注意いただければ幸いに存じます。もし閣下がそれらに関心をもたれると、現在の〔ファン・ネック案の〕人気にもかかわらず〔起債できなくなる〕危険が生じるでしょう。[76]

この発言の背景には、最初の起債計画の失敗後、バーナードが代替案の提示を試みようとしていたことがあった。

の引き受け（1737〜63 年）

（ポンド）

1757年債	1758****	1760年債	1761年債	1762年債	1763年債	計
500,000	50, 000	1,200,000	1,500,000	1,300,000		5,353,000
200,000						785,000
100,000	40, 000	50,000	100,000	50,000		1,341,500
50,000		400,000	750,000	900,000	200,000	2,438,000
50,000		600,000	500,000	600,000	200,000	1,995,000
60,000		400,000	500,000			1,340,000
50,000		60,000		60,000		305,000
15,500		466,000				581,500
150,000	5, 000	300,000	400,000	570,000	200,000	1,640,000
30,000		300,000	350,000	350,000		1,085,000
80,000	5, 000	300,000	300,000	500,000		1,210,000
20,000		450,000	400,000	500,000		1,387,500
20,000		300,000	200,000	300,000		835,000
30,000		300,000	400,000			745,000
50,000						65,000
	15, 000		500,000		200,000	734,000
60,000	15, 000	1,000,000	660,000	480,000	200,000	2,415,000
60,000		100,000	150,000	200,000	200,000	710,000
30,000		500,000	1,000,000			1,530,000
	20, 000	460,000	652,000	1,500,000	200,000	2,832,000
	50, 000	100,000	250,000	300,000		700,000
		10,000	100,000	100,000		210,000
		100,000		100,000		200,000
			150,000	150,000		300,000
					総　計	30,737,500

The financial revolution in England, London : Macmillan, 1967, p.288. 1744 : 1745 : TNA NDO 1/1（ただし本体に付された年金債の金額のみ）. 1748 : The City of London and the Devonshire-Pitt administration, 1756-7', in Sutherland Appendix B（Chatsworth MSS. 512.8 ; 512.10）. 1758 : *The annual register*, I, 33040, f. 290. 1763 : *The North Briton* 42, 1763, p. 215.

け融資，****はハノーファ債。太字はすべて政府公債を示す。網掛け

アム・ベックフォードは公債請負人ではないが，２度の起債を請け負っ

また、辞任したレッグは、デヴォンシア公爵にバーナード案への支持を要請した[77]。それにもかかわらず結局採用されたのは、三％コンソル債三〇〇万ポンドに一・一二五％の終身年金の付加というファン・ネックとゴアの起債案に近い条件だった。デヴォンシア公爵は、政府契約で兵站や資金送金を公債請負人に依存していたことや、シティの反宮廷派が資金能力の限界を示したため、公債請負人の資金網を用いざるをえなかったのである。

（2）公債請負人とは誰か

限定請負制度でイギリス政府公債を引き受けたのは、どのような人びとであったのだろうか。その人選は起債時に首相によって進められた。そのさいに作成された請負人のリストが断片的に残存しており、各年のリストを照合すると公債を請け負った比較的少数の人びとの姿が出現する。一七五七年の三％コンソル債三〇〇万ポンドの起債（以下、一七五七年債と略記）では[78]、引き受け予定者が七一名リストアップされている。そのうち十数名が一七四四年債や一七六〇年債の起債時にも公債を引き受けている。ほぼ恒常的に公債を引き受けた彼ら

表1-3　公債請負人と公債

氏　名	1737*	1742年債	1744年債	1744**	1745年債	1748年債	1749***
ファン・ネック（ヘラルト&ヨシュア）	320, 000		**150,000**	200, 000	**33,000**		100, 000
ジョン・ゴア	320, 000		**150,000**			**15,000**	100, 000
サムスン・ギデオン		**35,000**	**300,000**		**52,500**	**614,000**	
マルマン（ヘンリ&ピーター）		**25,000**				**113,000**	
コールブルーク（ジェイムズ&ジョルジュ）		**20,000**				**25,000**	
ブリストウ（ロバート&ジョン）			**150,000**	200, 000	**20,000**	**10,000**	
ジョン・エドワーズ			**90,000**			**45,000**	
バレル（ピーター&メリック）			**90,000**			**10,000**	
サルヴァドーレ（フランシス&ジョーゼフ）					**15,000**		
フォネロウ（ザチャリ&トマ）						**55,000**	
マーティン・ストーン銀行						**25,000**	
ネズビット（アルバート&アーノルド）						**17,500**	
ハニウッド&フラー商会						**15,000**	
ウィリアム・ベルチャ						**15,000**	
ウィリアム・ベイカー						**15,000**	
バーソロミュー・バートン						**19,000**	
ジョルジュ・アミョン							
ジョン・ソーントン							
サミュエル・トウチェット							
ニコラス・マグンス							
ウィリアム・ハート							
ジョン・ゴスペル・リングメイカー							
ウィリアム・ベックフォード							
ジョーゼフ・メリッシュ							

出典）1737 : The British Library（以下，BL と略記）Add. MSS, 23814, ff. 52, 167. 1742 : Peter George Muir Dickson, The National Archives（以下，TNA と略記）SO 36/64/352 . 1744 : BL Add. MSS, 23800, ff. 327, 444, 464. Bank Archives, AC 27/262. 1749 : *The Gentleman's Magazine* XIX, 1749, p. 186. 1757 : Lucy Stuart Sutherland, (ed. A. Newman), *Politics and finance in the eighteenth century*, London : Hambledon Press, 1984, pp. 109-113, 1758, p. 103. 1760 : BL Add. MSS, 33039, f. 416. 1761 : BL Add. MSS, 33040, f. 79. 1762 : BL Add. MSS,

注）＊はヨーゼフ1世への「コッパー・ローン」，＊＊はサルジニア債，＊＊＊はオランダ共和国連邦総督向は，非イギリス系（オランダ人，ユグノー，ドイツ系，ユダヤ人）公債請負人を示す。なお，ウィリた。

こそが、限定請負制度で決定的に重要な役割を果たしたと考えられる。表1‐3は現存する史料上、起債時に複数回イギリス政府公債を引き受けたことが確認できた人物の一覧である。本書では、この表に現れる人びとを公債請負人とする。この表によって、研究史上、初めてマニド・インタレストの中核が具体的な人名とともに明らかにされたことになる。

公債請負人とは対照的に、反宮廷色を強めたシティの市参事会員は限定請負制度からほぼ完全に排除されていた。一七四四年債、一七五七年債、一七六〇年債の三回の起債のうち、一度でも政府公債の引き受けに加わった市参事会員は、ウィリアム・ベックフォード、フランシス・ゴスリン[79]、ウィリアム・ベイカーのわずか三名にとどまる。しかし、ベックフォードの請負額は一七六〇年債と一七六二年債の各一〇万ポンドと、公債請負人の請負金額よりも桁違いに低い金額にとどまった。ゴスリンは銀行家であり、政治的には宮廷派ホイッグに近い。また、ベイカーは、市参事会員就任直後の一七四一年、東インド会社の取締役にもついている。一七四九年から五三年にかけて、ベイカーは同社の副会長と会長を歴任し、さらにハドソン湾会社総裁にも就任するという、反宮廷派ホイッグ色を強めていた当時のシティの政治的有力者のなかでも特異な存在となっていた。彼は宮廷派ホイッグであり、多数の政府契約を受注している。この三名以外の市参事会員は、シティの大立者であるジョン・バーナードを含めて、まったく姿を現さない。ベックフォードの引き受けは大ピットの影響力による例外的なものであったとみてよいだろう。

(3) 外国人

一八世紀中頃の限定請負制度では、外国人公債請負人がきわめて重要な役割を果たした。一七五七年債では最終的に三〇〇万ポンドのコンソル債が起債されたが、公債請負人や三大特権会社の取締役たちは（公債請負人のうちの数名は特権会社の取締役にもついていた）、起債額の少なくとも六二％以上の金額を引き受けた。彼らはこの公債起債の成否を握っていたといえる。そのなかでも公債請負人の約半数が外国人によって占められていたことには、とくに注目しておきたい。しかも、外国人の公債請負人たちは、たんに人数で半数を占めただけではない。彼らの引き受けた金額の割合もまた、一七四四年債では起債額の約三〇％、一七五七年債では約三三％、一七六〇年債では約四六％と、いずれも多くを占めた。

公債請負人を外国人とイギリス人に大別し、その具体像をみてみよう。外国系の公債請負人は、オランダ人、ユグノー、ユダヤ人の三種に分類することができる。外国人公債請負人の中核は、オランダ人であるヘラルト・ファン・ネックとヨシュア・ファン・ネックの兄弟であった。一七五〇年の兄ヘラルトの死去後は、ヨシュアがロンドンのオランダ人社会における指導者として、イギリス政府公債の請負とその流通に注力した。七年戦争時における起債では、一七五七年債の五〇万ポンド、ハノーファ債の五万ポンド、一七六〇年債の一二〇万ポンド、一七六一年債の一五〇万ポンドの請負でそれぞれ公債請負人の最高額請負を記録しており、一七六二年債でも一三〇万ポンドで第二位の金額を請け負っている。このように、ファン・ネック商会は、七年戦争中の起債においてオランダ人投資家の代表として個人請負額の筆頭に名を連ね、表1-3での総請負額は五三五万三〇〇〇ポンドという巨額なものとなった。ヨシュアは公債請負人のなかでも最も重要な人物であったといえる。

重要な役割を演じたオランダ人公債請負人は、ファン・ネック兄弟以外にも存在した。たとえば、オランダの著名な貿易商の出自をもつピーター・マルマンとヘンリ・マルマンの親子がいる。彼らは限定請負制度で初めて起債された一七四二年債からイギリス政府公債を引き受けはじめ、一七六三年までの二二年間に総額二四三万八〇〇〇ポンドを請け負っている。ファン・ネック兄弟をはじめとするオランダ人公債請負人が引き受けた公債は、限定請負制度が運用されはじめた一七四二年から七年戦争が終結した一七六三年にいたる二二年間で、総額七七九万一〇〇〇ポンドという巨額にのぼった。

オランダ人以外の外国人公債請負人の活動も見逃すことはできない。一六八五年、ルイ一四世によるナントの王令廃止後、フランスではカルヴァン派への宗教的寛容が失われ、多数のユグノーが国外に脱出し、オランダやイギリスへ向かった。ロンドンに逃れてきたユグノーのなかには、イングランド銀行初代総裁のジョン・ウーブロンのように、貿易商や銀行家として商業・金融取引で活躍するものが現れた。通婚などでオランダ人と結びつきつつ、公債請負人として政府公債を引き受けるユグノー商人や金融業者も出てきた。なかでもロンドンの貿易商ジョルジュ・アミヨンは、代表的なユグノーの公債請負人であるといえる。彼の名は七年戦争初期に起債された一七五七年債の請負リストに六万ポンドの引受額とともに現れる。一七六〇年債では、ヨシュア・ファン・ネックに次ぐ一〇〇万ポンドの引き受けに成功した彼は、一七六三年までに総額二四一万五〇〇〇ポンドの公債を引き受けた。もちろん、一七四〇年代から活躍したユグノーも見逃すことはできない。一七四二年債のリストには銀行家の息子ジェイムズ・コールブルークの名前が記載されている。その弟であり東インド会社会長をのちにつとめることとなるジョルジュは、一七五七年債で五万ポンド、一七六〇年債では第三位の引受額にあたる六〇万ポンドをそれぞれ引き受けた。彼らは総額一九九万五〇〇〇ポンドの公債の引き受けに参加している。リネンを扱うハンブルク貿易で財を成したユグノーを父にもつザチャリ・フィリップ・フォネロウとトマ・フォネロウの兄弟は、計四回の起債に加わり、総額一〇八万五〇〇〇ポンドの公債を引き受けている。これらのユグノー公債請負人が引き受けた総額は、五四九万五〇〇〇ポンドにのぼった(80)。

ドイツ系貿易商であるニコラス・マグンスは、若年時にハンブルクやスペインで貿易商としての経験を積み、ロンドンへ移住してきたプロテスタントである。彼は保険取引でも成功をおさめ、ロンドン保険会社の取締役に就任した。引退後はロンドンからサフォークの地所に移った。貿易商としての経験にもとづいた著書『商人大全』（一七五三年）はジェイムズ・ステュアートに高く評価され、アダム・スミスも依拠した名著として知られる。保険取引の実務知識を一書に編んだ『保険論』（一七五五年）でも知られるマグンスは、一七六〇年から六三年にかけて毎年の政府公債の起債に参加し、その総請負額は二八三万二〇〇〇ポンドにおよんだ。とりわけ一七六二年の起債では、請負額は一五〇万ポンドと最高額を記録し、ファン・ネック商会を二番手に置くほどであった。

(4) イギリス人

イギリス人の公債請負人は、ほぼ全員がイングランド銀行、東インド会社、南海会社といった三大特権会社の取締役をつとめていた。ハンブルク貿易商のジョン・ゴアは、その祖父はロンドン市長でイングランド銀行創立時の取締役会に名を連ね、また、父もイングランド銀行取締役をつとめた、ロンドン有数の豪商の家系を出自にもつ。(81) 本人もまた、南海泡沫事件時に南海会社の取締役についていたことで知られる。彼は一七四〇年代より公債引き受けに参画しており、とくに一七五七年債の引き受けではヨシュア・ファン・ネックに次ぐ二〇万ポンドを引き受けた。ジョン・ブリストウは、ポルトガルを中心としてスペインや南アメリカ、西インド諸島との貿易を主要な事業としていた貿易商である。貿易先と地域的な利害関係が重なる南海会社取締役を三〇年以上つとめた彼は、一七三三年からの二四年間にわたって総裁代理という要職を担った。ブリストウは一七六〇年と一七六一年にそれぞれ四〇万ポンドと五〇万ポンドという高額を引き受けた。メリック・バレルとその子ピーター・バレルは、一七四〇年代より公債を引き受けており、一七六〇年債では四六万六〇〇〇ポンドを引き受けた。メリックはイングランド銀行の取締役の座に二十数年おり、一七五六年からは副総裁と総裁を歴任した富裕な貿易商である。

　ジョン・ゴア、ジョン・ブリストウ、メリック・バレルのイギリス人公債請負人の三名は、全員がホイッグ主流の宮廷派であるペラム・ニューカスル派に属していた。この事実は公債請負人の政治傾向を如実に示している。一七五七年債で五万ポンドを引き受けた市参事会員ウィリアム・ベイカーはその典型である。庶民院議員でもあったベイカーは、ロバート・ウォルポール失脚後、宮廷派ホイッグの首領を継いだ首相ヘンリ・ペラムとその兄で弟の急死後首相を継いだニューカスル公爵につねに忠実な宮廷派ホイッグであった。それゆえ彼は、反宮廷派ホイッグの中心人物であるウィリアム・ピット（大ピット）やウィリアム・ベックフォードとは政治上対立する関係にあった。その政治的な傾向は、彼の国政のみならず都市政治への関わりかたにもあらわれている。ベイカーは、三〇年以上という長期間にわたりシティの市参事会員に在任したものの、市要職には一度も就任しなかったという、きわめてまれな例となった。この背景には、シティが当時反宮廷派色を強めていたことがあると考えられる。さらに、彼のこうした政治的な属性は経済行動にも影響した。彼は当時最大規模のアメリカ貿易商のひとりであり、その活

表1-4　政府契約（1750年代後半〜62年）

契約	場所	契約業者	手数料
糧食	アメリカ	Colebrooke, Nesbitt, Franks	4 3/4 ペンス（1日1人分あたり）
	ケベック	Colebrooke, Nesbitt, Franks	5 1/2 ペンス（1日1人分あたり）
	ノヴァ・スコシア	Chauncery Townsend	5 1/2 ペンス（1日1人分あたり）
	ニューファンドランド	Chauncery Townsend	5 1/2 ペンス（1日1人分あたり）
	アナポリス	Matthew Woodford	5 1/2 ペンス（1日1人分あたり）
	ジブラルタル	Fonnereau, Walpole, Burrell (M)	3シリング1ペンス1ファージング（1週1人分あたり）
	ミノルカ	Burrell (P), Bristowe	不明
送金	ミノルカ	Burrell (P), Bristowe	1ドルあたり55ペンス
	ジブラルタル	Bristowe	1ドルあたり54.5ペンス
	北米	Tomlinson, Colebrooke, Nesbitt	送金額の2%

出典）BL Add. MSS, 38337, ff. 109-111より筆者作成。

動範囲はカロライナからニューヨークまでの北米大陸東岸のほぼ全域にわたっていた。ベイカーはサウス・カロライナで大規模な地所を購入するが、その共同購入者はともにロンドン貿易商であるニコラス・リンウッドとブライス・フイッシャであった。[82] リンウッドとフイッシャの二人もまた宮廷派ホイッグと深い結びつきをもち、公債請負にも関与した。このように、公債請負人のなかには、公債引き受け以外でも同じ宮廷派ホイッグの人物と経済活動を共にする例が頻繁にみられる。

(5) 公債請負人と政府契約

公債請負人が政府から引き受けたのは、戦費を手当する政府公債だけではなかった。公債請負人として名を連ねる二十数名の多くは、軍需物資の輸送や戦費の送金業務を政府契約として引き受けることで多額の利益を得ていた。[83] 政府契約は政権から提供される利権のひとつであり、ペラム兄弟が駆使するパトロネイジの手段でもあった。表1-4で示されるように、多くの場合、公債請負人は単独ではなく複数人が共同で政府契約を受注・実行した。地中海におけるイギリスの重要な軍事拠点であったミノルカ島や、スペイン継承戦争で獲得したジブラルタルといった要衝への送金と軍需物資の輸送を共同で実行したのは、ピーター・バレルとジョン・ブリストウであった[84]。ジョン・ゴアは、ヨーロッパ大陸への送金を担当した。彼はアムステルダム宛手形を利用して、デンマークやドイツのエッセン方面への軍隊へ送金した。そのさい、アントワープのテオドル・マルマンから、ブリュッセル、ブリュージュ、オステンドといった、広範囲にわたる信用供与を受けて送金を完了させた[85]。ゴアが利用したのは、マルマン商会、クリフォート商会、ペルス商会といった、アムステルダムの「商業世界で最も知名度が高く信用が確固として構築された」ごくわずかな大商会による金融ネットワークであった[86]。アーノルド・ネ（三）ズビットは一七四八年債の一万七五〇〇ポンドをかわきりに、一七五七年債（二万ポンド）、一七六〇年債（四五万ポンド）、一七六一年債（四〇万ポンド）、一七六二年債（五〇万ポンド）の計一三八万七五〇〇ポンドの公債を引き受けた、アイルランドにコネクションをもつ銀行家である。彼は、ユグノー貿易商ジョルジュ・コールブルークと共同で政府契約を受注したが、彼が利用したのもまたスコットランド、ロンドン、パリの間に存在する国際的な商業・金融上のつながりであった[87]。軍需物資の輸送にせよ、その決済に必要な送金や金地金の現送にせよ、大陸や植民地での軍事行動に必要な経済的な活動は、公債請負人たちによってその多くが引き受けられたのである。

(6) 姻戚関係と社会活動

公債請負人たちは政治的・経済的に密接な関係を構築したが、図1-5のように、その背景に姻戚関係が存在する場合もみられた。ジョーゼフ・メリッシュは一七六一年債と一七六二年債でそれぞれ一五万ポンド分を引き受けた。メリッシュ家は古くからロンドン貿易商の家系で、一七世紀前半にシェフィールド近郊のブライスに地所を求めたものの、地主ジェントルマンというよりはむしろポルトガルやトルコとの貿易や法曹界に利害をもち続けた。ジョーゼフは、同名の父とロンドン市長でイングランド銀行取締役のウィリアム・ゴアの娘ドロシとのあいだに第

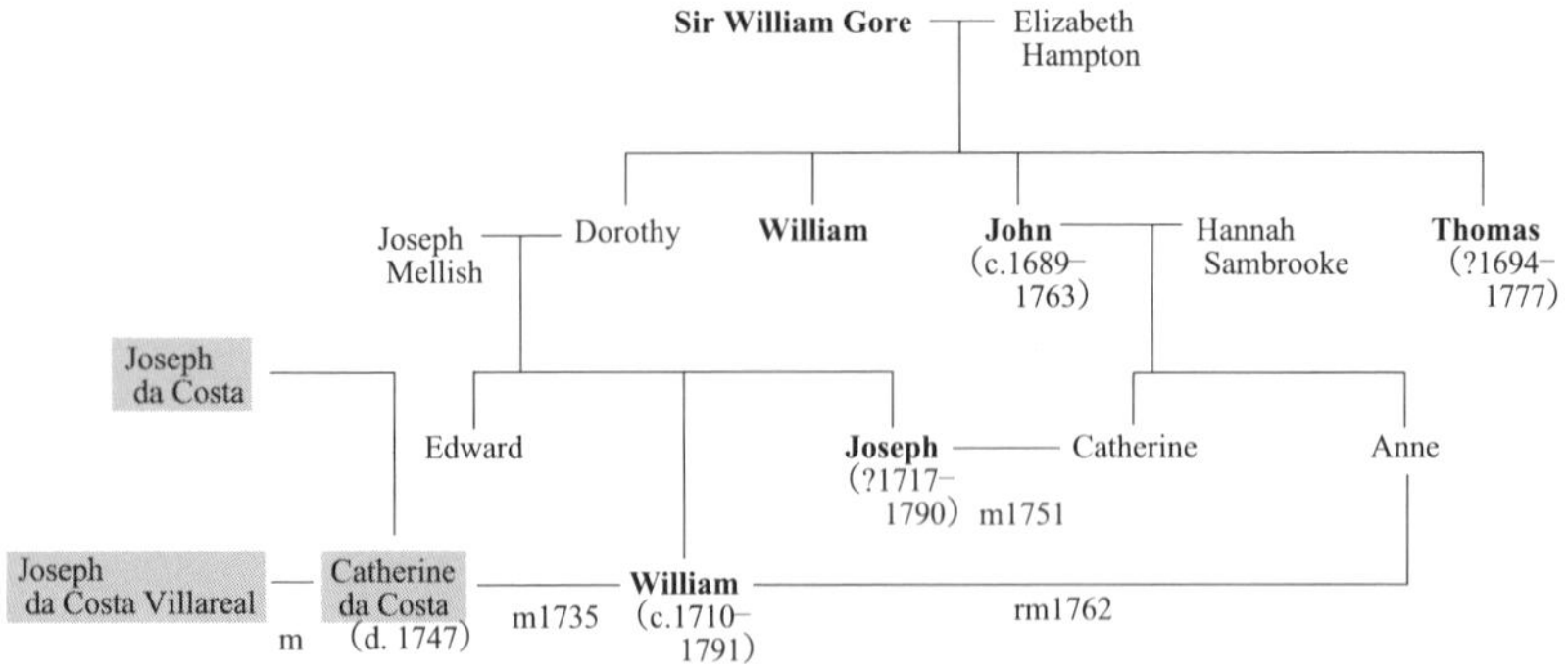

図 1-5　ゴア家とメリッシュ家

出典）筆者作成。
注）太字は庶民院議員，網掛けはユダヤ人，m は初婚，rm は再婚。

五子（三男）として生まれた。ウィリアム・ゴアは公債請負人ジョン・ゴアの祖父にあたる人物である。子ジョーゼフは、のちに岳父となるジョン・ゴアのもとで貿易・金融業に従事し、ジョン・ゴアの娘キャサリンを妻として迎える。子ジョーゼフはロシア会社の取締役にも就任し、家業のポルトガル貿易に携わった。一七六一年、リンカンシアのグレイト・グリムズビに議席を有したジョン・ゴアを継ぎ、子ジョーゼフはニューカスル公爵子飼いの庶民院議員となった。彼は、ロンドンの貿易商であり金融業者でもあったトマス・ウォルポールや、公債請負人のロンドン貿易商サミュエル・トウチェットと共同で政府契約を受注し、ドイツへの送金を担当した。トマス・ウォルポールはホーラティオ・ウォルポール（初代ウォルポール男爵。首相ロバート・ウォルポールの弟）の長男である。彼はファン・ネック商会に入り、ヨシュアのもとで貿易業や金融業を修得していく。トマスは先述したドイツへの送金をはじめ、公債請負人でありイングランド銀行総裁でもあったメリック・バレルや、ユグノーの公債請負人であったフォネロウ兄弟と共同で多数の政府契約を受注している。

個々の公債請負人の行動を史料が許すかぎり追跡すると、断片的ながらも、図1-6のようにひとつの明確な集団がその輪郭を浮かび上がらせる。それは、政府公債の引き受け、政府契約の受注、姻戚関

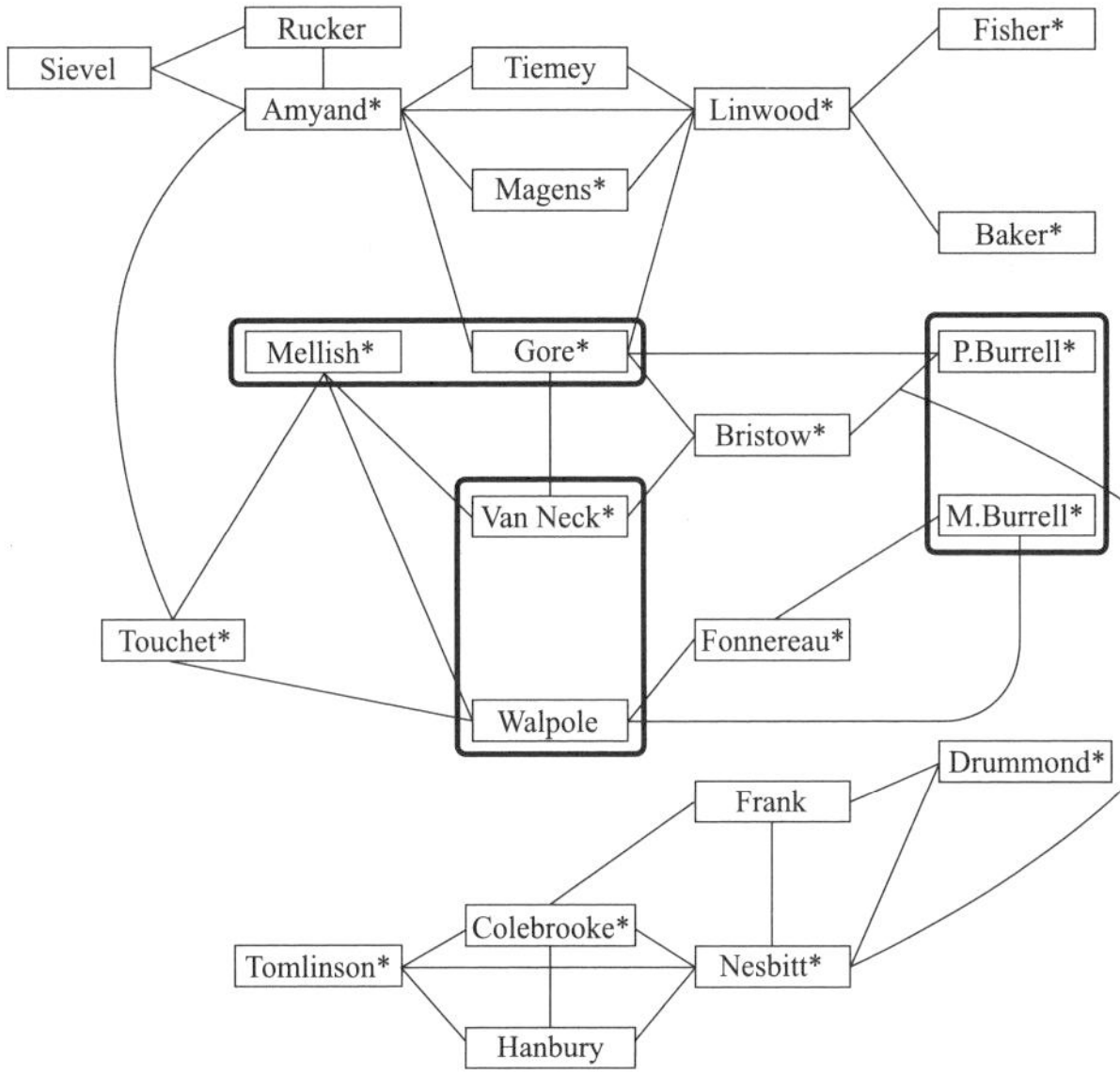

図 1-6　公債請負人のビジネス関係

出典）筆者作成。
注）太線枠内は家族・姻戚関係。＊は公債を請け負った者。

係、ビジネス上でのパートナーシップなどを媒介とした、共通の利益を追求する閉鎖的な集団である。同じホイッグ寡頭政の担い手といっても、大陸諸国に対する「平和」政策が権力基盤の支柱となったロバート・ウォルポールと、対仏戦争と公信用の維持に追われるヘンリ・ペラムやニューカスル公爵とでは、与えられた条件は対照的である。後者は、公債請負人たちと密接な関係を構築して戦時財政を確立し、対仏戦争をイギリスの優位に進めた。政権の安定と戦争の遂行の双方を求められたホイッグ寡頭政のもとで、ペラム兄弟が提供する「利権」で結合したシティの枢要な貿易・金融業者の富裕な集団が、公債請負人の集団であった。それゆえこの集団は、宮廷派ホイッグを糾弾するシティの市参事会員や市議会議員とは、同じシティの商業・金融の担い手であったとはいえ、政治的に明確に区別すべき集団であった。シティの商業・金融利害の内実は、けっして一枚岩であったとはいえない。

ただし、社会的な側面においては、公債請負人とシティの政治的支配者層との差異を強調しすぎてはならない。たとえば、コーネリアス・アーノルドの『商業』という名の詩では、一八世紀中頃のイングランドの商業の力やその担い手が称揚されているが、そこでは「拡大していく商業よ、もっと神の祝福を賜らんことを。〔ジョン・〕バーナード、〔スリングビイ・〕ベッセル、〔ジョルジュ・〕アミョン、そして〔ヘラルト・〕ファン・ネックのごとき、自由の偉大な息子たちよ！　豊かな技芸の女王よ！」と、バーナードやベッセルといったシティの都市政治の大立者たちと、アミョンやファン・ネックといったユグノーとオランダ人の公債請負人が、同じ列に実名をあげて並べられ、褒め称えられている。[88]　また、本書序章の冒頭でも登場したマラシ・ポスルスウェイトは、若者向け就業案内で「その若者が、刻苦勉励するとともに疑いなく次元の違う能力の持ち主であり、海外貿易で首尾よく特別な成功をおさめたいという意思をしっかりもっているのであれば、グレシャム、バーナード、ファン・ネック、ゴア、バレル、ブリストウ、バンスなどのよう〔な貿易商〕になることができるかもしれない」と、成功したロンドンの商業世界のなかでも頂点に立つ七名の貿易商の名をあげる。[89]　そこでは反宮廷派の首領であるバーナードが、四名の公債請負人たちとともに成功例として並置されている。さらに、表1-5でわかるように、公債請負人たちのチャリティ活動は、商業社会の他の人びとと変わることなく行われた。このように、公債請負人は、商業世界の最富裕層としてシティの政治的な支配者層と同じ社会的な位置にいたといえる。

(7)　公債の分配と資金の流れ

限定請負制度では、公債請負人による出資保証額が事前に割当額として定められた。割り当てを受けた公債請負人は、一部あるいは全部を自己投資用に保持する場合もあれば、第三者にそれを売却することもあった。ジョーゼフ・サルヴァドーレやウィリアム・ベイカーのように、転売先である第三者の氏名と割当額を申込者から申込時に

表1-5　公債請負人の社会的な活動

	聖トマス病院	捨て子養育院	聖ジョージ病院	退役軍人救済計画	海洋協会	勧業協会	ロンドン病院
氏　名＼年	1736	1740	1743	1748	1756-58	1759/60	1765?
ジョルジュ・アミョン						●	●
ウィリアム・ベイカー		●	●		●	●	●
ウィリアム・ベックフォード						●	●
ウィリアム・ベルチヤ					●	●	●
ブリストウ（ジョン&ロバート）		●				●	
バレル（ピーター&メリック）		副総裁				●	
バーソロミュー・バートン							
ジョルジュ・コールブルーク	●			●	●	●	
ジョン・エドワーズ	●				●		
ザチャリ・フォネロウ			●		●		●
サムスン・ギデオン					●	●	●
ジョン・ゴア		●		●	●		副総裁
ウィリアム・ハート		●					
ニコラス・マグンス				●		●	●
マーティン（銀行）	●	●			●		●
ジョーゼフ・メリッシュ					●		●
マルマン（ヘンリ&ピーター）	●	●		●	●	●	財務責任者
ネズビット（アルバート&アーノルド）		●			●		●
ジョン・ゴスペル・リングメイカー							
サルヴァドーレ（フランソワ&ジョーゼフ）				●	●	●	●
ジョン・ソーントン					●	●	●
サミュエル・トウチェット						●	
ファン・ネック（ヘラルト&ヨシュア）	●	●	●		●		

出典）St. Thomas's Hospital (London, England) : *A list of the governors of St. Thomas's Hospital in Southwark*, [London], 1736. Foundling Hospital : *A list of the present governors and guardians of the hospital for the maintenance and education of exposed and deserted young children*, [London], [1740]. St. George's Hospital (London, England) : *An account of the proceedings of the governors of St. George's Hospital near Hyde-Park-Corner, from its first institution, October the nineteenth 1733*, [London], [1744]. Veteran Scheme : *A list of the subscribers to the Veteran Scheme. Began at Sir Joseph and Sir Thomas Hankey's, and James Colebrook's, Esq*, London, [1748]. Marine Society : *A list of the subscribers to the Marine Society, from June 1756, to December, 1757*, [n.p.], [1758?]. Society for the Encouragement of Arts, Manufactures, and Commerce : *A list of the Society for the Encouragement of Arts, Manufactures and Commerce. March the 21st. 1759*, [London], [1759] ; do., *A list of the Society for the Encouragement of Arts, Manufactures and Commerce. June 5, 1760*, [London], [1760]. London Hospital : *A list of the governors of the London Hospital*, [London], [1765?].

明示することも多くみられた。割当額の決定権は首相大蔵委員である首相が握っているため、リスト上の人物名しだいで割当額が減額されたり、割り当てそのものが控えられたりする可能性があった。そのため、公債請負人を経由して割り当てられる第三者もまた、宮廷派ホイッグに近い人物が多くを占めることになった。つまり、公債請負人個人の再配分・転売リストには公債請負人の社会的・政治的・経済的な属性が色濃く反映されていたのである。

たとえば一七五七年債の場合、公債請負人を経由するルートに限定した場合、再配分・転売リストには計八三名存在した。(90) 特筆すべきは、ここにもシティの市参事会員が含まれていないことだ。つまり、公債請負時のみならず、少なくとも公債請負人の手から第三者へ再配分あるいは転売される段階でも、かなり限定的な流通経路が想定される。再配分あるいは転売される政府公債の額面は、一万ポンドから二万ポンドを受けた一四名を除くと、多くの場合一〇〇〇ポンドから五〇〇〇ポンドであった。

ユダヤ人公債請負人サルヴァドーレのリストには一九名の出資希望者の名がある。「ジョーゼフ・サルヴァドーレ自身と友人に八万二〇〇〇ポンド」を筆頭として、「ヘンリ・アイザックとその友人に二万五〇〇〇ポンド」や、「レヴィ・ソロモンとその友人に一万五〇〇〇ポンド」と、リストの多くがユダヤ人によって、しかもイギリス国内のみならず国外のユダヤ人によって占められていた。(91) オーストリア王位継承戦争から七年戦争初期にはサムソン・ギデオンを経由して、また、七年戦争後半期以降はサルヴァドーレを経由して、新規発行公債がユダヤ人社会からの資金を吸収していたといえよう。

多くの起債で主導的な役割を果たしたヨシュア・ファン・ネックは、オランダからの資金を集中させる機能を握っていた。彼は、請負額の多くを証券ブローカーや投資家の代理人に転売し、また、みずからも代理人としてオランダの投資家に転売あるいは再配分した。彼は、第9章で検討するようにオランダ各地にレスペクタブルで堅実な投資家を顧客として握っており、この資金が彼を経由してイギリス政府公債に投資された。実際、オランダの投資家は「直接自分で公債を購入するよりも、〔たとえ、手数料を支払い、かつ転売益をとられたとしても〕公債請負人を経由して公債を購入する」ことを好んだ。なぜなら、「引き受け状況をイギリス国家の信用、つまり公信用の試金石としてみていた」からである[92]。つまり、オランダ人公債請負人がイギリス政府公債の発行市場に存在すること、すなわち限定請負制度で起債に携わることが、オランダ資金をロンドン資本市場に誘引したのである。

一八世紀中頃におけるイギリス政府公債の新規発行時の資金は、公債請負人が構築した密接で閉鎖的なネットワークを通じて、投資家からイギリス政府へ移動した。政府が起債時に利用したのは、この閉鎖的ではあるが国際的に張りめぐらされたネットワークであった。宮廷派ホイッグの政府要人たちは、対大陸諸国との戦争を戦いぬくため、市場の合理的な機能よりもむしろ、費用が増大しても事前に起債条件とおおよその出資見込みを確定させることで、ほぼ確実な資金調達を可能にする公債請負人のネットワークを選択した。イデオロギーや公に統治された市場への期待は、公債請負人のネットワークの前に一敗地にまみれたのである。たしかに、ヘンリ・レッグやジョン・バーナードの試みは国政や都市政治の動揺によって揺らぎをみせる限定請負制度への強力な挑戦であった。しかし、その失敗はすなわち限定請負制度が政府や公債請負人にとって最も合理的な制度であることを如実に証明し、かつ制度が確立される決定的な契機となったのである。一七五七年債の混乱の結果、政府と公債請負人の利害が均衡し、限定請負制度は安定した制度として確立したのである。少なくとも以後の七年戦争期では、宮廷派の政府は公開された市場で公的な統治にしたがって戦費を調達することはなく、政府と公債請負人とのあいだの私的な関係によって国際的な資金の流れを引き寄せることに成功したのである。

政府は公債請負人の機能を利用して初めて、潤沢な戦争資金を確実かつすみやかに調達できた。こうした資金の多くは、ニューカスル公爵による大陸同盟諸国への援助金政策に使われ、その結果、第2章で検討するようにオランダからの資金も大陸へ逆流することとなった。イギリスから大陸への資金の国際送金もまた、政府契約として公債請負人によって担われた。ファン・ネック商会と結びつきが深いペルスやクリフォート、マルマンといったアムステルダムの大商会が、プロイセンを支援しハノーファのイギリス軍に正金や手形で送金するかたちで、イギリス政府に信用を供与した。(93) 宮廷派ホイッグの政府は、コスモポリタンな公債請負人の金融ネットワークを利用してアムステルダムへ公債請負人から調達した資金を送金することで、アムステルダムの銀行家への負債を決済したのである。こうした公債請負人が有する金融上の機能が、イギリス公信用の安定に寄与したことは明白である。また、宮廷派ホイッグの領袖たちにとっては、ハノーファ出身の国王ジョージ二世から政権への信任を得るためにも、国王の大陸利害を優先させることが優先的な課題となっていた。つまり公債請負人は、ヨーロッパ大陸における勢力均衡や国内における政権の安定化という、宮廷派ホイッグ政府の固有の利益にとって必要不可欠な存在であったのである。そのため、公債請負人からの資金は、その調達役としてのニューカスル公爵の立場にも影響した。七年戦争末期、イギリスが資金難に陥った時に、デヴォンシア公爵は次のように述べている。

サー・ヨシュア・ファン・ネックの意見では、海外からの〔新たな資金の〕期待はほとんどできず、外国人たちは余剰資金をすべて公債の購入に費やしてしまったそうだ。公債価格の急落とその他の事情を考えてみても、彼〔ニューカスル公爵〕が信頼をもって首相の職務を遂行することは無理だろう。よって彼は職を退いたほうがよい。(94)

おわりに

「世界で最も富裕な一マイル」と呼ばれる空間は、少なくとも一八世紀中頃の政府公債の起債において、二つの政治的な要素から構成されていた。一方は、ホイッグ寡頭政に対抗したシティの市参事会員や議会議員などの中流層であり、反宮廷派ホイッグやトーリの集団であった。彼らはホイッグ貴族政府に重商主義政策を強硬に求め、帝国の形成、通商の安全、海軍の増強、そしてマニド・インタレストの排除による重税の低減化と公債引き受け機会の獲得を主張する、ナショナリスティックな傾向を有した。もう一方は、隣国フランスでは失われた宗教的寛容の下、ホイッグ寡頭政と密接な政治的・経済的関係を構築し、限定請負制度のもとで発行市場をほぼ独占した公債請負人である。彼らはコスモポリタンな人物構成や事業活動を特色とした。

このようなシティ内の多様性は、政治と経済、財政と金融の結節点である政府公債の起債に重大な影響をおよぼした。特権都市シティを支える中流層の多くは、国政と都市政治の作用あるいは反作用によって反宮廷派となり、それまで支配下に置いていた特権会社から退場していく。また彼らは、反宮廷派であるがゆえに、一七四〇年代以降の限定請負制度から排除され、起債の現場からも姿を消す。「腐敗した」ホイッグ寡頭政への批判を強めた彼らは、宮廷派ホイッグがロンドンの都市政治の反宮廷化によって動揺をはじめた一七五六年、デヴォンシア＝ピット連立政権のもとで、年来の主張による起債を企てる。しかし、それは完全な失敗に終わった。皮肉にも、強硬な帝国拡大論者であった「愛国者」は、起債による帝国拡大資金をみずからの手で提供できなかったのである。その結果、彼らは公的な統治が行われる市場を通じた公募による融資の機会を失ってしまった。

ホイッグの歴代政権は、程度の差こそあれ、重商主義的な海洋政策よりもむしろ大陸における勢力均衡と国王のハノーファ利害の保全に外交政策の重点を置いた。そのさいに必要になったのは、公債による大陸同盟諸国への援助金政策の資金の確保、送金および手形を決済するための国際的なネットワークである。それを提供した集団こそ、コスモポリタンな公債請負人たちであった。彼らは、国内外の限定的な顧客から政府公債へ資金を移動させる機能を果たした。起債時の政府公債は公債請負人個人の閉鎖的ではあるが国際的なネットワークを通じて投資家の手元へ移動した。ヨーロッパ大陸との関係を重視したホイッグ貴族政府は、限定請負制度によって公債請負人と結合し、国際的な資金をイギリス政府公債に誘引したうえで、公債請負人のもつ国際的な商業・金融ネットワークを利用することによって、イギリスの公信用の維持を可能にした。

したがって、特権都市ロンドンを牛耳る中流層の要求に敏感であるが固有の利益を追求する宮廷派ホイッグ政府、ロンドンの都市政治を通じて国政でも「腐敗した」行政府を糾弾し重商主義政策を求めるシティの反宮廷派、政府と結びつき戦争資金を供給したコスモポリタンな公債請負人、これら三者が構成する政府公債の起債構造をとらえて、初めて当時の公信用の生成が国政・都市政治・国際金融の連関によって構成されていたことが理解できる。こうして投資社会内を浮遊するオランダを中心とする遊休資金は、公債請負人を経由することで、政治体間の境界を越えて、イギリス政府公債へ誘引されたのである。

一七五七年債で確立された限定請負制度での起債は、七年戦争を通じてイギリスに戦費を供給する制度となった。七年戦争期の政府公債起債構造は、以後のロンドン資本市場における公債起債の祖形となり、それは形を変えつつ現在も続いている。また、公債請負人たちは、シンジケートを組織し、公債の引き受けによって巨額の利益を手中にした。彼らはシティや国際金融の支配的な位置を占めたマーチャント・バンカーの起源ともいえる。近代世界に多大な影響を与えることとなる、シティを中心とする国際金融の原点が、ここにあらわれているのである。

第2章　七年戦争・公債請負人・党派抗争

この戦争は国王の戦争ではない。それはネイションの戦争だ。(1)
――トマス・ペラム＝ホールズ（初代ニューカスル公爵）、一七六一年

はじめに

一七四二年にはじまった「限定請負制度」は、ロバート・ウォルポールからペラム兄弟までのホイッグ寡頭政の象徴的な制度として、特権都市シティで力を増しつつあった反宮廷派から激しい攻撃を受けた。安定的な公信用の運用を最重要視する宮廷派ホイッグの政権は、シティにおける政治情勢が公信用へ与える影響を考慮し、オーストリア王位継承戦争後期から七年戦争初期まで数度にわたり公募による起債を導入していく。一七五六年のニューカスル公爵の下野後、事実上の首班となったウィリアム・ピットはシティの反宮廷派から熱烈な支持を受けた。その勢いに乗じて、彼は一七五七年の起債でヘンリ・レッグとともにホイッグ寡頭政と深く結びつく「マニド・メン」の影響力を起債から排除しようとする。しかし、第1章でみたように、それは無残にも失敗に終わった。ピットの下野で閣内に残されたデヴォンシア公爵が、マニド・メンとともに善後策をこうじた結果、七年戦争中は公募による起債は行われず、マニド・メンがほぼ独占的に関与する限定請負制度のもとで行われることとなった。一七四二

年以来、イギリス政府は市場を通じた公募による資金調達と、ごく少数の公債請負人が主体となった限定請負制度とのあいだで揺れ動いていたものの、一七五七年の公募による資金調達の破綻によって、限定請負制度が「安定的」な制度として確立したのだ。

それでは、当時史上最高額に達した七年戦争の公債起債は、一七五七年以降、限定請負制度のもとでいかに進められたのであろうか。また、ニューカスル公爵を中心とする宮廷派ホイッグ政府と、ヨシュア・ファン・ネックを中心とする公債請負人たちは、国際的に浮遊する遊休資金をめぐり、どのような関係を構築したのであろうか。そしてそれは、国王ジョージ二世の死後の「ペラム派の虐殺」で、どのような変容を遂げるのであろうか。さらに、勢力を強めつつあったシティの反政府派は、ジョン・ウィルクスのもとで「ラディカル」と化していくが、彼らは限定請負制度によって起債を独占する「公債請負人」たちにどのような姿勢で臨んだのであろうか。

本章では、一七五七年債で確立された起債をめぐる政治・経済的な枠組みが、ジョージ二世の死去とジョージ三世の即位や議会外政治勢力の動向から受けた影響をとらえることで、一七五七年に確立した公債請負人による限定請負制度が七年戦争の資金調達で果たした役割が評価される。[2] ルイス・ネイミアのような議会内のパトロネイジの行使による議会の統制という視点からは、[3] 起債への参加や政府契約は、ホイッグの首領ニューカスル公爵が議員を操る手段として位置づけられる。[4] それゆえに、ジョージ三世の登場と第三代ビュート伯爵の台頭による起債への影響は、ニューカスル公爵の政治基盤の根幹を揺るがすものであるがゆえ、同時に起債構造の本質に関わる論点となる。また、ネイミアのような議会政治に焦点を絞る研究を批判し、議会外勢力の伸長とその影響力を重視するジョン・ブルーアのような視点にもとづくと、[5] 政治国民の存在が起債へ与えた影響にも注目すべきである。すなわちシティの反宮廷派の系譜につらなる急進主義者は外国人公債請負人や限定請負制度を批判するが、一七五七年債で確立された起債のありかたへそれがどのような影響をおよぼしたのかという点もまた重要な論点となる。

本章では、政治史においてこれまで提出されたジョージ三世即位前後の政治状況を理解する枠組みを、政府公債の起債という個別具体的で政治経済的な問題に適用する。国際的に広がる「投資社会」に浮遊する遊休資金は、当該国へいかにして流入し、どのような積極的な意義をもつにいたったのか、あるいは、いかなる反応を呼び起こすにいたったのか。また、そうした反応は公信用の創造にどのような影響をおよぼしたのか。投資社会内の政治のありかたと公信用のありかたの関係を検証していきたい。

1　公債請負人と外債――一七五八年債・ハノーファ債・一七五九年債

当時のイギリス人たちにとって未曾有の大戦争となった七年戦争では、一七五六年債から一七六三年債までの八度の政府公債の起債により、五二一〇万ポンドの長期債や無期債の元本が累積された。オーストリア王位継承戦争では一七四二年債から一七四八年債までに計一九七〇万ポンドの元本が累積したことを考えると、七年戦争期の累積額は約二・六倍と激増した。そのような結果をもたらした七年戦争期の起債状況と、そこにあらわれる政府と公債請負人との関係をみていく。

(1)　一七五八年債

七年戦争期のイギリスでは、起債条件の折衝は通常、起債前年の秋に開始された。一七五七年一一月一九日、ニューカスル公爵の右腕の秘書ジェイムズ・ウェストは、ニューカスル公爵とイングランド銀行幹部との会食時に、イングランド銀行側から事前に意見を聴取している。ウェストが会ったのは、総裁のメリック・バレルや副総裁のバーソロミュー・バートンをはじめとする人びとであった。会談のなかでイングランド銀行側は、全員が市中の資金量は豊富であると同意し、起債金額を満たすことができるようイングランド銀行が政府に便宜をはかることにも同意した。ただ、イングランド銀行側からフランス軍の侵攻について懸念が示されている。というのも、侵攻の情報が伝わると、市場で流通している既発公債の値崩れによって金利が上昇し、新発債の金利が暴騰してしまうからだ。それに対してウェストは、きわめて手頃な条件での資金調達となること、起債条件を政府に有利なものにするために可能なかぎりの貢献をする人びとこそ、公共の利益に最も熱心な友人であると、イングランド銀行側へ伝えた。[6] その後、起債条件の折衝が進む一一月二三日、オランダ人公債請負人のヘンリ・マルマンは、ニューカスル公爵に起債条件を提案している。[7] 具体的な条件は確認できないものの、「一七五七年度よりも金利が一・五%低い」案であるという。公債請負人側もまた政府にとって有利な起債状況であると認識していた。

ニューカスル公爵は一七五七年一一月二六日までに一七五八年債のおおよその起債条件を固めていた。彼の考えでは、それは年利三・五%の有期年金、早期払込者への三%の払込額の割引きは維持、有期年金付富くじを五〇万ポンド発行するという内容であった。ニューカスル公爵自身の言葉によると、それは「借り手と公衆とのあいだの関係が平明かつ公正」な案であった。しかし、この時点では条件はなお未確定であった。

論点となったのは、有期年金の付与期間であった。ニューカスル公爵の折衝相手の見解もまた、人によって相違したようである。有期年金の期間が一四年か一五年という意見もあれば、二四年以下では起債不可能とする意見もあった。有期年金の期間が変わると、利払い総額が変動するため、利払い税源の設定に影響する。ニューカスル公爵によれば、サーヴァント雇用への課税で年五万ポンドの税収増が見込まれていた。しかし、他の税源については一一月二六日時点でまったく目処が立っていなかった。

市況は、ニューカスル公爵に有利な状況であった。イングランド銀行が九月に示していたように、一七五七年一一月時点で、シティにはきわめて潤沢な資金が存在しており、公債への投資を望む声が強かった。したがって、「問題は〔年金の期間という〕条件となるだろう」というのが、ニューカスル公爵の結論であった[8]。ニューカスル公爵の市況を踏まえた見解は腹心たちにも伝えられた。一二月八日付の初代バース卿ウィリアム・パルトニに宛てた書簡でも、現在のシティの状況を「あらゆる階層の人びとが政府公債の起債に応じて政府を助けようとする現下にみられるような傾向は、これまでけっして存在しなかった」と楽観的である。「起債の提案が平明なものであればあるほど、より良い内容となる」と評価するニューカスル公爵は、「三〇〇万ポンドの年金と五〇万ポンドの富くじという現在の計画について、〔問題となる〕有期年金の期間は、既発の三・五％債と三％債の現在の価格にもとづき算出されなければならない」と、市場における金利の変化、つまりより低利での起債を検討する必要性を説く。ただし、有期年金の設定期間については、シティ内でも見解の相違がみられると繰り返している。ニューカスル公爵は一七五六年債の三・五％で一五年間の年金という起債条件と比較して次のようにいう。

その時〔一七五六年〕には二〇〇万ポンドを起債したが、今回は〔前回の〕二〇〇万ポンドにはるかに大きな金額が加わるため、有期年金の年数は長くしなければいけないのはたしかだ。しかし、それがどの程度までになるのかは、まだ決定されていない。六〇〇万ポンドに近い金額の出資申し込みが来ているが、出資申し込みはまだ開始されておらず、議会で〔起債法案が利払い税源とともに〕議決されるまではそれは不可能だ。

こうした認識はニューカスル公爵の周囲でも共有されていたようで、彼はピット派の財務府長官ヘンリ・レッグやシティの独立派ジョン・バーナードとも完全な意見の一致をみたと述べている[9]。バース卿はその返書で「起債方法についてレッグやバーナードと見解が共有されたと聞き嬉しく存じます」としつつ、「大蔵部と起債条件を詰めることになる主要人物〔公債請負人〕たちが、起債条件をあまりに高く釣り上げることのないよう希望します」と、公債請負人が抵抗することを憂慮する。さらに、「既発債保有者のためにも、金利はかならず三・五％以下にしないといけません」と主張する。[10] この一連の交渉でみえてくるのは、シティに投資余力が十分にあることに着目した政府が、公債請負人たちから意見聴取しつつも、反公債請負人の立場をレッグやバーナードらが満足するような条件を準備している実態である。宮廷派の政府は、実際の起債は公債請負人に依存しつつも、可能なかぎり政府に有利な条件で起債を試みているのである。一七五七年債の失敗にもかかわらず、レッグが財務府長官の職に復帰し、バーナードがニューカスル公爵のアドヴァイザー的な役割を果たしていたのは、公募による起債が一七五七年債の失敗のため不可能になった状況下で、ニューカスル公爵から高利を要求する公債請負人たちへの牽制役を期待されたからと考えられる。

とはいえ、ニューカスル公爵にとって、巨額の資金を動かす公債請負人は頼みの綱であった。一七五八年四月一日時点で、年金債が四五〇万ポンド、富くじが五〇万ポンド、計五〇〇万ポンドという起債金額はほぼ確定していた。しかしこの段階で、富くじの利払い財源に窮することとなった。そこで、ウェストは、急遽マニド・メンと接触し、事態の打開をはかろうとする。彼が面会したのは、銀行家ジョン・ソーントンであった。ソーントンはウェストに「今年は五〇万ポンド以上の議会の保証議決が必要です」と助言した。[11] ニューカスル公爵の立場は、公債請負人という切り札を活用できることで確保されるものであった。

一七五八年債はどのような条件のもとで起債されたのであろうか。それは、四五〇万ポンドが三・五％の二四年間の有期年金で、五〇万ポンドが一口一〇ポンドの富くじ五万口で三％年金が付与されるという条件であった。いくつか検討された案のなかでも、公債請負人に有利な条件であるといってよい。五〇〇ポンドの出資ごとに、三・五％年金が四五〇ポンドと富くじが五口計五〇ポンドとなるように、公債請負人によって引き受けられた。払込みは、年金債が四月二九日から一〇月二六日までのあいだに六分割、富くじが四月二九日から一〇月九日までの五分割で実施された。なお、早期全額払込者に三％のディスカウント特典が与えられた点は、これまでと変わらない。この公債の事務処理でイングランド銀行が受け取った手数料は、四〇二八ポンド一九シリング二ペンスであった。

(2) ハノーファ債

公債請負人はニューカスル公爵の頼みの綱であった。これを象徴する出来事が、同年の一七五八年に起こった。この年にはイギリス政府公債の起債だけではなく、外債の起債も実施された。ハノーファ債である。イギリスが七年戦争に参戦した目的のひとつに、国王ジョージ二世すなわちハノーファ選帝侯ゲオルク二世アウグストのハノーファ利害を、甥であるプロイセン国王フリードリヒ二世に敵対する国家から保護することがあった。ところが、ヨーロッパ大陸での戦況はプロイセン王国にとって芳しくなく、ハノーファ選帝侯領とその主であるイギリス国王ジョージ二世は苦境に立たされた。そこで、ジョージ二世はまず、ニューカスル公爵にハノーファ選帝侯領の信用にもとづき一〇万ポンド以上を借り入れる権限を付与し、さらにすべての抵当権を担保として追加することに同意した。さらに、ジョージ二世は自己の資金二五〇万ポンドを拠出した。[12]

この外債の起債は困難を極めた。さきの一七五八年債の起債で、シティの資金は枯渇していたからである。九月二七日、一〇月九日、一〇月二六日と、三・五％年金債の払込みが三回、金額にして全体の四五％分と、富くじの払込みが一回、金額にして二〇％分の出資払込みが、ハノーファ債の起債の直近に控えていた。また、同時にハノーファの苦境はプロイセンの苦境でもあったため、ニューカスル公爵はプロイセン王国への援助金のすみやかな送金を求められていた。さらに、この問題が起こった八月から九月にかけては、ちょうど翌年に予定されていた一七六〇年債の起債条件の検討がはじまった頃でもあった。しかも一七六〇年債ではこの時点で少なくとも一二〇〇万ポンドという史上最高額の起債が見込まれていた。[13]一七五八年債の起債時とは対照的に、資金的な問題が山積する状況となっていたのだ。

ニューカスル公爵の政権基盤を支える最も重要な要素のひとつに、国王からの信任があった。そのため、悪条件にもかかわらず、彼は国王のヨーロッパ大陸の利害保全のために資金難に対応しなければならなかった。ただし、宮廷派ホイッグの政府が過度に大陸へ介入することは、まさに反宮廷派ホイッグがロバート・ウォルポールの寡頭政時から批判を繰り返していた問題でもあった。それゆえ、ニューカスル公爵には慎重な対応が求められた。ハノーファ債二〇万ポンドの起債に応じることでニューカスル公爵が直面した難題を解決したのは、彼の金融アドヴァイザーであったジョン・バーナードや財務府長官ヘンリ・レッグではなかった。それは、「八名の主要な貿易商と銀行家」、すなわちヨシュア・ファン・ネックとウィリアム・ハート（各五万ポンド）、サムスン・ギデオン（四万ポンド）、ニコラス・マグンス（二万ポンド）、バーソロミュー・バートンとジョルジュ・アミョン（各一万五〇〇〇ポンド）、ジョーゼフ・サルヴァドーレとマーチン・ストーン銀行（各五〇〇〇ポンド）という、[14] マニド・メンの中核をなす公債請負人にほかならなかった。公債請負人たちは、悪条件下の緊急的な資金需要にも十分に対応できる能力を有していた。ハノーファ債の起債に象徴されるように、結局ウォルポール以来のホイッグ寡頭政の構造的な問題を根本的に解決する方法は存在しなかった。財政・金融という面からみれば、ホイッグ寡頭政と公債請負人は、どれほど反宮廷派から批判されても、けっして切り離せない関係にあったのである。

（3）一七五九年債と匿名の批判

ハノーファ債の出資受付がまだ完了していない一七五八年九月二三日、ニューカスル公爵はすでに次年度一七五九年の起債に向けて条件の検討をはじめていた。彼はさっそくサムスン・ギデオンから金利を上限四・五％で検討するよう助言を受けた。[15] 一〇月五日には、利払い税源の検討も開始している。[16] また一二月一一日には、ユダヤ人公債請負人ジョン・エドワーズは、ニューカスル公爵の秘書ジェイムズ・ウェストに宛てた書簡で金利三・七五％で六〇〇万ポンドの起債を提案した。[17]同日付のハーグからの通信によれば、「ファン・ネック商会やマルマン商会、在ロンドンの他のオランダ人の商会は、オランダ国内に置いた代理人を代表することで〔イギリス政府の〕資金調達に貢献してきた」と指摘のうえ、港が封鎖され船舶が出港できず、起債にも何らかの支障があるかもしれないと連絡している。また「フランスはまだ資金を得ておらず、引き続き和平に希望を重ねている状況である」が、「〔ニューカスル公爵が〕かくのごとき多額の資金をどこでみつけてくるのか、フランス人は理解できない」と、イギリスの公信用運用が大陸で驚きの目でみられていると報告する。[18]戦争が長期化するにしたがい、戦争資金の調達能力の差が両国で明確に意識されていたのだ。大法官ハードウィック男爵フィリップ・ヨークも「イングランドの信用の安定性については、理性をもつ人びとのなかではいささかの見解の違いもないが、フランスについてそのような理解が生み出されることは、けっしてない」と、フランスの公信用運用の拙劣さを指摘している。[19]

一七五九年債では、それまでの史上最高額となる六六〇万ポンドが起債された。この公債では、一〇〇ポンドの出資につき額面一〇五ポンドの公債保有が認められた。金利は三％で、同じ三％年金となる一〇ポンドの富くじが付されるという内容となった。払込みは九分割と分割回数がこれまでで最高になった。

次年の一七六〇年債の検討に入る頃、匿名の批判がニューカスル公爵に寄せられた。[20]「一七五九年予算における起債手法の考察」と題されたその文章では、限定請負制度の確立をみた一七五七年債から一七五九年債までの三カ年の起債がやり玉にあげられていた。批判子の標的になっているのは、カネを右から左に流すだけで多大な利益を手中にする「マネー・ジョッバー」、すなわち公債請負人に代表されるようなマニド・メンである。その理由は「平和がいつ訪れようと、公衆は膨れ上がってしまった公債元本を返済することなどできない」ことに求められる。このマネー・ジョッバーの悪行は、一七五七年債の起債例で具体的に言及される。デヴォンシア公爵から終身年金を強奪したのは、まさにそのマネー・ジョッバーたち、すなわち起債を過去から独占してきた連中であるという。ここでは、文中の「独占」という言葉に力点が置かれている。一七五七年債の起債があまりに時期的に遅すぎたため、最初の提案——ヘンリ・レッグとジョン・バーナードの案——が失敗した後、大蔵部は「さらなる実験」すなわちバーナードの巻き返し策を試みるよりも、むしろマネー・ジョッバーたちと接触せざるをえなかったと主張する。このように一七五七年債の失敗が引き合いに出されるのは、この失敗が、反宮廷派にとっても深刻な問題であったことを図らずも示している。一七五七年債を総括した後、一七五八年債と一七五九年債が言及される。「今やあまねく知られていることだが」と批判子は前置きして続ける。「この二度の起債においては、歳入の欠損に対する出資条件は大蔵部が適切と判断した条件にもとづくものであった」と、好意的な評価を示す。それでは、批判子は、マネー・ジョッバーたちがどのように行動したと考えているのであろうか。

シティのこの出資受付に対する動機のひとつは、おそらく、これら独占者たちの手から公衆を締め出したいというものであった。この独占者たちというのは、〔オーストリア王位継承戦争時の首相〕ペラムを追い込んで終身年金を認めさせた連中である。それに終止符を打ったのがサー・ジョン・バーナードであった。彼が加わったことで、簡素・公正・知性にあふれた起債の手法、すなわち、これまで使われていたような、本体とは別に終身年金などを付加してプレミアムを設けて出資者を誘引するのではなく、プレミアムと同じ金額を元本に加えることによる手法で、公衆を「マネー・ジョッバー」たちの手から救ったのだ。

「したがって」と、批判子は結論を下す。「大蔵部はこれらのジェントルマン〔公債請負人〕に自分たちの主張を実行させてはならない。たとえ、『マネー・ジョッバー』たちが自身の巨大な利益だけではなく、大蔵部の恥辱と公衆への危害を求めて敗北した後でさえも」。

この批判子の立場は明らかだ。明言はされないが、「独占」や「独占者」という言葉を用いた批判に対置されるのは「公募」であった。第1章でみたように、この論理をとるのは、公債請負人を批判し、バーナードをはじめ宮廷派と対立するシティの有力者たち、つまり一七五七年債の起債で敗れ去った人びとと理解して支障ない。たしかに、「マネー・ジョッバー」と名指しされた公債請負人への批判そのものは、「ホイッグの優越」のもとで幾度となく繰り返された定型的な批判であり、そこに目新しさはない。この批判で興味深いのは、公債請負人に完全に牛耳られた一七五七年債の起債は全面的に否定されるものの、一七五八年債と一七五九年債については積極的な評価が下されている点である。これら二回の起債では、一七五七年債でみられた公債本体へ終身年金をインセンティヴとして付加する手法が排除され、有期年金を用いてすべての元金が公債本体に組み込まれている点が肯定的な評価の対象となったのだ。批判子は、たとえ僅少な違いではあるものの、これらの措置は公債請負人による「独占」を打破するための第一歩であり、将来的に「公募」が復活すればなおよいと考えていた。そこで批判子は、一七六〇年債の起債に向け、巷間でパンフレットを公刊して持論を主張するという迂遠な手法をとるのではなく、ニューカスル公爵に「直訴」することで公債請負人による「独占」を打破しようとしたのだ。公債請負人の「独占」に対する批判は、たしかに公募制を採用しその結果失敗した一七五七年債の起債で、正当性に疑問符が突きつけられた。しかし、批判そのものはこの失敗によって収束したわけではない。それは、公債請負人による起債が続くかぎり、シティに蝟集する反宮廷派ホイッグやトーリという、ロンドンの民衆政治の担い手たちのあいだにいわば通奏低音のように流れていたのである。

2　巨額の起債とオランダ——一七六〇年債・一七六一年債・一七六二年債

(1) 一七六〇年債

公債請負人による限定請負制度のクライマックスは、七年戦争中期から後期にかけて起債された一七六〇年、一七六一年、一七六二年の起債であった。この三カ年の起債額は額面総額で三二〇〇万ポンドにおよび、各年の起債額は平時の歳出総額に相当した。

一七六〇年債でニューカスル公爵がまず着手したのは、さきにみた批判子の期待とは裏腹に、公債請負人たちとの起債条件の折衝であった。彼が条件を相談したのは「サムスン・ギデオン、マーチン・ストーン銀行、ヘンリ・マルマン、ジョルジュ・アミョン、ジョン・ブリストウ、ガシュリ、イングランド銀行総裁（バーソロミュー・バートン）、サヴェイジ、パーマー、ニコラス・マグンス」の一〇名であった。[21] このうち七名が公債請負人であり、公債請負人による「独占」の打破を唱える批判子の期待は、当初から完全に裏切られた。

実現性に乏しい批判子の主張を受け入れる余地は、ニューカスル公爵にはほとんどなかった。日付は不詳であるが、ニューカスル公爵のメモに「きたるローンの基盤は四％の金利で、年金の期間は長期間に、出資者のために本体とは別に付加的な公債を付けると、人びとはうわさしている。このことは今や了解事項だ」と記されている。[22] ここで問題となるのは、出資者への付加的な公債の内容である。ニューカスル公爵によれば富くじを五口付加するという案と、それを三口に減じて付加するという案があった。後者については「一般的に想定されている内容を超えて」少なすぎるという認識が示されている。また、起債手法そのものへの懸念も呈されている。「出資申し込みの手紙が大蔵部に到着し、いかなるかたちにせよ出資受付が開始されたとしても、マニド・ピープルを誘って出資させなければ、どんな起債条件であっても成功を保証するものは何もない」と、「マニド・ピープル」こと公債請負人の動向を注視する。そのうえでニューカスル公爵は、限定請負制度について自身の見解を披露する。

プライヴェイトに出資申し込み〔限定請負制度〕をさせるのであれば、原則をしっかり固めておく必要がある。一般論として、マニド・メンを認め、満足させなければならない。マニド・メンであれば誰もが、注意深くいかなるものも自分たちの利害に関わらないようにする。しかし、それでマニド・メンは自分たちの契約に従うのだ。この手法〔限定請負制度〕の重要性は、公債の発行条件に匹敵すると思われる。いずれにせよ、限定請負制度と公債の発行条件によって、政府が信用に値するかどうか回答がなされるであろう。

限定請負制度による公債の起債は、国家の存亡に関わる。ニューカスル公爵はその重要性を明確に認識していた。批判子の見解は、一七五七年債の失敗によってニューカスル公爵には説得力をもたなかった。

ここで、庶民院での議決内容にもとづき、一七六〇年債の起債条件を立ち入って確認してみよう[23]。まず、起債額は八〇〇万ポンドにのぼった。これは当時、一度の借り入れ金額としてはイギリス史上最高額であった（七年戦争中の最高額は、一七六一年債と一七六二年債の一二〇〇万ポンド）。年利は四％の譲渡可能な年金形式である。ただし、四％の金利は二一年間で、それを超えたあとは三％に減じるものとされた。これを本体とし、一〇〇ポンド出資ごとに三ポンドの元本が付加された。この付加された三ポンドの元本は額面三ポンドの富くじの形式をとり、抽選後は三％の譲渡可能な年金債となる。これらの年金債はイングランド銀行で譲渡できるものとされた。利払いは議会で設定された税からなされるものとされ、さらに減債基金が副次的な担保として設定されている。年金債は議会の議定によって全額もしくは部分的に償還されるものとされ、部分的に償還される場合は一回が五〇万ポンド未満とされた。ただし、償還は二一年後からとされ、それ以前の償還は禁じられている。年金の支払いは半年前にそれぞれ告知されるものとされた。出資者はすべて、一七六〇年一月一五日以前に出資額の一五％をデポジットとしてイングランド銀行出納係にまで入金し、以後残額を入金する保証をしなければならなかった。入金は、二月一九日、三月二五日、四月二九日、五月三一日を期日としてそれぞれ元本の一〇％を、七月三日までに一五％を、八月一四日、九月一〇日、一〇月二九日までにそれぞれ一〇％を入金することとされ、イングランド銀行の出納係は、財務府による受領証を入金のたびに発行するものとされた。それぞれの払込期日以前に全額もしくは一部を入金した出資者には、払込金額に対して三％の割引が適用された。また、議会の保証議決によってすでに発行されていた財務府証券（短期債）の保有者は、保有額と同額の一七六〇年債によって償還を受けることが選択できた。なお、一七六〇年債で実際に払い込まれた元本は六二七万五〇〇〇ポンド、新たに発行された公債元本は八二四万ポンドとなった。

（2）起債に応じた人びと

起債に応じた人びとは、外国人公債請負人を中心とする人びとであった。この一七六〇年債については、出資人リストがニューカスル文書の中に残されている。このリストについては、部分的ではあるものの、これまでルイス・ネイミアやルーシ・サザランドによって言及されてきた。表2-1がそのリストの内容である。[24] イングランド銀行、南海会社、東インド会社という三大特権会社によって、計一〇六万六〇〇〇ポンドが請け負われている。ただし、これは会社が法人として請け負っているわけではなく、取締役をはじめとする会社の関係者に分配されることを前提として請け負われていることに注意しなければならない。三大特権会社の請負額合計を上回る規模で一七六〇年債を引き受けたのが、オランダ人公債請負人ヨシュア・ファン・ネックの商会である。ファン・ネックによる一二〇万ポンドの引き受けを筆頭として以下、ユグノー公債請負人のジョルジュ・アミョンの一〇〇万ポンド、同じくユグノー公債請負人のジェイムズ・コールブルークの六〇万ポンド、ドイツ人公債請負人のニコラス・マグンスの六〇万ポンドと続き、ようやく個人で第五番目にイギリス人公債請負人サミュエル・トウチェットの五〇万ポンドが現れる。また上位一〇名に視野を広げても、第六位のアーノルド・ネズビットはスコットランドに起源をもつアイルランド系、第七位のヘンリ・マルマンはオランダ人、第八位のトマ・フォネロウはユグノー、第九位のジョーゼフ・サルヴァドーレはユダヤ系と外国系の人びとが続き、一〇位にロンドンの個人銀行であるマーティン・スノウ銀行がようやく食い込んでいる。請負金額上位一〇名中、トウチェット、アイルランド系ではあるがネズビット、マーティン・スノウ銀行を除く外国人に割り当てられた金額は合計四四〇万ポンドにおよび、全体の半額を超過する金額となった。先述したが「ファン・ネック商会やマルマン商会、ロンドンにある他のオランダ人の会社は、オランダ国内に置いた代理人を代表することによって資金調達に貢献してきた」ように、[25]これらの外国系の公債請負人は、多くの場合母国や同国人に広がるネットワークを有しており、そのネットワーク上を情報・証券・カネが政治体の境界を越えて移動したのである。

第1章で検討した一七五七年債と同じく、この一七六〇年債でもまた部分的ではあるものの割り当てを受けた公

表2-1　1760年債配分リスト

（ポンド）

被配分者名	金　額
バレル（イングランド銀行向け）	466,000
ブリストウ（南海会社向け）	400,000
ゴドフレイ（東インド会社向け）	200,000
ファン・ネック	1,200,000
アミョン	1,000,000
コールブルーク	600,000
マグンス	600,000
トウチェット	500,000
ネズビット	450,000
マルマン	400,000
フォネロウ	300,000
サルヴァドーレ	300,000
マーティン	300,000
ハニウッド	300,000
ベルチヤ	300,000
ベックフォード	100,000
ハート	100,000
リンプハウゼン	100,000
ワット	100,000
その他	1,286,000
エドワーズ	60,000
ギデオン	50,000
計	9,112,000

出典）BL Add. MSS, 33039, f. 416 より筆者作成。

表 2-2　ヨシュア・ファン・ネックのリスト

（ポンド）

氏　　名	金　額
Sir Joshua Van Neck	1,000,000
Duke of Devonshire	16,000
Earl of Lincoln	20,000
Earl of Ashburnham	10,000
Earl of Hertford	10,000
Earl Verney	5,000
Lord Falmouth	10,000
Lady Kath Pelham	2,000
Lord Luxborough	5,000
Lord Anson	30,000
Sir Edward Hawke	5,000
Sir Ellis Cunliffe	15,000
Mr. Burrard	5,000
Ceasar Hawkins Esq.	10,000
Robert Scott Esq.	30,000
Mr. Windham	6,000
Mr. Riddey	10,000
John Roberts Esq.	6,000
Nat Newnham Esq.	5,000
計	1,200,000

出典）BL Add. MSS, 33040, f. 113 より筆者作成。

債請負人による配分リストが存在する。表2-2はファン・ネックのリストで、[26] 表2-3は不完全ではあるがアミョンのリストである。[27] ファン・ネックのリストには、一七五七年債で起債を担当したデヴォンシア公爵やリンカン伯爵など、おもにニューカスル公爵の親類や彼に近いホイッグ大貴族の氏名が並んでいる。ここでファン・ネックに充てられている一〇〇万ポンドが、ファン・ネック商会の顧客に売りさばかれる年金債の金額である。アミョンの場合は、その金額は六六万ポンドとなっている。このような例は、他の公債請負人の請負にもみられる。表2-4はその金額を示したもので、ユダヤ人公債請負人のジョン・エドワーズの三万ポンドからアミョンの三四万ポンドと、金額はさまざまであった。[28]

二次配分リストもまた、公債を請け負う人びとからニューカスル公爵の手元へ事前に提出されていた。ニューカスル公爵は、リストの氏名を元に金額を査定し、ときには減額することもあった。たとえば、ファン・ネックのリストにみえるヴァーニ伯爵へは、リスト提出時は一万ポンドの割り当てとされていたものの、最終的には五〇〇〇ポンドと減額されている。また、同リスト中のサー・エリス・カンリフには二万ポンドの割り当てが最終的には一万五〇〇〇ポンドに減額されている。このような減額例は一七六〇年債では八件みられる。[29] ニューカスル公爵はリスト上の人物の政治的な重要性や経済的な信用状態を勘案し割当額の増減を判断したと考えられる。

表 2-4　公債請負人の二次配分金額

（ポンド）

氏　名	金　額
Bristowe	70,000
Van Neck	200,000
Amyand	340,000
Colebrooke	100,000
Magens	100,000
Touchet	80,000
Nesbit	70,000
Muilman	70,000
Fonnereau	50,000
Salvadore	50,000
Martin	50,000
Honeywood	50,000
Belchier	50,000
Watts	50,000
Edwards	30,000
計	1,360,000

出典）BL Add. MSS, 33040, f. 142 より筆者作成。

表 2-3　ジョルジュ・アミョンのリスト

（ポンド）

氏　　名	金　額
Mr. Amyand	660,000
Lord George Lenox	8,000
Charles Townsend Esq.	20,000
Mr. Hunt	4,000
William Northey Esq.	10,000
Edward Woodcock Esq.	5,500
James Peachey Esq.	12,000
Mr. Charnpion	5,000
Mark Cramer	10,000
Mr. Fanshaw	6,000
John Mackey Esq.	10,000
Richard Merry Esq.	10,000
Welbore Ellis Esq.	10,000
Mr. Willy	4,000
Mr. Trollop	10,000
Mr. Willes	5,000
Mr. Margaret Coventry	3,000
Dr. Olivier	3,000
Mr. Ralph Morrison	10,000
John Clevland Esq.	10,000
Mr. Grasham	10,000
Mr. Eliz Tripp	1,500
Mr. Spence	2,000
Mr. Sergison	5,000
Francis Austen Esq. of Sevenoaks Kent	5,000
Mr. Lockyer	8,000
Sir Matthew Lamb	10,000
Mr. Bridger	10,000
Augustus Keppell Esq.	10,000
Mr. Dolignon	2,000
Dr. Hunter	3,000
Lord Galway	8,000
Edward Herbert Esq.	10,000
Mr. Wilks	5,000
Henry Fame Esq.	10,000
Mr. Hammond	5,000
Mr. Brooksbank of Bloomsbury	4,000
Mr. Cocks	5,000
計	929,000

出典）BL Add. MSS, 33040, f. 111 より筆者作成。

イングランド銀行は、ほとんどの公債の出資金納入受付、利払い、名義変更について政府から手数料を徴収して管理していた。一七六〇年債の場合、出資金の払込みは九回に分割して行われ、第一回目の締切日は一七六〇年一月一五日とされた。第一回目には出資金のうちの一五%をデポジットとして払い込む必要があった。イングランド銀行のダニエル・レイスからニューカスル公爵に宛てた報告によると、一月一四日の時点で九四万一二五〇ポンドの入金が確認できた。一七六〇年債の払込元本は六二七万五〇〇〇ポンドであったため、その一五%にあたる金額であり、満額の払込みが確認されたわけである。[30] また、これ以外に二一万九〇〇〇ポンドの払込みもあった。反宮廷派の実力者であるウィリアム・ベックフォードは、以前の起債にはほとんど姿をみせなかったものの、一七六〇年債では配分された一〇万ポンド全額を一括して入金している。[31]

第一回目の払込みは順調に消化したものの、ニューカスル公爵は公信用の状態とそれに連関する出資払込みの状況について不安を覚えていた。一七六〇年一月の公債市場が低迷し、その結果金利が上昇していたからである。一七六〇年債の出資金の払込みに支出できる現金が出資者の手元で不足したため、条件に劣る既発債の売却によって現金を確保する動きが加速化したためと考えられる。このことが第二回目以降の出資払込みに悪影響をおよぼさないか、ニューカスル公爵は憂慮した。「しかし」とニューカスル公爵はいう。「第一級の信用があり、第一級の名声をシティで誇る者に割り当てたのだ[32]」、と。

シティで現金が不足する理由はどこにあったのであろうか。残念ながら事実を確定できる方法はないが、同時代人の認識を明らかにすることは可能だ。そのひとつに、オランダの状況に原因を求める見解がある。ヨーロッパ大陸の状況をいち早く把握するため、イギリス政府はオランダのハーグに通信員を置いていた。在ハーグの通信員からの情報によると、オランダ人はイギリス公債に投じるため余剰資金をロンドンへ送金しきってしまった結果、オランダ国内にはほとんど資金がない状況となっていた。オランダ人は一七五九年債に資金を投じただけではなく、一月の一五％のデポジットもまた入金している。実際、デポジットに加え、三％の割引措置を獲得するため、払込期日前に約二五万ポンドが入金された。また、オランダ人の投資性向に変化がみられるという。当時、ロンドンとは異なり、オランダではヨーロッパ各国の証券類が流通していた（第9章参照）。オランダ人たちは、わずか二・五％の金利にすぎない自国の公債よりはむしろ外国の公債を投資対象として選択してきたが、外国証券のすべてについてオランダ人たちが自信をもって投資することができなくなっていたのである。オランダ人たちは、（利払い停止という）今年フランスで起こったことは、次にイングランドでも起こりえる、と考えているというのである。さらに、オランダ人たちがフランスの新しいトンチンに資金を投じたからだとする見解もあれば、ヨーロッパ大陸で戦闘中の陸軍に巨額の援助金を送金したことで貿易商の手元資金が枯渇したとする見解もあった。いずれにせよ、投資資金の枯渇の要因をロンドンではなくオランダに求めるのである。[33]

「投資社会」が政治的な境界を越えて複数の政治体を同時に包摂した結果、政治的な境界の意味はしだいに相対化され、境界外で起こったことが境界内に直接影響をおよぼすようになってしまったのだ。内容は異なるといえ、これらの見解は共通してこのことを示している。オランダ、イギリス、フランスが同一の投資社会という空間を共有したこと、また、共有していると当時の人びとが認識していたことを、ここで確認しておきたい。

現実に、一七六〇年債の払込みに異変が生じた。それは、一七六〇年二月一九日に予定されていた第二回目の払込みである。一月の払込みに何ら問題は生じていなかったため、第二回目に払込みの未達が起こった事実は市中で驚きをもって迎えられた。[34] その原因はよくわかっていない。アムステルダム振替銀行が二月二七日まで閉店していたため、オランダからの送金が予想よりもはるかに少なかったとの見方が存在した。この結果、イギリスの公信用に動揺が起こり、とくに九カ月間利払いが停止されていた一〇〇万ポンド近い元本が残っている海軍証券をはじめ、各種短期債への手当がニューカスル公爵にとって緊急の課題となった。というのも、戦時に支払い手段として大量に発行されていた海軍証券、軍需証券、財務府証券といった短期債の信用は、長期債や無期債とは異なり、発行当初より不安定であった。短期債には利払い用の財源が設定されず、議会の議決による信用保証のみを根拠に発行されることが多かったからである。また通常、短期債は償還期限が来ると無期債であるコンソル債に借り換えられる。そのため、新規で起債されたコンソル債の払込みが滞ると、そもそも利払いさえ不安定な短期債の償還の目処が立たなくなり、その結果信用不安が起こるのである。

こうした混乱のなか、一七六一年債の起債条件確定のための折衝が行われた。オランダ人公債請負人ヨシュア・ファン・ネック、ユダヤ人公債請負人ジョーゼフ・サルヴァドーレの両名に加えて、ユグノー有力金融業者アントニ・シャミエの三名から意見聴取が行われた。三名のうちシャミエは、ニューカスル公爵やその後に政権を担当する第三代ビュート伯爵ジェイムズ・ステュアートの財政金融面での相談役をつとめた人物である[35]。一七六一年債は史上最高額を起債した一七六〇年債の八〇〇万ポンドを上回る一二〇〇万ポンドの起債が予定されていた。また、この折衝では危機に陥った短期債の処理をどのようにするかという点も焦点となった。ニューカスル公爵は、これらの難題の解決策をオランダ人、ユダヤ人、ユグノーの三名に問うた。

まず、起債額と短期債の処理について、ファン・ネックは「一二〇〇万ポンドを超える金額を起債するのは安全ではない」と、年金債よりもむしろ課題となっていた海軍証券の処理を問題視した。そのうえで、海軍証券の償還期限の延期や財務府証券の起債様式や利用条件の変更などを提案した。サルヴァドーレはこの年の起債は今までより困難になっているという点に同意しつつ、海軍証券については三％年金債に転換して処理するべきとの見解を示している。一七六〇年債の払込未達の問題については、出資予定者の名簿の提出を全請負人に要求するべきとする政府側に対して、サルヴァドーレは「それが可能であれば」と賛同した[36]。

この三名へのインタビューで際立つのは、外国人からの投資を呼び込みたいという政府側の明確な意思である。

シャミエには、一一月二〇日が「マニド・ジェントルマン」を招集する日として適切かどうか、とくにヨーロッパ各国への周知の時間が必要かとの質問を投げかけている。この問いかけには、オランダをはじめとするヨーロッパ各国からの投資を呼び込みたい政府側の姿勢が明確に示されている。シャミエの見解で興味深いのは、外国人は終身年金よりも富くじを選好するという主張である。終身年金は外国人にとって譲渡が困難な銘柄であり、その結果毎年の年金収入に満足する必要がある。そのため富くじのほうが外国人の資金をイギリスにもたらすと彼はいう。シャミエのこの見解には解説が必要かもしれない。終身年金を受給するには、原則として半年に一度、名義人の生存証明の提出が必要となる。名義人として選ばれるのは、家族あるいは近親者が大部分である。したがって、外国人投資家が設定した名義人は、外国在住の者が必然的に多くなる。そのため、たとえばイングランドに居住する投資家がオランダ人の保有する終身年金債を市場で購入した場合、オランダのアムステルダムに住む名義人の生存証明を、名義人の属する教会から半年に一度徴する必要が生まれる。異国の生存証明書を半年に一度入手するのは、事実上不可能である。その結果、外国人の年金債保有者は、同じ地域に住む終身年金の買い手をみつけて現金化するか、あるいは利子を年金として受領し続けるのか、いずれかの選択を迫られるのだ。つまり、外国人投資家にとって終身年金債は流動性に劣るため、年金収入という明確な目的がないかぎり忌避すべき対象となってしまう。シャミエが主張するのは、以上のような現実である。利用可能な資金が枯渇するなか、シャミエへの意見聴取には、インセンティヴとして本体に付す公債の形態を終身年金にするのか、それとも富くじにするのか、どちらのほうが外国人の投資を呼び込むことができるか、という政府の条件設定に関わる問題が背景として存在していたのである。

（3）ジョージ二世の死去とジョージ三世の即位

ここで事態は急転する。ニューカスル公爵が一二〇〇万ポンドの起債へ向けて条件を折衝しているさなかの一七六〇年一〇月二五日、国王ジョージ二世が世を去った。ウィリアム・ピットと連立政権を組織してきたニューカスル公爵にとって、それは最も強力な後ろ盾を失ったことを意味する。ジョージ二世の孫で王太子であったジョージ・ウィリアム・フレデリックが、ジョージ三世としてイギリス国王およびハノーファ選帝侯として即位すると、ニューカスル公爵は新国王に辞意を表明する。しかし、彼はジョージ三世から慰留を受け、職にとどまった。このことは「ホイッグの優越」の終焉を告げるものであり、ホイッグ寡頭政のもとでニューカスル公爵と結びついてきた公債請負人を動揺させるに十分な事件であった。彼らはどのような行動に出たであろうか。「シティの重要なマニド・メンは宣言した。もしニューカスル公爵が引き続き首相の座にとどまるのであれば、マニド・メンは来る年の軍事行動に必要な資金を調達する」と一七六〇年一一月一日付の書簡で公債請負人の動向に言及したニューカスル公爵は、「しかし恐れるのは、もし首相の座から退くならば、起債に大きな障害が起こりかねないことだ」と続ける。[37] 辞意を固めていたニューカスル公爵が職にとどまった理由のひとつとして、国王の意、友人たちの慰留ならび「シティの重要なマニド・メンからの強力な主張」があったと、みずから記している。[38]

トーリの第三代ビュート伯爵ジョン・ステュアートはジョージ三世の寵臣で、後にニューカスル公爵とピットを政権の座から追い落として首相につく人物である。ニューカスル公爵は彼との会話のなかで「シティのマニド・メンがいうには、ニューカスル公爵がかろうじて職にとどまっても、それだけではこのような多額のカネを貸すことはできない。マニド・メンはニューカスル公爵がある程度の期間在職しなければならないといっている」とビュート伯爵に伝えると、ビュート伯爵は「国王陛下は貴殿に首相の職を続けること、貴殿に支持を与えられることを希望しておられます」と返したという。[39] 一一月七日の初代ハードウィック男爵フィリップ・ヨークへの書簡で「一二〇〇万ポンドの起債が可能なのは私なのだと考える大きな理由」[40]があり、また、同日付のグランビ卿への書簡で「[一二〇〇万ポンドという] 今までけっして耳にしたことのない金額であるが、イングランドであえてそれを試みる人間は、私以外にはないと信じる」[41]と語り自信を取り戻したニューカスル公爵は、一七六一年債の利払い用の税源として地租、モルト、減債基金の三種類を検討している。[42] 国王が代わり政治情勢が急展開をみせるなかで、ニューカスル公爵と公債請負人との結びつきは、イギリスが巨額の戦費を要するかぎり、イギリスのみならずニューカスル公爵自身にとっても同じく生命線であったのである。

しかし、一七六〇年から翌年年明けにかけて、市場の証券価格が急落してしまう。一二〇〇万ポンドという史上最高額の起債の影響である。このようななかでも、「これまでさんざん費用が高くつく戦争をしたあとで、一二〇〇万ポンドという金額を四％という低い金利で調達」できることは「敵を驚かすだろうし、実現すると敵は和平に応じる」という見解も呈された。また、サミュエル・トウチェットが一〇〇万ポンドの出資希望者リストをもっていると、ニューカスル公爵にシティの状況が報告されている。[43] しかし、他方で、この証券価格の下落は、公債請負人が引き受け条件を上げるため人為的に引き起こされたものだと批判する声も上がった。[44] 一一月一三日には、公債請負人ジョーゼフ・メリッシュの弟ウィリアム・メリッシュからは、起債状況から判断して一・二五％の長期年金をインセンティヴとして本体に付す必要はないのではないかとの意見がニューカスル公爵に具申されている。

このタイミングで飛び込んできたのが、ハンブルク貿易商でドイツ方面の事情に通じる公債請負人ニコラス・マグンスからの知らせである。ハンブルクから一一月一八日イギリスに到着した船に、出港前にハンブルクの新聞を読んだ貿易商が乗船していたのだが、その新聞には、プロイセン軍がオーストリア軍に大勝したことが掲載されていたという。[45] これは、ニューカスル公爵にとって、イギリス公信用の維持につながる大きなニュースであった。

結局、一七六一年債の起債は総額一二〇〇万ポンドという巨額なものになった。一一四〇万ポンドは三％年金で構成され、それに加えて一ポンド二シリング九ペンスの九九年長期年金が与えられた。残りの六〇万ポンドは富くじで起債され、一くじ一〇ポンドのチケットが六万枚発行され、三％年金が付された。本体の公債への払込みは、第一回期日が一月三日、最終回の第九回期日が一〇月二〇日に設定された。富くじの払込みは第一回目が一月三日で、最終回の第四回目が七月一五日とされた。

一七六一年債の筆頭額の請負者は、ファン・ネックの一五〇万ポンドであった。(表2-5)。それに次ぐのがイギリス人公債請負人のトウチェットの一〇〇万ポンド、第三位のシファーは詳細が不明であるが、第四位のピーター・マルマンと第五位のジョルジュ・アミョンはともに公債請負人の中心人物である。上位一〇名のうち、オランダ人公債請負人が二二五万ポンド、アーノルド・ネズビットも含めたイギリス人公債請負人が二四〇万ポンド、

表2-5　1761年債配分リスト

（ポンド）

氏　　名	金　額
Sir Joshua Vanneck	1,500,000
Mr. Touchet	1,000,000
Mr. Shiffer	904,000
Mr. Muilman	750,000
Mr. Amyand	670,000
Mr. Magens	652,000
Sir James Colebrooke	500,000
Mr. Burton	500,000
Mr. Bristow	500,000
Mr. Nesbitt	400,000
Mr. Sullivan	400,000
Mr. Salvadore	400,000
Mr. Fonnereau	350,000
Mr. Martin	300,000
Sir William Start	250,000
Meers Honywood & Fuller	200,000
Mr. Mellish	150,000
Mr. Thornton	150,000
Mr. Gideon	100,000
Mr. Styde	50,000
Mr. Belchier	400,000
当初リスト計	10,126,000
Mr. Fox	100,000
Mr. Ringmaker	100,000
Mr. Legge's List	200,000
Duke of Newcatle's List	1,474,000
計	12,000,000

出典）BL Add. MSS, 33040, f. 79.

ユグノーが一一七万ポンドと、上位一〇名の引き受け金額に占めるイギリス人による割合が初めて最多となった。しかし、オランダ人の占める割合は低下したとはいえ、その存在感は依然として大きかった。ユダヤ人公債請負人サムスン・ギデオンによれば、外国人、とくにオランダ人で新規発行債の配分を受けた人びとは、売りの注文書を送ったり譲渡の委任状を送ったりして、配分された公債の全額を処分してしまう。その結果、出資者に割り当てられた出資分入金は、彼ら自身の手では行われない。ギデオンは、オランダ人が年金証券を借り、先物取引で売りに出したりしていると、その取引のありかたを非難した。[46] ニューカスル公爵もまた、「東インド商人とか、西インド商人とか、シティの市民とか、ブローカーとかは、評判はさほど良くない連中で、鬱陶しい連中だ[47]」と、ときにマニド・メンには嫌悪の念を示した。

(4) 一七六二年債

批判の矢面に立たされたヨシュア・ファン・ネックであるが、一七六一年九月八日にはニューカスル公爵に書簡を送り、一七六二年債の私案を提示している。「平明かつ自然」な起債条件が原則としてふさわしいというヨシュアにとってその案は、「[付属の年金や富くじなどで]複雑化しているものよりつねに好ましい」と考えられるものだという。同日のニューカスル公爵のメモ書きには、「ジョン・ゴア氏」と、ファン・ネックと共同で大陸への送金業務を手がけている名前が筆頭に現れる。ニューカスル公爵は「新しい起債に出資する出資者は、イングランド銀行から新規起債時の分割払いの払込みを保証してもらうこと」とそのメモの最後に記している。これはつまり、一七六〇年債で起こった債務不履行への対策として「シティの人びと」と折衝した内容を示していると考えられる。七年戦争におけるオランダからの資金の流入は、ニューカスル公爵たちにとってはまさに命綱であった。しかし同じ公債請負人であっても、現実にどの程度のオランダ資金が入ってきているのか不明だったようである。ユダヤ人公債請負人であるジョーゼフ・サルヴァドーレは、そのひとりであった。イングランド銀行への質問と題したメモ書きには、サルヴァドーレからの質問と、それに対するニューカスル公爵の回答が掲載されている。

Q1　外国人の手に渡った新規起債の公債の金額は？

Q2　新規起債された公債でまだ払い込まれていない額は？　一二〇万ポンド

Q3　とくにイングランド《（ママ）》銀行が過去に起債した債券における外国人の財産は増加しているのか、減少しているのか。

これに対するニューカスル公爵の回答は、

最初の質問と最後の質問については、「私以外の誰にも知られるべきではない。二番目は答えた」という。(48)

公債請負人でもあるサルヴァドーレが何を目的にこのような質問をしたのか、その事情はよくわからない。しかし、特記しておくべきことは、ニューカスル公爵がイギリス政府公債の保有者における外国人保有比率を秘中の秘としていることである。おそらく、今後の起債交渉への障害となると判断したか、あるいは新国王の即位でニューカスル公爵の立場が不安定化しているなかで、政治的な思惑がはたらいたことによるものと考えられる。少なくとも、極秘にしなければならないほどの比率であったことだけは間違いない。

この一七六二年債では、出資申し込み情報の一部が残存している（表2-6）。九月一日のドールトンの六〇〇〇ポンドにはじまり、一一月八日まで、約五〇名弱が二〇〇〇ポンドから二五万ポンドにいたる出資希望をニューカスル公爵に伝えている。なかには、一〇月六日のイングランド銀行取締役をつとめたこともあるスタンプ・ブルックスバンクの二万ポンドや、一〇月一七日のドラマン銀行による一〇万ポンドなどがみられる。一一月一〇日までに一二五万九〇〇〇ポンドの出資希望がニューカスル公爵の手元に届いたこととなる。こうした出資希望を受け付ける一方で、ニューカスル公爵は「一七六二年債の起債にさいして、意見を徴すべき人びと」という表題のメモで、公債請負人でイングランド銀行総裁のメリック・バレル、同じく公債請負人のウィリアム・ベイカーやユグノーのジョルジュ・コールブルーク、そしてインド亜大陸における七年戦争の展開として著名なプラッシーの戦いでフランスに味方するベンガル太守軍を破ったロバート・クライブら一七名の名をあげている。(49)

最終的な出資割り当ては表2-7に示されているとおりである。ニコラス・マグンスの一五〇万ポンドの割り当てを筆頭に、ヨシュア・ファン・ネックの一三〇万ポンド、ヘンリ・マルマンの九〇万ポンド、ジョルジュ・コールブルークの六〇万ポンド、サルヴァドーレの五七万ポンドと続き、上位五名にイギリス人の名はなく、ドイツ人一名、オランダ人二名、ユダヤ人一名、ユグノー一名となった。上位一〇名に広げると、イギリス人の名はバート

表2-6　1762年債の申込者および申込額（部分）

（ポンド）

日　付	氏　　名	金　額
9月1日	Mr. Dalton	6,000
9日	Mr. Mackay	20,000
11日	Mr. Sotheby	10,000
13日	Lord Falmouth	50,000
15日	Mr. Mason	1,000
22日	Charles Cocks	10,000
	James & Tho' Cocks	40,000
25日	Mr. Trollop	20,000
10月4日	Mrs. Dennis	40,000
6日	Mr. S. Brooksbank	20,000
8日	Mr. Jolliffe Tussnell	3,000
	Mr. Edw. Herbert	10,000
	Sir Edw. Wilmot	10,000
	Dr. David Hunter	12,000
	Dr. Thos. Manningham	20,000
	Ld. Wm. Manners	8,000
	Mr. John Jones	5,000
9日	Monsl. Dutens	15,000
11日	Earl of Hertford	10,000
15日	Mr. Wm. Sharpe	10,000
16日	Mr. Poore	10,000
17日	Mr. Edw. Williams	2,000
	Mr. Thomas Williams	2,000
	Mr. Drummond	100,000
	Mr. Randol	10,000
21日	Daniel Lascelles	50,000
24日	John Edwards	60,000
25日	Mr. Barnard	50,000
28日	Mr. Mawbey	10,000
29日	Mr. Mendes Da Costa	75,000
30日	Duke of Richmond	20,000
31日	Anthony Todd	5,000
	Chirst Robinson	5,000
	John Wooler	5,000
11月3日	Lord Conyngham	50,000
5日	Mr. Robinson Knight	5,000
	Lord Galway	8,000
7日	Mr. Gloves of Kingston	5,000
	Mr. Thos Wallis	3,000
	Mr. Boldeos	20,000
	Mr. Russell	20,000
	Mr. Wm. Fundman	3,000
8日	Caesar Hawkins	10,000
	Mr. Potts	20,000
	Sir Wm. Hart	250,000
	Dr. Squire	3,000
10日	Mr. Alexr. Wynch	8,000
	Mr. Cruikshanks	100,000
	Capel & Osgood Hanbury	30,000
	計	1,259,000

出典）BL Add. MSS, 33040, ff. 256-257 より筆者作成。

表 2-7　1762年債の申込者，申込額および割当額

（ポンド）

氏　名	申込額	割当額
Mr. Nicholas Magens List	1,500,000	1,500,000
Sir Joshua Vanneck	1,300,000	1,300,000
Mr. Muilman	900,000	900,000
Sir George Colebrooke	600,000	600,000
Mr. Salvadore	570,000	570,000
Mr. Burton	500,000	500,000
Messrs : Martin, Stone & Co.	500,000	500,000
Mr. Sullivan	500,000	500,000
Mr. Amyand	480,000	480,000
Mr. Nesbitt	450,000	450,000
Mr. Fonnereau	350,000	350,000
Sir William Hart	300,000	300,000
Messrs : Honeywood & Fuller	300,000	300,000
Mr. Way (S. Sea List)	226,500	226,500
Lord Clive	225,000	225,000
Mr. Thornton	200,000	200,000
Messrs : Drummond & Co :	200,000	200,000
Mr. Alderman Beckford	150,000	150,000
Mr. Mellish	150,000	150,000
Mr. Fox	100,000	100,000
Mr. Scott	100,000	100,000
Mr. Coutts	100,000	100,000
Mr. Ringmaker	100,000	100,000
Mr. John Edwards	60,000	60,000
Messrs : Child & Co.	70,000	70,000
Lord Falmouth	50,000	50,000
Mr. Gideon	50,000	50,000
Mr. Cruickshanks	50,000	50,000
Mr. Philip Stephens	50,000	50,000
Mr. Franco	40,000	40,000
Mr. Nesbitt		50,000
Mr. Brice Fisher	40,000	40,000
Mr. William Stephens	30,000	30,000
Messrs : James & Thomas Cocks	30,000	30,000
Mr. William White	30,000	30,000
Mr. Lascelles	30,000	30,000
Mr. William Todd	25,000	25,000
Messrs : Osgood & Capet Hunbury	25,000	25,000
Mr. Glover	20,000	20,000
Mr. Richard Latham	20,000	20,000
Mr. David Hunter	20,000	20,000
Mr. Edward Herbert	20,000	20,000
Sir Francis Gosling	20,000	20,000
Mr. Timothy Brett	20,000	20,000
Mr. Cahrles Selwyn	20,000	20,000
Mr. Robert Wood	20,000	20,000
Messrs : Tregothick, Apthorpe & Tomlinson	20,000	20,000
計	10,561,500	10,611,500

出典）BL Add. MSS, 33040, ff. 290-291 より著者作成。

ン、マーチン・ストーン銀行、サリヴァン、ネズビットと、ようやくイギリス人（あるいはスコットランド系アイルランド人）の名が続く。一一月八日に出資希望を提出したウィリアム・ハートには五万ポンドの加増があり三〇万ポンドが、一〇月一七日に希望を出したドラマン銀行には一〇万ポンド加増の二〇万ポンドが、また、クライブ卿には二二万五〇〇〇ポンドがそれぞれ割り当てられた一方で、一一月一〇日に一〇万ポンドの希望を出したクルク

シャンクには逆に五万ポンドの削減で割当金額は五万ポンドにとどまった。

一七六二年債の起債条件は募集額が一二〇〇万ポンドと一七六一年債と同じ金額になった。八〇ポンド出資につき一〇〇ポンドの額面の公債が交付されるというボーナスが付された。一〇〇ポンドの出資につき、八〇ポンドに年利四%の年金が当初一九年間支払われ、その後三%に低利転換される。また、付加された二〇ポンド分には一%の長期年金が付され、その期間は九八年間と定められた。事実上の終身年金である。その結果、一二〇〇万ポンドのうち、九六〇万ポンド分が四%年金、二四〇万ポンド分が九八年間の年利一%の年金で構成された。四%年金は、初回払込みが一七六一年一二月二三日で要求額が一五%、以後一七六一年一〇月二〇日まで初回も含めて九回に分割されて払い込まれることになる。一方、一%長期年金では、同じ一二月二三日に一五%、その次は三月一〇日に二五%、五月一二日に三〇%、七月一二日に三〇%と四回の払込みという変則的な形態がとられた。

この公債の起債時には、市況は七年戦争中で最悪の状況となっていた。第一回払込日の一二月二三日には三%コンソル債が六九・五という安値を付けた結果、四・三一六%と高金利となった。さらに、絶望的な戦況に陥っていたフランスにとって最後の頼み綱となったスペインによるイギリスへの宣戦布告が、市況の悪化に拍車をかけた。一七六二年一月末には三%コンソル債が、六一・七五と、七年戦争中の最安値を記録し、金利は四・八五八%と五%代の大台に接近した。一二〇〇万ポンド以上の起債が危険視されていたなかで、一七六一年債と同じ金額を起債できたのは、「マニド・ピープルを起債に引き込むことができたから」であった[50]。

一七六二年債で調達された資金は、どのように支出されたのであろうか。一二〇〇万ポンドは九分割されて払い込まれたが、初回の一五%の払込金はただちに支出された（図2-1）。払い込まれた一八〇万ポンドのうち、北米方面への糧食供給の政府契約を請け負っていたドラマンに九万ポンド、同じく北米方面への送金業務を請け負っていたトムリンソンに三万九〇〇〇ポンドが支出されている。また、大陸方面ではハノーファ軍に八万ポンド弱、

			ポンド
	ドラマン		90,000
	トムリンソン・コールブルーク他		39,000
	オルト		120,000
	ハノーファ駐留軍		79,094 16. 2 3/4
	ヘッセン		69,760 12. 2
	ブランズウィック駐留軍		11,552 2. 5
	ガルニエ		6,764 12. 0
	マングス&アミョン		150,000
	プロイセン国王		50,000
	ジブラルタル		7,500
	小　計		623,672 2. 9 3/4
各軍主計長官			
	ヨーロッパ方面	630,000	
	北米方面	200,000	
	小　計		830,000
		計	1453672 2.9 1/2

図 2-1　1762 年債第 1 回払込金支出明細

出典）BL Add. MSS, 33040, f. 298.

表 2-8　七年戦争中の軍事支出（1756～63 年）

	陸軍費	海軍費	国内軍事費	植民地軍事費	大陸援助金	計
1756-57	298,655	3,349,021	1,442,621	971,675	300,596	6,362,568
1757-58	437,496	3,503,939	1,489,465	1,030,367	874,303	7,335,570
1758-59	391,807	3,974,421	1,556,976	1,359,514	2,302,105	9,584,823
1759-60	543,814	5,236,263	2,065,873	2,135,360	2,603,426	12,584,736
1760-61	526,494	5,611,708	2,931,908	2,298,383	3,995,664	15,364,157
1761-62	728,716	5,594,790	2,466,978	1,870,293	5,457,638	16,118,415
1762-63	642,916	5,954,251	2,636,881	1,608,938	3,887,624	14,730,610
計	3,569,898	33,224,393	14,590,702	11,274,530	19,421,356	82,080,879

出典）Carl William Eldon, *England's subsidy policy towards the continent during the Seven Years' War*, Philadelphia : Printed by Times and News Pubishing Co., 1938.

ヘッセンへ七万ポンド弱、ブランズウィック軍へ一万ポンドあまり、プロイセン国王への援助金が五万ポンド支出されている。公債請負人のコールブルーク、マグンス、アミョンらは、それぞれ一七六二年債で六〇万ポンド、一五〇万ポンド、四八万ポンドを割り当てられており、割当額の合計二五八ポンドの一五％である三八・七万ポンドが第一回目の総払込金額一八〇万ポンドに含まれていることになる。同時にヨーロッパ大陸への軍資金や援助金の送金を担当する政府契約業者でもあった三名は、政府からの二八万九〇〇〇ポンドを大陸へ送金している。公債請負人たちは、政府公債の起債に参加し、同時に政府契約を割り当てられることによって、自己のネットワークから集めた資金を政府に貸し付け、貸し付けた資金をヨーロッパ大陸へ送金することで手数料収入を得ていた。その結果、表2-8でみられるような七年戦争の資金の多くは、こうした公債請負人たちの手元を通過させることによって稼働された資金であった。公債請負人たちはこのように資金の国内・国外への移動から利益を上げていたのである。

3　「ホイッグの優越」の終焉とロンドンの急進主義者

ジョージ三世即位に伴う「ホイッグの優越」の終焉は、[51] 公債請負人にどのような政治的な影響をおよぼしたのであろうか。これまで述べてきた公債請負人をとりまく政治的な構造を考慮すると、それは二つの側面に大別できる。第一に、利権としての政府契約や公債の請負への影響という、中央政界における政治力学からの影響。第二に、議会外でのカントリ・イデオロギを伴った急進主義からの批判というジャーナリズムの活用による民衆政治から受ける影響である。

(1) ビュート伯爵と公債請負人

ニューカスル公爵の政権からの退陣は、政府契約と公債請負の双方に影響をおよぼした。ニューカスル公爵はジョージ三世即位後もしばらく政権を握っており、またその基盤のひとつを公債請負人との関係に求めていた。その結果、ともに七年戦争中の起債額の最高を記録した一七六一年債と一七六二年債は、ニューカスル公爵の指導下でこれまでと同じプロセスを経て進められた。その間は公債請負人たちに目立った影響はみられない。しかし一七六二年五月、ニューカスル公爵はビュート伯爵に政権の座を譲り渡した。

ビュート政権下では政府契約の契約者が一新された。その結果、多くの公債請負人が政府契約を失った。第1章でみたように、公債請負人たちの多くは一方で政府に戦争資金を供給するとともに、他方で政府契約業者として軍隊への糧食補給業務と軍隊や同盟国への送金業務を利権として与えられていた。ニューカスル公爵在任時に政府契約を受任していた公債請負人たちの多くは、ビュート伯爵が政権の座につくとその任を解かれた(表2-9)。ニューカスル公爵退陣時には、ユグノー公債請負人ジョルジュ・コールブルークがアイルランド系公債請負人のアーノルド・ネズビットとともに、北米方面の糧食調達二件と送金業務一件の計三件の政府契約を獲得していた。また、イギリス人公債請負人のピーター・バレルは、ジブラルタルへの糧食調達業務一件、地中海のミノルカ島への糧食調達業務一件と送金一件を受任している。さらに、イギリス人公債請負人ジョン・ブリストウが、バレルと同じくミノルカ島への糧食調達と送金をそれぞれ一件、さらにジブラルタルへの送金の一件を得ていた。ジブラルタルへの糧食輸送をバレルとともに共同で遂行していたユグノー公債請負人のフォネロウとファン・ネック商会の共同経営者であるトマス・ウォルポールを加えると、六名の公債請負人が一四件の政府契約を獲得していた。しかし、ビュート伯爵の影響下で政府契約の担当者が一新されると、従前どおりに契約を維持できたのはジブラルタルへの糧食調達を担当していたフォネロウとバレルのみであった。また、新規で契約を得たのは、ブリストウとバレ

表 2-9　政府契約の変動（1762/63 年）

内容	ニューカスル公爵退陣時（1762年） 業者名	地域	ビュート伯爵（1763年） 業者名
糧食調達・軍需物資輸送	**Colebrooke** **Nesbitt** Franks	アメリカ	Fludyer Drummonds Franks
	Colebrooke **Nesbitt** Franks	ケベック	Fludyer Drummonds Franks
	Townshend	ノヴァ・スコシア ニューファンドランド	Townshend
	Woodford	アナポリス ハリファックス	Woodford
	Fonnereau **Walpole** **Burrell**	ジブラルタル	**Fonnereau** **Burrell**
	なし	東フロリダ	Cummins Mason
	なし	西フロリダ	Major Heniker
	Burrell **Bristow**	ミノルカ島	***Amyand*** Linwood
送金	Tomlionson **Colebrooke** **Nesbitt** Hunbury	北アメリカ	1765年契約終了
	Burrell **Bristow**	ミノルカ島	***Amyand*** Linwood
		東フロリダ	Cummins Masons
		西フロリダ	Major Henniker
	Bristow	ジブラルタル	Jones Cust
		グラナダ	
		トバコ セントヴィンセント	Bacon Lewis
		ドミニカ	

出典）BL Add. MSS, 38337, ff. 109-111 より筆者作成。
注）太字は公債請負人，網掛けは政府契約を失った公債請負人，下線は政府契約を維持した公債請負人，イタリック体は政府契約を獲得した公債請負人。

ルに代わってミノルカ島への糧食調達と送金業務の二件を担当したジョルジュ・アミョンの一名のみであった。また、ジブラルタルへの糧食調達業務において、フォネロウとバレルは政府契約を維持できたものの、契約内容はニューカスル公爵退任時の契約では軍人一名あたり一週分につき三シリング一ペニー一ファージングの手数料収入だったのに対して、更新された契約では同じく三シリング一ファージングと単価が値下げされている。[52]

政府契約における「ペラム派の虐殺」のなかでも露骨だったのは、トマス・ウォルポールの事例である。すでにみたように、ジブラルタルへの糧食調達の政府契約において、三名の公債請負人のうち任を解かれたのは彼ひとりであった。ほぼ「狙い撃ち」であったといってよい。しかし、トマスにとってこの政府契約は、父ホーラティオ・ウォルポールが息子トマスへ是非とも受任をと、時の首相であったヘンリ・ペラムに依頼したものであった。ホーラティオの強引さは、ニューカスル公爵が大法官ハードウィック男爵に「何と汚い、不埒な野郎だ」と口を極めてホーラティオを罵倒させるほどのものであった。[53] また、かつて義父ヨシュア・ファン・ネックが一七五六年のミノルカ島陥落時の政府契約の混乱のさいに、ニューカスル公爵へ「この政府契約は貴公の弟君、故ペラム氏がトマス・ウォルポールにご厚意でお認めいただいた」ものとわざわざ念を押す手紙を書き送っているほど、親類縁者ぐるみで新規獲得およびその維持を希望した契約でもあった。[54] 自分のみが契約から外されるという想定外の措置に怒りを隠せないトマスは、解任通知を送ってきたサミュエル・マーチンに書簡で「[一七六二年]一二月二三日付の貴下からの書簡を受領しました。書簡では、大蔵委員会と国王陛下から小生へ、ジブラルタル要塞への糧食を供給する契約を停止し、一二月末から六カ月後に無効とするとの警告がなされています」と解任通知を要約し、「満腔の満足心とともに振り返るに、この一〇年ものあいだ、この契約に携わってまいりました。この契約についての不満を一言も述べたことはございません」と、解任に反論する姿勢をみせる。[55] トマスが抗議したサミュエル・マーチンは、元はピット派の財務府長官ヘンリ・レッグの知遇を得て大蔵部で行政職をつとめ、ニューカスル公爵とは政治的に対立していた人物である。その後、彼はビュート伯爵の庇護下に入り、解任通知を送った当時は大蔵部の次官をつとめていた[56]。

トマスは一七六三年一月一日にニューカスル公爵に書簡を送り、ジブラルタルへの糧食調達の政府契約を失ったことを告げている[57]。トマスはその書簡にマーチンへの反論状の写しを同封し[58]、「願わくは、閣下が小生の書簡を信じこの措置に反対されんことを。我がパートナーたちもご慈悲を求めて悲嘆の淵にあります」と、同意を乞うている。それに対してニューカスル公爵は同年一月四日の書簡にてトマスの用いた表現をそのまま転記して「信用があり評判も良いひとりのジェントルマンを、細心の注意を払い、正確に履行し、忠誠をもって一〇年もつとめあげ、不平不満をぶつけることのなかった契約から取り除くことは、今や確固とした事実となっている〔中略〕このような政府契約業者は正義に照らして継続させるべきである」と述べる[59]。「仮に契約期間の変更が必要であれば、その条件を満たす他者を選択するべきだとしても、今回の場合はそれには当てはまらないだろう」とトマスの主張に同意するニューカスル公爵は、「私が耳にしたシティからの説明に愉快なわけがない。これらの暴力が現在以上にシティで猛威を振るわないことを希望する」と、政府契約の一新に異議を唱える。シティのコーヒーハウスでは誰もが恐がって現在起こっていることに触れたがらない状況である。また、シティでは騒ぎが大きくなってきており、シティの人びとも考えを変えて、進行中のフランスとの和平交渉に強硬な姿勢を求める請願が日を置かずに出てくると、ニューカスル公爵は観察する。そのうえで彼は、ニューカスル派に属するシティ内の「友人」が現下の情勢をいかに切り抜けるのか、そしてこれらの「暴力」が彼らにどのような影響をおよぼすのかを心配する。とりわけ、政府契約を失ったコールブルーク、ネズビット、フォネロウの名をあげ、彼らの政府契約の継続を希望している。しかし、事態が変わることはなかった。

ビュート伯爵の政権がトマス・ウォルポールに狙いを定めた背景には、トマスがロバート・ウォルポールの甥であり、ホイッグ大貴族の家系の出身者であったこと、また、彼が公債請負人の筆頭格にあたるヨシュア・ファン・ネックの娘と結婚していることがあった。「ペラム派」を一掃するにあたり、それを内外に明確に示すために、三名の公債請負人が任にあったジブラルタルへの政府契約から、唯一トマスのみを外したものと考えられる。ビュート伯爵自身が取り組んでいたフランスとの和平交渉の進展に伴い、公債請負人が重要性を減じていたことも「ペラム派の虐殺」を可能にしたと考えられる。ただし、このような転換は、もっぱら政権内部での主導権争いの結果として限定的に理解されるべきではない。スコットランド人の政府、フランスとの和平交渉の条件、公債請負人への独占批判を日に日に強めて繰り広げられる、議会外勢力の動きへの対応という点もあわせて理解されるべきであろう。

一七六三年債は七年戦争中に起債が計画された最後の公債である。起債を担当したのは、ニューカスル公爵に代わって首席大蔵委員の座についたビュート伯爵であった。その短い任期中のわずか一度の起債を直接伝える史料は、残念ながら存在しない。ここでは、トマス・ウォルポールが一七六三年一月一五日付でニューカスル公爵に宛てた、シティ内の動向を伝える書簡にもとづき再構成する。(60)

トマスによると、一月一四日にシティのマニド・メンがビュート伯爵に伺候した。マニド・メンらはそのさい、ビュート伯爵とのあいだで一七六三年債の起債条件を検討するなかで、ビュート伯爵から起債総額が最高三五〇万ポンドにおよぶとの言明を得た。ここまではニューカスル公爵による起債プロセスとさほどの変わりはない。問題なのは、ビュート伯爵と会談したマニド・メンの構成である。トマスがいうには、ビュート伯爵と会談したマニド・メンは「現時点で、銀行家、イングランド銀行、南海会社、東インド会社、あるいは〔ロンドン保険会社などの〕その他の会社の取締役ではない人びと」から構成されていた。すでにみたように、政府契約が一新されたさいも、一七五六年から六〇年にイングランド銀行の総裁と副総裁の任にあったメリック・バレルや、同時期に南海会社の総裁と副総裁を歴任したジョン・ブリストウの二人は、彼らが保有していた六件の政府契約のうち五件を召し上げられるという憂き目にあっている。公債起債時の請負についてもまったく同じ狙いで、ニューカスル公爵に近い公債請負人や三大特権会社の関係者が、この段階では排除されたと考えてよい。トマスは、一七六三年債の起債条件を三％年金と一〇ポンドの富くじを付すという内容だと予想しつつ、懸案の海軍証券の処理について、利払い停止状態が未解決のまま放置されていることにこそ、メンバー構成の問題が本質的にあらわれているとみる。少なくとも、一七六一年債の起債時に彼の岳父ヨシュア・ファン・ネックら金融の専門家が最も問題視したような議論の水準をこれらマニド・メンに期待できないことは、「彼らは公債の取り扱いを理解しておらず、会議に出席した誰もが自分たちは何もわかっていないことを確信した」とトマスが述べることからも了解できよう。

ビュート伯爵が唯一取り扱った一七六三年債の起債条件は、トマスがニューカスル公爵に報告した自身の予想とほぼ同一の内容となった。それは起債総額三五〇万ポンドのうち、二八〇万ポンドは四％の年金債で、残りの七〇万ポンドは一枚一〇ポンドで四％年金が抽選後に付される富くじ三万五〇〇〇口を二度発行するという内容であった。一〇〇ポンドの出資によって、八〇ポンドの四％年金債と一〇ポンドの富くじを第一回目と第二回目のそれぞれ一枚ずつ計二〇ポンドが入手できるものとされた[61]。富くじの抽選後、空くじはすべて額面が五ポンドの年金債となるため、価値がゼロになる空くじはなかった。払込みは五月一五日から一一月二四日まで八回に分割して期日が設定され、各回とも購入予定額の一二・五％を入金するものと定められた。

この公債の起債は、七年戦争期の他の起債と同様に限定請負制度のもとで行われた。この公債を請け負った人びとは、一月の起債条件の折衝で集まったマニド・メンの顔ぶれとは異なった。ビュート伯爵は実際の起債では一転して公債請負人を主体とする人びととの取引を選択したのだ。一七六三年債を請け負ったとされる「一二名のジェントルマン」[62]は、ジョルジュ・アミョン、ニコラス・マグンス、ジョーゼフ・サルヴァドーレ、ジョルジュ・コールブルーク、ジョン・ソーントン、ヘンリ・マルマン、バーソロミュー・バートン、ペレグリン・カスト（庶民院議員、オランダ滞在経験あり）、ジョン・ルース、ルイス・ウェイ、ロバート・マーシュ、グロウヴァ（名は不詳）である。[63] これら一二名の人びとはそれぞれ二〇万ポンドを引き受けた。なお、この起債を請け負った人びとは、七％のプレミアムを政府から付された。そのため、それぞれ二〇万ポンドの公債を請け負った一二名のジェントルマンたちは「ただちに一万四〇〇〇ポンドの利益を上げた」と、ニューカスル公爵のメモは伝える。[64]

しかし、この顔ぶれはトマス・ウォルポールにとって予想外なものであったに違いない。というのも、アミョン、マグンス、サルヴァドーレ、コールブルーク、ソーントン、マルマン、バートンらは、たしかに首領格のヨシュア・ファン・ネックを欠くとはいえ、すべて公債請負人としてニューカスル公爵の起債に積極的に関与したユグノー、ユダヤ人、イギリス人、オランダ人を含む国際色豊かな公債請負人であったからである。とくに、コールブルークは、さきの政府契約が一新された件では、受任していた契約をビュート伯爵の措置によってすべて失った人物である。そのコールブルークに公債の引き受けを許したことは、この間にビュート伯爵に大きな方針の転回が起こったことを意味する。つまり、ビュート伯爵は当初のニューカスル公爵子飼いの公債請負人排除という方針を、公債請負人のなかでも主導的な役割を果たし、ウォルポール家と姻戚関係にあるヨシュア・ファン・ネックの排除にとどめたのである。そのうえで公債請負人を活用することで、ビュート伯爵はわずか一度かぎりとなる起債を確実に進めることができたといえる。つまり、ホイッグ寡頭政下の限定請負制度とニューカスル公爵を支えた公債請負人による資金調達システムは、新しい国王とトーリの起債担当者の下でも維持されたのである。

（2）急進主義者による公債請負人批判

しかし、公債請負人を活用することには一定の問題がある。それは、前政権を率いたニューカスル公爵が受けた同じ批判を招来するかもしれないという問題だ。ましてビュート伯爵の場合、スコットランドという彼の出身地が、イングランドを奉じる「愛国心」あふれるロンドン民衆の恰好の標的となっていただけではなく、彼が進めるフランスとの講和条約の予備交渉の内容もまた、「トーリ商業主義」的な成果を希求する急進派からすでに猛烈な攻撃を受けていたという厄介な事情があった。[65] そこに彼らが長年排斥を訴え続けてきた限定請負制度のもとで公債請負人が独占的に起債を引き受けたとなると、ファン・ネック商会を排除したにもかかわらず、厳しい批判が民衆側から寄せられるであろう。勢いを強めつつあった急進主義者たちが、絶好の機会を見逃すわけはなかった。

七年戦争期にしだいに勢力を増しつつあった議会外の政治運動は、イングランドへの愛国主義的な色彩を帯びつつ、急進主義としての相貌をしだいに明確化していった。その中心人物ジョン・ウィルクスは週刊の『ザ・ノース・ブリトン』誌を牙城とし、スコットランド人ビュート伯爵批判を激しく展開した。一七六〇年代イングランド急進主義の代表的な担い手と目されるウィルクスは元来、ウィリアム・ピットの信奉者であり、公債請負人にはきわめて批判的であった。『ザ・ノース・ブリトン』第四二号（一七六三年三月一九日付）には、ウィルクスによる一七六三年債への「判決」が掲載されている。少し長いが、引用してみよう。

さて、国の経済のありかたを完全に無視するもうひとつの明らかな事例を俎上に載せてみよう。それは現下に実施された三五〇〇万ポンドにのぼる政府の借り入れのことだ。本年行われた出資申し込みの条件とは、公衆にとってはきわめて有害なものであるが、公債に資金を投じる人びと、すなわちビュート伯爵の手先どもにとっては、多額の利益を見込めるものであった。その結果、出資すると即座に〔出資金額の〕七％もの前金を受け取り、〔出資から〕二、三日のうちに、〔利益は〕一一％以上となったのだ。しかし、財務府長官の頭を悩ませたくないから、きりのよい数字をつかって、譲って一〇％としておこう。三五〇〇万ポンドに達するローン全額は、ビュート伯爵がその手先どもに彼の権力の手段として分配されてしまい、〔ローン総額の一〇%にあたる〕三五万ポンドが公衆に〔余分に〕負担として課せられたのである。それは、かくも短き時間のうちに、いかなる連中のあいだでもなかった、これまで分割されたなかで最も異常な金額である。私が述べる数名の名前をみると、公衆は連中に対してどのような評価を与えるのか、明らかになるであろう。トウチェット、グロウヴァ、カスト、アミョン、マグンス、サルヴァドーレ、コールブルーク、マルマンといった商会は、それぞれ二〇万ポンドを今年の起債に出資し、もちろん即座に〔一〇%にあたる〕二万ポンドの利益をそれぞれ手中にした。この利益は、連中の友人のあいだで山分けされたり、ひとり占めされたりした。しかし、今年の場合、私はあえていおう。公衆は利払い停止を経験することはない。なぜなら、このようなたたき売りは、公債保有者たちよりも国民（a nation）のほうに破産をもたらす可能性が高いからだ。

一七六三年債への批判のなかで「一二名のジェントルマン」のうち、八名が実名をあげられている。ウィルクスの情報源はわからない。この引用箇所に続く部分には、起債を引き受けたと思われる人物名がさらに列挙される。それは「内閣がらみのぼろ儲けできる仕事なら種類を問わずそのなかに名を見逃すことなど不可能な」「腐敗」した政治家ヘンリ・フォックス（一〇万ポンド）や、ロンドン商業界が大混乱に陥った一七四五年のジャコバイト反乱時ですらスコットランド人であるがゆえに通常通り「店を開いていた」銀行家アンドリュ・ドラマン（七万二〇〇〇ポンド）[66]、「イングランド銀行のジェントルマンたちに上機嫌に一五万ポンド、自分の手元に上機嫌に五万ポンド」を配分したイングランド銀行総裁のロバート・マーシュ（二〇万ポンド）、マーシュと「同じ金額を同じ目的で」配分した南海会社副総裁のルイス・ウェイ（二〇万ポンド）といった人びとだ。これまで検討した史料に現れた「一二名のジェントルマン」以外の名もみえるが、彼らの存在は行論には影響はない。起債を引き受けた人びとは、ウィルクスの言葉によれば、「第一級の金融資産をもつジェントルマンであり、〔オーストリア王位継承戦争と七年戦争という〕さきの二つの戦争において、政府の緊急時にはいつも、最も大きな金額を出資した」人びとである。また、首相は「シティのみから調達した一億七〇〇〇万ポンドを上回る金額の事実上の世話人」だと宣言した。それゆえに、公衆は「たとえあと一年であっても、戦争を続行させることはおよそ困難である」とこれらの事実から判断を下すという。

ウィルクスはその後も批判を展開する。公債請負人の利益と化した起債額の一〇％の三五万ポンドという金額は、「熱狂的で、情け深く、信心深く、従順な、人を信じやすい、人の支えとなる、不本意であっても黙従する、振る舞いにすぐれた、耐え忍ぶ」カントリ・ジェントルマンが国家を救うために支払った一ポンドあたり一シリング分の地租に相当するという。あるいは同様の議論を中小商工業者が負担するリンゴ酒税に代表されるエクサイズ（内国消費税）に置き換えて議論する。一七六三年債にとり入れられた富くじはギャンブル精神を助長することで「商業国家」に有害であるにもかかわらず、一回どころか「二度も一年で実施され」、しかも抽選後の年金への転換時に適用される金利がこれまで三％にすぎず、しかも利息算出開始日が出資開始から一年後であったにもかかわらず、一七六三年債では四％と高利となっており、利息算出開始日が抽選前の第一回払込日となっている点を、「この慎ましいスコットランド人の行政府」によるものだと、皮肉を込めて断罪する。

公債請負人に対する批判は、短期債保有者との対比を通じて主張される。すなわち、海軍、輸送、糧食調達、軍需品調達にさいして発行された短期債を保有する公衆は、「少なくとも、国民にとっては一七六三年債の公債保有者よりも、はるかに価値がある」と評価される。というのも、前者の短期債には利払い源の裏付けがなく、しかも、これらは戦争中の国家が危機に瀕しているときに保有されたのに対して、一七六三年債では、利払い税源は設定されており、二月一五日にパリ条約締結によって和平が達成されたあとに申し込み分の出資が実行に移されたためである。短期債の金利はおよそ四％で、元本は政府の任意で償還される可能性があり、さらには利子算出開始が翌年のレイディ・デイ（三月二五日）を待たなければならなかったのに対し、一七六三年債では第一回払込時点から利息が算出され、一〇〇ポンドの出資ごとに富くじが二口も付されるなど、短期債と比較して優遇された出資条件であった。これらがウィルクスの判断の基準となったのだ。

ウィルクスによる一連の起債批判、あるいは公債請負人批判は、ホイッグ寡頭政下の反宮廷派ホイッグたちによって長年なされてきた、伝統的な公債請負人批判の系譜の直系に位置づけられる。たとえばウィルクスが公募による起債を呼びかけている点は重要である。ウィルクスは「公募はこれまでずっと最も公正にして、最もオエコノミカルな公衆からの借り入れ方法である」と述べる。また、それは平時に戻った現在こそ、導入されるべきであるという。というのも、戦時には公衆は困窮し、政府はより多くの戦費を求めることになるため、政府の選択できる幅は限定されてしまうからだ。現在のように平時に戻り、豊かになった現在であれば、「たとえ一〇〇万ポンド以上の金額になったとしても、公募がなされるや否や、すぐさま応募が満額に達してしまうことを疑う者は存在するのか」と、強気に断言できるような好環境がもたらされるからだ。「平時」を「国家の緊急時」、つまり「公共精神が発揮されるべき時」に置き換えると、それはそのまま、第1章でみた一七五七年債にさいして声高に叫ばれた反宮廷派たちの言説に姿を変えるであろう。

ウィルクスの批判の焦点は現下のビュート伯爵政権に絞られる。この目的を達成できるのであれば、これまで批判の対象となってきたニューカスル公爵による起債ですら、ビュート伯爵による起債よりも評価すべき対象となる。そこでは、ニューカスル公爵は「イングランド人」の「首席大蔵委員」であり、戦時でさえも、たとえ一二〇〇万ポンドにのぼる起債額になっても、公債請負人へ与えられた利益は一％にすぎないとする。それに対して、「貪欲、強欲、がつがつしたスコットランド人」は、平時であるのにもかかわらず、たかだか三五〇万ポンドの金額ですら、一一％を超える法外な利益を与えたと批判する。首席大蔵委員のナショナリティに原因を求めるウィルクスの論には、たしかに稚拙な事実誤認が認められる。しかし、それはスコットランド人ビュート批判という目的かつ結論においては、もはや些事にすぎなかった。

しかし、ニューカスル公爵が頼りにした外国人の公債請負人に対して、ウィルクスが痛烈な皮肉を浴びせていることを忘れてはならない。『ザ・ノース・ブリトン』誌第一四号（一七六二年九月一八日付）では、ライヴァル各誌への批判が展開されている。そのなかに、同日に公刊されたという『オウディター』誌特別号の記事が紹介されている。そこでは、私的な目的のため戦争をやめようとしない国王ジョージ三世に対して、ビ〇〇ト氏（伏せ字）らが以下のような上奏文を奉呈したことが紹介される。

我らがストック・ジョッバー、証券取引で破産の憂き目にあった者ども、オランダ人公債請負人、オランダ人送金業者、シティのグアドループやマルティニクなどへの貿易業者は、国王陛下と枢密院が、宣戦布告と講和条約を結ぶことにつき、一顧だになさりませぬことを愚考いたしますに、恐れ多くも陛下の御大権を一部分でも放棄あらせられますよう嘆願申し上げるしだいでございます。〔中略〕国王陛下にあらせられましては、ストック・ジョッバー、証券取引で破産の憂き目にあった者ども、オランダ人公債請負人などへ、これまで完璧なるご信頼をお寄せいただいておりましたが、この上奏で陛下は疑念をお抱きになられるかもしれません。しかし、我々ストック・ジョッバー、証券取引で破産した者ども、オランダ人公債請負人は、これからも死力を尽くして、国王陛下がルイ一四世と野心において比肩すると衆目が一致するまで、つとめを果たす所存でおります。そのうえで、陛下を子々孫々にいたるまでのヨーロッパの秩序紊乱にご案内つかまつります。この幸多き治世のもとで、キリスト教徒の血を先代のどの御代よりも多く流し、公債請負人によって請け負われた公債がどの御代よりも多く蓄積されるまで。[67]

これは『ザ・ノース・ブリトン』に一貫して流れる、イングリッシュネスに対置される外国人批判という文脈において生み出された言説である。スコットランド人首席大蔵委員であるビュート伯爵への「外国人」批判に連なる一般的な枠組みを利用することで、ヨシュア・ファン・ネックやヘンリ・マルマンといったオランダ人公債請負人を指示対象においた個別具体的な批判が展開されているのである。

彼らの批判は、オランダ人だけではなく、ユグノーに対しても向けられた。公債請負人ジョルジュ・アミョンの場合、たしかに外国人批判という明確な文言はないが、具体的な数値とともに国制に関わるさらに一般性のある批判が展開される。先述したように、アミョンはビュート伯爵によって政府契約を新規に与えられた唯一の公債請負人であった。その政府契約が批判のターゲットとなったのだ。『ザ・ノース・ブリトン』によれば、アミョンとそのパートナーであるシーベルは、送金業務に伴って三万八六二二ポンドを受領した。批判記事の著者はこういう。これが国家の目的、もしくは公共サービスといえるのか、と。そのうえでこの批判は、アミョンによる政府契約業務を、国家から与えられる年金類や国王からの下賜金と同列に位置づけ、「字義通りのパトロネイジ」であると批判するのだ。この批判は、たんなる公債請負人批判というよりも、むしろ財政＝軍事国家の国制そのものを批判する「旧き腐敗」批判の枠内にあるものとして理解されるべきであろう。このように、公的に統治された市場を通じたコスト安の資金調達を要求する反宮廷派ホイッグやトーリによる批判は、限定請負制度への独占批判を超えて、莫大な金額に達した公債[68]や一八世紀イギリスの国制に関わる諸問題、その根源にある国家システムへの問い直しへと継承されていく。

おわりに

一七五七年債の起債で確立された起債をめぐる政治・経済的な枠組みは、オーストリア王位継承戦争以来の宮廷派ホイッグと反宮廷派ホイッグやトーリの政治抗争の帰結であり、宮廷派の政府と、好条件を引き出そうとする公債請負人との対立・連携・妥協の産物であった。強固に確立されたこの枠組みは、ジョージ二世の死去と新国王の即位と政策担当者の交代という政治状況の激変にもかかわらず存続し続けた。他方、反宮廷派ホイッグ、トーリ、それらの系譜にある急進主義者からの度重なる激烈な批判にもかかわらず、公的に統治された市場を通じた資金調達は、一七五七年債以降、七年戦争を通じてただの一度も採用されることはなかった。このように、一七五七年債で確立された少数の公債請負人による引き受けを通じた安定的な戦費調達の枠組みによって、イギリス政府は公信用の運用においてフランス政府よりも優位に立ち、それが七年戦争の帰趨を分けることとなった。しかし、それは同時にイギリス人がこれまで経験したことがない額の国家債務を蓄積することを意味した。

公債請負人による限定請負制度の最も重要な長所は、少数の外国人公債請負人によって外国からの投資資金をイギリスに誘引できることにあった。イギリス政府が外国人公債請負人を利用することで、一七世紀以来オランダ国内に蓄積された遊休資金をもつオランダ人にとって、イギリス政府公債はオランダ国内の証券やフランス政府公債と並ぶ投資対象のひとつとなった。イギリス政府はこれを明確に認識しており、それゆえに政府はオランダ人投資家のニーズについて公債請負人を通じた情報収集を怠らなかった。こうした外国の資金を集積する機能は、反宮廷派ホイッグやトーリ勢力にはなかった。

しかし、反宮廷派ホイッグやトーリ勢力らが、こうした起債構造において意味がない存在であったと断を下すのは早計である。コスト安の資金調達を求める彼らの主張はニューカスル公爵やその後を襲ったビュート伯爵にとって共有できるものであった。それゆえ、ニューカスル公爵は一七五七年債の直後でも彼の金融上の助言者としてジョン・バーナードの声に耳を傾けたのであった。通奏低音のように流れる反宮廷派からの批判は、限定請負制度の公債請負人への牽制となったことは間違いない。このような批判は、やがてジョン・ウィルクスや一九世紀初頭の急進主義者に公的債務への批判の定型として継承されるとともに、ホイッグ寡頭政批判を超えて一八世紀イギリス国制への根本的な問い直しと財政＝軍事国家の改革や解体を求める声に姿を変え、歴史を動かしていくこととなる。

第II部　投資社会の形成

ヨーロッパ大陸における七年戦争、そしてインド亜大陸におけるプラッシーの戦いと第三次カーナティック戦争という一連の戦争では、戦費の大部分が各種の債券を発行することで賄われた。資金難に悩む政府や東インド会社といった借り手に戦争資金を貸し付けたのは、「投資社会」であった。政府が債券を発行すると、「限定請負制度」によって国際色豊かな公債請負人がそれを引き受ける。投資社会の最上層部にいる公債請負人は引き受けた債券を細分化し、政治体間の境界を越えるみずからのネットワークを通じて転売する。その結果、彼らから債券を入手した国内外の人びとは公債保有者となり、同じネットワークを通じて利息を半年に一回受領する。逆に、投資をする人びとは、その居住地がイギリスであるかどうかを問わず、公債請負人のネットワークを通じて自己の遊休資金をイギリス政府へ貸し付けた。こうしてイギリス政府が手にした資金の一部は、送金業務を請け負った政府契約業者——多くが公債請負人——によって、ハノーファ選帝侯領やプロイセン王国に援助金というかたちで届けられ、また、大陸で作戦に従事している軍隊には現地通貨に両替のうえ送金されたのであった。しかし、公信用の創造においてきわめて重要な役割を果たした公債請負人は、けっして真空のなかで活動していたわけではない。公債請負人が十全に活動するためには、多数にのぼる公債を保有する人びとが必要であった。

莫大な金額の債券を吸収したのは、ロンドンとアムステルダムを中心に広がりつつあった投資社会である。公債請負人のような近世ヨーロッパ経済社会の頂点に君臨した大貿易商もいれば、地方港の船員や漁師の妻もその構成員であった。〇歳の乳児がトンチンの名義人になっているかと思えば、九〇歳を超えて多額に膨れ上がったトンチン年金を半年に一度受け取っている老人もいた。彼ら彼女たちは、債券を保有するか、あるいはそれに直接・間接に関係することで、モネタリな関係を相互に取り結ぶこととなる。これらの投資社会を構成する多様な老若男女は、どのような経路を通じて、債券あるいは株式を手にしたのであろうか。どの程度の金額の証券類を購入したのであろうか。何を目的にそれらを保有したのであろうか。保有中に債券や株式をどのように扱ったのであろうか。そもそも証券類は、保有者にとってどのような意味をもったのであろうか。

第I部でみたように、一八世紀中頃におけるイギリスの公信用は、国政、都市政治、党派抗争からなる複雑な政治状況のもとで生成された。第II部では、逆に公信用を消化する側、つまり証券を取引し、保有し、利用する投資社会の社会的な側面を明らかにする。

第3章では、投資社会の最上層部に焦点を合わせる。近世ヨーロッパ商業社会の頂点に立ったヘラルト・ファン・ネックとヨシュア・ファン・ネックの活動を、それを支えた人びととの関係に着目して描き出し、これまできわめて研究の蓄積に乏しい一八世紀中頃の公債請負人の活動について、それを支えた基層を探り出す。日本ではかつて、彼らは「前期的商業資本」の名のもとで、近代資本主義確立の阻害要因として否定的な評価――御用商人としてのそれ――を受けた。(2) しかし、近世資本主義と近代資本主義とを、前者が後者によって克服されるとする特定の史観でとらえる必然性はもはやない。逆に、産業資本主義が退潮していくようにみえる現在、金融と商業が混然一体のものであった近世的な経済秩序の歴史的な位置づけを積極的に評価する必要があろう。欧米の研究史において、フェルナン・ブローデルが彼一流の「資本主義」概念を用いて近世ヨーロッパ経済の頂点に見出したマーチャントたちは、(3) 近世経済の特性をとらえる恰好の対象となるはずだ。なかでも公債請負人としてヨーロッパの帰趨を左右する存在となったファン・ネック商会は、当時「ヨーロッパ第一の貿易商」と評されたことからも、また、経済の最先進地オランダから新興のイングランドへ活動の場を求め、政治体間の境界を越境したことからも、きわめて興味深い存在である。彼らの活動の基層をとらえることは、同時に近世ヨーロッパにおける投資社会の基層をとらえることを意味する。

しばしば誤解されるが、投資社会は多額の証券を保有するごく一部の大貿易商だけで構成されていたわけではない。第4章では、公債保有者の垂直的・水平的拡大の具体像を示すことで、どのような人びとが債券を購入していたのか、その実態が検討される。七年戦争で発行された莫大な金額のイギリス政府公債は、債券を購入する人びとの存在なくして消化されることはありえなかった。また、社会的に上層部に位置する一部の富裕な人びとのみによって、政府が莫大な金額の調達をすることはとうてい不可能であった。さらにそれは、イギリスという政治体の内部だけで完結するものでもなかった。投資社会は、社会層を超えた垂直的な深化だけでなく、政治体の境界を越えた水平的な拡大も遂げていったのである。この章では、債券が流通した経路、公債を買おうとする人びとと公債請負人や証券ブローカーとの関係、証券保有者の社会層やジェンダー、証券保有の目的、保有する証券類の利用のしかたなどを、先行研究の成果を利用しつつ、投資社会内の個人の「顔」がわかるように具体的に描き出す。

第3章　公債請負人の基層

――オランダ人貿易商と近世最末期の投資社会の一断面

はじめに

(1) ヘラルトの死去

一七五〇年九月、当時のイギリスを代表する総合月刊雑誌『ジェントルマンズ・マガジン』に、一通の遺言状が掲載された。[1] 遺言の主は名をヘラルトといい、およそ三〇年前にロッテルダムからロンドンへ渡ってきた人物である。同じ号の「死亡者欄」はこう伝えている。

八月一七日の物故者。ヘラルト・ファン・ネック、エスクワイア。高名なマーチャントにして、抜きん出た人格の持ち主。[2]

ジェントルマン必携のこの高級誌が、一介のマーチャントの遺言状を二頁にわたって紹介するのは、きわめて異例なことであったといってよい。それまでの二〇年におよぶ同誌の歴史をみても前例はない。死亡欄の記事は、さらに続ける。

図 3-1　ヘラルト・ファン・ネック

出所）ナショナル・ポートレート・ギャラリー（ロンドン）所蔵。

二四万ポンドもの財産は、そのうち一〇万ポンドが弟に遺贈されたほか、親類、友人、チャリティに配分された。貴族の年収がおよそ五〇〇〇ポンドから一万ポンドだったこの時代、ヘラルトの遺産はその約二四倍から五〇倍に相当した。これほどの遺産であれば、誰がどれだけ相続するのか、世間の耳目を引きつける十分な魅力をもっていたであろう。そんな読者の好奇心を先読みするかのように、遺言状を紹介する記事は相続者名とその額を細大漏らさず伝えている。

実際、この遺言状は関心を集めた。『ジェントルマンズ・マガジン』は冒頭にあげた記事に加え、さらに紙幅を割いて「解説記事」まで展開し、これだけの財産を遺した人物の素顔に迫っている(3)。そのライヴァル誌である『ロンドン・マガジン』でも、ほぼ同内容の記事が同じような扱いを受けている(4)。また、『省察　道徳心とそのひととなり。故ヘラルト・ファン・ネックの遺言』と題する匿名の小冊子の刊行もみた。この三〇頁のパンフレットは、巨額の遺産をプロテスタント非国教徒の善行の結晶ととらえ、故人の人徳を宗教的な立場から称揚する(5)。かのホーラティオ・ウォルポールもまた、友人モンタギュへ宛てた私信で、ヘラルトの遺言内容に触れている(6)。

ヘラルトの遺言状は好奇心と信仰心から注目された。しかし、その価値は当時の人びとの好奇心のみに供されるものではない。私たちにとってもまた、興味深い内容を伝えるものとなっている。これを手がかりに、ブローデルが注視する近世ヨーロッパ商業資本主義の頂点に登りつめた、ひとりの貿易商の活動の社会的な基層に迫ることができるからである。

(2) 視　角

特定の個人の社会的紐帯やその質をつぶさにとらえることは、よほど包括的な史料が存在しないかぎり難しい。とりわけ一八世紀中頃にロンドンで活躍した上層貿易商については、名誉革命期と比較して史料状況が劣悪で、そのようなめぐまれたケースはきわめて稀だ。[7] ヘラルトについても、貿易商としての事業内容を示す史料のみならず、彼の私生活を直接うかがわせる史料もまた現在、ほとんど手にすることはできない。そのため、この遺言状は数少ない手がかりのひとつとなる。幸運なことに、遺言書では通常家族や親類が遺贈先の大部分を占めるところを、ヘラルトの場合、親族以外の人びとが占めている。しかも、彼が遺言状で指示した遺贈先は七三カ所にのぼる。ここから富裕な貿易商の日常的な人間関係の一端を探り出せないだろうか。

ヘラルトのような貿易商の実態については、個別の貿易商の家族史や経営史のほか、プロソポグラフィ研究、[8] コスモポリタン的な経済活動、宗派抗争を契機に国境を越えて出現した「プロテスタント・インターナショナル」にもとづく商人ネットワーク、外国人貿易商の移住先への同化などが俎上に載せられてきた。[9] しかし、これらのアプローチにはそれぞれ、貿易商の多面性が明らかにされる利点とともに、手法そのものに内在する弱点がある。

ひとつは視角の問題である。個人の活動には、家庭における活動、日常生活における社会的な活動、ビジネスや政治領域における活動とさまざまな側面があり、それらは相互に影響をおよぼす。しかし研究史上、個々の局面が個別に精査されることはあっても、それらを総合する試みはない。近世ヨーロッパ貿易商のコスモポリタン性はもっぱらビジネスの側面からアプローチされてきた。それに加えて、日常の私的な活動との関係を問うことで、近世最末期における貿易商のコスモポリタンなビジネスを成り立たせた基層が浮かび上がる。

もうひとつは、文化の差異が本質的に存在することを議論の前提とする姿勢である。たとえば同化を論じる場合、分析者によって出身先や移住先のナショナリティが分析の対象である人物の属性としてあらかじめ同定＝固定化されてしまう。その結果、問題を設定した時点で結論がア・プリオリに決定される。また、貿易商のコスモポリタン性に注目する議論でも、「無国籍」や「世界市民」という本質性が想定されてしまい、結論があらかじめ用意されたコスモポリタンという言葉に自己言及的に回収される。これを回避するには、文化の差異を前提とするのではなく、行為の結果、差異がどのように立ち現れるのかをとらえなければならない。

本章では、一八世紀中頃に、公債請負人の中心人物としてイギリスの公信用を支え、「投資社会」の形成に重要な役割を果たした貿易商ファン・ネック兄弟に注目し、彼らの空間の移動に付随して発生した人的結合のありかたと、公債請負人として近世ヨーロッパの経済社会で頂点をきわめた活動との関係を探る。

以下、ヘラルト・ファン・ネックの遺言を手がかりに、オランダからロンドンに移動したマーチャントやその家族の社会的な結びつきを明らかにする。そこから浮かび上がるひとりの貿易商の重層的な人的結合が、公債請負人としての彼らの経済活動をどのように規定したのかが明らかになるであろう。さらにそれは、近世という時代の特性をも浮かび上がらせるに違いない。

1　遺言状からみる貿易商の私的空間

(1) ロンドンへ

ファン・ネック家は、オランダ・ロッテルダムに中世以来三世紀続いた、官職を保有するいわゆる都市貴族の家系である。ヘラルトとヨシュアの父コルネリウス・ファン・ネックは、オランダ総督ウィレム三世の陸軍主計長官をつとめた有力者であった。[10] 一六八八年のイギリス名誉革命では、コルネリウスは総督にしたがってイングランドに渡っている。しかし彼はイングランドには定住せず、総督ウィレム三世がウィリアム三世としてイギリス国王に即位したのち帰国し、その後は必要に応じて渡英するにとどまった。

コルネリウスは妻アンナ・ド・フロフとのあいだに六男一女をもうけた。長男ヘラルトと次男ヨシュアのふたりを除く男子四名のうち、アブラハムはホラント州司法長官に、ランベルトはホラント州のペンショナリ（立法評議会評議員）に、ウィレムはマーストリヒト大学教授に、ヤコブはハーグ市長についている。[11] 唯一の女子カトリンも含めて、すべてオランダに残った。兄弟はオランダ社会の上層部に位置し、比較的安定した生活を送ったものと考えられる。

コルネリウスの長男ヘラルト・ファン・ネックは、名誉革命後の一六九二年にハーグで生まれた。彼は一七一八年、二六歳でロンドンへ渡り、二年後の一七二〇年にはイギリス国籍を取得している。[12] 弟のヨシュア・ファン・ネックは一七〇二年に同じくハーグで生まれた。[13] 彼は、一七二二年にオランダからロンドンの兄のもとへ赴き、兄が経営する貿易商会の社員（アシスタント）として事業に参加している。ほどなくしてヘラルトは、ヨシュアを共同経営者（パートナー）に昇格させ、会社 Gerard & Joshua van Neck & co.を設立し、「ジェネラル・マーチャント」

として海外貿易業を展開した。

ヘラルトがロンドンへ渡ったのは、フランスでは一六八五年のナントの王令廃止、イングランドでは一六八八年からの名誉革命を口火として、カトリシズムとプロテスタンティズムとの対抗関係が再び先鋭化し、宗教や政治をめぐる対立が国内的にも国際的にも再燃しつつあった時期にあたる。また、当時の最先進国オランダが誇った経済的な優勢がしだいに失われはじめ、新興の島国イングランドと大陸の超大国フランスの両国が、まさに劇的に成長しつつあった植民地貿易をめぐり争奪戦を繰り広げはじめた時期でもあった。宗教と経済をめぐり、英仏をはじめとする西欧の各主権国家は、およそ百年以上にもわたる断続的な戦争状態に陥ることになる。

こうしたなか、多くの人びとが大陸からイギリスへと移動した。国家による戦費需要の極大化と呼応し、新たな経済機会を求める金融取引の技術に長けたオランダの人びとや[14]、宗教的・政治的迫害から逃れるためフランスやドイツから脱出したプロテスタント[15]、あるいはイベリア半島から流れてきたセファルディム系ユダヤ教徒などが[16]、陸続とロンドンに渡ってきた。多様な背景をもつ多様な人びとが多様なかたちで交差することによって、ナショナリティの萌芽期のロンドンを舞台に、一国の文化に帰着しない混交が生じたのである。そこでは、文化の境界は揺らぎ、消滅し、あるいはより鮮明に再定義された。

兄のヘラルトは二度結婚している。再婚相手は、ユグノーのなかでも最富裕層のひとりサー・デニ・デュトリーの寡婦であった。彼女の父イラリ・ルネもまた、ナントの王令廃止によって、イギリスに逃れてきたボルドーの貿易商である[17]。一七三二年、弟のヨシュアはマリアンヌ（メアリ・アン）・ドビューズと結婚した[18]。彼女の祖父は、ナントの王令廃止により、フランス中西部のポァトゥーからロンドンへ避難してきたユグノーである。マリアンヌの父ステファノ・ドビューズは、ロンドンのユグノーのなかでも非常に富裕で有力な人物であった[19]。なお、ヨシュアは結婚の翌年、一七三三年にイギリス国籍を取得している。

ヘラルトとヨシュアの兄弟はそろって、オランダ人ではなくユグノーの女性を妻として迎えた。これはけっして偶然ではない。たしかに当時のロンドンでは、オランダ人とユグノーとの通婚は頻繁にみられた。双方ともプロテスタント非国教徒であるため宗教的な障壁が低かったことや、ビジネスの安定・成長手段として結婚が積極的に利用されていたことが理由としてあげられる。[20] しかしそのいずれも、ヘラルトとヨシュアの妻がオランダ人やイギリス人ではなくユグノーであることを積極的に説明するわけではない。視野を通婚という現象のみに限定するのではなく、ヘラルトの社会的な結びつきの総体のなかにユグノーとの通婚を位置づけることが必要であろう。その手がかりは、冒頭にあげた遺言状にある。

(2) 遺言状

神の名において。アーメン。

私こと、マーチャントにしてロンドンに居住するヘラルト・ファン・ネックは、虚心坦懐に我が人生を振り返り、以下のように最後の遺言をしたため、ここに定める。何よりもまず、我が魂を全知全能なる神に委ね、加うるに、祝福されたる我らが救い主イエス・キリストの思し召しによって、我を救い賜らんことを。願わくは、ここに指名する我が遺言の執行人たちが、みずからの意志によって自由に差配せんことを。ただし、いたずらに華美にはなるなかれ。

我が財産は、次に述べるとおりに分配すべし。

我は、准男爵サー・マシュー・デカーと、我が弟ヨシュア・ファン・ネックの両人を、我が遺言の執行人に指名し、ここに任ずる。

我が遺言執行人が、以下に述べる遺産の分配に、いましばらくの時間を要すると思料したるときは、我が遺言執行人には、我が死の翌月から一二カ月の時間を与えん。ただし、何よりもまず、我が負債と我が葬儀の費用のすべてを、すみやかに支払うべし。

東インド会社へ。会社の病院のために　二〇〇ポンド

ロンドンはオースティン・フライアにあるオランダ人教会の執事へ　教会の貧しき者のために　二五〇ポンド

同教会の修繕と維持のために　七五〇ポンド

同教会のふたりの聖職者へ　二〇〇ポンド

スレッドニードル・ストリートにあるフランス人教会の四人の聖職者へ　一〇〇ポンド

（以下略[21]）

ヘラルトは一七五〇年八月一七日、五八歳で息を引きとった。彼の遺言状は生前の一七四八年一〇月二五日に作成され、その後、彼の死にいたるまで、状況の変化により若干の修正が加えられている。遺言状は一七五〇年八月三一日にロンドンで、二人の遺言執行人の宣誓のもと、カンタベリ検認裁判所から検認を受けた[22]。表3-1で示されるように、彼の遺言状には実に七三にものぼる遺贈先が金額とともに明記されている。これらの遺贈先は、「教会・病院関係」、「親族関係」、「親しい友人」、「クラブの友人」、「その他」と、五つのグループに大別できる[23]。「教会・病院関係」の遺贈先は、宗教・チャリティ色が濃い遺贈先から構成される。このグループに含まれる計一六の遺贈先のうち、病院は五件、教会が六件、聖職者が五名である。そのうちオランダに関係するものは四件、フランス（ユグノー）が四件、イングランドが六件ある。遺贈額をみると、オランダ人教会には計一二〇〇ポンドを遺贈しているのに対して、フランス人教会へは六五〇ポンドにとどまる。イギリス国教会にいたっては、ヘラル

表 3-1　ヘラルト・ファン・ネックの検認遺産目録

	No.	遺　贈　先	遺贈額（ポンド）	備　　考
▲	1	東インド会社病院	200	
●	2	オランダ人教会（貧民のため）	250	
●	3	〃　（修繕費）	750	
●	4	〃　（聖職者2名に）	200	
◎	5	フランス人教会（シティ内・聖職者4名に）	100	スレッドニードル・ストリート
◎	6	〃　（聖職者の扶養・修繕費）	500	
◎	7	〃　（貧民のため）	50	
▲	8	セント・トマス病院	120	
▲	9	〃　（捨て子用）	200	
▲	10	セント・ジョージ病院	200	
◎	11	フランス人病院	200	
●	12	Girardiri Vander Dussen	200	
☆	13	God-sons and God-daughters（17名）	1,700	
▲	14	Laurence 師	30	
▲	15	Fletcher 師（ロンドン・パトニ教会）	30	
?	16	Marcomb 師	100	
●	17	Abraham van Neck の娘2名に	10,000	
●	18	Geertrude Staal	10,000	
●	19	Dina Mulda	10,000	
●	20	Catharina van Neck	10,000	
●	21	亡き弟 Lambert の娘2名に	10,000	
●	22	Willem van Neck	10,000	
●	23	Joshua van Neck	10,000	
●	24	Jacob van Neck	10,000	
●	25	Sir Matthew Decker	500	遺言執行人
●	26	Lady Decker	100	No. 25 の妻
◎	27	Ann Dupuy	500	
◎	28	Mrs. Auriol, wife of Mr. Elie Auriol	105	
◎	29	Susanne Masse, eldest daughter of Etienne	105	ダニエル・オリヴィエ（No. 72）の妻
●	30	Charles van Notten	300	公債ディーラー
◎	31	Du la Mon	7,000	
◎	32	Mrs. Daubuz and her daughter	200	ヨシュアの妻・義理の母
☆	33	Baron Angustus Schutz	200	神聖ローマ帝国領の男爵
☆	34	His brother col. Schutz	200	息子。国王の家政の官職保有者
●	35	Hop	200	ホープ（オランダの大商会）？
●	36	John Herman Billerbeck	200	
◎	37	Col. De Feant	200	
◎	38	Mr. James Du la Mon	200	

（つづく）

	No.	遺　贈　先	遺贈額（ポンド）	備　　考
●	39	Hendrick van Ouryck, at the Hague	200	
?	40	Eynard 師	200	
◎	41	Mr. Peter Simond	200	遺言執行人・タバコ貿易・銀行
◎	42	Mr. Claude Waldo	100	
◎	43	Major de la Farbe	100	
◎	44	Mr. Claude Desmaretz	100	公債ディーラー
◎	45	Mr. Claude Aubert	100	〃
◎	46	Mr. John Peter Blacquiere	100	〃
◎	47	Mr. John Porter	100	ロンドン市参事会員
◎	48	Mr. James Porter	100	No. 47 の弟
◎	49	Mr. Michael Rouge	100	公債ディーラー・タバコ貿易
◎	50	Mr. Etinne Masse	100	〃　・No. 29 の父
◎	51	Mr. Claude Amyand	100	〃　・公債請負人
◎	52	Mr. Stephen Godin	100	〃
◎	53	Mr. Stephen Guione	100	
◎	54	Mr. George de Saussure	100	
◎	55	Mr. Francoi Mayssard	100	
◎	56	Capt. James de Normandie	100	公債ディーラー
◎	57	Mr. James Chalie	100	〃
◎	58	Mr. Matthew Testas	100	〃
◎	59	Mr. Samuel Pecbel	100	
◎	60	Henry de Putter	500	
◎	61	Miss Reau, daughter Capt. Reau	200	
◎	62	James Cleopord Simond	100	No. 41 の子ども
◎	63	Mr. Mark Liotard	100	
◎	64	Mr. Fer Foye	100	
●	65	Mr. Mark Cebas Tutet	100	
◎	66	Mrs. Sussannah Frotin	500	
☆	67	従業員	500	ファン・ネック商会の従業員
◎	68	Daniel Bonhoste	150	ヘラルト個人のサーヴァント
☆	69	我が家のサーヴァント	350	ヘラルト邸のサーヴァント
▲	70	パトニ教区の貧民	200	ヘラルト邸の教区の貧民救済
☆	71	イギリス人・オランダ人・フランス人の貧民	1,000	
◎	72	Mr. Daniel Olivier	1,200	後にファン・ネック商会パートナー
▲	73	Mr. Walpole (Thomas)	120	ヨシュアの娘エリザベスの婿
●	※	Joshua van Neck	100,000	商会の資金として

出典）TNA PROB 11/782 より筆者作成。
注）●はオランダ人，◎はユグノー，▲はイギリス人，☆はその他，？は未判明。

トの私邸があったパトニ教区の教区教会の牧師にわずか三〇ポンドが贈られているにすぎない。つまり「教会・病院関係」では、オランダ人教会に遺贈の重点が置かれたといえる。しかし、フランス人教会にフランス人病院への遺贈額を加えると計八五〇ポンドになり、ユグノーとの結びつきの深さもうかがえる。遺言状でみるかぎり、ヘラルトの心性はあくまで非国教会系プロテスタント、すなわちディセンターとしてのそれであった。

「親族関係」の遺贈先は、ヘラルトの弟と妹で占められている。そのうち、すでに他界した被遺贈者については、その子どもが遺贈の対象に指定されている。[24] 遺贈額はひとりあたり一万ポンドの計八万ポンドにのぼり、遺産全体の三割にもおよぶ。「親族関係」への遺贈額が遺産全額に占める割合は、五つのグループで最も大きい。

非常に親しかった友人やその妻・寡婦は「親しい友人」に列挙されている。筆頭にあげられたのは、遺言執行人にも指名されたマシュー・デカーとその妻の計六〇〇ポンドである。デカーはオーストリア領ネーデルラントの出身で、リネン貿易において大成功をおさめ、さらなる発展を求めてイングランドに移ったという背景をもつ。また、経済学史上でも、アダム・スミスに先立つ自由貿易論者の代表格として著名である。[25] 彼はイングランドへ移住した後に東インド会社取締役に就任し、庶民院議員にも選出された。[26] ヘラルトとは深い親交があったようで、遺言状には「生涯を通じた友情への、ささやかな感謝のしるしとして」と、ヘラルトからデカーへの言葉が特別に添えられている。また、三〇〇ポンドの遺贈を受けたオランダ人、チャールズ・ファン・ノッテンも重要だ。彼は、オランダから渡ってきた証券ブローカーであった。[27] デカーと同じく、彼にもまた「つねに抱いていた友情のしるしとして」と、ヘラルトからの言葉が特別に添えられている。

ところが一七四八年、デカーは、ヘラルトよりも先に旅立ってしまう。デカーへの遺贈は、ヘラルトの死後にデカー夫人が受け取っている。ヘラルトがデカーの代わりに遺言執行人に指名したのは、有力なユグノーであるペーター・シモンであった。彼の名もこの「親しい友人」にみえる。デカーやファン・ノッテンには劣るものの、彼らに準じる二〇〇ポンドの遺贈を受けている。ペーター・シモンの同名の父ピエールはフランスの南東部ドフィネの牧師で、ナントの王令廃止によって一六八六年にオランダのゼーラントに逃れている。父ピエールは当地でノルマンディから逃れてきたユグノーと結婚し、二人の男子（ペーターとジャン・クレオパス）と、二人の女子をもうけた。その後、息子のペーター・シモンは、オランダ連合東インド会社に聖職者として派遣された父に同行して、当時多数のユグノーが居住していたケープに渡航している。一七〇三年に父とともにオランダに戻った息子ペーター・シモンは、ユグノーが経営するアムステルダムの会計事務所フィゾーに徒弟奉公に出た。[28] 彼がロンドンに渡ってきたのは一七一五年頃で、その二年後にはイギリス国籍を取得している。その後彼は、兄にしたがってロンドンにやってきた弟ジャン・クレオパスとともに、海外貿易業と銀行業を経営した。彼らの商会はおもに西インド貿易やアメリカ植民地貿易を取り扱っていたが、一七三〇年代にはロンドンでも有数の西インド貿易商へと成長した。ペーター・シモンとヘラルト・ファン・ネックの結びつきは、家族ぐるみのものであった。ペーターの息子ジェイムズ・クレオポルド・シモンもまた、ヘラルトの遺言状に登場している。さらにヘラルトの死後も、ファン・ネック家とシモン家との結びつきは維持された。たとえば、ペーターの娘二人の結婚にさいしても、ヘラルトを継いだ弟ヨシュアがこの姉妹の「マリッジ・セツルメント」の後見人となっている。[29]

「親しい友人」で特徴的なのは、女性の姿が数多くみられることである。これらの女性はすべてユグノーであり、ヘラルトの友人の妻や寡婦からなっていた。弟ヨシュアの妻とその母の名もあり、二人は計二〇〇ポンドの遺産を受け取っている。しかし、ユグノーの姿が目立つ一方で、イギリス人の姿はまったく認められない。つまり、ヘラルトの私生活と深く結びついていた人びとは、遺言執行人に指定された三人を中核とした、多数のユグノーと少数のオランダ人によって構成されていたのだ。

「クラブの友人」はすべて、ロンドン南部・テムズ河南岸のパトニにあったヘラルトの豪邸で、毎週金曜日の夜に開催されていたクラブに集った友人である。[30] 計一八名の氏名がみえるが、全員がユグノーである。もちろん、「親しい友人」の人びともまた、クラブに参加していたことであろう。しかし、たとえ妻が有力なユグノー家系の出身であるとはいえ、オランダから渡ってきたヘラルトの周囲がユグノーによって占められていたという事実は興味深い。ただし、彼らへの遺贈はすべて一〇〇ポンドにとどまっており、「親しい友人」たちは彼らと一線を画した存在であった。

「その他」は、さまざまな人びとから構成されている。そのなかには、ファン・ネック商会の従業員とサーヴァントも含まれており、それぞれに五〇〇ポンドと三五〇ポンドがまとめて贈られている。また、ホーラティオ・ウォルポールの息子トマス・ウォルポールが一二〇ポンドの遺贈を受けている。第1部で先述したように、トマスはホイッグ貴族による寡頭政を築き上げ約二〇年の長期にわたり首相として政界の中心であり続けた第二代オーフォード伯ロバート・ウォルポールの甥にあたる。遺言状が作成された時点で、トマスと弟ヨシュアの娘エリザベスとの結婚が決まっていた。トマス・ウォルポールの母マリ・ロンバーは有力な亡命ユグノーの娘であったため、彼もまたフランスとの関係が深かったことは、その破天荒な後半生が示すところである。[31] また、遺言執行人ペーター・シモンの息子ジャメ・クレオポルド・シモンが一〇〇ポンド受け取っているように、ここにも数名のユグノーの姿が認められる。

親族以外の個人としては最高額にあたる一二〇〇ポンドもの遺贈を受けたダニエル・ジョサイア・オリヴィエは、ファン・ネック兄弟にとってきわめて重要な人物である。ダニエルの祖父ジョルダンは、フランス南西部のベアンの聖職者であった。彼は、一六八五年にナントの王令が廃止されると、オランダのホラント州に逃れ、ブレダとハーグにあったユグノー難民の教会の聖職者となる。ダニエルの父ジェローム・オリヴィエもロンドンのサヴォイ教会の聖職者であった。彼は、同じく聖職者を父にもつユグノー女性、ジュリア・ラ・モトと結婚し、ダニエルをもうけた。ダニエルもまた、当初は聖職者としての道を歩みはじめたが、一七三八年よりファン・ネック商会で貿易業の徒弟として修行を開始している。そのさい、ロンドンの市参事会員でラ・ロッシュ姓から改名したユグノー、ジョン・ポータ（遺言状四七番にその名がみえる）と、その母（旧姓ドビューズ。すなわち、ヨシュアの妻の実家）の口添えがあったという[32]。ファン・ネック商会に雇われることになったダニエルはその後頭角をあらわし、ヘラルトの死後には弟ヨシュアの右腕として八面六臂の活躍をすることになる。ほかの従業員とは異なり、ダニエルが高額の遺贈を個人として受けていることは、彼がファン・ネック商会に身を投じて一〇年で、ヘラルトにとって、そして商会にとって、彼が不可欠な存在になったことを示している。

「その他」では「教会・病院関係」のようなチャリティを目的とする遺贈・寄付も指示されている。ヘラルトの居住地であるパトニ教区の貧民にも、二〇〇ポンドの遺贈が指示されている。また、それとは別口で、「イングランド人・オランダ人・フランス人の貧民に」と指示したうえで一〇〇〇ポンドもの高額を寄付している。彼の心性に形成された文化的な差異は、基本的にイングランド人、オランダ人、フランス人の三者の区別から成り立っていたのであろう。

（3）私的空間

ヘラルトのきわめて私的な人的結合関係について、遺言状は何を語ってくれるのだろうか。

ヘラルトの弟や妹はヨシュアを除きすべてオランダに残った。ヘラルトからはその全員に莫大な額の遺贈が行われている。ヘラルトとヨシュアがロンドンに渡ったのちも、彼らと大陸に残った家族との紐帯は緊密に維持されていた。次に注目すべきは、ヘラルトと深いつながりをもっていたのが、二人の「オランダ人」（ただしデカーは、オーストリア領ネーデルラント出身）であったという点である。マシュー・デカーとチャールズ・ファン・ノッテンがヘラルトに最も近い存在であったことは、遺贈額や遺言状での特別の添え書きからも、異論の余地はない。ヘラルトとオランダとの結びつきを考えるうえでさらに重要なのが、オランダ人教会という存在である。シティの中心部オースティン・フライアに鎮座するオランダ人教会は、ロンドンに滞在するオランダ人の宗教上の中心であっただけでなく、オランダ人社会の結節点としての役割も担っていた。[33] すでにみたように、ヘラルトはオランダ人教会に総額一二〇〇ポンドの遺贈を行ったが、それはフランス人教会に遺贈した金額の約二倍にも達し、宗教やチャリティを目的としたものとしては最高額である。ヘラルトは一七二七年にオランダ人教会の長老職に就任しており、さらに弟のヨシュアもまた一七三九年に同じく長老職についている。[34] かのチャールズ・ファン・ノッテンもまた、一七四二年に同職に就任している。オランダ人教会の長老職は同教会における世俗の最高位にあたる役職であり、文字どおりロンドンのオランダ人社会の指導的な立場にある人物が就任する職でもあった。ヘラルトとヨシュアもその例外ではない。ファン・ネック兄弟は、ユグノーの妻ともにオランダ人教会に埋葬されている。[35] これらの事実を踏まえると、ロンドンに渡ったとはいえ、また、兄弟ともイギリス国籍を取得しているとはいえ、ヘラルトと出身地オランダとの結びつきは、親族・友人関係・宗教とともに、緊密に維持されていたことがわかる。

しかし、ヘラルトとオランダ人との関係は、限定的にとらえられるべきである。ヘラルトの遺贈先で圧倒的多数を占めたのは、経済的な成功を求めてロンドンに移ったオランダ人ではなく、政治・宗教的な理由でやむなくロンドンに避難したユグノーであった。なかでも、ヘラルトの遺言状には、Masse, Daubuz, Simond, Desmaretz, Aubert, Blacquiere, Porter (La Roche), Liotard, Olivier といった、[36] ユグノーでも有力な家系を見出すことができる。ダニエル・オリヴィエの例でもわかるように、ユグノーは血縁や地縁、ビジネス上でのパートナーシップなど、さまざまなかたちで相互に結びついていた。ヘラルトの私的な結びつきは、おもにユグノーとの通婚や社交から形成されていたと考えられる。経済的な成功を求めてロンドンに渡ったことで、ヘラルトはユグノーを中心とする結びつきを構築するにいたったのだ。

それに対して、ヘラルトのイングランド人との私的な結びつきは、きわめて希薄であった。イングランドに関わる遺贈の大部分は、イングランド人聖職者への寄進かチャリティを目的とするものである。姪の婚約者トマス・ウォルポールを除き、イングランド人へはオランダ人やユグノーのような私的な結びつきにもとづく遺贈はみられない。ヘラルトにとってイングランド人は遺言の対象に含まれるような私的な存在ではなかった。

ヘラルトの私的な結合のありかたは、彼のバックグランドであるオランダとの結びつきよりも、むしろユグノーとの結びつきによって構成されていたといえる。親戚関係を中心とする最も私的な空間は、家族を中心としたオランダ人と、婚姻によって親戚関係を結ぶか家族ぐるみの親密な結びつきをもつユグノーからつくられていた。この空間を中核として、「親しい友人」や「クラブの友人」のユグノーによって占められた空間が広がっていた。ヘラルトの出身地のオランダ人や、移住先のイギリス人は、これらの空間にはほとんどその存在が見出せない。

2　ビジネスと私的空間

(1)　ヘラルトと投資社会

ヘラルトの重層的な私的空間での結びつきのありかたは、ファン・ネック商会のビジネスの基層を形成したのであろうか。私的で有機的な結合のありかたは、遺言状には現れない公的で無機的な投資社会の世界と、どのようなかたちで連関したのであろうか。一七五〇年にヘラルトが亡くなり経営が再編されるまでのファン・ネック商会のビジネス活動を通じて、ヘラルトの私的結合がビジネスの前提を形成していたのかどうかを検証する。

時間は再びヘラルトの渡英時にまでさかのぼる。ロンドン到着直後の一七一八年三月一四日、ヘラルトは貿易商として活動するために、イングランド銀行に手形決済用の取引口座を開設した。弟ヨシュアは一七二二年に兄のもとにわたり、一七二六年には共同経営者となる。それにあわせ取引口座の名義も Gerard and Joshua Van Neck に変更されている。以後、ファン・ネック商会は、ヘラルトが死去するまでこの商号で活動していく。

一七二〇年代から三〇年代にかけてのファン・ネック商会の活動には不明な点が多い。当初はおもに、オランダとの貿易に従事していたようである。なかには、その頃のファン・ネック商会を「貿易商で船主」と記述する史料もある。(37) また、一七二九年から三二年にかけて、ヘラルトは東インド会社の取締役をつとめており、東インド会社株の購入を進めるとともに、同社との関係も深めていたと考えられる。(38) 遺言状における東インド会社病院への二〇〇ポンドの遺贈からも、ヘラルトと同社との関係がうかがえる。

近世ヨーロッパ経済において、貿易業と金融業を峻別することは困難である。当時の貿易商の多くがそうであったように、ファン・ネック商会もまた、貿易業とあわせて金融業も展開した。そのひとつに証券取引の代理業がある。ファン・ネック商会は、オランダを中心とするイギリス国外の投資社会に住む顧客の代理人として、イギリス政府公債や各種特権会社株式などを売買し、遠方に居住する顧客に代わりその利息・売買益などを受け取り、顧客のもとへ送金したり口座を管理したりしていた。たとえば一七三〇年七月には、ヘッセン方伯の寡婦キャサリン・アメリアと、(39) 一七三六年八月にはヘッセン公と取引している。(40)

ユグノーやオランダ人のなかには、それぞれの出身地とのつながりや、みずから築いた人的なつながりを活用して、こうした証券取引業に従事する者が数多くみられた。たとえば、さきにあげたヘッセンの貴族たちは、ファン・ネック兄弟の出身地であるハーグとの結びつきを媒介にして、この兄弟と取引している。また、ヘラルトから遺産を分配された友人たちのなかには、チャールズ・ファン・ノッテンをはじめとして、仲介業者としてイギリス政府公債を活発に取引していたことでその名が知られている人物が多数存在している。ヘラルトの後妻の実家デュトリー家とヨシュアの妻の実家ドビューズ家はともに、シティの証券ブローカーとしても著名な存在であった。[41] とりわけ、パトニのテムズ河畔を臨むヘラルト邸でのパーティに参加していた一八名のユグノーのうち、一〇名が証券ブローカーとして活躍していたことは、ヘラルトが構成した私的なつながりと投資社会の関係を考えるうえで非常に興味深い。[42] さらに、パーティに参加していたユグノーの近親者にも、ファン・ネック商会と共同で証券取引や政府公債の請負などを行っていた者がいた。たとえば、遺贈を受けたクロード・アミョンの弟ジョルジュ・アミョンは、ハンブルク貿易商にして東インド会社取締役にも就任したユグノーである。[43] ジョルジュは第I部でみたように、七年戦争期にはファン・ネック商会と共同で政府公債を請け負い、また送金などの政府契約も共同で行っている。

ファン・ネック商会は、たんなる証券取引の代理業のみならず、ヨーロッパ各国の外債やイギリス政府公債の引き受けや発行など、さらに大規模で高リスクの金融取引も行った。外債については、研究史のうえで注目を集めてきたのは、オランダのアムステルダム市場である。[44] したがって、一八世紀前半から中頃にかけてロンドンで外債引き受けがなされたことは、これまでの研究で言及されたことはない。しかし、ヘラルト・ファン・ネックは一七三七年に、ジョン・バンスや公債請負人であるジョン・ゴアとともに、神聖ローマ帝国のいわゆる「コッパー・ローン」（Copper Loan. 銅債）三二万ポンドの起債を共同で実施している。[45] また一七四四年には、公債請負人ジョン・ブリストウとともに、イギリスの同盟国であるサルジニア国王へ戦費調達を目的とする二〇万ポンドの融資を行うさいの出資保証人となった。[46] さらに一七四九年には、イギリス政府の承認を得たうえで、公債請負人ジョン・ゴアとともにオランダ連邦総督へ一〇万ダカットの融資を行っている。[47] このように、ロンドン市場での草創期の外債引き受けについても、第I部でみた公債請負人たちが活躍していた。ヘラルト・ファン・ネックはその中心的な人物であったといってよい。

ヨーロッパ諸国のみならずイギリス政府もまた莫大な戦費を必要としていた。ファン・ネック商会は、その調達で重要な役割を果たす。たとえば、一七四四年に行われた一二〇万ポンドの政府公債の起債では、ブリストウやゴアとともに、彼らと同額の一五万ポンドを引き受けた。これはユダヤ人公債請負人のサムスン・ギデオンの三〇万ポンドに次ぐ金額であった。(48) 戦費の調達や兵站の維持につねに悩まされたイギリス政府にとって、ファン・ネック商会はしだいに重要な存在となっていく。同時にファン・ネック商会にとってもまた、イギリス人とのビジネスでの結びつきがいっそう重要な意味を帯びていった。

当時、ファン・ネック商会がビジネス上でつながりをもっていたイギリス人は、ジョン・ゴアとジョン・ブリストウ、そして同じく一七四四年債に九万ポンド出資した公債請負人ピーター・バレル一世の三名であった。第1章でみたように、ゴアはハンブルク貿易に従事し、その父・祖父はともにイングランド銀行取締役を歴任している。本人は一七二〇年の南海泡沫事件時に南海会社の取締役をつとめていた。ブリストウは、ポルトガルを中心としてスペインや南アメリカ、西インド諸島との貿易を事業としていた。彼もまた南海会社の取締役を三〇年の長きにわたってつとめた。彼は一七三三年から二四年間、南海会社の総裁代理にも就任している。ピーター・バレル一世もまた、一七二四年から三三年まで南海会社の取締役にあり、一七三六年から死去する五六年まで総裁代理をつとめた人物である。彼は、一七三二年から翌年にかけてケントのシェリフに、一七二六年から三八年まではロイヤル・イクスチェインジ・アシュアランスの取締役にもついていた。なお、彼の弟メリック・バレルは、イングランド銀行の取締役を二十数年間つとめ、一七五六年からは副総裁や総裁を歴任している。このように、ヘラルトのビジネスでのつながりはイギリス人にもおよんだ。しかも、彼らはシティでも特権会社の中枢部に位置する人びとであった。

(2) フランスとのつながり

ファン・ネック商会は、プロテスタント陣営へ戦争資金や軍需物資を提供することによって事業を拡大した。しかし、ファン・ネック商会の活動は、イギリスというナショナリティに制約されるものではなく、また「プロテスタント・インターナショナル」にもとづく商人ネットワークに予定調和的に収斂するものでもなかった。そのひとつの証左が、イギリスの宿敵にしてカトリシズムの牙城フランスとの密接なつながりである。それを最もよく示しているのが、ファン・ネック商会によるフランスへのタバコ再輸出の独占であろう。[49]

フランスではイギリス植民地産タバコの需要が大きかったため、イギリス本国からの再輸出貿易は莫大な利益が見込めるビジネスとなっていた。一七四〇年代中頃までは、ジョージ・フィッツジェラルド商会による独占状態が続いていた。しかし、一七四五年にジャコバイト反乱が発生すると、フランス政府と関係が深かった同商会にジャコバイトの嫌疑がかけられたため、同商会は以後、ロンドンでイギリス植民地産タバコの買い付けができなくなってしまう。[50] この機をとらえたのがファン・ネック商会であった。ヘラルトはすでに、ジャコバイト反乱前の一七四四年九月に枢密院へ請願を行っており、この時点で彼が本格的にこの貿易へ参入しようとしていたことがわかる。この請願はイギリス海軍による拿捕を回避するためのパスポートの発行を目的としていたが、フランスへのタバコの再輸出の実態を伝えている。

近年、フランスはイギリスから一六万ポンドものタバコを買い付け、六〇隻もの船舶を雇船し、フランス以外の大陸市場では売れないようなさまざまな銘柄のタバコを買い取っています。もし、この戦争によってフランスがタバコを継続して入手できなくなってしまえば、彼らはみずからの植民地でタバコの生産を増やしてしまい、イギリスのタバコ貿易は永久に不振に陥ってしまうことでしょう。[51]

請願は植民地委員会へ付されたのち、翌年の三月二三日に再び枢密院でファン・ネック商会から意見聴取が行われた[52]。その結果、フランスからの帰路にかならず本国に寄港することを条件として、一七四五年七月四日に枢密院勅令によってファン・ネック商会へパスポートが発行されている[53]。一七四五年から四八年までのあいだにタバコ貿易で発給された一六一通のパスポートのうち、ファン・ネック商会が得たのは一三一通であった[54]。ファン・ネック商会が取得したパスポートは、全体の八一・三%を占めたのである。

それではなぜファン・ネック商会は、政府の公認のもとで交戦国フランスと貿易することができたのであろうか。その背景には、いわゆるペラム兄弟とファン・ネック商会との関係およびフランス政府とファン・ネック商会との結びつきが考えられる。

ヘンリ・ペラムとその兄ニューカスル公爵はともに、ロバート・ウォルポール以来、庶民院で多数を占めていた宮廷派ホイッグの領袖として活躍してきた。弟ヘンリは、オーストリア王位継承戦争の主戦派グランビル卿が失脚した後に、首相の座につく。彼はたくみな政治手腕によって一七四六年にはジャコバイト反乱を鎮圧し、その後オーストリア王位継承戦争を終結させ、一七五一年には至難の業とされた政府公債の低利借り換えを断行した。兄のニューカスル公爵は一七五四年に弟ヘンリが急死したのちに首相の座を継いでいる。一七六〇年にジョージ三世が即位し、その後首相の座をビュート伯爵に譲るまで、ニューカスル公爵はつねにホイッグ貴族の最大の実力者であった。彼は、反宮廷派ホイッグや、その中心的な支持者であるシティの好戦的な商人が圧倒的に支持する政敵ウィリアム・ピットの助力も得て、フランスとの大戦争となった七年戦争を実質的に指揮した。

このペラム兄弟とファン・ネック商会は、政府公債の起債や戦時の政府契約などで、相互依存関係にあった。ペラム兄弟が莫大な戦費の調達を円滑に進めることによって政治的立場を強化する一方で、ファン・ネック商会がその資金を中心的に提供することによってヘラルトらは莫大な利益を獲得したのである。第Ⅰ部でみたように、とりわけ七年戦争における両者の緊密な関係は、オランダからの資金をイギリス政府公債に呼び込み、イギリスに最終的な勝利と大西洋帝国をもたらす大きな要因となる。この両者の関係は、近世ヨーロッパ貿易史の泰斗ジェイコブ・プライスをして、「ペラムの時代はファン・ネックの時代でもあった」といわしめるものであった。[55]

次に、フランスとファン・ネック商会との結びつきを考えよう。この両者の関係は、水面下の非公式な外交折衝から、その一部が浮かび上がってくる。一七四四年、オーストリア王位継承戦争のさなか、ドイツでフランス軍の将軍ベレィズレ伯爵（のちに公爵）が捕虜となり、ロンドンへ護送されるという事件がおきた。[56] 彼は一七四五年までウィンザー城に留め置かれるのだが、ときの国務大臣ニューカスル公爵とベレィズレ伯爵とのやり取りの仲立ちをしたのが、ヘラルト・ファン・ネックであった。ヘラルトはその人脈によってフランス側とイギリス側との仲介をつとめながら、ベレィズレ伯爵をパトニのファン・ネック邸に招待して歓待している。ベレィズレ伯爵がイギリス側から解放され、フランスに帰国したのちも、ヘラルトは彼と個人的な親交を維持していたようである。

フランスに人脈をもつヘラルトは、オーストリア王位継承戦争中、イギリス・フランス間の非公式な外交窓口としての役割も果たした。[57] フランスの財務総監フィリベール・オリは、一七四五年にイギリス植民地産のタバコの課税問題を処理するため、パリの農業長官であるジャン・バプティスト・ルイ・フルニエをロンドンへ派遣している。じつはフルニエは、フランス政府の非公式な外交窓口として、戦争の早期終結を交渉するという特命も帯びていた。そのさいに、イギリス側の非公式な窓口としてフルニエと折衝したのもまたヘラルトであった。[58] 彼は、オランダのハーグにいた弟ランベルト・ファン・ネックの政治的なコネクションも利用しつつ、ヘンリ・ペラム、ニューカスル公爵、第四代チェスタフィールド伯爵フィリップ・ドーマー・スタナップといったホイッグ大貴族、すなわち和平派の非公式な窓口として、水面下でフランス側と接触している。[59] 彼はまた、フルニエとペラム兄弟とを引き合わせてもいる。結局、フランスが優勢であった当時の戦況や、イギリスの戦線離脱を恐れるオーストリアなどの同盟国の動向、イギリス政府内部での主戦派と和平派との角逐や、さらには出身地ドイツ・ハノーファ領の利害に関心を寄せるイギリス国王ジョージ二世の意向など、政治情勢がことさら複雑化したため、和平交渉は頓挫する。だが、これらの挿話は、ヘラルトがイギリス政府首脳部だけではなく、フランス政府ともまた緊密な結びつきをもっていたことを如実に物語っている。だからこそヘラルトは、フランスへのタバコ再輸出貿易を独占できたのである。

ファン・ネック商会が初めてこの貿易に参入したのは、一七三〇年代末から四三年にかけてとみられる。ファン・ネック商会は当時、これを独占していたフィッツジェラルド商会のロンドン代理人になることによって、タバコ貿易に関わるようになった。じつは、フィッツジェラルド商会によるタバコ貿易業の決済銀行だったのが、のちにヘラルトの遺言執行人に指名されることになる、あのペーター・シモンが率いる商会であった。[60] シモンとヘラルトは、フランスへのタバコの再輸出貿易によって結びついていた。ファン・ネック商会は、シモンとの私的な結びつきに加えて、ペラム兄弟やフランスと緊密な関係を築き上げていくことによって、一七四五年からタバコの対仏再輸出貿易をほぼ独占することになる。[61] つまり、ヘラルトの私生活での結びつきや、政府公債の請負を起点とするイギリス政府要人との関係、さらにフランス政府高官との公私にわたる人脈によって、ヘラルトは「ファン・ネック商会のなかでも、最も利益が大きい」事業を独占できたのである。[62] 逆に、フランスへのタバコの再輸出貿易は、彼の最も私的な結びつきと、ビジネスにおけるイギリス人との関係、宗派抗争を超えたカトリック国フランスとの人脈などを象徴するものであったといえよう。

ヘラルトは、和平交渉で重要な役割を担いつつ、一七四五年のジャコバイト反乱によるハノーヴァ朝プロテスタント体制の危機にさいしては、ロンドンのイングランド人貿易商と一致団結し、危機に陥ったイングランド銀行を支持している。[63] さらにヘラルトは、一方ではフランス人との個人的な信頼関係を活用して和平交渉の窓口をつとめつつも、他方ではイギリス政府にフランスとの戦争を継続するための莫大な戦費を提供した。ヘラルトの政治的な立場やイギリス政府首脳との結びつきは、カトリック国フランスの存在によって強化された。だからこそ、ファン・ネック商会が優先的にカトリック国フランスとの戦争資金をイギリス政府に供給するという、矛盾するようにもみえるビジネスが可能になったのである。ヘラルトの投資社会内で展開されるビジネスや政治活動は融通無碍な相貌を呈していた。このようなヘラルトの活動を叙述するさいに、コスモポリタンという、たしかに便利ではあるものの、しかし平板でそれのみでは何も説明できない言葉ほど、不適切な表現はないだろう。

（3）重層的な結合

ヘラルト・ファン・ネックの経済活動においては、文化的な境界は観察できない。現存する史料からわかるかぎり、彼のビジネスには三つの柱があったといえる。まず、イギリス政府公債や各種証券・債権類の代理人業やブローカー業務がある。これはおもに、遺言状の「親しい友人」や「サロンの友人」と結びついた事業であった。次に、より大規模な公債類の引き受け・発行業務がある。ここではおもに、上層のイギリス人貿易商との緊密なつながりが観察される。最後に、フランスとのタバコの再輸出貿易がある。ここからは、ヘラルトの最も私的な結びつきと、イギリス人政治家との関係、そしてカトリック教徒であるフランス人との人脈が浮かび上がってくる。遺言状にはまったく姿をみせなかったイギリスの人びとが、彼のビジネス活動で非常に重要な役割を果たしていたこと、また、彼の商会を発展させるうえで、きわめて重要な役割を果たしていたのが、カトリック教徒とのつながりであったこと、さらに、遺言状に現れるような私的な結びつきが、彼のビジネスにおいてもまた、一定の役割を果たしていたことなど、遺言状で観察されるような私的な結びつきのありかたとは一変して、文化の境界性が現れなかったことこそが、ヘラルトのビジネス文化の特徴であったともいえる。

ヘラルトの私的な結びつきは、文化の境界が現れないビジネスという層にまで姿をみせた。しかも、こうした私的な領域での結びつきが、政治・ビジネスの層では排他性を発現することなく、それぞれのビジネスに深く関与していた。あるいは逆に、ビジネス上での結びつきが、プライヴェイトな層における私的な結びつきの形成を促進したともいえよう。ヘラルトのビジネス文化の構成原理はまさに、文化の重層性にもとづくものであった。

ヘラルトの社会的な結びつきは、おおまかにいって三層から成っていた。親族やごく一部のオランダから渡って来た人びとと親族関係を結んだり、家族ぐるみの交際をもったりしたユグノーから構成される最も私的な層。証券取引ブローカーを中心にユグノーのみで構成される社交的な層。さらに、これら二つの層の人びとを含みつつ、イギリス人やイギリスと交戦状態にあるカトリック教徒までを含んだ、ビジネス・政治の層である。これら三つの層は相互に関係しながらも、まったく異なる文化の境界のありかたを示していた。ヘラルトの公債請負人としての活動は、このような重層的な人と人とのつながりが基層となって可能になった。

3　私的空間の変容

(1)　家族と教育

ヘラルトによって形成された人的結合やその背後にある意識のありかたは、ヘラルトの死後どのように受け継がれ、変容していったのであろうか。ヘラルトには子がなかった。ファン・ネック家は彼の死後、弟のヨシュアとその子どもたちによって二〇世紀まで継がれていく。ヨシュアとその妻マリアンヌ（メアリ・アン）のあいだには、四人の男子と四人の女子、計八名の子がいたが、そのうち二名は夭逝した。史料からは確認できない一名（ヘルトリューデ）を除く五名のうち、長女エリザベス、三女マーガレット、二男ジョシュア・ヘンリの三名はロンドンのフランス・ユグノー教会（セント・マーティンズ・オージャズ教会）で、四女メアリ・アン、長男ジェラード・ウィリアムの二名はイギリス国教会のパトニ教区教会で、それぞれ洗礼を受けている。ヨシュアの子どものうち、ヘラルトとヨシュアがともに長老職をつとめたオランダ人教会で洗礼を受けた者はいない。これは、既述したように、オランダ人（教会）との結びつきがけっして自明なものではなかったことも示している。ただし、子孫をプロテスタント非国教徒とするのか、それとも国教徒とするのか、甥や姪の洗礼のありかたからは、ヘラルトやヨシュアの意図を理解することは困難である。

成人した二人の男子の教育をみると、ヘラルトの死後の一七五五年にはイギリス国教会で受洗したジェラード・ウィリアムが名門パブリック・スクールのイートン校に進み、イギリスの支配階層の子弟とともに伝統的なエリート教育を受けているのがわかる。[64] フランス・ユグノー教会で受洗したジョシュア・ヘンリは、いちどジュネーヴに渡った後、兄と同じようにイートン校で教育を受けている。しかし、彼は兄ジェラード・ウィリアムとは異なり、イートン校を出たのちは父ヨシュアによってヨーロッパ商業社会でも著名なオランダの大商会ジョージ・クリフォート商会に送られ、アムステルダムでマーチャントとしての実務を修行している。[65] つまりヨシュアは、長男にイギリスの地主貴族としての途を歩ませ、二男に商会を継がせようとしたものと考えられる。これは、イギリス地主貴族の典型的な選択と同一である。

（2）ファン・ネック家とイギリス

ここで注目したいのが、ヘラルトの死後、ファン・ネック家の私的な空間に変化があらわれることである。ヘラルトの存命中は、パトニ教区教会とその聖職者を除き、イギリスとの関係は私的な層にはほとんどみられなかっ

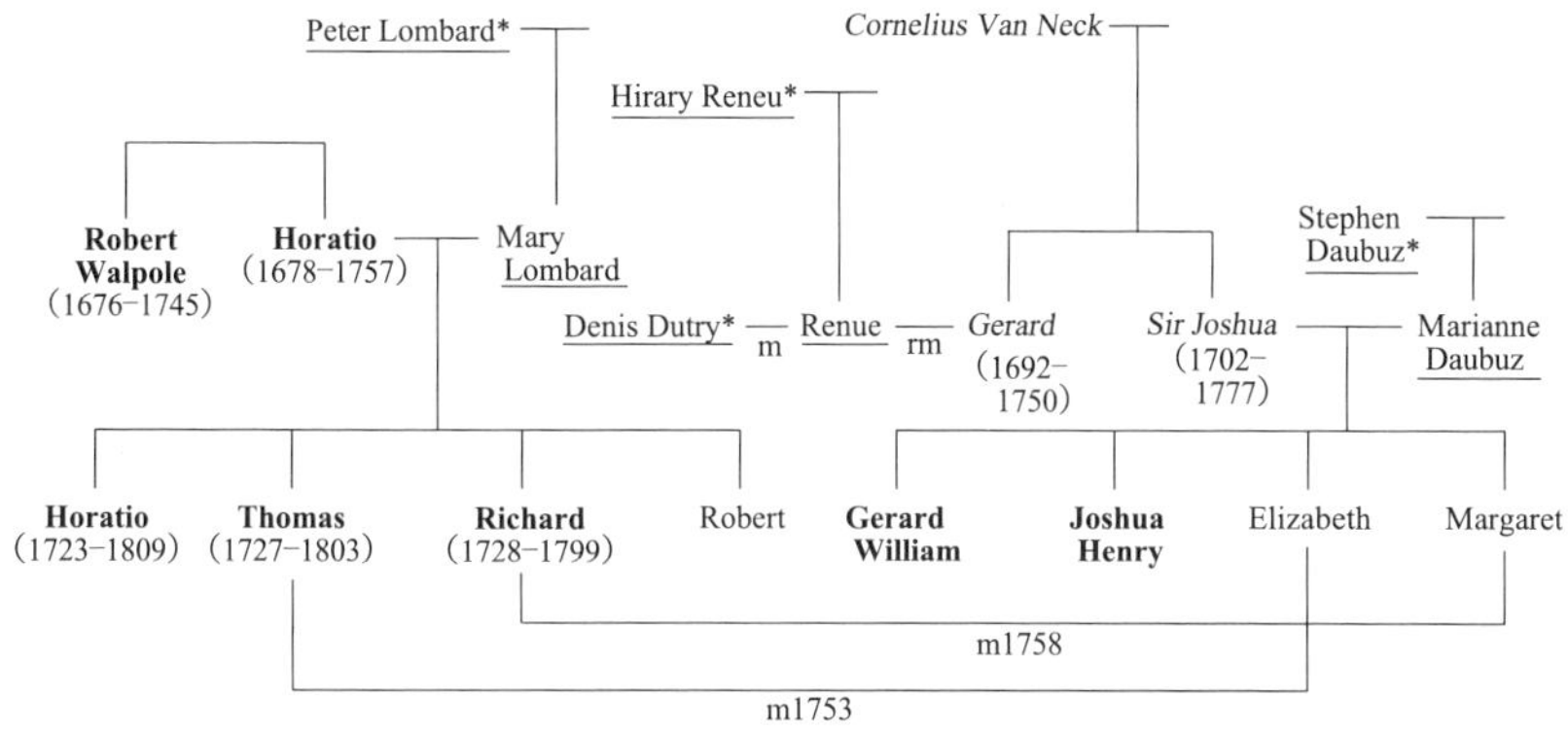

図 3-2　ファン・ネック家とウォルポール家

注）太字は庶民院議員，下線はユグノー，＊はナントの王令廃止による避難者，イタリックはオランダ人，m は初婚，rm は再婚。

た。しかし、ヨシュアの息子たちの教育にみられるように、一七五〇年のヘラルトの死を境に、ファン・ネック家の私的な領域にイギリスとの関係がしだいに色濃く現れはじめる。

　このことは娘たちの結婚のありようをみるといっそう明確となる。フランス・ユグノー教会で受洗した長女エリザベスは、一七五〇年にトマス・ウォルポールと結婚する[66]。たしかにトマスとの結婚は、ヘラルトの存命中にウォルポール家とのあいだで取り決められていたものであった。しかし、両家の結びつきの強化はヨシュアの代に一層強化された。一七五七年には、フランス・ユグノー教会で受洗した三女のマーガレットが、トマスの弟リチャードと結婚している[67]。トマスとリチャードの母はユグノーであった。これにより、ファン・ネック家とホイッグの名門貴族との結びつきは、亡命ユグノーとその子孫を媒介することで、しだいに深くなっていった（図3-2）。

　しかし、ウィリアム・ホガースが名作『当世風結婚』で描いたような、「〔カネが必要な〕困窮した貴族」と「〔名声を得たい〕成り上がりの金満貿易商」という定番のスキャンダラスな結婚劇と、ウォルポール家とファン・ネック家との婚姻関係を同一視してはならない。少なくとも、ヨシュアの妻にしてエリザベスの母であるメアリ・アンは、娘の夫となるトマス・ウォルポールに、わが子同様の深いいつくしみを注いでいたようだ。生来の独立不羈にして筆不精の「トム」が、メアリ・アンの夫ヨシュアの命によって貿易商の実務を修得するためにオランダに出かけていたとき、メアリ・アンは再三にわたりトマスに書簡を送り、「娘〔エリザベス〕は、〔トマスからの手紙がいっこうに届かないのは彼が〕病気のせいかもと、深い悲しみと不安な表情を顔に浮かべ、ホワイトホール〔政府〕にまで手紙を出して何か起きていないか確かめようとしています」と、ロンドンへの手紙を絶やさないように訴えている。[68] メアリ・アンは、「夫〔ヨシュア〕は、あなたがどこで何をしているのか、手紙にまったく記されていないことに落胆しています」と書簡でトマスの行状を諭しつつ、トマスをコンスタンティノープルにまで行かせたヨシュアの「冷たい仕打ち」の意味を繰り返し説き、[69] トマスに自制するよう懇願している。[70] エリザベスは、貴族の次男であるトマス・ウォルポールの家政を監督していたが、[71] 一七六〇年に二七歳の若さで亡くなる。その後、一七六五年にトマスはヨシュア・ファン・ネックと袂を分かつ。

(3) ヨシュアの活動

ヘラルトの死後、ファン・ネック家を継いだヨシュアは、一七五一年一二月一四日、准男爵に叙せられた。[72] 前後百年を見渡しても、オランダ出身者がイギリスの准男爵となった例は十指に満たない。[73] エリート階層への土台を築いたヨシュアは翌年の一七五二年、イングランド東部のサフォークに広大な地所を求めている。[74] それは、面積にして一万七〇〇〇エーカー、購入当時の地代にして年約八〇〇〇ポンドの価値をもち、[75] 当時の世俗貴族の平均的な所領に相当する規模であった。ヨシュアは、中世から続くこのマナの購入にさいしても、娘婿の父ホーラティオ・ウォルポールから助言を受けている。ホーラティオのアドヴァイスは、所領の中心にあるヘニンガム・ホールに建てられていたマナハウスの外観や仕様の改造にもおよんだ。[76] 所領が位置したイースト・アングリア地方は、地理的な条件からオランダなど大陸の低地地方と関係が深かっただけではなく、ホイッグ大貴族の中心に位置するウォルポール家の地盤にも近く、ヨシュアにとって絶好の条件を備えていた[77]。ウォルポール家との結びつきは非常に緊密なものとなった。たとえば、トマス・ウォルポールの父であり外交官としても活躍していたホーラティオ・ウォルポールが[78]、死の直前の一七五七年に男爵に叙せられたさいには、ヨシュアはニューカスル公爵に頻繁に書簡を送り、積極的にホーラティオを後押ししている[79]。

ファン・ネック家はイギリスの地主貴族への途を歩みはじめた。社会的な結びつきの変化がファン・ネック家のきわめて私的な空間に多大な影響を与えたのである。しかし、ヨシュアは完全に地主貴族と化したわけではない。「ファン・ネック商会はおそらく、ロンドンで最大の取引規模をもつ商会であった」と、商会の実務を担当していたダニエル・オリヴィエがのちに述懐したように[80]、むしろ一七五〇年代から六〇年代にかけて公債請負人ヨシュアはシティの金融・商業界のまさに中心的な存在となっていった。ヨシュアは、ヘラルトが築いたビジネス上の結びつきを維持するどころか、はるかに凌駕する規模にまでそれを発展させたのである。政府はそれを十分に活用することによって、七年戦争という英仏が命運をかけた世界戦争を勝ち抜くことができた。

ヘラルトの死の直後、ファン・ネック商会は経営体制を刷新している。ヘラルトを継いだヨシュアが筆頭経営者に昇格し、そのパートナーとして娘エリザベスの婚約者トマス・ウォルポールを迎えた。さらにヨシュアは、ヘラルトにその才能を見込まれていたダニエル・オリヴィエもまたパートナーに昇格させている。すなわち、Van Neck, Walpole, Olivier, & co. となったこの商会の経営は、一見してわかるように三名の経営者にオランダ人、イギリス人、フランス人を一名ずつ配すという、ファン・ネック商会の事業の性格を的確に示す名称となった。ここで、ヘラルトの遺言状にみえる私的な人的結合関係は、公的で無機的なビジネス活動の中核にこれ以上なく明確に現れたのである。

経営形態は変化したものの、タバコ貿易、政府公債の引き受け、海外顧客の証券取引代理業といった事業内容は、ほとんど変わらなかった。しかし、その規模は劇的に拡大した。たとえば、イギリス政府は大戦争となった七年戦争の戦費のほとんどを政府公債の発行によって調達したが、第I部で詳細に検討したように、ファン・ネック商会は各年度の起債においてつねに最高額を引き受けており、公債請負人としてきわめて重要な役割を演じた。そのほかの公債請負人もまた、ヘラルトの私邸で開かれていた社交クラブの参加者の弟であるジョルジュ・アミヨンをはじめとして、ヘラルトと共同で事業を行っていた人物によってそのほとんどが占められている。

ファン・ネック商会の業務はさらに、ジブラルタルやミノルカ島、北米大陸やヨーロッパ大陸への軍需物資の輸送・資金送金にまでおよんだ。[81] トマス・ウォルポールは、ヨシュアの影響力によってイギリス政府から政府契約を受注し、[82] それまでファン・ネック商会とともにそれを受注していたジョン・ゴアやジョン・ブリストウ、メリック・バレルやピーター・バレル、前述のアミヨンなどと共同で政府契約業務を遂行している。同時にトマスはヨシュアの代理としてニューカスル公爵との起債交渉を担った。[83]

ヨシュアはヘラルトと同様にフランスとの関係も重視した。ジュネーヴ出身のプロテスタント銀行家であるジャック・ネッケルは、同じくプロテスタントのジョルジュ・テリュッソンとパートナーシップを結び、テリュッソン・ネッケル銀行を設立する。テリュッソン・ネッケル銀行はヨシュアと提携してビジネスを進めている。[84] ヘラルトが築いたビジネス上の結びつきやニューカスル公爵などのホイッグ貴族との相互依存的な関係、フランスとの経済上の結びつきは、ヨシュアにそのまま引き継がれ、さらに強化されていったといえる。

(4) 消え行くユグノーとのつながり

ヨシュアの長子ジェラード・ウィリアムは、一七六八年にサフォークのダンウィッチ選挙区から庶民院議員に選出された。ヨシュアの思惑どおり、ファン・ネック家は順調に地主貴族化しつつあった。一七六〇年にはトマス・ウォルポールに嫁いだ娘エリザベスが病没し[85]、また、一七六五年には年来の言動を改めない独立不羈のトマスと絶縁するという不運があったものの、次男のジョシュア・ヘンリは一七六六年にファン・ネック商会のパートナーとなり、ダニエル・オリヴィエとともに経営に携わることになる[86]。ファン・ネック家とその商会は、ヨシュアが期待した途を順調に進んでいった。ヨシュアは一七七七年三月に没するが、その死亡記事を掲載した『ジェントルマンズ・マガジン』は、ヨシュアを「ヨーロッパで最も富裕なマーチャント」と評している[87]。

娘婿リチャード・ウォルポールと商会の片腕ダニエル・オリヴィエを執行人に指名したヨシュアの遺言状では、親族を中心とした遺贈が行われており、ヘラルトのものと比較して遺贈額も少なくなっている。しかし、ヨシュアもまたオランダ人教会に多額を遺贈しているほか、家族以外にも数名のオランダ人やユグノーに遺贈している[88]。さらに、ヨシュアとそのユグノーの妻はともに、ヘラルトとそのユグノーの妻と同じくオランダ人教会に埋葬されている[89]。ヨシュアは基本的にヘラルトの人的結合関係を継承し、維持したといっていい。

ヨシュアの右腕であったダニエル・オリヴィエは、一七八二年一一月に息を引き取る。近親のユグノーを遺贈先に指定するなかで、オリヴィエは商会のパートナーであったヨシュアの息子ジョシュア・ヘンリに一〇〇ポンドの遺贈を決めている[90]。しかし、父や叔父の私生活やビジネス活動の根幹をなしたユグノーとファン・ネック家との密接な関係は、もはや風前の灯のようであった。

ヨシュアを継いだ長子ジェラード・ウィリアムは、サフォークの地主社会にあって、地方名望家としての地位を確立しようしていた。たとえば、その頃サフォークを訪れたフランス人ラ・ロシュフーコーの旅行記は、イングランド銀行やロンドン市長公邸マンションハウスを手がけた名建築家ロバート・テイラーや、ゴシック様式建築を確立したジェイムズ・ワイアットによって建てられたジェラード・ウィリアムの屋敷を「壮麗で、サフォークで唯一実見に値する」と述べてこれ以上ない賞賛とともに、ウィリアム・ケントの弟子ランスロット・「ケイパビリティ」・ブラウンの手になる庭園をこと細かく叙述している。[91] ヘニンガム・ホールが当時のイングランド庭園の最先端の様式をそなえていたことからも、ジェラード・ウィリアムがサフォークを代表する地主貴族として、それにふさわしい体裁をととのえようとしていたことがわかる。また、アメリカ独立戦争時には、海軍の軍艦建造のための義捐金を拠出することで、イギリス政府側の支持を訴える愛国主義的な運動がサフォークに起こった。ジェラード・ウィリアムはこの動きに積極的に関わり、サフォークの地主社会における最高額を出資している。[92]

しかし、ジェラード・ウィリアムによるイングランド化の試みには限界があった。たとえば、一七九〇年の庶民院議員選挙では、ジェラード・ウィリアムの対立候補が「真のイギリス国教会と国家を」というスローガンを掲げ、「ディセンターの利害を代表している」と、ファン・ネック家を激しく攻撃している。[93] ジェラード・ウィリアム自身はロンドンのパトニ教区教会で洗礼を受けているものの、父親や弟はディセンターであった。世相がフランス革命戦争によってひときわ右傾化していくなか、また、対仏戦争を通じてイギリスのナショナリティが急速に構築されていくと、[94] ジェラード・ウィリアムの父祖の属性が対立候補の恰好の標的となったようだ。しかし、彼の心性に父祖がオランダ出身であったことの痕跡は見出せない。ジェラード・ウィリアムは一七九〇年五月に死去するが、彼の遺言状は遺贈先を家族に限定しており、父や叔父にみられたようなオランダ人やユグノーの遺贈者はそこから完全に姿を消した。[95]

ジェラード・ウィリアムは未婚だったため、弟のジョシュア・ヘンリが「二、三〇万ポンドの遺産と年価値八〇〇〇ポンドの所領」といわれた財産を相続した。[96] 彼は兄の選挙区を継ぎ一七九〇年より庶民院議員となっている。[97] さらに一七九七年には男爵（ハンティングフィールド男爵・アイルランド貴族）に叙され、所領も一九世紀中頃には年価値約二万ポンドにおよび、名実ともにイギリスの地主貴族となった。[98] その後、ファン・ネック（Van Neck）家

は貿易商としてではなく、イギリス地主貴族ヴァネック（Vanneck）家として二〇世紀まで続く。(99)

おわりに

ヘラルト・ファン・ネックは、オランダからイギリスへ移動することによって重層的な心性をもつようになり、同時にさまざまな人びととの多様な結合のありかたを構築するにいたった。それは、ヘラルトと同じく経済的な目的でロンドンに渡ったオランダの人びとと、政治的・宗教的な理由でフランスからロンドンに逃れたプロテスタント、そしてもとよりロンドンに居住していた人びととの交渉によって生み出された。近世ヨーロッパ経済の頂点に立った貿易商がどのような社会的結合を作り上げ、それがどのように投資社会の内部でのビジネスや日常生活を支えていたのか、そしてこの特殊な経験は歴史的にどのような意味をもつのか。

ヘラルトにとってオランダ人とはナショナリティによるアイデンティティを共有する存在ではなかった。それに対して、ヘラルトとはまったく異なる理由でロンドンに逃れてきたユグノーとは、家族的な領域においても、社交的な領域においても、深く結びついていた。しかし、私的な領域における明確な文化の境界の形成とは一変して、ヘラルトのビジネス活動は境界を示さない。それは、萌芽期のナショナリティはおろか、当時、アイデンティティの構成要素として影響力をもった宗派の論理を超えるものでもあった。このように投資社会の最上層に位置したヘラルトの証券取引代理人としての活動、フランスとのタバコ貿易、公債請負人としての業務のすべてが、文化の重層性によって支えられていた。ヘラルトのビジネス活動のおもしろさは、それが排他的なプライヴェイトの結びつきによって支えられながらも、ビジネスの現場ではその排他性が出現しなかったことにある。

近世ヨーロッパ商業資本主義で活躍した貿易商たちの活動がしばしばコスモポリタン的と呼べる特色をもつことを考慮すれば、このコスモポリタン性がいかにして現れ、いかにして維持されるのかという点で、ヘラルトおよびファン・ネック家の経験は興味深い。プライヴェイトな活動における結合関係が排除機能を発現せずにビジネスの中核に位置し、かつ差異を発現しないビジネス文化と差異を生み出すプライヴェイトな層が同時に存在するというヘラルトの社会的結合の重層性や自在性は、ナショナリティがメルクマール化する直前にあたる一八世紀中頃の貿易商のビジネス活動において、文化的な前提条件を形成するうえで枢要な役割を担った。

たしかにヘラルトの経験は特殊な事例であって、大規模なプロポソグラフィ研究なら可能かもしれない、近世ヨーロッパ貿易商すべてに通じる一般化にはさほど貢献しないかもしれない。しかし、ひとりの貿易商やその家族の精査を通じて明らかされたこの特殊な経験こそが、ヘラルトやヨシュアを近世ヨーロッパ商業世界の頂点へと押し上げ、公債請負人として結果的に近代世界におけるヘゲモニーを掌握するひとつのきっかけをイギリスに与えたことに、歴史的な意味を認めることは可能だろう。ナショナリティが構築途上にある近世という時代、とりわけその確立直前にあたる一八世紀中頃に、当時の世界経済の基軸である商業資本主義の世界でたぐいまれな成功を収め、その頂点に登りつめる貿易商の活動を考えるうえで、たとえそれがいかに特殊な経験であろうと、ビジネス活動の基層を形成した点は見過ごすことはできない。

以上、本章では、ひとりの貿易商が、投資社会内に含まれる政治体間を移動した結果、どのような人的結合のありかたが生成したのかを明らかにした。その人的結合こそが、投資社会の最上層に位置した公債請負人がビジネス活動を展開できた基層となったのである。ここで示されているのは、金融と商業が未分化な近世ヨーロッパ商業資本主義のまさに頂点に位置した貿易商の活動や、それを可能にした投資社会の中心としてのロンドンという場の特性、そして近世最末期というナショナリティのまさに萌芽期を生きた家族の変容である。これはすなわち、ヨーロッパでも一、二を争う事業規模を誇る大公債請負人の家族史に現れた、近世という時代の特性とその終焉にほかならない。

第4章　証券投資をする人びとの社会
——投資社会の垂直的拡大と公債の社会化

〔一九世紀の〕百年のあいだ、この〔投資〕制度はヨーロッパ全域に運用され、非常な成功をおさめ、空前の規模で富の蓄積を可能ならしめた。〔中略〕世界のミドルクラスにとって、優良債券は永久的かつ確実なるものの典型となった。貨幣契約の安定性と安全性に対する通念上の信頼がきわめて深いため、イギリスの法律では、受託者は信託財産のすべてをこの種の債券に投入するよう奨励されており、実際、不動産の場合以外は、他の方法による運用を禁じられている。

——ジョン・メイナード・ケインズ『貨幣改革論』(1)

はじめに

近代イギリスの公信用は膨張の一途をたどった。公債の名目残高は南海泡沫事件後の一七二〇年で約五〇〇〇万ポンド、七年戦争後の一七六三年で約一億三〇〇〇万ポンド、アメリカ独立戦争後の一七八三年で約二億二〇〇〇万ポンド、ナポレオン戦争後の一八一五年には約五億六〇〇〇万ポンドと飛躍的な増加をみせた。これは同時に、ほぼ同額の政府公債が社会に吸収され、人びとによって保有されたことを意味する。その結果、歴史上、前例がない規模の大量の紙券信用を迎え入れた特異な社会、すなわち「投資社会」が生み出された。

投資社会はどのような人びとで構成されたのであろうか。この社会の上層部に君臨したのはフェルナン・ブローデルのいう「資本主義」の主役、すなわちヨーロッパ商業社会の最上層に位置するマーチャントたちであった。しかし、彼らだけで投資社会が構成されたわけではない。本章では、投資社会の中層部から下層部に位置する人びと、さらに男性のみならず女性保有者の実像を浮かび上がらせる。その中心となったのは中流層の人びとであった。彼ら彼女らこそが、グレイト・ブリテンという名の政治体を信用することで生み出された集団で多数を占めたのである。

中流層を中心とする小口投資家は、政治権力と結びつくことが多かった大口投資家と比べて、研究者の関心をひいてこなかった。そのため、アリス・カーターや、[2] ピーター・ディクソンの研究で数量的把握が試みられた後、[3] 川北稔の研究以外に本格的な考察を加えられることは久しくなかった。[4] 本章では、投資社会の中下層の「証券に投資する人びと」の構成、証券の流通経路、証券投資の目的を通じて投資社会の具体像を明らかにする。なお、おもに政府公債やそれに準じる特権会社株式を扱うが、他の証券類についても必要に応じて言及する。

1　イギリス政府公債（一六九三～一七八五年）

投資社会の人びとが保有したイギリス政府公債をかんたんに概観しよう[5]（表4-1）。一八世紀における政府公債は、償還期限により中・長期債（あるいは無期債）と短期債に大別できる。中・長期債（無期債）は、償還期限が一〇年から九九年の有期のものや名義人の寿命によるもの、政府の任意で償還される債券からなり、いずれも利払い源は中央議会の議決によって保証されている。短期債は、財務府や海軍省といった政府の部局で発行される。償還期限は数年で利払い源は特定されず、終戦を迎えると多くが無期債に借り換えされた。これら中・長期債（無期債）は、発行先や種別により、特権会社株式および債券、政府の年金や富くじに分類できる。

表 4-1　イギリス政府債務（確定債および年金債）（1693～1785 年）

年	特権会社			年　金			富くじ		その他		
	会社	金額	利率	期限	金額	利率	金額	利率	名称など	金額	利率
1693				トンチン	108,100	10～14					
				終身	773,393	14.00					
94	イングランド銀行	600,000	8.00	終身	118,506	14.00	1,000,000	10.0			
				終身	107,847	14.00					
95	イングランド銀行	600,000	8.00								
96											
97	イングランド銀行	1,001,171	－				1,400,000	3.80			
98	新東インド会社	2,000,000	5.00								
1704				9～12年	1,570,664	6.67					
05				99年	690,000	6.67					
06				99年	2,272,780	6.45			Banker's Debt	664,263	3.00
07				99年	582,981	6.45					
				99年	874,354	6.25					
08	イングランド銀行	400,000	6.00	99年	280,646	6.25					
				99年	640,000	6.25					
				99年	975,724	6.25					
09	合同東インド会社	1,200,000	5.00	99年	304,276	6.25			財務証券償還	1,775,027	4～7
	イングランド銀行	400,000	－								
10				32年		0.70	1,500,000				
				32年	824,979	9.00					
11				32年	74,995	9.00	1,500,000 2,000,000	6.00 6.00			
12	南海会社	9,177,967		32年	25	9.00	1,800,000 1,800,000	6.00 6.00			
13							500,000	4.00			
14							1,400,000	4.00			
15	南海会社	822,032			1,079,000	5.00					
16	イングランド銀行	2,000,000									
17									割符	509,127	4.00
									陸軍債券	1,603,987	4.00
									Banker's Debt	140,884	5.00
18									割符	437,801	
									財務証券償還	2,000,000	5
19	南海会社	1,474,773			110,312	5.00			陸軍債券	549,019	4
						4.00	500,000				
				32年	30,559	4.00	500,000				
20	南海会社	272,071			312,000	4.00					
21					500,000	5.00					
22									セント・クリストファ&セント・ネヴィス債券	141,093	6.00 3.00
23	南海会社	2,000,000									
26							1,000,000	3.00			
28	イングランド銀行	1,750,000	4.00								
29	イングランド銀行	1,125,000	4.00								
30	イングランド銀行	1,250,000	4.00								
31					400,000	3.50	800,000	3.00			
33	南海会社										
36					600,000	3.00					

年	特権会社			年金			富くじ		その他		
	会社	金額	利率	期限	金額	利率	金額	利率	名称など	金額	利率
1739					300,000	3.00					
42	イングランド銀行	800,000	6.00		800,000	3.00					
43	イングランド銀行	800,000	6.00		1,000,000	3.00	800,000	3.00			
44	合同東インド会社	1,000,000	3.00		1,200,000	3.00	600,000	3.00			
45					1,500,000	3.00					
				終身	22,500	4.50	500,000	3.00			
46	イングランド銀行	986,800	4.00		2,500,000	4.00					
				終身	45,000	9.00	500,000	4.00	財務証券確定化	986,800	4.00
47					4,000,000	4.00	1,000,000	4.00			
48					6,930,000	4.00	6,300,000*	4.00			
49									海軍証券・軍需証券・輸送証券確定化	3,072,472	4.00
50					1,000,000	3.00					
51					1,400,000	3.00	700,000**	3.00			
55				コンソル			1,000,000	3.00			
56				15年	1,500,000	3.50					
				コンソル	500,000	3.00	500,000	3.00			
57				コンソル	3,000,000	3.00	1,050,000***				
				終身	33,750	1.05					
58					4,500,000	3.50					
				コンソル	500,000	3.00	500,000	3.00			
59				コンソル	7,590,000	3.00	本体に付加	3.00			
60				～21年	8,240,000	4.00	本体に付加	3.00			
				21年～		3.00					
61				コンソル	11,400,000	3.00	600,000	3.00			
				99年	128,250	1.05					
62				～19年	12,000,000	4.00					
				19年～		3.00					
				98年	120,000	1.00					
63					2,800,000	4.00	700,000		海軍証券・軍需証券・輸送証券確定化	3,483,553	4.00
64	イングランド銀行	1,000,000	3.00								
65				コンソル	1,500,000	3.00			海軍証券・軍需証券・輸送証券確定化	1,367,669	4.00
										18,000	
										114,330	
66				コンソル	900,000	3.00	600,000	3.00			
				トンチン	18,000	3.00					
67				コンソル	900,000	3.00	600,000	3.00			
68				コンソル	1,300,000	3.00	600,000				
76				コンソル	2,150,000	3.00	600,000	3.00			
77				コンソル	5,000,000	4.00	500,000				
				10年	25, 000	0.50					
78				コンソル	6,000,000	3.00	480,000				
				30年	147, 150	2.50					
				終身	2, 849						
79				コンソル	7,000,000	3.00	490,000				
				29年	257, 181	3.75					
				終身	5, 318						
80					12,000,000	4.00	480,000				
				80年	217,500	1.825					

（つづく）

年	特権会社			年　金			富くじ		その他		
	会社	金額	利率	期限	金額	利率	金額	利率	名称など	金額	利率
1781	イングランド銀行	2,000,000	3.00	コンソル	21,000,000	3.00	480,000				
					18,896,300	4.00					
82				コンソル	13,500,000	3.00	400,500				
				コンソル	6,750,000	4.00					
				78年	118,125	0.90					
83				コンソル	12,000,000	3.00	480,000				
				コンソル	3,000,000	4.00					
				77年	80,000	0.68					
84				コンソル	5,998,000	3.00	360,000		海軍証券・軍需証券・輸送証券確定化（年金債）	6,879,341	5.00
				コンソル	3,000,000	4.00					
				75.5年	16,500	0.30					
85									海軍証券・軍需証券・輸送証券確定化（年金債）	10,990,651	5.00

出典）British Parliamentary Papers, *National debt. History of the earlier years of the funded debt, from 1694 to 1786*, Cambridge : Proquest LLC, [1898], [C. 9010], pp. 5-6, 14-33 より筆者作成。

注）金額はシリング以下を切り捨て。利率はすべて表面利率で，小数点第3位を四捨五入している。網掛けは年金公債と富くじ公債が一体となっていることを示す。「年金」および「その他」は実際の債務額を示す。＊はすべて年金債に組込，＊＊は年金債の内数，＊＊＊の 1,050,000 の富くじは失敗。

特権会社による政府への融資は、とくに「イングランド財政金融革命」の初期にしばしばみられた。勅許状の更新と直接的な関係がない場合でも、政府は特権会社からまとまった資金を獲得し、特権会社は株式の発行や増資、会社債（たとえば「東インド会社債」）を通じた資金の手当てを議会制定法によって許された。しかし、第1章でも触れたように、特権会社のような中間団体を通じた伝統的な資金調達方法は、一八世紀前半に衰退していく。ただし、イングランド銀行が短期債の財務府証券を引き受けたことを忘れてはならない。

アニュイティと呼ばれた年金は、イギリス政府公債の中核をなす。年金は期間の定めがある有期年金と、トンチンのような終身年金など特定の償還期間を定めない無期年金とに大別できる。有期年金でも、一〇年から三〇年程度のものから、スペイン継承戦争中に多用され七年戦争時にも復活した九九年間、アメリカ独立戦争期の七五～八〇年間という超長期のものまであった。南海泡沫事件の処理によって誕生した南海年金や、一七五二年に誕生したコンソル債のように、償還は政府の任意で行われるものもあった。年金は、表面利率の抑制や投資促進を目的として付加的に発行される債券にも多用された。

富くじはおもに一七三〇年代以降に多用されていく。初期には一六九四年のミリオン富くじのように政府公債の本体として利用されたが、一七三〇年代以降では年金債と同じく公債本体に付加される販売促進手段として用いられた。また、内容も多彩であった。一六九四年のミリオン富くじでは、一〇ポンドの一くじは同時に一六年間の有期年金であった。一〇万くじ中、当選は二五〇〇本あったが、当選した場合はさらに高額の年金が与えられ、一等の場合は一年間の年金は一〇〇〇ポンドを超えた。一七五八年債の場合、起債総額五〇〇万ポンドのうち、本体が四五〇万ポンド、富くじは五〇万ポンド発行された。ただし富くじは個別に発行されたのではなく、五〇〇ポンドの出資につき、四五〇ポンドは本体の三・五％年金債、五〇ポンドは五口の富くじが与えられるというように、本体の公債と組み合わされるかたちがとられた。

コンソル債は政府公債の歴史で最も重要な役割を果たした。一七五二年に、既存の一七三一年債、一七四二年債、一七四三年債、一七四四年債、一七四五年債、一七五〇年債の公債を整理統合した残高九一三万七八二一ポンド五シリング一・二五ペンスの公債として誕生した。一七五五年から一八一五年までの六〇年間で計四七回起債され、七年戦争以降の主要銘柄として活用された。その結果、一八五九年三月三一日には、残高は四億七二〇万二八五五ポンドにまで膨張した。

そのほかの重要な公債として、ヘンリ・ペラムによって一七四九年に着手された低利借り換えで四％から三％に利率が減じられた「三％低利転換債」がある。この公債はオーストリア王位継承戦争後期に起債された一七四六〜四九年の計一七七〇万ポンドあまりを母体とするものであるが、一七六五年以降の五〇年間で計三〇回ほど起債された。その結果、一八二二年には四億一八〇一万ポンドの残高を記録した。

2　イギリス政府公債および三大特権会社証券の保有構造

(1) 公債保有者数

公債保有者の実数については、史料の限界のため残念ながら確定することができない。とくに最終的に利子を受領する実質的な保有者については、名簿上では一名の個人にすぎなくても、現実には複数の人びとが利子を受け取っている場合が頻繁にみられる。一七五七年債のスノウ銀行の場合、複数の顧客が銀行の代表者名義のままで実質的に当該公債を保有しており、支払われた利息を出資割合に応じて分割して当該行の口座経由で受領した。後述する一七五七年の富くじのように、個人が多数の出資者を代表して証券を保有し、利子を分配する例もあった。

一八世紀当時の時論家たちから二一世紀の研究者にいたるまで、公債保有者数にはつねに一定の関心が寄せられてきた。数ある推計のなかでも最も信用に足るピーター・ディクソンの研究によれば、一七二〇年で長期公債保有者は約二～三万人、七年戦争開戦直後の一七五七年頃で約六万人とされている。[6] 公債累積額からの推測と一九世紀中頃のデータとを比較検討すると、ナポレオン戦争終結直後の一八一五年における長期公債の保有者数は、少なくとも約四〇万人と推測される。[7] イギリスの公債残高は、[8] 一八一五年で七億四四九〇万ポンド、戦後処理が完了した一八二四年に八億二八六〇ポンドと第一次世界大戦前の最高額を記録した後、一九世紀を通じて漸減していく。[9] 第一次世界大戦直前には六億二〇二〇万ポンドと、一八一五年の約八三％にまで減少した。一九一四年でのイギリス政府公債保有者は約三四万人であった。[10] 単純な比較は難しいが、一八一五年の時点で少なくとも約四〇万人、すなわち子どもを含む全ロンドン居住者の五名にひとりが公債保有者であったという推測は、非合理的とはいえない。実際、当時の人びとにも同様の認識をもつ者がいた。首相ロバート・ピールの同名の父は、一七八七年に「四〇万にのぼる公債保有者、またはその家族は、推定平均五〇〇ポンドの公債を保有」しており、「八〇〇万ポンドもの利子が毎年公債保有者に支払われ、公債保有者によって利子が共同体のさまざまな種類の人びとのあいだで流通される」と述べる。実際、一八世紀の国家は歳出の平均四六%を利払いにあてる所得移転装置であった[11]。

(2) 保有金額

一八世紀中頃のイギリス政府公債やそれに準ずる三大特権会社の証券を保有した人びとは、どの程度の額面金額を保有したのであろうか。保有額については、アリス・カーターとディクソンが、サンプル調査にもとづくデータを示している。

一七四二年債を除く四つの年金債では、額面金額五〇〇ポンド未満の少額保有者数が多数を占める。それに対して、東インド会社株とイングランド銀行株で最多を占めるのは、一〇〇〇ポンドから四九九九ポンドという中間の金額帯である。保有者総数に占める割合でみると、五〇〇ポンド未満の公債保有者は一七五一年債では全体の六一・八%を占めており、東インド会社年金の五八・七%、旧南海年金の五二・八%、一七六〇年債の四四・四%と続く(図4-1)。したがって、保有者総数が僅少な一七四二年債を例外とすれば、少額保有者は一般的に年金債の保有を選好し、特権会社株式の保有者は、資金力で勝る者が多かったといえる。

カーターのデータでは、一〇〇〇ポンド未満の保有層が独立した項目として明示される。一七六〇年債では、彼女らは四一四名で全体の六・九%、一七五一年債では四四二名で一八・三%、一七五〇年の東インド会社年金では三六九名で一一・八%をそれぞれ占めた。三銘柄での五〇〇〇ポンド以上の保有者は順に、三二五名(五・六%)、六九名(三%)、八六名(二・七%)である。三銘柄とも、五〇〇ポンド未満の保有者は五〇〇〇ポンド以上の保有者数を実数および比率ともに大幅に上回る(図4-2)。

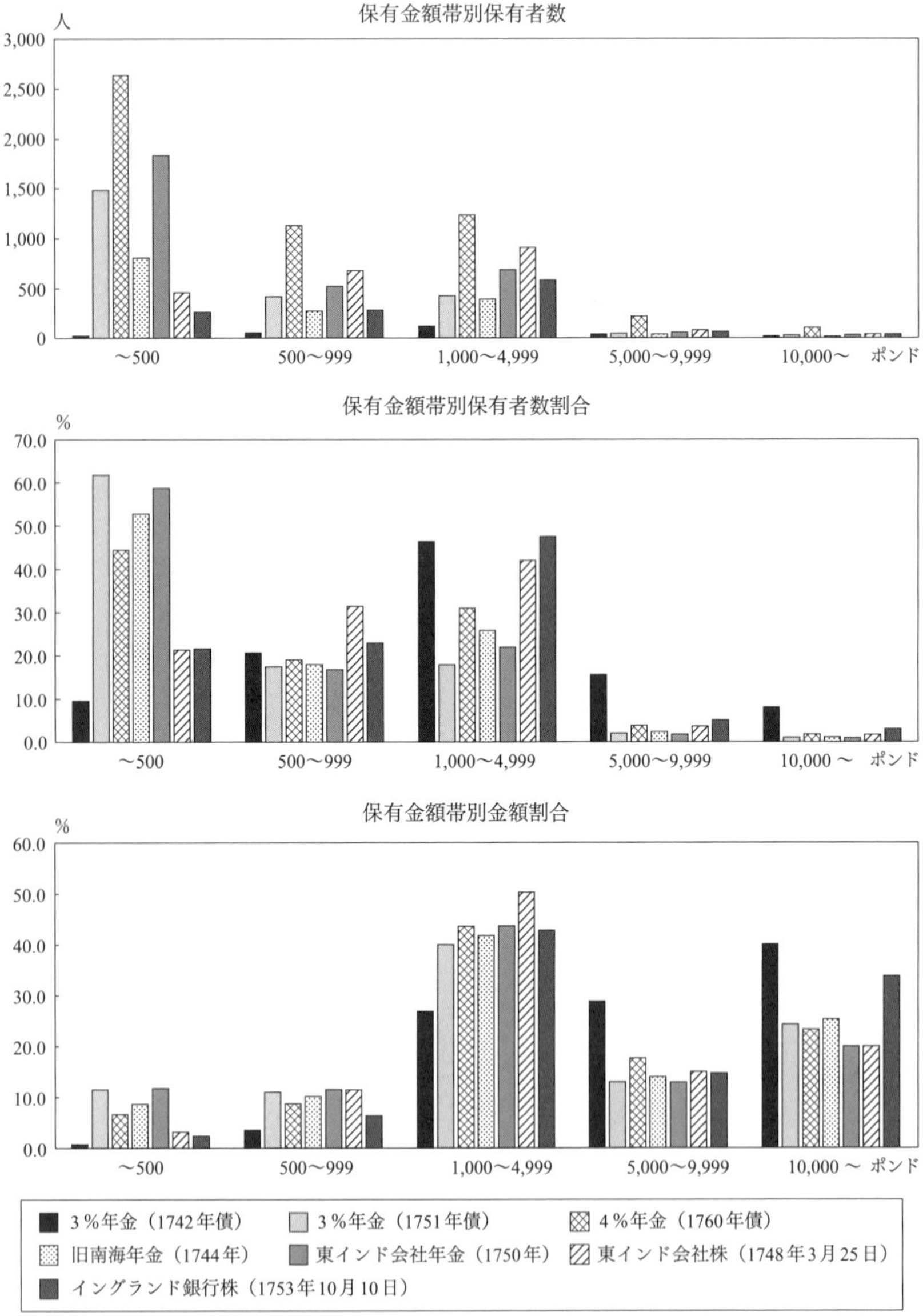

図 4-1　イギリス政府公債の保有構造（1742～60 年）（1）

出典）Alice Clare Carter, *Getting, spending and investing in early modern times*, Assen : Van Gorcum, 1975, p. 16 ; Peter George Muir Dickson, *The financial revolution in England*, London : Macmillan, 1967, p. 287.

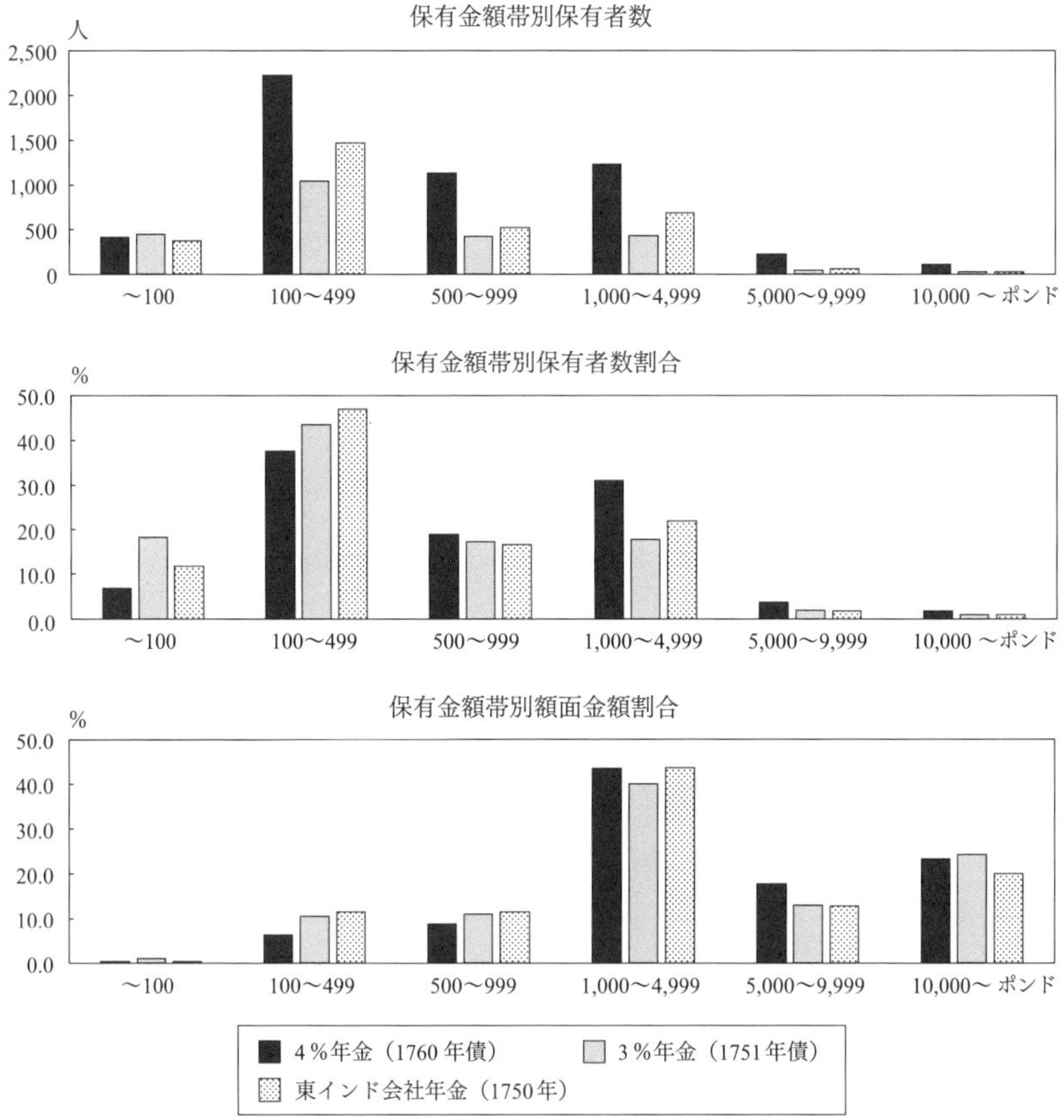

図 4-2　イギリス政府公債の保有構造（1750～60 年）(2)

出典）Carter, *Getting, spending and investing*, p. 16.

ただし、総額に占める額面金額の合計が最も多い金額帯は、一〇〇〇～四九九九ポンドである。一七四二年債を除く全銘柄で、五〇〇〇ポンド以上の保有者数は全体の一〇％未満にすぎない。しかし、この層が保有する額面総額は、二〇％から三〇％以上に達した。資金力によって投資銘柄に明瞭な違いがみられる。

少額保有者は、一八世紀の中頃には無視できない存在となっていた。一〇〇ポンド未満の少額保有者数が五〇〇ポンド以上の高額保有者数を上回り、五〇〇ポンド未満の保有者が多くの銘柄で保有者数において最多を占めた。これらの事実は、証券取引一回あたりの取引金額にも端的に示されている。一七五五年のコンソル債のデータでみると、一取引あたりの売買金額は、保有金額が一～九九ポンドの場合が三一・五二ポンド、同じく一〇〇～四九九ポンドの場合、四四・〇二ポンドであった[12]。

（3）公債保有者の社会構成と地域分布

公債保有者の社会的ステイタスや職業を概観しよう。史料として用いる『各種証券の配当金を未受領の公債保有者リスト』[13]は、イングランド銀行から報告された利子未受領の公債保有者を列挙した議会文書である。該当する公債保有者数は約一万二〇〇〇名にのぼり、公債保有者の姓名・居住地・職業もしくは社会的ステイタス、購入年が示される。議会の調査対象となったのは、三％コンソル債や新旧南海年金などであった。ここでは当時、表4-2が示すように、発行金額で全体の四五％を占めた三％コンソル債の利子未受領の三三八八名を分析する。

このリストでは、約三〇〇の社会的ステイタスや職業が確認できる。爵位貴族が三名、准男爵やナイトが二三名、庶民院議員が二〇名、陸海軍将校が一〇名のほか、エスクワイアやジェントルマンの称号をつけた者が多数存在する。また、中流層の多様な職業もみられる。出現頻度が高い職業を取り上げてみても、薬屋、パン屋、銀行家、醸造業、ブローカー、肉屋、大工、馬車業者、蒸溜酒業、農場経営者、庭師、雑貨商、リネン商、船員、かつら屋、船大工、靴製造業、文具商、砂糖精錬業、外科医、ロウソク商、政府契約業者、時計製造業者、織工、船長、独立自営農など多岐にわたる。農業経営者や独立自営農は三〇名を認めるものの、職業構成は総じて都市的であるといえる。

明示されていない場合を除くと、貿易商、弁護士や内科医をはじめとする中流層は少なくとも三〇～五〇％を占め、ジェントルマン層の比率をやや上回る。構成比を地域別に示すと、ロンドンではジェントルマンが三〇％強を

表 4-2　1805 年時点での公債発行状況

（ポンド）

	発行額	利子（年金）
旧南海年金	24,065,084	721,952
イングランド銀行年金	11,686,800	356,502
東インド会社年金	4,200,000	126,000
1726 年 3％債	1,000,000	30,000
新南海年金（1751 年）	1,919,600	57,588
3％コンソル債	107,399,696	3,221,990
3％低利転換債	37,340,073	1,120,202
4％コンソル債	32,750,000	13,100,000
5％海軍債	17,869,993	893,499
計	238,231,246	19,627,733

出典）David MacPherson, *Annales of commerce*, vol. IV, 1805, pp. 84–85 より筆者作成。
注）シリング以下は切り捨て。

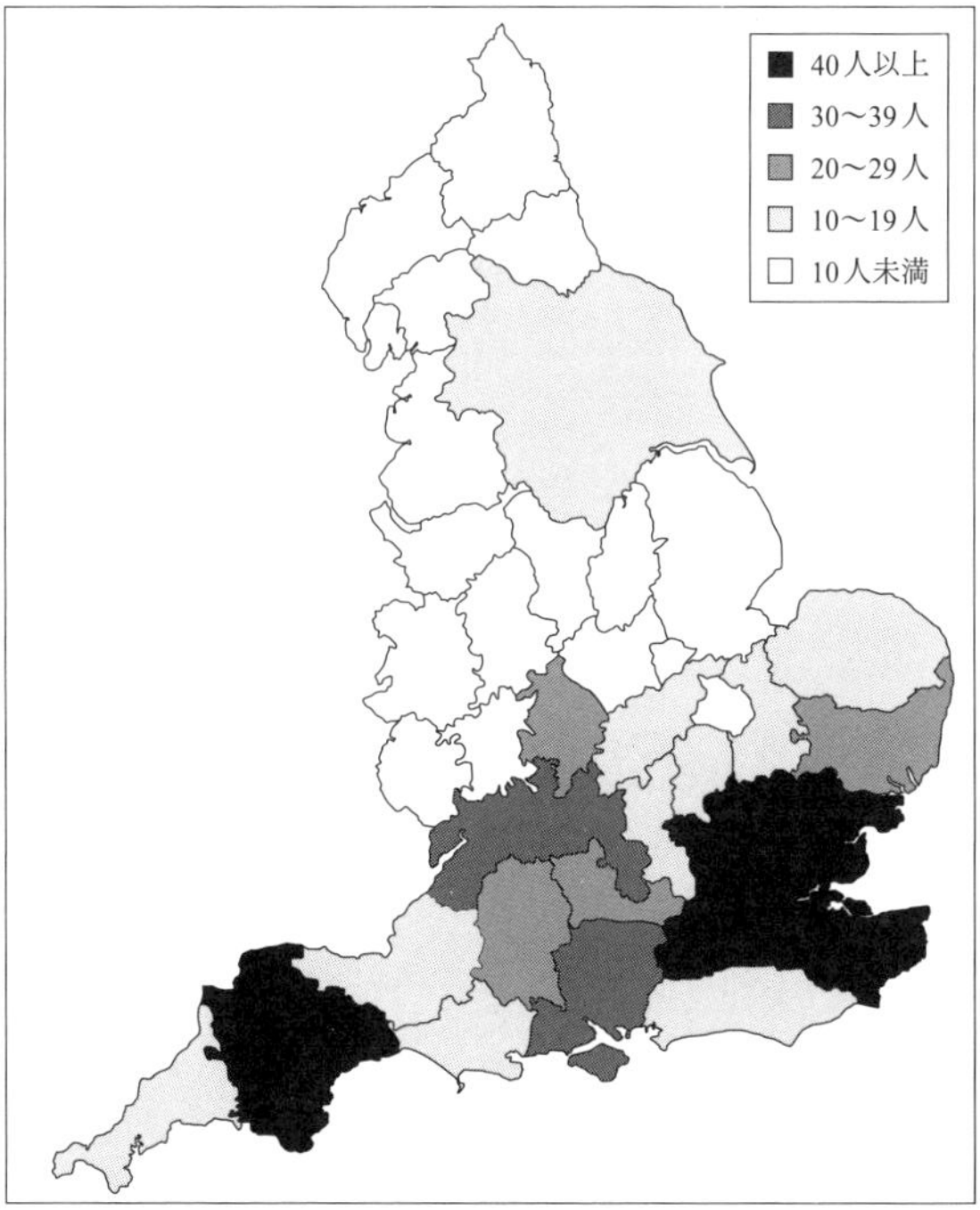

図 4-3　公債保有者の地域分布（18 世紀中頃～後半）

出典）注 13 より筆者作成。

占め、中流層の合計はそれをやや上回る。イングランド南東部では、ロンドンよりもジェントルマンの占める割合が一〇ポイント以上上昇し、イングランド北西部では半数近くを占める。また、ロンドンでは、他の地域では出現しないサーヴァントが一〇％弱を占める。

イングランドにおける公債保有者の地域分布は、図4-3で示される。ロンドンおよびその近郊四州に保有者が集中し、次いでイングランド南東部に多くの保有者が居住した。イングランド北西部では、ウォーリックシアで二〇〜二九名が、ヨークシアで一〇〜一九名が確認できるものの、これら二州以外のすべてで一〇名未満であった。逆に、ハンティンドンシアを除くイングランド南東部諸州のすべてで一〇名以上の保有者が存在した。ピーター・ディクソンが一七五〇年以前の事例で指摘するロンドンやイングランド南東部に約七〜八割の公債保有者が集中するという傾向は、(14) 一八世紀後半でも続くことが確認できる。なお、外国人保有者は一〇〜二〇％の比率を占めたが、くわしくは第9章で分析する。

3　女性証券保有者

女性証券保有者の存在は、けっして看過されてはならない。近年、女性証券保有者に注目する研究が、一八世紀についてはおもに市場のプレイヤーという観点から、一九世紀以降についてはおもに女性の財産所有の実態という観点から進められている。これらの研究では、証券取引における女性の重要性や、女性にとっての証券保有の重要性がそれぞれ強調される。ここでは、先行研究の成果を活用しつつ、女性による証券保有のありかたを整理したい。

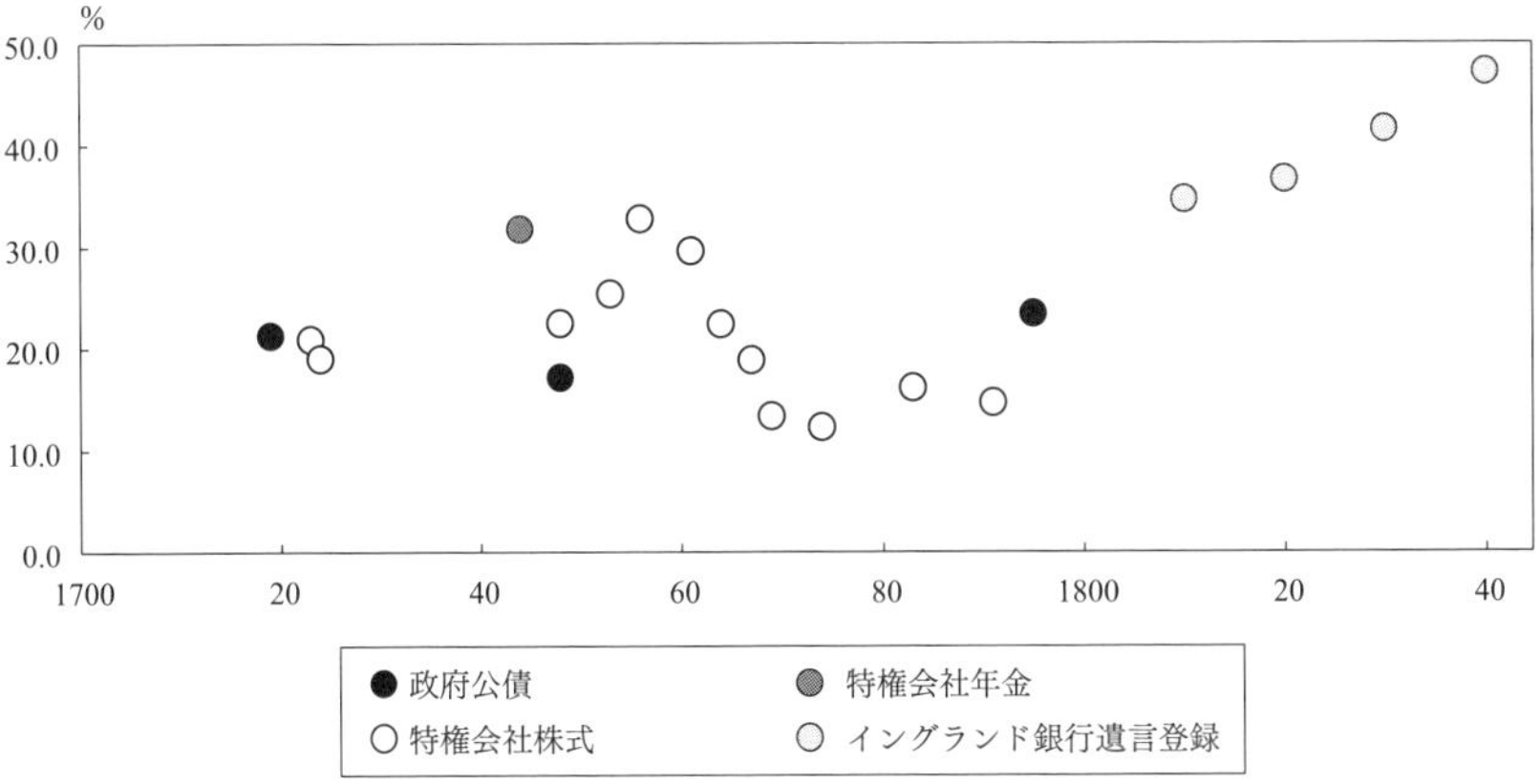

図 4-4　証券保有者に占める女性の割合（1719〜1840 年）

出典）David R. Green and Alastair Owen, 'Gentlewomanly capitalism? spinster, widows, and wealth holding in England and Wales, c. 1800-1860', *Economic Hisitory Review* 56(3), 2003, p. 533 より筆者作成。

一八世紀中頃から一九世紀初めにかけて、証券保有記録上の女性は「独身女性」か、「寡婦」のいずれかとして現れた。この時期には、コモン・ロー上、婚姻女性（Feme covert）に動産の財産権は認められていなかったからである。独身女性（Feme sole）が証券保有後に結婚した場合、彼女の保有公債は夫の監督下に置かれ、夫はそれを自由に処分できた[15]。そのため、一八世紀の証券保有者リストには、「某の妻」や「（購入時は）独身女性であったが、現在は某の妻」という但し書きがしばしば添えられる。本書に関係する範囲でいえば、婚姻関係にある女性は一八七〇年の法改正によってようやく、貯蓄銀行口座、公債、株式、共済組合や友愛協会の持ち分といった動産の法的な保有が可能となった[16]。

（1）証券保有と女性

公債保有者数に占める女性の割合は、外国人公債保有者比率に匹敵した。三％コンソル債の年金未受領者の女性は、全未受領者の約二五％を占めている。購入年によって多少変動するものの、新たに公債保有者となった人びとに占める女性の割合は、二〇％を下回ることがほとんどない。図4-4は、政府公

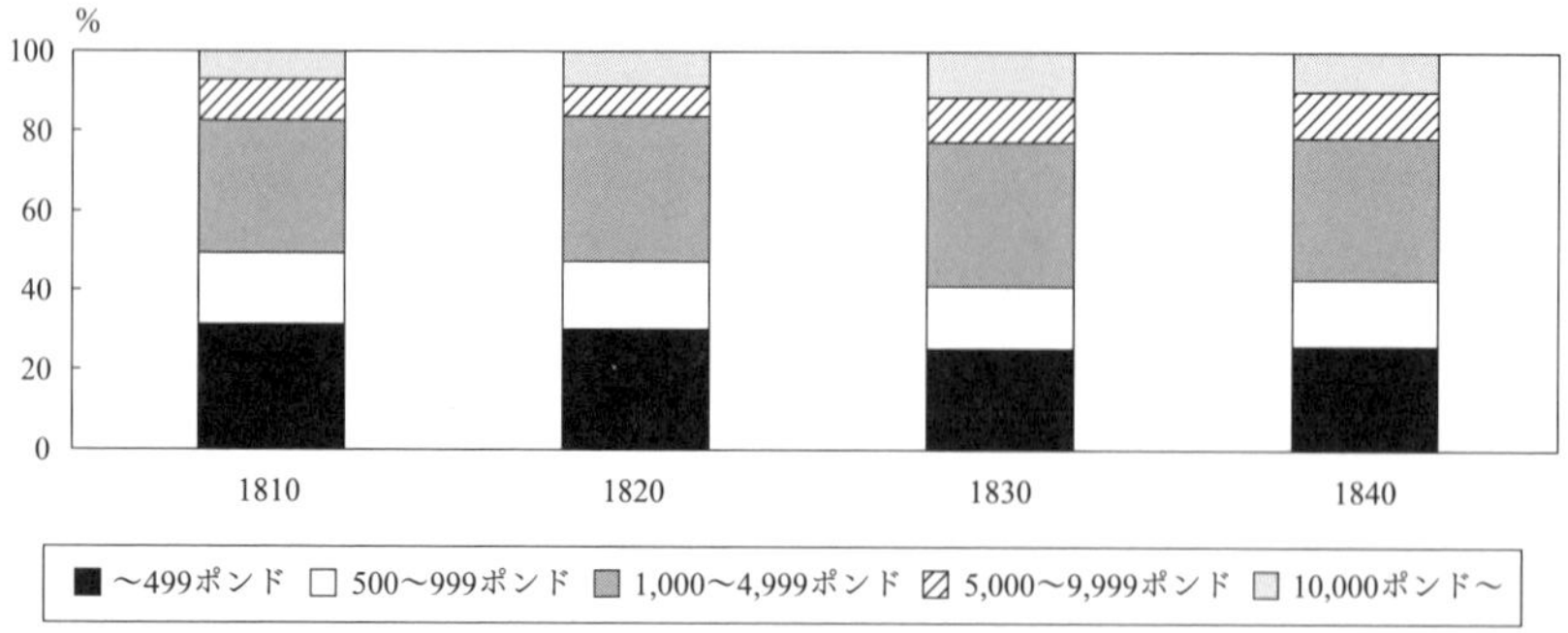

図 4-5　保有金額帯別女性証券保有者数比率（1810～40 年）

出典）Green and Owen, 'Gentlewomanly capitalism?', p. 533 より筆者作成。

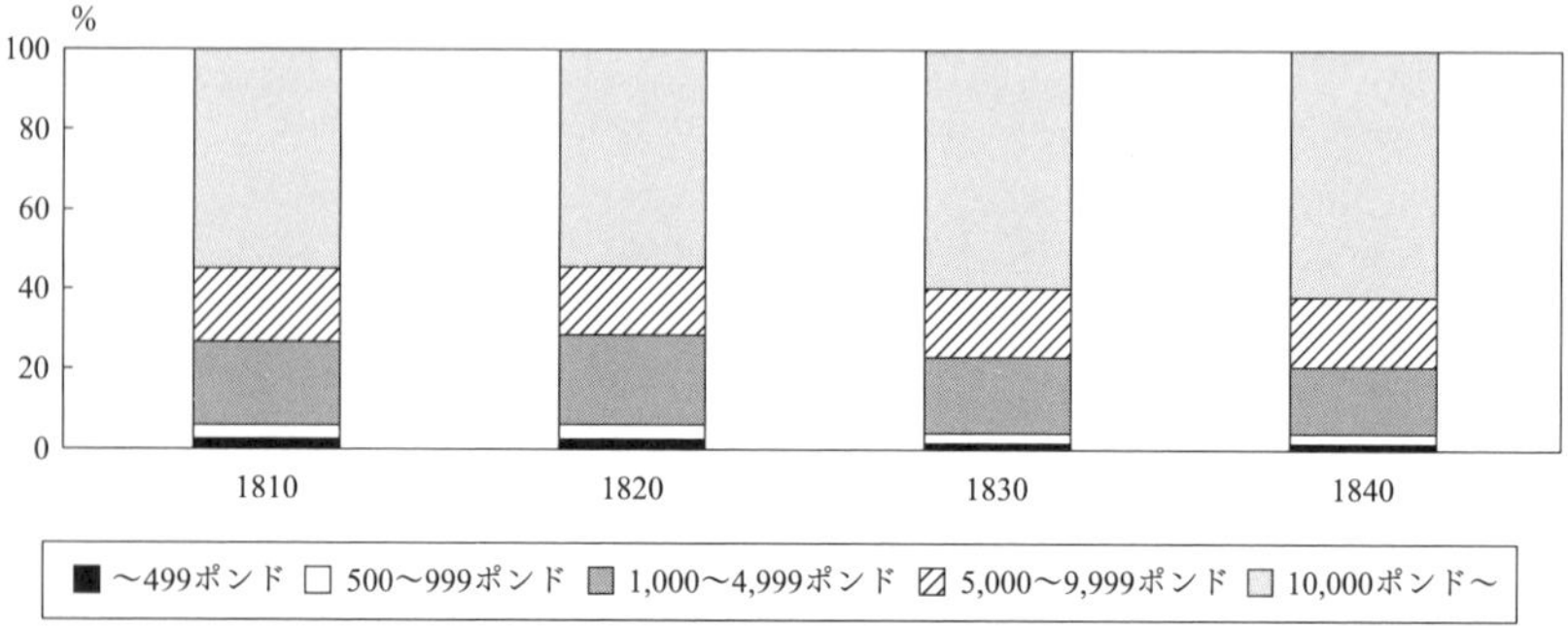

図 4-6　保有金額帯別女性証券保有金額比率（1810～40 年）

出典）Green and Owen, 'Gentlewomanly capitalism?', p. 533 より筆者作成。

債や、特権会社の年金と株式の保有者における女性比率の分布を示している。女性保有者が占める比率で最も低い数値は、一七七四年の東インド会社株の一二・三％であり、最も高い数値は、時代は下がって一八四〇年のイングランド銀行遺言登録に現れる政府公債保有者の四七・二％である。政府公債や三大特権会社の各証券において、保有者の少なくとも一〇人に一人は女性が占めたことを疑う余地はない。

女性公債保有者による保有金額帯ごとの保有者数と保有金額比率で、ともに最大を占めたのは、一〇〇〇～四九九九ポンドの保有金額帯であった。保有者数の分布では、一〇〇〇～四九九九ポンドの金額帯が三三・二％と最多であるものの、僅差で三一・四％の四九九ポンド以下の保有者集団が続く（図4-5）。保有金額比率でみると、一万ポンド以上が五五・五％と最大を占める（図4-6）。

一八世紀中頃の男女を合わせた証券保有者の分析では、金額帯で最多保有者数を占めたのは保有額面が五〇〇ポンド未満の層であり、保有金額比率では一〇〇〇～四九九九ポンドの層であった。約半世紀の開きがあるが、女性公債保有者は男性証券保有者よりも富裕であったと考えられる。

（2）『裕福な淑女たちの金庫のマスター・キー』

富裕層に限定されるが、女性による株式の保有状況を示す類例のない書物が存在する。一八世紀中頃に出版されたその小冊子は『裕福な淑女たちの金庫のマスター・キー——鰥夫と独身男性への人名録』（一七四二年）である。怪しげなタイトルが冠された三〇頁あまりのこの小冊子は、大部分を女性の氏名、住所、財産所有額の記述から成るディレクトリで占められている。当時のイングランドでは、たとえば『ケントのディレクトリ』のような都市の有力者の氏名、住所、職業を記した人名録が各都市で刊行されはじめていた[17]。『裕福な淑女たちの金庫の親鍵』では、ディレクトリの形式で女性の氏名（あるいは称号）や現住所、そして推定資産額が列挙される。ただし、「推定資産額」は出所不明の情報だ。「すべての鰥夫や独身男性へ」と呼びかける著者も「能力のかぎりをつくして上流淑女の財産を調べたが、かくのごとく多数にのぼる淑女のあらゆる財産を正確に提示するのはおよそ不可能だ」[18]と断言するように、推定資産額が憶測であることを認めるにやぶさかではない。しかし、幸運なことに、推定資産に三大特権会社の株式が含まれている場合、推定資産額の後に保有株式の種類と額面金額が「あらゆる公債保有者名簿を慎重に調査して」併記されているのだ。

この書物の目的は、妻に先立たれたり、離婚したり、あるいは未婚のままの男性に「資産家の女性」を推定保有資産額とともに一覧に供し、「富裕な淑女たちのもつあらゆる金庫をこじ開けることが可能な一本のマスター・キー」、つまりこの書物を与えることで「よりよい御縁」を求める男性群の結婚・再婚の手引きをすることにある。この書物で所期の目的を果たした男性がいたかどうか、残念ながらわからない。しかし、我々にとってもこの書物は、列挙された富裕層女性のすべての金庫を開けることができる有用なマスター・キーとなる。このマスター・キーを使って彼女たちが金庫のなかに保有する三大特権会社の株式の概要をみてみよう。

爵位貴族の筆頭にあがる「公爵夫人」の欄には、一二名の寡婦が並ぶ。たとえば、ポール・モールに居を構えるモールバラ公爵夫人の場合、推定資産額は一〇〇万ポンド以上、うち四〇〇〇ポンドをイングランド銀行株で保有しているとされる。そのほかの公爵夫人の証券保有者は、ケンダル公爵兼マンスタ公爵夫人の南海会社株が四〇〇〇ポンド、東インド会社株二〇〇〇ポンドの保有にとどまる。「公爵夫人」の次には「侯爵夫人」が三名並び、うち二人がそれぞれ、一〇〇〇ポンドの南海会社株保有者、四〇〇〇ポンドのイングランド銀行株および二〇〇〇ポンドの東インド会社株保有者であった。一七名が列挙された「伯爵夫人」の欄では、ウエストミンスタ居住のウィンチェルシ伯夫人がイングランド銀行株四〇〇〇ポンド、南海会社株一〇〇〇ポンドを保有するとされる。以下、子爵夫人、男爵夫人のそれぞれ同様の記述のあと、「鰥夫の淑女、貴族の娘」なる欄や、「准男爵の寡婦」、爵位などを指定しない「寡婦」、最後に同じく「独身女性」（寡婦は除いていると思われる）が続く。こうしてこの書物では、一一八〇名もの「淑女」が、住所氏名（爵位名）、推定資産額と保有株式の明細とともに列挙されている。一〇〇〇名を超える淑女のうち、三大特権会社の株式を一社一〇〇〇ポンド以上保有する女性は八二二名を数える。これは全体の約七〇％にもおよぶ数値である。

『裕福な淑女たちの金庫の親鍵』に掲載された一〇〇〇名以上のレイディたちのうち、「准男爵の寡婦」エリザベス・ジャーメインの名は、男性たちの視線を釘付けにしたかもしれない。エリザベスの推定資産額は、先述した別格のモールバラ公爵夫人の「一〇〇万ポンド」に次ぐ一〇万ポンドにのぼる。さらにエリザベスは、四〇〇〇ポンドのイングランド銀行株、同じく四〇〇〇ポンドの南海会社株、三〇〇〇ポンドの東インド会社株の三大特権会社全社の株式の保有者でもあった。ただし、これら「四〇〇〇ポンド」という金額は、少なくとも「四〇〇〇ポンド以上」と読み替えなければならない。というのも、この匿名の著者は三大特権会社の株式保有者名簿に自著のエビデンスを求めたと考えられるからだ。

イングランド銀行、南海会社、東インド会社の三大特権会社は、すべて株式会社であった。そのため、各社の株主は、株主総会で選挙を実施し、経営を担当する取締役を選出しなければならなかった。そこでこれらの三社は、全有権者の氏名と被選挙権の有無を示す名簿を選挙前に印刷のうえ公表していた。したがって、名簿では取締役選挙の有権者および各取締役の被選挙権者の氏名がすべて掲載されている。図4-7は、イングランド銀行に保管されている一七三八年度の取締役選出用名簿の原簿である。すべての有権者の名がそこに記載されており、さらに氏名の冒頭にある「*」印によって被選挙権の有無が示されている。[19] 図4-7の「G」欄をみると、上から一七番目に *The Right Hon. Lady* Elizabeth Germain の名がみえる。

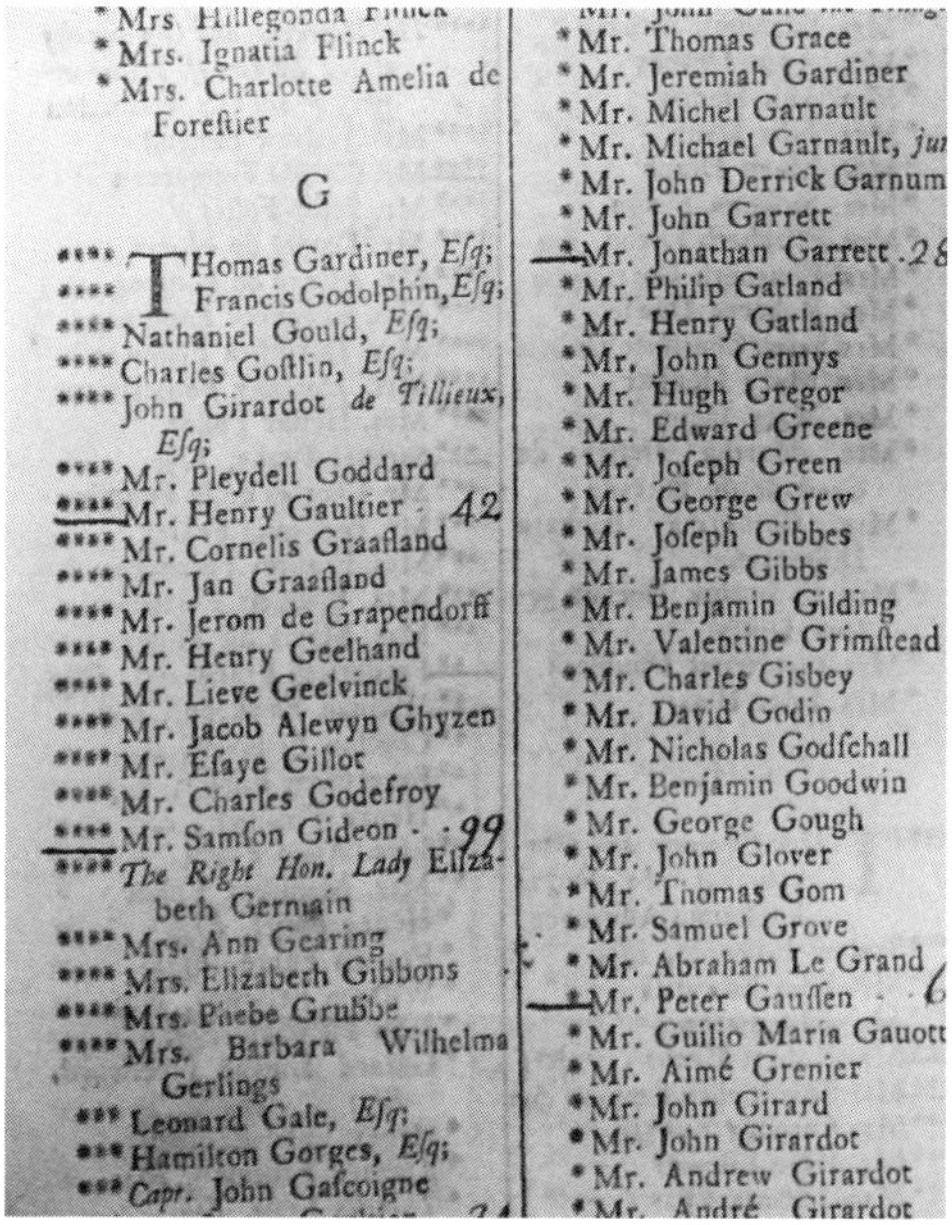
*Mrs. Ignatia Flinck
*Mrs. Charlotte Amelia de Foreftier

G

**** Thomas Gardiner, *Efq;*
**** Francis Godolphin, *Efq;*
**** Nathaniel Gould, *Efq;*
**** Charles Goftlin, *Efq;*
**** John Girardot *de Tillieux, Efq;*
**** Mr. Pleydell Goddard
**** Mr. Henry Gaultier 42
**** Mr. Cornelis Graafland
**** Mr. Jan Graafland
**** Mr. Jerom de Grapendorff
**** Mr. Henry Geelhand
**** Mr. Lieve Geelvinck
**** Mr. Jacob Alewyn Ghyzen
**** Mr. Efaye Gillot
**** Mr. Charles Godefroy
**** Mr. Samfon Gideon 99
**** *The Right Hon. Lady* Elizabeth Germain
**** Mrs. Ann Gearing
**** Mrs. Elizabeth Gibbons
**** Mrs. Phebe Grubbe
**** Mrs. Barbara Wilhelma Gerlings
*** Leonard Gale, *Efq;*
*** Hamilton Gorges, *Efq;*
*** *Capt.* John Gafcoigne

*Mr. Thomas Grace
*Mr. Jeremiah Gardiner
*Mr. Michel Garnault
*Mr. Michael Garnault, *jun*
*Mr. John Derrick Garnum
*Mr. John Garrett
*Mr. Jonathan Garrett 28
*Mr. Philip Gatland
*Mr. Henry Gatland
*Mr. John Gennys
*Mr. Hugh Gregor
*Mr. Edward Greene
*Mr. Jofeph Green
*Mr. George Grew
*Mr. Jofeph Gibbes
*Mr. James Gibbs
*Mr. Benjamin Gilding
*Mr. Valentine Grimftead
*Mr. Charles Gisbey
*Mr. David Godin
*Mr. Nicholas Godfchall
*Mr. Benjamin Goodwin
*Mr. George Gough
*Mr. John Glover
*Mr. Thomas Gom
*Mr. Samuel Grove
*Mr. Abraham Le Grand
*Mr. Peter Gauffen 6
*Mr. Guilio Maria Gauott
*Mr. Aimé Grenier
*Mr. John Girard
*Mr. John Girardot
*Mr. Andrew Girardot
*Mr. André Girardot

図 4-7　イングランド銀行株主名簿上のエリザベス・ジャーメイン（左列下から 8 番目）（1738 年）

出典）Bank Archives, M 5/48, 1738, p. 4.

彼女の氏名冒頭には保有額面四〇〇〇ポンド以上を示す「****」印がある。したがって彼女もまた、女性とはいえ、一〇〇〇ポンド以上の株式を保有する男性と同等の一票をもつ有権者であり、また、四〇〇〇ポンド以上の株式を保有する男性と同じく総裁の被選挙権を有する人間でもあった。すなわち、彼女こそが『裕福な淑女たちの金庫の親鍵』の「エリザベス・ジャーメイン」にほかならない[20]。イングランド銀行のみならず南海会社や東インド会社でもまた、同様の手続きで総裁または会長以下の取締役が選出されており、有権者・被選挙権者名簿もまた二社で印刷・公開されていた。著者は株主名簿に記載された情報を参考に同書を編んだ可能性がきわめて高い。実際、この匿名の著者による株式保有額の記述は、イングランド銀行の名簿の内容と一致する。

(3) 富裕層女性の証券投資

小冊子に掲載された富裕層の女性による株式投資の傾向をみると、彼女たちは三大特権会社のうち南海会社を選好していることがわかる。イングランド銀行株を保有するものは一七七名（全体の一五%）、南海会社株を保有するものが二八一名（同二四%）、東インド会社株を保有するものは二一五名（同一八%）であった。複数社の株式保有者も存在した。いずれか二社の株式保有者は一二四名（同一一%）、三社全社の株式保有者は一九名（同二%）であった。

これは彼女たちの証券投資が相対的な安定性を念頭に置いて行われたことを示唆する。南海会社は、南海泡沫事件後、いわゆる南海年金の事務や同社株の取り扱い管理会社の色彩を強く帯びた。あくまで相対的な位置づけではあるが、市場での株価が公信用の動向と強く連動する傾向があったイングランド銀行株や、事業そのものに相対的な不安定要素がみられる東インド会社株よりも、南海会社は淑女たちにとって安定的で受動的な投資対象であったといえる。

しかし、女性による証券投資が一律に受動的な投資であったと主張するのは誤りである。富裕層のみならず幅広い階層の女性を対象としたアン・カルロスとラリー・ニールの研究によると、一七二〇年の南海泡沫事件時に、未婚女性の証券保有者による売買は、売却で三二一回、買付で二四五回を記録し、売却額は一四万五二六四ポンド、買付額は一三万二四三〇ポンドにおよんだという。他方、寡婦は売却が三二三回、買付が二五九回、売却額が二一万七九六九ポンド、買付額が二〇万三三八八ポンドと、未婚女性を上回る活発な取引を繰り広げている。たしかに売りか買いが一回のみの取引数は合計で五四〇回、女性名義の全取引数七七二回の約七〇%に達する。しかし、残りの三〇%は複数回取引で、六回以上の売買をした女性は八名にも達した[21]。バブル下の特殊な状況であったものの、女性が利子・配当収入を目的とする受動的投資のみならず、活発に価格変動から利ざやを取る能動的な証券取引の主体でもありえたことは否定できない。

女性証券保有者は公債を中心とする証券保有構造において一定の重要性を有していた。それは時代を下るごとに増加し、一九世紀中頃には女性公債保有者数は男性に匹敵する規模にまで成長した。投資社会の拡大は社会階層間、すなわち上層から中流層へ垂直に進んだだけではない。それは、男性から女性というジェンダー間でも明確にみられたのである。中上層の彼女たちにとって、不労所得が容易に得られる債券や株式は、社会的ステイタスを維持するための貴重な収入源となったといえる。

4　流通経路と証券保有者

ここで、証券保有者の証券入手手段を経路別に整理しよう。その経路には四通りのルートが考えられる。すなわち、①「限定請負制度」によって新規発行債を公債請負人から入手、②公募によって新規発行証券を政府や事業主体から購入、③市場で流通している既発各証券を証券ブローカーから入手、あるいはそのヴァリエーションとして、個人銀行や地方銀行を通じた証券類の獲得、④知人間での直接売買、あるいはその系として親類縁者間の遺贈という各手段である。

(1) 公債請負人

第I部でみたように、オーストリア王位継承戦争から七年戦争まで、政府公債の多くが限定請負制度によって起債された。政府と公債請負人との折衝によって起債条件が確定されると、出資人からの出資希望を受け付けた少数の公債請負人が独占的に起債を引き受け、公債請負人は取得希望者に利益を上乗せして転売することで売却益を得た。公債請負人から転売を受けた人びとには、入手した出資権利を手元に留め、分割による払込みをすべて済ませ公債証書の交付を受ける者もいれば、公債請負人と同じくただちに第三者に売却して転売益を得ようとする者もいた。分割による払込完了前の証書（スクリプト）は Light Horse、払込みが完了した出資証書は Heavy Horse と呼ばれ、とくに前者は投機的な取引対象となった。ただし、これらについては、証書の性格上現物の史料は残存しにくく、いずれも後世に残された例は皆無なため、第三者以降の売買実態については確認不能である。

オーストリア王位継承戦争期における新規発行公債の流通の実態を、先行研究で未使用の史料から考えてみよう。ここで取り上げるのは、一七四五年債の新規起債である。ジャコバイト反乱による未曾有の混乱に見舞われるこの年度には、総額二〇〇万ポンドが起債された。一五〇万ポンドが年利三％の年金債で、残り五〇万ポンドが富くじによるものであった。後者の富くじでは、抽選後に出資金が本体の年金債に組み込まれ、さらに出資した金額の一〇ポンドごとに年四・五％の終身年金が付加された。

ロンドンのナショナル・アーカイヴズには、一七四五年度の富くじに付加された終身年金に関する史料が所蔵されている。第I部で利用した「チャッツワース文書」や「ニューカスル文書」には起債側の政府要人と引受側の公債請負人の活動が記されている。ナショナル・アーカイヴズの史料はこうした記録では追跡不能な公債請負人による債券売却先を補完できる点で、有用である。史料に含まれる情報には、請負人氏名と請負額、年金受領人・年金名義人氏名や属性、年金額、結婚・死亡などに伴う相続・譲渡の記録がある。(22)

最高額を請け負ったのは、ユダヤ人社会の指導的な地位にあり、さきのイングランド銀行取締役選挙有権者名簿にも名がみえる公債請負人サムスン・ギデオンだ。彼の請負金額は五万二五〇〇ポンドである。公債請負人ヨシュア・ファン・ネックの三万三〇〇〇ポンドがそれに次ぎ、ジョン・デイヴィド（二万五〇〇〇ポンド）、公債請負人ジョン・ブリストウ（二万ポンド）、アレグザンダー・ヒューム（一万七〇〇〇ポンド）といったイギリス人が続く。一万ポンド以上を請け負ったのは上記を含む七名であった。彼らはいずれも当時のシティで名の通った一流の貿易商や証券ブローカーであった。また、その多くは七年戦争時の起債にも深く関与した。

ギデオンは、四六名の顧客に終身年金を売却した。ミドルセクスのセント・マーチン教区に住む馬車職人ジョン・ハワードは、同居する同名の長男（一五歳）と次男サミュエル（一二歳）を年金の名義人、自己を年金の受領人として、ギデオンから年額二〇ポンドの終身年金を二口購入した。兄ジョンは一五年後の一七六二年に亡くなるが、弟サミュエルは六六年間存命で一八一一年に亡くなった。サミュエルを名義人とした終身年金の証券保有者、つまり父とその譲受人は、六六年という長期間にわたり半年に一度年金を受け取ったのである。

ギデオンの顧客のうち職業やステイタスがわかる二八名中、独身女性と寡婦は九名を占め、聖職者や船員も含まれる。先述したように、当時の女性証券保有者が占める割合は一〇〜二〇％前後であった。したがって、一九・六％というギデオンの顧客に占める女性の割合は、ほぼ標準的な数値であったといえる。

終身年金で、寿命が年金の対象として設定される名義人（nominee）とは、どのような人びとであったのだろうか。ギデオンの事例でみると、年金の出資者や受領人の子ども、とくに女児が名義人として選定されることが多かった。第6章で詳説するが、女児の生存率が男児の生存率よりも高いことを経験的に理解していた。請負額第二位のヨシュア・ファン・ネックは、一七四〇年代はちょうど科学的な生命統計の黎明期にあたる。初期の学知を利用できない人びとでも、ヨシュアの関与はそれにとどまらず、一七四五年の年金債ではイギリス人一〇名に年額計九九〇ポンドの終身年金を売却した。ヨシュアの四名の娘マリアンヌ（五歳）、マーガレット（八歳）、アンナ・マリア・コーネリア（一一歳）、エリザベス（一二歳）を名義人とする自己投資にまでおよんだ。ヨシュアの子どもにかけられた年金は、兄ヘラルトを受領人として順に六五ポンド、一五〇ポンド、一五〇ポンド、一八〇ポンド、ヨシュアを受領人として順に三〇ポンド、六〇ポンド、六〇ポンド、四〇ポンドであった。つまり、ヘラルトとヨシュアの二人で総額年七三五ポンドの終身年金が与えられる公債を購入している。配分割合の根拠は年齢だと思われるが、なぜこのような配分になったのかについての確実な根拠は得られない。唯一いえるのは、ヨシュアの男児たちは名義人として採用されなかった、ということだ。ただし、皮肉なことであるが、年額二二〇ポンドと最高額を父と叔父から「投資」された長女エリザベスは第3章でみたように一七六〇年に二七歳で亡くなる。しかし、九五ポンドと最低額の投資をされた末娘マリアンヌは、長姉とは逆に七三歳まで長命した。また、受領人のヘラルトは出資後わずか五年後にこの世を去っている。死の床にあるヘラルトから終身年金を譲渡されたのは、弟のヨシュアとその右腕でのちに商会のパートナーとなるユグノー、ダニエル・オリヴィエであった。[23]

（2）公　募

新規の起債が公募で行われると、一般の人びとは公債請負人に接触できなくても政府から直接公債を買い付けることができる。売買事務は政府から公債の管理事務を代理として委任されていたイングランド銀行で扱われることが多かった。そのほか、たとえばロンドンでは財務府などの政府機関や、シティのギルドホールのような都市自治体の窓口で売りさばかれることもあった。首都から遠く離れた地域では、指名された業者が政府を代行して各地で売りさばくこともみられた。一七四七年債では公募方式が採用された結果、一万ポンド以上の出資者は一三五名いた。そのうち、公債請負人は一三名を占めたが、シティの市参事会員は一五名と公債請負人を上回った。[24] このように、公募方式での売り出しは私募方式の限定請負制度と比較してより広く一般に新発公債への門戸が開かれていた。

より零細な保有層を対象とする公募も存在した。第1章で取り上げた一七五七年債のうち、失敗に終わった財務府長官ヘンリ・レッグによる起債では公募形式がとられた。この時に売り出された富くじは、一くじあたり一ギニで計一〇〇万口、金額にして計一〇五万ポンドであった。売却できた四一万九二九八枚のチケットのうち、全体の七一・六％にあたる三〇万一九八チケット（三一万二〇七ポンド一八シリング）がイングランド銀行で売却された。また、全体の一五・九％にあたる六万六五七四枚（六万九九〇二ポンド一四シリング）が財務府で売却された。残りの五万二五二六枚（全体の一二・五％）が業者によって売りさばかれている。たとえば、トマス・ラムジは四万口（四万二〇〇〇ポンド）のチケットを受領し、「（イギリス）王国のいくつかの町や場所」でエクサイズ（内国消費税）徴税官を通じて三万七八四八枚のチケット、金額にして三万九〇〇〇ポンド分の売却に成功した。売れ残りの二二五二枚のチケットは、中央の富くじ管理官に返却された。[25]

地方での売りさばきには、中央政府の出先機関を通じた地域固有の人的結合も活用された。エセクスの港町ハリッジは、ロンドンから北東一〇〇キロほどの距離にあり、現在ではオランダへの航路で知られる港町である。一八世紀のハリッジは、税関支部が置かれる地方港のひとつであり、おもにヨーロッパ大陸との往来が管理されていた。一七五七年の富くじが募集開始されると、それに応募したハリッジの住人は三〇名いた（表4-3）。そのうち全体の四割にあたる一二名がハリッジ税関やそれに関係する職員であった。イギリスの官庁組織上、税関は財務府に属していた。そのため、その長官であったヘンリ・レッグの意により税関職員が有形無形の圧力のもとで富くじを購入した可能性を排除できない。なお、同様の事例は、一七八九年債、すなわちフランス革命が勃発したさい、政府公債としては最後のトンチンによる終身年金の事例でもみられた。このときは、政府機関の関係者にトンチンの積極的な購入が直接求められている。

税関職員のうち最高額を購入したのは、ハリッジ税関でも指導的な立場にあったグリフィス・デイヴィス、ダニエル・デイヴィス、アイザック・ダグネットの三名による、二〇口、二一ポンドであった。税関職員以外で最高額を購入したのは戦艦造船業者であるジョン・ターナーの四〇口、四二ポンドであった。ただし、ターナーは「ターナー自身およびその他の人びと用」として購入しているため、一種の「まとめ買い」をしたものと考えられる[26]。購入者の職業は名簿上ではサーヴァント、外科医、漁師、帆布製造業者、宿泊所経営者、大工、船員などが並んでいる。購入数は一口から七口、金額にして一ポンド一ペニー（一ギニ）から七ポンド七ペンス（七ギニ）であった。職業から判断すると、税関職員も含めていわゆる中流層の人びとが多くを占めるが、漁師や船員など、労働者層とみられる人びとも並んでいることに注意しなければならない。

労働者層の女性も富くじのチケットを買い求めている。氏名を確認できる三〇名の富くじ購入者のうち、女性は一〇名と名簿上では三分の一を占めた。そのうち、未婚女性は三名、寡婦は五名であった。これら八名の未婚女性や寡婦の社会的・経済的な地位は不詳である。残りの二名のうち、メアリ・バーナードは漁師の妻、メアリ・バナーマンは船員の妻である。法的な保有権は認められないものの、労働者層の女性も少額の公債を買い求めていたのだ。

表4-3　ハリッジにおける1757年富くじ購入者リスト

氏　名	口数	金　額 ポンド・シリング・ペンス			備　考
Griffith Davies, Esq.	20	21	0	0	ハリッジ税関徴税官
Daniel Davies	20	21	0	0	ハリッジ税関潮汐調査官
Capt. Isaac Dagnett	20	21	0	0	ハリッジ税関スループ型帆船指揮官
Fraser Putham	3	3	3	0	ハリッジ税関官吏
James Cole	2	2	2	0	ハリッジ税関副会計監査官
Joseph Orlibar	2	2	2	0	ハリッジ税関調査官
James Putham	3	3	3	0	ハリッジ税関徴税官付係員
John Matthews	2	2	2	0	ハリッジ税関水上巡邏税関吏
William Richman	5	5	5	0	ハリッジ税関巡視艇付係員
Andrew Smith	11	11	11	0	ハリッジ税関納品ボート製造業者
Grace Denme	2	2	2	0	寡婦
Mary Smith	1	1	1	0	ハリッジ税関徴税官付女性サーヴァント
Joanna Buckel	3	3	3	0	未婚女性
Sarah Sargent	2	2	2	0	〃
Mary Host	3	3	3	0	寡婦
William Harngge	2	2	2	0	外科医
Elizabeth Drury	2	2	2	0	寡婦
Thomas Shearman	4	4	4	0	漁師
John Turner	40	42	42	0	戦艦造船業者（自身およびその他用）
Stephen Sammers	3	3	3	0	船大工付係員
Sarah Kirkby	1	1	1	0	寡婦
Martha Walker	1	1	1	0	未婚女性
William Shearman	4	4	4	0	帆布製造業者
Thameson Hempson	2	2	2	0	寡婦
Mary Barnard	1	1	1	0	漁師の妻
Thomas Halsted	3	3	3	0	宿泊所経営者
William Deane	7	7	7	0	王領地付大工
James Richardson	2	2	2	0	船員
Mary Bannerman	2	2	2	0	船員の妻
Michel Hinde	2	2	2	0	マンニングトゥリー駐在ハリッジ税関給仕
計（30名）	175	183	15	0	

出典）TNA T 1/368/82 より筆者作成。
注）網掛けは女性を示す。

三〇名の富くじ購入者のうち、一割強にあたる四名が労働者層の人びとであった。たしかに、富くじの最低購入可能価格は他証券よりも低いという背景があるにせよ、労働者層や多数の女性を含む人びとが公募での起債を通じて公債に投資したことは事実である。ハリッジの事例は投資社会の垂直的な拡大を典型的に示している。

(3) ブローカー

ブローカーを通じた証券投資は、新たに発行される公債を入手する場合だけではなく、市場に流通している既発の証券類への投資を望む場合でも、最も一般的な購入経路であった。しかし、一八世紀の証券ブローカーの史料はほとんど残されておらず、これまでの研究では、現実の取引がどのようになされていたのか、まったく語られることはなかった。ここでは、リンカン・アーカイヴズに保存されていた史料を用いて、証券取引の具体相を再構成してみよう。

公債請負人バーソロミュー・バートンは、一八世紀中頃の著名なロンドンの貿易商であり、証券ブローカーでもあった。バートンは一七四八年債と一七六一年債の起債にも関わっており、とくに後者では五〇万ポンドと六番目にあたる高額を引き受けている。また彼は、大量のイングランド銀行株を保有し、政府公債の売買を手広く仲介していたことでも知られた人物であった。バートンは、公債請負人メリック・バレルが一七五八年から六〇年までイングランド銀行総裁に就任していたときの副総裁をつとめ、さらに、一七六〇年から六二年までは彼自身が総裁に就任している。また、一七六二年債では五〇万ポンドを請け負っているほか、一七六〇年債ではイングランド銀行枠で請け負ったとみられる。

イングランド東部、リンカンシアのハーラクストン・マナに住むジョージ・グレゴリは一七五七年四月一六日、私信でロンドンにいる近親のバートンに手形二通の決済を依頼した。グレゴリの勘定をロンドンで管理するバートンは、五月七日付の手紙で手形の処理を報告するとともに、さらに、新たに起債される政府公債について、以下のようにグレゴリに伝えている。

新聞紙上できっとご覧になったかと存じますが、イギリス政府は六月二四日から利子算出が開始される三％の年金で三〇〇万ポンドを起債しました。それには、一・一二五％の終身年金も付されています。これらの年金は現在、〔公債請負人を中心とする〕請け負った人びとによって個別に売却されており、その初値は三％年金で八七〔年利三・四五％〕、付随した終身年金が一四、五年買い〔年利六・六六七〜七・一四三％〕となっています。これらの年金の時価を考慮し、かつ、貴下が現在保有の現三・五％で来年のクリスマスに三％に低利転換される年金と比較しますと、現保有の年金を売却し、起債中の年金を購入した場合、ほぼ一％の利益を得ることができるのではと愚考します。計算の結果は、本状裏面に記しております。一％とは、ごくわずかな利益にすぎませんが、〔七年戦争の〕戦時中の困難な時期に〔上記の取引を〕やってみる価値はあると考えます。ですので、現保有年金を売却し、新しい年金を購入されることを、ぜひともご助言申し上げたく存じます。現保有年金と同じく、この新規起債年金も議会の議定で安全性が保護されています。もし、小生と同じご意見で、かつ新旧年金の交換をご決断されるのであれば、折り返しご一報をお願いいたします。適切な委任状をお送りいたします。その後、小生がすべてのお手続きをいたしますので、貴下におかれましては面倒なことに巻き込まれることはございません。(27)

バートンがグレゴリに勧めたのは、首相ヘンリ・ペラムが実現した一七五一年の低利借り換えにより、一七五八年一二月二五日から三・五％から三％に表面利率が低減される現保有の年金を売却することであった。それだけではなく同時にデヴォンシア公爵のもとで新たに起債された終身年金のボーナス付き三％年金に投資するという「買い替え」である。第1章でみたように、この出直しの一七五七年債は公募ではなく限定請負制度のもとで公債請負人の引き受けによって実現した。バートンの書簡にも「これらの年金は現在、請け負った人びとによって個別に売却されており」と、今回の起債が限定請負制度によるものであることが、グレゴリに示唆されている。ただし、バートンの名は一七五七年債の割り当てリストには現れていないことから、この取引は、バートンが公債請負人として提案したものではなかったと考えられる。

裏面に記されたバートンの計算によれば、一七五七年五月七日現在、グレゴリの保有する年金の額面金額は三七〇〇ポンドであった。この年金を五月七日の時価である八九・二五、つまり額面金額の八九・二五％で売却すると、三三〇二ポンド五シリングとなる。一方、一七五七年債を時価である八七、つまり額面価格の八七％で購入すると、三二一九ポンドとなる。売却価格から購入価格を差し引くと、八三ポンド五シリングとなる。ここから、証券取引ブローカー、つまりバートンに支払わなければいけない旧年金の売却と新年金の購入にかかる仲介手数料八ポンド七シリング六ペンスを差し引くと、七四ポンド一七シリング六ペンスが利益としてグレゴリの手元に残ることになる。さらに、一七五七年債の年金は「ミッドサマー」すなわち六月二五日から利払い期間が開始されるため、クリスマスには半年分の利子＝年金である五五ポンド一〇シリングが政府から第一回目の利子として支払われる。売買利益と利子として支払われる年金を合計すると、一三〇ポンド七シリング六ペンスとなる。旧年金を売却せずに手元に残しておいた場合、クリスマスまでに支払われる年金の合計額は九七ポンド二シリング六ペンスなので、これを一三〇ポンド七シリング六ペンスから差し引くと、三九ポンド五シリングとなる。バートンがグレゴリに知らせたように現有証券を時価のとおりに売却できれば、グレゴリは四〇ポンド弱の利益をあげることができ、かつ、手元に年金証券を置いたまま、現保有の年金債に義務付けられている低利転換を回避できる。これがバートンの推奨する取引の内容である。

この事例でのバートンは、証券ブローカーとしての役割を担っていた。仮に、すべての取引が成立すれば、手数料として八ポンド七シリング六ペンスの利益を手中にすることになる。たしかにバートンは、顧客の生母の近親という特異な立場はあるものの、この取引での役割は公債請負人よりむしろ証券ブローカーとして理解するほうが適切であろう。このような仲介業者は、公債請負人から流通してくる新規に起債された政府公債を入手し、また、起債のタイミングを見計らって証券の売買を受任することで利益を得ていた。さらに証券ブローカーは、保有する公債に支払われる利子の受領も代行した。このように、証券市場に近接するロンドンではなく遠方のリンカンシアのそれも農村部に居住するジョージ・グレゴリのような人びとは、バートンのようなロンドンで仲介業務を担う業者や、あるいはジョージの息子ウィリアムが利用したロンドンのホア銀行のような個人銀行を用いて証券取引を行っていた。

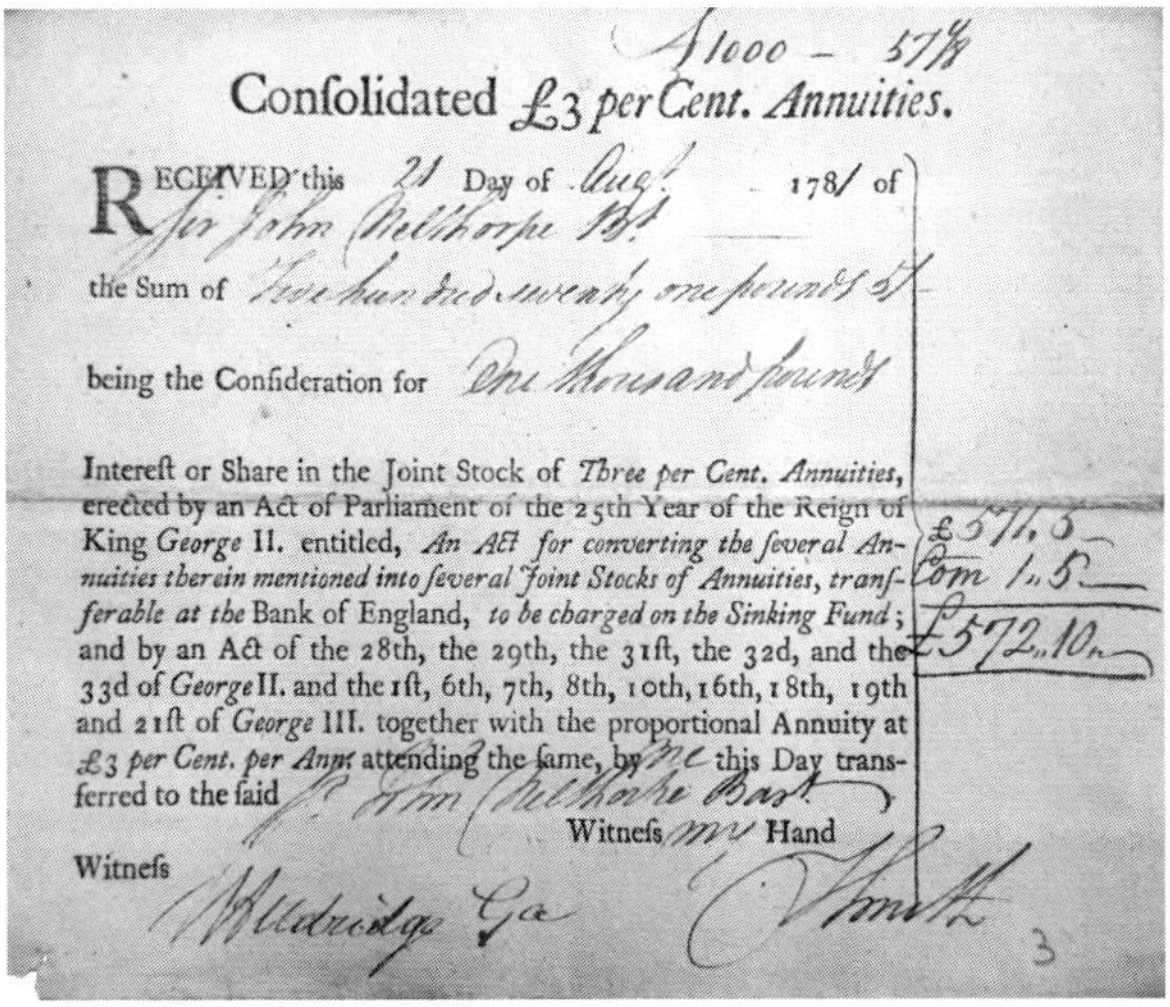
£1000 – 57 1/8

Conſolidated £3 per Cent. Annuities.

RECEIVED this 21 Day of Aug. 1781 of

the Sum of

being the Conſideration for One thousand pounds

Intereſt or Share in the Joint Stock of Three per Cent. Annuities, erected by an Act of Parliament of the 25th Year of the Reign of King George II. entitled, An Act for converting the ſeveral Annuities therein mentioned into ſeveral Joint Stocks of Annuities, tranſferable at the Bank of England, to be charged on the Sinking Fund; and by an Act of the 28th, the 29th, the 31ſt, the 32d, and the 33d of George II. and the 1ſt, 6th, 7th, 8th, 10th, 16th, 18th, 19th and 21ſt of George III. together with the proportional Annuity at £3 per Cent. per Ann. attending the ſame, by me this Day transferred to the ſaid

Witneſs my Hand

Witneſs

£571.5
Com 1.5
£572.10

図 4-8　リンカンシアの農村部居住者が個人銀行経由で3%コンソル債1,000ポンドを価格57 1/8（57.125）で売買した受領証（1781年8月21日）

出典）Lincolnshire Archives, NEL 9/23.

　ロンドンの個人銀行の多くは、所在地がシティ内であるか、それともウェストエンドであるかを問わず、何らかのかたちで政府公債をはじめとする証券類の取引に関わっていた。ピーター・テミンとハンス・ボースが、ホア銀行、チャイルド銀行、ダンコム・ケント銀行、フリーム・グールド銀行、ゴスリン銀行の事例を通じて明らかにしたように[28]、一八世紀中頃のロンドンの個人銀行の経営者たちの多くは、オーストリア王位継承戦争、七年戦争、アメリカ独立戦争と間歇的に訪れる戦時に、個人顧客への融資を抑制した。その結果、運用先を失った自己の資本を証券類の取引に投じる者も現れた。たとえば、七年戦争期の公債請負人のなかにもジョルジュ・コールブルーク、ジョン・ソーントン、ニコラス・マグンス、ジョルジュ・アミョン、そしてヘンリ・ボルデロといった、シティに本拠を置く個人銀行家たちは、新規起債時に請負リストに並ぶことによって顧客たちにバートンと同じような取引の斡旋をし、また顧客たちの利子・配当金の受け取りを代行していた。その顧客には、ファン・ネック、ファン・ノッテン、ド・フリース、クラリウスといったオランダ系の人びとや、ダ・コスタ、ロペス、サッソー、ギデオンといったポルトガル系のユダヤ人たちの名も含まれる。また、ストーン銀行のように、自己勘定によってイングランド銀行、東インド会社、南海会社の証券類や、富くじや短期債へ投資をする銀行もあった[29]。さらに、地方在住の人びとのなかには、ロンドンの個人銀行ではなく、地方銀行を通じて証券を取引する者も存在した[30]。

そのほか、ブローカーやスキナー・ダイク商会のような専門のオークション業者によって、新聞の広告欄を用いる手法も多用された。たとえば一七九九年一月二四日付の『ホワイトホール・イヴニング・ポスト』紙には、証券売買の広告が三本掲載されている。証券ブローカー「アザール・バーン商会」による一七九八年の富くじを扱う広告である。この広告では、当選本数と賞金を紹介しつつ、一口の二分割、四分割、八分割、一六分割にも対応可とされている。また、シティのコーンヒル一四番地のトムスンという名の人物は「長年にわたって幸運にも数多くの一等を販売」してきており、「富くじや債券に精通」した業者であると自称し、類似広告との差別化をはかる。さらに、スミスという名の人物は、一七九九年二月六日水曜日の午後一二時より、コーンヒルのイクスチェインジ小路にあるコーヒーハウス「ギャラウェイ」にて、生残年金[31]とトンチンの販売を行う旨を周知しようとする。スミスの広告によれば、当日売りに出されるのは、一二二五ポンド、四〇〇ポンド、三二五ポンドの三%低利転換債の六〇歳女性の生残年金、二八〇ポンドの三%コンソル債の年齢不記載女性の生残年金、六三三ポンド六シリング八ペンスのこれも年齢不記載の「健康なジェントルマン」の生残年金、ブリティッシュ・トンチン（一七八九年の「大イングランド・トンチン」か。第6章参照）四口、ケンティッシュ・トンチン四口であった。[32] さらに、一七九二年五月一八日付の『ガゼッタ・ニュー・デイリ・アドヴァタイザー』紙にはスキナー・ダイク商会によって、孤児証券、テムズ・セヴァーン運河証券、アイルランド・トンチンの三種類の証券が五つのロットに分けられ、「ギャラウェイ」で競売にかける広告が掲載されている。[33] このような広告は当時の新聞のほとんどで毎日のように掲載されており、同様の事例は枚挙にいとまがない。新聞紙上の広告は証券保有を検討する人びとにとって証券へのアクセスを高める手段であった。他方、証券ブローカーにとってそれは、ケンティッシュ・トンチンや孤児証券のような発行数が僅少で流動性に乏しい銘柄の売買や、年金債のような名義人の状況を確認する必要がある銘柄の売買に有効な手段であった。

5　公債保有の期間と目的

(1) 公債の長期保有

一八世紀後半のイギリスでは公債保有者の数は飛躍的な増加をみせた。老若男女から成る保有者は、どの程度の期間、どのような目的で公債を保有していたのであろうか。

ヘンリ・ヒューイットは一八世紀後半にロンドンの南西部ブロンプトンに苗条を構え、種苗商として一定の成功をおさめた人物である。彼は一七九〇年一一月に亡くなるが、甥にあたるジョン・ハリソンとサミュエル・ヒューイットが、ヘンリの事業を継承した。そのさい、ハリソンはヘンリの遺言執行人としてヘンリの遺産を管理している。ヘンリの遺産には不動産とさまざまな動産が含まれているが、ここでは証券類に焦点を絞る。ハリソンは相続人から代理人として委任されることで、遺産に含まれた政府公債の利子を管理・配分するとともに、関係者の保有する債券の管理も任され、さらには自己名義で政府公債に投資した。表4-4は、一七九八年から一八〇九年までのハリソンの管理記録を要約したものである。彼が扱った公債は有期年金が二種類、コンソル債が四種類、政府部局の短期債が一種類の計七銘柄におよぶ。そのうち、ヘンリの遺言に直接関係するものは四口座存在した。

第九番の事例を取り上げよう。額面一〇〇〇ポンドの四％年金の名義人は、遺言執行人かつ相続人のハリソンと、彼と同じく遺贈主ヘンリの甥にあたるトマス・ロバーツとの共同名義として管理された。しかし、この二人が一〇〇〇ポンド全額の利子を受け取ったわけではない。彼らが受け取ったのはあくまで五〇〇ポンド分の利子年額二〇ポンドであり、それをハリソンと

債（1798～1809年）

利子総額			保有期間（月数）	備考
100	0	0	22	
144	0	0	51	
116	10	0	120	ヘンリ・ヒューイットによる遺贈
1,482	0	0	85	自己名義による投資
353	1	0	120	
252	0	0	126	ウィリアム・スミスによる遺贈
276	9	0	109	
115	10	0	60	ヘンリ・ヒューイットによる遺贈
356	0	0	114	ヘンリ・ヒューイットによる遺贈
41	8	0	102	ヘンリ・ヒューイットによる遺贈
110	0	0	24	
290	4	0	120	ヘンリ・ヒューイットによる遺贈
320	0	0	60	
260	5	4	72	
106	0	0	124	
175	0	0	42	自己名義による投資

シリング，ペンス。なお，記録に残っている金額の合計であり，記録が

表 4-4　ジョン・ハリソンが管理するイギリス政府公

種　別	番号	元本金額（ポンド）	利子受取者	取引期間
短期年金	1	−	アンドリュ・グラハム	1799年4月〜1801年2月
	2	−	デイヴィド・ケント（寡婦）	1798年1月〜1802年4月
長期年金	3	−	マーサ・シリー	1799年4月〜1809年4月
3%コンソル債	4	11,000	ジョン・ハリソン	1801年12月〜1809年1月
	5	2,200	ジョージ&ジョン・ホガース	1799年1月〜1809年1月
	6	1,333*	ジョン・ハリソン，チャールズ・ミニアー**	1799年1月〜1809年7月
	7	2,300	トマス・ジャード，ファレハム・ハイツ	1798年12月〜1808年1月
3%低利転換債	8	1,100	ロバーツ夫人，ハイド夫人，ハリソン夫人，ウィルソン夫人，サミュエル・ハリソン	1799年4月〜1804年4月
4%年金	9	1,000	ジョン・ハリソン，トマス・ロバーツ，ハイド夫人，ウィルソン夫人，ハリソン夫人	1799年4月〜1808年10月
	10	250	ウィリアム・ホエリ，トマス・ロバーツ，ハイド夫人，ハリソン夫人，ウィルソン夫人	1799年4月〜1807年10月
	11	1,400	アンドリュ・グラハム	1799年4月〜1801年4月
	12	1,300	ジョン・ハリソン，ジョン・クック，ジョン・ヒューイット・アミス	1799年4月〜1809年4月
	13	1,000	サミュエル・ハリソン	1799年4月〜1804年4月
	14	950	フランシス・ニューウィット	1798年10月〜1804年10月
5%年金	15	400	ロウサム&ローン	1799年3月〜1809年7月
5%海軍債券	16	1,000	ジョン・ハリソン	1799年4月〜1802年10月

出典）London Motropolitan Archives, B/ HRS/ 510 より筆者作成。
注）*は正確には1,333ポンド6シリング4ペンス，**は名義上の受取人，利子総額は左から順にポンド，欠損している年の利子は含まれない。網掛けはヘンリ・ヒューイットによる遺贈を示す。

ロバーツは折半した。残りの五〇〇ポンドは、相続人として指定されていたハイド夫人、ウィルソン夫人、（ウィリアム・）ハリソン夫人の三名の女性に帰属し、一年あたりの年金二〇ポンドを三分割してひとりあたり年三ポンド六シリング八ペンスが支払われた。同様の事例は、第一〇番や第一二番の事例にもみられる。第一二番の場合、額面一三〇〇ポンドの四%年金の保有者はハリソン一名であるが、利子を受け取ったのは三名であった。まず、遺贈主ヘンリ・ヒューイットのかつての共同経営者ジョン・クックとその家族が、元本五〇〇ポンドの一年あたりの年金二〇ポンドを、次にジョン・アミスが元本三〇〇ポンド分の年金一二ポンドを、最後に、相続財産の管理者であり、この公債の保有名義人であり、さらには相続人でもあったハリソンが残りの元本五〇〇ポンドの年金二〇ポンドを毎年受領した。第九番の場合は二名の公債保有者に対し二名の保有者を含む五名が、第一二番の場合は一名の保有者に対し保有者を含む三名が、実際に年金を受け取ったこととなる。公債の名義上の保有者と実際の受益者は、こうしてズレをみせる。

第六番の事例では、二つの遺贈関係が重複してみられる。サミュエル・ヒューイットは叔父であるヘンリ・ヒューイットの遺産の相続人であった。サミュエルはまた同時にウィリアム・スミスという人物の遺言執行人に指名された。しかしサミュエルは、スミスの遺言状執行前に死去する。その結果、サミュエルの相続遺産も管理するハリソンが、スミスの遺言執行人をも引き受けることとなった。ハリソンは同じくサミュエルの遺言執行人であるチャールズ・ミニアーとともに、額面金額一三三三ポンド六シリング四ペンスの三%コンソル債の共同保有者となり、そこから生じる年四〇ポンドの年金をスミスの寡婦セオドニアとその幼子に半年に一回二〇ポンドずつ送金することで、「残された者の生活の糧」を遺産の使途として定めていたスミスの遺言を執行したのである。

ハリソンはこのように一〇以上にものぼる公債を管理することで、そこから発生する利子を半年に一度相続人や、ハリソンと代理人契約を結んだ人びとに定期的に送金した。また彼は、各口座の利払いの受領と送金を管理するとともに、第四番の事例のように、自己名義で三%コンソル債を次々に買い増しして高額の利子収入を得ている（表4-5）。その取引には、高利の短期債も含まれていた（表4-4、第一六番）。

相続人にとって、遺贈やそれに関連する取引で得た公債は、みずからが望んで投資したものではない。はからずも事実上の公債保有者となった彼らや彼女らは、遺贈された公債をただちに現金化するのではなく、長期にわたり利子を受領する道を選択した。ハリソンを通じて利子収入を得た相続人たちのなかで、公債を現金化した例は一例もない。第八番の事例で、ハイド夫人、ハリソン夫人、ウィルソン夫人の三名が、一八〇二年五月一五日に三%低利転換債の五〇〇ポンド分の名義を、ハリソンからそれぞれ一一六ポンド一三シリング四ペンスの自己名義に変更したほか、第一〇番の事例で一八〇三年六月に四%年金三〇〇ポンドのうち一〇〇ポンドを利子の事実上の受領人ウィリアム・ホエリに名義変更した程度にとどまる。その結果、表4-4の公債の平均保有月数は、八四・四三カ月と約七年におよんだ[34]。このように、ヘンリ・ヒューイットの相続人たちの選択は、定期的な利子収入を目的とする受動的な投資として位置づけることができる。財産の世代間の継承において、公債という受動的な投資手段を組み合わせることで、遺贈者が相続者に定期的な収入手段を与えることが可能となった。不動産と公債以外にほぼ確実に定期的な収入を得る手段が存在しないこの時代において、不動産と異なり少額の投資でも利子収入を獲得できる公債は、保有者の死後に残された者に貴重な定期的収入をもたらすことで、遺贈者から相続人への重要な財産の継承手段となった。

公債の長期間におよぶ安定的な保有をつうじて、個人だけではなくさまざまな組織体は基本財産の保全や運用を試みた。たとえば、基本財産の形成を目的として、一七二九年にウエストミンスタのセント・ジョン教会が二五〇〇ポンド、スピタルフィールズのクライストチャーチ教会、イーストエンドのセント・ジョージ・イ

表4-5　ジョン・ハリソンの3%コンソル債取引

売買年月日	売買額（ポンド）	利払年月日	利払額（ポンド）
1801年12月1日	5,000 購入		
		1802年1月21日	75
1802年5月24日	1,000 購入		
8月19日	1,500 購入		
9月13日	500 購入		
		1802年10月29日	90
		1803年1月	120
1803年4月 1日	2,000 購入		
		1803年7月	150
8月26日	1,000 売却		
		1804年1月	165
		7月	150
		1805年1月	150
		1806年1月	150
		1807年1月	135
		7月	135
1808年6月	300 名義変更		
9月5日	1,700 購入		
		1809年1月	162

出典）London Metropolitan Archives, B/HRS/510, f. 12 より筆者作成。

ンザイースト教会とセント・メアリ教会が各三〇〇〇ポンドの南海年金に投資したほか、一七三〇年には他の三教会が三五〇〇～四二五〇ポンドの南海年金に投資している。さらに、これらの教会は南海年金が償還されるとすぐに再投資している[35]。また、一七五〇年三月一日には、大法官府へ約一一三万ポンドの公債が供託されていたほか、スイスのベルン州からは約三五万ポンド、アン女王基金からは約二二万ポンドが投資されていた。ピーター・ディクソンによれば、ロンドン保険会社やシティのリヴァリ・カンパニもまた、証券へ投資をしている[36]。さらに公債は、チャリティの基本財産の保全措置やその利子収入目的の投資手段としても用いられた。たとえば、一九世紀のデータとなるが、一八一八年の「物乞い撲滅協会」の四三八七ポンドの支出のうち、東インド会社債への支出は二〇九六ポンドあまりと四七・七八％を占めている。一九世紀半ばのロンドンのチャリティの収入のうち証券投資に関わる収入が一七・四九％を占めた[37]。各種証券類は、第7章で詳述する民間公共事業などで調達された資金の保全あるいは供託手段としても活用された。

第5章で述べるように、一八世紀後半を通じてイギリス国家への信用が文化的に確立されていくと、公債は相対的に最も安定した資産としてみなされるようになる。一七三六年一一月六日にジェィムズ・ハンターなる人物が、額面一〇〇ポンドの南海年金二五枚と同じく東インド会社債八枚を担保に差し入れて三三〇〇ポンドの融資を受けているように（金利は不明）、一八世紀中頃にはすでにイングランド銀行は公債やそれに準じる証券を担保として銀行券の融資をしている[38]。またその延長線上に位置づけられるが、公債に担保価値を認めるだけではなく、公債をもはやイングランド銀行券と同等の紙券と考える見解も導き出された。一七九七年に対仏戦争を背景に金兌換が停止され、小額の取引手段がいちじるしく不足した一八世紀末、ジェレミ・ベンタムは小冊子『アニュイティの循環』において、政府の年金債に小額紙幣の役割を担わせて流通させることで、取引手段の欠如を補完できると主張した[39]。ベンタムの構想は日の目をみなかったが、彼のいう紙幣としての公債は、安定的な投資手段としての地位を確立していく公債の究極的なありかたであった。イングランド銀行による証券を担保とした融資やベンタムの年金を紙幣とみなす議論はともに、それらを投資社会の拡大と深化に位置づけて初めてその意味を理解できる。

(2) 短期保有とキャピタル・ゲイン

長期保有による安定的で受動的な投資手段としての政府公債は、短期保有によってキャピタル・ゲインを得る手段でもあった。研究が手薄だった一八世紀中頃のロンドン貿易商の実態に迫ったデイヴィド・ハンコックの研究によれば、当時の有力な貿易商のひとりアレグザンダー・グラントは、三・五％東インド会社年金、三・五％南海年金、三％コンソル債、三％東インド会社年金、三％低利転換債、四％コンソル債、イングランド銀行株に、東インド会社株、海軍証券、政府公債ではないがそれと同等とされたブリティッシュリネン銀行株の計一〇銘柄を、一七五〇年一〇月一五日から七二年六月三〇日の二二年間弱という長期間にわたって取引していた。その間に購入した証券ごとの平均保有日数は九四六日、すなわち二・六年であった。全二三口座のうち、保有期間が平均値よりも長い口座は七口座にとどまる。逆に、保有期間が一年未満の口座は一〇口座を数える。このように、グラントの取引形態は、比較的短期間で証券の売買を繰り返す手法であったが、収益は一四三四ポンド、平均利回りは二・七％となった(40)。

なお、ハンコックの研究では、グラントと同じく貿易商のリチャード・オズワルドやジョン・サージェントの証券投資も扱われている。オズワルドは一七四七年三月三日から八四年一一月一六日にかけて七銘柄一〇口座、サージェントは一七四八年一月一〇日から九一年九月二〇日にかけて四銘柄六口座を取引した。彼らの平均保有日数はそれぞれ五・一年と一一・二年、平均利回りは八・三％と二・一％を記録している。なお、オズワルドの場合は東インド会社株を二〇・七年、サージェントの場合はイングランド銀行株を三五・四年および三％低利転換債を二〇・一年保有するという長期保有がみられるが、それに対してグラントの場合はブリティッシュ・リネン銀行株の一五・一年間の保有が最長で、東インド会社株の八年間の保有がそれに次ぐものとなった。つまり、同じロンドン貿易商であっても、多くの銘柄の短期保有の傾向が強いグラントと、比較的少数の銘柄の中長期的な傾向が強いオズワルドやサージェントというように、証券投資の傾向は対照的であった。

短期売買を繰り返して収益をあげる手法は、けっして珍しいものではなかった。たとえば、布地商のトマス・ヒッグスは、一七六〇年七月一九日から六二年五月二〇日までの一年一〇カ月で、一七六〇年から六二年までの三種類の政府公債を六二回（そのうち二回は一七六二年債の起債時に）買い入れ、一七三回売却するという取引を行った。ヒッグスの平均買い入れ金額は四三六ポンドあまり、平均売却金額は一五六ポンドあまりとなっている。[41]つまりヒッグスは、買い入れた公債を細分化することで、売買の回転を速めていったのだ。細分化された公債を購入したのは、資金力に恵まれない小口の投資家たちであった。また、スピトルフィールズに住む職業不詳のウィリアム・ジェニングスにいたっては、一七六〇年二月二一日から六三年六月一八日までの三年四カ月ほどのあいだに、買い入れ回数が四三五回、売却回数が八五七回という、きわめて頻度の高い公債売買に従事した。[42]こうした売買は市場の流動性を高める効果をもたらした。

公債という信用にもとづく新たな財産のかたちは、インカム・ゲインのみならずキャピタル・ゲインの手段をも提供した。公債は多様な目的を実現できる手段となることで、投資社会の垂直的拡大を促進することとなった。

おわりに――投資社会と「公債の社会化」

投資社会は、フェルナン・ブローデルのいう意味での「資本主義」のプレイヤーであった大貿易商のみで構成されていたわけではない。一八世紀中頃に世界各地で戦われた大戦争では、莫大な戦費の大部分が公債で調達されたが、それは投資社会の垂直的な深化、すなわち中流の人びとからの投資がなくては、充足することはとうてい不可能であった。

イギリス国内の証券保有者の社会構成は、イングランド財政金融革命勃発直後の貴族・大マーチャント中心から変化し、一八世紀後半には商店主などの中流の人びとが多数を占めるとともに、労働者層も含まれるにいたった。同時に女性の存在感が高まり、一九世紀以降も公債保有構造での重要性を増していった。これは投資社会が階層差と男女差を超えて垂直的に深化していったことを意味する。

女性を含めた中流の人びとは、公債請負人、公募、証券ブローカー、銀行、新聞広告、遺贈を通じて、政府公債や各種証券類を手にした。新たに投資社会に身を投じた中流の人びとには、安定的で受動的な投資で定期的な利子収入を獲得しようとする相続人もいれば、証券類の値動きを見定め短期間に売買を繰り返すことで利ざやをとる服地商もいた。また、個人のみならず、教会や篤志協会などの各種の組織も証券類を活用することで基本財産の固定化と資産の運用からなる利子・配当収入を獲得できた。このように投資社会の拡大は、公債がさまざまな社会的な機能を担う「公債の社会化」をもたらしたのだ。

こうして投資社会の垂直的深化によって、イギリス社会の多くの人びとが直接・間接に証券投資に関与することとなった。一八世紀後半における投資社会の拡大は、投資のリテラシと経験をもつ人びとを増加させ、直接金融の土壌を形成した。本章冒頭にあげたジョン・メイナード・ケインズは、「起業家階級」に貯蓄を提供する「投資家階級」についてこういう。「かくて、一九世紀の間に、巨大で強力で、個人としては裕福で、全体としてはきわめて富裕だが、建物も土地も事業も貴金属ももたず、法定通貨で年収を得る権利だけをもつ、非常な尊敬を受けた階級が成長していったのである。……ミドルクラスの貯蓄が、こうして生じたのである」[43]（強調は引用者）。一八世紀後半における投資社会の垂直的拡大に伴う公債の社会化は、財産の所有と管理の分離を可能にしつつ、一九世紀以降の社会、経済、政治のありかたに深い刻印を刻み込むことになったのである。

第III部　文化と投資社会

一七世紀末に「イングランド財政金融革命」がはじまると、財産の形態に革命的な変化が起こった。伝統的な不動産としての財産ではなく、商業から生じる貨幣でもなく、国に貸した貨幣がいずれ返されるという信用にもとづく「紙券」という財産が現れたのである。その具体的なあらわれとなった公信用の創出とその結果としての公債の累積は、イングランドの国政に転換をもたらした。宮廷派ホイッグの政治家たちや利権を配分された公債請負人たちは、対外的には公信用の運用によって大規模な戦争——国王のハノーファ利害保護目的——を可能にし、対内的にはパトロネイジを駆使した寡頭政支配による政治的安定を実現した。その結果、「腐敗した」宮廷派ホイッグは二つの集団から激しい批判を受けた。一方は、伝統的な土地所有にもとづく自由と為政者に必要な徳の結合を重視するトーリや、そこに帝国の形成による商業利害を組み込む反宮廷派ホイッグ。もう一方は、ジョン・ウィルクスのような反宮廷派ホイッグから急進主義へと転化した人びとであった。議会内のみならず議会外でも展開されたこれらの批判に共通する前提とは、「恐れ」であった。土地という古い形態の財産が、（公）信用という新しい形態の財産にとって代わられるのではないかという恐れであり、イングランド人の自由と独立を生み出す所有のありかたが根本的に変化することに対する「恐れ」であった。公信用という、眼にみえず、このうえなく空想的であり、時に変化するオピニオンと情念に依存し、当時「気まぐれな女性」と表象された移ろいでゆく存在。この存在を財産として所有し、この存在に依拠して政治・経済活動を行い、この存在に国制が立脚してよいのか。累積した公債によって国家の破産が不可避となってもよいのか。公信用維持のため重税を負担しなければならないのか。債権者すなわち公債保有者に、債務者すなわち国民が支配されるのではないか。フランスのように「マニド・インタレストの陰謀」によって革命が起こるのではないか。これらはすべて「腐敗する」宮廷派ホイッグや、時の政権の公債政策に向けられた、多種多様な公信用批判である。デイヴィド・ヒューム、リチャード・プライス、そしてエドマンド・バークらは、その代表的な批判者であった。[1]「投資社会」が出現すると、「文芸共和国」では財産の所有のありかたをめぐり議論が沸騰した。論壇をリードするフィロゾーフや二流・三流の追随者たちは、相互参照、相互批判を通じて、公信用や公債の取引に対して批判的な姿勢を明確に示していく。

しかし、それにもかかわらず、現実世界ではあいつぐ戦争のため公信用への依存が高まっていく。その結果、イギリスでは莫大な公債残高が蓄積され、公債保有者も激増した。投資社会が現実世界で垂直的にも水平的にも拡大していくにつれ、言説の世界でもそれまでの公信用批判一辺倒ではなく、現在進行中の事態を客観的に認識しようとする現実的試みが現れた。同時に、公信用の取引についても、行為の意味や価値が再審に付されていく。一八世紀中頃には、文芸共和国の領域での公信用批判と、投資社会の現場での政策論議や認識――二つの領域には明確に区分できない部分もある――での賛否が、相互に参照しつつ同時並行的に進んでいった。他方で、啓蒙の影響下で社会を客観的な数値で記述する啓蒙主義的な試みが、投資社会の客観的な叙述につながっていく。第III部では、これら投資社会の文化的な展開、すなわち主観的な認識基軸の生成と、客観的な科学的な学知の誕生に光があてられる。

第5章では、投資社会の現実のなかで進行しつつある事態を認識しようという諸言説が取り上げられる。現在、公信用はすべての信用関係の中核に位置すると理解されているが、それはあくまで歴史的に生成してきたものであり、けっして通時的なものではない。また、今日でも、「投機」と「投資」の峻別はあくまで主観的であり、属する文化によって境界はまったく異なる。投資社会を支えることとなるこれらの信用への認識や価値観の原型は、投資社会の勃興時に構築されていった。第5章では、諸言説の動きが投資社会の勃興と取り結ぶ関係を明らかにすることで、認識や価値といった投資社会の文化的な側面がいかに構築されるにいたったのか、そのプロセスが問われる。

第6章では、投資社会を支えた客観的な認識の生成と投資社会との関係を扱う。勃興期の投資社会では、「年金」という公債の形態を通じて生命が投資の収益を決定する要因となった。そのため、投資社会が垂直的にも水平的にも拡大するにつれ、生命を可能なかぎり客観的＝科学的にとらえようとする動きが起こる。当時の有用な知識の代表格である「数学＝数字による客観的な表現」を確率論や統計学を用いて叙述する動きは、投資社会と明らかに相互連関をもった。年金債の客観的価値（金利と平均余命）の算出が可能になると、こうした学知＝科学は債券に投資する人びとのみならず、債券を発行する主体にもまた参照されるようになる。第6章では、科学的な学知の誕生と投資社会の形成との相互関係が検討される。

第5章　投資社会の文化史
――公信用・投機・投資

はじめに

一七五六年のある日、トマス・モーティマなる人物が、ロンドンはシティの中心部「チェインジ小路」（［Ex］‐change Alley）へと足を向けていた。コーンヒル街とロンバート街とに挟まれ、この狭く曲がりくねった、日中でも薄暗い小路の近くには、徒歩わずか一、二分のところに「老女」イングランド銀行が威容を誇り、北にはロイヤル・イクスチェインジや南海会社が臨め、少し西のレデン・ホールには東インド会社が本店を構えていた。そこはまさに、イングランド経済の心臓部にほかならなかった。

彼が足を向けていたのは、小路のなかほどにあるコーヒーハウス「ジョナサン」である。ロンドンに数多あるコーヒーハウスでも、この「ジョナサン」は軒を連ねる「ギャラウェイ」とともに、各種証券が活発に取引される場として、あるいは富の邪神マモンにとりつかれた人びとが集うギャンブル・ハウスとして、その名を轟かせていた。もちろんモーティマもまた、政府公債や特権会社の株式を売買するつもりだった。つい先日、ほんのわずかな時間で「ひとやま」あてた彼は、それからというものの、足繁く「ジョナサン」へ通っては毎回六ペンスを亭主に支払い、チョコレートと紙と鉛筆とをもらいうけ、怪しげな証券ブローカーや証券ジョッバーたちと「取引」にいそしんでいた。しかし、しょせんは素人のこと、ある日、玄人たちにまんまと陥れられて（と、モーティマは断じるが）、大きな損失を出してしまう。これに懲りた彼は証券取引から手を引き、五年後には「慈善家」(Philanthropos) なる筆名で、問題の一書をものすことになる。

一七世紀末以来、こうした証券取引の光景は、シティではもはや日常と化していた。一六九四年にイングランド銀行が創設され、戦費調達のために積極的な財政政策が展開された当時のイングランドでは、政府公債やイングランド銀行、東インド会社、南海会社の株式や社債、民間会社の株式や各種法人の債券などが、次々と発行された。その結果、証券が当時の人びとにとってまさに驚異的な規模で流通する。その中心はシティであり、一七七〇年代のロンドン証券取引所創設前は、「ジョナサン」や「ギャラウェイ」といったコーヒーハウスであった。モーティマもまた、「ジョナサン」で一攫千金を夢見て、そして破れたひとりにほかならない。

一七四〇年代から五〇年代にかけて、フィロゾーフたちによる公信用批判とは異なり、「投資社会」の現実を踏まえた公信用に対する理解が生まれていく。しかし、こうした公信用の再解釈は、けっして真空のなかで起こったわけではない。それは、あくまで伝統的な公信用批判の認識枠を継承しつつ、投資社会の現実を踏まえることで初めて生じたのである。また、このようなイギリス公信用に対する積極的な評価は、公信用批判の系譜と折衷するかたちで、「投機」と「投資」の主観的な峻別につながっていく。本章では、「文芸共和国」におけるフィロゾーフらによる公信用批判に対抗して起こったイギリス公信用の再評価の動きを取り上げる。このような動きは、文芸共和国のフィロゾーフたちの言説を批判していくと同時に、垂直的な拡大を遂げつつあった投資社会の非エリート層にも影響をおよぼしていく。文芸共和国と投資をする非エリートたちを結合する回路を提供したのが、冒頭に登場したモーティマである。彼が「慈善家」なる筆名で公刊した問題の一書は、研究史上「証券投資マニュアル」として扱われてきた*Every man his own broker*（『ブローカー入門』初版一七六一年、第一四版一八〇七年）である。この書物は、どの系譜に位置づけられ、どのようなコンテクストの下で出版されたのか、いかにして証券投資マニュアルという枠組みを超えた積極的な主張を展開したのか。投資社会の垂直的拡大の文化的な衝撃を、文芸共和国と非エリート層を垂直に結合するこの書物に探る。

また、文芸共和国はもとより国境を越えた討議空間であったが、投資社会の水平的な拡大は公信用批判の牙城と化していたその文芸共和国にも影響をおよぼした。なかでも、イサーク・ド・ピントの『循環と信用に関する評論』（仏語版一七七一年、英訳版一七七四年、以下『循環・信用論』と略記）は、著者がイギリス公信用に絶大な賛辞を送ったことにより、公信用をネガティヴにとらえていたヨーロッパの多くのフィロゾーフや政策担当者に衝撃を与える一書となった。本章では、ド・ピントの公信用観とその影響を評価し、さらにモーティマとド・ピントとの関係にも踏み込むことによって、投資社会の垂直的拡大と水平的拡大が、投資社会の文化的展開を促進していく実態とその意義に迫る。つまり、モーティマとド・ピントの二人を各国史の枠組みによって政治的境界で分断するのではなく、社会層と国境を越えて拡大する投資社会内に位置づけることが、本章の課題となる。

1　証券ブローカー批判（一六九〇〜一七二〇年代）

(1)　デフォーと証券ブローカー

一八世紀のイギリスでは、名誉革命直後の「イングランド財政金融革命」によって、政府公債やイングランド銀行などの特権会社株式や社債が、急激に規模を拡大しつつ、歴史上初めて大規模に流通するようになった。こうした公信用の確立に伴い、公信用を市場で取引することへの認識、すなわち公債取引に関わる言葉や思考の枠組みが、公信用の是非や、それを扱う人びとの行為への賛否を問いつつ出現した。公信用そのものに対する議論については、第II部の冒頭で簡単に要約したように、ジョン・ポーコックやハリー・ディキンソンらが雄弁に語っており[1]、ここでは再論しない。本章ではとくに投資社会を構成する人びとの描写とその行為に対する評価に注目し、その変遷をあとづけたい。まず取り上げられるのは「証券ブローカー」である。

ダニエル・デフォーによる証券ブローカー批判は、当時の証券ブローカーへの認識の典型的な枠組みを提供した。デフォーは、「庶民院議員たちと、ストック・ジョッビング・ブローカーたちとのあいだで謀議が張りめぐらされている[2]」と、陰謀論を展開する。そのうえで「我らがストック・ジョッビング・ブローカーたちのなかにはフランス人がいる。その数は二人や三人ではない。フランスの宮廷とジョナサンのコーヒーハウスとのあいだで、書簡がフランス通貨を添えて行き交っている。これがロンドンの証券価格に奇妙な値動きをもたらすだろう[3]」と、トーリ勢力とジャコバイトとの連携で、イングランドの公信用が毀損されている可能性を示唆する。ここで描かれる証券ブローカー像は、国外の勢力によって操縦され、人為的に公債価格を操作する主体であった。証券ブローカーたちによる「人為的な相場の創出」という議論は、デフォーの好むところであった。実際、別に出版されたパンフレットでも「売り手と買い手の数、これもまたストック・ジョッビング・ブローカーたちは操作可能で、意のままに操ることができるのだが、その数にしたがって証券価格は意図するままに踊り、そして望んだように上下する。証券に内在する価値などは関係ない」と述べている[4]。そのため、顧客の証券取引をしばしば投機的に扱う「ストック・ジョッビング・ブローカー」は、国外の敵対勢力の意を受けて証券相場を人為的に動かす社会悪として叙述される。そうした証券ブローカーの行為は、「ストック・ジョッビングはプロジェクトを生み出す。プロジェクトは、育ての親のために、きわめて手の込んだかたちで人から金をむしり取る。それは、ストック・ジョッビングとプロジェクトの双方が、公衆の不平不満となるまで続く。実際、それらは今や醜聞として膨れ上がってきている[5]」と、否定的なニュアンスを込めた「プロジェクト」なる言葉で示される。

イングランド財政金融革命の開始直後から、公信用取引の主体として注目された証券ブローカーは「その魔手に陥った正直者を騙す」存在として描写された[6]。ブローカーの行為は、顧客の利益を侵すだけではなく、証券投資がもたらす社会悪の根源そのものと目されたのだ。このように書かれたデフォーの『詳解イクスチェインジ小路』は一七二〇年の南海泡沫事件直前に上梓されたが、その後長く証券ブローカー論の参照枠を提供することとなる。

(2) 証券ジョッバー

ダニエル・デフォーの証券ブローカー像は、本来は一般の顧客の注文を受けた複数の証券ブローカーを仲介するとされる「証券ジョッバー」にも重ね合わされた。たとえば、証券ジョッバーが「公衆を騙し、商取引を破滅させる」と説くトーリの手になるパンフレットには「シティのストック・ジョッバーたち、すなわち、恥知らずの下郎にして、公衆を欺き、交易を破滅させる人間。連中の人生と存在は、公債と〔税の収受を示し取引対象ともなる〕割符からなりたっている。〔公債が増発され、その利払いのために〕税が重くなればなるほど、〔取引される証券が増加して〕ストック・ジョッバーも増えるのだ」という一節がある[7]。これは公信用の出現に戸惑う立場からみた証券ジョッバー描写の典型といえる。ともすれば一般の顧客からは実像がみえにくく、それゆえ「ミステリアスな」存在として描かれる証券ジョッバーについて、かのチャールズ・ダヴナントは「〔イングランド銀行・東インド会社・南海会社という〕三大特権会社の取締役のなかには、この王国の主要なストック・ジョッバーがいる。彼らは、大口の買い注文や売り注文を出して、証券価格を不安定にする。中流の人びとこそが、こうした投機を実行している山師だ[8]」と、デフォーの証券ブローカーの描写を証券ジョッバーにも適用する。また、「我々は、ある特定の家族に富と威信を与えるために、戦争を繰り広げてきた。〔こうして〕金融業者とストック・ジョッバーを肥太らせるのだ。トーリとホイッグとの党派抗争を、〔彼らは〕悪意でもって煽ったのだ。土地に政治や経済の基盤をもつ人びとを破壊するという手段で」[9]と、伝統的な土地＝不動産を基軸とする社会秩序の撹乱要因として証券ジョッバーを描くジョナサン・スウィフトの所説[10]もまた、この枠内に見出すことができる。周知のように、「土地に政治的・経済的・社会的活動の基盤を置く人びと」(landed interest) と「貨幣に政治的・経済的・社会的活動の基盤を置く人びと」(moneyed interest) との対抗関係を枠組みとして、政治・経済・社会のあるべき姿をみようとする思考は、当時の社会認識の典型をなした。一七世紀後半からのイギリス商業革命の進展、一七〇一年に勃発したスペイン継承戦争における大量の公債増発、イングランド国内におけるホイッグとトーリの政治抗争の激化が、そのコンテクストを構成した。証券ブローカーや証券ジョッバーもまた、この二分法の図式に位置づけられて激しい批判を受けた。

証券取引の主体としての証券ブローカーや証券ジョッバーについて、両者への批判的言説の枠組みは、一七二〇年以前にすでに完成していた。大醜聞となった「ザ・スキーム」、すなわち一七二〇年の南海泡沫事件は、批判を正当化する絶好の機会を提供した。「ロンドンの女は証券ディーラーとなりはて、貴人の近侍や召使、ボーイは、大商人、商店主、スリと同じくチェインジ小路を闊歩し、よき生まれのジェントルマンたちが連中をクビにするとすぐさま、ジェントルマンたちと同じ馬車を使うのだ。山師どもは首尾よく公衆を自分たちの型にはめてバブル化させ、詐欺師どもはコヴェント・ガーデンなるギャンブルの持ち場を離れ、より儲けが大きいビジネスを求めてジョナサンのコーヒーハウスへと急ぐ。詩人までもがジョッバーとなる始末。イクスチェインジ小路は、まさに茶番狂言の最高潮に！」[11]。このような「(南海) 計画」における狂騒の描写は、従来の証券ブローカーや証券ジョッバー像から逸脱するものではない。すでに定型化していた発想の枠組みは、大スキャンダルによってますます確固としたものとなった。「サウス・シー・バブル」が文字どおり「はじけた」あとは、こうした言説はことあるごとに顔を出した。バブル後一〇年を経過しても、それはしっかりと継承されていた。

ストック・ジョッバーの件

閣下

ストック・ジョビングなるよくあるやり口に対して、これまで長く不満が述べられてきました。〔中略〕しかし、愚考するに、現在ほどひどくなったことは、かつてなかったでしょう。以前、〔南海の泡沫という〕証券保有者が被害を受ける詐欺があり、この種のことを熟知しない者にとっては、〔そこで行われたストック・ジョッビングという行為は〕何が起こったか理解できないことの大本でした。しかし、それは今や公に向けた重大な犯罪行為となっており、政府と人民にきわめて大きな悪影響をおよぼしているのです。(12)

イングランド財政金融革命が進展するなか、「議論する」公衆が口角泡を飛ばして公信用取引の主体としてやり玉にあげたのは、証券ブローカーや、証券ジョッバーたちであった。公衆は、公信用の創出と膨張がもたらした「信用＝想像にもとづくもの」に政治・経済・社会が依拠していくことへの不安と恐怖を感じていった。そのなかで、証券取引の弊害というコンテクストで、証券ブローカーや証券ジョッバーを投資社会の責めるべき主体としたのだ。多くの研究が認めているように、転向後のデフォーに代表されるようなホイッグ系の論者と、また、ジョナサン・スウィフトに代表されるようなトーリ系の論者は、(公)信用の是非をめぐり激しく対立していた。それは「コート」と「カントリ」という対抗軸に置き換えても同様である。しかし、トーリ系の論者のみならずホイッグ系の論者もまた、証券ブローカーや証券ジョッバーを絶対的な社会悪とみなす思考枠組みを共有したのである。

2 「怠惰な」公債保有者（一七三〇～五〇年）

（1）「公債権者」の登場

狭義のオーガスタン期に投資社会の構成員として公信用をめぐる言説上に登場したのは、ともに厳しい批判にさらされた証券ブローカーと証券ジョッバーであった。それに対して、主役の座を与えられてもよいはずの「公債保有者」は、チャールズ・ダヴナントの著作に姿を垣間みせることもあったが[13]、後景に退いていたといってよい。彼ら彼女らは「マニド・インタレスト」という曖昧な範疇のもとで、証券ブローカーやマーチャントなど、貨幣、すなわち移ろいやすく、不安定で、気まぐれで、女性的と当時擬人的に表象された存在を扱う人びとと、渾然一体となっていた。これらの人びとの共通点は「土地に経済の基礎を置く人びと」ではないという、ただ一点にあった。

公債保有者が利害を共有するひとつの集団として明確に分節化されはじめるのは、一七三〇年代のことであった。その大きな契機となったのが、一七三七年前後に起こった、ホイッグ寡頭政を強力に推進するロバート・ウォルポールによる公債の低利借り換えをめぐる論戦であった。シティの指導者であるジョン・バーナードは、当時の四％年金債の保有者に対し、その金利を下げる法案を提出した[14]。同法案は結局庶民院を通過せず廃案となった。しかし、その過程において議会内外で激しい論戦が起こった結果、低利借り換えで不利益を被る集団として「アニュイティ（年金）受給者」が「公債権者」として同定され、彼ら彼女らを年金＝利子という収入源を得る存在としてとらえる言説が登場した。税の軽減化に直結する公債の低利借り換えに賛成する立場からは、「この〔公債の利率を下げる〕提案に反対する人びとは、カネを〔税として〕巻き上げられ、そのカネが公債権者への年金として支払われてしまう人の身になって考えたことが一度もない人びとに違いない」という主張が提出された[15]。財政＝軍事国家の課す重税の批判者によって、公債権者は納税者を犠牲に肥太り批判されるべき集団として表象されたのである。

時期は若干前後するが、「証券保有者（年金受給者）」という分節化も公債権者に準じて出現するようになる。一七三三年のいわゆるエクサイズ危機では、ウォルポールがエクサイズ（内国消費税）で課税を強化しようとするのに対して、税負担が増す中小商工業者を守るため、公債利子（＝年金）や特権会社株式の配当金に課税せよと主張する声があがった。彼らの主張では「税が引き続き現在の水準で課されるのに対し、証券保有者や年金受給者は、配当や年金を減額されることなく何の障害もなく受け取るのである。唯一の手間といったら、財務府、イングランド銀行、南海会社へと、〔配当や年金を受け取るために〕歩いて行くことくらいだ」とされる。[16] この主張もまた、納税者と証券保有者の対抗関係をつくりあげ、納税者の犠牲によって利益を手中にする集団として証券保有者をカテゴライズする。公債の低利借り換えをも主張するこのパンフレットでは、公債利子（や、イングランド銀行株式などの配当）を収入源とする証券保有者の存在が意識されている。

逆に、低利借り換え法案を批判する論者からは、「証券保有者や年金受給者の多くは、シティかその近傍には居住不可能な人びとであり、遠方の物価が安い地域でやむなく隠居するような人びとなのだ」という声があがった。[17] 実際、議会における低利借り換え法案の審議では「公債権者＝年金受給者」層はかならずしも富裕層のみによって構成されていたわけではないと、現状の金利の維持を主張する人びとによって強調された。

ジャコバイト反乱軍がイングランド中部のダービーにまで侵攻し、イギリスが深刻な公信用危機に見舞われる一七四五年頃には、契約という観点からの主張がみられた。「第一に、〔低利借り換えが実行されてしまうと〕それは、公信用の完全な終焉になるに違いない。公債権者と公衆とのあいだに成立した契約の根本条件がこのように破棄されてしまうと、どんな類の紐帯も、いかなる種類の信頼関係も、相互には存在しないことになる」[18] と、公債が公債権者と納税者たる「公衆」との契約関係であることを重視し、低利借り換えに反対するのだ。公信用とは公債権者とその他の公衆とのあいだの契約であると、公信用の根本的なありかたに踏み込む。この論者にとっては、納税者＝債務者としての公衆と債権者としての公債保有者という図式は大前提であり、公信用は社会を規定する要素となっている。この見解にもとづけば、投資社会とは証券保有者やその取引関係者のみによって構成される部分社会ではなく、公債保有から直接・間接に影響を受けるすべての人びとを包含する全体社会となる。

公債権者は戦争のたびに増大していく。そのため、一七四〇年代のオーストリア王位継承戦争は、新たな公債権者を多数生み出すこととなった。ジャック・サヴァリの大著『商業大全』の英語版の訳者・著者であるマラシ・ポスルスウェイトが「公債権者がさきの戦争〔オーストリア王位継承戦争〕によっていちじるしく増加しているため、それに比例して公債取引に関わるビジネスが増加してきている。それゆえ、証券取引の実践的な知識を示すことで、証券取引にはあまり慣れていないものの、それなりの関心をもつ人びとへの情報としなければならない[(19)]」と述べるような、それまで想定されなかった状況が出現した。ポスルスウェイトが目の当たりにしたのは、戦争によって公債が前例のない規模で増大していくとともに、それを吸収した公債保有者がますます数を増していくという、投資社会があくなき膨張を遂げていく姿にほかならない。その結果、証券取引において「素人」の保有者が無視できない存在となるのだ。ポスルスウェイトは、彼ら彼女らからなる公債権者に実践的な知識や情報を示さなければいけないという。それは投資社会の垂直的な拡大による必然的な結果であった。

一七三〇年代のウォルポール政権下における政府公債の低利借り換え問題という政治上の事件は、公債権者というカテゴリが実体を伴って創出される重要な契機となった。当時多数提出された賛否双方の見解はいずれも、新たな論点を加えつつ、一七四〇年代から五〇年代にも継承されていくこととなる。オーストリア王位継承戦争後の一七五一年、ウォルポールの流れをくむ宮廷派ホイッグの首席大蔵委員ヘンリ・ペラムによって、累積公債の利払い負担軽減を目的とした政府公債の低利借り換えが試みられた。一四年前のウォルポールと同じく、このときにもまた賛否両論が噴出した。「〔低利借り換えは〕人民一般の負担を軽減することによって、例外なくすみやかに不平の原因を取り除くための提案である。ここに提案された公債利率の低利借り換えをすぐさま完了し、公債元本の償還権限を議会に復活させ、公債権者がよりよく満足できるようにしつつ、国王に対するいっそう効果的な支持を与えることである」[20]と、たとえ低利借り換えが実行されても、大局的にみれば公債権者の利につながるという見解も示された。一七三〇年代には公債権者集団の存在そのものが問題とされたのに対して、ペラムによる低利借り換え時には公債権者の存在はすでに議論の前提となっていた。ペラムは、ユダヤ人公債請負人サムスン・ギデオンやシティの独立派市参事会員ジョン・バーナードらの助力を得て、イングランド銀行、南海会社、東インド会社の説得に成功し、ウォルポールが断念した低利借り換えを首尾よく達成した。

(2)「土地」「商業」「金融」の分離

公債権者集団への認識は、低利借り換え問題を契機として政治的な思惑のもとで生み出された。それは、たんなる言説上のカテゴリにとどまらなかった。オーストリア王位継承戦争における公債の増発によって、公債保有者の激増という実体を伴ったのだ。その結果、素人も含む集団を指し示すカテゴリとして指示内容を変質させていく。さらに、こうした公債権者なるカテゴリの出現は、公債取引に関係する人びとを中心に構成される社会が現に存在するという認識につながっていく。公債取引の負の側面を主張する人びとと、公債保有の受益者側に立つ人びとの双方による公債権者集団の分節化は、その後、イングランド財政金融革命によって生み出された「土地」対「貨幣」という社会認識の枠組みを揺るがしていく。

自由貿易論者マシュー・デカーは、ヘラルト・ファン・ネックときわめて親密な関係をもった人物として、その妻とともに第3章で言及した。そのデカーにとって、「土地」と「貨幣」という二項対立による伝統的な認識基軸は、もはや時代遅れであった。それはなぜか。彼は「証券保有者」の存在を重視する。デカーは、経済のありかたを分析し、有効な提案をするためには「富裕者を三つの集団に分割することが適切だ」とする。彼によれば、土地保有者、商業従事者、証券保有者という「土地」「商業」「証券」の三分法こそが、伝統的な「土地」と「貨幣」の二分法よりも、オーストリア王位継承戦争後のイングランド社会の実態を反映した枠組みであった[21]。これまで「貨幣」の名で一括されていた範疇は、一七三〇年代以降の公債保有者の前景化や、さらには一七三〇年代から四〇年代にかけての証券保有者の影響力の増大によって、説明能力を減退させてしまったのである。

しかし、「商業に経済の基礎を置く集団」(trading interest) と「証券保有者」(stockholders) は、土地と対抗関係にあっただけではなかった。前者が土地と利害を共有するという見方に立ち、「土地・商業」対「証券保有者」という新たな対抗図式も、ほぼ同時期にあらわれている。これは、公債請負人集団と鋭く対立した都市部の反宮廷派ホイッグの思考様式の反映として理解できる。「商業従事者と証券保有者をいっしょくたにすることほど、馬鹿げたことはありえない。しかし、両者はいつも会話で明確に区別されず混用されるため、〔誤解されて〕両者はあたかも同一体のよう〔に理解されている〕だ。この間違いが一再ならず続き、それがグレイト・ブリテンにとって重大事となっていることは、いずれ明らかにされるであろう。土地所有者と商業従事者は、切っても切り離せないのである。それは同じ体をもつメンバーが切り離せないのと同じだ」と、当時のパンフレットは雄弁に語る[22]。一七五〇年の「自由イギリス漁業会社」設立の主体となった「商業トーリ主義」者らによって[23]、このような言辞は流布された。

「土地・商業」対「証券保有者」の認識基軸、すなわち「商業トーリ主義」に近い、きわめて好戦的で拡張主義的な商業推進派の立場、具体的には大ピットを支持する勢力の言説をみよう。まごうことなき反宮廷派ホイッグの論者は、七年戦争初期の一七五七年に「このような公債の多くは、本来は商業に投下されるべきカネである。商業を増進し、他の国民の富を我が商業帝国に引き込むことによって、怠惰な年金生活者と証券保有者に、国家にとって有益な必要性がある場所へ、彼らのいるべき場所をみつけさせよう[24]」と強調している。彼は、現代でいうクラウディング・アウト効果の論理を援用し、「年金受給者」を証券保有者とともに、労働しない「怠惰」な存在として位置づける。もちろん、ここでいう証券保有者には彼らの政敵公債請負人も含まれる。

これら一連の動きには「腐敗した」宮廷派ホイッグへの攻撃とともに、証券保有者への批判という目的があった。証券保有者は「労働から収入を得ない」「怠惰」といった土地・商業にはない要素で批判された。明示的な批判がなくても、公債権者や証券保有者といった言葉は、しばしばネガティヴな意味を帯びて使用された。

証券保有者は一七五〇年代に戦争で財をなす存在として批判された。「土地所有者であるジェントルマンと貿易商は、みずからの財産の確保が十分にできており、それが目減りしないよう注意を払っているため、地主ジェントルマンや貿易商がこれ以上欲するものはない。証券保有者は、みずからの財産を増やすため、あらゆる機会を探し求め、国家を戦争に陥らせて悩ませる[25]」というように、戦争という要素は商業と証券とを分離させる。新たに組み替えられた「土地・商業」対「証券保有者」の構図に「戦争」を挿入することで、対立者の利害関係がより明示されるのだ。かつての証券ブローカー批判と同じ文脈で公債権者が批判を受けるようになる。「イギリス公債は、この国に異なる利害集団を生み出してきた。近年、我々はこれによって被害を受けており、もしこれが是正されなければ被害をなくせない」としたうえで、「戦争」を導入することで、「国家を戦争に巻き込むのは証券保有者集団だ。なぜなら、彼らは戦争で利益を得ているからだ」と断じる。さらに「土地保有者と貿易商は、戦争の従事者というよりむしろ被害者だ。なぜなら、地租やエクサイズ（内国消費税）、戦争による貿易船の被害などといった戦争による重荷を彼らは負う必要があるからだ[26]」と、戦争を起こしたとされる証券保有者は批判を受けるのである。

(3) 寡婦と孤児

しかし、公債保有者や証券保有者に関する言説は、ネガティヴなものばかりだったわけではない。一七五一年のあるパンフレットは主張する。「すべての人びとで最も不運なのが寡婦と孤児である。寡婦や孤児は、現在では、公債か土地の上がりでカネをもっているが、毎年支払われる利息以外に信頼して露命をつなげるものはない。このような人びとが商業に従事するのは不可能だ。また、自分たちのカネを他の用途に使うこともできない。なぜなら、孤児は成年に達するまでカネを自由に処分することはできず、寡婦は一般的に寡婦の余生のみに設定された〔終身年金や土地からの〕上がりを得るだけだからだ[27]」。つまり、このパンフレットでは「証券保有者と年金受給者」という公債保有者カテゴリに、「寡婦と孤児」という具体的な言葉が添えられ、社会的弱者を盾にして低利借り換え政策に反対する叙述が展開されている。

ここでマラシ・ポストルスウェイトに再び登場してもらおう。「公債が一億七〇〇〇万ポンドもの異常な規模に増大しているため、利率を二％に下げようと考える人びとが出てくると想定してみよう。低利借り換えを定める議会制定法によって、公債権者に支払われるアニュイティ〔年金〕は、三四〇万ポンドにとどまるであろう。つまり〔現三％の利率が二％に引き下げられることによって〕、年一七〇万ポンドがようやく削減されるのである。たしかに、寡婦や孤児、寄る辺なき人びとや老齢で労働できなくなった公債権者にとっては、これは行きすぎた考えかもしれない[28]」と、ポスルスウェイトは低利借り換え時の利害関係者として、公債を保有する寡婦・孤児・年金生活者という弱者の存在に注目する。さらに彼は、「公債権者のなかには、証券を頻繁に売買しない人びともいれば、ボロ儲けできる類のことに関心がない人びともいる[29]」と、投機的な取引をしない受動的な公債権者の存在にも注意を促す。彼は「イギリス公債は増加させるより減らすことが、証券保有者の繁栄の利益にかなう。寡婦や孤児、その他の困窮した人びとや老齢のために働けない人びと、こうした人びとは、コミュニティに有益な仕事をしたり雇用されたりするのが不可能であるため、こうした人びとを除いて、公債の出資者でいる必要はない[30]」と減債を主張しつつ、公債権者を構成するべき主体を提示し、公債の社会的な意義を強調する。

イングランド財政金融革命の勃発とともに現れた証券ブローカーや証券取引ジョッバーをめぐる定型的な批判は、南海泡沫事件前にすでに確立されていた。証券取引の主体をめぐる言説上の新たな動きは、一七三〇年代にみられた。ウォルポール政権とその批判者が共有することで、公債権者なるカテゴリが一定の社会集団を指し示すものとして創出された。一七四〇年代から五〇年代にかけて、一方では、断続的な戦争による公債権者の拡大＝社会化を背景に公債権者なるカテゴリの内実の確定、または「あるべき公債権者」像の確立が、伝統的な「土地」対「貨幣」という枠組みの革新、すなわち「土地・商業」対「貨幣」という組み換えを伴いつつ進行する。これらの言説は、同時代の諸言説や、公債の低利借り換えのような政治上の動きと呼応しつつ、新たな現象として一七五〇年代に現れた。これこそが、後述する一七六〇年代以降の重要な変化の文脈となる。他方、こうした主体としての公債権者が現に存在するという認識は、公信用の根幹、すなわち公債権者と公衆との契約＝モネタリな関係からなる社会が構築されているという事実を言説空間に呼び起こすこととなった。公債保有者は一方で契約を遵守されるべき集団であるとともに、他方では重税負担者を犠牲にする怠惰な存在として認知された。さらに、公債保有者の内実の点検が進むと、そこに寡婦や孤児を見出す動きも現れた。このようにモンテスキューやジョナサン・スウィフトのような文芸共和国における公信用批判とその亜流の議論が続く一方で、投資社会の現実を見据える認識が新たに生成されていったのである。

3　投資社会と『ブローカー入門』

(1)　トマス・モーティマ

Every man his own broker の著者トマス・モーティマとは、どのような人物であったのだろうか[31]。モーティマは一七三〇年一二月九日に、ロンドンのリンカンズ・イン・フィールズに生まれた。同名の父（一七〇六〜一七四一）は、記録長官ジョーゼフ・ジェキルの首席書記官をつとめたとされるものの、詳細は不明である。祖父ジョン・モーティマ（一六五六〜一七三六）は、『農業技術総論』(*The whole art of husbandry*. 初版一七〇八年）で著名なロイヤル・ソサエティ会員として知られている。

一〇代半ばに両親をなくしたモーティマは、ロンドンのスピトルフィールズのジョン・ベイカーの後見のもと、名門パブリック・スクールのひとつハーロウ校に進み、その後プライヴェイト・スクールで教育を受けた。だが本人の述懐によれば、学問の素養の多くは独学で身につけたという。フランス語やイタリア語に通じていたことから、フランスの財務長官ジャック・ネッケル著『フランス国家財政論』（初版一七八四年[32]）をただちに英訳してイギリスに紹介したほか[33]、翻訳を数点手がけている。また、モダン・ヒストリを得意としており、ヘンリ八世からジョージ二世にいたる『イギリス著名人列伝』（初版一七六二年）全六巻を著し[34]、歴史家として名声を博した。

モーティマの特徴は、商業・金融の実務を扱った作品の多さにある。後に独訳された『商業・政治・金融の原理』（初版一七七二年[35]）は、日本の経済史家にも馴染み深い作品である。また、『通商商業事典』（初版一七六六年）や、『総合商業事典』（初版一八一〇年）は当時、それぞれ好評を得た事典であり[36]、実務的な知識を総覧できるように集成されている点が注目される。これは明らかに、先述したフランスのジャック・サヴァリの著名な商業事典を英訳・拡充したマラシ・ポスルスウェイトの『万国商業事典』の影響を受けている[37]。モーティマは、啓蒙主義の「大文字」の推進者であったとはいえないが、ネッケルの著作の訳業でもみられるように、少なくとも啓蒙主義の国境を越えた広がりに翻訳を通じて関わった「二流・三流」的な存在であったといえるであろう。

モーティマは一七六二年一月、ときの内務大臣第四代サンドウィチ伯爵ジョン・モンタギュの推挙で、オーストリア領ネーデルラントの副領事としてオステンドに赴いた。彼は、サンドウィチ伯爵や第二代ロッキンガム侯爵チャールズ・ワトソン゠ウェントワースにこの官職を約束されていたものの、急進主義者ジョン・ウィルクスとの親交、カトリック教徒やジャコバイトへの姿勢が問題視され、一七六八年に突如、罷免の憂き目にあっている[38]。イングランドに帰国した彼は、その後もっぱら執筆業に専心し、一八一〇年三月一日、多数の著作を残しサマーズタウンにて没した。享年七九であった。

(2)『ブローカー入門』

トマス・モーティマには、さまざまな分野にわたる多数の著作がある。なかでも、本章でとりあげる *Every man his own broker*（誰もが自分のブローカーになれる）は、『ブローカー入門』といえる書で、彼の最も著名な作品のひとつである。一七六一年に「慈善家」なる筆名で初版が出るや、この二シリング六ペンスの書物はまたたく間に版を重ね、最後の改訂版が出された一八〇七年までに一四版を数えるロングセラーとなった。本人の言によれば、一八〇一年の第一二版までに約五万部という驚異的な売り上げを誇った。同書は、さらに投資社会内の各国でも流通した模様で、オランダ語、スペイン語、フランス語、ドイツ語の四カ国語に翻訳されたとしている。

Every man his own からはじまるタイトルは、他にも存在する。モーティマ以前にも、また、モーティマ以後にも、さまざまな事項ごとにその基礎知識を整理した「マニュアル」に付けられることが多いタイトルである[39]。それ

ゆえ、この書物も現代の研究者によって証券投資マニュアルとして扱われることが多かった。

『ブローカー入門』の構成と章ごとの内容を確認しよう。ここで取り上げる第三版（一七六一年）は五章で構成されている。第一章では政府公債を中心に、公債と特権会社株式との比較を通じて公債の性質が論じられる。第二章では、証券ブローカーの行為としての「ストック・ジョッビング」の実態と手口を、外国人証券ブローカーにターゲットを絞りながら暴露する内容となっている。第三章では、証券ブローカーを利用せず証券を取引するための基礎知識と実践的な手法が資料を付して紹介される。その内容は、公債取引に必要な名義変更の方法、新聞紙上の証券価格の読解法、遠隔地居住者の対処法、各種関連法令の内容解説、証券ブローカーに適用される法についての説明、銀行から振り出される為替手形の知識、委任状のフォーマット、名義登録事務室の開室時間、各種公債・株式・年金の取扱額の一覧、名義の移転書き換え事務室の休日一覧といった多彩な内容にわたる。第四章は、公債の起債に絞り、とくに起債時の払込完了前の投機的な取引に頁が割かれている。これまでみてきたように、起債時に公債に出資する人びとは通常、数回に分割して出資金を入金する。払込済みの回数が少ない出資証書はLight Horse（斤量が軽い馬、すなわち競馬において番狂わせを起こしやすい、つまりその後の値動きが激しくなる投機的な証書）、払込みが完了し出資証書はHeavy House（斤量が重い馬、すなわち競馬において番狂わせが見込めにくい馬、つまりまもなく払込みが完了したため、通常の公債の値動きに近くなる証書）と呼ばれ、公債と同様に取引の対象となった。しかしモーティマは、これらの払込完了前の証書スクリプトの取引は投機色が強く、注意が必要だと警鐘を鳴らす。最後の第五章の内容は版により多少異なる。第三版の場合、当時会社の経営問題で議論を呼んだ東インド会社債が取り上げられている。また、海軍債券のような短期債や、終身年金といった流動性が低い銘柄、イングランド銀行券をはじめとする各種証券が火災等で破損した場合の対処法や、損失を回避する方策といった内容までもが説明されている。第三版の場合、付録として銀行取引の説明や、減債基金についての基礎知識、各公債の金利表が付された。とくに一七八二年の第九版以降は、金利計算のための早見表が五〇頁もの紙幅を使って展開されている。なお、頁数は初版が一六一頁であったが、その後拡充され続け一七六二年の第五版では二一一頁と二〇〇頁を超え、早見表が加わった一七八二年の第九版では二五一頁とさらに増加し、一七八五年の第一〇版と一七九一年の第一一版では最高の二六三頁を記録した。なお、内容の変化とともに、タイトルも多少変化している。

初版のみ「慈善家」という筆名で、その後は本名トマス・モーティマで世に問われたこの書は、第三章の内容が示唆するように、たしかに証券取引に特化した取引マニュアルの体裁をとっている。また外見についても、同書のすべての版は共通してポケットに入るサイズとなっている。実際、モーティマ本人は、取引の現場へ携帯可能なマニュアルにするため、このような判型（本人によれば「ポケットサイズ」）を採用したと述べる。しかし、こうした外見や本文の相当部分を占めるマニュアル的な記述から、同書をマニュアルに特化した書として理解するのは、完全な誤りである。同書はあくまで一七世紀末のイングランド財政金融革命以来の証券ブローカー批判の系譜に連なるものであり、著者モーティマは同書を通じてたんなるマニュアルの枠を超えた主張をみせるからである。

(3) ブローカー批判の正嫡

そもそもブローカーとは、どのような人びとなのか。モーティマによれば、証券ブローカーとしてイクスチェインジ小路で活動している人びとは以下の三種類に分類される。「第一は外国人。彼らは我が国の公債を用いて財産を所有している。公債を日常的に売買している」[40]と、イギリス人以外の証券ブローカーの存在をまず指摘する。次にあげられるのは、「イギリス人のジェントリ、マーチャント、トレイズメンであり、彼らも同様に公債投資をし、その値動きから自分の公債も売買している」人びとだ。[41]彼が問題視するのは、最後のグループであった。「第三は、公債にまったく投資をしていない証券ブローカーである。この手の連中が（証券ブローカーで）一番多くを占め、もっぱら信用取引で儲けを出して」いる。[42] 彼らの職業構成は「トレイズメンや商店主である。彼らは自分の資本のほとんどを自分の〔本業の〕商品に費やしており、公債には投資していない」[43]と、元手をもたない証券ブローカーの存在を指摘する。

モーティマにとって、第三のグループがなぜ問題なのであろうか。彼は続ける。「公債価格が〔激しく〕変動するのは、この類の人間たちが結託して風説を流すからである。彼らはこうして公債価格の変動で飯を食って」おり、[44] そのような取引こそが、同書第二章で批判される「ストック・ジョッビング」であった。その結果、「理髪師、パン屋、肉屋、靴屋といった面々が、よこしまなマモン〔富を象徴する邪神〕によって証券ブローカーに姿を変え、貴下の妹や姪、そのほかの親類の女性、女性の友人たちの財産が、彼らの餌食になってしまっている」[45]と、再び女性公債保有者を前面に出す。そのうえで、女性であるがゆえにほんらい証券ブローカーを利用すべき彼女たちの利益は、この第三のグループによって収奪されていると断罪するのだ。

モーティマは、第一グループの外国人証券ブローカーにも矛先を向ける。「我が国の公債に非常に大きな利害を有するオランダ人や他の外国人は、近頃、ますます先物取引に手を出すことが多くなってきた。その結果、〔イングランド銀行や東インド会社、南海会社で〕名義を書き換えた日時と、〔イクスチェインジ小路で〕実際に売買契約がなされた日時とが、ずれている。これこそ現在、「ストック・ジョッビング」を蔓延させている原因にほかならない」[46]と、先物取引がもたらす弊害を外国人投資家および外国人証券ブローカーの所業だと批判する。「これらの取引はもともと、オランダ人かほかの外国人が考えだしたもの」であり、「オランダ人たちはロンドンに情報を知らせる人間を置いて連絡を取り合い、売買額と売買のタイミングをアムステルダムから連絡するようにしている」と具体的な手法を示す。[47] そのうえで、「外国のなかでも、イギリス公債に資金を投じ、かつ、不正な取引をするジョッバーである者。奴らこそが、一般の公衆に危害を加える最も責められるべき者たちだ。彼らは母国ではしかるべき地位を占め、イギリスとは戦時に同盟する信頼すべき人間にもかかわらず、裏では偽情報を私信で送り、他方売買の指示を証券ブローカーに送りつけることによって、『ストック・ジョッビング』から私腹を肥やしている。なまじ信頼に足るとされている人びとであるがゆえに、こうしたことがすぐには疑われないところが、たちの悪いところである」[48]と極言する。こうしてモーティマは「オランダ人をはじめとする外国人たちは、古き良きイングランドを望んで破壊しようとしている。彼らは外国人であり、しかも彼らが信じる神とは自己の利益以外の何ものでもない。だから、そういう国の人びとがこのようなことをしでかすことに、なんの不思議もない」[49]と、ダニエル・デフォー伝統の外国人証券ブローカー陰謀論を展開する。

証券ブローカー批判を繰り広げたモーティマの結論はこうである。「証券ブローカーを介さず証券取引ができるようになること、これ以外、対処法はない」[50]。「証券ブローカーの被害にあっているすべての人びとに知識を与えることで、人びとを苦しみから救い出す」[51]ため、「慈善家」の名で本書初版を上梓したと、彼はいう。

モーティマの主張は、伝統的な証券ブローカー批判の系譜に属するものであった。一七世紀末以降、半世紀にわたり承継されてきた証券ブローカーへの批判では、ダニエル・デフォーに代表されるような、陰謀論的で、そこに外国（人）が加わり相場を操作する、といった定型的な言説が繰り返されてきた。それらは、公信用に関わる政治問題が起こるたびに間歇的に噴出したのである。モーティマの証券ブローカー批判にもまた、伝統的で定型的な批判を踏襲する側面があることに、疑う余地はない。証券ブローカー批判の正統な継承者として、モーティマを位置づけなければいけない。

(4) 証券ブローカー排除の実践策

冒頭でも述べたように、モーティマがこの書物を上梓した契機とされているのは、彼がイクスチェインジ小路で証券ブローカーに騙されたことであった。モーティマのような「素人」投資家は、公債取引の基礎知識や実務上の知識が不足しているため、たとえ「社会悪」であるとわかっていても証券ブローカーに頼らざるをえない。モーティマはそう断じる。そのうえでモーティマは、証券ブローカーをどうすれば現実的に排除できるのかという思考に進む。その答えが、マニュアルという形式によって無知蒙昧な読者を啓蒙することで、証券ブローカーを利用せずに証券取引ができるようにすることであった。

そのため同書はすべての前提となる証券ブローカー批判からはじまる。冒頭でモーティマは証券ブローカーを雇うそもそもの目的を「無垢な女性たちが証券取引をするさいに便利なため」とする。これがレトリックなのか、それとも公債保有者の五人にひとりが女性であったという事実にそくして述べているものなのか、どちらであるのかはわからない。ただし、「〔証券ブローカーを利用するのは〕女性性を維持するため」[52]と、モーティマが再度強調している点には留意したい。ジョナサンのコーヒーハウスに女性がひとりで現れ、モーティマの手引を片手に独力で証券を取引することは、当時の社会通念からは逸脱する行為であったに違いない。モーティマは女性という存在を通して証券ブローカーの本来あるべき役割を明確化する。一般の投資家が証券ブローカーを利用せざるをえない事情もあった。たとえば、「政府公債の正確な知識を欠く」ため、その良き助言者として利用するという目的もあれば、「地方在住の人びとは政府公債の取引機会を逸してしまう」ことから、遠隔地の人びとが証券ブローカーを証券取引の代理人として利用することもあった。[53] 実践的な側面から証券ブローカーの効用を説くこうした言説は、モーティマ以前にはまったくみられない。

伝統的な証券ブローカー批判は、証券ブローカーを一種の社会悪であると認識する点で一致する。しかし、それを是正する具体的方策を提出したものは皆無であった。それに対してモーティマは、証券ブローカーの機能を客観的に分析したうえで、その効用を見落とすことなく指摘し、投資社会の成員に証券取引に必要な技術や知識を教授することで、証券ブローカーの必要性を減じていこうとしたのだ。

（5）イギリス公信用への礼賛

モーティマは、イギリスの公信用に絶大な信頼を寄せた。『ブローカー入門』の初版は一七六一年だが、この年は前例にない規模となった七年戦争の戦費調達においても特記すべき年となった。第2章でみたように、出版年の一七六一年には平時の歳入総額に相当する一二〇〇万ポンドという、それまでのイギリス史上最高額の起債が実行された。また翌年の一七六二年でも同じく一二〇〇万ポンドと、一七世紀末のトーリであれば一目見て失神しかねないほどの巨額の起債が実行された。イギリス人たちが公信用の未踏の領域に踏み込んだまさにそのときに、モーティマは『ブローカー入門』を世に問い、好意的に迎えられたのだ。当時、ニューカスル公爵を悩ませるほど公信用が悪化していたことを考えると、それに信頼を寄せることは困難な状況にあった。それにもかかわらず、モーティマは、「イギリス政府公債は最も安全な預金先」であると、力強くいい切る。さらに重ねて「イングランドの政府公債は、他のどのような投資先よりも絶対的に好ましい」と断言する。その理由は何か。彼は「特権会社の株式は政府公債の安全性に準じるが、民間に投資するよりもはるかに安全である」とし、「公＝中央政府」・「公に準じる存在」・「私＝民間」とそれぞれの信用を比較して体系化したうえで、国家、特権会社、その他の民間事業の順に高リスクになると評価する。その根拠は、「他の信用がいかなるものであっても、国家の信用はそれらに卓越する」からだ(54)。たしかに、一七六一年という戦時では、民間事業の予見可能性はかぎられており、私企業の信用は平時よりも低下する状況にあった。それゆえ、モーティマの発想は戦時限定の考えかたであったと理解できるかもしれない。しかし、『ブローカー入門』は約半世紀に一四版を重ねるが、一八一〇年の死までに何度か訪れた平時ですら、モーティマがその信用体系理解を改めることはなかった。彼は「外国人、とりわけオランダ人がイギリスの公債に大きく関与しているのは、イングランドの公債が他の国と比較して優れているからである」[55]と、イギリス政府公債に相対的な安全性を見出す。したがって、このような信用体系認識は、戦時・平時を問わず彼の発想の根本にあったといえる。

一七世紀末から一八世紀前半までの公信用への認識では、たとえその効用が認められたとしても、公信用への懐疑や恐怖は拭いがたいものであった。しかし、モーティマの臆面もないイギリス国家への信頼の表明は、こうした信用認識の系譜において決定的な転回点として位置づけるべきである。モーティマの議論には、証券ブローカー批判の継承と、イギリス政府公債への全面的な信頼という二つの支柱が存在したことがわかる。

モーティマのイギリス政府公債への賛美は、フランスの公信用への否定的な評価とつねに表裏一体であった。『ブローカー入門』の第一章では、政体の違いによる戦費調達の条件の相違点が強調される。「自由な政府」と「専制的な政府」とでは、戦時に資金を調達するさいに大きな差があるという。前者が平易な手法で多額の資金を起債できるのに対し、後者では過酷な手法、すなわち強制力を伴う重税という財産権の合法的侵害によって、毎年の予算を満たす必要があるからだ。現下の戦争（七年戦争）では、後者の恣意的な君主の要求によって何千という人間が破滅しているのに対し、前者の自由な政府では、国家が必要とする費用を議会による担保＝安全性にもとづき、あくまで自発的に資金を貸すことによって（貸した人びとが）国家に奉仕していることになると説明される。[56]モーティマは本文中で国名を明示しないが、「自由な政府」がイギリスを、「専制的な政府」がフランスの暗喩であることは明らかだ。

債券と株式との違いも指摘される。当時、政府公債が一般的に「ストック」と呼ばれたことに対して、モーティマは株式会社の定義を述べたうえで、まったく不適切な名称だと読者に注意を促す。政府公債はあくまで議会が政府に対して許可したものであること、起債を認めた議会制定法の内容は法によって異同があること、借入金の償還は最終的には議会が判断することを指摘する。モーティマは、議会の存在が公債制度で非常に重要であることを知悉していた。そのうえでモーティマは以下のようにいう。

政府がこの信用を名声ある状態で維持するかぎり、すなわち、現下行われているように、国債の毎年の利払いの手段と方法をみつけることができるかぎり、国家の信用は政府にストックの余地を供給することができるであろう。それは、いかなる種類のカンパニーの株式よりも資金にとってより安全なものとなるであろう。[57]

ここで示されるのは、国家への信用にもとづく信用の体系的理解である。こうしたイギリス公信用への手放しでの礼賛は、証券ブローカー批判の系譜上では皆無である。それどころか、信用体系理解を伴った公信用への支持表明は、イングランド財政金融革命以降、初めてのことであると考えられる。ここでは、それが七年戦争期に生まれたことを併せて強調しておきたい。

(6) 党派性の排除

イングランド財政金融革命がはじまって以来、公信用はすぐれて政治的な問題であった。その賛否はただちに政治的な意味を帯び、特定の党派の支持あるいは不支持を表明することにつながり、敵対する党派からの攻撃を招いた。したがって、イギリス公信用への全面的な支持を表明したモーティマも、政治的な影響からは逃れられないことになる。しかし、モーティマは、

この国家の信用というものは、かくの如き巨額の国家の負債を生み出すことができるものなのであるが、それが一般的にイングランドにとって有利なものであるかどうかというのは政治の問題であり、私にとってはあま

りに微妙な問題なので、見定めることは難しい。私の議論からは、はずれる問題である。[58]と述べ、政治から可能なかぎり距離を置こうとする。モーティマのとった選択は、叙述をあくまで公信用をめぐる政府と議会との関係や国家の信用の機能の説明にとどめ、党派性を極力排除するというものであった。たしかに、彼の政治的な経歴をみると、いわゆるロッキンガム・ホイッグのパトロネイジを受けていることから、宮廷派ホイッグの人脈に連なる人物であったと考えられる。そのため、イギリス政府公債への全幅の信頼の表明は、それ自体で党派的な意味を帯びたものとして解釈することは可能である。しかし、モーティマはイギリスの公信用への支持は表明しても、ロバート・ウォルポールからニューカスル公爵に連なる宮廷派ホイッグへの公債政策への賛否には触れない。また、ロッキンガム・ホイッグやアメリカ独立戦争時の首相ノース卿の公債政策への政治的な見解についてもかたくなに沈黙を守っている。さらに、オステンド副領事を罷免された理由が、ジョン・ウィルクスとの親交、カトリック教徒やジャコバイトへの姿勢という、「反体制的」なものであったことも考慮に入れなければならない。彼は『ブローカー入門』を政治的な主張の手段としては利用しなかったのである。

(7) あるべき投資と排斥すべき投機

モーティマはどのような公信用の取引のありかたを理想としたのであろうか。イギリスの公信用に全幅の信を置くモーティマは、証券の売買について踏みこんだ助言を読者におくる。数年前（七年戦争の開戦前）に現在（一七六一年）よりも高値で購入した三%年金は、不測の緊急事態が起こらないかぎり売却は禁物であるという。証券ブローカーは売却話をもちかけてくるかもしれないが、彼らは売買を繰り返すことから手数料収入を得ているため、つねに売り手を探している。したがって、彼らの甘言に乗せられてはいけない、とするのだ。「よほどのことがないかぎり、損失があらかじめわかっているような売却は避けるべき」であり、その理由は「政府の安全性というものは、何年にもわたり真に危険な状態であり続けることはない」からである。[59] つまり、戦況が一時的に思わしくなくなっても、長期的な保有を心がけておけば、価格はかならず上昇するというのだ。モーティマは、証券、とくにイギリス政府公債の中長期的な保有、年金や配当金目的の取引を推奨する。

その対極にあるのが「ストック・ジョッビング」である。つまり、悪意をもつ証券ブローカーが取引を仲介することで市況の値動きが激しさを増す。そこにオランダ人たちが仕掛ける先物取引が加わることで、価格が将来上昇すると予想しそれに賭けて強気で（先物）買いを仕掛ける強気筋（「ブル」）と、価格が将来下落するとみて（先物）売りを仕掛ける弱気筋（「ベア」）たちが「イクスチェインジ小路」を跳梁跋扈し、「ジョナサン」に集う。ますます激しくなっていく証券価格の値動きから売買益を得る取引を推奨し手数料を稼ごうとする「第三のグループ」の素人証券ブローカーたち。利子・配当収入目的の取引とは対極の売買益目的の取引、モーティマのいう「ストック・ジョッビング」こそが、彼にとって駆逐すべき証券取引であった。

利子・配当収入、つまり現代でいうインカム・ゲインを推奨するモーティマは、一七八〇年代に入ると『ブローカー入門』の内容を補充する。一七八二年の第九版から登場した「早見表」である。「早見表」は三％、三・五％、四％、五％の年金債を一〜五〇〇ポンド保有した場合、それぞれ一〜六〇日および一〜一二カ月保有すると、利子＝年金の金額、つまりインカム・ゲインの価値がどの程度の金額となるのか、ファージングの単位まで簡単に計算できるように作成された表である（図5-1）。たとえば、三％コンソル債を二〇ポンド保有したとしよう。一日保有した場合の年金は一ファージング、五日間の保有で一シリング三ファージングとなる。一一カ月保有すると、年金は一一シリングとなる。一〇〇ポンド保有した場合の年率計算は比較的容易である。しかし、保有金額と保有期間が中途半端な場合、イギリスの当時の通貨体系（一ポンド＝二〇シリング＝二四〇ペンス＝九六〇ファージング）を

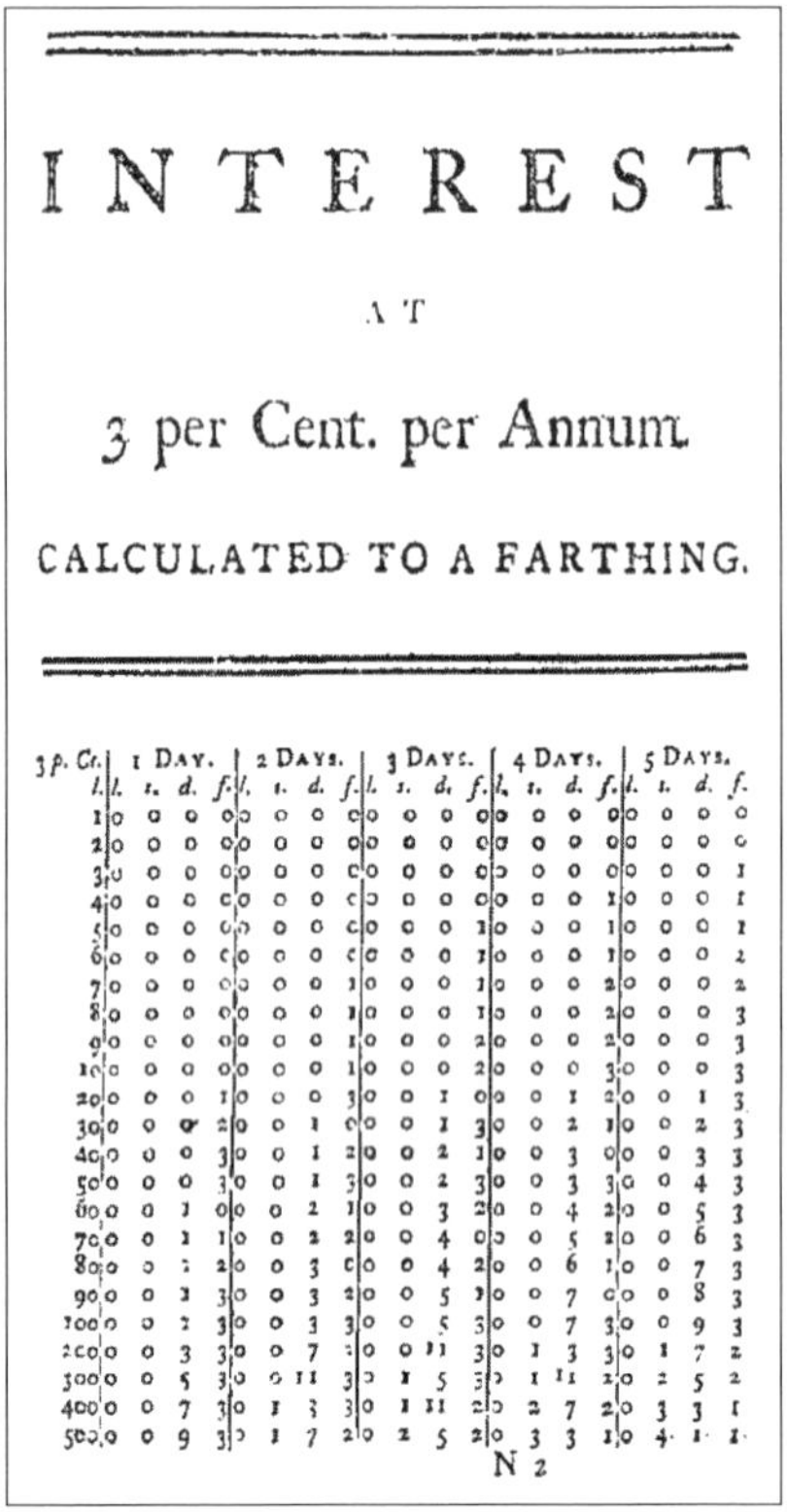

INTEREST

AT

3 per Cent. per Annum

CALCULATED TO A FARTHING.

3 p. Ct.	1 Day.				2 Days.				3 Days.				4 Days.				5 Days.			
l.	l.	s.	d.	f.	l.	s.	d.	f.	l.	s.	d.	f.	l.	s.	d.	f.	l.	s.	d.	f.
1	0	0	0	0	0	0	0	0	0	0	0	0	0	0	0	0	0	0	0	0
2	0	0	0	0	0	0	0	0	0	0	0	0	0	0	0	0	0	0	0	0
3	0	0	0	0	0	0	0	0	0	0	0	0	0	0	0	0	0	0	0	1
4	0	0	0	0	0	0	0	0	0	0	0	0	0	0	0	1	0	0	0	1
5	0	0	0	0	0	0	0	0	0	0	0	1	0	0	0	1	0	0	0	1
6	0	0	0	0	0	0	0	0	0	0	0	1	0	0	0	1	0	0	0	2
7	0	0	0	0	0	0	0	1	0	0	0	1	0	0	0	2	0	0	0	2
8	0	0	0	0	0	0	0	1	0	0	0	1	0	0	0	2	0	0	0	3
9	0	0	0	0	0	0	0	1	0	0	0	2	0	0	0	2	0	0	0	3
10	0	0	0	0	0	0	0	1	0	0	0	2	0	0	0	3	0	0	0	3
20	0	0	0	1	0	0	0	3	0	0	1	0	0	0	1	2	0	0	1	3
30	0	0	0	2	0	0	1	0	0	0	1	3	0	0	2	1	0	0	2	3
40	0	0	0	3	0	0	1	2	0	0	2	1	0	0	3	0	0	0	3	3
50	0	0	0	3	0	0	1	3	0	0	2	3	0	0	3	3	0	0	4	3
60	0	0	1	0	0	0	2	1	0	0	3	2	0	0	4	2	0	0	5	3
70	0	0	1	1	0	0	2	2	0	0	4	0	0	0	5	2	0	0	6	3
80	0	0	1	2	0	0	3	0	0	0	4	2	0	0	6	1	0	0	7	3
90	0	0	1	3	0	0	3	2	0	0	5	1	0	0	7	0	0	0	8	3
100	0	0	1	3	0	0	3	3	0	0	5	3	0	0	7	3	0	0	9	3
200	0	0	3	3	0	0	7	2	0	0	11	3	0	1	3	3	0	1	7	2
300	0	0	5	3	0	0	11	3	0	1	5	3	0	1	11	2	0	2	5	2
400	0	0	7	3	0	1	3	3	0	1	11	2	0	2	7	2	0	3	3	1
500	0	0	9	3	0	1	7	2	0	2	5	2	0	3	3	1	0	4	1	1

N 2

図 5-1　3%年金の利子早見表（1782 年）

出典）Thomas Mortimer, *Every man his own broker*（9th ed.), London, 1782, p. 254.
注）左列が元本（ポンド）。

考慮すると、早見表がないと計算は煩雑を極める。しかしこの表を利用すれば、異なる銘柄のインカム・ゲインを簡単に比較できる。たとえば、三％コンソル債を四〇ポンド六日間保有した場合と、五％年金債を五〇ポンド五日間保有した場合との比較も、瞬時に可能となる。見かけは数値の羅列にすぎないが、「早見表」の登場ほど、モーティマの「あるべき投資」像を雄弁に語るものはない。[60]

『ブローカー入門』は、半世紀の伝統をもつ証券ブローカー批判の正嫡であった。しかし、この書物に特有の転回があることを見逃してはならない。モーティマは政治性を可能なかぎり排し、イギリス公信用を肯定的に評価する。また、各種の信用を体系的に理解したうえで、中核に最も安定的なイギリスの公信用を据える。さらにそれを前提として、インカム・ゲインつまり、利子収入を目的とした公債投資を推奨するにいたる。モーティマの『ブローカー入門』は、たんなる「証券取引マニュアル」ではない。勃興しつつある投資社会の構成員への啓蒙的で実践的な手引書という体裁をとりつつも、イギリス公信用への根本的な認識の転回を表明し、「あるべき投資」と「排除すべき証券取引」とを峻別するのだ。つまり『ブローカー入門』は、一見無味乾燥にもみえるマニュアル的な記述にこそ、過去五〇年間の認識枠の根底的な転回が示されているのである。この書は、投資社会の勃興期を象徴する画期的な「主張する書物」なのである。

4　七年戦争の衝撃とイサーク・ド・ピント

（1）投資社会の自己認識

モーティマの新機軸は、一七六〇年代以降の言説の配置状況にどう位置づけることができるであろうか。彼が初版を世に問うたのは一七六一年、七年戦争の後期にあたる。戦争では戦費調達目的で未曾有の公債が増発されたため、戦後、多数生まれた公債保有者を中心に構成される投資社会の勃興を意識する思考様式が出現した。一七六〇年代における投資社会に関する言説の特徴として、社会知識の体系化が試みられた点がある。

まず問題となったのは、戦争の影響であった。七年戦争終結後の一七六五年に出版された匿名『イングランド国制論』の主題は、戦争のイングランド国制への影響である。伝統的な公信用批判を七年戦争直後の状況に適用する同書での公信用批判は、基本的に従来の枠組みを踏襲するものである。公債という容易な戦費調達手段を備えたイングランドでは、戦争であらゆる階層の人びとが利益を得るようになった。戦争で貨幣への需要が増大すると、貨幣を所有する人びとの利益は大きくなる。（地方＝カントリの）地主ジェントルマンの不満に、騒がしい首都ロンドンで耳を傾ける人間はほとんどいないと述べたうえで、匿名の著者は次のようにいう。「国家の負債が増加するとともに、それに比例して国家の信用も増加してきた。国制を構成する新しい集団がしだいに生み出された。王国の土地、交易、庶民院や貴族院、都市自治体、正規の組織と結びつきをもたない人びとである。このような人びとは、政府にとって有用であったが、それ以上に恐るべき存在となった[61]。「国制を構成する新しい集団」とは、「土地」や「交易」どころか、イングランド内のあらゆる組織体にも関与しないという、浮遊する根無し草のような存在である。それはヨーロッパ大に活躍する公債請負人を中心とする公債権者の集団にほかならない。この集団こそが戦争の産物というわけである。

一歩進んで「イングランド国制を構成する新たな集団」の内実を見極める視点も出された。「公債請負人、ストック・ジョッバー、御用商人らは、七年戦争のあいだに富裕になった人びとだ。しかし、我らの公債が恐るべき規模に達し、戦争とそれに付随する活動が当たり前になってしまったことで、公債請負人、ストック・ジョッバー、御用商人らは、数のうえでも、影響力のうえでも、きわめて恐るべきひとつの集団と化している。彼らは、この王国の富の非常に大きな部分を独占してきた。皆が知っていることだが、富める者は誰でも、強力なのである[62]」と、七年戦争後に投資社会が変化を遂げたことを指摘する。

また、かつて反宮廷派の主要人物であったが、のちに「転向」した初代バース伯爵ウィリアム・パルトニ[63]によるテクストでは、「土地」対「貨幣」という伝統的な認識枠について、以下のような説明がみられる。「公債権者もしくは証券保有者の数は、一万七〇〇〇を超えることはないかと思われる。だが、この少数の人びとには外国人も含まれるが、こうした人びとは一億ポンド以上もの〔公債の〕保有者なのである。この金額は、国内に流通している正貨と紙幣を合わせた額の四分の一以上にあたる。我らがマニド・メンは、〔公債の価値を〕国富のかくも大きな割合に首尾よく増大させた結果、本世紀初め以来、権力の座にある人びとによって国家の主要な柱石と認められてきた。最近では、マニド・メンは土地を所有するジェントルマンよりも優勢な状況にある。今や多くの人びとによって地主ジェントルマンは第二級の臣民とみなされている」[64]。伝統的な二分法にもとづき「土地」よりも「貨幣」が優勢な状況にあるとされ、「貨幣」の多くを占める公債権者が推測ではあるが数値で実体化されている。

増大しつつある証券保有者を数値で客観的に表象する動きは他にもみられた。七年戦争後にイギリス・オランダ・フランスの各国で東インド会社が政治問題となるが、同社の株式保有者の社会構成を具体的に示すテクストがそれである。「東インド会社株式の保有者は多数にのぼる。老若男女、イギリス人もいれば外国人もいる。東インド会社の株式は、他の公債銘柄と同様に、次から次へと人びとの手を渡り、ブローカーが事務所で値動きに関心をもつほどには東インド会社の事情には関心をもたない保有者の手に渡っている」[65]。株式保有者の構成とその変化の頻度が示されるだけではない。そこで示される株主は、経営については禁欲的で、会社をめぐる状況については証券の値動きにみせる以上の関心はもたない受動的な存在である[66]。アドルフ・バーリとガーディナー・ミーンズの説く二〇世紀の株式保有の大衆化・細分化を先取りする状況が[67]、当時すでに認識されていたのだ。

「貨幣」の内実が具体的に認識されていくと、すでに一七五〇年代初めにマシュー・デカーが主張していた「土地」と「貨幣」の二分法の限界は決定的となった。一七五二年に国家破産の観点から公債に厳しい批判を展開したデイヴィド・ヒュームに対抗し[68]、名誉革命体制およびその基礎となった公債の擁護論を張ったロバート・ウォーレスは「証券保有者はいまやきわめて大きく成長したため、地主ジェントルマンが証券保有者を正当なライヴァルとみなしうる状況になった。しかし、両者の混交はいちじるしい。以前からそうであるが、証券保有者は現在も土地保有者であり、貯蓄にいそしむ土地保有者は公債への出資者である」[69]と、証券保有者の成長によって、証券保有者と地主ジェントルマンとを峻別できない状況が到来したという。「土地」対「証券保有者」という伝統的な二分法は、もはや有効でなくなった。

それでは投資社会をどのようにとらえればよいのであろうか。『英法註解』で著名な法学者ウィリアム・ブラックストーンの主張にも耳を傾けよう。「これらの公債のために質に入れた担保とは、いったい何であるのだろうか。それは、土地であり、商業であり、個人の事業なのだ。そこからカネが生まれてくるのであり、そのカネが諸税をもたらすのだ。したがって、これらにおいて、これらにおいてのみ、すなわち公債権者の財産が真にあるいは本来的に存在しているのである」[70]。公信用の批判者であったブラックストーンは、一七五〇年代に出現しはじめた社会認識に立ち、土地と商業と個人による事業は税源となるため、税を公債利子として受領する契約を結んだ公債権者の財産となることを指摘する。社会の大部分が公債権者の担保と化している状況を図式的に示しており興味深い。投資社会を部分社会として考えその成員を公債保有者に限定するのではなく、投資社会を直接・間接的に関与する人びとも含めた全体社会として認識しようとする視点である。

ブラックストーンの主張を待つまでもなく、投資社会の垂直的な拡大は、もはや誰にも否定できなくなった。社会における公債の存在についても積極的な意味を与える論者が現れた。ジョン・キャンベルの所説をみよう。

公債権者のほとんど大部分がイギリス国民であること、その結果、公衆が負担する負債であるとしても、公債権者が公債に保有する金額とは同時に個人の財産であること、マニド・メンは土地保有者が貸借人に対しても
つ利益と同様の合法的な権利を当然にしてもつということを考慮に入れると、こうしたことはいずれ別段驚くべきことではないようだ。ジェントルマンは、公債という手段によって収入を貯蓄する機会がある。商業従事者は資金を公債に投資することがよくある。同じように、貿易商もそうである。その結果、小売業や製造業、商業から緊急の資金需要がない場合、働かないカネはけっして存在しないことになる。それ以外でも公債は、寡婦・孤児・公的信託に与えられた、平等にして安全で便利な貯蓄手段である。[71]

このテクストでは、上流層（ジェントルマン）、中流層（トレイズメン）がそれぞれの状況に応じて公債に投資して

いること、また公債が寡婦・孤児・信託に安定した預金手段を提供していること、さらに公信用は全幅の信頼を寄せるべき貯蓄手段であることが説かれている。つまり、これまで登場した認識枠とその解釈がこの言説で一貫した視点によって体系化され、ひとつの社会のありかた、つまり投資社会として提示されているのだ。

一七七〇年代になると、各社会階層が状況に応じて公債を有効な資金運用先あるいは収入源として活用する様子が描写されていく。イギリス政府は公債によって民間資金を有効に（戦費に）活用できた。こうしたイギリスの信用こそ、現下のイギリスの国力の源泉であると指摘するのが、のちにジャック・ネッケルの財政論の英訳も手がけるトマス・モーティマである。「グレイト・ブリテンの信用は、フランスの信用と比較して格段に優れている。それは、ブリテンの議会が、国家の公債権者との契約を遵守し続けるという、不可侵の名誉を有することによる」[72]。七年戦争前では、モーティマのように公信用を積極的に評価することは、きわめて稀であった。モーティマの見解は、七年戦争にイギリスが勝利し、その力の源泉が公信用にあると広く認められることによって、公信用そのものに対する積極的な意味づけが容易になったことを示している。

(2) ド・ピントとイギリス公信用

トマス・モーティマ『ブローカー入門』で提出された公信用への見解は画期的なものである。彼自身は、ケルン主教とバークリ師から公信用の評価を一八〇度逆転させる着想を得たと述べているものの[73]、同じ時期に同一の見解をみつけることは難しい。しかし、イギリス国外にモーティマの視点を共有した人物が存在した。イサーク・ド・ピント（一七一七〜一七八七）である[74]。彼はオランダを拠点とするセファルデイム系ユダヤ人のマーチャントであった。ド・ピントは貿易や金融に従事した実務家の経歴を活かして、七年戦争末期から問題となったイギリス東インド会社問題について専門的見地にもとづく助言を、リヴァプール卿、ノース卿、ハードウィック卿といった、イギリスの有力政治家たちに与えている。また、デイヴィド・ヒューム、ドニ・ディドロ、アベ・レナルをはじめとするフィロゾーフたちと文通し、一八世紀後半期の文芸共和国の一員として名が通った人物でもあった。

ド・ピントの主著『循環・信用論』は、一七七一年にアムステルダムにてフランス語でフランス人へ向けて公表された[75]。この書物は当時センセーショナルな反応を呼び起こした問題の一書で、後に英訳と独訳も出版された。経済における（貨幣の）循環の重要性を説く同書では、キーワードである「サーキュレイション」、すなわち貨幣およびそれに準じる紙券などの循環を促進するうえで、（公）信用が大きな位置を占める。従来、名だたる政治家やフィロゾーフたちが公信用を批判的にとらえていたのに対し、ド・ピントは彼らが全員誤っていると正反対の主張を展開する。また彼は、証券を取引すること、もしくは投機的に売買すること、すなわち「ストック・ジョッビング」や「ゲイミング」ですら、貨幣と公債の「サーキュレイション」に貢献すると説く。イングランドはこうした「サーキュレイション」から果実を手中にしているのだという。

ド・ピントは同書の冒頭で「公債は、グレイト・ブリテンが有する現在の富と力の主要な源泉である」と断言する[76]。彼は公債をオエコノミに有害な存在とみなす当時の主流の見解に異議を申し立て、イギリスによる公信用の運用をイギリスの国力の源泉として高く評価するのだ。その結果、文芸共和国の主役で啓蒙の第一線を担ったフィロゾーフたちの公信用理解は、ことごとく批判される。「ボーリングブルックや、加えてモンテスキューは、人民のうち勤勉な人びとを犠牲にし、公債に依存した怠惰な生活を送っていると思われていることを理由に、年金受給者を国家に害を与えるきわめて多数にのぼる人びとと考えてきた。なぜなら、国家はすでに公債の規模に圧倒されているがゆえに、公債権者を支えるため弱体化し衰弱化しているからである」[77]。公債保有者を怠惰な金利生活者と表象する視線は、イギリスにおける低利借り換え時の議論と共通している。ド・ピントはイギリスの公債の特徴を詳細に分析する。「すでに述べたように、イギリス公債の大部分は、政府へ融資されたローンから生じる年金からなる。この負債は償還されない。政府はそれを償還する期限を設定していない。きちんと議定された恒久的な税源は利払いに用いられ、期限がくると途絶えることなく遅滞なく支払い続けられる。あらゆることが、議会の認可のもとで行われる。その結果、国民のすべてがこれらの年金の創出に関わっている、といえよう。〔中略〕利払いが一度も途絶えることない厳正かつ神聖不可侵な正確性、これまで培われてきた議会の信義があったからこそ、イングランドの信用は公債発行を可能とし、それがヨーロッパを驚かせたのである」[78]。税と利子の関係、あるいは債務者と債権者の関係は、同時代のイギリスでのウィリアム・ブラックストンなどの言説でみられるように、全体社会としての投資社会像を踏まえている。そのうえで、国王の私的債務としてではなく、議会議定による公的な債務であることのメリットは、モーティマがすでに『ブローカー入門』で雄弁に語った点でもある。

つまりド・ピントは、一七三〇年代のイングランドで流布され、各国のフィロゾーフたちにも共有された「怠惰で納税者を犠牲にしている公債権者」像を逆転させて、彼ら彼女らが保有する公債こそが国富の源泉にほかならないと、公債への眼差しを負から正へと一八〇度転換させた。このド・ピントによる説明では、イングランドでウィリアム・ブラックストンが提示した社会像、つまり全体社会としての投資社会認識や、ジョン・キャンベルが述べたような社会で積極的な意味をもつ公債像が共有されていることがわかる。

ド・ピントは、文芸共和国におけるイギリス公債の議論、とくにイギリス人たちの議論をことごとく批判する。イギリス公債の本質に通じていないのは、何も外国人にかぎらない。当のイギリス人もまた、この問題について間違いを犯している。外国人と同様、イギリス人もまたその多くが、公債をイギリス人のすべての成功と引き換えの代償とみなしている。ボーリングブルック、ウォルポール、バーナード、その他の大物といった権威筋から支持を受けて、イギリス人たちは公債を手に負えない重荷であり、この重荷によって王国が抑圧され、国力が弱体化しているとみている。彼らの理解は、私が思うに、以下の原則に立つものである。第一に、政府が負債を負えば負うほど、負債の利払いだけのために、税という重荷によって国家は重荷を背負うことになる。このことそのものが、迷惑な代物である。第二に、第一の点から起因するが、税の増加は労働の価格を高め、製造業に有害である。第三に、公債を保有する外国人に、貢物を進呈することになる。第四に、怠惰、賭博、ストック・ジョッビングの精神が、公債取引を通じて国に入ってきてしまう。これらは長く支持を受けてきた見解である。〔しかし〕これら四点の反対意見は、国債に反対するあらゆる誇張を正当化しているように思われる。しかし、思うに、この主題についていわれてきたことは、信頼できるというより、まことしやかなものであること、人びとがこの問題に徹底的に立ち入ることなく話してきたということを、思索と経験から、示すことができる。

そのうえで彼は「公債は国民の無数の富を増加させてきた[79]」と、国家の債務を富と認める大転換を示し、彼以前のフィロゾーフたちの公債論を一蹴する。

公債は富であるとするド・ピントにとって、大量の公債を起債した七年戦争中のイギリスは、むしろ公債権者に富を分配したこととなる。たとえば、史上最高額を記録した一七六一年債の例がある。この年の起債について、ド・ピントは次のようにいう。

このローン〔一七六一年債〕のうち、きわめて多くが〔グレイト・ブリテン〕王国内で稼働され循環されたのは、見間違えることがありえないほど明々白々である。〔中略〕無数の裕福な公債権者は、その大部分がイギリスの臣民であるが、一二〇〇万ポンド〔の起債〕によって、その数はなお増大した。このようなことはかつてなかったことである。一七六二年には、イングランド国民において、一七六一年に政府が戦争資金のために借り入れた一二〇〇万ポンドの支出によって、財をなし、豊かになった者が非常な多数におよんだに違いない。[80]

問題は、ド・ピントの教説が、経済学や経済学史のうえで経済学（史）的に評価できるかどうか、ということではない。重要なのは、イギリスという国家は信用できるという発想が、七年戦争を契機に、イングランドとオランダで、ほぼ同時に出現したという事実である。モーティマは七年戦争の最終的な結果を知る前に、ほぼ独自にイギリス国家への全面的な信頼を表明した。彼は、文字が読め、かつ投資に関心をもつ新興の人びとを対象としつつ、国家を信用することで定期的に発生するインカム・ゲイン、すなわち利子＝年金（アニュイティ）を目的とする「投資」をするよう、投資の現場の近くにいる彼の主な読者である中流の非エリート層を説得した。ほぼ同時期、ド・ピントは、大陸の西にある準一流の島国グレイト・ブリテンが、ヨーロッパの超大国であるフランスに完勝した姿を目にする。彼はその根源的な国力の源泉を問い、ほとんどすべての論者が否定的な評決を下していた公債にそれを求め、文芸共和国のフィロゾーフに公信用認識を改めるように迫るのだ。

(3)　ストック・ジョッビングをめぐって

同時代を生きたモーティマとド・ピントは、互いの主張をどう評価するのであろうか。ド・ピント『循環・信用論』には、モーティマへの明示的な言及はみられない。わずかに、ド・ピントの「サーキュレイション」で重要な役割を見出される「ストック・ジョッビング」について、「ストック・ジョッビングを理解するためには、それに精通した人間が必要である。その人物は自己の時間をもっぱらストック・ジョッビング研究にのみ費やす人物だ」と間接的にモーティマに言及するにとどまる。

それに対して、ド・ピントの『循環・信用論』の翌年に公刊された、モーティマの『商業・政治・金融の原理』(初版一七七二年)の「金融」の項の後半は、ほぼド・ピントへの賛辞と批判に費やされている。[81] モーティマは「貨幣循環とイングランドの公債についての最も精緻な卓論」と高く評価するとともに、『循環・信用論』冒頭の仮説「イングランドの公信用と公債は、イングランドの国力、大規模な通商、国家の栄光の源泉である」を引用し、その直後に「ストック・ジョッビングから生じる摩訶不思議なことはさておき、すばらしい公信用の仕組みがあったからこそ、国家の栄光、戦争、王国を敵の手から守り抜くことにおいて、最も偉大な出来事を達成できたのである」という『ブローカー入門』(初版一七六一年)の一節を並置する。[82] ド・ピントの「自著こそが外国人はおろか、当のイングランド人の公信用に対する目を初めて開かせた」とするくだりを、自著および同じく公債に積極的な意味を見出すジェイムズ・ステュアートの『経済の原理』(一七六七年)の名をあげ、ド・ピントの独自性をやんわりと否定する。

モーティマは、ド・ピントの「循環論」については、全面的な賛意を示す。彼は、債券を金貨、銀貨、銅貨、紙幣、為替手形、約束手形と並べ、すべてが「ゼネラル・サーキュレイション」という目的を一にするものとする。銀行や、公債の起債という点では議会もまた、「サーキュレイション」を促進する制度として位置づけられる。[83] そのうえで、公信用から派生する最大の利益は、貴金属の表徴と表象をイギリス国内でますます循環させるとともに、その循環こそが公信用を再生産し、豊かになる者や国家の国力を増大させることだと主張する。[84]

しかし、ストック・ジョッビングについては、この両者は完全に相違する。ド・ピントは「イングランド政府がストック・ジョッビングから引き出してきた利益は、反論の余地なく、計り知れない」と述べ、彼がストック・ジョッビングに対して積極的な評価を与えていることは明確である。[85] その主要な根拠は、ストック・ジョッバーが金庫に眠る遊休資産を政府が利用できるよう「循環」させるように、[86] ストック・ジョッビングという一種の投機的

料金受取人払郵便

千種局承認

902

差出有効期間
平成28年4月
30日まで

郵便はがき

464-8790

092

名古屋市千種区不老町名古屋大学構内

一般財団法人

名古屋大学出版会 行

ご注文書

書名	冊数

ご購入方法は下記の二つの方法からお選び下さい

A. 直 送	B. 書 店
「代金引換えの宅急便」でお届けいたします 代金＝定価(税込)＋手数料200円 ※手数料は何冊ご注文いただいても200円です	書店経由をご希望の場合は下記にご記入下さい ＿＿＿＿＿＿ 市区町村 ＿＿＿＿＿＿ 書店

読者カード

（本書をお買い上げいただきまして誠にありがとうございました。
このハガキをお返しいただいた方には図書目録をお送りします。）

本書のタイトル

ご住所　〒

TEL（　　）　―

お名前（フリガナ）　　年齢

歳

勤務先または在学学校名

関心のある分野　　所属学会など

Eメールアドレス　　@

※Eメールアドレスをご記入いただいた方には、「新刊案内」をメールで配信いたします。

本書ご購入の契機（いくつでも○印をおつけ下さい）

A 店頭で　B 新聞・雑誌広告（　　　）　C 小会目録
D 書評（　　　）　E 人にすすめられた　F テキスト・参考書
G 小会ホームページ　H メール配信　I その他（　　　）

ご購入書店名　都道府県　市区町村　書店

本書並びに小会の刊行物に関するご意見・ご感想

な取引が循環を促進する点に求められている。[87] ド・ピントの言葉によると「もしストック・ジョッビングの助けを借りなければ、イングランドの戦費借り入れ能力は三分の二になったことであろう」と、数値の根拠は示さずにいう。[88]「ストック・ジョッバーと外国人公債保有者から得られる利益は、両者によるすべての不利益を大幅に上回っており、両者はイングランドにとって必要不可欠で、非常に有用である」[89]と、（ストック・ジョッバー批判を展開する）モーティマからの批判の機先を制するような記述すら見受けられる。

モーティマがド・ピントのストック・ジョッビング論を受け入れることは不可能であった。モーティマはド・ピントの外国人公債保有者の効用については同意するものの、ストック・ジョッビングについては、「いかなる種類のストック・ジョッビングもけっして受け入れる余地はない」と断言する。[90] その理由は「ストック・ジョッビングは公債の価値を毀損するから」である。「ストック・ジョッバーたちは資金をごく短期間だけ公債に投じて利益をかき集める。しかし、戦争が終わると、利益や公債に投じている資金のほとんどを引き揚げてしまい、その結果、ジョッバー以外の残りの公債保有者が損失を出してしまう。イギリス政府公債が平時に入ってから少なくとも一五%もの価格の下落を記録していることほど、それを示しているものはない」と反論する。[91] 端的にいえば、モーティマの推奨する利子＝年金目的の中長期的な公債保有は、値動きを激化させる短期的なキャピタル・ゲイン目的の取引から悪影響を受けるために、ストック・ジョッビングは認められない、ということになる。

両者の対立は、市場における「投機」と「投資」をめぐる原理的な問題に根ざしている。モーティマの主眼は投機たる「ストック・ジョッビング」を排除するために、その担い手である証券ブローカーや証券ジョッバーらを取り除くことにあった。したがって、モーティマには市場における投機の位置づけという枠組みそのものが存在しない。彼が望ましいとしている投資を定義した時点で投機はそこに介在しえない。すなわち、彼の投資とは、それまで存在しなかったか、あるいは存在したとしても優位性が明確化されていなかった国家の信用が、しだいに確立され、かつ、そうして生成した公信用が中核に位置することによって信用が体系化されたうえで、投資社会の基盤となった公債を利子収入目的に中長期的に保有する行為をいう。モーティマの投機は、このような公信用にもとづく投資概念と二律背反の関係にある。それは『ブローカー入門』の成立の経緯に照らしても明らかである。要するに、たしかにモーティマは、伝統的な証券ブローカー批判の系譜を継承しつつ、現実の投資社会の展開にそくして公信用の積極的な評価という一八〇度の転回をしたものの、しかし最終的な着地点はあくまで証券ブローカー批判の枠内にあった。

それに対してド・ピントは、貨幣などの「サーキュレイション」を重視するがゆえ、それを促進する「ストック・ジョッビング」には積極的な機能を見出す。たしかに今日的な表現であるリスク・テイキングではなく、「循環」という概念ではあるものの、ド・ピントは市場における投機の機能を十分に理解していたと判断できる。この意味ではド・ピントは市場の認識においてモーティマの先を進んでいた。しかし、それゆえに、ド・ピントにとって、投機と投資の峻別は不可能な作業となる。否、投機と投資の峻別は、ド・ピントにとっては意味のない作業となる。ド・ピントにとって公信用取引とはすべて投機＝投資であるからだ。

このように、両者は国力の源泉としての公信用のサーキュレイションの効用については一致する。しかし、投資と投機をめぐっては、永久に平行線をたどることとなる。モーティマには投機が存在しえなく、ド・ピントにとっては投機は不可欠であった。投資社会は公信用を究極の安定的な基盤にもつものの、その誕生期にすでに投機と投資の客観的には解決できない相違を内包することとなった。その結果、投機と投資の峻別はあくまで主観的な基準に頼らざるをえなくなったのである(92)。

両者の一致点のひとつ、公信用の重要性について主張したド・ピントの著作は、たしかに文芸共和国内で大きな衝撃を与えた。とくに、フランスは七年戦争に敗北したため、その原因を公信用に求めるド・ピントの見解は、非常にアクチュアルな問題提起として受けとめられた。利払いの停止を繰り返し、投資社会からの信用を失っていたフランス国家財政を、イギリスの成功例を念頭に置き公信用の確立によって立て直そうとしたのが、ジュネーヴ生まれのプロテスタント銀行家ジャック・ネッケル（一七三二〜一八〇四）であった。[93] 彼は若年時、ペーター（ピエール）・テリュッソンとともに銀行を開業し、[94] 一七五〇年代にはヨシュア・ファン・ネックの商会とも太いパイプを築いていた。実務に長けたネッケルは一七八一年に『国王への報告書』（*Compte rendu au roi*）を通じてフランス国家財政を投資社会に「公開」する。[95] 財務長官退任後、彼は『フランス国家財政論』（一七八四年）を上梓し、[96] 財政の公開と課税の強化、公信用の活用を三本柱とするフランス国家財政改革案を提示した。この主著の背景には、ド・ピントの主著があり、フランスへの投資社会の拡大と深化があった。また、「フランス国家財政に限定するのではなく、国家財政の一般論としても有用な」ネッケルの書物を英訳し、狭義の文芸共和国のみならず広くイギリス人一般の読書に供したのは、ほかならぬモーティマであった。[97] モーティマはオランダで印刷された底本をネッケル本人から送られたという『フランス国家財政論』の翻訳を通じて、国際的に広がる文芸共和国とイギリスの投資社会の現場とのあいだを、『ブローカー入門』で構築した経路で再び結んだのである。

モーティマは投資社会の現場のみならず文芸共和国に向けてもまた、みずからの主張を展開している。たとえば、公信用を痛烈に批判したデイヴィド・ヒュームは、ド・ピントやモーティマの説く「循環」を理解していないという。ヒュームの「国民は公信用を破棄せねばならない。そうしないと、公信用が国民を破滅させる」という有名な言葉を引用し、みずからの「国民は公信用を支持し、破壊などしてはならない。そうすれば、公信用は国民を破壊できない」という一節を対置する。[98] モーティマがヒュームや減債論を説くリチャード・プライスを批判するさいの視座のひとつに「現実」がある。ヒュームの国家破産論に対しては、ド・ピントも用いた一七六一年債の成功を対置する。第2章でみたように、一七六一年債では史上最高となった一二〇〇万ポンドの起債が成功したが、この成功は「富裕な臣民の自発的な出資」、すなわち「イングランド人の人民の自由」によるものであるとする[99]。この歴然とした事実からすれば、ヒュームの批判は「思弁哲学内での反対[100]」にすぎないことになる。モーティマは、伝統的な証券ブローカー批判を継承しつつも、投資社会の現実を直視することで価値観を一八〇度転回させて公債への積極的な評価に転じた。彼の視点はあくまで投資社会の現実にそくしたものであって、ヒュームやプライスへの批判もこの点で一貫している。

5　受容と模倣

(1)『ブローカー入門』の読まれかた

トマス・モーティマの『ブローカー入門』は、五〇年を超えて継受されてきた証券ブローカー批判の正嫡であった。五十余年にわたる証券ブローカー批判の系譜において、モーティマの功績は、それまでの論者すべてがたんなる批判に終始していたのに対して、モーティマはそれに代わるきわめて具体的な方策——証券取引の方法——を提示したことにある。さらに彼は、社会悪としての証券ブローカーを一掃する方策として、公債からの年金受領を目的とした「投資」を推奨しつつ、イギリスの公信用をきわめて積極的に評価し、公信用を中核とする信用体系理解を示した。あるべき投資を実現するため、証券取引の手法とそれに必要な知識を、勃興間もない投資社会の構成員に教授するために、マニュアルという形式が採用されたのであった。

ここまで書き手、すなわちモーティマの意図を明らかにしてきたが、ここでひとつの大きな疑問が生じる。それは、モーティマの『ブローカー入門』はさいわいにして多数の読者を得たが、この書物を手にした読者たちは同書をどのように読んだのであろうか、という疑問である。テクストの読まれ方を明らかにすることは書き手の意図を明らかにすることよりも格段に困難である。本章冒頭で述べたように、読者は同書を約半世紀にわたり支持した。この事実は、同書に対する読者のスタンスを雄弁に物語っている。しかし、書籍が支持され長く版を重ねたことは、読者が書き手の意図を寸分違わず受けとめたということをかならずしも意味しない。

もし「書評」や「紹介文」が存在するという幸運に恵まれるのであれば、それらは読者の反応を探るうえで最も容易に利用できる手がかりとなる。実際、『ブローカー入門』の紹介文が、主要雑誌『ジェントルマンズ・マガジン』一七七六二年一月号に実質三頁にわたって掲載されている。「モーティマ氏はこの小論で、公債の性質を説明し、ストック・ジョッビングについての考察を提示したうえで、公債取引に関連する手続きを誰もが自力でするべきだという。そのために、端株の価値や利率を算出する手短かな方法を提示する。銀行宛の手形について助言を与え、新規起債、出資、出資証書の購入方法についても説明をならべる」というこの紹介は[101]、たしかに正確かつ丁寧にわかりやすく要約されている。しかし、それはモーティマの著書の要約の域を出るものではない。これをもってモーティマの意図が一般の読者にも正確に受けとめられたとするのは早計であろう。

ここで注目したいのが、『ブローカー入門』には、多数の類似本や模倣本が出版されたという事実である。主要なものだけでも五種類の類似本・模倣本を確認することができる。類似本や模倣本が出版されていることそれ自体は、『ブローカー入門』が広く読者に受け入れられたことを示す。しかし、これら類似本・模倣本の内容を分析すると、モーティマの主張のすべてがかならずしも踏襲されているわけではないことがわかる。そこでこの「ズレ」に注目することで、『ブローカー入門』の「読まれかた」に迫ってみたい。

（2）模倣本と選択的な読み

トマス・モーティマの『ブローカー入門』の出版とほぼ同時に出回ったと考えられるのが、『女性ブローカー入門』(*Every woman her own broker*)[102]である。モーティマの書名を男性形から女性形へ変えただけのタイトルをもつこの書物は、モーティマと同じ二シリング六ペンスの値段が付けられたことからも、[103]モーティマの書物をきわめて強く意識して出版されたことは間違いない。モーティマの書物の受容のありかたを探るうえで恰好の対象であるといえる。しかし、同書は管見のかぎり現存せず、残念ながら内容は確認できない。しかし、複数の史料に同書への言及があることからも、当時出版されたことは確実であろう。[104]推測の域を出ないが、モーティマの著書では、男性が証券取引の技能知識を身につけることで、女性を証券ブローカーの毒牙にかからないようにしなくてはならないと主張されていることからも、類似本ではそれを敷衍した内容か、モーティマの主張を逆手に取って「女性でも証券ブローカーになれるというのか」と皮肉を述べて、モーティマを批判する内容であったと思われる。

類似本が集中的に出版されるのは、一七九〇年代に入ってからである。[105]たとえば、ウィリアム・フェアマン『証券・詳説と比較』(初版一七九五年)では、九三頁とモーティマよりは相当かぎられた紙幅で、公債取引の現状、利点、各銘柄の取引日、取引時間、取引休日を解説している。また、各銘柄の歴史・発行高・現況の説明が、本文の半分の頁数を占めている。そのうえで、付録として、各銘柄の保有期間別配当早見表、公債価格表、年金・配当早見表、各銘柄の購入費用計算例が展開されており、国家財政の状況についても解説がみられる。[106]なお、このフェアマンの書物は、一七九六年、九七年、九八年、一八〇二年、〇七年、〇八年と版を重ねており、投資社会の読者から一定の支持を受けていたことがわかる。

トマス・フォーチュン『証券・公債摘要』(初版一七九六年)は、七一頁とフェアマンの『証券・詳説と比較』よりも頁数が減少しているものの、銘柄別価格表や銘柄の解説など類似した内容となっている。[107]両者で異なるのは、フォーチュンがアメリカ合衆国連邦政府公債について解説するとともに、モーティマの『ブローカー入門』から引用、言及している点である。フォーチュンの書籍もフェアマンと同様に、一七九七年、九九年、一八〇二年、一〇年と版を重ねている。なお、同書は『フォーチュン氏の証券・公債摘要』と書名を変更したうえで一八二〇年に再び出版され、[108]一八五六年には第七版を数えるにいたった。

その他にチャールズ・ヘイルズ『バンク・ミラー——公債への完全ガイド』（初版一七九六年）も発行されている。[109]内容はモーティマ『ブローカー入門』に準じる詳細なものであったが、翌年に第二版が出版されるにとどまった。なお、一九世紀前半には、ジョージ・ケアリ『証券ブローカー入門』(*Every man his own stock-broker*)（一八二一年）や、[110]それを受けた『公債への新案内、証券ブローカー入門』（一八二五年）のように、[111]モーティマの書物のタイトルまでをも利用した投資の手引書が世に問われた。

類似本や模倣本の氾濫は、その事実そのものが投資社会の文化的展開を示していると考えられる。とくに、フォーチュンの解説にハミルトン財政下で発行されたアメリカ合衆国連邦政府債が登場することは、投資社会の水平的な拡大によって合衆国がそのなかに組み込まれ、連邦としての合衆国がその国や地域、民間株式会社とともに投資家の一覧に供され、価格というかたちで相対評価を受けたことを示す（第9章参照）。また、公債などの各種証券に通じていない読者に向けた書物の増加は、投資社会の垂直的深化によって投資家あるいは証券取引に関心をもつ社会層が拡大していったことを意味している。このようなコンテクストにおいて、モーティマの『ブローカー入門』のみならず、フェアマンやフォーチュンらの手引書が順調に版を重ねることとなったのである。

それでは、モーティマの主題である証券ブローカー批判は、これらの類似本や模倣本にも継承されているのであろうか。否である。類似本や模倣本には、モーティマが展開したような証券ブローカーについての批判的な論調は、まったく現れない。フォーチュンにいたっては、証券ブローカーを使わない取引は非現実的だとしてモーティマを批判したうえで、逆に証券ブローカーの積極的な利用を推奨しているほどだ。[112] 外国に関わる記述についても、モーティマのような陰謀論的なオランダ人批判は影を潜めており、新たに現れたアメリカ合衆国連邦政府債の解説が展開されるという、あくまで投資対象としての扱いになっている。

他方、両者にはモーティマを継承する側面もみられる。たとえば、フェアマンやフォーチュンにみられる購入計算費用の例示や銘柄別の比較表などの存在は、明らかに『ブローカー入門』で取り入れられた早見表の精神を部分的にせよ継承するものだと考えられる。また、モーティマが示したイギリス公信用への信頼は、フェアマンやフォーチュンでは新たな言及の必要性がないほどに両者の議論の大前提となっており、イギリス公信用への信頼もまた継承されている。さらに、モーティマ、フェアマン、フォーチュンの三者は、具体例の提示や早見表を必要とする新興の投資家層を書物のターゲットにしている点でも共通している。

モーティマ『ブローカー入門』は、読者に選択的に読まれたといえる。フェアマンやフォーチュンの著書が出版された一七九〇年代には、モーティマ『ブローカー入門』がロングセラーとしてなお刊行され続けていた。この事実を考慮すると、フェアマンやフォーチュンは、みずからの著作が読者にいっそう受け入れられる工夫を書籍に施したはずである。それが、モーティマの著作で展開されるブローカー批判を捨象し、実用的な部分を継承・拡充するという判断であった。この判断は、類似本・模倣本の著者に読者獲得と増版という成功をフェアマンとフォーチュン双方にもたらした。フェアマンやフォーチュンらは、自著を投資マニュアルに特化させることで読者に受け入れられたのだ。この支持こそ、モーティマのひとつの読まれかたを示している。モーティマの読者による『ブローカー入門』の読みかたとは、イギリス公信用への信頼と、証券の基礎知識とその具体的な取引技術の箇所を中心とする選択的で能動的なものであったと考えられる。

このような選択的で能動的な読みが存在したことは、イングランド財政金融革命以来の正統的な投資社会批判の主軸であった証券ブローカー批判が、積極的な意味を喪失したことを物語る。それは、一八世紀後半のいずれかの時点で起こったのだ。たしかに、『ブローカー入門』をはじめとする「投資の手引書」の読者の多くは、実際に公債をはじめとする各種銘柄に投資しているか、あるいは投資を考えている人びとであり、非現実的な証券ブローカー批判を拒絶した可能性が高い人びとであった。また、類似本が出版されてもなお、本家であるモーティマの『ブローカー入門』は引き続き版を重ねていることからも、証券ブローカー批判を基調とするモーティマの主張にあえて耳を傾ける人びとは存在したといえる。しかし、かつて声高に叫ばれていた証券ブローカー批判の系譜は、七年戦争を機に勃興しつつあった投資社会の後景に退いていった。ただし、それは完全になくなったわけではない。証券取引に関わる「ミステリアス」な醜聞がなくならないかぎり、投資社会の奥底で息を潜めているにすぎない。ひとたび事件が起これば、一八世紀にもみられた定型的な批判が再び出現するであろう。

おわりに

国家を信用するという行為やその基盤となる認識は、たしかに原理的には一六九〇年代に公債権者の出現とともに生まれていたはずである。しかし、トマス・モーティマとイサーク・ド・ピントが登場した一七六〇年代ですら、それらはけっして自明でなかった。モーティマは、イギリスに住む利殖目当ての中流の人びとや労働者たちを対象読者に据え、ド・ピントはイギリス公債に通じていないフランス人や国際的な文芸共和国のフィロゾーフたちを対象読者として想定した。たしかに、主要な読者と目された人びと――啓蒙の最末端と最上層――は異なるものの、実務に長けていた点で共通するこの二人の著者は、公信用を基盤とする投資社会の勃興をたしかに感じとり、そしてそれに反応したのだ。モーティマは公信用にもとづく投資を投資社会の非エリートたちに、そしてド・ピントは投機による公信用の循環を文芸共和国のエリートたちに、イギリス公信用への賛辞とともに説いた。公信用・投資・投機、すなわち投資社会の構成原理を問う二冊の書物が、いずれも七年戦争を契機として世に出たのは、偶然ではなく必然であった。あわせて数カ国語に翻訳された彼らの著書を理解するには、七年戦争を契機に垂直的にも水平的にも拡大を遂げていく投資社会の空間に今一度それらを戻してみなければならない。

投資社会の出現によって動揺した財産所有のありかたは、文芸共和国に大きな波紋を投げかけた。チャールズ・ダヴナント、ジョナサン・スウィフト、初代ボーリングブルック伯爵、デイヴィド・ヒューム、そして国境を越えてモンテスキューからは、総じて公信用は否定的な評価を受けた。しかし、投資社会の垂直的な拡大が誰の目にも明らかになると、党派性を超えて現実を客観的に見据えようとする議論が浮上する。これらは伝統的な認識枠を踏まえているものの、なかには言説の外部からの衝撃によって系譜から逸脱するものも現れた。モーティマは、伝統的な証券ブローカー批判を継承しつつ、イギリス公信用の力を認識することで、イギリス政府公債への全面的な信頼を表明した。彼は投資社会で初めて（公）信用・特権会社の信用・民間の事業の信用を体系的に提示したが、読者は彼の投機と投資の主張をそのまま受け入れるのではなく、彼が主張を実現するために採択した手段、つまり投資社会の取引技法の説明を好意的に受け入れた。また、ド・ピントは、七年戦争時のイギリス公信用の威力を目にし、富の源泉として公信用を定位する。負債から富へと姿を変えた公債の「サーキュレイション」を「投機」によって促進させることで、富の増加を狙う。彼によって文芸共和国内での否定的な位置づけから解き放たれた公信用像は、投資社会内での振る舞いを誤り苦境に陥ったフランスとジャック・ネッケルにとって、国家の存亡をかける手段となった。

このように、モーティマとド・ピントは、国力の源泉としての公信用と、そのサーキュレイションの効用については見解を共有する。しかし、投機と投資については、永久に平行線をたどることとなる。モーティマには投機が存在しえなく、ド・ピントにとっては投機が存在しない投資社会はありえないのだ。モーティマとド・ピントによって、公信用は投資社会の究極の安定的な基盤とされたが、投資社会はその原初期に投機と投資の客観的折衷が不可能な相違を本源的に内包することとなった。その結果、投機と投資の峻別はあくまで主観的な基準に頼らざるをえなくなり、現在にいたるのである。そして現在、投機を批判する者はモーティマの論理を、投機の効用を評価する者はド・ピントの論理を継承しているといえる。投資社会にいるかぎり、この両者のいずれからも逃れることは困難である。

モーティマの『ブローカー入門』は投資社会を垂直に貫き、ド・ピントの『循環・信用論』は投資社会を水平に開く。そして両者が重なるのは投資社会の心臓部、すなわち国家の信用にほかならない。

第6章　年金・科学・投資社会

終身年金、トンチ式年金、貯蓄救済金庫、あらゆる種類の保健施設の樹立のために、公共（国家）経済はこの同じ確率の計算をいかに利用したことであろうか！

――コンドルセ『人間精神進歩の歴史』（一七九五年頃）[1]

はじめに

一八世紀に発行された債券のなかでも、アニュイティと呼ばれた年金という形式をとる債券は、イギリスのみならずフランスやオランダなど「投資社会」の各地で資金調達のために頻繁に利用された。年金形式の債券には、当初定められた期間のみ利子、すなわち有期年金が支払われる例もあれば、登録された名義人の死まで払い続けられる終身年金の例もあった。いずれの場合でも、投資の収益性は金利と寿命の長さによって決定された。投資社会が拡大していくにつれ、また、政府の資金需要が大規模化するにつれ、アニュイティ形式の債券の発行機会は増えていく。ここで問題になるのは、債券を買う側のみならず債券を発行する側もまた、一八世紀のある時点まで、寿命の長さと金利の設定について主観的な判断に依拠せざるをえなかったことである。そのため、年金債に資金を投じる側と資金を借り入れる側の双方から、将来への客観的で合理的な予測が希求されるようになる。その結果、一八世紀中頃以降、投資社会は科学を利用して投資の予測可能性を手にしていくのである。

本章では、年金債を取り上げ、勃興期の投資社会を支えた黎明期の科学との相互関係を検討する。科学は、勃興する投資社会とどのようなかたちで関わったのであろうか。また、当時の投資社会は垂直的にも水平的にも拡大を遂げていくが、アニュイティという形式の債券や、その客観的な価値測定を可能にする科学的な学知の形成は、投資社会のいちじるしい拡大とどのような関係をもったのであろうか。さらに、科学が投資社会に与えた影響だけではなく、投資社会が科学に与えた影響はどのように現れたのであろうか。なお、ここでいう科学とは、人間の余命を数学的に記述する統計学や確率論といった啓蒙の時代の科学知を指す。これらの一般的な発展史については科学史としての研究が蓄積されており[2]、屋上屋を架すことは避け必要最小限の言及にとどめる。

1　アニュイティと科学

本書ではこれまで「年金（債）」という言葉を頻繁に用いてきたが、これはすべて「アニュイティ」（Annuity）という語の日本語訳である。「アニュイティ」とは、「毎年定期的に支払われる金銭」を指す言葉である。その定期的な支払形態は現在の「年金」に相似している。

一八世紀のイギリスでは、さまざまな事業費用が証券を通じて市場から調達されることで遊休資金の流動化が喚起されていく。個人が信用リスクを引き受けることへの報酬こそが、人生におけるリスクを回避する手段となった。しかし、そのためにはアニュイティがどのような経済的な価値をもつのかが算出されねばならない。終身年金であれば、個人の寿命の計算可能性＝予測可能性の獲得、つまり、科学にもとづくアニュイティの客観的な「真の価値」を決定する必要がある。この役割を果たしたのが啓蒙の科学としての統計学と確率論であった。ただし、アニュイティを科学的な視座からとらえようとする試みは、啓蒙以前からすでにあった。早くも一七世紀に現れたそのような書籍類は、数にして一〇〇はくだらない。これらは、大きく分けて二つの系統に分類できる。ひとつが複利計算からアニュイティの価値を論じるもの。もうひとつが人口統計や確率を主題とするものだ。たとえば一八世紀後半の「人口論争」[3]は、後者の系譜に属する。ここではまず、投資社会の勃興が両者に与えた影響に重点を置きつつ、それぞれの系譜をごく簡単に概観する。[4]

(1) 不動産と動産

アニュイティは元来、老齢者や寡婦、孤児、未婚の女性などに、生計の手段として与えられた不動産の「あがり」であった。[5]つまり、不動産の地代が、成人男性と比較してリスクの高い人びとの生計手段とされたのである。不動産からのアニュイティがどの程度の金額になるのか、数学的に明確化しようとする思考がはやくも一七世紀の初めには生まれていた。ウィリアム・パーサは『複利とアニュイティ』(ロンドン、一六三四年)で、「アニュイティの指針は数学的な見地からひきだすことができる」とする。すなわち、「商取引においては、最小の利益をあげようとするときでさえ、科学的な技術について、何らかの知識が必要となる。だから、アニュイティやリヴァージョン〔「生残年金」〕。通常の年金は、被保険者が死亡すると年金支払いは終了するが、生残年金の場合は被保険者の死亡後、あらかじめ登録された受給資格者が生存しているかぎり年金を受領できる〕の場合、商取引にもまして、そのような知識が必要とされるのだ。アニュイティやリヴァージョンは普通、得られる利益が他のものと比較して最大となるため、特別な配慮を怠るとリスクも最大となってしまう」と、複利計算による細心の注意を払った収益計画が必要であると主張する。[6]その後、複利計算によるアニュイティ論は、教会が所有する地所の地代計算を主題とする書物群に継承されていく。一七世紀後半の『主教座教会や大学の学寮が所有する土地のリース契約の更新・購入のための早見表』（ケンブリッジ、一六八六年）では、各種条件下における地代やリース契約の金銭的価値を、条件ごとに算出された「早見表」に示すことで、いかなる条件下でも地代や地所の価値を簡便に計算できるとされる。[7]

ところが、一七世紀末よりはじまった「イングランド財政金融革命」は、これらの議論にも影響をおよぼす。ガエル・モリス『リース契約の更新と購入』（ロンドン、一七三五年）には、「複利にもとづく早見表は、一般的に利払いが年一回という前提で作成されてきた。しかし、公債の利払いは半年に一回である。年一回と半年に一回とでは、〔複利を想定すると〕利払いで相当な違いがもたらされる。〔中略〕〔それゆえ〕早見表をこの原則で作成しなければならない」と、投資社会の存在を視野に入れつつ、投資先として不動産と競合する動産＝公債と比較できるよう、早見表の全面的な改訂を訴える。[8]

(2) アニュイティと確率論・統計学

アニュイティ論からみた近代人口統計学は、周知のジョン・グラントの『自然的かつ政治的な観察』（ロンドン、一六六二年）からはじまる。グラントは、シティの『死亡表』を用いて、洗礼数と埋葬数の差から人口の増減を推計したが、死亡年齢という発想＝項目はまだみられなかった。[9] 同時代に生きた政治算術家ウィリアム・ペティは『人口増加論』（第二版、ロンドン、一六八六年）でグラントの手法を採用し、ダブリンやパリ、アムステルダム、ローマほか、さまざまな都市や州の人口を求め、全世界の人口を三億六〇〇〇万と推計する。[10]

一六九二年、エドマンド・ハーレーがシレジアの地方都市ブレスラウの死亡年齢付死亡表を利用して、年齢別の人口分布を示すことに成功した。これにより、各年齢で死亡する確率が算出できるようになる。[11] オランダのヤン・デ・ウィトらにより開拓されはじめた分野が、[12] ハーレーによって確立されたのだ。この後、人口統計は確率論の発展とリンクしていく。

一八世紀確率論の始祖は、亡命ユグノーでもあったエイブラハム・ド・モアヴルである。彼は「〔確率を用いることによって〕偶然を偶然がほんらい存在する場に見出すことができる。確率がしだいに増加していくことによって証明可能な画一性、秩序、恒常性の存在が示される。その一方で、〔逆に自然からはありえない人為的な〕選択と意図が介在することも示されるだろう[13]」と、確率をつうじて真理に到達できるとする。また、「この世のすべての政治は、確率の数量分析の類にほかならない」と喝破するジョン・アーバスノットも『偶然の法則』で、「確率の数量計算がきわめて有用」であり、かつ「非常に多くの不測の出来事に応用可能であろうと、私は信じる」と、客観的で合理的な指針として確率の効用を説く[14]。このような思考がアニュイティに応用されるのは、ド・モアヴルによってであった。彼は『終身年金論』（ロンドン、一七二五年）で、「終身年金〔の金銭的〕価値を見積もるには、利子率と、寿命が長く続くのか、それとも短くなるのか、どちらになるのかの確率をみなければならず」、また「寿命の長さの確率は、いずれにしても観察から論理的に推測しなければならない」と述べる。彼はさらに次のようにいう。

余命とは、ある既存の生命から正当に予測される寿命の長さである。それは、かつて存在した多くの生命の、この世に生をうけこの世から去るにいたった期間のうち、より長いものとより短いものの中間値をとる。〔中略〕余命の現在価値によって、終身アニュイティが購入される。〔こうして購入されたアニュイティによって〕地代は存命のかぎり支払われる。それゆえ、〔アニュイティを購入した〕人物の未確定である寿命の長さという〔いわば一種の〕偶然は、〔確率と統計によって算出された余命という〕ある固定された期間と同じものとしてとらえられる。〔確率と統計によって算出された余命という〕有限の期間、アニュイティの受取人は、名義人の余命の正しさによって、当該アニュイティを得る権利をもつのである[15]。

(3) 投資社会の影響

死亡年齢がロンドンの死亡表に記載されるのは、一七二八年以降のことである。これは、エイブラハム・ド・モアヴルのアニュイティ論の出版が一七二五年であったことと関係するかもしれない。しかし、ロンドンのデータにもとづくアニュイティ論が提出されるには、トマス・シンプソンによる『年金と残存年金の原理』(初版、ロンドン、一七四二年)をまたねばならなかった。同じくロンドンの死亡表を用いたジェイムズ・ホジソン『終身年金の価値――ロンドンの死亡表からの推計』(ロンドン、一七四七年)には、興味深い記述がある。

寿命にアニュイティを設定することは、公的な目的のために資金を調達する至便な手法である。この方法はもっと推奨されてしかるべきだ。なぜなら、将来までこの手法が用いられていくことに、疑念の余地はないからである[16]。

ここでいう公的な目的とは何か。これを政府による戦費調達として了とするわけにはいかない。本章で後述されるトンチン・ソサエティや、第7章で扱われる各種の公共的な改良事業をも含むものとして、この言葉の意を理解しなければならない。一七四〇年代後半のホジソンの記述には投資社会の存在感が明瞭にあらわれている。それを確証するのが、ほかならぬド・モアヴルであった。『終身年金論』(第四版、ロンドン、一七五二年)で彼はいう。

土地が三・五%の年利をとることは、まずない。南海年金は、表面利率は三・五%であるが、購入者は〔市場価格が額面を割っていることから〕実質四%以上の金利で手にしているはずである。両者の単純比較は難しい。

周知のように、無条件相続が可能な地所には、出資者の〔社会的な〕信用、名誉、名声そのほか、もろもろの有利な点が付随している。そのため、多少実入りが減っても、所有者は満足できる。南海年金は、定期的な利払いが厳格になされること、議会による保証があることに基盤がある。しかし〔土地からの〕終身年金には、それらがない。[17]

このド・モアヴルの記述が示しているのは、複利計算によりアニュイティを数学的にとらえる系列と、統計や確率論により生命統計の構築を主題とする二つの系列が、投資社会の影響の下で、不動産ではなく動産、それも信用にもとづくアニュイティの科学として合流するにいたったということである。

それが起こった一七五〇年前後という時期も重要である。第5章で述べたように、ちょうどその頃、オーストリア王位継承戦争が終結し、その間累積した政府公債の整理のため、ヘンリ・ペラムが低利借り換えを実行した。それに伴い投資社会の存在がクローズアップされていた時期であった。これは偶然の一致ではない。人間の生を科学的に記述する可能性が求められてきた結果、一八世紀中頃の投資社会が信用を科学的に馴致できるさしあたりの可能性を手にした瞬間であった。

複利計算によるアニュイティの価値の算出や、確率論・統計学の応用による年金価値の算出といった諸学知（現代でいう「保険数理学」にほかならない）は、経験的な観察にもとづく合理性と客観性を重視し、啓蒙の科学の一翼を担った。本章で強調したいのは、こうした科学＝学知が投資社会から一定の影響を受けつつ発展してきたこと、そして、それらが投資社会のありかたにも一定の影響をおよぼした点である。

こうしてアニュイティの価値は、不動産からの地代であろうと、信用からの利子であろうと、科学にもとづき合理的に算出されるようになった。投資社会を構成する人びとは、読み書きさえできれば、誰でも科学が提供する客観的なデータを判断材料として証券を購入し、また事業主として証券を用いて資金を調達できるようになったのである。たしかに、「終身年金は価値という点で不確かです。私見では、公衆が利益を得ることはけっしてありえないのです」という首相ニューカスル公爵のような思考こそが、主流を占めていたことは間違いない。しかし、まさにその当時、こうした科学は投資社会において人の寿命と信用を「客観的」に記述できる有力な手段として、人びとのあいだで注目されはじめていた。

(4) 公債と科学

これまでの研究では実証されていない、政府公債の起債現場における科学の応用例をみてみよう。まず取り上げるのは、第1章で検討した一七五七年債の事例である。一七五七年債の起債では、反宮廷派の試みが未達に終わったあと、デヴォンシア公爵によって善後策が講じられた。公債請負人ヨシュア・ファン・ネックは、同じく公債請負人であるジョン・ゴアとともにデヴォンシア公爵のもとに赴き、二つの起債案を提示した。しかし、ニューカスル公爵の秘書ジェイムズ・ウェストは、ファン・ネックとゴアの提案は、議会での審議で公債請負人と対立しているジョン・バーナードによって反対されるとみていた。その理由は、バーナードがそれをあまりに公債請負人に有利な案だとみていたからである。その有利・不利の基準となったのが、終身年金の条件であった。ウェストは「ジョン・バーナードがいうには、バーナードは［ファン・ネックとゴアが提案した］終身年金をド・モアヴルの表による価値でくらべてみた」と、ニューカスル公爵に述べている。つまり、ファン・ネックの提案内容の適否を判断するさい、バーナードはエイブラハム・ド・モアヴルのデータを基準として判断を下していたのである[18]（後掲図6-1）。

もうひとつは、一七六二年債の起債時の事例である。七年戦争末期になると、戦争資金の調達が困難となり、政府は起債条件の悪化に悩む。第2章でみたように、政府はさまざまな工夫をして、本体公債の表面利率を可能なかぎり抑制するように努めた。その時も科学が援用されたのである。一七六二年債の起債条件を決定するさいに、ニューカスル公爵へ具申された内容がそれにあたる。[19] 当初二四年間はアニュイティの金利を四％に定め、その後一％減率して三％とする。このアニュイティを額面一〇〇ポンド購入する場合と、現在市場価格が八四である三％のアニュイティを同額分購入する場合と、いずれを購入するべきであろうか、という市場の投資対象の選択を想定した問いを発するのだ。この問いは、既発公債の市場価格を参考にしつつ、できるだけ起債コストを抑制しようとする政府にとって、きわめて重要な問題であった。その答えは次のとおりである。「ある男性が一〇〇ポンドをポケットに入れて、市場で価格八四の三％アニュイティに資金を投じると仮定すると、彼に毎年支給される〔表面利率による〕年金は、三ポンド一一シリング五ペンスとなる。〔さらに、八四という価格に対するこの年金額の割合が〕現下での金利となる」。「さて、さきに定めた四％アニュイティの条件では、当初二四年間、比較対象の三％アニュイティよりも一％価値もしくは価格において上回る。現下の金利が三ポンド一一シリング五ペンスであるとすると、ド・モアヴルの早見表における二四年のアニュイティの価値によれば、この追加の一％は一四ポンド一三シリングの価値をもつ」。「この男性が八四ポンドを支払って額面一〇〇ポンドの三％のアニュイティを買ったとしよう。彼が支払った一〇〇ポンドのうちの残りの一六ポンドに対して、四％アニュイティの価値はわずか一四ポンド一三シリングである」。要するに、一六ポンドと、二四年間一％の年金の価値との比較になったわけである。後者の価値を算出したのが、ほかならぬド・モアヴルだったわけだ。なお、一七六二年債では一二〇〇万ポンドという巨額の起債がなされたが、起債条件は一〇〇ポンドの出資ごとに八〇ポンドと二〇ポンドに分割し、前者の八〇ポンドの払込みに対して額面一〇〇ポンドの保有権を付与したうえ、当初一九年間は四％、期間終了後は三％に金利を減じ、後者の二〇ポンドについては一ポンドの九八年間の有期年金を付与するという複雑な構成になった。この場合は、起債を主導する当事者が起債条件を客観的に検証し構築する作業の過程で、ド・モアヴルの成果が応用されたのだ。

二つの事例からわかるのは、この亡命ユグノー自身が肌で感じていた投資社会の勃興のなかで、起債する側とそれに応じる側双方にとって、彼の科学研究の成果はきわめて有用で、現場で実際に活用されていたという事実である。たしかに原理的には、保険数理による起債は一七世紀後半ヤン・デ・ウィトらによるオランダでの経験がある。しかし、その後、一八世紀の前半期では保険数理の学知が実際の統治に応用された事例は、イギリスでは皆無のように思われる。少なくとも、ニューカスル公爵以前のイギリスの統治者が科学的な学知を利用した痕跡は実証的には確認されない。したがって、ここに紹介した事例は、科学的学知による「客観的な数値による記述」が現実の財政運営に適用されていたことを示す重要な事例であるといえる。

2　投資社会とトンチン

(1)　トンチンの歴史

一七世紀の末から一九世紀初めにかけて、国家をはじめとするさまざまな主体に資金需要が発生したさい、その調達方法の一種としてしばしば活用された手法にトンチンがある。これは終身年金、つまり購入時から名義人の死亡時まで生存しているかぎり、定期的に投資した金額に対する利息を受け取る年金の一種であった。それでは、トンチンは投資社会の垂直的な拡大とどのような関係にあったのであろうか。

トンチン年金は歴史的には、イタリア・ナポリの金融業者ロレンツィオ・トンティによって考案され、一六五二年（一六五三年とする説もあり）にフランスの宰相マザランに提案されたといわれる。[20]その後、トンチンはおもに公債の発行手段としてヨーロッパ各国で広く用いられた。歴史上初めてトンチンが試みられたのは、一六五三年のデンマークである。オランダでは一六七〇年にカンペンで、一六七一年にはアムステルダムにて、それぞれ実施された。フランスでは、トンティがはやくから提案していたにもかかわらず、一六八九年までそれが採用されることはなかった。しかし一六八九年に初めて実施されると、フランスで実施された「ロイヤル・トンチン」は、七年戦争中の一七五九年までに一〇回に達した。[21]

イングランドでは、一六九三年に初めてミリオン・トンチンが試みられた。このトンチンは、一七五七年債の起債時に財務府長官ヘンリ・レッグらが二五〇万ポンドのトンチンを計画したさい、「イングランド銀行以前＝マニド・インタレスト以前」ということで、計画のひな形とされた。その名のとおり、募集額一〇〇万ポンドが、一口一〇〇ポンドに分割され出資が募られた。年利は、当初七年間は一〇％、その後は七％とされた。しかし、応募額が募集額の一割強にとどまり、完全な失敗に終わった。[22]ブリテンではその後、一七五七年、一七六五年、一七八九年にそれぞれ、政府によってトンチンが試みられた。第1章でみたように、一七五七年のトンチンでは、募集額二五〇万ポンドに対し、応募額は約三一万ポンドにとどまった。また、一七六五年には、三〇万ポンドが年利三％のトンチンで起債されたが、応募額はわずか一万八〇〇〇ポンドだった。一七八九年の小ピットによる「大イングランド・トンチン」をもって、イギリス政府公債としてのトンチンは終わりを告げる。[23]したがってトンチンは、フランスではおおむね成功したものの、表面利率がフランスよりも比較的低く設定されたイングランドでは失敗した。ある論者は、以下のように述べる。

トンチンは、人間の情念に適合していたように思われる。人間誰しも長寿を望み、老いを平穏無事に過ごし

カミュ　歴史の裁きに抗して　千々岩靖子著
無意識という物語　一柳廣孝著
敗戦とハリウッド　北村洋著
近世東南アジア世界の変容　太田淳著
イスラーム　書物の歴史　小杉泰／林佳世子編
出使日記の時代　岡本隆司他著
英語化するアジア　吉野耕作著

養護教諭の社会学　すぎむらなおみ著
戦後IMF史　伊藤正直／浅井良夫編
ヨーロッパ統合史［増補版］　遠藤乾編
アメリカ医療制度の政治史　山岸敬和著
物理学ミニマ　杉山直監修
血糖コントロールの実践　日吉泰雄著
最新　DNA鑑定　勝又義直著

刊行案内

＊ 2014.2 〜 2014.9 ＊

名古屋大学出版会

■お求めの小会の出版物が書店にない場合でも、その書店に御注文くださればお手に入ります。
■小会に直接御注文の場合は、左記へお電話でお問い合わせ下さい。宅配もできます（代引、送料200円）。
■表示価格は税別です。小会の刊行物は、http://www.unp.or.jp でも御案内しております。

◎第5回表象文化論学会賞奨励賞受賞　科学と表象（田中祐理子著）5400円
◎第31回渋沢・クローデル賞ルイ・ヴィトンジャパン特別賞受賞　美食家の誕生（橋本周子著）5600円
◎第51回日本翻訳文化賞受賞　マルコ・ポーロ／ルスティケッロ・ダ・ピーサ『世界の記』（高田英樹訳）18000円

〒464-0814　名古屋市千種区不老町一　名大内　電話〇五二（七八一）五三五三／FAX〇五二（七八一）〇六九七／e-mail: info@unp.nagoya-u.ac.jp

坂本達哉著

社会思想の歴史

—マキアヴェリからロールズまで—

A5判・388頁・2700円

近代と向き合い、格闘し、支えた思想家たちの思考のエッセンスを平易に解説、自由と公共をめぐる思想的遺産を縦横に論じて、現代社会をよりよく考える基盤を指し示す。政治・経済・哲学の枠を超え、近代社会の通奏低音をなす思想の姿を浮かび上がらせた、刺激に満ちた最良の道案内。

978-4-8158-0770-2

千々岩靖子著

カミュ　歴史の裁きに抗して

A5判・340頁・5500円

植民地に生まれ地中海を跨いで活躍した『異邦人』の作家は、なぜ、いかにして歴史に抗ったのか。『最初の人間』に至る小説創造と、アルジェリア時代や戦中・戦後に展開された政治的思索を合わせ捉えることで、歴史と非‐歴史の境界で思考し続けたカミュの軌跡を鮮やかに照らし出す。

978-4-8158-0768-9

一柳廣孝著

無意識という物語

—近代日本と「心」の行方—

A5判・282頁・4600円

フロイト精神分析や「無意識」の受容は、日本における「心」の認識をどのように変化させたのか。民俗的な霊魂観と近代的な心身観がせめぎあう転換期を捉え、催眠術の流行や文学における表象をも取り上げつつ、「無意識」が紡ぎ出した物語をあとづける「心」の文化史。

978-4-8158-0772-6

北村　洋著

敗戦とハリウッド

—占領下日本の文化再建—

A5判・312頁・4800円

アメリカ映画を抱きしめて——。占領政策の一環としてハリウッド映画を利用したGHQと、その到来を熱烈に歓迎した日本人。両者の関係を多面的な交渉のプロセスと捉え、検閲・配給・宣伝をめぐる様々な試行錯誤から、ファン文化の形成まで、熱狂と葛藤に満ちた戦後占領史を描き出す。

978-4-8158-0775-7

太田　淳著

近世東南アジア世界の変容

—グローバル経済とジャワ島地域社会—

東南アジア有数の貿易国家バンテンを政治・経済・社会・思想・環境のあらゆる面から徹底的に解読、オランダや中国の刺激に積極的に対応して大きく変容していった現地商人・社会のダイナミズムを胡椒栽培・糖業から海賊活動をも視野に捉え、その世界史的転換を示した渾身の力作。

978-4-8158-0766-5

たいのだ。また、トンチンは公に対しても利益をもたらす。負債〔の元本〕を、一銭も費やすことなく償却することが可能なのである。ただし、その道のりは長いものになるが。トンチンは諸外国において広範に用いられてきたが、イギリスにおいてはほとんど利用されなかった。最初の例は、ウィリアム三世の治世がはじまったときに実施されたが、ごくわずかな額しか集めることはできなかった。二番目の例は、一七六六年に試みられたのだが、完全に失敗した。三番目にして最後の例が、一七八九年に行われたものである。トンチンではわずか一〇〇万二五〇〇ポンドしか起債できなかった。(24)

ただしこの論者や、現在の研究者のほとんどすべてが共有する、トンチンによる資金調達を政府公債の領域に局限したうえで否定的に評価する見方には、重大な問題がある。なぜなら後述のように、イギリスでは一八世紀後半以降、民間で実施されたトンチン・ソサエティや、第7章で詳説する橋梁や監獄、ホテルや公園の建築造成など公共性を有する事業において、トンチンの債券は資金調達手段として頻繁に活用されたからである。手法としてのトンチンはあくまで投資社会空間の全体で評価されなければならない。

(2) トンチンの原理と制度

トンチンとは何か。まず、同時代人の解説に耳をかたむけてみよう。

〔トンチンとは〕ある一定の金利がついた年金である。年金は、数集団に分けられた多数の人びとに与えられる。このグループ分けは、それぞれの年齢にもとづく。その結果、それぞれの集団に割り当てられた全資金が毎年〔半年に一回が多い〕、クラスの生存者間で〔出資口数に応じて〕分割されて支払われる。これは最後の名義人が死去するまで続く。死亡者が発生すると、死亡者分の年金はトンチンの事業主体の権限に帰属する。この権限こそが年金が適正に支払われる保証となるのだ[25]。

トンチンの名義人（被保険者）は、年齢別の数集団に分類される（されない場合もある）。グループ分けの基準年齢や集団数は、企画によって異なる。出資者は、登録した名義人が存命であるかぎり、年数回（二回、すなわち半年に一回が大部分を占める）、出資口数に応じた終身年金の受給権をもつ。なお、トンチンへの出資者（つまり年金の受取人）とその生命に年金が支払われる名義人は、別人物である場合もあれば、（それより例は少ないが）同一人物である場合もある。また、一口の名義人数は通常は一名であるが、ときに複数名の共同名義人登録が可能な場合もあった。出資金の払込みは、とくにトンチン・ソサエティに多くみられるように複数回に分割されることもあった。年金額は金利で決定されるが、設定される金利は名義人の所属集団で異なることがあった。トンチンの最大の特徴は、各集団で死亡者が出ると、死亡者の余剰年金が集団内の生存名義人の証券保有者間で出資口数に応じて分配される点にある。登録した名義人が所属する集団の最後の生存者となると、多くの場合、出資者は莫大な年金を受給できた。集団内の名義人が全員死亡すると、当該集団ではトンチンは終了となり、主催者の当該集団への利払い義務は消滅する。すべての集団で名義人が全員死亡すると、そのトンチンは終了となる。このさい、元本の償還義務がない点は、起債者がトンチンに見出す最大の魅力であった。

（3）民間のトンチンと公信用——イプスウィチ・トンチン

中央政府が起債した債券の多くは、一八世紀後半以降、年金＝アニュイティというかたちをとった。とくに、一七五〇年代に政府の任意で元本償還期日が決められるコンソル債が生み出されると、その利子はコンソル債を保有するかぎり支払われ続ける事実上の年金となった。主力の大銘柄「三％コンソリデイティド・アニュイティ」すなわち「三%コンソル（年金）債」は、代表的な年金となり、流動性と安定性から一九世紀には代表的な安定資産として世界に知られるようになる。

一八世紀末から一九世紀初めにかけて、コンソル債とトンチンの原理を組み合わせた試みがイギリス各地でみられた。これまで研究者の関心をまったく引くことがなかったこの事業の好例が、「イプスウィチ・ユニヴァーサル・トンチン」（略して、イプスウィチ・トンチン）である。

イプスウィチはイングランド東部のイーストアングリアに位置し、サフォークの中心的な地方都市のひとつである。イプスウィチ・トンチンは、一七九〇年一月二五日に出資がはじまり、一七九三年三月二四日に最終的に締め切られている。このトンチンでは、年齢によって一四にクラス分けがなされ、クラスによって一口の出資額が異なっていた。たとえば、名義人が五歳以上一二歳未満であれば一口が一〇〇ポンドであるのに対して、六七歳以上であれば一口が四〇ポンドとなっている。かりに、一口あたり年四ポンドの年金を受けとるとすれば、前者の年利は四%であるのに対して、後者の年利は一〇%となる。これら一口あたりの金利差は、科学的な学知にもとづいていた。

イプスウィチ・トンチンは、これまで言及してきたトンチンとは性格が異なる。それは、より条件の良い年金を得ることに特化したトンチンであった。出資者から集めた資金は、通常のように戦争をはじめとする何らかの事業費に充当されるのではない。その大部分は、管理トラストの名義で、当時の四%コンソル債に投資されるのだ。新聞各紙には「政府公債（Government Securities）に投資」と見出しを打った投資広告が掲載されている。[26]年利四%の利子は、広告費や事業経費が控除されたのち、トンチンの原理により生存者間で配分されることとなる。つまり、個人がコンソル債に直接投資する場合と比較すると、トンチンの原理を介在させることにより、生存者利益が加増されたより高い投資益が得られる、というわけだ。また、単独で政府公債に投資する場合と比較して、代理人をはじめとする諸費用が共同で負担されるため、とりわけ地方在住者にとってはコスト安となる。新聞各紙を用いた盛んな広告戦略の結果、イプスウィチ・トンチンへの出資総額は、六万六八五六ポンド一五シリング二ペンスにのぼった。これを原資として、一七九一年六月三〇日に額面一万四五〇〇ポンド、一七九二年六月三〇日に同二万三五〇〇ポンド、一七九三年五月七日に同三万ポンド、合計六万八〇〇〇ポンドの四%コンソル債が購入されている。[27]したがって、イングランド銀行の政府公債保有者名簿では、イプスウィチ・トンチンの管財人の氏名で六万八〇〇〇ポンドが保有されていることになるが、実際の年金受領者はこのトンチンに申し込んだ約五七〇名の人びとということになる。

出資者の全貌は史料には現れないため、その一部を垣間みることしかできない。リチャード・オルドリッジ（四六歳）はブリストルの銀行家であるが、自己名義でイプスウィチ・トンチンに一口七〇ポンドの投資をしている。彼は、公共事業を目的として起債された「ブランウィック・スクエア・トンチン」にも、知人の一八歳の息子を名義人として一口投資している。このような複数のトンチンに分散投資する例はしばしばみられた。

収益については、利払い開始から一五年経過した一八〇八年のデータによれば、この一五年間で一一八口分の名義人が死去し、年金額は一口あたり三ポンド一三シリング七ペンスであった。金利に換算すると、一口一〇〇ポンドの五歳以上一二歳未満のグループでは年利三・六五%、一口四〇ポンドの六七歳以上のグループでは年利一〇・二八%となった。六七年後の一八六〇年のデータでみると、六八口分の生存者が受けとる金額は年二四ポンド四シリング、一口一〇〇ポンド出資の場合、年利二四・二%という高利回りとなった。[28]

名義人についてはリストが残存している。全五七〇名が登録され、申し込み口数は七九〇におよぶ。そのうち二〇歳以上三二歳未満のクラスが九五名と最多で、五歳以上一二歳未満のクラスが七九名とそれに続く。名義人の地域分布は、トンチンが実施されたイプスウィチで四四名、イプスウィチを含めたサフォークで一〇九名と全体の約二割を占める。また、ノーフォーク、エセクス、ケンブリッジシア、ハートフォードシアおよびサフォークといった近隣諸州で五一％と全体の約半数にのぼる。しかし、北部のノーサンバーランドとウェストモーランド、中部のノッティンガムシアとラトランド、南西部のコーンウォールの五州を除くイングランドの三八州に名義人がみられるほか、ロンドンが全体の約一割を占めていることも特徴的である。さらに、ダブリンやジャマイカ、インドのボンベイ（ムンバイ）にも、わずかだが名義人が存在している[29]。出資者の地域分布は生存証明の必要性からも名義人の地域分布と重複するか、その近辺になることが多い。出資者と名義人は、地元イプスウィチを中心としつつも、地理的に比較的広い範囲に分布しているといえる。

イプスウィチ・トンチンで指摘しておかなければいけないのは、事業財産がイギリス政府公債というかたちで「投資＝保全」された点である。つまり、新聞広告の出しかたからみても、イギリス政府公債への確信に近い信頼がここで看取できる。第5章でみたような、トマス・モーティマやイサーク・ド・ピントのようなイギリス公債への信奉は、一七八〇年代から九〇年代へかけて広く社会に共有されるようになっていったと考えられる。いまや安定資産となったイギリス政府公債は安定資産となったがゆえに、こうしたプロジェクトの基盤を提供する資産となりえたのである。

(4) トンチン・ソサエティとアニュイティ

一七八八年から九〇年代にかけて、トンチンによりアニュイティを獲得するトンチン・ソサエティが各地で叢生していった。一七八八年には、イングランド中部の地方都市ドンカスタで「ドンカスタ・ユニヴァーサル・トンチン」が実施され、ファーストクラスの出資金四万六〇〇〇ポンドは、三％コンソル債に投資されている。一七八八年当時に三六四名いた名義人は一八六〇年には四六名に減少し、名義人が生存している証券保有者は一口あたり年一〇〇〇ポンドを受け取っていた。また、一七九〇年には、イングランド中部の中心都市ヨークで「ヨークシア・トンチン」が実施された。[30] 翌年の一七九一年、ロンドン南東部のケントの町、ロチェスタ、チャタム、ブロンプトンでは、これら三つの町から五マイル以内に範囲を限定し、合同で地域に特化したトンチン・アソシエイションが結成されている。このトンチンは、一口あたり毎週六ペンスを支払い、五年の満期後に生存者間で配当を分割するものであった。[31] さらに、一七九二年には、ケントの州都メイドストンで「ケンティッシュ・トンチン・ソサエティ」が結成された。このトンチンではイプスウィチ・トンチンと同じ形式が踏襲されている。[32]

イプスウィチ・トンチンのような広域におよぶ大規模なトンチンも、同時期にいくつか実施された。一七九一年六月には「ユニヴァーサル・ブリティッシュ・トンチン・ソサエティ」[33]が、同年一二月には「ロイヤル・ユニヴァーサル・トンチン・ソサエティ」がロンドンで結成された。[34] また一七九二年一二月には、「ニュー・ブリティッシュ・トンチン・ソサエティ」がブリストルを中心に結成された。このニュー・ブリティッシュ・トンチン・ソサエティ」は史上最大の規模をほこり、参加者数は約一二万人に膨れ上がった。[35] 新聞紙上の投資広告に Government Security（国家による信用＝安全）との大見出しをあげる事業もあった。[36]

急進主義者のトマス・フライは、これらを「プライヴェイト・トンチン」と一括し、運営への批判を急進主義の牙城ロンドン通信協会へ寄せている。フライによれば、主要六大トンチン・ソサエティに限定しても、出資者総数は四八万人にものぼるという。[37] 大規模なトンチンでは、イプスウィチ・トンチンのように最初に一口分を全額投資するのではなく、ケントのロチェスタの事例のように、週ごとあるいは月ごとに小額を積み立て、数年の満期を待つという友愛組合で用いられる方式が多く取り入れられた。こうして低所得者層の参加が可能になった。一七九七年の「ミネルヴァ・ユニヴァーサル・インシュアランス」は、名称こそ「保険」とあるが、原理はトンチンにほかならない。[38] この企画は、「女性や子ども、老人をまもるため」と、トマス・ペインらの普遍的な社会保険の構想と通底する目的をあげる。

このように、政府公債を安定資産とし、拠金をそれに投資したうえで、トンチンの原理で公債利子を分配する試みが、一七八〇年代から九〇年代にかけてのイギリス各地でみられた。このようなトンチン・ソサエティは、ロンドンから離れた地域の投資家にとって政府公債への恰好の投資手段となった。トンチン・ソサエティは取引費用を参加者で分担し、また小口投資をしやすくすることで、直接的な証券保有ではないかたちできわめて多数の人びとの参加を得た。その結果、投資社会の垂直的拡大を促進したと考えられる。

3　年金の科学の確立と投資社会の水平的拡大

トンチンは終身年金であるため、利率の合理性は資金調達者と投資家の双方に大きな影響をもたらす。トンチンの金利を的確に設定するためには、各年齢集団の平均余命データが必要となる。つまり、ここで死亡表から得られた人口統計をもとに、確率を用いて予想平均余命を算出する必要性が生まれる。また、とくに政府公債で用いられたトンチンでは、名義人の生死情報の管理を通じて得られた死亡率や余命のデータが政府に集積される。一八世紀に募集されたトンチンの名義人が生存しえなくなる一九世紀の中頃に入ると、これらのデータがフィード・バックされて保険数理の発展に寄与した。このように、利率の設定は市況と余命想定を比較衡量して決定されるが、それはトンチンの成否を左右するきわめて重要な作業となった。こうした保険数理研究において、リチャード・プライス（一七二三～一七九一）やウィリアム・モーガン（一七五〇～一八三三）は、一七五〇年代までのアニュイティの数理的把握と統計学や確率論の正当な継承者であった。

(1) リチャード・プライス

ディセンターであったリチャード・プライスは、一八一二年までに版を七度重ねる『生残年金の支払いについての所見』(初版、ロンドン、一七七一年)で、政策論的でかつ実践的なアニュイティ論を展開する。まず、アニュイティについての一般的な知識を一六問の質疑応答形式で示し、寡婦や老齢者のアニュイティに触れる。同時に、生命保険の価格算出の手法について解説がなされる。さらに国家破産を回避する手法として、減債基金の創設による国債元本の削減を主張する。[39] これは翌年、『公衆に向けてのアピール。国債について』(ロンドン、一七七二年)でも再論されている。[40] さらに、ベンジャミン・フランクリンへの書簡形式をとった前著『余命についての所見』(ロンドン、一七六九年)で力説されていた国力の源泉としての人口論についても、[41] 人口増加説の立場から政治算術的に論じている。最後に、数学的な見地からの終身年金論を展開する。そこでは、エドマンド・ハーレーがブレスラウのデータにもとづき算出した余命と、エイブラハム・ド・モアヴルが同じデータで算出した数値が批判される。彼は、ロンドン、イーストアングリアの地方都市ノリッジ、ミッドランドの地方都市ノーサンプトンのデータにもとづく各余命数値を比較検討した。それによって著名な「ノーサンプトン表」が作成され、以後しばらくのあいだ保険数理の基本データとして各地の年金数理に携わる者のあいだで共有された(図6-1)。

プライスの公債償還論には、従来の公債批判と比較して、二つの特徴がある。ひとつが、アニュイティ論で議論されてきた複利計算を応用し、減債基金の設置によって元本の削減が可能だと主張する点。もうひとつが人口論からの視点、すなわち公債の利払いで税負担が過重になり、その結果物価が上昇し、それが人口の減少、つまり国力の減少をもたらすと主張する点である。[42] つまり、数学と人口という二つの柱が、彼のさまざまな発想の中核にあるのだ。そこから、一方では寡婦や老人のためのアニュイティ論や生命保険論が展開される。他方、人口論の系譜から政治算術的にブリテンの国力が論じられ、その実践的な方策として複利の応用による公債の削減が主張された。

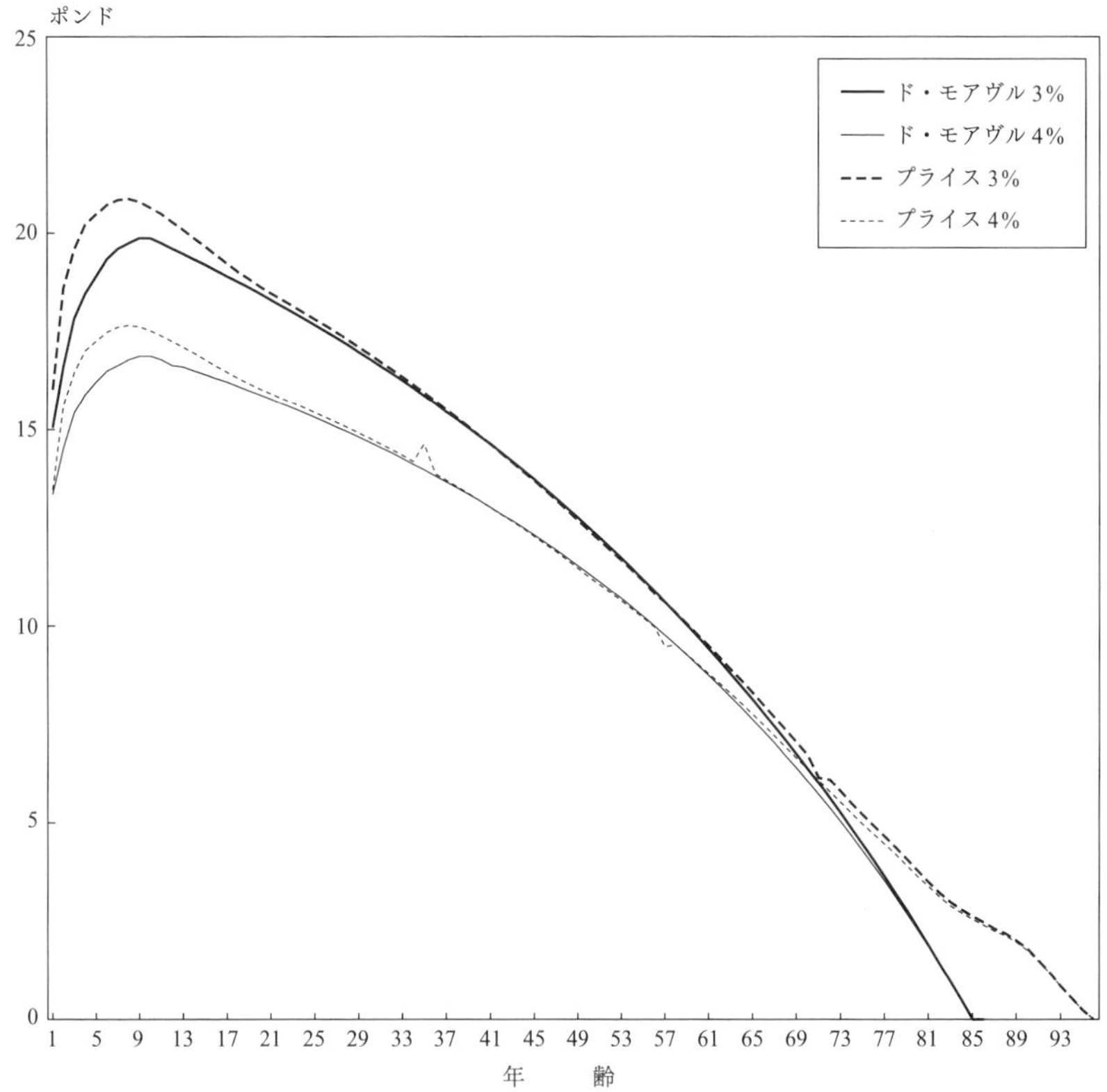

図 6-1　ド・モアヴルとプライスによる各年齢の１ポンド終身年金の現在価値

出典）Richard Price, *Observations on reversionary payments*, 1771, pp. 262, 319 より筆者作成。

この主張は大きな影響力をもち、ウィリアム・ピット（小ピット）による減債基金の設置につながり、同時に国債管理委員会の設置によって減債が組織的に管理されていくこととなった[43]。ただし、トマス・モーティマはこれらプライスの計画の実現可能性に疑問を投げかけ、厳しく批判している[44]。

(2) ウィリアム・モーガン

ウィリアム・モーガンは、リチャード・プライスの甥であり、プライスの伝記[45]の執筆者であった。彼もまた、プライスと同じく数学に長けており、プライスから強い影響を受けていた人物であった。モーガンは世界初の近代的な生命保険会社である「エクイタブル生命保険」創設（一七六二年）時のメンバーのひとりでもあった。[46] また、一七七五年からは同社の主任保険数理士となり、それは一八三〇年まで続いた。彼の主著『寿命と生存率にもとづく年金と生命保険の原則』（一七七九年）では、基本的にプライスの主張を数理的に裏付ける記述が展開されている。[47] モーガンはプライスの継承者であった。また、彼の活動の意義は、統計学や確率論といった最新の科学の成果を、現実の制度設計に応用した点にある。エクイタブル生命保険の成功はそのひとつである。それがトマス・ペインやコンドルセらに影響をおよぼし、ペインによる普遍的な社会保険構想につながっていったことは、ガレス・ステドマン・ジョーンズが指摘するとおりである。[48] だが、モーガンの歴史的な役割はそれだけではない。生命保険だけではなく、市場で取引される年金にも関与したのだ。

モーガンは一七八七年一月八日に、以下のような書簡を送っている。

> コンソル債の現在の値動きから、年金受給者〔トンチン購入者〕への利率を決定するのであれば、利子は一〇〇ポンド出資につき、少なくとも年四ポンド一シリング〔年利四・〇五％〕にしなくてはいけないでしょう。しかし、コンソル債が年利五％の値をつけているなら、それは年四ポンド一一シリングの利子〔年利四・五五％〕でないとだめです。貴殿案はトンチンの購入者にとっては魅力にとぼしく、したがってミドルセクスは、〔トンチンの〕年利を四・五％以下に設定すると、〔市場を通じた資金調達は困難となるため〕起債は不可能だと思料します。コンソル債の現況から判断するに、年四ポンド六シリング〔年利四・三％〕の年金に、生存者利益を加えた利率にするべきだと考えます。[49]

この書簡の宛先は、ロンドン近郊では初めての近代的な監獄建設の資金調達を目的として発行された「ミドルセクス・トンチン」のトラスト、すなわち事業主体を構成した治安判事である。つまりこの書簡は、起債条件の設定に悩む事業主体から相談を受けたモーガンが、科学的な学知にもとづき最適な条件を回答したものにほかならない。実際、年利で四・五％以上の表面利率を提案するモーガンの見解は、第一回ミドルセクス・トンチンにそのまま反映された。

プライスやモーガンは、一七六〇年代から七〇年代にかけて（人口）統計学や確率論をアニュイティと結びつけた。啓蒙の科学はこれらに、経験にもとづく客観的で合理的な裏付けを与えた。投資社会の構成員は、こうした数学の応用にもとづいて信用リスクを引き受け、人生における偶然のリスクに備えた。イプスウィチ・トンチンのようなトンチン・ソサエティもそのひとつの実践であるが、同時に、前述のトマス・フライのように、トンチン・ソサエティを批判する場合ですら、論拠を科学的学知に求めるという動きが共有されたことは重要である。[50]さらにこうした科学の学知は、「改良」という名を与えられた社会的間接資本の整備事業において、その資金調達計画の策定においても実践されていった。アニュイティを通じて投資社会から資金がこれらの事業に調達されたのだ。イプスウィチ・トンチンで保険数理士を用いて制度設計や日常業務の点検をさせているように、民間の投資事業を支える役割を果たしたのである。

（3）投資社会の水平的拡大と科学――フランスと合衆国

科学によって信用を記述する動きは、イギリスに限定されない。それは、投資社会内で広く観察できる。なかでもフランスのコンドルセは、信用と科学の接点の近くに位置し、その効用を雄弁に語ったフィロゾーフだ。コンドルセの政治算術的あるいは社会数学的なまなざしは、投資社会の勃興という文脈からも理解されるべきであろう。本章冒頭の「終身年金、トンチ式年金、貯蓄救済金庫、あらゆる種類の保健施設の樹立のために、公共（国家）経済はこの同じ確率の計算をいかに利用したことであろうか！」は、それを明確に示している。また、このくだりの

直前には、確率計算の社会的効用を説く文章に続き、以下のような記述がみえる。(51)

人間の生命の長さについて、性別や気質や風土や職業や政府や生活慣習などの相異がこの寿命におよぼす影響について、いろいろな疾病から生ずる死亡率、人口の変化、この人口の変化を生じるいろいろな原因の作用の範囲、年齢や性別や職業などによる各国の人口分布の状態などについての研究、これらすべての研究が、人間に関する物理的知識（生理学）、医学、公共（国家）経済などに、どれほど有用であることだろうか！

先述したように、フランスでは国家財政において古くからトンチンが多用されてきた。(52) 近年、隠岐さや香がその優れた研究で明らかにしたように、(53) コンドルセはトンチン、年金、富くじ、生命保険に大きな関心を有していた。(54) イギリスのみならずフランスにおいてもまた、人間の生を可能なかぎり数値で精緻にとらえることによって投資社会との対話がいっそう合理的となり、その結果、個人の生の偶然のリスクと国家の存亡のリスクが信用と「有用な科学」を媒介にして結合するのである。

また、投資社会は大陸ヨーロッパのみならず大西洋方面にも拡大していった。その結果、アイルランド（第8章参照）、独立後間もない合衆国、その他の地域にも拡大していく。たとえば、先述したトンチン・ソサエティは、アイルランドの首都ダブリンや合衆国のボストンにも、イギリスとほとんど間を置かずに結成された。(55) 合衆国においても第7章でみるように、トンチンをはじめとする年金による資金調達の試みは、投資社会の空間的拡大に伴って移植されていく。その場合、それを支えた科学的な学知は、新大陸という、イギリスとも大陸ヨーロッパとも異なる環境の地で、どのように扱われたのであろうか。

その原初的な試みとして興味深い書物に『コネティカット州用　グリーンのレジスタ』がある。(56) イギリスで『レジスタ』と題する書物は、基本的に「官公庁人名録」を主としており、それに各種制度の解説が付された簡易事典のような内容のものが多い。合衆国で出版された同書も基本的にはそれを踏襲するものの、イギリスの『レジスタ』よりも扱われる題材がはるかに多様である。それは合衆国の地理上の解説からはじまり地方政府や連邦政府、司法や立法機関、地方銀行、大学、教会などの各種組織の要職にある人びとの名が列挙される。また、合衆国の各種証券類の譲渡方法や利子受領のための代理人委任状の書式、金利六%で一カ月、三カ月、半年、一年の利子を、一ポンド（ドルではない）から一〇〇〇ポンドまでの金額に対応する早見表など、簡潔ながらもトマス・モーティマの『ブローカー入門』やその類似本と同様な内容もみられるのは興味深い。その他、ヨーロッパ諸国だけではなく、ルピーや両といったインドや中国の通貨をも含む外国通貨両替レート、関税品目別税率一覧、各種手数料、月の満ち欠け、日の出や日没、月の出や月の入りの日別時刻の一年分が表となっている。

なかでも注目に値するのは、生命統計の記述である。合衆国各州の男女別人口を提示し、マサチューセッツを除くすべての州で、男性過多となっている植民地特有の偏在状況が具体的な数値で示される。そのうえで、今後の人口動向の推測や、各国別の人口比較がなされたあとに出てくるのが、死亡表という言葉である。村落、小規模の町、中規模の町、そして大規模な土地ごとに死亡率を算出したうえで、一〇〇〇名の子どもが年ごとに生存している数を推測する。その結果、一〇〇歳にたどりつくことが可能なのは三一二五名にひとり、新たに生まれた子どもは三四歳六カ月まで生きることができるという結論にいたる（ただし、「平均」という言葉は用いられていない）。そのうえで出てくるのが次の記述である。

数種類の死亡表から計算してみると、ある年齢のひとりの人間がどれくらいの余命をもっているのか、確率で示すことが可能となるであろう。この計算の結果は、トンチンにとって有用であることが判明するであろう。[57]

その後は、月別死亡者数の動向からの死因の推定や、結婚数の動向などの推測が続く。

たしかにこの書物の生命統計の扱いは、同時代のヨーロッパの数学的記述と比較すると、きわめて稚拙である。生命表という具体的な統計を用いている点を除けば、一七世紀後半のヨーロッパの状況に等しい。したがって、イギリスやヨーロッパで同時期にみられた生命統計研究の水準には、はるかにおよばない。また、人口統計の数値は合衆国の数値であることが明示されているものの、死亡表の出所が明示されていないため、この著者が生命統計の普遍性と地域性の問題を明確に理解しているかどうか判然としない。こうした瑕疵は認められるものの、しかし、生命統計をトンチンに活用するという発想が証券取引の具体的な方法と書式とともに一書に収められている点は、投資社会の空間的な拡大が起こしつつある具体的な様相として、きわめて興味深い。少なくとも、投資社会を支える学知、あるいはそのような発想の原初的な移植例として、同書を位置づけることが可能であろう。

(4) フィード・バック

イギリス本国に戻ろう。一八世紀のアニュイティ論は、デイヴィド・ウィルキ『利子率論』(エディンバラ、一七九四年)のように、減債基金、生命保険、平均余命、国営富くじ、トンチン、火災保険を一書に体系化するという試み[58]を経由し、フランシス・ベイリ『利子と年金の原理』(ロンドン、一八〇八年)によって再審に付された。また、一七八九年にはすでに、ウィリアム・ブラックによって「政府が発行したさまざまな種類の公的なローン、トンチン、年金〔中略〕から、それまでの議論の余地があるデータに代わって、確かなデータを入手できるようになった」としているように、年金保有者のデータを適切に管理することを通じて、比較的信頼性が高い生命統計の蓄積が進行しつつあった。[59]政府国債管理事務所の保険数理士ジョン・フィンレイソン(一七八三〜一八六〇)は、一八二〇年代と一八五〇年代にそれぞれ、図6-2で示されるようにイギリス政府内に蓄積されたイギリスの終身年金やトンチンから得られた死亡者データを用いて、既存の生命統計の検証を政府によるプロジェクトとして実行

（人）

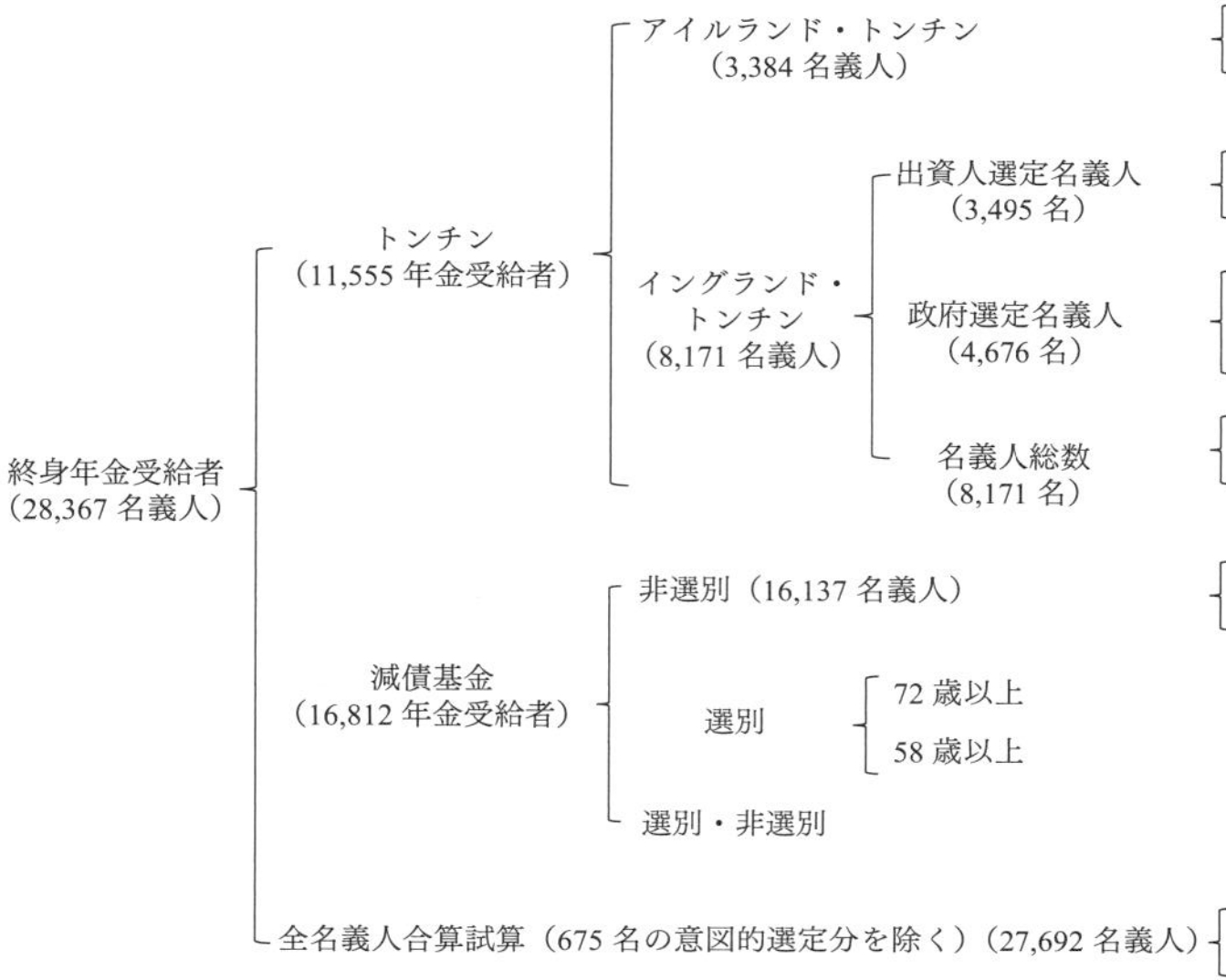

系統	性別	性別：男性	性別：女性	総計：男性	総計：女性	総計：男女計	区分計	終身年金受領者
アイルランド・トンチン	男性	1,415 *1,355*		1,415 *1,355*		3,384 *3,204*	トンチン 11,555 *9,596*	28,367 *19,494*
	女性		1,969 *1,849*		1,969 *1,849*			
出資人選定名義人	男性	1,480 *1,208*						
	女性		2,015 *1,515*					
政府選定名義人	男性	2,717 *2,234*						
	女性		1,959 *1,375*					
名義人総数	男性	4,197		4,197 *3,442*		8,171 *6,392*		
	女性		3,974		3,974 *2,590*			
非選別	男性	5,542 *3,256*					減債基金 16,812 *9,898*	
	女性		10,595 *6,243*		10,595 *6,243*	16,182 *9,898*		
選別：72 歳以上	男性	322 *321*						
選別：58 歳以上	男性	675 *369*						
選別・非選別	男性	6,217 *3,655*		6,217 *3,655*				
全名義人合算試算	男性	11,154						
	女性		10,538					
合　計				11,829 *8,452*	16,538 *10,652*	28,367 *19,494*		

図 6-2　政府終身年金受給者の死亡率算出対象系統図（1773〜1856 年）

出典）‘Of the report and observations of Mr. Alexander Finlaison. Actuary of the commissioners of the reduction of the National Debt, relating to TONTINES and LIFE ANNUITANTS, and the duration of life among the nominees’, House of Commons Parliamentary Papers, 1860, p. 22 を一部筆者修正。

注）イタリックは，上段数値中の死亡者数。なお，明らかな集計の誤りは修正したが，「減債基金」のうち「非選別」の「男性」の扱いについては不明。

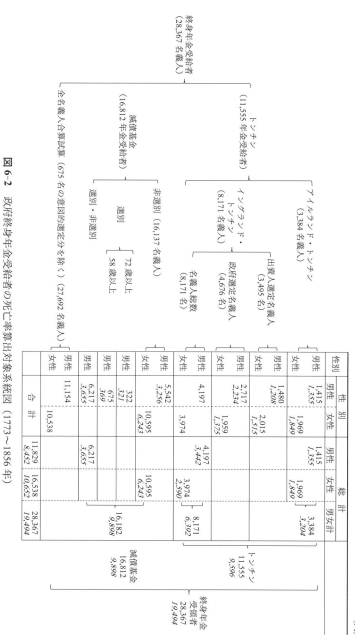

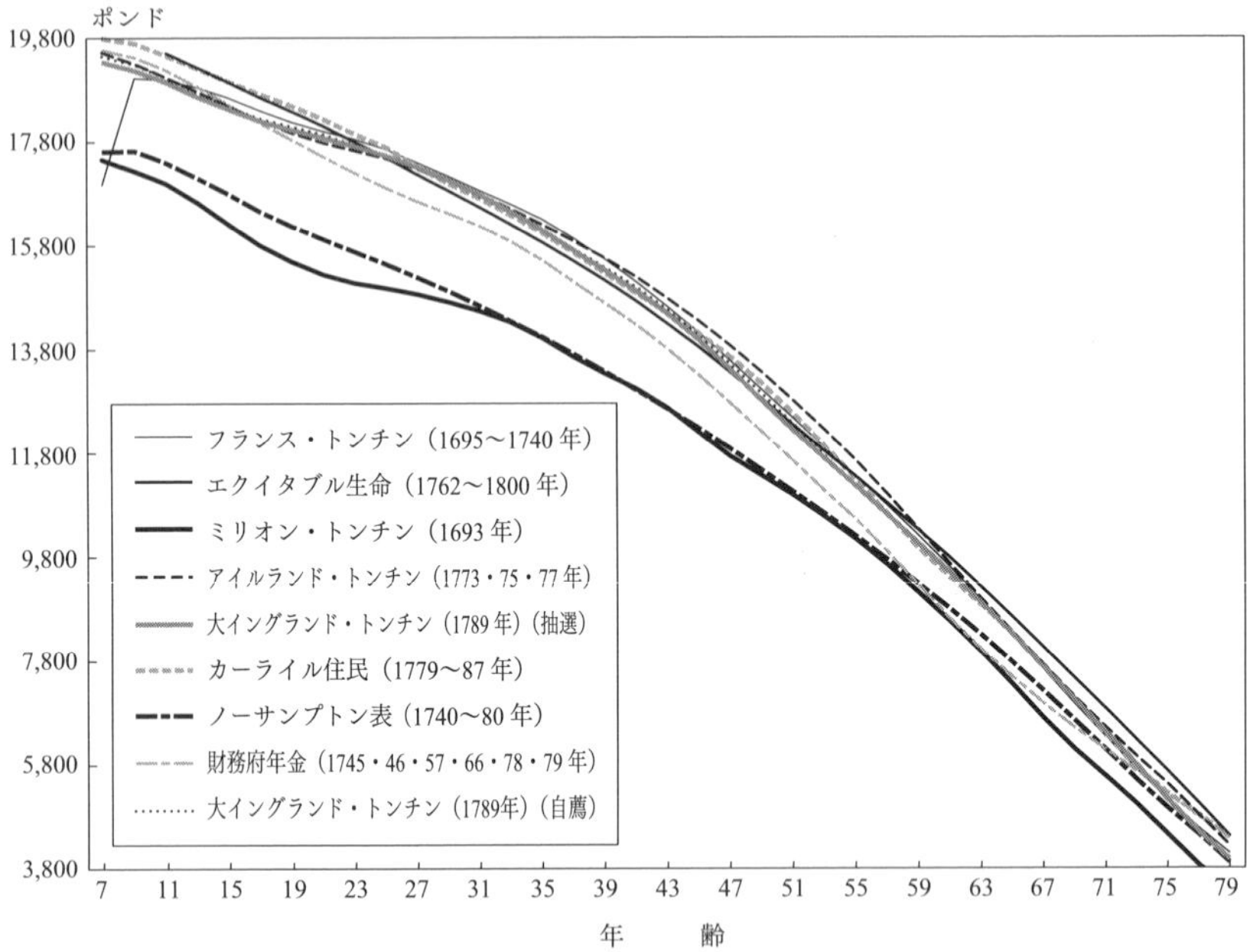

図 6-3　各生命統計にもとづく年金価値（年 1,000 ポンド年金の各年齢別生涯価値）

出典）*Report of J. Finlaison, actuary of national debt, on evidence and elementary facts on which tables of life annuities are foundded,* House of Commons Pariamentary Papers, 1829 (122), p. 64 より筆者作成。

している[60]。さらに民間でもまた同様の検証が進められた。たとえば、『統計学雑誌』では政府公債における過去の終身年金の死亡者データが、『保険数理研究所雑誌』ではリチャード・プライスやウィリアム・モーガンをはじめとするアニュイティ研究で提出された各種の数値が、それぞれ検証されている[61]。また図6-3のように、イギリス以外のトンチンのデータとイギリスのデータを比較検討することも行われている。投資社会が複数の政治体を含むことを考えると、これをとくに奇異ととらえる必要もないだろう。ここにトンチンをはじめとする終身年金から獲得されたデータが再び学知にフィードバックされ、それにもとづき既存の科学的な学知が再検討されていくという循環が生み出されたのだ。「第二次科学革命」は投資社会の勃興からも理解されなければならない[62]。

偶発的にもたらされる個人のリスクを信用

によって回避するという考えかたは、統計学・確率論という啓蒙の時代の科学に支えられていた。現在まであくなき膨張を続ける投資社会は、あくまで人びとの合意のみにもとづく不安定な信用に立脚するものであったが、その原初期にすでに科学と親和的な関係をもっていた。啓蒙の時代の科学は、制度の設計側とアニュイティを得る側の双方へ、経験にもとづく合理的な予測可能性を与えた。科学の正当性に疑義が呈されないかぎり、投資社会を構成する個人は、こうして合理的な主体としてふるまうことができた。この合理的な主体としての個人こそが、リスクを引き受けることによって、国家と第7章で示される啓蒙のイギリス的実践に資金を提供する投資社会を構成したメンバーにほかならない。

おわりに

勃興期の投資社会と萌芽期の科学は共棲関係にあった。投資社会が垂直的に拡大し、トンチン・ソサエティを通じてより下層の人びとも抱合しつつ拡大していくと、信用にもとづくアニュイティは偶然の貧困を防止する手段ともなっていく。啓蒙の時代の科学は、生命の長さを可視化することによって、戦争や「改良」事業の推進側とアニュイティを得る側の双方へ、投資リスクの予測可能性をもたらした。債券を購入する投資家と、事業の主体として債券を発行する人びととの双方――お望みとあれば、信用に厳しい批判を向けていた急進主義者にも――に、投資社会に必要な客観的で合理的な予測可能性がもたらされることとなったのだ。

また投資した結果は、科学へと還元されていった。学知そのものが合理的であるかぎり、科学が投資社会を支え、投資社会が科学の発展を促進するという共棲関係が生み出されていく。こうして、多くの人びとが投資社会に包摂され、投資社会を構成する個人が合理的な主体としてリスクを引き受けていった。

年金の科学は、リチャード・プライスやウィリアム・モーガンらによって一七六〇年代から七〇年代にひとまず集大成され、「信用しうる国家」の生成を背景に、勃興めざましい投資社会の原理的な支柱となった。その結果が、本章でみたトンチン・ソサエティの叢生であり、第7章でみるトンチンによる公共的な改良事業であった。たしかに、投資社会と科学の関係は、イギリスという特殊な空間で醸成されたものであった。しかし、投資社会がイギリスを越えて水平に拡大していくと、そこにビルトインされた科学もまたともにイギリスを越えていくことになる。両者は切りはなされることなく地域の偏差を超える普遍性を帯びつつ、ヨーロッパ大陸のフィロゾーフたちにも影響を与えていくのである。[63] そしてさらに、合衆国へも波及していくのである。科学は投資と結びつき、投資は科学と結びつく。投資社会はこうした客観的な学知＝科学によって支えられていたのである。

第Ⅳ部　投資社会の拡大と経済

七年戦争で勝敗を分けたのは、「投資社会」から資金を調達する能力の差であった。戦費調達を主導した首相ニューカスル公爵の仕事は、政治的境界を越境する資金を限定請負制度と公信用管理政策によって誘引し、政治の層と経済の層との接合に努めたことにほかならない。また、投資社会内を資金と同じように行き交う外国人公債請負人たちは、市井の老若男女とイギリスの中央政府とを、国際的な資本の移動によって接合した。その結果、中流の人びとを主体とした公債保有者がいちじるしい増加をみせていく。この背景には、それまで否定的に理解されてきた国家の信用が、七年戦争の勝利で逆に国力の源泉として認知され、イギリス公信用がどのような信用よりも安全であるという一般的な理解が広まったことがある。そのなかで、投資と投機が主観的に区別されるとともに、科学が投資社会に応用され、借り手と貸し手の双方が数学的思考を用いて資金調達や投資の合理性を客観的に判定するようになった。投資社会とは、政治、社会、文化の各層が相互規定的に重層的に存在した空間なのである。

第IV部では、投資社会の経済的な側面を明らかにする。第7章では、投資社会の勃興が近代社会の形成と同時並行的に起こったことに注目し、投資社会が提供する資金がイギリス社会の近代化の初期段階で果たした役割が問われる。第8章では、投資社会の空間的な拡大の実態を、植民地財政を手がかりに考察する。アイルランドを具体的な対象にすることで、投資社会によって政治的なまとまりが包摂される実態とその意味が問われる。第9章では、これまで各章で断片的に言及されてきた投資社会の水平的な拡大を、一八世紀中頃から後半にかけての投資社会の拡大期を中心に論じる。イギリス政府公債保有者の空間的な分布とその量的な把握を試みるとともに、当時の投資社会空間内部に含まれた主要な政治体として、オランダ、フランス、アメリカ合衆国に焦点を合わせる。

第7章　もうひとつの財政金融革命

――社会基盤整備と投資社会

はじめに

イギリスでは、人口が一八世紀中頃から増加に転じ、首都ロンドンのほか多くの地方都市が成長した。ピーター・ボーゼイによれば、一七世紀後半以降、商業や製造業の発展を背景に、地方都市が文化的な拠点となる「イングランドにおける都市の復興」が起こる。[1] 急激な都市化のなか、地主ジェントルマンや、都市の政治的・経済的・社会的な支配層として勃興してきた開明的な中流の人びとが、各地の都市やその近郊における社会基盤（インフラストラクチャ、社会的間接資本）の整備を主導していく。街路舗装、街灯設置、広場・公園整備、公共建築物建設、上下水道敷設、橋梁の建設や石造化は、その主要例である。[2] さらに、都市と都市が運河や有料道路で結合されるとともに、海港では埠頭やドックなどの港湾設備が整備され、漁業、沿岸交易、外国貿易の拠点となっていく。このように一八世紀後半から一九世紀初めにかけて構築された社会基盤こそが、世界初の工業化の初期段階を支えた。

基盤整備には相当な資金が必要とされた。しかし、当時の財政=軍事国家からの財政支援はきわめてかぎられていた。[3]重税を課しそれを担保に巨額の戦争資金を獲得するという、中央政府による積極的な戦時財政とは対照的に、教区や都市自治体、州政府といった地方当局の財政基盤は脆弱というほかなかった。当時の地方行政組織の独自財源である査定税（レイト）は、教区民の保有財産への査定で課された目的税であった。教区によって査定税額にはいちじるしい差異がみられたが、増大しつつある救貧に多くが費消されていた点では共通した。そのため、査定税やその他の課税で基盤整備費用をすべて支弁可能な地方当局は多くはなかった。

イギリスの近代化を支えた社会基盤の整備費用は、このような状況下でどのように調達されたのであろうか。本章で注目するのは、社会基盤整備と「投資社会」との関係である。勃興しつつあった投資社会は、けっして政府公債のみに投資したわけではない。とくに一八世紀中頃以降、議会制定法で授権された事業主体は、改良委員会や信託委員会を構成して債券（セキュリティズ）を発行し、利払い源を査定税収入や事業収入に求めることで、債券の安全性（セキュリティ）を確保していく。こうして事業資金を調達する動きが加速していく。また、運河・有料道路・港湾など、公共性が高く大規模な資金が必要とされた事業については、一七二〇年のバブル・アクトで株式会社の設立が制限されていたのにもかかわらず、例外的に資本の集中が企図されたことも看過できない。[4]政府公債への投資額は圧倒的であったが、金額の多寡に目を奪われて証券類が社会基盤の整備で一定の役割を果たしていたことを見逃すべきではない。

これまでの研究では、政府公債と社会基盤整備に関わる証券とが同一の地平線上に見出されることはなかった。ピーター・ディクソンの「イングランド財政金融革命」論では、あくまで公信用の制度的革新が主題とされたため、政府公債など国家財政に直接関わる証券のみが議論の射程に入った。ロンドン資本市場史研究でも、ロンドン市場で大量に流通した政府公債が議論の対象とされた。[5]これらの系譜に連なる研究では、地方のインフラに関連する証券の多くが研究対象から排除されてきた。[6]他方、民間における公共的なプロジェクトについて、ポール・ラングフォードはその浩瀚な書物で、社会基盤構築の資金源の一部が当該地域の有産者からの投資にもとづくものであったと正しく指摘する[7]。日本でも近藤和彦が社会基盤整備目的で発行された証券類が投資対象とされたことに注意を促す[8]。ラングフォードの研究では、政府公債との相似性に言及されるものの、しかしそれは彼の研究の主題から外れるため、彼の叙述は両者が共存した具体相にはおよばない。またラングフォードやB・L・アンダーソンの研究では、研究の対象とされる空間がイングランドに限定される。しかし投資社会は政治的な枠組みを超える空間である。投資社会と社会基盤整備との関係についても、政治的な枠組みではなく投資社会空間のなかで定位されなければならない。

本章では、イギリスの近代化と投資社会の勃興が共時的に起こったことに注目し、社会的間接資本の整備と投資社会の勃興の関係を問う。投資社会論の導入によって、ディクソンとラングフォード、より古くは改良委員会に地方行政の源を求めるウェッブ夫妻の仕事と投資社会を架橋する[9]。ロンドン中心の視点（政府公債）を地方の視点（社会基盤整備費用を捻出した各種証券類）で相対化する。また、両者の相似性に注目することで、投資社会からの投資を得るための原理原則の確立が、投資社会の地方・植民地・外国への水平的拡大と地域社会への垂直的深化をともに促進したことが明らかにされるであろう。

1　社会基盤整備の展開――「改良」と「トンチンの時代」

社会基盤の整備事業は、当時の言葉でいえば「改良」(improvement) にほかならない。改良は、一八世紀から一九世紀にかけてのイギリス――とくにスコットランド――における、地域色に富む啓蒙の実践でもあった。ホイッグ的な性格のそれは、政治の急進的な変革よりむしろ、社会や経済の漸進的な改良を旨とした。要するにイギリスでは、その独特の啓蒙的な発想により、改良を目的とするインフラストラクチャの整備による、ゆるやかな社会・経済空間の近代化が目指されたのである。

改良は、イングランドの諸都市ではピーター・ボーゼイのいう「イングランドにおける都市の復興」とともに展開された。ロンドンや地方都市では、都市の街路舗装、清掃、街灯や側溝の設置などの社会的間接資本整備・維持が進められるとともに、中流の人びとやジェントルマンたちの社会的な結節点としての公共建築物が、各都市で競い合うように建設された。それではまず、一八世紀後半のトンチンによる社会基盤整備の全国展開を探る。

（1）ロンドン

投資社会の存在は首都圏における社会基盤整備事業の前提となった。たとえば、テムズ川にかかる橋梁はかぎられており、一八世紀に入り交通量が増加していくと、既存の渡し船を廃し、ウェストミンスタ橋やブラックフライヤ橋のように新設や改修が本格的に検討されるようになった[10]。一七七四年、リッチモンド橋が二万ポンドと五〇〇〇ポンドの二度のトンチンで架橋された[11]。一七八五年には植物園の近傍のキュー橋が付け替えられた。費用一万六五〇〇ポンドはトンチンで調達され、通行料収入が年利六～七・五％の利払いに充当された[12]。

投資社会は経済のみならず社会的・文化的な基盤整備にも投資していく。一七九四年には第6章で先述したミドルセクス懲治院が竣工を迎えた。州歳入の八～九年分に相当する総工費六万二〇〇〇ポンドは、州査定税（カウンティ・レイト）を原資とする年利四～五％の三度のトンチンで調達された[13]。これは、ジョン・ハワード、ウィリアム・イーデン、ウィリアム・ウィルバーホースらによる監獄改革運動の延長線上に位置づけられる。他方、投資社会から資金を得る手法は、文化施設の建築にも活用された。一八〇八年には、コヴェント・ガーデンの王立劇場がトンチンによる資金で新装された。[14]

(2) イングランド

首都圏以外の各地にも目を向けてみよう。イングランド北東部の海港都市キングストン・アポン・ハルでは、一七九五年以降、街路整備の費用一万三〇〇〇ポンドが、トンチンで調達されている。[15] サセックスでは、イングランド南岸の交通量の増加に対応するため、アドル川の渡し船が廃止され、新たにショアハム橋が架橋された。総工費五〇〇〇ポンドは、橋梁の通行料収入を利払い原資とする一口一〇〇ポンドのトンチンで調達された。[16] 西部の州グロウスタシアの都市チェルトナムでは、一八〇七年に一口一〇〇ポンドを五〇口、計五〇〇〇ポンドがトンチンで起債された。一二〇〇ポンドが自治体の負債借り換えに、三〇〇〇ポンドが公設市場の地所購入費と建造費に、残りの八〇〇ポンドが「当地（チェルトナム）の福利に随時必要と考えられる改良」にあてられた。そのさい、「現在の負債は軽減され、査定税が軽減される」とともに、トンチンの「名義人が全員死亡すれば元本は消滅」するという利点が強調された。この計画が提唱されたのは、「この町（チェルトナム）の訪問者に宿泊施設を提供することが可能になり」、「公共の宿泊施設こそが、町に不動産を保有する（ことで査定税の納税義務がある）者すべてに、究極の利益をもたらす」と考えられたからだ。[17] グロウスタシアではすでに、一七八三年に監獄建設計画がもちあがっていた。計画では、元本返済が不要であるトンチンによる手法と、減債基金を設定した単利の債券の発行という、ともに州による査定税を利払い税源に設定した二つの手法が提案されている。[18]「〔終身年金によって〕保有者に生涯にわたり生活の糧が与えられ、保有者が計算よりも長生きすればするほど、保有者は価値を得られる。〔計算よりも保有者の寿命が短かった場合、利払い期間が短くなれば〕、差額は公衆の利益となる」と、ここでも「計算」(calculation) という言葉を用いて、第6章で検討した科学的な学知を事業計画の裏付けとする発想が現れる。一方、「トンチンを用いると、ほかの手法よりも低い金利で資金を調達できる」としつつ、利払いから逃れるには保有者の死を待つしかないことについて、(倫理的に)「反対を受けやすい」と述べる。

(3) ウェールズとスコットランド

ウェールズでも、トンチンで都市のアメニティを形成する資金を調達する動きがみられた。[19] 一九世紀初めのスウォンジには、海岸部に遊歩道や海水浴の施設がつくられ、リゾート都市として人びとの注目を集めた。しかし、スウォンジの指導者たちにとって、「今風な劇場」や集会場など、「上品」で「市民社会に必要と考えられた種々の施設」の欠落は、街の名声を得るうえで致命的であった。そこで一八〇五年七月三一日、スウォンジ当局がトマス・ウィンダム・トマス、トマス・マンセル・タルボット、ジョン・リリウェリンの三名に年二ギニで荒蕪地を貸与し、この三名がトラストを構成する「スウォンジ・トンチン・ソサエティ」を結成し、翌年には土地の賃借権がこのソサエティに移譲された。一口一〇ポンドのトンチンで調達された三〇〇〇ポンドを原資とし、この土地に建築された「スウォンジ・シアター」がオープンしたのは一八〇七年七月のことであった。[20]

スコットランドの商業上の中心都市であるグラスゴウでは、一七八〇年にホテルとコーヒールームの建築が決定されたが、その資金はトンチンで調達された。翌一七八一年二月、「最もレスペクタブルな多数の市民」が一口五〇ポンド、全一〇七口のトンチンに出資した結果、計五三五〇ポンドの建設資金が得られた。この計画の主催者のひとりが、当時のグラスゴウ市長パトリック・カフーン(コホーン)であった。[21] 彼は、二人の息子アダムとジェイムズをトンチンの名義人とし、計二口出資している。以下、エレオネア・リーを名義人とした貿易商ウォルタ・スターリングや、独立戦争中にニューヨーク在住の父を名義人としたジョージ・ブキャナン・ジュニアをはじめとする総勢一〇六名が当該トンチンに出資した。[22] 落成した二施設はそれぞれ「トンチン・ホテル」、「トンチン・コーヒールーム」と命名された。「トンチン・コーヒールーム」は「ブリテンはおろか、おそらくはヨーロッパの同様の施設のなかで、施工はむろん意匠をこらされた優麗典雅さにおいて比類なきもの」と自賛されている。[23] 一七八五年には、「グラスゴウ市民に供する」ため、先述のウォルタ・スターリングの遺産の一部が、図書館購入を目的とするトンチンに出資された。[24] 同時に、彼が生前に出資したトンチン・ホテルのトンチン証券もまた、「公共精神に富むこの施設」——彼の名をとって「スターリング・ライブラリ」と名づけられた——に譲渡されている。一七九六年三月には、新集会場とコンサート・ルームが、トンチンで新築された。[25] グラスゴウの公共圏を支えた空間の多くが投資社会からの資金で構築されたのだ。

産業基盤の整備でも投資社会からの投資が想定された。スコットランドのジョン・シンクレアは、『イギリス帝国歳入史』をはじめ、多数の開明的な著作で知られる。彼は一七九九年に『ジョイントストック・トンチン会社設立による、農業改良を確実なものとする諸原理のための提案』という小冊子を上梓した。そこでは、アイルランドを含むイギリス諸島全土にわたる農業企画——実験農場と植林——が提案されている。前者は、土地の耕地化、牧草地維持法、農具開発、畜産、荒蕪地開発について、最良の手法を実験する施設である。ロンドン近郊、イングランド西部地方、イーストアングリア、ミドランド、北部諸州、ランカシア・カンバランド・ウェストモーランドの北西部諸州、スコットランド南部のロジアン、北部スコットランドに各四〇〇〇ポンドを、ウェールズ、イングランドとスコットランド境界地帯のチェヴィオト丘陵の二カ所には各一五〇〇ポンド、すなわち全国一〇カ所に計三万五〇〇〇ポンドをかけて実験農場を建設する計画だ。後者は、海岸部にカラマツを植林することによって外国からの攻撃への防護壁としつつ、伐採後には木材を家具、軍艦の艤装、農具、製造業の器具に用いる事業である。五〇〇〇エーカの地所購入費、囲い込み費用、植林費用を一万二五〇〇ポンドと見積もり、アイルランドのゴルウェイやイングランド、スコットランド、ウェールズの西海岸計一〇カ所に、各五〇〇〇エーカを植林する企画であった。総額五万ポンドは、一口五〇ポンドの計一〇〇〇口のトンチンで調達することが計画された。

スコットランドの「改良」に重点を置きつつも、全ブリテンの事業とするシンクレアの主張は、投資社会に資金を依存する公共プロジェクトの多くに共有されるものであった。「公共精神に富む諸個人をひとつのソサエティにまとめる」とともに、「浄財の拠出で損失を蒙るのではなく、トンチンへの出資によって相当な利益を期待できるようにする」という[26]、「農業の改良の諸原理を確実なものとする」シンクレアの事業は、残念ながら実現をみなかった。しかし重要なのは、産業基盤整備による改良でもまた、投資社会が前提とされたことである。このように、トンチンというひとつの資金調達方法を手がかりに概観しても、社会基盤の整備と投資社会との密接な関係は、一八世紀後半、すなわち「トンチンの時代」のイギリス全域で確認できるのである。

2　近代化される空間――「もうひとつの財政金融革命」

(1)　イギリスにおける社会基盤整備の動き――一七九八～一八一五年

イギリスの近代化を支えた社会基盤構築の動きを、トンチン以外の債券や株式をも加えつつ、時期を定めて種別ごとに把握してみよう。ここで対象となるのは、包括的な分析が可能になる一七九八年度から[27]、対仏戦争が終結する一八一五年度までの一八年間の事例である。この時期は、フランス軍のイギリス領内の侵入を契機として一七九七年二月にイングランド銀行券の兌換が停止され、一七九九年には財政の逼迫に伴い史上初の所得税が導入されるなど、政治・経済・社会に対仏戦争による深刻な動揺がみられた時期でもある。

資金調達が困難な時期にもかかわらず、社会基盤の整備はイギリス各地で行われた。一七九八年から一八一五年

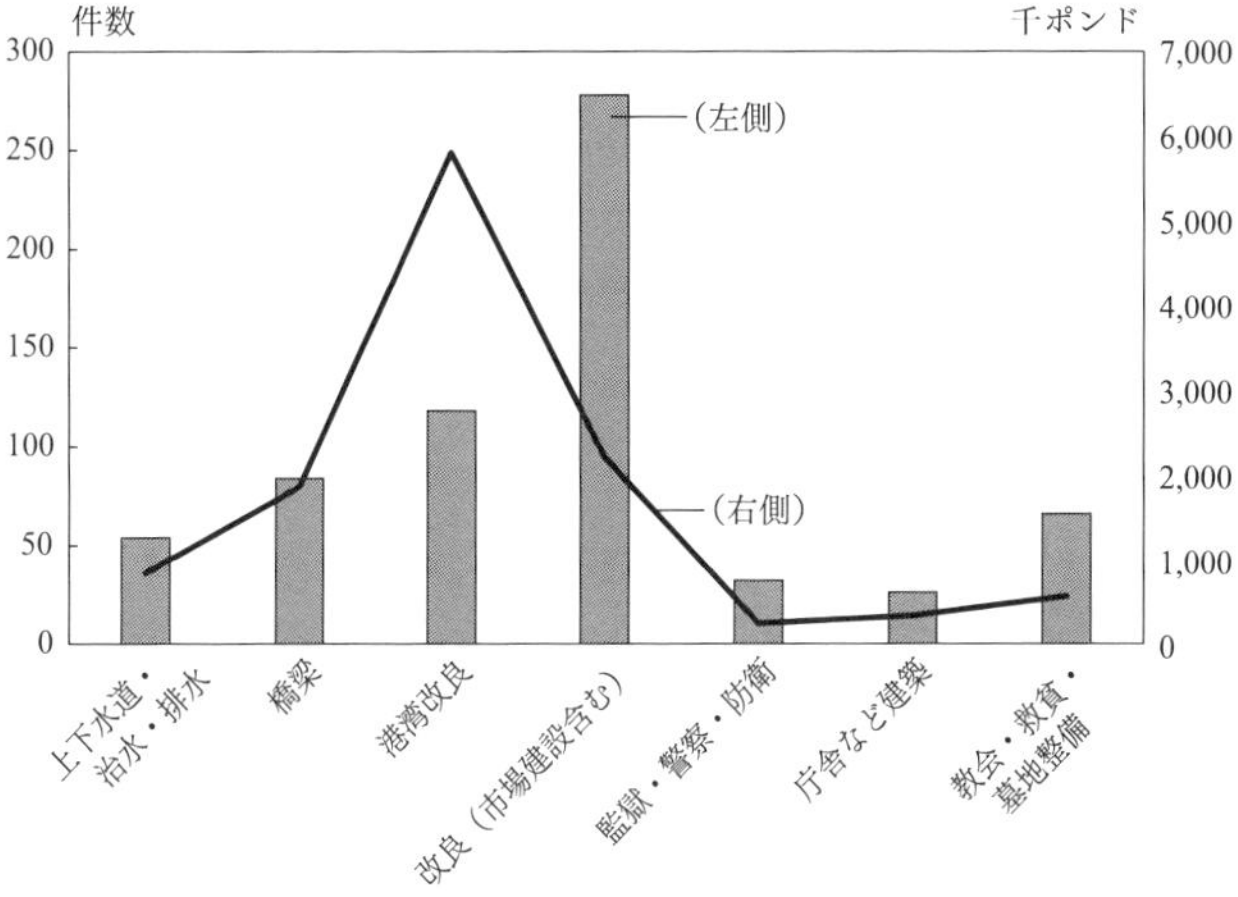

図 7-1　投資社会から資金を調達した各種社会基盤整備（1798～1815年）

出典）1798～1815年（38 Geo. 3-55 Geo. 3）の地域特定法。
注）折れ線グラフは件数（左軸），棒グラフは借入枠および資本金の金額（右軸）を示す。個別の内容については，巻末付表2を参照のこと。

までの一八年あまりの期間に、地域特定法を通じて投資社会から資金を調達する動きは、のべ三三七件あった（巻末付表2）。年平均一八・七二ものプロジェクトが、議会から約一一二〇万ポンド（年平均六二万二二〇〇ポンド）にものぼる借り入れや株式による資本金調達および増資の権限を承認されたのだ。これは、一七八〇年から一八一五年までの三六年間における運河株式への払込額概算値一五〇五万二〇〇〇ポンド（年平均四一万八一九四ポンド）の年平均額を上回る[28]。図7-1は社会基盤整備件数と資金額を目的別に整理したものである。なお、複数の目的をもつ事業は、個別の目的ごとにカウントしたため、事業によっては重複してカウントされている。

①都市改良

件数で最大となったのは都市（法人格を有さない「タウン」も含まれる）の改良であった。全体の四二・二五%にあたる二七八件が、街路の清掃・舗装・照明・排水の整備、市場の構築、通行障害の除去、夜警費用の捻出などで占められた。たとえば、ロンドンのセントパンクラス地区では、一八〇〇年から一四年にかけて、当該地域の改良を目的とする議会制定法が一〇回制定された。そのうち改良を目的とするものは八回におよび、各種証券を通じた計約二七万ポンドの調達が議会によって認められた（残り二回は救貧目的[29]）。資金不足や新たな改良を実行するために、同一地域で複数回の制定法が求められたことは、後述するシティのテンプル・バー（五回・二八万ポンド）、ミドルセクスのショアディッチ（二回・二万ポンド）、スコットランドのグリノック（二回・八万ポンド）など各地で頻繁にみられる。四〇〇〇ポンドの資金調達が企図されたロンドンのラッセル・スクエアや[30]、八〇〇ポンドの支出が計画されたブルームズベリ・スクエアの整備など[31]、都市アメニティの構築も改良の重要な一分野であった。

②港湾改良

都市における改良に次いで多くの件数を占めたのは港湾改良である。その比率は一七・九三％に達した。その背景には、一七世紀後半以降のイギリス商業革命の進展による外国貿易の拡大、石炭輸送などの沿岸交易の増加、漁業の発達があった。船舶が港湾を利用する機会は飛躍的に増大し、法定埠頭が混雑をきわめて物資の流通が停滞した。そのため、船舶の寄港、積み荷の上げ下ろし、荒天時の避難のために、港湾設備の整備拡大が喫緊の課題とされた[32]。しかし、港湾の整備には他の改良と比較してより巨額の資金が必要とされ、港湾所在地の当局はその財政能力に欠けていた。その結果、制定法で認められた港湾改良関連の借入枠や資本金の金額は、最多の五八〇万ポンドあまりにおよぶこととなった。債券の発行や株式会社設立による資本調達の動きは活発で、その件数は一七九八年以降の一八年間で一一八件に達した。

港湾改良の資金調達では、おもに改良委員会や信託委員といった特殊法人（スタチュートリ・オーソリティ）や株式会社が主体となり[33]、それは一八年間で一〇三件の事業を立ちあげた。イーストアングリアの主要港であるグレイト・ヤーマス港の整備では、一八〇〇年に議会制定法で二万五〇〇〇ポンドの債券での起債が認められた[34]。同法で定められた改良内容には、港湾設備の修理・維持・改良のほか、河川によって運搬されてくる土砂の浚渫によって水深を確保することも含まれていた。また、ヨークのスカーバラ港やケントのラムズゲイト港のように、制定法で授権された改良委員会や信託委員によって、利払い原資として査定税や荷揚げ品や停泊船舶のトン数にかけられる使用料が徴収され、その信用をもとに債券や年金が発行されることも各地でみられた[35]。

港湾整備には巨額の資金が必要なため、株式会社の設立によって資本の集中が試みられることも多かった。一七九八年以降の一八年間で、地方港・主要港を問わず、港湾整備を目的とする株式会社を通じた資金の獲得例は一五件認められる。漁業基地として重要であったスコットランド・ハイランドのサーソ港では、一八〇二年に株式会社「サーソ港湾会社」の設立が制定法で認められた[36]。同社は港湾整備のため八〇〇〇ポンドを資本金とし、さらに査定税や荷揚げ品にかけられる使用料を利払い原資として、総額五〇〇〇ポンドの借り入れも同時に認められた。同じスコットランドのエアシアのアードロサン港の場合、四四名の出資者からなる株式会社「アードロサン港湾会社」の設立が一八〇五年に認可された[37]。同社の資本金は四万ポンドで、サーソと同様の利払い原資が設定された一万ポンドの借入枠が付与されたほか、有限責任条項が明記された点でも注目される。これらのような地方港の場合、数万ポンドほどの資本金や借入枠が設定されることが多かったものの、外国貿易を扱う主要港となるとその金額は数十倍に膨れ上がった。一七九九年、すでにヨーロッパ有数の国際貿易港に成長していたロンドン港でもまた、株式会社による港湾整備が計画された。沿岸交易船の場合はトンあたり一ペニー、バルト沿岸諸国からの貿易船では同二ペンス、アジア貿易船では三ペンスというように、出発地ごとに定められた使用料のほか、査定税や各種使用料から年五%の配当金が、計五〇万ポンドの資本金を払い込んだ一二一名の投資家たちに支払われた[38]。一八〇三年に設立されたブリストルの株式会社「ブリストル・ドック会社」は当初の資本金は二五万ポンドであったものの[39]、その後資金不足に悩まされ、一八〇六年には資本金を二倍に増資し[40]、さらに二年後の一八〇八年には加えて一八万ポンド、翌年の一八〇九年にはさらに一〇万ポンドというように、設立後五年あまりで当初資本金の倍額以上の五三万ポンドにおよぶ相次ぐ増資を経験した。ブリストル港の急速な改良の動きは、市議会が主体となって一七九九年に一二万ポンドが査定税を利払い原資に設定して起債されたリヴァプール港や、[41] 前述の株式会社組織による資金調達や一八〇〇年の一二〇万ポンドへの増資の動きに加えて、[42] シティ当局が査定税や港湾使用料などを原資として債券や年金で資金を調達して整備を進めたロンドン港などとの港湾間競争が背景にあった。[43] アーバン・ルネサンスでも都市が競い合うように改良に乗り出したが、こうした港湾間の競争的な改良資金を提供したのもまた投資社会の人びとであった。

③橋梁整備

内陸部でも投資社会の資金による基盤整備が進められた。経済活動が活発化していくにつれて、新設や木造橋梁の架替・石造化が進められていったことについては、すでにショーハム橋、キュー橋、リッチモンド橋の例でみた。これらの例にかぎらず、一八世紀後半以降、橋梁の新設や架替、石造化や鉄製橋梁の利用は、全国的な展開をみせる。一八〇〇年、ニューカスル・アポン・タイン市長やニューカスル主教の主導のもとで、タイン川にかかるゲイツヘッド橋の改修が近傍のゲイツヘッドの改良とともに進められた。そのさい、資金のうち一〇〇〇ポンドが政府公債に投資され、そこから発生する利子収入が改修後の維持費用に充当されるよう規定された。[44] また、スコットランドとイングランドの境界部を流れるツイード川のケロソ橋は、一七九七年一〇月に洪水で流失してしまったが、その再建費用として一五〇〇ポンドの債券が発行された。当該教区内の査定税や通行料金を利払い原資とした債券による資金調達は、このような自然被害からの復旧においても活用された。[45] さらに、一八〇四年のテムズ川にかかるステインズ橋のように、通行料を利払い原資に設定した一七九一年の改良が施工不良を起こし、約二万ポンドの追加資金が必要になった場合でも、債券の再度の起債で追加費用が賄われている。[46]

橋梁改良では起債の主体は改良委員会や信託委員であることが多かった。しかし、一七九九年のセヴァン川のクレセイジ橋の場合のように、五〇ポンドの持ち分を一二〇人で共有することで、信託委員を構成する個々の保有者が持ち分に応じた議決権をもつという、会社組織に近いかたちの主体が事業を進めていくこともあった。[47] 一七九八年から一八一五年にかけて、議会で通過した橋梁関連の資金調達計画は八四件あり、同時期の公共的なプロジェクト総数の一二・七%を占めた。全体の八四本の制定法で認められた借入枠および資本金は約一八六万ポンドにのぼった。

④教会・救貧・墓地整備

公共的な目的をもつプロジェクトには、教会施設の補修や改築、救貧（院の建築）、墓地の整備拡充などの社会的な色彩が強い内容も含まれた。一七九八年からの一八年間で、これらに関係する六六件の案件が議会を通過し、約五六万ポンドあまりの借り入れが承認され、件数・金額とも全体の第三位を占めた。

ハートフォードシアのセントオールバンズのセントピーターズ教会は、建物の老朽化による「崩壊の危険性」が高くなり、改築費用の見積もりをとったところ、四〇〇〇ポンドの提示を受けた。この金額は「高額なため、〔起債によって資金調達するために〕議会の承認と権威」が必要となった。その結果一八〇三年に、教区の査定税を利払い原資に設定することで、四〇〇〇ポンドを借り入れる手法が選択された。[48] エセクスのダゲナム教区教会もまた、屋根の崩落や壁の崩壊の危険性があり、改修費用として査定税で二〇〇〇ポンドを確保した。しかし、なお四〇〇〇ポンドが必要とされたため、一八〇三年に査定税を原資として年利一二%以下の終身年金を起債せざるをえなくなった。[49] バークシアのハンガーフォード教区教会では、一八一一年に老朽化による建て替えを四五〇〇ポンドの資金調達で実施したが、[50] 当初調達した資金が枯渇したため、一八一五年に再び四五〇〇ポンドを終身年金で調達した。[51] さらに、査定税の他の収入も利払いに用いられた。一八一一年、ロンドンのセントメリルボン教区教会の改築には一五万ポンドという巨額が必要とされた。起債の主体となった教区会のメンバーたちは、トンチンによる起債を進めるため、査定税のほか教会内の埋葬手数料や信徒席の賃貸料を利払い用資金にあてた。[52]

一八世紀末から一九世紀初めにかけて、救貧事業が急増してゆく。教会の建て替えは、時に救貧法適用者への雇用を与える手段としても活用された。一八〇六年、ミドルセクスのホワイトチャペルにあるセントメアリ教区では、「貧民の雇用や生計の維持」を目的として、教区内の広場の清掃と照明、街路の拡張、教会の補修、夜警、救貧院に隣接する施薬院の修理・拡大・維持などが、総合的に実施されることとなった。その費用七五〇〇ポンドは四〇歳以上を対象とする終身年金か、同じく査定税を原資とする債券の発行によって調達された。投資を希望する人びとは、当該教区の教区会室で債券を買い求めることができた。出資者が利払いを受けるには、出資者本人か、居住教区の聖職者による本人の生存証明を持参した代理人が出頭する必要があった。(53)

救貧院の建造により、救貧対象者を収容するだけではなく、雇用を増進させる事例も多くみられた。先述のミドルセクスのセントパンクラス地区では、一八〇四年に救貧院の建・増築費および用地取得費として一万ポンドを起債した。しかし、同地区では早くも一年後には追加資金として一万五〇〇〇ポンドが年利一〇％以下（六三歳以上を除く）の終身年金で調達された。(54)チェシャのストックポートでは、一八〇五年に救貧を目的として四〇〇〇ポンドが起債された。計画では、ストックポートの共有地や荒蕪地一二五エーカーを分割・売却処分し、これらによる売買益と借入額を合わせて救貧院が建造されることとされた。また、資金余剰が発生した場合、土地を購入して貧民に供するか、三％のコンソル債へ投資されるか、いずれかの選択を規定された。なお利払い源は地代に求められた。(55)

一八世紀後半以降の人口増は、墓地不足という問題を新たに引き起こした。このような墓地の造成もまた救貧対策として活用された。ミドルセクスのセントジャイルズ・イン・ザ・フィールズ教区は「埋葬数が急増しているものの埋葬用地が狭すぎて（墓地）近隣住民の健康を害する事態」に陥った。その結果、一八〇三年に教区会が信託委員を選定し、財産評価額一ポンドあたり四ペンスの割り当て金と墓地埋葬料を原資とする一万ポンドの起債を実施した。先述したセントメリルボンでは一八〇六年に墓地拡充用として一万ポンドが起債されているが、この時も主体となったのは教区会であった。[56] 同じく先述したストックポートでも一八一〇年に一万二〇〇〇ポンドが教区教会改修と墓地造成用に起債されている。[57] いずれも利払い用の原資には当該教区の査定税が設定された。投資社会はこうした社会的な基盤の整備費用も提供したのだ。

⑤上下水道・治水・排水

一七九八年から一八一五年に、上下水道の整備、河川の治水、低湿地の排水を目的として、資金の借り入れや株式会社設立を認めた制定法は五四本におよび、承認された金額は八三万四五〇〇ポンドであった。このうち上水道の整備はのべ一六件あり、金額は七五万七五〇〇ポンドと大部分を占めた。これら一四件のうち、会社設立による上水道の整備は一三件であった。他の公共プロジェクトとは違い、上水道の整備のほとんどは株式会社によって担われたといえる。リッチモンド、ケンジントン、ハマースミス、ブレントフォード、バターシ、パトニといったロンドン南西部における人口の急増と建築物の増加に対応しつつ、火災による財産損失の可能性にも備えて、一八〇六年に「ウェストミドルセクス上水道会社」が設立された。ミドルセクスとサリにまたがるこれらの地区の上水道導入工事のために、七一名の出資者が一株一〇〇ポンドの株式に出資し、資本金三万ポンドを投資社会から獲得している。[58] 一八〇九年に設立された「ケント上水道会社」は、資本金一〇万ポンドを一口一〇〇ポンドの株式を一〇〇〇株発行することで、ケントおよびサリの両州にまたがる地域の上水道整備を進めた。[59] また、同年には、「マンチェスタ・サルフォード上水道会社」が資本金六万ポンドで設立された。[60] 両社とも、債券による借入枠が五万ポンド認められていた。スコットランドでも、一八〇五年にグラスゴウで「グラスゴウ上水道会社」が資本金一〇万ポンドで設立された。[61] 同様の会社は、ランカシアやエセクスでも設立されている。[62]

他方、下水・排水・治水については事例がかぎられる。一八一三年にはケントとサリの下水道敷設のため四万ポンドが査定税を利払い財源に設定されたうえで終身年金を用いて起債されている。この終身年金は、五〇歳未満の名義人には年利上限が一一%、五〇歳以上六〇歳未満の名義人には一三%、六〇歳以上七〇歳未満には一七%、七〇歳以上には二一%と、上限金利が非常に高く設定されている点に特徴がある。排水や治水については、とくにフェンランドのような低湿地帯で重要な意味をもった。ケンブリッジシアのイーリー島の周囲は低湿地であり、排水と河川の治水が重要となった。一八〇〇年には査定税の信用にて二〇〇〇ポンドが裏書により流通可能とされた債券により起債されている。[63] 一八一〇年には同所で査定税および特別に課された税を利払い原資として七〇〇〇ポンドが起債され、河川の堤防が強化された。[64]

⑥その他

社会基盤の整備内容は多彩であり、地域固有の条件に強く影響を受けていた。そこには、監獄の整備、警察や防衛に関連する事業、すでにいくつかの具体例に触れた公共的用途に供される建築物の建造も含まれていた。監獄についてはすでにミドルセクスとグロウスタシアの事例に触れた。警察や防衛関連で興味深いのはリヴァプールの事例である。一八世紀末のリヴァプールでは、交戦国フランスの軍隊がアイルランド海に進出してリヴァプール近傍に上陸することを恐れる声が高まった。一七九九年、リヴァプール港の船舶の安全および港の保護のために、一〇〇〇〇ポンドを起債によって調達し、警備費用に充当されることとなった。主体となったのは市長以下リヴァプール都市自治体の主要人物であり、利払い源に設定されたのは船舶のトン数にかかる査定税であった。[65] このように、本来は中央政府の果たすべき安全保障の領域においても、地方の主体的な判断で独自に投資社会から資金調達したうえで事業が遂行されたのである。また、ロンドンのテムズ川の両岸ウォッピングとロザハイズを結ぶテムズ・トンネルは、一八〇五年に「テムズ拱道会社」が資本金一四万ポンドを募ることで完成した。[66] 公共的な目的をもつ各種の事業が投資社会の資金を原資として実施されていったことがわかる。

（2）「もうひとつの財政金融革命」の主体と構造

①主　体

公共的な基盤整備事業の主体は、ほとんどの場合特殊法人である改良委員会か信託委員、あるいは株式会社であった。一七九八年から一八一五年までに、一三二の改良委員会（全体の三九・一七％）と八六の信託委員（二五・五二％）が、プロジェクトの資金調達の主体となった。また、都市自治体がこの両者に加えて直接主体となることも時にみられ、その件数は二八を数える。さらに、改良委員会と信託委員の構成も多様であった。純然たる私人がメンバーとして名を連ねる場合もあれば、公職にある都市自治体の主要メンバーによって独占的に構成される場合もあった。

一七八三年、モラヴィア教会がチャペル建築費用一万ポンドをトンチンで起債したさい、一六名の信託委員は出資者から投票で選挙された四〇名の人びとによって選定された[67]。たしかに、中心的な人びとが選挙という「民主的」な手段で信託委員として追認されることもありえるが、しかし、建前としてはあくまで主体を構成するメンバーは与件ではなかった。この出資者総会は、最高議決機関として約款にその機能が明記されている[68]。また、先述したロンドンのキュー橋トンチンの場合、五名の私人が信託委員を構成した。特定の団体が議会制定法を通じて事業資金を募った場合は、その団体の幹部らが信託委員をつとめた。一七七五年、ロンドンでフリーメイソン・ロッジが新ホールを建設した。その費用五〇〇〇ポンドはトンチンで調達されている[69]。この場合の主体は、任意団体であるフリーメイソンの主要メンバーによって構成されていた。

救貧が関係するプロジェクトの場合、主体となるのは必然的に教区会あるいはそれを代表する人びとや、当該地域社会の名望家層が多くなった。一八〇二年のケントの軍港チャタムの救貧院建設の場合では、救貧税を利払い原資として三〇〇〇ポンドが起債された。その主体となったのは、救貧法の執行委員からなる信任委員であった。その顔ぶれは、チャタム教区の教区牧師、ケントの治安判事、チャタム・ハンドレッドの領主夫妻、チャタム教区のドック委員、同軍需倉庫管理官、海軍中将、チャタム・ハンドレッドのハイコンスタブル、チャタム教区の教区委員および貧民監督員であった。[70] このように、あくまで「民間」における事業ではあるものの、その主体に「官」が混在することは事業の性格上合理的なことであった。一八〇四年の同じくケントのミルトン・ネクスト・シッティングボーンの改良事業では、名誉職的な意味もあるが、改良委員としてケント、カンタベリ、ロチェスタ、メイドストン、クィーンバラ選出の庶民院議員が名を連ねた。[71] 史料の裏付けはないが、彼らはこの改良法案の通過に一定の影響力をおよぼした可能性がある。

事実上、都市自治体が主体となった事例もしばしば見出される。先述した一七九九年のリヴァプール港の対フランス軍警備の事例では、主体として改良委員会と信託委員の双方が併用されたが、改良委員会の構成員としてリヴァプール市長、郡代、バージェス、市参事会員、市議会議員、リヴァプール・ドックの信託委員、船舶所有者、教区委員、信託委員として船舶所有者の名がみえる。[72] 一八〇六年に議会の認可を得たグレイト・ヤーマスの教区教会改築では、さらに都市自治体が前面に出てくる。市長、市参事会員一〇名、教区教会牧師、市議会議員一一名、教区民二一名が、信託委員を構成した。[73] 公職保有者が組織的に参加したこの事業は、もはや官にかぎりなく近い主体によるものであった。彼らは、教区の目的税である査定税に加えて、ヤーマス港で荷揚きされる石炭、無煙炭、リンゴ酒への税を利払い原資に設定した。この事業は投資社会から終身年金で資金調達された八〇〇〇ポンドの資金を用いるという、官民双方の要素が混在しつつも官に近いといわざるをえない性格を帯びるものとなった。

ただし、公職保有者にせよ、純然たる民間人にせよ、改良委員会や信託委員には財産要件を満たすことが求められた。[74] たとえば、一八〇四年のハートフォードシアのセントオーバンの歩道および十字路の改良事業では、市長や市参事会員をはじめ計一一九名の人びとが改良委員として名を連ねた。彼らの共通する条件とは、不動産収入が年

表 7-1　シティによる「孤児基金」を利払い原資とした改良事業（1767〜1811年）

年	事　業	起債額（ポンド）	種別	金利（%）	制定法
1767	ロイヤル・イクスチェインジ改修	10,000	年金	3.5	7 Geo. 3. c. 38
	ニューゲイト監獄改築	50,000	〃	〃	〃
78	〃	20,000	〃	4.5	18 Geo. 3. c. 48
	ムーアフィールズ街路改良	16,500	〃	〃	18 Geo. 3. c. 71
	法廷建設*	11,000	債券	〃	18 Geo. 3. c. 67
	教会法廷建設	5,500	〃	〃	18 Geo. 3. c. 72
	スピトルフィールズ街路整備	9,000	〃	〃	18 Geo. 3. c. 78
	サザーク舗装	4,000	〃	〃	18 Geo. 3. c. 51
	グッドマンズフィールド街路拡張	1,500	〃	〃	18 Geo. 3. c. 50
	ダーティレーン拡張・改良・舗装	1,500	〃	〃	18 Geo. 3. c. 80
	ウォッピング・ラドクリフ間街路造成他	1,000	〃	〃	18 Geo. 3. c. 49
	オウルドゲイト・バー街路舗装	5,000	年金	〃	18 Geo. 3. c. 73
95	テンプル・バー改良	100,000	〃	5.0	35 Geo. 3. c. 126
	ブラックフライア下水修理・新規敷設・維持	9,000	〃	〃	35 Geo. 3. c. 131
1800	テンプル・バー改良	30,000	〃	〃	39 & 40 Geo. 3. c. 42
	〃	60,000	〃	〃	〃
02	〃	50,000	〃	〃	42 Geo. 3. c. 73
04	〃	100,000	〃	〃	44 Geo. 3. c. 27
11	〃	40,000	〃	〃	51 Geo. 3. c. 203

出典）Parliament Papers, *Report from the committee on the Orphan's Fund*, 1812, pp. 13-19.
注）＊ミドルセクスの治安判事が起債主体となった。

二〇ポンド以上か、年価値二五〇ポンド以上の不動産の所有のいずれかを満たすことであった。違反した場合は五〇ポンドの罰金が科せられた。[75] 株式会社の取締役に保有株式要件が求められたのと同じく、公共的プロジェクトの大部分で改良委員や信託委員に財産要件が課せられた。したがって、両委員会を構成した人びとは、事業によって求められる金額や年価値は異なるものの、一定の財産保有者に限定されることとなった。

都市自治体が改良委員会や信託委員の体裁をとらず直接起債の主体となることは、一七九八年から一八一五年のあいだで全事例件数の八・三一%を占めた。なかでも際立つのは、シティによる「孤児基金」を利払い原資とした一連の改良事業である。[76] 表7-1のように、都市改良・公共建築物の建築・下水整備を目的とした各種の基盤整備事業では、ミドルセクスの治安判事が主体となった一七七八年の法廷建設を除き、すべて法人としてのシティが主体となった。一九の事業を通じて起債された総額は五二万四〇〇〇ポンドにおよぶ。

投資社会は、私人、フリーメイソン、教区会、地域社会の上層部、公職保有者、法人としての都市自治体、そして国家にいたる多様な主体に信用を供与し、戦争資金、近代的な経済基盤の創出資金、そして近代化しつつあるイギリス社会の安定化のための資金を提供したのである。

②構　造

ブリテンでは、中央政府が長期債を起債するさい、議会制定法によって利払い税源が特定されるか、議会による保証議定が必要とされた。この手続きは、いわゆるバブル・アクトのもとで、株式会社やそれに準ずる出資形態が適用された改良事業でも踏襲された。冒頭のミドルセクス懲治院の建設では、一七八六年の制定法で、事業主体を治安判事から構成された信託委員と定め、起債上限額や利払い源が規定されている[77]。シンクレアの農業「改良」計画でも、議会での法制定は事業の大前提とされており、議会制定法あるいは国王勅許状を得る費用として、五〇〇ポンドが計上されている[78]。

政府は戦争資金を投資社会から調達するさい、議会制定法にて個別の利払い税源を確定させることで投資社会からの投資を呼び込んだ。他方、原則的に国家からの財政支援が見込めなかった社会基盤の整備事業でもまた、制定法によって公的主体を確定し起債権能を授権するとともに利払い税源を特定することで、投資社会からの出資を呼び込むことに成功した。つまり、投資社会からの投資を呼び込む構造は、政府公債と社会基盤整備事業の証券とのあいだで変わらない。破壊を伴う戦争と社会基盤の整備という異なる方向性をもつ「公的プロジェクト」のあいだに投資社会という一項を挿入すると、両者には相似した資金調達構造が存在する（図7-2）。また、事業の裏付けとなる議会制定法の構成は、執行手続きや余剰金処理などの会計手続きなどほぼ共通したものとなっていた。

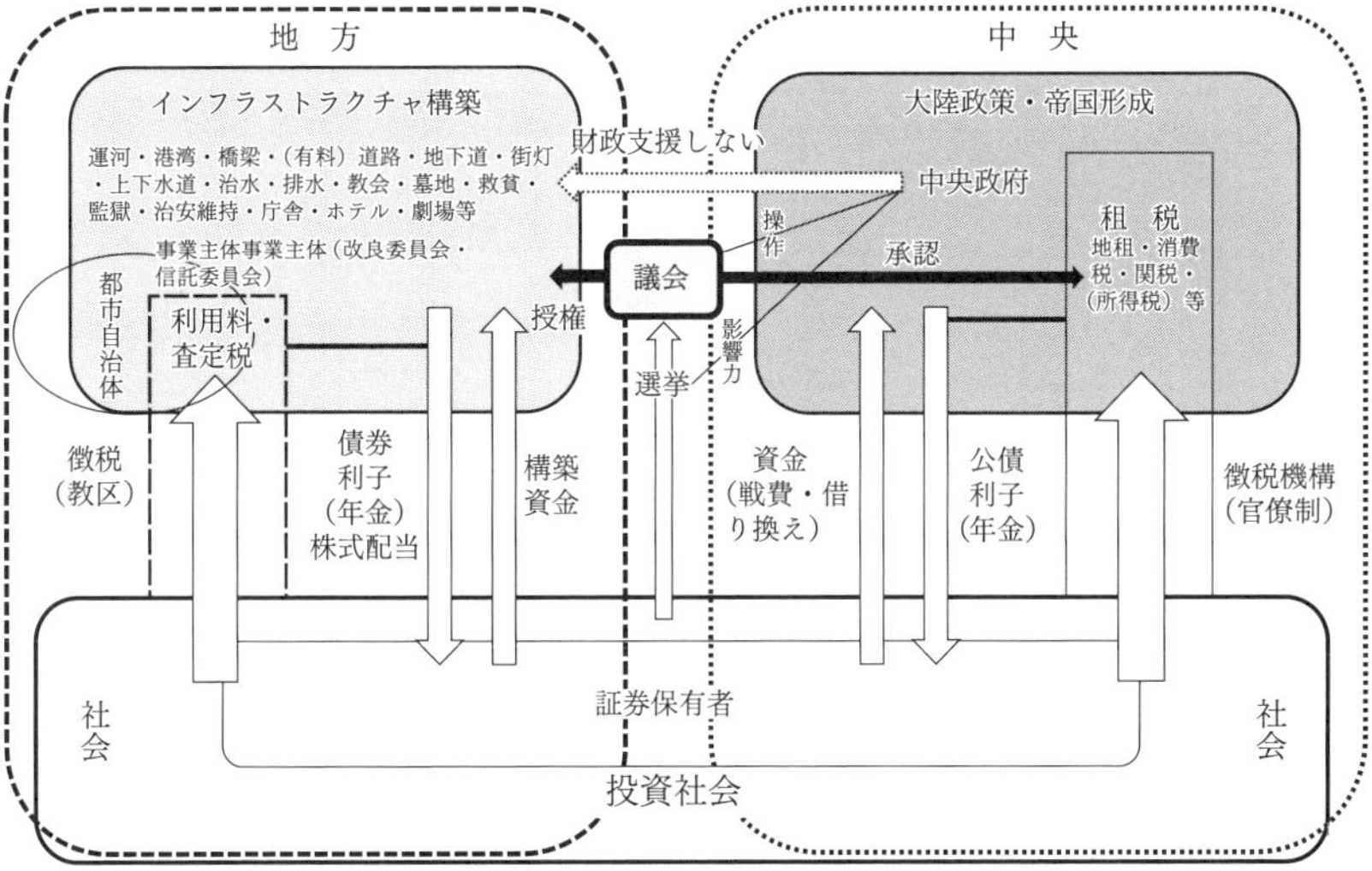

図 7-2　投資社会を前提とした資金調達構造

財政状況の公開を含む広い意味での説明責任もまた、信用を得る要件とされた。公共的なプロジェクトを目的として発行された各種債券の場合、トンチンを例にあげると、不正防止目的で名義人の氏名・住所・年齢・職業や続柄といった属性および出資口数を明示した印刷物が発行され、出資者に供覧されている。たとえば、社会基盤の整備を目的とした事業ではないが、第6章で取り上げたイプスウィチ・トンチンの場合、毎年の事業の財政状況と名義人の死亡状況、それに伴う利率の改定もまた、半年ごとに公表された[79]。それらはたんに各事業の本部にそなえつけられることで公開されていたわけではない。リンカンシア在住の出資者ジェイムズ・ディクソンのもとには、事業が開始された一七九〇年から事業が終了した一八六〇年までの実に七〇年ものあいだ、死亡者情報と財政状況が定期的に送付された[80]。こうした事業財政の公開性への意識は、イギリスが国家財政をフランスやオランダよりも相対的に事実上公開することで、公信用維持の一助としていた点と相似する。つまり、法による形式的な要件の整備により組織体が構成され、かつ投資家に説明責任が果たされて初めて、投資社会から各組織体——国家・特殊法人・株式

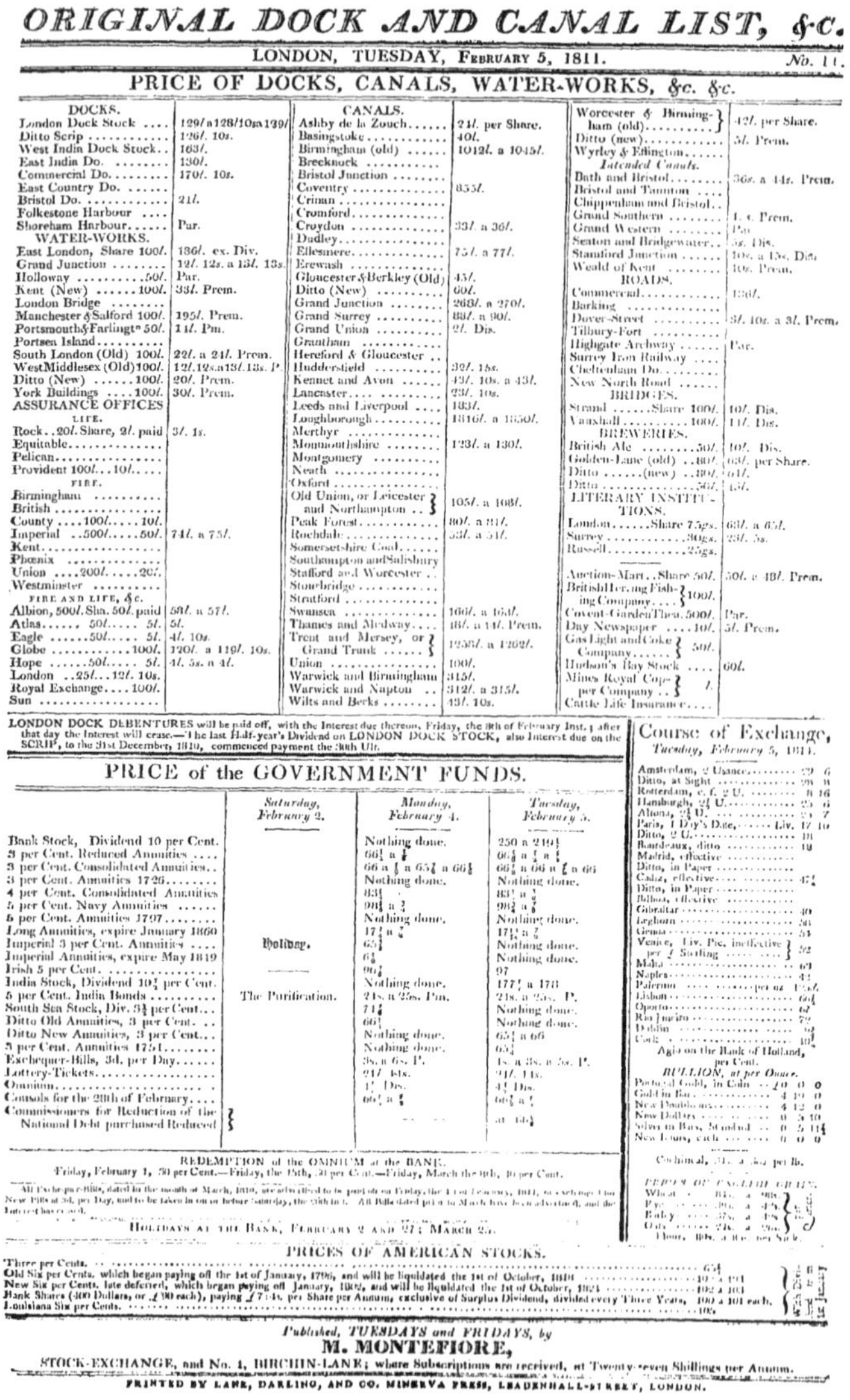

ORIGINAL DOCK AND CANAL LIST, &c.

LONDON, TUESDAY, FEBRUARY 5, 1811. No. 11.

PRICE OF DOCKS, CANALS, WATER-WORKS, &c. &c.

DOCKS.	
London Dock Stock	129l. a 128l. 10s. a 129l.
Ditto Scrip	126l. 10s.
West India Dock Stock	163l.
East India Do.	130l.
Commercial Do.	170l. 10s.
East Country Do.	
Bristol Do.	21l.
Folkestone Harbour	
Shoreham Harbour	Par.
WATER-WORKS.	
East London, Share 100l.	136l. ex. Div.
Grand Junction	12l. 12s. a 13l. 13s.
Holloway ....50l.	Par.
Kent (New) ....100l.	33l. Prem.
London Bridge	
Manchester & Salford 100l.	195l. Prem.
Portsmouth & Farlingtn 50l.	11l. Pm.
Portsea Island	
South London (Old) 100l.	22l. a 24l. Prem.
West Middlesex (Old) 100l.	12l. 12s. a 13l. 13s. P.
Ditto (New) ....100l.	20l. Prem.
York Buildings ....100l.	30l. Prem.
ASSURANCE OFFICES	
LIFE.	
Rock..20l. Share, 2l. paid	3l. 1s.
Equitable	
Pelican	
Provident 100l...10l.	
FIRE.	
Birmingham	
British	
County ....100l....10l.	
Imperial ..500l....50l.	74l. a 75l.
Kent	
Phœnix	
Union ....200l....20l.	
Westminster	
FIRE AND LIFE, &c.	
Albion, 500l. Sha. 50l. paid	58l. a 57l.
Atlas..... 50l.... 5l.	5l.
Eagle ......50l.... 5l.	4l. 10s.
Globe ....100l.	120l. a 119l. 10s.
Hope ......50l.... 5l.	4l. 5s. a 4l.
London ..25l...12l. 10s.	
Royal Exchange....100l.	
Sun	

CANALS.	
Ashby de la Zouch	24l. per Share.
Basingstoke	40l.
Birmingham (old)	1012l. a 1045l.
Brecknock	
Bristol Junction	
Coventry	835l.
Crinan	
Cromford	
Croydon	33l. a 36l.
Dudley	
Ellesmere	75l. a 77l.
Erewash	
Gloucester & Berkley (Old)	45l.
Ditto (New)	60l.
Grand Junction	268l. a 270l.
Grand Surrey	88l. a 90l.
Grand Union	2l. Dis.
Grantham	
Hereford & Gloucester	
Huddersfield	32l. 15s.
Kennet and Avon	43l. 10s. a 43l.
Lancaster	23l. 10s.
Leeds and Liverpool	183l.
Loughborough	1816l. a 1850l.
Merthyr	
Monmouthshire	123l. a 130l.
Montgomery	
Neath	
Oxford	
Old Union, or Leicester and Northampton	105l. a 108l.
Peak Forest	80l. a 81l.
Rochdale	53l. a 54l.
Somersetshire Coal	
Southampton and Salisbury	
Stafford and Worcester	
Stourbridge	
Stratford	
Swansea	166l. a 163l.
Thames and Medway	18l. a 14l. Prem.
Trent and Mersey, or Grand Trunk	1258l. a 1262l.
Union	100l.
Warwick and Birmingham	315l.
Warwick and Napton	312l. a 315l.
Wilts and Berks	43l. 10s.

Worcester & Birmingham (old)	42l. per Share.
Ditto (new)	5l. Prem.
Wyrley & Essington	
Intended Canals.	
Bath and Bristol	36s. a 44s. Prem.
Bristol and Taunton	
Chippenham and Bristol	
Grand Southern	[illegible] Prem.
Grand Western	Par.
Seaton and Bridgewater	5s. Dis.
Stamford Junction	10s. a 15s. Dis.
Weald of Kent	10s. Prem.
ROADS.	
Commercial	130l.
Barking	
Dover-Street	3l. 10s. a 3l. Prem.
Tilbury-Fort	
Highgate Archway	Par.
Surrey Iron Railway	
Cheltenham Do.	
New North Road	
BRIDGES.	
Strand ......Share 100l.	10l. Dis.
Vauxhall ....100l.	11l. Dis.
BREWERIES.	
British Ale ....50l.	10l. Dis.
Golden-Lane (old) ..80l.	63l. per Share.
Ditto ......(new) ..80l.	61l.
Ditto ....56l.	45l.
LITERARY INSTITUTIONS.	
London......Share 75gs.	63l. a 65l.
Surrey ....30gs.	23l. 5s.
Russell..........25gs.	
Auction-Mart..Share 50l.	50l. a 48l. Prem.
British Herring Fishing Company....100l.	
Covent-Garden Thea. 500l.	Par.
Day Newspaper ....10l.	5l. Prem.
Gas Light and Coke Company......50l.	
Hudson's Bay Stock	60l.
Mines Royal Copper Company	[illegible]
Cattle Life Insurance	

LONDON DOCK DEBENTURES will be paid off, with the Interest due thereon, Friday, the 8th of February Inst.; after that day the Interest will cease.—The last Half-year's Dividend on LONDON DOCK STOCK, also Interest due on the SCRIP, to the 31st December, 1810, commenced payment the 30th Ult.

PRICE of the GOVERNMENT FUNDS.

	Saturday, February 2.	*Monday, February 4.*	*Tuesday, February 5.*
Bank Stock, Dividend 10 per Cent.	Holiday.	Nothing done.	250 a 249½
3 per Cent. Reduced Annuities		66½ a ⅝	66⅝ a ¼ a ⅜
3 per Cent. Consolidated Annuities		66 a ⅛ a 65⅞ a 66⅛	66⅛ a 66 a ⅞ a 66
3 per Cent. Annuities 1726		Nothing done.	Nothing done.
4 per Cent. Consolidated Annuities		83⅜	83½ a ⅜
5 per Cent. Navy Annuities		98⅝ a ¾	98¾ a ⅞
5 per Cent. Annuities 1797		Nothing done.	Nothing done.
Long Annuities, expire January 1860		17¾ a ⅞	17[illegible] a ⅞
Imperial 3 per Cent. Annuities		65⅜	Nothing done.
Imperial Annuities, expire May 1819		6⅛	Nothing done.
Irish 5 per Cent.		96⅛	97
India Stock, Dividend 10½ per Cent.	The Purification.	Nothing done.	177½ a 178
5 per Cent. India Bonds		24s. a 25s. Pm.	24s. a 25s. P.
South Sea Stock, Div. 3½ per Cent.		71⅝	Nothing done.
Ditto Old Annuities, 3 per Cent.		66½	Nothing done.
Ditto New Annuities, 3 per Cent.		Nothing done.	65½ a 66
3 per Cent. Annuities 1751		Nothing done.	65¾
Exchequer-Bills, 3d. per Day		3s. a 6s. P.	1s. a 3s. a 5s. P.
Lottery-Tickets		21l. 4s.	21l. 14s.
Omnium		1½ Dis.	4½ Dis.
Consols for the 28th of February		66½ a ⅝	66⅛ a ½
Commissioners for Reduction of the National Debt purchased Reduced		—	at 66⅛

REDEMPTION of the OMNIUM at the BANK.
Friday, February 1, 30 per Cent.—Friday, the 15th, 30 per Cent.—Friday, March the 8th, 10 per Cent.

All Exchequer-Bills, dated in the month of March, 1810, are advertised to be paid off on Friday, the 1st of February, 1811, or exchanged for New Bills at 3d. per Day, and to be taken in on or before Saturday, the 9th inst. All Bills dated prior to March have been advertised, and the Interest has ceased.

HOLIDAYS AT THE BANK, FEBRUARY 2 AND 27; MARCH 25.

Course of Exchange,
Tuesday, February 5, 1811.

Amsterdam, 2 Usance	29 6
Ditto, at Sight	28 8
Rotterdam, c. f. 2 U.	8 16
Hamburgh, 2½ U.	25 6
Altona, 2½ U.	25 7
Paris, 1 Day's Date, Liv.	17 10
Ditto, 2 U.	18
Bourdeaux, ditto	18
Madrid, effective	
Ditto, in Paper	
Cadiz, effective	47½
Ditto, in Paper	
Bilboa, effective	
Gibraltar	40
Leghorn	58
Genoa	54
Venice, Liv. Pic. ineffective per £ Sterling	52
Malta	61
Naples	42
Palermo ...per oz.	[illegible]
Lisbon	60½
Oporto	62
Rio Janeiro	72
Dublin	[illegible]
Cork	10½

Agio on the Bank of Holland, per Cent.

BULLION, at per Ounce.

Portugal Gold, in Coin	£0 0 0
Gold in Bars	4 10 0
New Doubloons	4 12 0
New Dollars	0 5 10
Silver in Bars, Standard	0 5 11½
New Louis, each	0 0 0

Cochineal, [illegible] per lb.

PRICES OF ENGLISH GRAIN.

Wheat [illegible]
Rye [illegible]
Barley [illegible]
Oats [illegible]
Flour, [illegible] per Sack.

PRICES OF AMERICAN STOCKS.

Three per Cents.	65½
Old Six per Cents. which began paying off the 1st of January, 1796, and will be liquidated the 1st of October, 1818	10[illegible] a [illegible]
New Six per Cents. late deferred, which began paying off January, 1802, and will be liquidated the 1st of October, 1824	102 a 103
Bank Shares (400 Dollars, or £90 each), paying £7 [illegible] per Share per Annum, exclusive of Surplus Dividend, divided every Three Years,	100 a 101 each.
Louisiana Six per Cents.	10[illegible]

Published, TUESDAYS and FRIDAYS, by
M. MONTEFIORE,
STOCK-EXCHANGE, and No. 1, BIRCHIN-LANE; where Subscriptions are received, at Twenty-seven Shillings per Annum.
PRINTED BY LANE, DARLING, AND CO. MINERVA PRESS, LEADENHALL-STREET, LONDON.

図 7-3　証券価格表（1811 年 2 月 5 日）

出典）*Original dock and canal list*, London, 1811.

注）政府公債の価格を示すだけではなく，港湾・運河・水道・橋梁会社の証券価格や，イギリス政府公債やアメリカ合衆国政府公債の価格，各種外国為替相場まで一覧に供されている。当時のイギリスにおける投資社会を，これ以上如実に物語る史料はないだろう。

会社など――に資金が供与されたのだ。これら一連の手続きが標準化されると、それはしだいに普遍的なものとみなされ、その有無が投資の可否を判断する基準として政治的な境界を越えて求められていく。こうして投資適格とされた組織体は、政府公債か社会基盤整備事業の債券かを問わず、新聞や雑誌、ビラに印刷された証券価格表に信用を表象する証券価格で示され、投資社会を構成する万人の合理的な主体の目に比較可能なかたちで供される（図7-3）。

（3）地域社会と投資社会

一八世紀後半から一九世紀初めにかけて、公債保有者の約七割はロンドンとその近隣諸州に集中し、残りの約三割のうち半数が地方に、さらに半数がオランダ、フランス、スイスをはじめとする国外に居住していた。地方の人びとは、ロンドンとその近郊に居住している人びとと比べて、証券類から利子・配当収入を得る機会が相対的にかぎられていた。こうした地方在住者に年金を提供したのが、社会基盤の整備事業であった。

社会基盤整備のために発行された証券類は、その多くが当該地域の近隣に在住する人びとによって購入された。さきに紹介したスコットランドのグラスゴウで発行されたトンチンでは、一〇六名の出資者のうち九一名がグラスゴウ在住者、残りの一五名のすべてがエディンバラをはじめとするスコットランド在住者によって占められた。一七八六年三月にブリストルで実施された「ブランズウィク・スクエア・トンチン」では、出資者五九名中、ブリストル在住者が三三名と半数以上を占めている。その他の人びともまた、グロウスタシアとデヴォン居住者がそれぞれ七名、サマセットが四名、ヘレフォードシアとコーンウォルがそれぞれ二名と、大部分が近隣諸州の居住者であった。[81] プリマスでは、一八一一年にホテルと劇場を建設するために、二万ポンドが当初年利五～七％のトンチンで起債された。出資者の指定した名義人は年齢に応じて一三の集団に分けられたが、そのうち九集団の出資者の居住地がわかる。該当する一三八名中、プリマス居住者は九〇名と全体の六五・二一％を占めた。さらに、プリマスを含むデヴォン居住者は八二・六〇％、デヴォンと境界を接するコーンウォル、ドーセット、サマセットの各州の居住者を含めると九三・四八％を占めた[82]。

このように、地方における社会基盤整備事業の多くは、農場経営者や小売業者といった「中流の人びと」を中心とする地元民の出資によって支えられていた。また、プリマス・トンチンの出資者の一六・六七％が女性であったことからわかるように、地方の未婚女性や寡婦はこれらの証券類を通じて収入の一部を得ていた。公共的なプロジェクトは、地方の人びとが信用にもとづくアニュイティを確保する貴重な機会であったといえる[83]。

投資社会から資金を得たプロジェクトの地域分布は図7-4で把握できる。一七九八年から一八一五年までの件数の地域分布をみると、イングランドでは北東部のカンバランドとウェストモーランドの二つの州、ミッドランズのダービシア、レスターシア、ラトランドの三州を除き、すべての州でプロジェクトが認められる。なお、金額についてもほぼ同一の傾向が認められる。たしかに、証券類を通じた社会基盤整備の動きは、第4章で確認した政府公債保有者の地域分布とおおよその点で共通していると考えられる。しかし、ダラム、ヨークシア、ランカシア、ウォリックシア、ノーフォークおよびスコットランドでは、政府公債の保有者分布状況と比較して、より活発に公共的プロジェクトが企図されたことがわかる。一八世紀末から一九世紀初めにかけて全国的に展開された社会基盤の整備事業は、対仏戦争末期の最も資金的に逼迫した状況下にもかかわらず、地域社会から遊休資金を呼び込んだ。その結果、政府公債の取引にしばしば困難が伴うロンドンからの遠隔地において、インフラストラクチャの整備事業は投資社会の水平的・垂直的な拡大を促進していったのである。

しかし、債券の利払いのため、査定税をはじめとする地域社会の各種税負担は確実に重くなっていった。たとえば、先述のミドルセクスのセントパンクラス地区の救貧院事業では、査定税を査定額一ポンドあたり二シリング引き上げるという重税化がみられた。サウサンプトンのオールセインツ教会の改築では、一七九一年に五〇〇〇ポンドの借入時に増税された一シリング一ペニーという税額では利払いが困難になったため、一七九七年にあらためて議会制定法を得て一シリング六ペンスへの増税を可能にした[84]。このような利払いの困難による新たな税源確保の例はいくつもある。また、徴税が不十分で問題が発生することもあった。ハートフォードシアのセントオーバンのセントピーターズ教会の修理問題では、八名の教区民への終身年金の支払いが信託委員や徴税役の教区委員・貧民監督員の機能不全により遅滞した。この八名は「なけなしの資金を費やして終身年金を購入しており、財産はほとんどなく高齢で貧困である」ため、生存そのものが非常に厳しい状況に陥った。利払い用の年一八二ポンド一〇シリ

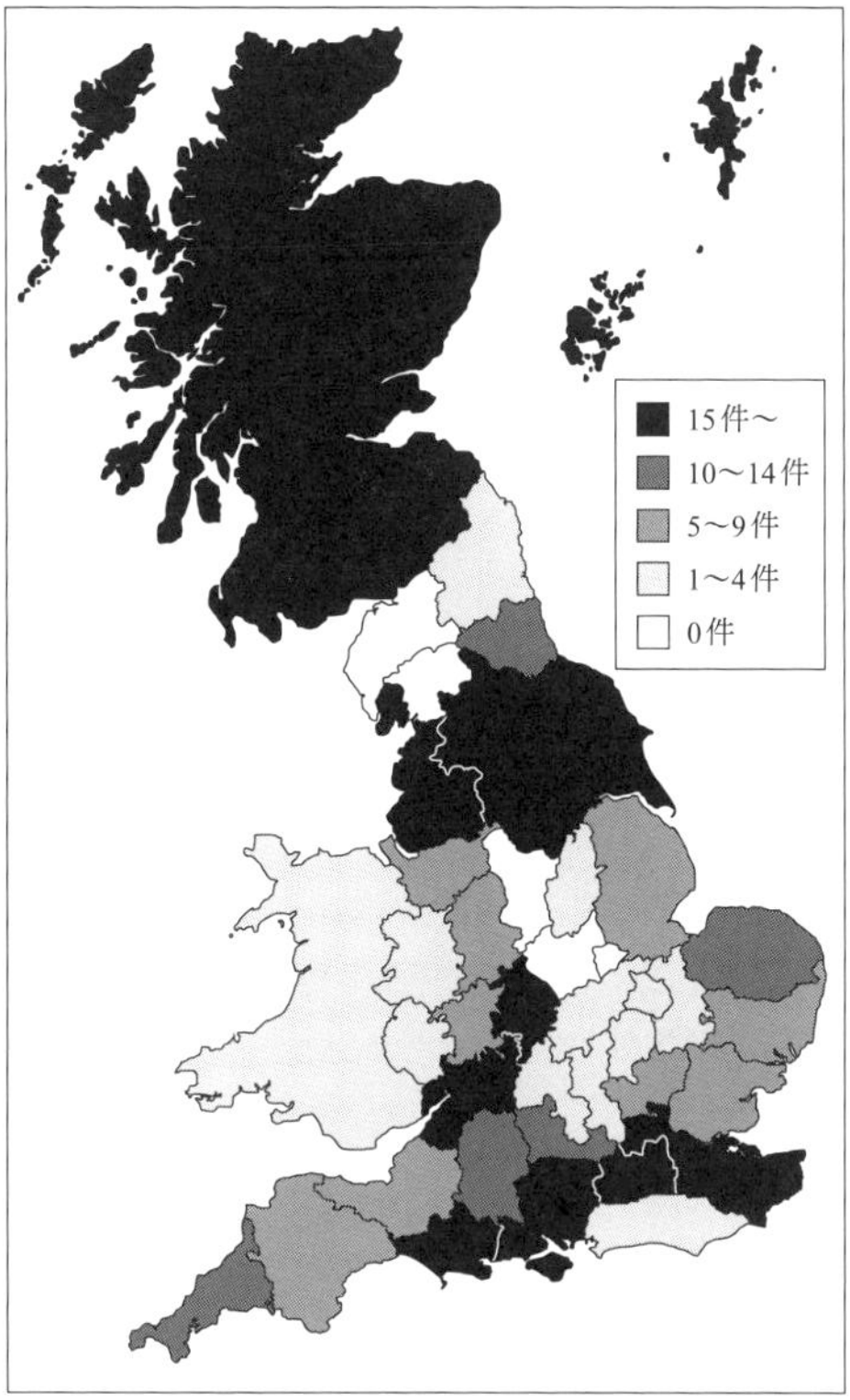

図 7-4　投資社会から資金を調達した社会基盤整備件数分布（1798～1815年）

出典）38 Geo. 3-55 Geo. 3 の該当する各制定法（いずれも地域特定法）。なお，ウェールズおよびスコットランドはいずれもひとつの地域としてカウントしている。

ングの財源を確保するため信託委員を再構成し、教区の吏員を一新することで確実に利払いが履行されるように対策がとられた。(85)「財政＝軍事国家」が機能的な官僚組織で徴税の効率化・確実化を進めていったように、「もうひとつの財政金融革命」においても査定税などの徴税と定期的な利払いによる信用維持は重要な課題となった。

3　アイルランドと合衆国へ

改良事業と投資社会との相互関係は、都市を中心としたインフラストラクチャの整備を促進した。このような関係は、投資社会が拡大を遂げても維持された。その結果、投資社会は政治的な境界を越えて拡大していくが、投資社会と深く結びついた改良事業もその拡大に伴い新たに別の地に移植されていく。

第8章で詳述するが、アイルランドは一八世紀の後半にはロンドンを中心とする投資社会に組み込まれていた。その結果、植民地財政だけではなく、地域の改良の動きもまた投資社会からの資金の提供を受けることとなった。一七九四年、アイルランド南西部の港町コークでは、一口二五ポンド計一四〇口のトンチンで費用三五〇〇ポンドが調達された。(86)それは、コーヒーハウス、店舗、部屋、住居の建設と、地所の購入を目的とするものであった。このトンチンには、一〇九名が投資した。投資した人びとのうち貿易商は五八名おり、全体の五三・二%を占めた。出資者には事業の決定機関である出資者総会での議決権が付与され、同時に出資者総会が事業の執行部を選出するという株式会社に近い形態がとられた。これは、イングランドのモラヴィア教会やセヴァン川のクレセイジ橋の場合でみられた主体の内部統治形態と相似する。また、アイルランド合同後の一八〇三年にはスライゴで、査定税で二〇〇〇ポンド、港湾税で六〇〇〇ポンドの計八〇〇〇ポンドが起債され、それぞれ舗装・照明などの街路改良と、港湾改良とに充当された[87]。一八〇六年にはダブリンのセントジョージ教区の教区教会改修で一万四〇〇〇ポンドの終身年金が、一八〇九年にはダブリン市の主導で上水道敷設のために計二万二〇〇〇ポンドが借り入れられているように[88]、ダブリン城の財政出動による基盤整備と並行して、イングランドと同様の形式にもとづく投資社会からの出資による社会基盤の整備も試みられている。

都市基盤の整備は、独立後間もない合衆国のエリートたちに課せられた重要な問題となった。たとえば、一七九三年に事業が開始されたボストンの著名な建築物トンチン・クレセントに[89]、イングランドで起こったこととの類似性を見出すのは容易である。ワシントンでは、約二六三万平方フィートの地所開発に必要な一四万ドルが、一口五五ドルのトンチンで得られた[90]。同じくワシントンでは一七九三年に合衆国初のホテルである「ユニオン・パブリック・ホテル」が富くじを用いた三五万ドルの資金調達によって建築された。当時のホテルはイギリスと同様に、それまでタバーンやコーヒーハウスが担ってきた市民的公共性の発露の場——集会場や飲食可能な施設——を象徴する建築物であった。実際、当時ユニオン・パブリック・ホテルに匹敵する規模をもつ建物は、ワシントンではホワイトハウスと連邦議会議事堂にかぎられていた[91]。

またホテルは、外観でも内装でも都市の公共空間を示威する建築物として受けとめられた。それは、イギリスのみならず合衆国でも同様であった。そのため、都市エリートたちにとってホテルは近代的な空間の象徴となり、アーバン・ルネサンス下のイングランドと同じく、都市の威信とアイデンティティに直結する重要な空間構成物として受けとめられた。独立後間もない合衆国の都市エリートのなかには、精巧なジョージ朝様式の建築物に象徴されるイングランドのアーバン・ルネサンスの残像を脳裏にもつ者もいた。そのため、イギリスだけではなく合衆国でもまた、都市間で競争を呼び起こすことになる。合衆国におけるその顕著な例のひとつとして、ニューヨークの「ニューヨーク・トンチン・ホテル」と「トンチン・コーヒーハウス」があげられる。

一七九三年一月、ニューヨークの指導的なマーチャント一〇名がイギリスの改良委員会に準じる委員会を結成した。この委員会は、当地に存在したシティ・タバーンを六〇〇〇ポンドで購入してただちに取り壊し、新たにホテルを建設した。資金の調達方法は、これら一〇名が中心となって組織した「ニューヨーク・トンチン・ホテルおよび集会室協会」によるトンチンである。ニューヨーク・トンチン・ホテルおよび集会室協会は、ニューヨークの指導的なフェデラリストの大商人から構成された。協会構成員の大部分がニューヨーク商業会議所のメンバーによって占められており、構成員のうちの四名が第一合衆国銀行の取締役であった。同行は一七九一年に創立された国立銀行で、フェデラリストの首領アレグザンダー・ハミルトンによる公信用システムの中核として重要な役割を担うことを期待された銀行である。都市アイデンティティを求める彼らにとって信用を活用した都市改良事業計画は、フェデラリストの政治信念を考えても何の疑いもなく採用できるものであった。ワシントンのユニオン・パブリック・ホテルから遅れること一年で落成をみたニューヨーク・トンチン・ホテルは、当時としては驚異的な一三七もの部屋数を誇り、ファサードには四一もの窓を見せつける赤レンガ造りの壮麗な建築物となった。

しかし、この協会が建築したのはホテルだけではない。一七九三年にトンチン・コーヒーハウスがトンチンを用いて建築されたのだ。(92) これは当時、ウォールストリート近辺で証券取引をしていた証券ブローカーたちを、都市景観の改良と証券取引業務の効率化のため、ロンドンのイクスチェインジ小路のようにコーヒーハウスを建築して収容することを目的とする試みであった。このトンチン・コーヒーハウスこそ、今日のニューヨーク証券取引所のルーツである。トンチンの一六二名の出資者のうち、全体の七七・七％にあたる一二六名がマーチャントで占められた。エスクワイアの称号をもつ者が一一名、弁護士が一〇名とマーチャントのあとに続き、内科医、ブローカー、食料の雑貨商、船員、レンガ職人、植字工、遺言執行人や後見人などもトンチンの保有者に含まれた。H & S Johnson & Co. と会社名義での投資もみられたが、(93) 女性はわずか一名にとどまった。一五八名（うち一名は会社名義）がニューヨーク・シティに住所を有した。ヨーマンであるピーター・アライアがニューヨーク郊外のウエスト・チェシャに住んでいたほか、同じくウエスト・チェシャ、ウエスト・ロングアイランド、マサチューセッツのボストン市内、そしてベネズエラのキュラソー島と、ニューヨーク市内以外の保有者はわずか五名にとどまった。ニューヨーク・トンチン・ホテルと同様にニューヨーク・トンチン・コーヒーハウスもまた、ニューヨーク・シティの上層部を中心とした人びとの自由意思による出資によって建造されたのである。このような出資者から構成されたソサエティの約款は、イングランドやアイルランドの同例に準じたものとなっている。また、出資者は出資口数に応じた投票権をもつことや、執行部の選出方法など、出資者で構成された最高議決機関である総会に付与された権能についてもほぼ同一である。つまり、フェデラリストたちは、公信用の十全な活用によって建国直後の混乱した信用秩序や連邦政府財政を確立しようとする一方で、信用を用いて都市空間の近代化を企図したのであった。当時、都市のアイデンティティとして重視されたホテルと、投資社会の中心となる証券取引所がトンチンによって建造されたことは、投資社会の北米大陸への空間的な拡大を象徴するものであった。

投資社会が建国後間もない合衆国を包含すると、もとより投資社会に反感をもつジャコバン的あるいはレパブリカン的な信条を有する人びとは、批判的な姿勢を強める。イングランド財政金融革命直後のロンドンに現れた公信用批判者たちのように、ジャコバンにせよ、レパブリカンにせよ、ニューヨーク・トンチン・ホテルおよび集会室協会のメンバーを「経済・社会・政治の基盤を貨幣に求める者たち」とし、彼らが「力をつけすぎてきている」と論難した。もちろん、合衆国独立の背景のひとつに、「宮廷と結びつき腐敗したコート・イデオロギー」を体現した「マニド・メン」への反感と対抗心があったことは確かである。しかし、現実に投資社会が実体を伴って拡大すると、マニド・メン的なるものに対抗する構図もまた、投資社会の空間的拡大にあわせるかのように政治体の境界を越えていったのである。

おわりに

一八世紀後半の投資社会は、戦費だけではなく社会基盤の整備資金もまた提供することで、イギリス社会の近代化の初期段階を支えた。公信用システムの制度的な革新が財政金融革命と呼ばれるのであれば、こうした社会基盤構築資金の調達構造の確立は「もうひとつの財政金融革命」と呼ぶにふさわしい。

投資社会が当時の財政＝軍事国家特有の構造、すなわち対外的な強さと対内的な弱さの共存関係に柔軟に対応した結果、一八世紀のイギリスでは、国内の各種の改良事業の多くは、政府からの財政支出によるのではなく、地域社会の査定税にもとづき地域社会主体の出資者からの資金で推進された。それは、都市部の街路舗装・拡張・清掃・排水・照明をはじめ、港湾設備の整備拡充、橋梁改修や付け替えといった、経済社会を支えるインフラストラクチャや、教会の補修改築、救貧、墓地整備、監獄建設といった社会生活基盤、ホテル、図書館、劇場といった文化的な基盤の構築にまでおよんだ。

地方各地の公共的なプロジェクトを推進したのは、議会制定法で主体として授権された改良委員会や信託委員、株式会社、都市自治体であった。こうした資金を募る各主体は、投資社会からの投資を獲得するため、投資に必要な形式的要件を備えた議会制定法を獲得する必要があった。同時に運用面でも、利払い原資を効率的に徴収のうえ、適切な財務管理を通じて出資者に定期的な利払いを継続することで信用維持に努める必要が生まれた。投資社会からみると、政府公債と社会基盤構築目的の債券のそれぞれの起債構造は相似しており、徴税や財政状況の公開など主体の信用維持の要件も類似した。両者とも、形式的な要件の整備により組織体が構成され、かつ投資家への説明責任が果たされて、投資社会から組織体――国家・改良委員会・株式会社など――に資金が供与されたのだ。

一連の手続きが標準化されるとそれはなかば普遍的なものとみなされ、その有無が投資の可否を判断する基準として政治的な境界を越えて求められていく。こうして、社会基盤の近代化が進められていったのである。

投資社会は水平的な拡大を遂げ、アイルランドや合衆国を包摂する。投資社会は新たに包含した地域に公信用にもとづく財政のみならず、信用を用いたインフラストラクチャももたらした。同時に投資社会は、政治制度・法制度の差異に適応しつつ、一連の手続きに準じた形式を当該地域でも要求した。逆に資金を募る側は、普遍化された要件を満たして投資社会からの投資を獲得した。こうして投資社会は社会基盤の整備とともに、イングランドの地方都市、アイルランド、合衆国へと水平に拡大していき、同時にそれぞれの地域の中流の人びとへと垂直に深化していったのである。

第8章　投資社会空間の拡大
——アイルランド・ロンドン・ジュネーヴ

はじめに——アイルランド財政金融革命

　イングランドにおける近代国家財政の確立は、「イングランド財政金融革命」を契機とする公信用の制度的革新によるものであった。それは名誉革命直後からはじまり、一七五〇年代のコンソル債の成立によって、一応の完成をみた(1)。同時に、証券市場がロンドンに誕生することで各種証券の流動性が促進され、国内の遊休資金のみならず国外からの投資もまた呼び込んだ。これらは、イギリスが戦費調達に迫られた結果、国家財政と国際的な金融ネットワークが公信用を媒介に接合したことによる。イングランド近代国家財政の確立は投資社会の水平的拡大と密接に連関していたのだ。

　しかし、投資社会からの資金を必要としたのは、イギリスだけではなかった。「長期の一八世紀」には、ヨーロッパの多くの国家が断続的な戦争状態に巻き込まれ、イギリスと同じく積極財政を展開した。その結果、投資社会の水平的な拡大は、東はヨーロッパ大陸、西は大西洋方面へと展開し、一八世紀末には独立後間もない合衆国を巻き込む。公信用を媒介とした財政と金融との接続は、投資社会の水平的な展開において枢要な役割を果したのである。政治体が投資社会に包摂されることによって、投資社会内の他の政治体からの資金を呼び込むことが可能となった。逆に、資金を呼び込むために、各政治体は投資社会に向けてみずからが投資に適合していることを示さなければならなくなった。こうした投資社会における財政と金融の相互関係は、イギリスや国内債に加えて外債を多く発行したオランダのみならず、フランスなど西ヨーロッパ全域で観察されるようになっていく。

本章で検討対象となるのは、投資社会の大西洋方面への拡大とアイルランド財政の関係である。七年戦争後のイギリスは財政難に苦しみ、帝国内の植民地にも応分の負担を求めて事態の改善をはかろうとする。したがって、植民地への軍事財政の負担強要は、本国の財政政策の一環であった。しかしそれは、とりわけ北米植民地と本国とのあいだの政治的・経済的動揺を招く。その結果、七年戦争のため悪化しつつあった植民地財政がさらに圧迫されることになった。周知のように、アメリカ合衆国の独立戦争はその強烈な反作用であったが、再び訪れた大戦争によってさらに財政的な苦境に追い込まれた政治体がある。それが一七七〇年代のアイルランドであった。独自財源に乏しい植民地は、度重なる財政難という窮地を解決するため、どのような手段を用いたのであろうか。本章は、それを投資社会の水平的な拡大に求める。財政と国際金融が接点を得て、投資社会の水平的な拡大を招いたプロセスとその結果を明らかにすることで、イングランドと同様にアイルランドでもまた、財政と国際金融を結びつける公信用のありかたが模索されたことを示す。

それでは、先行研究にはない投資社会という位相を新たに見出すことで、どのような新しい局面が開けてくるのであろうか。既存の研究では、基本的な空間設定として、本国―植民地関係からなる枠組みが採用されており、また最近の研究では、財政＝軍事国家あるいはそれに付随する財政金融革命のブリテン全土にまたがる展開の具体相としてアイルランド財政の構築をみる研究が増えつつある。[2]それに対して本章では、アイルランドやイングランドの財政金融革命をイギリスというひとつの政治体に回収するのではなく、イングランドとアイルランドのそれぞれがその内部に並置される上位の空間を設定することで、各政治体の「凝集化」、すなわち投資社会において投資適格とみなされるために、財政機構改革・収税能力の強化・適切な公信用運用のすべてか、そのいずれかを迫られた意味を問うことになる。いいかえると、財政金融革命をイギリスの内部に閉じ込めずに投資社会へ開き、アイルランドとイングランドを投資社会という単一の空間内の個々の政治体として位置づけるのである。そのため、本国―植民地関係という政治体間の関係は、あくまで投資社会内でその意味が再検討されることとなる。

具体的な事例として取り上げるのは、一七七〇年代に三度にわたり実施された「アイルランド・トンチン」である。アイルランドで初の本格的な公債であるアイルランド・トンチンについては、人口学の分析を含め、いくつかの先行研究を利用することができる。[3] しかし、近年の財政金融革命のブリテン的展開を強調する諸研究においても、このトンチンに言及されることはほとんどない。先行研究で用いられていないロンドンのナショナルアーカイヴズ所蔵のアイルランド・トンチン関係史料（TNA NDO 3）や各種パンフレット、政治家の書簡、新聞史料などを用いてその実態を明らかにし、それを投資社会の水平的拡大のなかに位置づける。

1　アイルランド財政と公信用

(1) アイルランド財政

一八世紀中頃に起こった七年戦争は、ヨーロッパ大陸、北米大陸、カリブ海域をはじめとする大西洋沿岸、そしてインド亜大陸で展開されたグローバルな戦争であった。参戦国の多くは、戦勝国イギリスを含めて戦後、膨大な戦費の負担や負債の清算に苦しみ、ことごとく財政難に陥る。[4] イギリスでは、本国の財政問題を帝国全体で打開す

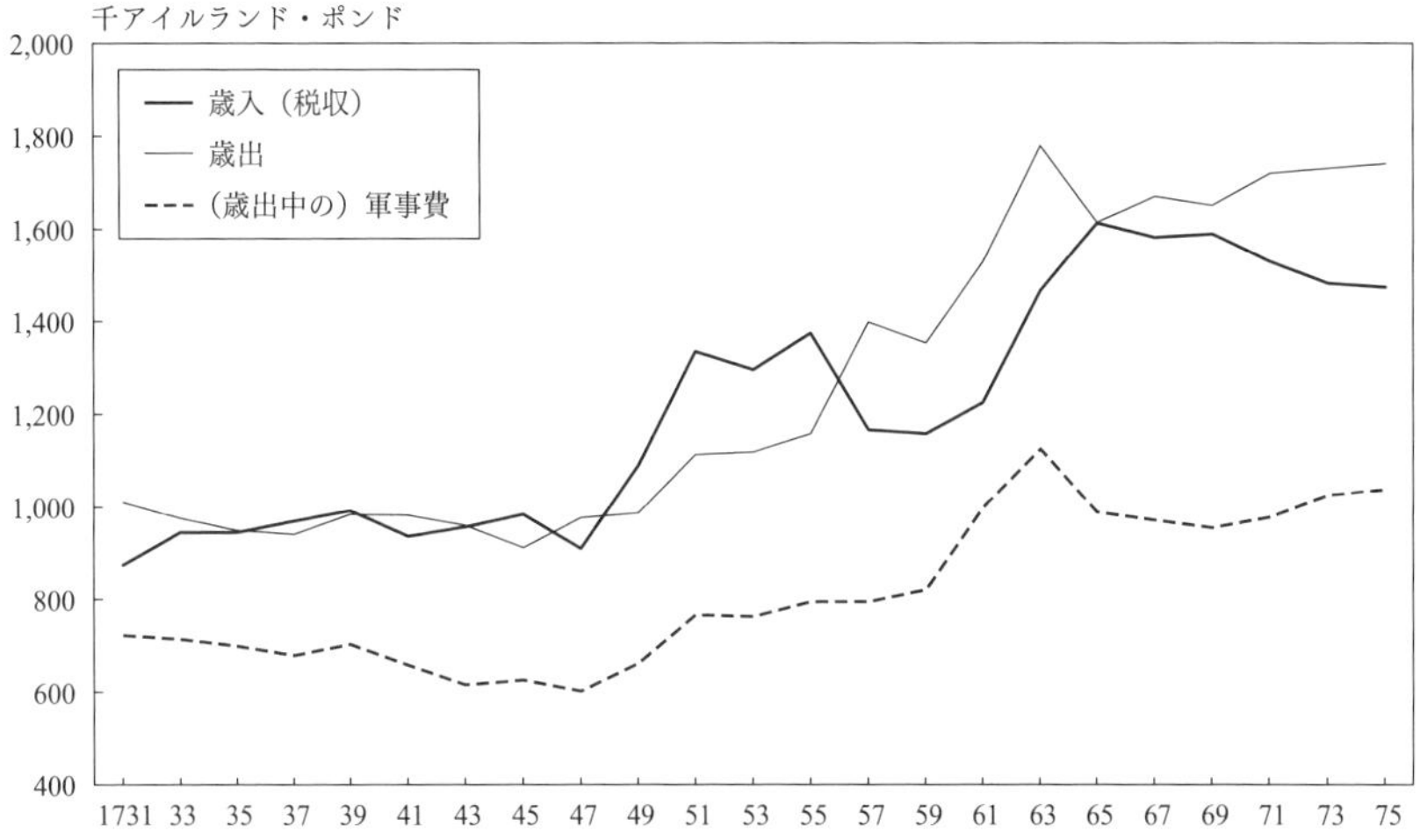

図8-1　アイルランド財政（1731〜75年）

出典）Anon., *A view of the present state of Ireland*, Dublin, 1780, pp. 85-87 より筆者作成。

るため、本国政府による植民地への政治的・経済的関与が強化された。北米植民地では一七六五年に本国議会で通過した印紙税問題が浮上した。アイルランドに対しても同様の措置が北米植民地と並行してとられた。一七六〇年代後半には、初代タウンゼント子爵ジョージ・タウンゼント総督（在任一七六七〜七二年）のもとで、民兵増員問題が植民地財政問題と複雑に交錯した。その後、アイルランドの軍事・財政問題は、ダブリン城、そしてロンドンの恒常的な頭痛の種となる。

アイルランド特有の財政構造の硬直性は、間歇的な赤字をもたらした。しかし、一七五〇年代前半までは、中・長期的にみると、財政はほぼ均衡していた（図8-1）。たとえば、一七五一〜五三年では、歳入約一二一万六四〇六ポンドに対して、歳出は、シヴィル・リスト費約一四万三七〇五ポンド（以下、注記しないかぎりアイルランド・ポンド）、軍事費約七六万二五七一ポンド、公債償還費一二万ポンド、その他約一一万四二六ポンドと、計一一三万六七〇二ポンドとなっている(5)。

その背景には、パトリック・ウォルシュが指摘するアイルランド財政の組織化および効率化があった。たとえば、一七〇六年から五三年までの四七年間に、ひとりあたりの歳入額が、一七〇六年の〇・一八ポンドから五三年には〇・二九ポンドに伸びている[6]。この間、アイルランドでは、財政部局の官僚機構の構築が進められていった。ジョン・ブルーアのいう本国イギリスの財政＝軍事国家化[7]に匹敵する徴税機構の整備が、アイルランドの重税化を可能にしたと考えられる。

しかし、七年戦争の勃発後、軍事費の急増に伴い財政赤字が急速に拡大した。一七六一〜六三年までの歳出は約一九〇万四八一ポンド、うちシヴィル・リスト費が約二二万一三六五ポンド、軍事費が約一一二万四七四三ポンド、公債費が約二二万一四三八ポンド、その他が約三三万二九三四ポンドであった。しかし、歳入は約一三八万一三二〇ポンドにとどまり、赤字約五二万一一六一ポンドは公債で補塡された[8]。七年戦争が終わっても、財政赤字は再び拡大していった。本国と北米植民地との確執による貿易不況のため関税収入が減少したこと、民兵や北米大陸に展開するアイルランド軍団の費用負担が増加したこと、さらには、商工業の振興を目的とする重商主義的な補助金政策による支出増が加わったことが、その理由として考えられる。

(2) アイルランド公債

次に、アイルランド公債のあゆみを整理する（表8-1）[9]。アイルランドでは一七一六年に初めて五万アイルランド・ポンド（イギリスでは四万六四五三ポンド・スターリング）が、年利八％で起債された。この公債では、アイルランド議会で貸し手、貸し手の遺言執行人や管財人、譲受人に対し、利子を半年に一回、いっさいの減額なしに元本の償還まで定期的に支払うことが議会制定法で定められた。アイルランド公債は当初「債務証書（ディベンチャ）」の形式をとり、償還期限は数年と短く、手形のように裏書によって流通していた[10]。一七二四年には、低利借り換え（年利八％が七％に）が行われ、さらに一七三〇年の一五万ポンドの起債は年利六％で実施された。翌年

表 8-1　1716〜77年までのアイルランド公債

年	制定法	利率	起債額	備考
1716	2 Geo. I, c. 7	8%	50,000	
30	3 Geo. II, c. 2	6%	150,000	83,300ポンドは陸軍のディベンチャ用
32	5 Geo. II, c. 2	5%	100,000	
41	Vote of Credit (1739)	〃	10,000	民兵用武器購入費
42	〃	〃	15,000	
	15 Geo. II, c. 2.	4%	220,000	起債予定額250,000ポンドのうちの一部
43	〃	〃	30,000	起債予定額250,000ポンドのうちの一部
47	19 Geo. II, c. 3	〃	40,000	起債予定額70,000ポンドのうちの一部
48	〃	〃	15,000	〃
49	〃	〃	3,500	〃
50	〃	〃	2,500	〃 (民兵用武装費・コーク港砲台建設費)
61	33 Geo. II, c. 2	〃	150,000	
	1 Geo. III, c. 2	5%	150,000	起債予定額400,000ポンドのうちの一部
62	〃	〃	50,000	〃
63	〃	〃	200,000	〃
64	3 Geo. III, c. 2	〃	100,000	
67	5 Geo. III, c. 2	4%	100,000	
70	7 Goe. III, c. 2	3.5%	30,000	
71	9 Geo. III, c. 2	4%	100,000	
72	11&12 Geo. III, c. 2	5%	100,000	
73	〃	〃	100,000	
73	13&14 Geo. III, c. 5	6%	265,000	トンチン終身年金
75	15&16 Geo. III, c. 2	〃	175,000	〃
76	17&18 Geo. III, c. 2	4%	166,000	
77	19&20 Geo. III, c. 2	7.5%	300,000	〃

出典）*National debt. History of the earlier years of the funded debt, from 1694 to 1786*, London, 1898, pp. 36-41.
注）ポンド＝アイルランド・ポンド。

の一七三二年には、一〇万ポンドの借り入れがあり、すべての既存公債を年利五％とする低利借り換えが実行されるとともに、連番の利付ディベンチャに交換されている。一七四二年と一七四三年には、あわせて二五万五〇〇〇ポンドが年利四％で起債され、その資金で既存五％債の元本一二万五〇〇〇ポンドが償還された。一七四七年から五〇年にかけて、総額六万一〇〇〇ポンドが四分割されて起債されている。年利はすべて四％であった。このように、一八世紀前半におけるアイルランド公債の金利は、一七一六年の八％から一七四〇年代の四

%へと、いちじるしい低下をみせた。イングランド財政金融革命が進展していた本国の公債金利が、一七一七年で四～五%、一七四〇年代で三～四%とほぼ同様の低下を記録していることを考慮すると、単純な比較は困難ではあるものの、アイルランド公債金利の低下は、イングランド財政金融革命に匹敵するものであった。

(3) 七年戦争の衝撃

一七五六年に七年戦争が勃発すると、アイルランド財政は軍事費の増加から圧迫を受けた。そのため、戦中および戦後、財政赤字の補塡をおもな目的として公債が起債された。一七六一年には、年利四%で一五万ポンドが利付ディベンチャにて借り入れられた。さらに同年、上限三〇万ポンドの起債が議会によって認可され、同年中に一五万ポンド、一七六二年に五万ポンドと、総計二〇万ポンドが年利五%で借り入れられている。さらに、一七六三年には年利五%で四〇万ポンドの上限枠のうち二〇万ポンドが、また、一七六四年には年利五%で一〇万ポンド、一七六七年には年利四%にて一〇万ポンドが起債された。一七七〇年代には、起債はほぼ毎年実施されている。その結果、一七七二年度までに累積公債額は約七三万五一三八ポンドに達した。大部分の公債は、歳入欠損の補塡を目的としていた。またいずれの公債の償還期限も短期間であったため、既発公債の元本償還を目的として新規公債が発行されるという悪循環にも陥った。こうしてアイルランドの公的債務は一七六〇年以降に急増した。

一七九三年以前のアイルランド公債で最も大規模だった起債は、一七七〇年代に三度起債されたトンチンである。一七七三年に二六万五〇〇〇ポンド、一七七五年に一七万五〇〇〇ポンド、一七七七年に三〇万ポンドの計七四万ポンドが起債された。それは、それまでのアイルランド公債残高の八割にもおよぶ規模となった。その後アイルランド公債残高は、一七八二年に約一二六万七〇〇〇ポンドにまで膨張した。一七八三年にはグラタン議会による公債整理が実施され、アイルランド銀行創設により六〇万ポンドの公債が同行の株式に転換された。しかし一七

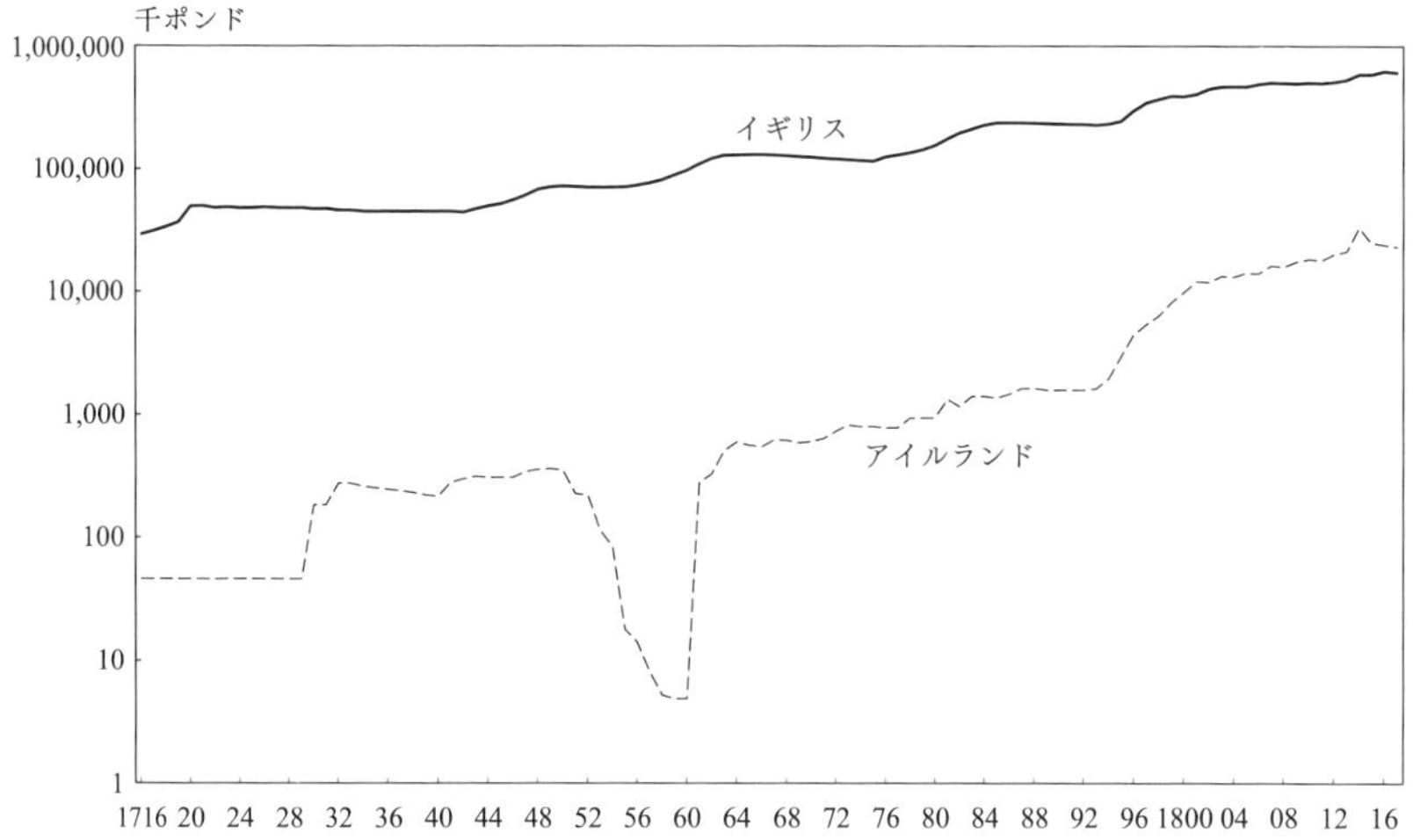

図 8-2　公債残高の成長（1716〜1816 年）

出典）イギリス：*History of the earlier years of the funded debt from 1694 to 1786, presented both Houses of Parliament by command of Her Majesty*, London : Darling & son, 1898, pp. 14-33 ; *Report by the secretary and comptroller general of the proceedings of the commissioners for the reduction of the national debt from 1786 to 31st March 1890, presented to both Houses of Parliament by command of Her Majesty*, London : Darling & son, 1891, pp. 72-73. アイルランド：*History of the earlier years of the funded debt from 1694 to 1786*, pp. 36-41 ; *Report by the secretary and comptroller general*, pp. 74-75.
注）イギリスは英ポンド，アイルランドはアイルランド・ポンド。

九三年以降、アイルランドの公債残高はさらに激増し、その成長率は本国と同程度か、ときにはそれを凌駕した（図8-2）。

このように財政難が深刻化するにつれて、イングランドと同じくアイルランドでもまた、議会の信義にもとづく公信用の運用が、財政において枢要の位置を占めた。調達された資金によって、政情不安の北米植民地へ派兵されたアイルランド軍団や、アイルランド内の民兵の維持が可能となった。ただし、一七七〇年以前のアイルランド公債保有者の居住地はアイルランド内に限定されていた。これは、債券の保有者が国際的な広がりをもった本国の政府公債とは決定的に異なる。こうした事情は、アイルランドの公信用を国立銀行の設置を通じて確立しようと主張する、あるパンフレットからうかがえる。

〔アイルランド公債の〕ディベンチャ保有

者は、二、三の例外を除き、アイルランドに居住している。それゆえ保有者たちは、公債の利払い・元本償還のために設定された税を支払って、その税によって利払いによる年金の支払いを受けているのだ。利払い税源の設定は、議会が開催されるたびに行われる。〔中略〕議会の信義こそが、ディベンチャに対して与えられた唯一のセキュリティなのである。(11)

七年戦争の莫大な軍事費を負担したのは本国だけではない。植民地としてのアイルランドもまた、その一部を負担したのだ。アイルランド財政は、本国イギリスと同じく七年戦争以降の軍事費負担によって圧迫されたが、それを支えたのも本国と同じく公信用であった。ただし、公債保有者のほとんどは、アイルランド内に限局されていた。このような状況に根本的な変化をもたらしたのが、ほかならぬアイルランド・トンチンなのである。

2　アイルランド・トンチン

(1)　一七七〇年代初頭の財政難

ダブリン大学トリニティ・カレッジのチャールズ・ヘンリ・ウィルソンは、一七七〇年代初頭のアイルランドの財政・経済情況について、次のように述べた。

歳出が増加するにつれて、歳入は減少した。〔中略〕。一七七一年のレイディ・デイにおける国家の負債は、七八万二三二〇ポンドに増加した。収入が不足するため、借り入れによる資金調達が鋭意追求されている。一七七一年一〇月の会期に提出された予算案には、政府による二〇万ポンドの借り入れを可能とする条項が含まれていた。その直後に、リネン貿易が急速に衰えたのだ。一七七二年、一七七三年、一七七四年には、リネン貿易の衰退は、かつてリネン貿易が栄えていたこの王国各地で一般的なものとなった。[12]

一七七二年、前任者タウンゼント子爵に代わって総督に着任した初代ハーコート伯爵（第二代ハーコート男爵）サイモン・ハーコート（在任一七七二〜七七年）を迎えたのは、このような経済状態であった。彼は、一七七三年三月二五日時点で、約七三万五一三八ポンドにのぼる公債累積額に加え、同年の歳入欠損が四〇万三八四〇ポンドにも達する、もはや危機的な財政状況の打開を迫られることとなった。ロンドンの意を汲む総督ハーコート伯爵は、課税と公債起債の二つの財政手段を用いることによって、危機を乗り越えようとする。前者は不在地主への課税、後者はアイルランド史上初の本格的な公債となるトンチンによる起債であった。ところが、前者の不在地主への課税は、アイルランド庶民院で否決の憂き目に遭う。[13]それに対して、同会期中に提出された後者のトンチンによる起債は、修正案が議会を通過し、一七七三年に実施されることとなった。トンチンはこのあとも、一七七五年と一七七七年に実施が決定される。

イングランドでは、一六九三年、一七五七年、一七六五年、一七八九年にそれぞれ、政府がトンチンを試みたものの、いずれも満額には遠くおよばず失敗に終わった。[14]トンチンは、フランスではおおむね成功したが、金利が比較的低く設定されたイングランドでは、ほぼ失敗した。[15]アイルランド・トンチンはまず、イギリス政府による失敗という文脈に位置づけられなければならない。ある論者は「一七七三年、一七七五年、一七七六《ママ》年に、アイルランドで行われたいくつかのトンチン計画は、イングランドの諸例よりもはるかに首尾よく実施できた[16]」と述べる。

(2) アイルランド・トンチン(一七七三年・一七七五年)

七年戦争後の財政難のなか、不在地主への課税が失敗に終わると、残された資金調達手段は公債のみとなった。不在地主課税法案が提出された同じ会期中に提出された法案によって、アイルランド初のトンチンが起債された。このトンチンは、一七七三年、一七七五年、一七七七年と、三度にわたり実施された。

一七七三年トンチンでは、二六万五〇〇〇ポンドが年利六%で起債された。[17] 一口は一〇〇ポンドで、一口につき一名の名義人を選択することができた。また、同一名義による複数口の出資も可能であった。名義人は、年齢によって三つの集団に分けられた。「ファースト・クラス」は四〇歳以上、「セカンド・クラス」は二〇歳以上四〇歳未満、「サード・クラス」は二〇歳未満の名義人から構成された。このトンチンでは、死亡者分の年金が、年利換算で〇・五%を超過するたびに加算されるという条件が付された。また、それぞれの出資額が、年金の加算上限額とされた。応募は順調で、一七七四年六月二四日に出資払込みが完了し、名義人が確定した。年金の計算開始日は、日をさかのぼり一七七三年一二月二五日に設定された。なお、三年間年金の受領がなかったときは、名義人死亡とみなされ失効した。出資者は、名義人が死亡したさい、一カ月以内にそれを証明し、三カ月以内に証書を返還しなければならなかった。過怠の場合、三〇ポンドの科料が課された。

この公債では、これまでのアイルランド公債とは異なり、アイルランド外からの投資が明確に期待された。アイルランド総督がロンドンにアイルランド政庁公認の代理人を置いたことによって、ロンドンでも年金支給や生存者情報の管理および外貨両替の手続きが可能となった。ハーコート総督によってブラウン・コリソン銀行がこれに任命された。また一七八一年には、総督第五代カーライル伯爵フレデリック・ハワードにより、ボルデロ銀行がその任にあたった。この制度によりトンチンの出資者は、ダブリンではアイルランド・ポンドで、ロンドンではポンド・スターリングで年金の受給が可能になったのだ。このようにアイルランド・トンチンは、アイルランド公債として初めてロンドンでも募集され、ロンドンでポンド・スターリングでの年金受取も可能になった。この措置はアイルランド内の投資家のみならずロンドンを中心とする投資社会からの投資を狙ったものであった。

なお、一七七三年トンチンでの年金最高額は、「ファースト・クラス」の、ダブリン受取りで一〇〇ポンド、ロンドン受取りで九二ポンド・スターリング六シリング二ペンスであった。名義人の最高齢死亡者は一八二三年に死亡した九〇歳の女性であった。ファースト・クラスにおけるトンチンはこの時点で消滅した。セカンド・クラスは一八五一年に（最高齢は九九歳）、サード・クラスは一八六三年に消滅（最高齢は九一歳）している。したがって、一七七三年のアイルランド・トンチンでは、政府による年金支払い義務は約九〇年間続いた。

一七七五年には、独立戦争が北米大陸で本格化した。その影響は、次の言説からもうかがえる。

アイルランド・リネンの北米市場は、かつては相当な規模を誇っていたものの、〔この戦争によって〕閉ざされることはなはだしく、また、食料輸出についても、国王大権の発動による本国の禁輸政策によって阻害されている。〔中略〕この結果、通常なら入ってきていた海外からの資金の流れは閉ざされる。他方、アイルランドから流出する資金は増加した。国外で活動しているアイルランド軍団の費用支払いのための送金と、公債保有者の大部分がイングランドに居住するために〔イングランドへの〕公債の利払いが膨れ上がったからである。この公債には、長生きすればするほど利益を享受できるトンチンと呼ばれる年金計画によって一七七三年に起債された公債が含まれている。かくして、国家はカネを使い果たしてしまった。〔中略〕政府は、歳入不足を、異常な高利の新しい借り入れによる資金調達で埋め合わせざるをえなくなったのだ。[18]

現実の数値もまた、この叙述がけっして誇張ではないことを示している。税収面で見ると、一七七五年のレイディ・デイ時点での歳入不足は、約二四万七七九七ポンドにものぼった。[19] 一七七三年トンチンの前提となった一七七二年の税収不足が約一〇万六六二一ポンドであったことを考えると、一七七五年の状況はいっそう悪化したといえる。また、本国と北米植民地との戦争は、通常の商業・貿易活動を阻害するとともに、アイルランドの軍事費負担も増大させた。そのため、「再び借り入れが必要となった。それも、かの有害なトンチンというシステムで。前回のトンチンと同条件で、一七万五〇〇〇ポンドが起債された」のであった。[20] 一七七五年トンチンの起債条件は、一七七三年トンチンとほぼ同一であった。起債額は一七万五〇〇〇ポンド、年利は六％だった。ただし、一七七五年トンチンでは年金受給額の上限規定が撤廃された。この年の起債は一七七六年六月二四日に出資が締め切られている。

（3）アイルランド・トンチン（一七七七年）とアメリカ独立戦争

一七七六年、ハーコート総督の後任として第二代バッキンガムシア伯爵ジョン・ホバートが着任した。新総督がまず手がけたのが、先任者たちを悩ませ続けた資金調達問題であった。彼は、北米に派兵したアイルランド軍の費用を捻出し、八万ポンドにのぼる予算不足によって民兵法が実効性を失う事態を回避しようとした。[21] まず、トンチンに依存しない従来的な手法による起債が、起債額一六万六〇〇〇ポンド、年利四％で試みられた。結果は思わしくなく、この起債は最終的には失敗する。そこで、再びトンチンが計画された。一七七七年トンチンでは、アイルランド庶民院での議定後に、議会制定法でそれが確認されるという手法がとられた。起債額は三〇万ポンド、年利は七・五％、一七七八年三月二五日が年金計算開始日とされた。そのほかの条件は、一七七五年トンチンと変わりなかった。このトンチンでは、「ファースト・クラス」で一八三二年に死去した九四歳、「セカンド・クラス」で一八五四年に死去した九七歳、「サード・クラス」で一八七〇年に死去した九四歳が、それぞれの最長寿年齢であった。「サード・クラス」の最高齢を名義人とした年金は、最高一万五八三〇ポンド一一シリングに達した。なお、三回のトンチンの計九名の最高齢の名義人のうち、八名が女性であった。

一七七七年のトンチンで当初設定された金利は、前二回と同じく六％であった。当時、アメリカ独立戦争の影響を受けてアイルランド内でも勢いを増しつつあった「愛国者」たちは、「アイルランドがあまりに貧しいため、この公債は起債できない」とし、「反対に政府側は（前二回の成功を受けて）起債の成功に自信をもっていた」。しかし、募集開始後三週間で応募された金額は、わずか四万七七〇〇ポンドにとどまった。「『愛国者』たちは正しかったが、起債の試みは失敗した」のである。[22] あたかも、一七五七年のイングランドにおけるヘンリ・レッグらの起債のようである。失敗を受けて、起債条件の見直しが検討された。愛国者たちが、「あまりに不利な条件」として議会で反対したが、[23] しかし金利が七・五％に引き上げられると、わずか数日で応募額は三〇万ポンドに達した。ただし、払込みの完了および名義人の確定は、一七七九年九月二九日にずれ込んだ。当初の計画が変更されたうえ、払込みがすみやかに進まなかったこともあり、その完了期日が年金計算開始日の一八カ月後となってしまったのだ。このように、アイルランド財政の命運はすでに投資社会の手中にあった。

困難な起債を強行した背景には、アメリカ独立戦争による過重な軍事的・財政的な負担があった。総督バッキンガムシア伯爵が、本国の首相ノース卿に宛てた書簡の内容でそれを確認しよう。一七七八年四月二九日付ダブリン城発の書簡では、「在アイルランドの兵力は九八八二名、アメリカで作戦行動に従事している兵力は三〇三九名、計一万二九二一名です。スコットランドから移動してくる予定の歩兵二個連隊および、在アイルランド歩兵九個連隊への増強要求分を加えると、アイルランド内の兵力は一万四七二八名、アメリカ派兵兵力を加えると一万七七二七名となります。さらに多くの歩兵中隊がこれに加わる予定ですが、その実数はさだかではありません」と兵力増強計画が述べられる。さらに、費用の算出と調達方法について、以下のように伝えている。

私はこれまで、在アイルランド兵力の増強を望んできましたが、予測不可能な多くの偶発的な費用を除いても、すでに要求しているものについて見積額が二九万八〇〇〇ポンド以上になることを、閣下にご理解願いたく存じます。この件については、最も自由な手法で資金調達を実施したいというのが、〔アイルランド政庁全員の〕偽らざる気持ちですが、三〇万ポンド以上の金額を起債することは、現実には不可能だと、全員意見が一致しています。〔中略〕今会期で認められました一六万六〇〇〇ポンドの借り入れにつきましては、出資申し込みが議会認可額の半分に遠くおよばない額になっています。まとまったカネを必要とする人びとは、この公債で発行されたディベンチャによる支払いに応じざるをえず、さらにそれを三%近い割引率での売却を余儀なくされています。

上述しました諸理由により、一七七六年〔に実施された〕さき〔一七七五年〕のトンチンと同一条件による、単独あるいは複数回のトンチンによって、三〇万ポンドの資金調達を実施するというのが、現在のところ最も賢明であるように思料されました。〔中略〕しかしながら、一般論として、これよりも多額の資金が必要ならば、その額の起債は成功しないか、あるいは全額の起債は困難であると思われます。したがって、起債を試みる金額は、三〇万ポンドにとどめました。〔アイルランド議会は〕喜んでこれを認めました。(24)

一七七七年トンチンの起債額三〇万ポンドは、アメリカ派遣軍の維持費用と、アイルランドにおける兵力増強費用の見積りを根拠としていた。また、アイルランド内を対象とした従来型の手法による起債は、もはや通用しなくなっていた。投資社会からの投資は、トンチンでなければ獲得できなかったのだ。

しかし、事態は好転しない。総督バッキンガムシアは首相ノース卿に、翌日四月三〇日に発信された書簡で、アイルランド財政の窮状を訴えている。

時間は刻々と過ぎていきますが、先の起債〔一六万六〇〇〇ポンド〕への出資の申し込みは、まったくありません。〔中略〕新しいトンチンへの出資についても、いまだに一万ポンドを超えません。第一回払込額は一〇%ですので、〔政府が手にするのは〕わずか一〇〇〇ポンド足らずということになります。〔中略〕ダブリン市中をみても、どの階層の人びともカネに困っています。大蔵部には余剰金がまったくなく、徴税人の手元にも未納の税はありません。〔中略〕

トンチン計画への警告を受け取りました。ロンドンではすぐにでも応募締め切りとなるかと思っておりましたが、ダブリン城が想像したほど、うまくことが運んでいるわけではなさそうです。トンチンがうまくいったとしても、現金の払込みは、アイルランド財政の歳入不足が必要とするほどには、すみやかにはいかないと思われます。

〔中略〕ブラウン・コリンソン商会に手紙を出し、次の件で閣下に連絡をとるよう申し伝えました。〔トンチンへの〕出資はどの程度か、今後の出資についてはどうか、彼らがすぐにでも〔アイルランドに〕送金できる額はどれくらいか、です。〔中略〕

しかしながら、以下のことは何にもまして明々白々です。もしかりに〔トンチンによるロンドンからの〕資金が、遅滞なく、我々の手元にとどかなければ、アイルランドの防衛に絶対に必要なこれらの準備に、障害をきたすことは間違いありません。きわめて重大な結果が起こらないとはいえません。[25]

しかし、トンチンによる資金調達にもまた問題が発生した。首相ノース卿宛、一七七八年五月一六日付のバッキンガムシア伯爵の書簡に、それがうかがえる。

先月三一《ママ》日付の閣下への私信において、アイルランド大蔵部のきわめて深刻な状況を閣下にお伝えしました。

一六万六〇〇〇ポンドの借り入れがこれ以上不可能であることは確実です。さらに、トンチンについても非常に落胆しております。〔中略〕おそれながら申し上げます。トンチンへの出資応募への、また、それにもとづく借り入れによる、即効性をもつ方策を容認すべきではないでしょうか。起債がうまくいくよう促進する方策を容認しないと、出資応募がうまくいくことは絶対にありえないでしょう。それが最も警戒される点です。この窮地において、〔アイルランドの〕庶民院に頼り、出資者により有利な条件を提示することが、私の責務なのです。[26]

従来型の公債起債に失敗した今、総督バッキンガッムシア伯爵に残されていた道はただひとつ、ロンドンでのトンチンによる資金調達であった。最後の手段を失わないため、トンチンの金利は、市場が要求するレヴェルに引き上げられることとなる。ロンドンの政府は本国の政府公債との競合を容認した。表面利率が一・五ポイント引き上げられた結果、アイルランド政庁の資金調達は成功し、アイルランド財政はひとまず急場をしのぐことができた。しかし、この金利については、アイルランド内外で物議を醸すことになる。

年利七%をはるかに超えるトンチンによる起債手法は、アイルランドにはきわめて有害だ。政府が多額の資金を必要とすると、あらゆる産業に使われていた資金を減じてしまうような措置をとるため、それは悪質なのだ。たとえば、七%もの利率を公債に付けると、資金はかならずあらゆる産業から公債へと移動してしまうに違いない。政府が七%もの利息を支払うというのに、民間の六%の利息で誰がカネを貸すというのか。[27]

引き上げられた利率があまりに法外だとして、このイングランド人旅行者のみならず、アイルランドの「愛国者」が反対の声を上げたことについては、すでに触れた。しかし愛国者の叫び声は、残念ながら事態を打開する力をまったくもたなかった。また、当時から、「トンチンへの出資は、大部分がアイルランド外からのものであった」がゆえに、「アイルランド外への年金の送金はさらなる正貨の流出」になり、「結果的に不在地主がもたらす害悪を増大させていることになる」と批判されていた[28]。

しかし、アイルランドはロンドンで投資社会と接触することによって初めて、財政の破綻を免れたのである。アイルランド財政はもはや、投資社会なくして成り立たなくなっていたといえる。それは、アイルランド植民地というひとつの政治体が投資社会に身をゆだねることによって、証券市況覧にその値とともに列挙された政治空間のひとつになったことを意味している。投資社会を前提とした公信用の運用で軍事費負担を賄い、植民地という政治体あるいはイギリス帝国という政治空間の安定をはかる。これは、イングランド財政金融革命で行われたことと本質的に変わらない。政治秩序の安定を模索するなかで、アイルランド政庁がたどりついた結論は、政治体としての価値の決定を投資社会にゆだねることであった。

3　アイルランド・トンチンと投資社会

(1)　名義人と出資者

アイルランド・トンチンによる証券取引は、投資社会にどのようなかたちで受容されたのであろうか。これをとらえるには、トンチンに出資した人びとやその名義人の実態を把握する必要がある。ここではまず、その全体像を確認しよう。表8-2は、三回のトンチンの統計データを整理したものである。名義人数は、総計三五六一名におよび、女性が約五八・二％を占めている。募集額七四万ポンドのうち、ダブリンで出資されたのは、計一一万五六

表 8-2　アイルランドのトンチン計画

アイルランド・ポンド，（　）内は英ポンド

起債年度	クラス	名義人数（人）		出資額		支払年金額	
		男性	女性	イングランド	アイルランド	イングランド	アイルランド
1773年	ファースト	39	45	24,900	2,300	1,494	138
	セカンド	89	141	62,700	5,400	3,762	324
	サード	283	422	148,400	21,300	8,904	1,278
	小計	411	608	236,000	29,000	14,160	1,740
		1,019		265,000		15,900(14,684)	
1775年	ファースト	62	53	19,000	1,500	1,140	90
	セカンド	81	122	35,800	3,700	2,148	222
	サード	259	405	94,500	20,500	5,670	1,230
	小計	402	580	149,300	25,700	8,958	1,542
		982		175,000		10,500(9,696)	
1777年	ファースト	85	64	18,000	3,100	1,350	232
	セカンド	127	193	38,800	11,500	2,910	862
	サード	464	627	182,300	46,300	13,672	3,472
	小計	676	884	239,100	60,900	17,932	4,567
		1,560		300,000		22,500(20,774)	
計		1,489	2,072	740,000		48,900(45,158)	
		3,561					

出典）TNA NDO 3/30, 'Irish Tontine ￡740,000 raised by the Government of Ireland on 3 Tontine Schemes' より筆者作成。

〇〇ポンドで全体に占める割合は約一五・六%であった。したがって、ロンドンでの募債は、トンチンが成功するための必須条件であったといえる。なお、一七七五年トンチンでは、イングランド居住の名義人が全名義人に占める割合が約六八・四%、アイルランド居住の名義人の割合が約一五・七%、大陸諸国居住の名義人の割合が約一五・九%であった。アイルランド外の占める割合が全体の八四・三%にのぼり、さらに大陸諸国の人びとが占める割合がアイルランド在住者とほぼ同じという、アイルランド・トンチンが投資社会に完全に依存した様子がうかがえる。以下、『アイルランド王国の議会で制定された法に準じて、その生命にもとづき一七万五〇〇〇ポンドの出資がなされた人びとの一覧』を用いて、名義人登録住所の地域分布と出資者を探る。[29]

①イングランドとスコットランド

名義人の登録地で最も多いのが、ロンドンとその近接地域（ミドルセクス、サリ、ケント、エセクス）である。これは、ロンドンで起債される他の公債と共通する傾向である。以下、やや冗長ではあるが、アイルランド・トンチン保有者を通して投資社会の一端をのぞいてみよう。ミドルセクスのセント・クレメント・デインズに住むヘンリ・ウィリアム・アトキンソン（二三歳）は、ロッテルダムの貿易商ヤスパ・アトキンソンとその妻アンとの長男である。オランダ人とイギリス人とのあいだに生まれた子どもを名義人として二〇〇ポンド（二口）のトンチンが購入されている。ミドルセクスに隣接するサリの薬種商ジョン・ブリストウは、事務弁護士である親類の係員をつとめる長男のデイヴィド（一七歳）、雑貨商の奉公人である二男のジョン（一五歳）および家にいる三男トマス（一〇歳）、長女のパティエンス（一二歳）、次女サラ（八歳）、三女エリザベス（六歳）の六人の子どもをそれぞれ名義人として、計六口にあたる六〇〇ポンドのトンチンを購入した。テムズ川南岸のサザクのホップ商トマス・エリスもまた、〇歳から七歳までの五人の子どもに計五〇〇ポンド出資している。多くの子どもを名義人として購入する傾向は、他にもみられる。たとえば、ブルームズベリに居を構えるチェスタ主教ウィリアム・マーカムは、子どもの年齢によって出資額を変えている。長女（一二歳）と二女（一一歳）にはそれぞれ一口ずつの出資なのに対して、三女（五歳）、四女（三歳）、五女（二歳）には、それぞれ二口を出資するという選択がなされた。総計八〇〇ポンドのトンチンを購入している。[30]

トンチンの出資者（購入者）や名義人は、首都圏のみならずイギリス全土にわたり分布している。イングランド東部のイーストアングリアの中心都市ノリッジでは、医師ジョン・ビーバーが、二男三女の子どもたちを名義人として、五口のトンチンを購入した。公債保有者は圧倒的に都市部に集中する傾向をみせるが、かならずしも農村部が排除されていたわけではない。オクスフォードのジョン・エンドールには、バッキンガムシアに独身の一人娘エリザベス（三一歳）がいた。彼女は一〇〇ポンドのトンチンの名義人となっている。農村部の典型的な「中流の人びと」である農業経営者の父が、娘を名義人として出資した事例である。ヨークの金細工師ジョン・テリの息子は、父の生業である金匠を継がず、事務弁護士になった。そのトマス（三一歳）は、自己名義で一口出資している。イングランドの最北部ウエストモーランドでも、一五歳、三歳、一歳の娘と五歳の息子を名義人として一口ずつ出資した例がみられる。

また、スコットランドにもアイルランド・トンチンの保有者が存在した。エディンバラの貿易商チャールズ・ホープの娘シャーロッテは、四五歳の独身女性であるが、自身を名義人として一〇〇ポンドのトンチンを保有した。ミドロジアンの税関役人の娘マーガレット・ロジー（三〇歳）も独身女性であり、彼女を名義人として一〇〇ポンドのトンチンが購入されている。父はすでに他界しており、自己名義での出資であった[31]。

出資者や名義人の親の職業は、あらゆる業種にわたる。ロンドンの著名な個人銀行であるホア銀行のヘンリ・ホア・ジュニアは、二一歳の妻と生まれたばかりの息子を名義人として、それぞれ二〇〇ポンドのトンチンを購入した。シティのユダヤ人保険ブローカー、アイザック・デ・マットスの独身の長女（二〇歳）には二〇〇ポンド、同じくシティのコーンヒルの茶貿易商の独身娘アン・フォックス（二〇歳）には二〇〇ポンドが投資されている。首都圏郊外のエセクスのキャリコ捺染業者の独身娘フランシス・メアリ・ファラン（二一歳）には、一〇〇ポンドのトンチンがかけられている。スタフォードの独立自営農民、ジョン・ステッドマンの独身の娘にも一〇〇ポンドのトンチンが、ミドルセクスのボタン製造業サミュエル・ファーミンの一七歳、一二歳、七歳の娘たちにも二〇〇ポンドずつのトンチンが購入された。そのほか、オクスフォード大学の歴史学教授ウィリアム・スコット（三〇歳）に一〇〇ポンド、ケンブリッジ大学カイアスコレッジのフェロー、ジョン・ノース（三〇歳）にも一〇〇ポンドのトンチンがかけられている。イングランド南西部ドーセットの事務員ウィリアム・コンブは、オクスフォード大学マートンコレッジの学生である息子ブライアン（一八歳）に二〇〇ポンド、家にいる二人の娘ジェイン（一五歳）とフランシス（一三歳）にはそれぞれ一〇〇ポンドのトンチンを購入した。[32] 金融業者、貿易商、製造業者、大学教員、学生など、アイルランド・トンチンは保有者の職業を選ぶところはなかった。

トンチン保有者の保有口数は、そのほとんどが一口から、多くても二口であった。しかし、例外もある。ミドルセクスのチェルシーに住むサラ・スコット（五二歳）には、一〇口にあたる一〇〇〇ポンドのトンチンが購入されている。また、ウィルトシアのジェントルマン、ウィリアム・ジェンキンズ（二七歳）とその妹メアリ（二一歳）には、それぞれ一八〇〇ポンドずつ、計三六〇〇ポンドが出資されている。ケントの准男爵エドワード・ダーリングの例はさらに極端である。彼には一〇歳の娘エリザベスを筆頭に、四歳と一歳の娘、九歳、五歳、〇歳の息子の計六人の子どもがいたが、それぞれを名義人として二〇〇〇ポンドずつ、計一万二〇〇〇ポンドのトンチンが購入されている。[33]

②アイルランド

発行地であるアイルランドでも、名義人はほぼ全土に分布している。なかでもダブリンは、ロンドンと同様に、多くの名義人の居住地として登録されている。ダブリンの貿易商ジョン・ブレイクは、二男一女をもうけたが、長女のメアリ（一六歳）、長男のヴァレンタイン（一四歳）、二男のモーリス（一四歳）をそれぞれ一〇〇ポンドのトンチンの名義人として登録している。また、醸造業者であるタディ・グラハムは、三男パトリック（一七歳）を二〇〇ポンドのトンチンの名義人とした。同じくダブリン在住のリネン生地商人トマス・ニコルソンは、一三歳の長男と一二歳の長女をそれぞれ名義人とし、一〇〇ポンドずつ計二〇〇ポンドのトンチンを購入している。東部のキルディアに住んでいた農夫ダニエル・バイルネの息子ダービー（四二歳）は貴族のサーヴァントであったが、自己名義でトンチンに一〇〇ポンド出資した。ドローイダの聖職者の娘ハナ・ボール（一四歳）は一〇〇ポンドの、ウィクロウの独身女性エリザベス・ディッグズ・ラトウシェ（四〇歳）は五〇〇ポンドの、トンチンの名義人となっている。前者は父、後者は自己による購入である。南東部のカーロー在住のヨーマンのミカエル・ドイルは、イングランドのエセクス在住の外科医にして薬種商のジョーゼフ・ドイル（四〇歳）を名義人として、五〇〇ポンドのトンチンを得ている。南部の港町、ウォーターフォードにも、ジョン・シーの三男アーノルド・パワー・シー（三歳）が、一〇〇ポンドのトンチンの名義人として住んでいた。南西部のリムリックの司教ウィリアム・ゴアは、妻のメアリ（三六歳）をはじめ、六歳、五歳、四歳、三歳、一歳の五人娘をそれぞれ名義人として六〇〇ポンドのトンチンを入手しており、また、コークの銀行家ウィリアム・ウィリアムズ・ヒューイット（二四歳）は一口の、その娘メアリ（一歳）も一口のアイルランド・トンチンの名義人となっている。西部のクレアでは、七歳のチャールズ・フィッツジェラルドと、その妹の三歳のアリスが、父オーガスタンによって、それぞれ一〇〇ポンドのトンチンの名義人として登録されている。メイヨーでは、教区教会の司祭の娘ソフィア・ハチソン（二九歳）が、おそらく自己名義で一〇〇ポンドのトンチンを購入した。北部では、一五歳と一三歳の姉妹が一〇〇ポンドのトンチンの名義人となっている例がみられ、中部のウェストミーズでは七歳の娘が、クイーンズカウンティでは両親を失った一一歳の息子が、それぞれ一口のトンチンの名義人となった。さらに北アイルランドでも、アーマーで聖職者の五歳の娘が一〇〇ポンドの、ダウンでは両親を早くに亡くしたジェントルマンの息子（八歳）が五〇〇ポンドの名義人となっている。[34] アイルランドでもまた、多様な地域の、多様な職業の人びとが、アイルランド・トンチンを求めた。

③ヨーロッパ大陸

トンチンによる資金調達は、イングランド・スコットランド・アイルランドのみならず、ヨーロッパ大陸各地からの投資を呼び込んだ。トンチンは一八世紀前半のフランスで多用されていたため、ヨーロッパ大陸の投資社会は、トンチンという起債方式に慣れていた。一七七五年トンチンを例に、外国人投資家の実態に触れてみたい。

まず、全体の状況をみよう。国および地域別割合では、スイスが全体の約五三・二%を占め、最多となっている。そのうち、ジュネーヴは約九二・七%と圧倒的である。[35] スイスの次に多いのがオランダであり、約二六・九%であった。オランダの場合は、アムステルダム、ドルトレヒト、ユトレヒト、ロッテルダムの諸都市が、ほぼ同じ割合を占めている。オーストリア領ネーデルラントは一二・八%、フランスは四・四%であった。これは第4章でみたオーストリア王位継承戦争から七年戦争にかけて、イングランドの政府公債を保有する外国人の多くがオランダ人によって占められた状況とは異なる。

次に、各地域の特徴的な事例をいくつかあげよう。ジュネーヴのピエール・ボアシエルはマリ・サロムとのあいだにもうけた一三歳の双子の男女アンリとスザンナをはじめとして、九歳の二女ソフィと三歳の二男ジャックの四人の子どもに、それぞれ一〇〇ポンドのトンチンを購入している。また、ジュネーヴのアカデミの神学教授アントア・モーリスは、ただ一人の息子フレデリック（二五歳）とその妻マルガリータ（二二歳）を名義人として、それぞれ一〇〇ポンドを出資した。フランスのマルセイユ在住のスザンナ・ルイズ・ボティリエ・コンクレ（二四歳）は、ジュネーヴの貿易商ジャコブ・ボティリエ・ボーモンの娘だが、夫ロウレンによって一〇〇ポンドのトンチンの名義人となっている。ポルトガル系のユダヤ人、エイブラハム・メンデス・ファータドは、すでに他界したポルトガルの両親の元を離れ、イングランドのミドルセクスはホワイト・チャペルに居住し、自己名義で一〇〇ポンドのトンチンを購入した。ロッテルダムの貿易商ヘンリ・ホルディングの娘キャサリン（二八歳）も、父の死後同じようにイングランドのレディングに住み、独身女性として自己名義で一〇〇ポンドのトンチンを購入している。逆に、フランドルのジョージ・クックは、イングランドのヨークを離れ、リスレに移住した。彼は、一一歳、九歳、六歳の息子と、一〇歳、四歳の娘、計五人の子どもを、それぞれ二〇〇ポンドずつの名義人に選んだ。同じく二〇〇ポンドのトンチンの名義人として、一三歳と二歳の娘、一二歳と七歳の息子を選んだのは、ユトレヒトの貿易商ヘンリ・ピーターソンであった。アントニ・ベネット・グッドラド（二六歳）は、インドのベンガル在住であるが、二〇〇ポンドのトンチンの名義人となっている。アントニの独身の姉であるロンドン在住のエリザベスも同じく二〇〇ポンドのトンチンの名義人となっているが、この兄弟の父はすでに他界している。兄弟の母で寡婦のエリザベスが、子どもを名義人として購入した。(36)

最後に、特殊な事例を紹介しよう。一七七五年のトンチンの「セカンド・クラス」の名簿筆頭には、当時二〇歳の既婚女性が名義人としてあげられている。彼女の名は、マリ・アントワネット。フランス国王妃である。一〇〇ポンドの出資であった。当時二〇歳であったルイ一六世の弟もまた、同じく一〇〇ポンドのトンチンの名義人となっている。さらに、オランダ総督オラニエ公ウィレム（二八歳）が、やはり一口のトンチンの名義人となっている。いずれもまもなく交戦状態となる国家の王室や指導者たちである。イギリスの王室も「サード・クラス」にその名を連ねる。一三歳の皇太子、のちのジョージ四世は、二三〇〇ポンドのトンチンの名義人として登録されている。二男のフレデリック（一二歳）は一七〇〇ポンド、三男のウィリアム・ヘンリ（一〇歳）は、二一〇〇ポンド、長女のエリザベス（六歳）は一〇〇ポンドの名義人であった。そのほか、イタリアのトスカナ大公ピーター・レオポルドの長男フランシス・ヨーゼフ（八歳）もまた、一〇〇ポンドのトンチンの名義人となっている。(37)

一七七七年のトンチンではさらに外国在住の名義人が増加し、スイスのジュネーヴ在住者が約四割にものぼった。これは、アイルランド大蔵部が起債の失敗を避けるため大口の応募を望み、それに応じたのがテリュッソン銀行であったためだと考えられる。多数口を仲介した金融業者ジョルジュ・テリュッソンは、元共同経営者であるジャック・ネッケルと同じくジュネーヴ出身であったこと、ジュネーヴがフランスのトンチンの主な出資者であり、トンチンの形式に慣れていたことがその理由としてあげられる。実際、テリュッソン銀行は、大部分が若い女性からなる九一名の集団名義による一種の投資クラブを組織して投資家を募り、ダブリン城の資金需要に応えたのである。

アイルランド政庁は、ユグノーやオランダ人などの流通網が集中するロンドンを通じて初めて、国外からの投資を得た。植民地の資金需要は宗主国を中心とする投資社会を空間的に押し広げたといえる。逆に、アイルランド・トンチンはアイルランド全域に債券保有者を生み出した。アイルランド・トンチンは、投資社会の水平的拡大を東のヨーロッパ大陸に促しつつ、西のアイルランドにも公債保有者をもたらすことでアイルランドの投資社会化を促進したのであった。

(2) ポータル家とネガス家

アイルランド・トンチンから、どの程度の投資収益が得られたのであろうか。個別の投資家による証券投資の収支については、史料がほとんど残存していないため、追跡は困難を極める。さいわい、この一七七五年トンチンについては、その一端をうかがうことができる史料が残されている。この史料を利用して、ある家庭におけるアイルランド・トンチンの実像に迫りたい。

①ポータル家

これまで利用してきた史料には、「サード・クラス」の名義人として、一八歳のシャーロット・ポータル、一七歳のエリザベス・ポータル、一二歳のジョン・ポータルの名が掲載されていた。父は紙製造業を営むジョーゼフ、母はサラといい、家族全員がイングランド南西部のサウサンプトンのホワイトチャーチ教区に居住していた。[38] ポータル家は少なくとも一四世紀から続いており、フランス系の祖先をもつとされる古い家系である。

父ジョーゼフは、アメリカで独立戦争が勃発した一七七六年、アイルランド・トンチンがロンドンで売り出されることを知ると、長女のシャーロットと二女のエリザベスに、それぞれアイルランド・トンチン三口三〇〇ポンドを、長男のジョンには同じく一口一〇〇ポンドを出資した。さらに一七七九年八月には、娘二人を名義人として一七七七年トンチンを二口ずつ購入している。その証書と、[39]覚書を記した小さな手帳（一〇cm×六cm）が残されている。[40]年金の受給記録は、手帳のほか、証書の裏面にもびっしりと手書きで書き込まれている。

手帳の表紙には「アイルランド・トンチン」というタイトルが付され、その下には「それについての全詳細」との記述がある。さらに「ロンドンのロンバート街ボルデロ商会《（ママ）》にて記録すべし」と記されている。先に述べたように、ボルデロ銀行は、アイルランド政庁から代理人に指名された銀行である。ロンドンでの名義人の管理業務と、年金の支払い業務を代行していた。

一葉目の表面には何も記されていない。その裏面には、一七七六年五月のメモという標題があり、「一七七五年のアイルランド・トンチンを七〇〇〔ポンド〕購入。議会制定法にて保証。ここでの費用は、六八〇ポンドと一五シリング。サード・クラス」と記述されている。ここでいう七〇〇ポンドはアイルランド・ポンドで、払い込んだ金額はイングランドのポンド・スターリングであろう。二葉目には、「証券もしくは出資証書が数枚ある。そこに、我が娘シャーロットの生命には三口、我が娘エリザベスの生命には三口、一番幼い我が息子ジョンの生命には一口。上に述べた〔証券の利率は〕六%からはじまる。アイルランドにて」と、出資口数と当初利率が明記されている。二葉目裏面に移る。「一七七九年八月、一七七七年のアイルランド・トンチンをさらに四〇〇〔ポンド〕購入。セカンド・クラス」との記述がみえる。これが、買い足したトンチンの説明である。さらに三葉目には、「この、四枚の出資証書には、シャーロットの生命にかけた二口、エリザベスの生命にかけた二口。これは七・五%の年利から開始」と記されている。三葉目の裏面から四葉目の表面にかけて覚書がある。「以下のことを覚えておくこと。毎年、名義人が生活している教区の聖職者から、名義人が生存していることを示す証明書を入手しなくてはいけない。さらに、出資証書にその証明書を添え、利息もしくは配当金を受け取らなくてはならない。ロンドンのロンバート街にあるボルデロ銀行にて、出資証書の裏面に利息もしくは配当金を書きとめてもらうこと。配当金は、毎年かならず請求すること。そうしないと没収される。請求を毎年行わなかったり、毎年名義人の生存を証明しなかったりすると、配当金の金額は名義人の生存数によって変化するため、余剰年金を正確に割り出す計算が不可能になってしまうからだ」と、年金受領手続きについて注意が喚起されている。このように当時、個人がその本人であること、またその個人が生存していることを証明できるのは、教区教会の聖職者しかいなかった。そのため、トンチンをはじめとする年金形式の債券では、利息＝年金を受領するさい、教区教会をはじめとする諸教会で、あらかじめ聖職者から生存証明を獲得しておく必要があった。

この手帳には、トンチン年金の受給記録が記されている。出資証書の裏面には、銀行員によって記入された年金支払い記録があるため、手帳の記録は出資証書裏面の記録を筆写したものであると思われる（表8-3）。手帳の四葉目裏面から五葉目表面には、一七七七年二月から八五年四月までの、一七七五年トンチンの年金受取額が記載されている。一七七七年から八一年までに受け取った年金は、毎年三八ポンド一五シリング四ペンスだった。一七八三年五月の受取分から、死亡者分の年金が分配されたため、利率にして〇・五％、金額にして三ポンド四シリング六ペンスの加増となり、年金の年額は計四一ポンド一九シリング一〇ペンスとなっている。一七八四年九月受取分にも〇・五％の加増があった。九年間の年金受取額は三五五ポンド七シリング一ペンスとなっており、元金の額面七〇〇ポンドの半額を超えている。六葉目裏面から七葉目表面にかけては、一七八五年一一月から九〇年四月までの年金受取記録がある。この期間中には四回の加増があり、五年間の受取年金額は総額で二〇六ポンド一五シリング一ペンスとなっている。さらに、八葉目裏面から九葉目にかけて、一七九〇年一二月から九三年二月の受取記録がある。結果的にこの期間では二回の加増があった。ジョーゼフは、一七七七年二月から九三年二月までの一六年

表 8-3　ポータル家のアイルランド・トンチン年金記録（1777〜93 年）

1775 年アイルランド・トンチン（利率 6%，保有金額 700 ポンド）

年金受領年月	対　象	加算額	年金（加算含）		
1777 年 2 月	1776 年分　（1 年）		38	15	4
78 年 2 月	77 年分　（1 年）		38	15	4
79 年 4 月	78 年分　（1 年）		38	15	4
80 年 3 月	79 年分　（1 年）		38	15	4
81 年 2 月	80 年分　（1 年）		38	15	4
82 年 2 月	81 年分　（1 年）		38	15	4
83 年 5 月	82 年分　（1 年）	3:04:06	41	19	10
84 年 4 月	83 年分　（1 年）		38	15	4
84 年 9 月	84 年夏分（半年）	3:04:06	22	12	3
85 年 4 月	84 年冬分（半年）		19	7	8
85 年 11 月	85 年夏分（半年）		19	7	8
86 年 3 月	85 年冬分（半年）	3:04:07	22	12	3
86 年 9 月	86 年夏分（半年）		19	7	8
87 年 4 月	86 年冬分（半年）		19	7	8
87 年 11 月	87 年夏分（半年）	3:04:07	22	12	3
88 年 3 月	87 年冬分（半年）		19	8	7
89 年 2 月	88 年分　（1 年）	3:04:07	42	0	0
89 年 11 月	89 年夏分（半年）		19	8	7
90 年 4 月	89 年冬分（半年）	3:04:07	22	12	3
90 年 12 月	90 年夏分（半年）		22	12	3
91 年 3 月	90 年冬分（半年）		19	7	8
91 年 8 月	91 年夏分（半年）	3:04:07	22	12	3
92 年 2 月	91 年冬分（半年）	3:04:07	22	12	3
93 年 2 月	92 年分　（1 年）		41	19	11

1777 年アイルランド・トンチン（利率 7.5%，保有金額 400 ポンド）

年金受領年月	対　象	加算額	年金（加算含）		
1780 年 4 月	1779 年分　（1 年）		27	13	10
81 年 5 月	80 年分　（1 年）		27	13	10
82 年 5 月	81 年分　（1 年）		27	13	10
83 年 5 月	82 年分　（1 年）		27	13	10
84 年 4 月	83 年分　（1 年）	1:06:11	29	10	9
84 年 9 月	84 年夏分（半年）		13	16	11
85 年 4 月	84 年冬分（半年）	1:06:11	15	13	10
85 年 11 月	85 年夏分（半年）		13	16	11
86 年 3 月	85 年冬分（半年）		13	16	11
86 年 9 月	86 年夏分（半年）	1:06:11	15	13	10
87 年 4 月	86 年冬分（半年）		13	16	11
87 年 11 月	87 年夏分（半年）	1:06:11	15	13	10
88 年 3 月	87 年冬分（半年）		13	16	11
89 年 2 月	88 年分　（1 年）	1:06:11	29	10	9
89 年 11 月	89 年夏分（半年）	1:06:11	15	13	10
90 年 4 月	89 年冬分（半年）	1:06:11	15	13	10
90 年 12 月	90 年夏分（半年）		13	16	11
91 年 5 月	90 年冬分（半年）	1:16:11	15	13	10
91 年 8 月	91 年夏分（半年）	1:16:11	15	13	10
92 年 2 月	91 年冬分（半年）	1:16:11	15	13	10
93 年 2 月	92 年分　（1 年）		31	7	8

出典）Hampshire Record Office HRO, 5M52/F26. Anon., 'Irish Tontine with all the particulars relating to it, to be recd. at Boldero & Co. Lombard Street London', no dated.

間で、総額一一〇六ポンド一四シリング一二ペンスの年金を受け取った。一七七五年トンチンでは、表面利率六%に対して実際の収益率は年平均七・一五%となり、表面利率を一・一五%上回る好成績となった。それに対して、一七七七年トンチンでは表面利率七・五%に対して七・七八%、表面利率から〇・二八%増加にとどまった。なお、一七九〇年のクリスマスに支給される年金で、ジョーゼフは元本相当額の回収に成功したこととなる。二女エリザベスは、一八五五年一月三日に天寿を全うした。彼女は七八年間トンチンの名義人であり続けたのだ。

ジョーゼフ・ポータルはアイルランド・トンチン以外の債券も保有していた。地元の運河「ベイジングストーク運河」の抵当証券がそれだ。三〇〇ポンド、二〇〇ポンド、一〇〇ポンドの計三口、額面金額で計六〇〇ポンドが保有されていた[41]。分散投資の実例として、地方都市在住者ジョーゼフによってアイルランド・トンチンと地元の運河会社債券が選好されている点は非常に興味深い。

②ネガス家

ヘンリ・ネガスの事例からは、ジョーゼフ・ポータルよりも若干長期的な傾向を把握できる。サフォークに住む法廷弁護士のヘンリは、一七七四年六月六日に表面利率六％の一七七三年トンチンを一口購入した[42]。名義人になったのは妻メアリとのあいだにもうけた一〇歳の一人娘クリスタベル。ヘンリは一七七五年三月二一日にさっそく一ポンド一シリング六ペンスの年金を受領している。彼はさらにアイルランド・トンチンを買い足す。表面利率七・五％の一七七七年トンチンが計画されると、自己名義で一口[43]、そしてクリスタベルに二口を購入し、一七七三年トンチンとを合わせて額面四〇〇ポンド分の債券を保有することとなった[44]。

ヘンリの手になる年金受領記録は部分的であるが、一七八五年から一八〇四年分までのおおよその収益率を算出できる。一七八五年六月の夏季分の年金は、一三ポンド一二シリング一一ペンスで、半年分の金利は三・八三％であった。一七八九年（冬季）の金利は四・二六％、少し間隔が空いて一八〇一年（半期。夏季・冬季の別は不明）が五・〇三％、一八〇二年（通年）が九・八〇％、一八〇三年（通年）が一〇・六％、一八〇四年（冬季）が五・二九％となった。断片的ではあるが、数値が判明する年に限定すると、年平均八・七七％の収益率となる[45]。

なお、ヘンリはロンドンから離れたイーストアングリアに在住しているため、シティの銀行家がヘンリの法律上の代理人として、年金の受領を代行した。その銀行家の名は、リチャード・ウォルポール。すなわちヨシュア・ファアン・ネックの商会を継いだ次男ジョシュア・ヘンリとともに、ファアン・ネック商会の共同経営者となった人物である。彼は兄トマス・ウォルポールと同様にヨシュア・ファアン・ネックの娘と結婚している。ヘンリ・ネガスは、第一回目の年金受領日の五日前にリチャードと代理人契約を結んでいる[46]。なお、ヘンリ・ネガスは、最後の収益記録の二年半後の一八〇七年一〇月に世を去った。また、その娘クリスタベルは、一八四八年一月二五日に七九歳で亡くなった。ヘンリがおよそ三〇年間名義人であったのに対し、クリスタベルは、およそ七〇年間このトンチンの名義人であり続けたことになる。

(3) アイルランドと投資社会

一七七〇年代の三回にわたるアイルランド・トンチンは、アイルランドが投資社会からの資金を導入する手段になっただけではなく、アイルランドにも投資社会をもたらすこととなった。一八世紀前半にはすでに債務証書による公債はアイルランドに投資社会が形成される契機を与えていた。七年戦争期には、公債請負人アーノルド・ネズビットにより、イギリス本国の政府公債もアイルランドで流通したことが判明している。第4章でみたように、一七五七年の失敗に終わった富くじでは、ネズビットは二万くじを引き受け、富くじをダブリンのミッチェル・クレメンツ商会へ送っている。結局、アイルランドで売ることができたのは、二万くじ中八六七八くじで、金額にして九一一一ポンド一八シリングであった。[47] これらの事例からも、アイルランド・トンチン以前のアイルランドに投資社会の萌芽を見出すことは可能である。しかし、イングランドと同様の年金を中心とする本格的な投資社会の形成を促進したのは、一七七〇年代の三度のトンチンであった。すでに述べたように、その保有者は、ダブリンの貿易商や商工業者を中心とする人びとから構成されていた。[48]

しかし、アイルランド・トンチンはアイルランド内のみでは消化できなかった。アイルランド政庁が、イングランド政府でさえほとんど成功例がないトンチンを起債するには、投資家に好条件を提示するとともにロンドンでの起債が大前提となった。アイルランド政庁がロンドンで投資社会と接触することで、アイルランドにも投資社会が生み出されたといえよう。ロンドンの投資社会はその空間をアイルランドにも拡大したのである。その結果、ロン

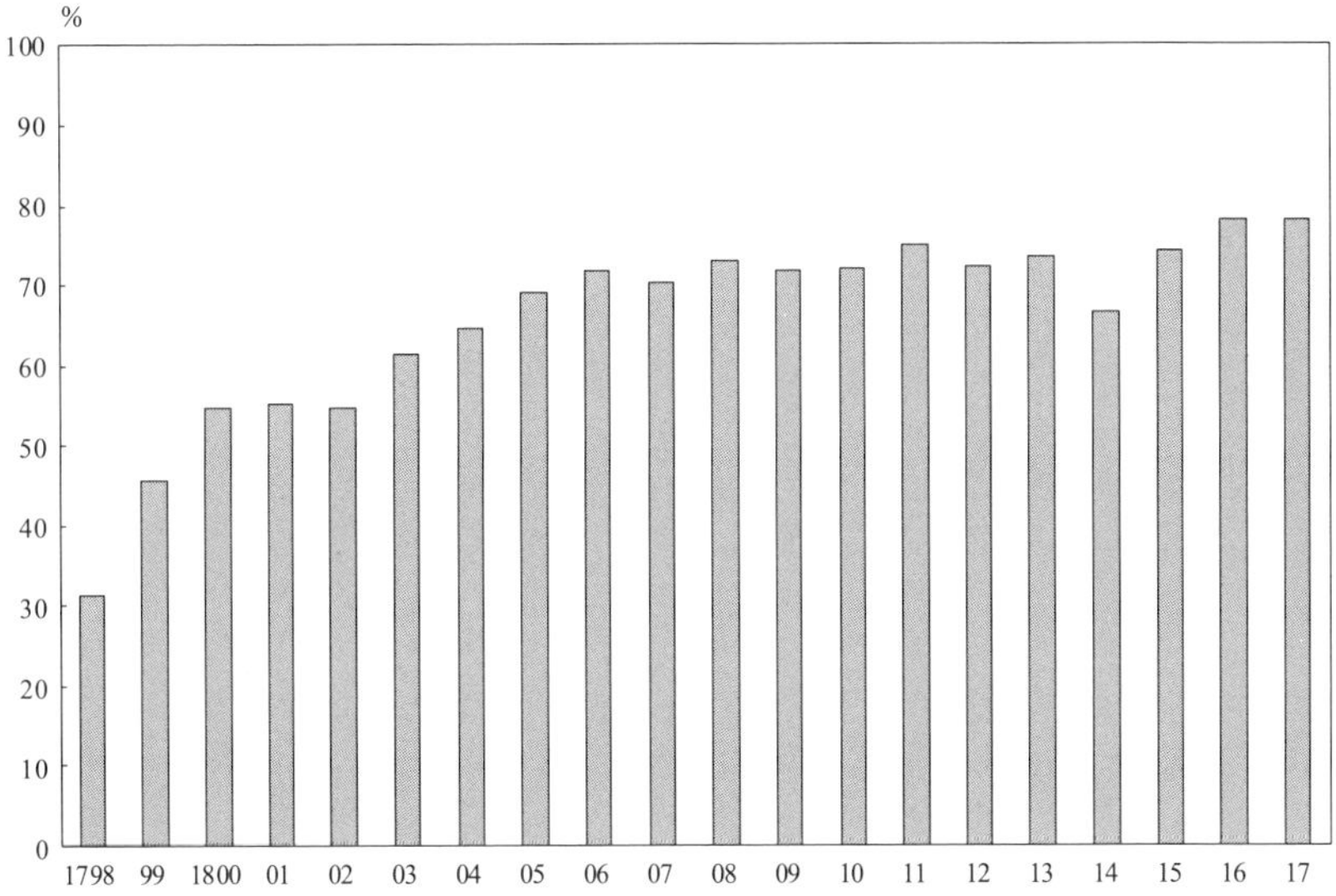

図 8-3　アイルランド公債残高に占めるロンドン起債残高（1798〜1817 年）

出典）British parliamentary papers, *National debt. Report by the secretary and comptroller general of the proceedings of the commissioners for the reduction of the national debt, from 1786 to 31st March 1890*, London : Darling & son, 1891, pp. 74-75 より筆者作成。
注）英ポンドに換算済み。

ドンでの購入者数は、一七七三年債で七九%、七五年債で七四%、七七年債で八〇%を占めた。アイルランド財政もまた、広域の投資社会・市場・政治体の三者を結びつける私的な商業・金融の回路に支えられていた。それを担ったのはロンドンやダブリンの個人銀行間の私的な結びつきであった。アイルランド政庁・ボルデロ銀行間の死亡者や名義譲渡情報、送金明細などを内容とする数多くの未整理の書簡より、ロンドンでの年金支払いや送金は、ボルデロ銀行やネズビット商会のダブリン・ロンドン間の商業・金融ネットワークによるものであったことがわかる[49]。こうしてアイルランドはロンドンとダブリンで投資社会に接触することにより、アイルランド・トンチンの起債を可能にしたのだ。

　アイルランド財政がロンドンを中心とする投資社会に依存していく傾向は、一七九八年以降に顕著となる（図8-3）。フランス革命戦争が勃発しフランス軍がアイルランド近海に出没すると、アイルランド政庁は戦時資金の調達を迫られた。その結果、アイルランド政庁は一七九四年から九七年までロンドン市場で巨額の資金を調達する。しかしそれは地金のアイルランドへの大規模な移動を促し、一七九七年二月にはイングランド銀行が、三月にはアイルランド銀行がそれぞれ兌換停止に追い込まれる一因となった。これは、植民地の財政と金融が本国のそれとすでに投資社会を通じて深く結びついていたことを示している。一七九八年以降、アイルランド債がロンドンで本国債に組み込まれて起債され、さらに一八〇一年のアイルランド合同によって両者の財政関係の根本的な変革が企図されたのは、その帰結であった。アイルランド公債の取引事務は、合同によりイングランド銀行に移管・統合される。[50] 戦時の植民地財政は、ロンドンを中心とする投資社会なくして成立しえなかったのである。

投資社会は、ロンドンやその近郊に限定されるのではなく、また、貴族や一部のジェントルマンたちのみによって構成されていたのでもない。都市部のみならず農村部も、イングランド南東部のみならず北西部も、イングランドのみならずスコットランドも、アイルランドのみならずヨーロッパ大陸も、投資社会に含まれたのだ。一部のランティエのみならず、ごくありふれた職業についている人びとも、男性のみならず女性も、大人のみならず子どももまた、国境を越えて広がる単一の社会空間である投資社会の重要な構成員だったのである。そこでは、利殖目的に、ひとりの子どもの生命に二〇〇〇ポンドが投資される例もあれば、両親に先立たれた少年や、あるいは寄る辺なき寡婦の、わずかではあるがかならずもたらされる確実な生活の糧として、トンチンが利用された例もあった。投資社会の拡大は、その手段を提供したのだ。また、アイルランド政庁だけではなく、資金難に陥ったダブリン市当局もまた、一七七七年に五万八〇〇〇ポンドをトンチンによって起債している。[51] 政府だけではなく自治体も投資社会を利用したのである。しかも、このトンチンがイングランドの地方都市ダービーの二〇歳の男性に購入されていることは、拡大した投資社会がアイルランドですでに与件となっていたことを如実に示している。[52]

おわりに

本章の課題は、七年戦争後のイギリス大西洋帝国の危機において、イングランドと同じく植民地のアイルランドでもまた、財政金融革命と呼ぶべき公信用を媒介とした財政と国際金融との接続がみられたことを、投資社会の形成という視点から歴史的に評価することにあった。そこでは、投資社会の中心のひとつであるロンドンを結節点として、アイルランドとジュネーヴをはじめとするヨーロッパ諸地域とが結びつけられたのである。

七年戦争後、イギリス本国は過度の財政難に陥り、植民地へその応分の負担を求めた。アイルランドでもまた、植民地財政における軍事費負担が増大していた。その傾向は、本国の植民地への介入強化に起因する北米植民地での政情不安により、いっそう拍車がかけられる。いちじるしく財政が逼迫したアイルランド政庁は、本国のイングランド財政金融革命と同じく、国際的な広がりをもつ投資社会に依存する公信用の確立により、それを乗り切ろうとする。その初めての試みが、アイルランド・トンチンだった。アイルランド政庁は、植民地という政治・経済秩序、あるいはイギリス帝国という政治・経済空間の安定化をはかるため、アイルランドの価値を、投資社会という国境を越えた単一の空間にゆだねたのである。その結果、アイルランドの政治空間としての価値は、イングランドをはじめとする主権国家と同様に証券価格によって表現されることとなった。その価値は証券市況欄に並ぶ他の政治体とのあいだで相対化され、その運命は投資社会との対話によって決定されることとなった。

投資社会では、さまざまな人びとが、さまざまな目的で、証券取引のグローバル化の象徴であるアイルランド・トンチンを買い求めた。彼ら彼女らは、アイルランドという政治体へ投資することによって、利殖に成功・失敗し、生活の糧を得たり失ったりした。さらに投資社会は、アイルランド・トンチンによって、アイルランドそのものにも水平的に拡大した。ジュネーヴの投資家も、ロンドンの投資家も、エディンバラの投資家も、ダブリンの投資家もすべて、アイルランド・トンチンによって結びつけられ、その値動きや金利の変動を、国境を越えた単一の空間である投資社会各地から注視し、その動きに一喜一憂したのである。

軍事費の増大への対応は、アイルランドでもまたイングランド財政金融革命に匹敵する事態を生み出した。財政金融革命のアイルランドへの展開は、投資社会の垂直的・水平的拡大を促した。その結果、ヨーロッパ各地の有産の老若男女がもつ遊休資金は、証券を通じて政治体間の境界を越えて移動し、その配当もまた境界を越えてリスクを負担した投資家の元へと移動した。公信用が近代国家財政の枢要な位置を占めるにつれ、公信用が確立される枠組みとそれを支える、あるいは、それによって形成される投資社会は、大西洋を越え、アレグザンダー・ハミルトンが指導する独立後間もない合衆国連邦政府財政を席巻しつつ、やがて世界中に拡大していくことになる。

第9章　投資社会と国際金融

はじめに

本書では、「投資社会」を証券保有者のモネタリな関係を中核としつつ、近世最末期から近代初期にかけて政治・社会・文化の各要素が結合することで生み出された空間として描いてきた。その意味では、この投資社会空間の誕生にとって、「イングランド財政金融革命」という一七世紀末の出来事は必要条件であった。しかし、証券保有者の存在そのものに投資社会の歴史的な淵源を求めるのであれば、フィレンツェ、ジェノア、ヴェネツィアをはじめとする一三世紀から一六世紀にかけてのイタリア都市国家やフランス、[1]一七世紀のアムステルダムやロッテルダムを中心とするオランダにそれを求めなければならない。[2]そのため、投資社会は誕生時にすでに、ロンドンとアムステルダムの双方を包含する一定の空間的な広がりをもっており、イギリス国外との相互関係が原理的に組み込まれることとなった。

本章では、一八世紀中頃から後半を中心に、各章で断片的に言及されてきた投資社会の水平的な拡大を論じる。イギリス政府公債保有者の空間的・量的な分布を把握したうえで、イギリス政府公債の起債構造がいかにしてその最大の投資国であるオランダの投資家を組み込むことができたのか、その要因を探る。これまでの研究史では、アムステルダム市場とロンドン市場との相関性や、[3] 投資対象としてのイギリス公債の相対的な安全性が、オランダ資金がイギリスに流入するロジックとして指摘されてきた。[4] 本章ではこうした市場の存在を前提とした効率性分析や投資銘柄の特性への強調に加えて、資金の政体間の境界を越えた流動を可能にした発行市場の構造的要因を強調する。すなわち、第1章で研究史上初めて特定された「公債請負人」をイギリス公信用の重要な担い手としてイギリスとオランダのあいだに位置づけ、発行市場における彼らの役割を特定することで、オランダ資金がイギリスに投資された経路を明らかにする。そのうえで公債請負人の顧客であるオランダの投資家を、一八世紀後半のイギリス―オランダの二国間関係だけではなく広く近世末期の欧米世界に位置づけることで、投資社会の水平的・垂直的な拡大のありかたを俯瞰する。

1　資金の移動

(1)　外国居住者によるイギリス政府公債保有額

一七世紀末、イングランドは投資社会の誕生と同時に国外からの投資を受け入れた。この事実は、当時のイングランド人たちにも明確に認識されていた。たとえばジョン・ブリスコウは、一六九四年のイングランド銀行創設に先立ち、前年に起債されたミリオン・トンチンに、「相当額のカネが外国から送金され、外国人らが出資募集に応じて払い込んだ」と述べる。[5] 外国からの投資は現実にはイングランドの人びとが想像したほどの金額ではなかったが、ミリオン・トンチンにはわずか一〇万八一〇〇ポンドの出資しか得られなかったものの、多数の外国人が投資した。その構成は、アムステルダム居住のオランダ人が二一名、ハーグ、ハーレム、ロッテルダム、ユトレヒトといったオランダ諸都市居住のオランダ人が一三名、アムステルダム居住のユダヤ人が九名、アムステルダム以外のオランダ在住のユグノーが八名、フランドルからは四名、インドのマドラスの聖ジョージ要塞が一名、ドイツが四名、アイルランドが三名、スイスが四名、イタリア、ジャージー島、ポルトガル、スペインが各一名であった(6)。イギリスにおける投資社会は誕生期にすでに一定の地理的な広がりをみせていた。

外国居住者の投資額は、どの程度にのぼったのであろうか。当時から現在にいたるまで、その額は残念ながら合意をみていない。外国居住者によるイギリス政府公債への投資額は、歴代政権によって最高度の機密事項とされたからである。第2章で先述したが、一八世紀中頃の七年戦争中にニューカスル公爵が述べたように、「政府首脳とイングランド銀行首脳以外には秘密にしておくべき」ことだった(7)。外国居住者による公債保有は、経済的には利子の国外流出すなわち国富の流出を意味し、政治的には自国民以外の債権者への従属につながると警戒されたからである。金額が秘匿化された結果、外国居住者の投資額は政治的な思惑から多くの憶測を呼び込み、推測にもとづく数値が独り歩きすることになった。一七四八年の匿名のパンフレットで「[公債累積額の]約四分の一」とされたように(8)、外国人投資を過大に見積もる言説の多くは、公信用批判や公債請負人批判などの「マニド・インタレスト」批判から派生した。四〇年後の一七八七年にも、第4章で登場した首相ロバート・ピールの父が、「おおざっぱにみて、国内の保有者に保有されているイギリス公債は二億ポンドあまりで、国外の保有者の保有高は五〇〇〇万ポンド」と、「四分の一」説を主張している(9)。研究者にも当時の推測に近い金額を採用する者がいる。たとえば、英蘭関係史の泰斗チャールズ・ヘンリ・ウィルソンは、独立戦争期のオランダ資金について「七分の三」説を主張しているが、これは当時の首相フレデリック・ノースの証言やその根拠となったナッソー・ラ・レック伯爵ロデワイク・テオドルスの主張にもとづくものである。計量経済史家ステファン・オパーズもまた、それに近い数値をとっている。[10]

(2) ディクソン、ライト、シンクレア推計

今日にいたるまで、イングランド銀行に所蔵されている全銘柄の全口座記録を悉皆調査した例はない。学術研究で提出された金額は、チャールズ・ヘンリ・ウィルソンのように当時の記述にもとづくものか、史料操作上の問題からすべてサンプル調査にもとづくものにかぎられる。また、サンプル調査においても、さまざまな数値が提出されているため、外国居住者による投資額について学術上の合意はいまだに得られていない。このような状況下で最も信頼できる数値は、一八世紀前半まではピーター・ディクソンの研究、一八世紀後半から一九世紀初めにかけてはジョン・ライトの研究であると考えられる。[11] 本章ではまず、これらの先行研究と同時代における推計値にもとづき、外国からの投資状況を確認する。

①ディクソン推計

ピーター・ディクソンによれば、一七二三〜二四年のイングランド銀行株における外国居住保有者が占める割合は、保有者数比率が一二・二％、保有金額比が一四・二％であった。南海会社株では、保有者数比が四・五％、保有金額比が七・六％と、一七二〇年の南海泡沫事件の影響を受けてイングランド銀行と比較して低率となっている。しかし、一七五〇年のイングランド銀行株における外国居住者比率は、保有者数で三六・〇％と二三・八ポイント上昇、金額比で三五・三％と二一・一ポイント上昇した。南海会社株では、保有者数比で七・三％と二・八ポイント上昇、金額比で一一・九％と四・三ポイント上昇と、両社ともすべて増加をみている。[12] ただし、ディクソンの提示する南海会社の数値には上方修正が必要だと考えられる。というのも、一七四七年の南海会社の株式保有者名簿によると、取締役選挙権保有者一五四一名中、総裁の被選挙権（保有株式額面金額四〇〇〇ポンド以上）をもつ

外国居住者数の比率は一八・一八％、副総裁および総裁代理の被選挙権（同二〇〇〇ポンド以上四〇〇〇ポンド未満）保有者では二一・三二％、株主総会で議決権（同一〇〇〇ポンド以上二〇〇〇ポンド未満）をもつ人びとに占める全外国居住者が比率では二〇・一八％である[13]。これらの数値を総合すると、一七二〇年の南海泡沫事件後から一七四八年のオーストリア王位継承戦争の終結にいたるまで、外国居住者はイングランド銀行株および南海会社株への投資を相当な規模で増加させたといえる。

一七五〇年時点でのイギリス政府公債の外国居住保有者の地理的な分布は、表9-1のとおりである。ヨーロッパ大陸からは、オランダ、オーストリア領ネーデルラント、フランス、ドイツ、イタリア、スイス、ポルトガルなどのさまざまな地域からの投資を呼び込んでいる。イギリスの植民地や離島からは、アメリカ植民地、チャネル諸島、アイルランド、西インド諸島の地名がみえる。なかでも重要なのが、オランダとスイスであった。オランダからは、件数にして全体の七七・八％を占める二七二五件、金額では七九・五％を占める五三九万一六四五ポンドの投資を得た。また、スイスからは件数で全体比の五・八％の二〇三件、金額で八・三％の五五万九六九九ポンドの金額がイギリスの証券へ投資されたのである。その約四半世紀後の地理的な分布もほぼ同様であった。オランダが件数で七八・四％（金額で八五・七％）、チャネル諸島が九・五％（同三・六％）、ベルギーが四・二％（同二・八％）であった[14]。

②ライト推計

ジョン・ライトの学術研究の推計によると、外国からイギリス政府公債への投資が最大の比率を占めたのは、一七五〇年代から七〇年代にかけての二〇年弱であった（図9-1）。一七五〇年では、政府公債および三大特権会社株式の発行合計額約七一四〇万ポンドに対し、外国居住者の保有額は九八五万ポンドと、約一四％の比率を記録した。その後、七年戦争中の一七六二年には、同発行合計額一億二一六〇万ポンドに対して二一一八万ポンドと、外

表 9-1　グレイト・ブリテン外における特権会社株式・年金保有者の地理分布（1750 年）

（ポンド）

	イングランド銀行株		東インド会社株		旧南海年金	
	件数	金額	件数	金額	件数	金額
アメリカ植民地	15	36,125				
オーストリア領ネーデルラント	81	119,922	19	15,100	49	82,364
チャネル諸島	6	2,487			44	24,083
フランス	5	11,070			7	22,165
ドイツ	48	99,417	23	30,924	12	11,866
アイルランド	5	5,791	1	1,000	19	17,927
イタリア	48	105,674	12	17,500	6	6,571
マデイラ島						
ミノルカ島					2	2,360
ポルトガル	2	1,685	1	1,200	3	3,329
ロシア	3	7,200				
スペイン	1	1,025	18	10,950		
スイス	64	140,431	414	682,152	55	214,719
オランダ	1,429	3,263,044	1	1,000	414	761,203
西インド諸島	5	6,255			3	5,300
不明					5	7,767
計	1,712	3,800,126	489	759,826	619	1,159,654

	新南海年金		合　計		件数比（%）	金額比（%）
	件数	金額	件数	金額		
アメリカ植民地	4	8,150	19	44,275	0.5	0.7
オーストリア領ネーデルラント	42	79,357	191	296,743	5.5	4.4
チャネル諸島	34	17,544	84	44,114	2.4	0.7
フランス	6	7,823	18	41,058		
ドイツ	22	35,669	105	177,876	2.9	2.6
アイルランド	6	2,313	31	27,031	0.9	0.4
イタリア	9	6,649	75	136,394	2.1	2.0
マデイラ島			1	800		
ミノルカ島			2	2,360		
ポルトガル	3	4,900	8	9,914		
ロシア			4	8,400		
スペイン			1	1,025		
スイス	66	193,599	203	559,699	5.8	8.3
オランダ	468	685,246	2,725	5,391,645	77.8	79.5
西インド諸島			9	12,555	0.2	0.2
不明	20	21,987	25	29,754	0.7	0.4
計	680	1,063,237	3,501	6,783,643	98.8	99.2

出典）Peter George Muir Dickson, *The financial revolution in England*, London : Macmillan, 1967, p. 324. 一部数値を修正のうえ，筆者作成。

注）網掛けはイギリス領・イギリス帝国。

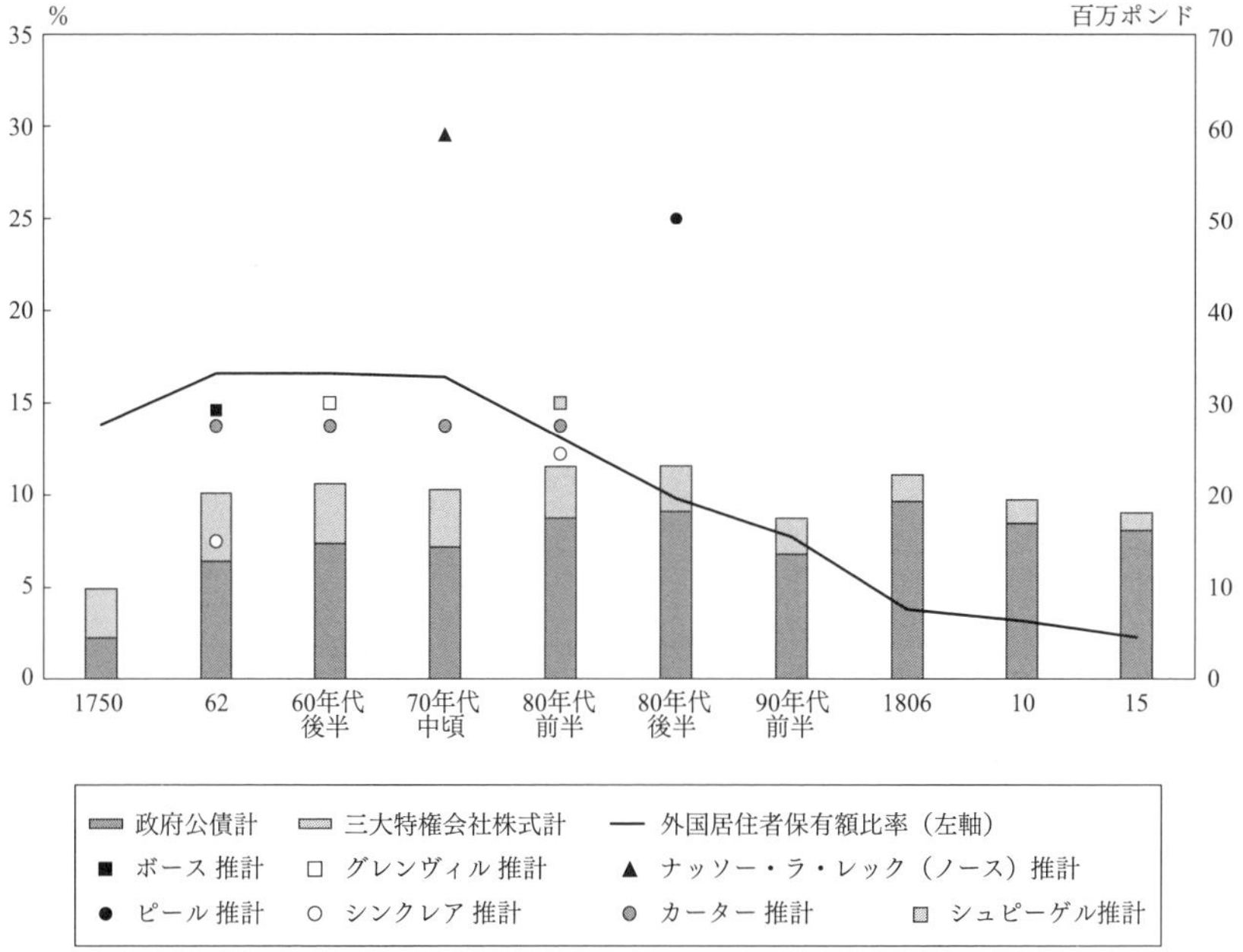

図 9-1　オランダ人のイギリス政府公債への投資額推計（1750〜1815 年）

出典）政府公債保有金額，三大特権会社証券保有金額，外国居住者保有比率：J. F. Wright, ‘The contribution of overseas savings to the funded national debt of Great Britain, 1750-1815’, *Economic History Review*, 2nd ser., 50, 1997, p. 658, table 1. その他の推計は，注 15 参照。

国居住者による保有額が占める比率は一七・四一%にまで上昇した。しかし、アメリカ独立戦争中一七八〇年代前半には、発行合計額一億七六一〇万ポンドに対し外国居住者の保有額は二三〇六万ポンドと、一三・一〇%に低下する。これは一七八〇年に勃発した第四次英蘭戦争のため、新規の投資が停止されたことが影響したものと考えられる。その後、一七八〇年代後半から九〇年代前半にかけて、金額は二三一一万ポンドから一七四八万ポンドに、比率は九・八〇%から七・七〇%へと落ち込む。ナポレオン戦争中の一八〇〇年代前半に保有額が二一五六万ポンドと上昇するものの、イギリス公債そのものの発行金額は五億七七八万ポンドと激増をみており、比率は四・二五%に続落する。外国居住者によるイギリス公債への投資は、対仏戦争が終結する一八一五年にいたるまで、保有金額および保有比率とともに漸減傾向を示している。外国からのイギリス政府公債への投資が最も大きな意味をもったのは、七年戦争からアメリカ独立戦争にかけての、一七五〇年代後半から八〇年代前半までの三〇年ほどの時期であった。それは、一七九〇年代以降の同時代の推計値が現れなくなることに象徴される。

ライトの推計値をその他の数値と比較してみよう。取り上げるのは、研究者によるものとして一七六二年と一七八〇年代前半のアリス・クレア・カーターの数値、同時代人の数値としては一七六二年のボース推計とシンクレア推計、一七六〇年代後半のグレンヴィル推計、一七七〇年代のラ・レック推計、一七八〇年代前半のシンクレア推計、一七八〇年代前半のベル推計、一七八〇年代後半のピール推計である。[15] なお、図9-1内の一七六二年および一七八〇年代前半（一七八三年）におけるカーターの学術的検討にもとづくサンプル値は、一七六二年から八三年までの彼女のいう「二五〇〇万ポンドから三〇〇〇万ポンド」という推測値の中間値を示す。また、彼女の数値は外国居住者ではなくオランダ人の投資額である点にも注意を要する。

③シンクレア推計

ここで注目したいのが、ジョン・シンクレアによる一七六二年の推計値である。ライトも依拠するこの推計値は、同時代の推計のな

および1782年）

外国人に帰属する保有額			外国人に支払われる利子・配当・年金の年額		
ポンド	シリング	ペンス	ポンド	シリング	ペンス
6,131,078	6	3	204,132	7	1
167,492	10	—	5,024	15	8
197,005	—	—	6,895	3	6
326,826	—	—	11,438	18	2
1,827,019	—	—	73,080	11	8
1,679,116	16	7	50,373	10	—
8,705	14	4	8,705	14	4
5,569	10	—	5,569	10	—
4,627,858	5	2	231,395	8	5
14,970,671	2	4	576,613	8	10
20,657,075	5	8	661,890	12	2
28,550	8	8	28,550	8	8
2,833,276	10	6	198,329	8	8
757,128	13	3	60,570	4	0
159,447	11	10	4,783	4	0
24,435,478	9	11	954,123	16	10

p. 162 より筆者作成。

表 9-2　シンクレアによる外国人保有額推計（1762 年

銘　柄	外国人保有者数	外国人名による保有額			代理人名による保有額		
1762 月 7 月 5 日および 10 月 10 日	人	ポンド	シリング	ペンス	ポンド	シリング	ペンス
3%コンソル債	2,440	5,782,464	16	7	348,613	9	8
3%年金（1726 年）	78	167,402	10	—	—	—	—
3.5%年金（1756 年）	137	194,185	—	—	2,820	—	—
3.5%年金（1758 年）	150	287,526	—	—	39,300	—	—
4%コンソル債	725	1,637,464	—	—	189,555	—	—
3%低利転換債	775	1,669,216	16	7	9,900	—	—
長期年金（1761 年）	103	3,563	19	6	5,141	14	10
長期年金（1762 年）	87	1,675	—	—	3,894	10	—
イングランド銀行株（5%）	2,025	4,578,630	4	6	49,228	—	8
計	6,520	14,322,218	7	2	648,452	5	2
1782 年							
無期年金（3%コンソル債等）							
有期年金							
イングランド銀行株							
東インド会社株							
東インド会社年金							
							計

出典）Sir John Sinclair, *The history of the public revenue of the British Empire* (3rd ed.), vol. 3, 1804, Appendix no. 5,

かでも最も詳細な明細が付された値でもある。「国家財政に関連する重要事項のうち、この国〔イギリス〕の公債における外国人の保有する資産額を知ることは、諸手を上げて望まれることであり、それを突き止める時宜を得ている」とするシンクレアは、「それは重要な結果をもたらすが、この点については、本物の情報はいかなるかたちでも、一般の人びとは今まで誰も一度も手にしたことはない」という。[16] ところがシンクレアは、外国人保有者の氏名や人数およびその保有額を記した手稿による完全な情報に偶然接したという。貴重な情報を得た彼が示すのは、一七六二年と一七八二年の数値である（表9-2）。なかでも特筆に値するのは、一七六二年の推測値に詳細な内訳が添えられているほか、現在の研究者には史料上で識別不可能な、「名義は代理人であるものの実際には外国人が保有している」公債の銘柄と金額を特定している点である。また、外国人保有が政治上の問題となったひとつの要因である、国外に流出した利子・配当・年金の年額を把握できる点でも、きわめて有用である。ライトによるサンプル推計と矛盾しないシンクレアが提示する数値には、ステファン・オパーズから過小評価であるとの批判が提出されている。[17]しかし、オランダ側の史料にもとづき二五〇〇～三〇〇〇万ポンドと推測するカーターもまた、シンクレアの数値には一定の理解を示す。[18]イギリス人代理人が特定できたとしても、氏名の特徴や登録住所（未記載のケースも多い）でしか特定できない名簿上の保有者と実際に存在した国外保有者とのあいだに乖離があることを考えると、オランダ側の史料にもとづくカーターの数値と、イングランド銀行の帳簿にもとづくライトやシンクレアの提示する数値とのあいだに数値の開きがみられるのは不合理とはいえない。したがって、外国人保有額の最小値がライトの数値であり、カーターの提示する誤差程度のあいだに真の保有額が存在すると考えるのが、史料の真正性および現在の研究水準からみて妥当である。

（3）利子・配当の流出額と国際的な資金移動

次に、外国人のイギリス政府公債の保有によって発生する資金の流れを国際的な資金移動に位置づけてみよう。ここで手がかりになるのが、ライトの立論に大きな影響を与えたシンクレアの推計である。シンクレア推計には外国人の受領利子・配当額が含まれる。これは公債利子の国外流出は当時の人びとの関心事のひとつであったことを反映している。現在のところ、ライトの研究およびそれと矛盾しないシンクレアの推計にもとづくと、一七六二年における外国居住者保有への公債利子および三大特権会社株式の利子・配当金の国外流出金額は、少なくとも約八一万ポンドあまり、一七八二年には約九五万ポンドあまりにのぼったと考えられる。[19]

利子・配当という半年ごとに発生した資金の政治体間の移動は、どのように評価されるべきなのであろうか。当時の貿易外収支の包括的な算出は事実上不可能であるため、貿易で発生する資金の移動と比較してみよう。一七七二〜七三年におけるイギリスの全ヨーロッパ向け貿易収支（公定価額）は、輸出（再輸出含む）が八五三・一万ポンド、輸入が四六四・二万ポンドで、イギリスの三八八・九万ポンドの貿易黒字であった。[20]ここで一七六二年時点での利子・配当金の国外流出額をあてはめると、貿易黒字の約二一・〇〇%にあたる金額がイギリス国外に流出したことになる。これは当時の南欧との貿易黒字額八一・四万ポンドに相当する額である。また、外国居住公債保有者の大部分が西欧にいたことを踏まえると、対西欧貿易から得た四一八・四万ポンドの貿易黒字の約一九・四八%にあたる金額が、西欧——大部分がオランダ——に向けて移動したことを意味する（図9-2）。

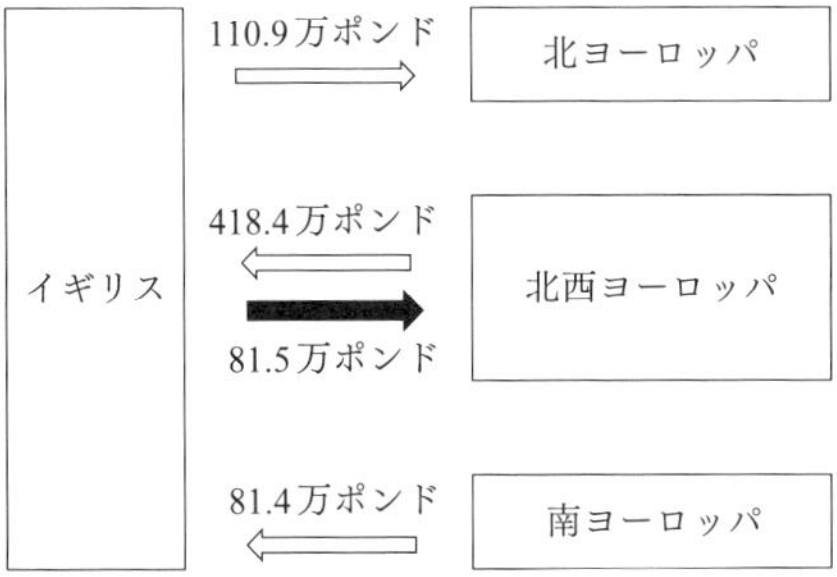

図 9-2　貿易による資金移動と証券投資による利子・配当（1772〜73年）

出典）Philis Dean and W. A. Cole, *British economic growth, 1688-1959* (2nd ed.), Cambridge : Cambridge University Press, 1967, p. 87 より筆者作成。
注）黒矢印が利子・配当の流れを示す。

次に、一七八二年のシンクレアによる推測値をレイフ・ディヴィスが編纂した時価による貿易収支に位置づけてみよう。利用可能なデータのうち一七八二年に最も近接した時期のデータは一七八四〜八六年の数値である。この時期のイギリスの北西ヨーロッパとの貿易収支は一五五万九〇〇〇ポンドの黒字を記録した。[21]シンクレア推計による一七八二年の利子・配当金の合計は九五万四〇〇〇ポンドあまりであるから、貿易黒字の六一・一九%に相当する金額が外国保有者への利子・配当として同地域に流出したことを意味する。

つまり、一七六二年および一七八二年のいずれをみても、国外の公債保有者への利子・配当金は、国際的な資金移動において無視できない重要性をもっていたといえる。

2　公債の流通経路と公債請負人

ここまで、外国人保有額の推定と、国際的な資金循環における外国人による保有から発生する利子・配当の流れを明らかにしてきた。それでは、そもそもこのような資金の移動がどのような構造のもとで可能となったのかを考えてみよう。

第1章、第2章および第4章で検討したように、新発債の場合、当時の政府公債の多くは「限定請負制度」のもとで公債請負人が引き受け、請負人たちがあらかじめ注文を受けていた顧客へ売却するという経路で流通していた。その場合にも二種類の流通経路が存在した。第一が払込済み直後の新発公債が市場を経由して取引されるルートである。第二が、払込完了前の公債を中心に、ロンドンの流通市場を経由することなく直接公債請負人から譲渡されるルートである。こうした当時の新発の政府公債の流通経路において、オランダ人やユグノーたちは、公債請負人、証券ブローカー、あるいは最終的な投資者として、頻繁に姿を現した。彼らは国内の顧客とともに、オランダを中心とする国外の顧客にも証券を売却した。

(1)　払込済み新発債の売買

ここで取り上げるのは、ファン・ネック商会のユグノーの共同経営者であったダニエル・ジョサイア・オリヴィエ名義の取引である。その概況をまず確認しよう。図9-3、図9-4はともに、七年戦争中の一七六〇年二月から七年戦争終結後の一七六三年六月までの、一七六〇年債および一七六二年債のイングランド銀行所蔵の取引記録にもとづく。この期間中、計五五五回におよぶ売買の結果、取引された公債の額面金額は一一二万八七七八ポンドにお

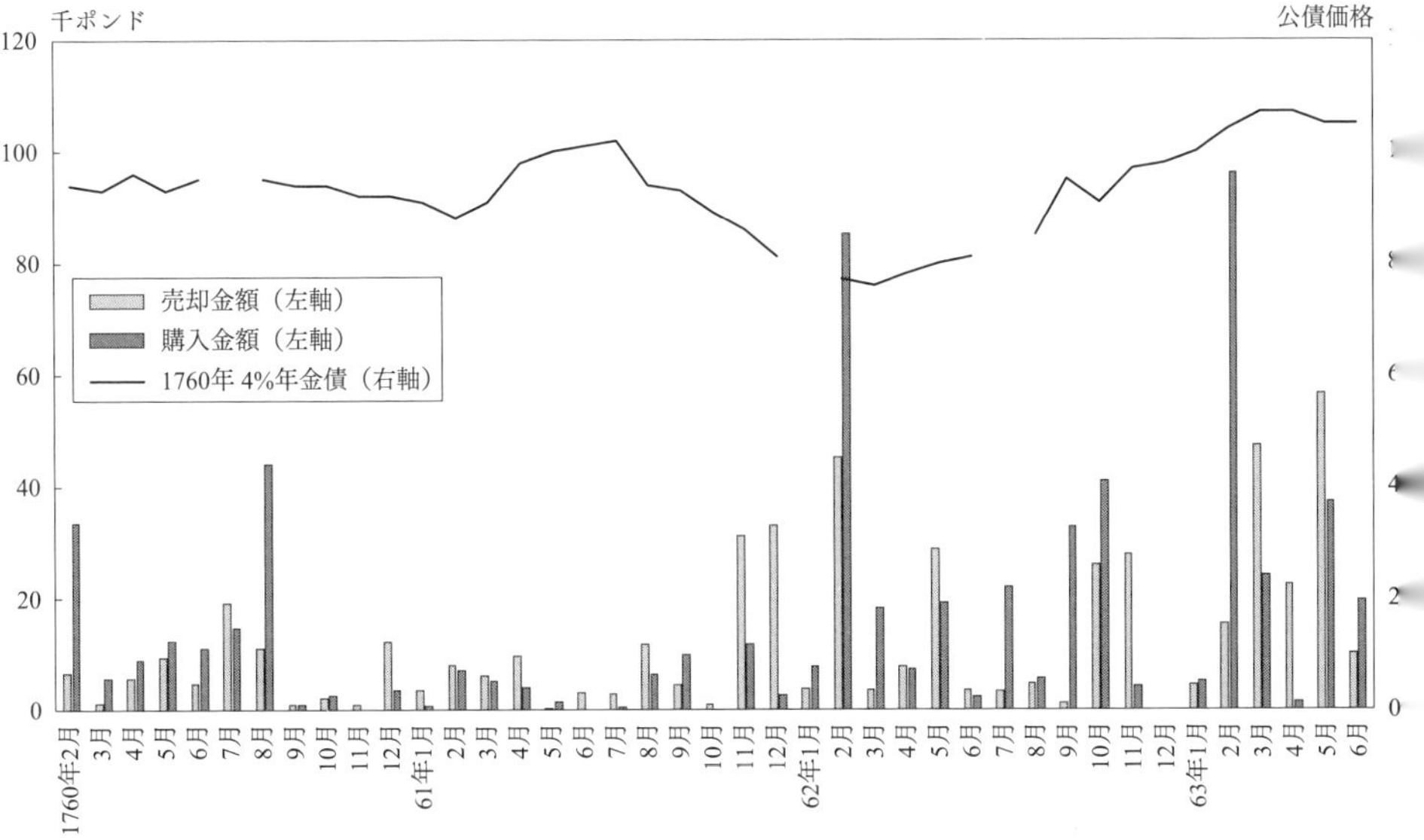

図 9-3　オリヴィエの政府公債売買金額と市況（1760 年 2 月〜63 年 6 月）

出典）Bank Archives, 10A/ 270/ 1 ; AC 27/ 272 より筆者作成。

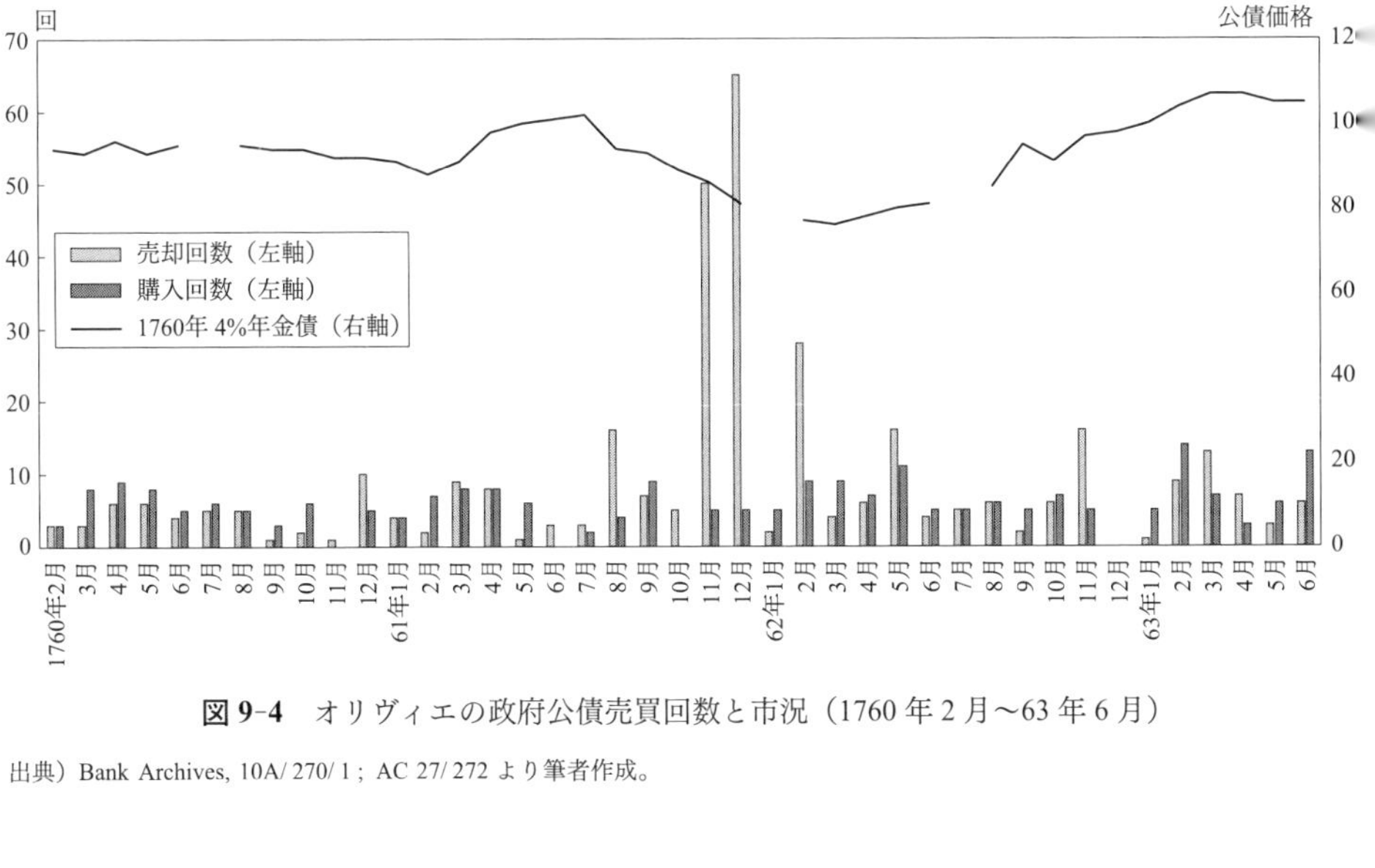

図 9-4　オリヴィエの政府公債売買回数と市況（1760 年 2 月〜63 年 6 月）

出典）Bank Archives, 10A/ 270/ 1 ; AC 27/ 272 より筆者作成。

よんだ。オリヴィエは二〇二回の買い入れで六一万八一二〇ポンドの公債を入手し、三五三回の売却で五〇万二七五八ポンドの公債を手放した。売買一回あたりで取引された公債は二二二九ポンド、買い入れ平均額面価格は三〇六〇ポンド、売却金額は一四二四ポンドであった。したがってオリヴィエは、買い入れた公債を小口化してより多くの人びとに売却したことになる。また、オリヴィエによる売買の特徴は、期間中の公債価格の底値を記録する一七六二年年初の直前に売却回数を飛躍的に増加させ、売却金額も一七六〇年二月以来最高額を記録した点および、底入れした一七六一年年初以降の上昇局面で売買金額を積極的に増加させている点である。

ダニエル・オリヴィエ名義で購入された半数以上の公債は、新規に発行された債券であった。期間中、オリヴィエが手にした政府公債のうち、払込完了によって獲得した新発債の額面金額は三二万七七二〇ポンドで、彼の買い入れた公債の五三・〇二％を占めた。図9-3では、一七六〇年二月から八月および一七六二年二月から一〇月にかけての買い入れ金額の急増は、新発債への払込みの急増を示す。また、同じファン・ネック商会の共同経営者であるトマス・ウォルポール名義の新規発行債は三万九〇〇〇ポンド[22]、トマスの実弟でトマスの商会からの放逐後にファン・ネック商会の共同経営者となるリチャード・ウォルポール名義の新発債は五万五〇〇〇ポンドであった[23]。筆頭経営者のヨシュア・ファン・ネックの名はないため、ファン・ネック商会の関係者が払込みを完了させた新発債の総額は、オリヴィエ、トマス、リチャードの合計金額四二万一七二〇ポンドとなる。

外国人顧客の多くは、新規に起債された債券を買い求めた。外国人の買い手がダニエル・オリヴィエから購入した金額は六万二三六〇ポンドであった。これは全売却額面の一九・〇三％にあたる。また、売却回数に占める比率は一三・三一％であった。新発債を継続して取得していた一七六二年二月から八月および一七六二年一月から一〇月までの一七カ月間に外国人顧客への売却は、金額では八〇・四三％、回数では四二・五五％を占めた。

同様の傾向は、他の公債請負人による取引にも認められる。オランダ人公債請負人のヘンリ・マルマンとリチャード・マルマンの両名は、一七六〇年二月から六三年六月までのあいだに額面二五万五九五〇ポンドの政府公債を手にしたが、そのうち出資申し込みによって得た新発債は一六万八五〇〇ポンドと全体の六五・八％を占めた。彼らが外国人に売却した公債は七万九二七〇ポンドであった。これは、両名に売却された政府公債の三分の一を占める[24]。

外国人公債請負人の取引相手に占める外国人比率の高さは、イギリス人公債請負人の取引と対比すると明瞭に浮かびあがる。チャールズ・ヘンリ・ウィルソンは、一七一九年から八五年までのイングランド銀行取締役のうち、オランダ人投資家の代理人として活躍した二五名をあげる[25]。その中に含まれるのが第4章で触れたイギリス人公債請負人バーソロミュー・バートンである。バートンは同期間中に三万五〇〇〇ポンドの新規発行債を入手したが、市場で買い入れた債券と合わせて計九万四三五〇ポンドの公債を売却した。しかし、オランダ人との取引が相対的に多いはずのバートンでさえも、外国人への売却額は七〇〇〇ポンドで比率は七・四二％にとどまる[26]。また、第4章でも触れたウィリアム・ジェニングズは、同期間中に政府公債を一二九二回取引した、当時のロンドン市場、いや世界的にみても最も活発に公債を売買した人物のひとりである。彼は、公債請負人ではないが、それにもかかわらず公債請負人に独占的に交付されたスクリプトを大量取得し、残額を払い込むことで一八万四八二〇ポンドもの新規発行債を手にした。ジェニングズは一七六二年二月から六三年六月までの八五二日間に公債を八五七回売却しているが、明らかに外国人の氏名である顧客はわずかに二名、売却額も九〇〇ポンドにすぎない[27]。

（2）公債請負人のネットワーク

ファン・ネック商会には、ダニエル・オリヴィエやウォルポール兄弟の名義で払込みを完了させて二次市場で外国人に売却するルート以外にも、公債を外国人に流通させる経路が存在した。

〔イギリス〕政府は本年、三〇〇万ポンドという異常な高額を調達すると決定しました。一口一ギニで一〇〇万くじ〔もしくは、出資希望が続くまで〕の富くじの出資の受付がまず開始されます。これで集められる金額のうち、国庫に入るのは半額で、残りの半額が当選金として現金で充当されます。愛国心と射幸心から、一〇〇万ポンド〔うち、国庫に入るのは五〇万ポンドであるが〕はすぐに出資される見込みです。〔トンチンによる二五〇万ポンドと合わせて〕三〇〇万ポンドも難なく用意されるとみられます。この出資受付はしばらくのあいだは開かれている状態のままの見込みです。残りの二五〇万ポンドにつきましては、その後に出資受付が開始され、トンチンの手法で資金調達が行われます。〔このトンチンでは年齢別に〕五つの集団に〔名義人が〕分けられます。

ファースト・クラス	二〇歳未満	利率四%	年金期間六〇年間
セカンド・クラス	二〇~三〇歳未満	四・二五%	五五年間
サード・クラス	三〇~四〇歳未満	四・五%	四八年間
フォース・クラス	四〇~五〇歳未満	四・七五%	四二年間
フィフス・クラス	五〇歳以上	五%	三二年六カ月間

各クラスには定められた期間、全利息が支払われます。その後、あるクラスの〔名義人の〕生命がすべて途絶えたときは、元本は政府に帰属することになります。トンチンの原理により、政府にとっては三・五%の年利となるので、多くの人びとには素晴らしく良い条件のように思われます。

来る三月、私たちは相当額を投じることができる良好で安全な機会に接することでしょう。〔中略〕安全性には疑いございません。我が友のために三・五%という好利率で資金を増やすことができるのです。この機会は私たちにとってあまりに有利なものなので、貴下にお知らせしないで出資の機会を奪うことなど、とてもできそうにありません。

氏名は不明であるが、この回状の配布先の「九八名の代理人」こそが、ファン・ネック商会がもつ公債流通ネットワークにほかならない。パトロン（ニューカスル公爵）の政敵にあたるヘンリ・レッグらの富くじとトンチンを組み合わせた起債計画は、ヨシュアのような公債請負人による密室取引への批判の政治的な意味が込められており、そのため必然的に公募によるものとなった。しかし、ヨシュアがレッグらの起債計画を知り、オランダに向けて回状を発出したネットワークは、限定請負制度で用いられる公債請負人のネットワークにほかならない。[30]

なお、政敵ウィリアム・ピットに傍受されたヨシュアの書簡は、実はこれにとどまらない。ヨシュアとフランスのパリの銀行テリュッソン・ネッケル銀行との書簡もまたそれに含まれる。このネッケルとはジュネーヴ出身の銀行家にして、のちのフランス財務長官となるあのジャック・ネッケルにほかならない。このような情報・証券・資金の流通網は投資社会の拡大とともに敵対する政治空間すら、たやすく越えて機能していたのである。[31]

新規起債時の公債もまた、この回状が届けられた経路を通じてイギリスからオランダ各地に分配された。公債請負人やその関係者による取引の一部を示したものが図9-5である。これは、アムステルダムの公証人のひとりダニエル・ファン・ブリンクが残した、一七六〇年から六三年にかけてのアムステルダムの公証人記録の一部をもとに作成したものである。同時期のアムステルダムの公証人記録の一部八〇九二通のうち、公債請負人がすべての商取引に関与した六二八通を、史料に登場した六名の公債請負人およびその関係者の氏名ごとに整理した。ほとんどが公債取引に関連するものであり、取引件数が期末に向かっておおむね漸増していく傾向は、図9-4のダニエル・オリヴィエの公債取引と共通している。

内容をみると、オランダ人公債保有者の果たした役割が明瞭に浮かび上がる。氏名の登場回数が最多を記録した

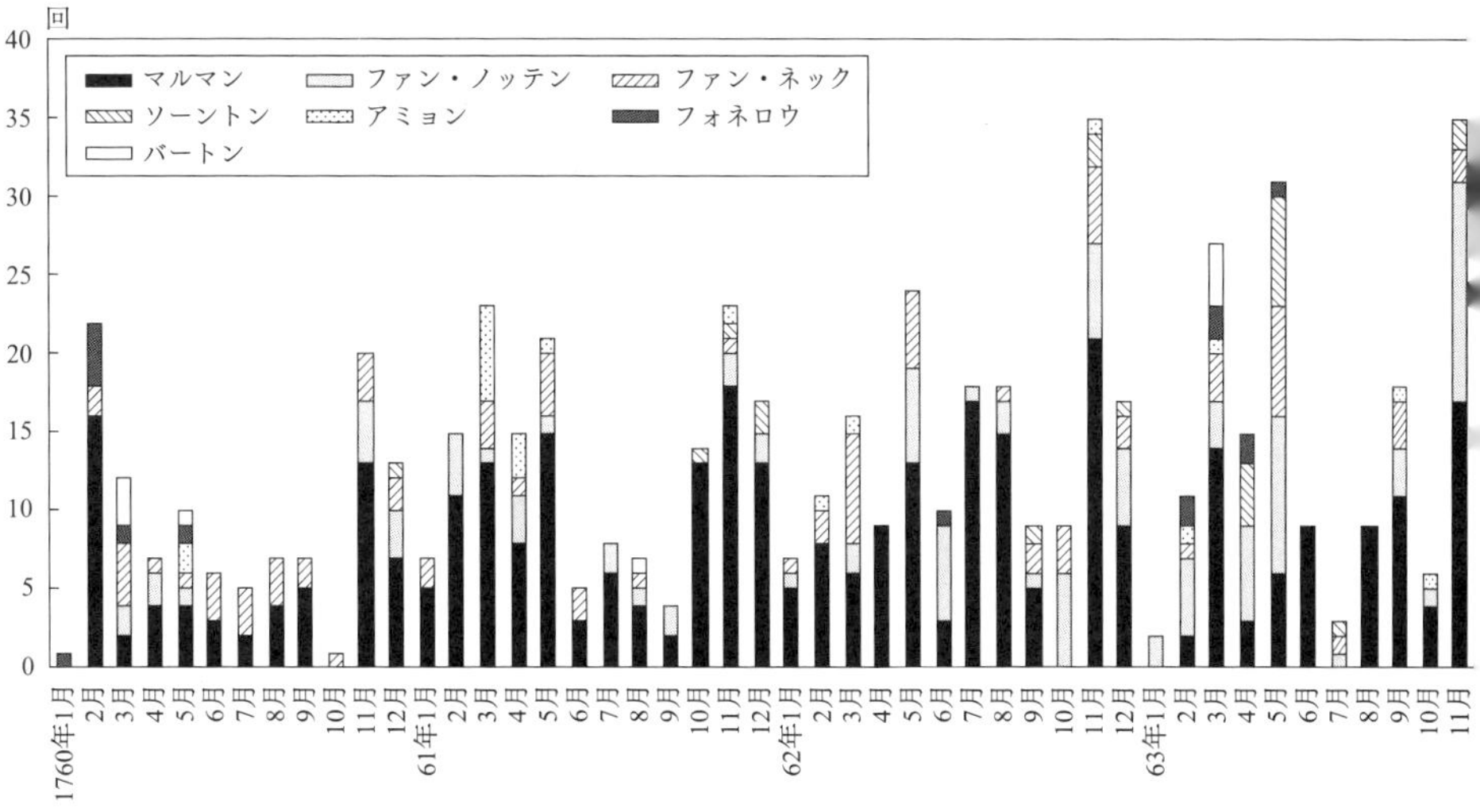

図 9-5　アムステルダム公証人記録にみる公債請負人の活動（取引回数）（1760 年 1 月〜63 年 12 月）

出典）Sttadsarchief Amsterdam Index of Notaris Archives Daniel van den Brink（1760-1763）より筆者作成。

のは、ピーター&リチャード・マルマン商会だ。全体の五七・一七%にあたる三五九件を取引したヘンリ・マルマンの商会は、クリフォート商会、ペルス商会、ホープ商会と匹敵するオランダの大商会であった。当主ヘンリ・マルマンは、一八世紀の初めに息子をロンドンの駐在として置き、それがリチャード・マルマンおよびピーター・マルマンの手によって成功したという経緯をもつ。そのためオランダとの結びつきは強く、ロンドンでは公債請負人として一七四〇年代から六〇年代にかけて計二四三万ポンド強という、平時の政府歳出の五分の一ほどの巨額を引き受けてオランダの顧客の投資需要を満たした。また、一一二件と第二位に相当する取引を記録したのはチャールズ・ファン・ノッテンである。彼は第3章で先述したようにファン・ネック家との結びつきが非常に強く、公債請負人として直接公債を引き受けることはなかったものの、ピーター・ファン・ノッテンとともに一七万ポンドの払込済みの新発債を獲得し売りさばいた。[32] 八六件と第三位の一三・六七%を占めたヨシュア・ファン・ネック、トマス・ウォルポール、ダニエル・オリヴィエ商会は、ロンドン市場における売買では共同経営者であるダニエル・オリヴィエやトマス・ウォルポールらの名義で取引していたが、オランダの顧客とはつねに商会名義で取引した。しかし、イングランド銀行には商会名義の公債の記録がないため、オランダでの取引では公債登録簿には記録されない顧客の仲介・代理業務および払込完了登録前の新発債の売却に注力したものと考えられる。実際、オリヴィエがロンドン市場で新発債の出資完了およびその売却を行った一七六〇年二月から八月および一七六二年一月から一〇月までの同期間中に、オランダでの全取引の四四・一九％が集中していることからも、ロンドンと同時並行して新発債の売却が進められたと判断できる。オランダ人公債請負人やその関係者である三名と比較すると、イギリス人公債請負人のジョン・ソーントン（三・八二％）やバーソロミュー・バートン（一・四三％）の両名および、ユグノーのアミョン（三・六六％）やフォネロウ（二・三九％）の両名らは、取引件数がいずれも取引総数の五％未満であることから、公債請負人としてオランダ資金をイギリスに導いた存在としては、その役割は限定的であった。

第4章で述べたように、イギリスの公債保有者の地理的分布はロンドンおよび首都圏に集中していた。それに対して、各州の州債から構成されるオランダ公債では、公債保有者が取引費用を節約して地元での利子受け取りを選好したため、公債保有者の地理的な分布は首都アムステルダムに一極集中せず、全国的に分散する傾向にあった。[33]イギリスの証券類についても同様で、アムステルダム以外にもオランダ各地で保有された。そのため、ファン・ネック商会、ファン・ノッテン商会、マルマン商会は、首都アムステルダムだけではなく地方の諸都市にも顧客を有した。彼らは、アムステルダムと同様に証券を売却するとともに、代理人として利子受け取りを代行し、証券の現金化も取り扱った。ここでは、ユトレヒトの例をあげてみよう。一七五九年六月二一日、ユトレヒトのクローンに住む寡婦マリア・ファン・ソスダイクは、ファン・ネック商会に保有するイングランド銀行株額面二七〇〇ポンドの「しかるべき価格」での売却を依頼している。[34]ロンドンの銀行家ヘンリ・マルマンとリチャード・マルマンは、一七五七年四月一四日に、オランダの名門貴族の家系に属するディレリク・ヤコブから一七五六年債の年金六〇〇ポンドの受領を代行するよう依頼を受けた[35]。彼はさらに、一七五七年一〇月一六日に同じ代理人に一〇〇〇ポンドの東インド会社株の売却を依頼している[36]。チャールズ・ファン・ノッテンとピーター・ファン・ノッテンの両名は、一七五九年に遺産に含まれていた額面二〇〇〇ポンドの証券の現金化を遺言執行人から依頼されたほか[37]、一七六三年には年金債の売却も代行している[38]。

念のため別の時期を確認しても、仲介する人びとや公債保有者の地域分布という点で、同様の傾向を読み取れる。オーストリア王位継承戦争中に起債された一七四五年債では、公債本体に付された終身年金保有者の居住地九八一件のうち、オランダの地名は九八件あり、全体の約一〇％を占めた。しかし、翌年の一七四六年債では、それは一八五八件中六六一件、全体の三五・五七％という高率となった[39]。一七四五年債に付加された終身年金の例でみると、チャールズ・ファン・ノッテンは、ダビト・デルプラットという名のアムステルダムのマーチャントに、受領人本人を名義人とする年額七ポンド一〇シリングの終身年金を売却している。ユグノーの銀行家ペーター・シモンもまた、一歳の娘を名義人とするレイデンの人物に年額四ポンド一〇シリングの終身年金を売却している。そのほか、クレイステイン兄弟やマルマン兄弟といったオランダ系の証券ブローカーや銀行家もまた、この公債で同じような役割を担った。

オランダのイギリス政府公債保有者は、どのような人びとから構成されていたのであろうか。一七七六年における三％コンソル債二六一万三一六四ポンドを保有したオランダ人八四五名のうち、都市貴族を含む上層男性は三五五名で全体の四二％、商人、仲介業者、役人、外科医、聖職者といった中流層男性は一六八名で一九・九％をそれぞれ占めた。それに対して女性は三二二名で三八・一％と非常に大きな位置を占めている。各集団の保有金額比率は順に、四二・四％、二四・六％、三二・九％であり、イギリスと比較して女性保有者の比率の高さが注目される。[40] シンクレアの数値を用いれば、こうしたイギリス政府公債を保有する外国居住者は、一七六二年時点で六五二〇人にのぼったという。シンクレアの提示する統計には、オランダ人保有者の比率が高いとされた南海会社や東インド会社の証券類の保有者は含まれていないため、イギリス政府公債のオランダ人保有者数は現実にはもう少し多かったと考えられる。この数値は何を意味するのであろうか。オランダにおけるホラント州債の保有者は一万から一万二〇〇〇人ほどと推測される。[41] もちろん、重複して保有されていた可能性は高いが、保有者数の多いイギリス政府公債は、オランダの投資社会で一定の存在感を有したと考えられる。

イギリス政府公債は、キャピタル・ゲインよりもむしろ年金目的のインカム・ゲインを求めたオランダ人によって保有された可能性が高い。[42] そもそもオランダ公債、すなわちホラント州をはじめとする各州の債券は、先述したように当該州かその近辺に居住する人びとが居住地域での利子受取を選好して保有されていた。同時に、オランダ公債の流通市場はロンドン市場よりも流動性に乏しいことも確認されている。[43] オランダ公債は基本的に結婚や死といったライフサイクルに合わせて売買がなされており、[44] オランダではさらに流動性に欠けるイギリス政府公債もまた同様の目的で保有されたと考えられる。

オランダ人の公債請負人たちは、アムステルダムのみならず、オランダの各地に余剰資金を稼働できるネットワークを構築していた。彼らが公債請負人としてイギリス政府公債の発行市場に構造的に組み込まれたことで、女性の資金を多く含む受動的なオランダ資金は、イギリスへ移動する経路を確保したのである。同時に、利子、すなわち年金受け取りや、証券保有から退出するために流通市場へアクセスするさいにもまた、このネットワークが利用されたのである。

(3) 公債請負人の信用と国家

外国人公債請負人は、イギリス公信用の維持にとって必要不可欠な存在であり、同時代の政策担当者からもそう認識されていた。それを如実に示す事件が七年戦争後に起こっている。

公債請負人ジョルジュ・アミョンは、本書で幾度も顔をみせるきわめて富裕なユグノー系の大貿易商であった。当時の国務大臣から「信用において、ヨーロッパでも第一級の貿易商会」と評されたアミョンは[45]、ファン・ネック商会やオランダの大商会とともに、フェルナン・ブローデルのいう近世ヨーロッパ商業社会の頂点に位置した貿易商のひとりといってよい。ところが一七六三年一〇月三一日、アミョンにとって晴天の霹靂ともいえる記事が、このともあろうにフランス官報に掲載された。

〔サミュエル・〕トウチェット氏は、名の通った貿易商であり、マンチェスタの製造業者の筆頭に位置する人物であるが、このたび支払停止を余儀なくされた。負債金額はまだ知られていないが、相当な多額にのぼると信じる理由がある。アミョン商会はトウチェット氏の事件によって同じく支払停止になると考えられる。トウチェット氏やアミョン商会の破綻は、アムステルダムやハンブルクの恐慌によるものであるが、イギリスでも多くの破綻を引き起こすのではないかとの恐れがある。[46]

一七六三年七月二五日、アムステルダムの大商会ド・ヌフヴィル兄弟商会は、七年戦争直後の需要急減による手形取引の破綻によって支払いを停止した。影響は大きく、オランダでは大手商会七社を含む三八社が倒産し、記事が伝えるように、ヨーロッパ各地で連鎖的な恐慌状態を生み出した[47]。マンチェスタの綿織物業から身を起こした庶民院議員サミュエル・トウチェットもまた八月から九月にかけて苦境に陥り、一〇月二一日に三〇万ポンド以上にもおよぶ負債を残して支払いを停止した。この記事は、同じく公債請負人のアミョンもまた連鎖的に破綻することが見込まれ、これら主要二社の破綻による影響はイギリス国内に拡大していくのではないかと、公的な権威のもとで伝える。信用が第一の商業世界において、官報によるこの報道はアミョンへの死刑宣告に等しいものであった。

アミョンは、パリの官報による報道内容に激怒した。一一月八日には政府に書簡を送り、自分の商会のみならず「在ロンドンの他のヨーロッパ最大級の商会の悪評を吹聴する」ことにもなり、ひいてはイギリス政府公債の価値の毀損につながりかねないと、外交ルートによる抗議を切望した。[48] イギリス政府は事を重大視した。当時、南部イングランド・ウェールズ・カトリック諸国担当国務大臣であった第二代ハリファクス伯爵ジョージ・モンタギュ・ダンクは、アミョンの書簡を受け取った同日にフランスへ訓令を発している。駐仏大使ハートフォード伯爵（後の初代ハートフォード侯爵）フランシス・シーモア・コンウェイに対し、アミョンの書簡内容を伝えたうえで、フランス官報は全ヨーロッパの人びとに読まれていること、官報は発行時にフランス宮廷の裁可を経ていることから一般紙の報道よりもはるかに信憑性が高いと受けとめられていること、内容が信用という扱いに細心の注意が求められる事項であることを認めたうえで「最も強い言葉でフランスの担当大臣に抗議を申し入れ」、イギリス側に印刷所、情報を得た人物や記事の根拠を提示させて、すみやかに訂正公告を掲載させるよう求めるべきとの指示が発せられた。[49]「商業国家であればあらゆる国家でも、全ヨーロッパに拡散したこの種の〔アミョンの信用に対する懐疑〕ことからその利害に影響がおよぶ」のであり、しかも「アミョンの商会の信用は十分にあって万国で通用するものであることを考慮しても、フランス国王はフランス宮廷が全力で事の真相を突き止め、信用を毀損された人物が満足できる処置をとるよう説得されてしかるべきだ」と、ハリファクス伯爵は述べる。[50] 一一月二〇日付の駐仏大使からの返信では「ミスではなく、悪意によるもの」というハートフォード伯爵の私見が述べられているが、真相は不明である。[51] ハリファクス伯爵は、国内では『ザ・ノース・ブリトン』第四五号の国王ジョージ三世への名誉毀損事件で、ジョン・ウィルクスを逮捕した人物である。アミョンの事件でも強硬姿勢をみせた彼であるが、さすがにフランス官報の著者を逮捕することまではできない。結局、フランス側が「先に報じたトウチェット商会の支払停止によって、アミョン商会が破綻するという内容は誤り」であり「アミョン商会はロンドンでも最もレスペクタブルな商会」で「契約不履行や信用が不安視されることはけっしてない」という内容の訂正公告を官報に掲載することで、イギリス側は妥協せざるをえなかった。[52] ハリファクス伯爵をはじめとするイギリス政府が、公債請負人とはいえ、一個人一商会の信用問題に即断で介入することでみせた強い姿勢は、公債請負人に対する全ヨーロッパにおよぶ投資社会からの信用と公債請負人のネットワークを国家がいかに重視していたかを雄弁に物語る。

3　一七八〇年代の変化と投資社会

オランダは一七世紀にはすでに外国債へ投資していた。[53] しかし、それが本格化するのはイギリスが七年戦争で多額の戦費を必要とした一七五〇年代以降のことである。アムステルダム市民の遺産における債券の比率にもとづく図9-6が示すように、イギリス政府公債の保有額は一七五〇年代に急増した。その後一七六〇年代に、イギリス以外の外国債への投資が増加し、一七八〇年代にはイギリス政府公債の保有額が減少する反面、イギリス以外の外国債が再び増加していく。図9-7のように、一七八〇年代以降、イギリス以外ヨーロッパ諸国がスイスやイタリアの諸都市の資本市場だけでなくアムステルダム市場でもオランダ資金を借り入れていく。これは同時に、こうした政治体すべてが投資社会において金銭的な価値を示す公債価格＝金利＝政治体の安全性の指標として、アムステルダムの資本家、あるいは投資社会の一覧に供されたことを意味する（図9-8）。投資先が多様化した結果、図9-9が示すように、オランダ人のイギリス政府公債投資比率の推移を示した破線は、一七七〇年代後半に頂点

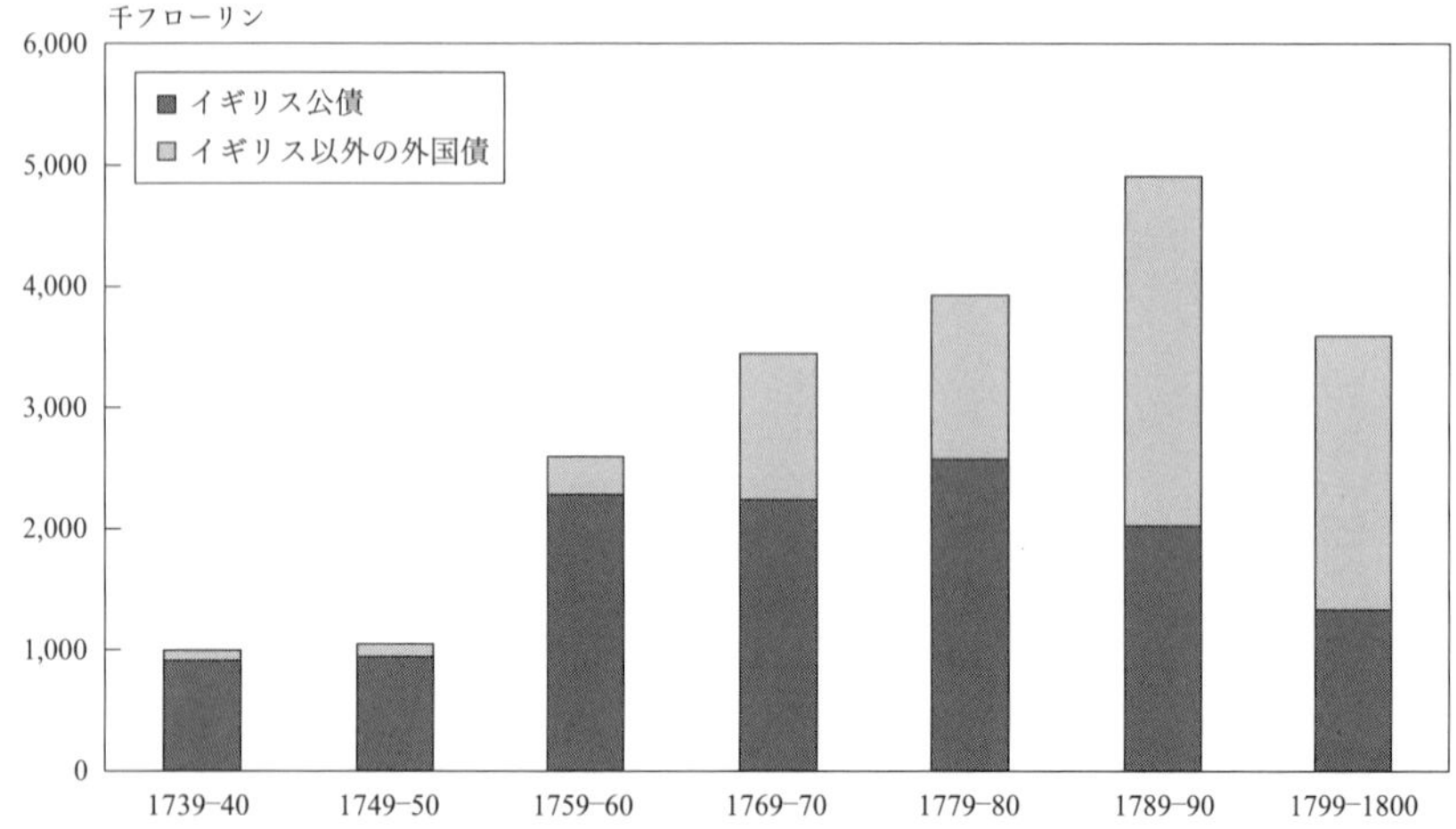

図9-6　アムステルダム市民の外国債への投資（1739〜1800年）

出典）Alice Clare Carter, *Getting, spending and investing in early modern times*, Assen : Van Gorcum, 1975, p. 30.

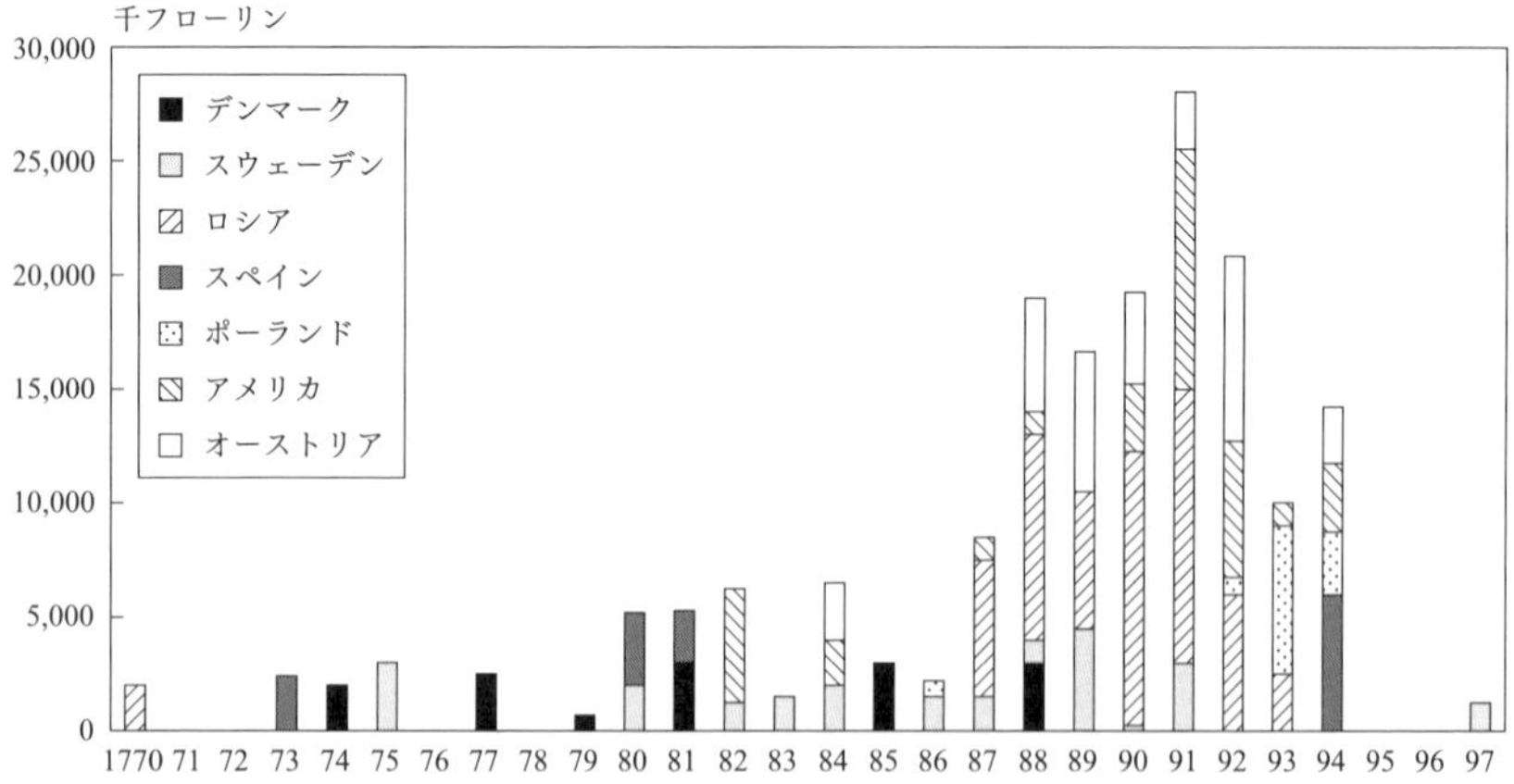

図9-7　アムステルダム市場におけるヨーロッパ各国の資金調達（1770〜97年）

出典）デンマーク：James C. Riley, *International government finance and the Amsterdam capital market, 1740-1815*, Cambridge : Cambridge University Press, 1980, p. 139. スウェーデン：Marten G. Buist, *At spes non fracta : Hope & Co. 1770-1815 : merchant bankers and diplomats at work*, The Hague : Nijhoff, 1974, pp. 495-496. ロシア：Buist, p. 497. スペイン：Riley, pp. 165-174 ; Buist, p. 498. ポーランド：Buist, pp. 503-504. アメリカ：Riley, p. 186. オーストリア：Riley, pp. 123-136.

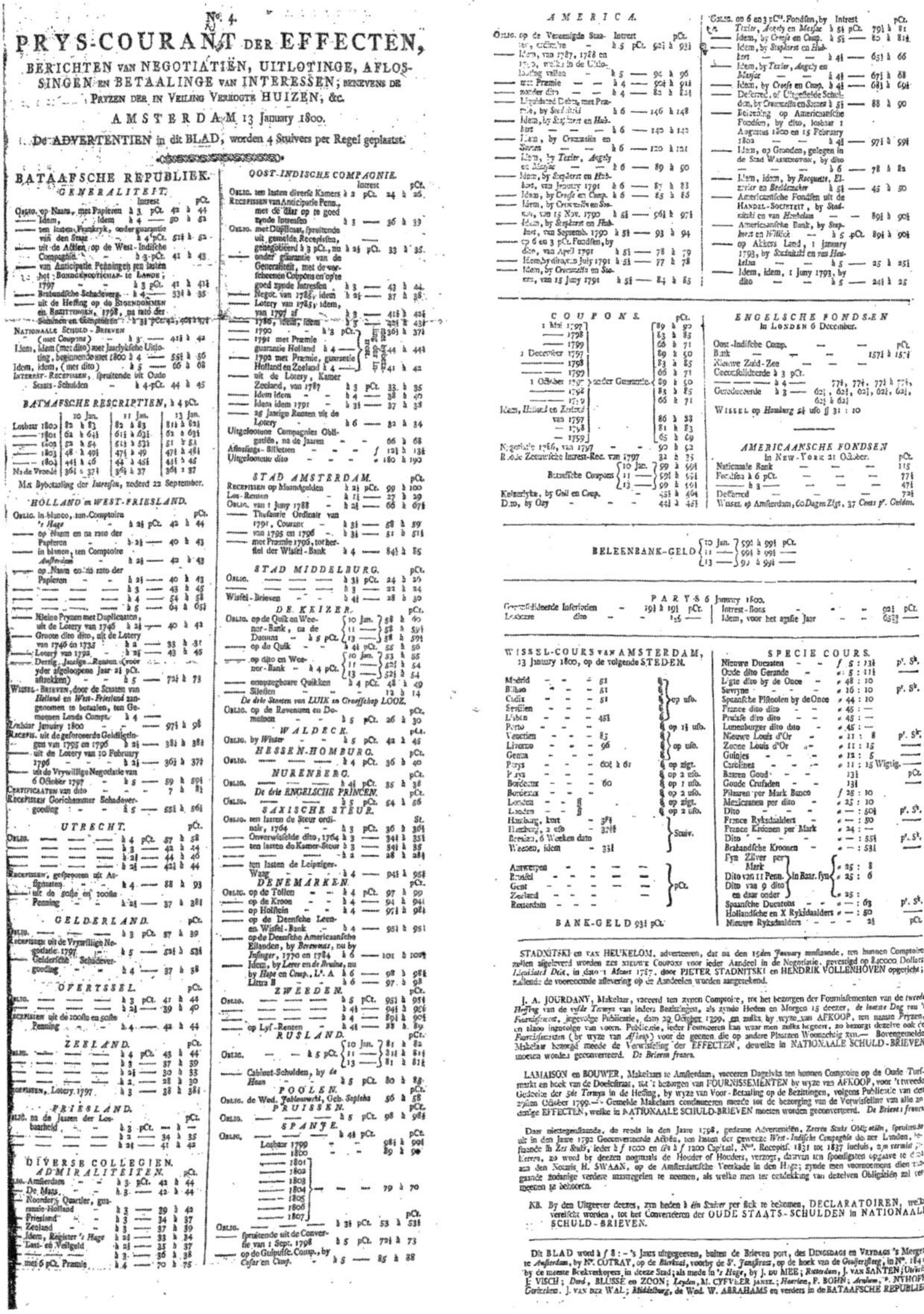

Nº. 4.

PRYS-COURANT DER EFFECTEN,

BERICHTEN VAN NEGOTIATIËN, UITLOTINGE, AFLOSSINGEN EN BETAALINGE VAN INTERESSEN; BENEVENS DE PRYZEN DER IN VEILING VERKOGTE HUIZEN, &c.

AMSTERDAM, 13 January 1800.

De ADVERTENTIEN in dit BLAD, worden 4 Stuivers per Regel geplaatst.

BATAAFSCHE REPUBLIEK. GENERALITEIT.

BATAAFSCHE RESCRIPTIEN, à 4 pCt.

HOLLAND en WEST-FRIESLAND.

UTRECHT.

GELDERLAND.

OVERYSSEL.

ZEELAND.

FRIESLAND.

DIVERSE COLLEGIEN. ADMIRALITEITEN.

OOST-INDISCHE COMPAGNIE.

STAD AMSTERDAM.

STAD MIDDELBURG.

DE KEIZER.

De drie Staaten van LUIK en Graaffchap LOOZ.

WALDECK.

HESSEN-HOMBURG.

NURENBERG.

De drie ENGELSCHE PRINCEN.

SAXISCHE STEUR.

DENEMARKEN.

ZWEEDEN.

RUSLAND.

POOLEN.

PRUISSEN.

SPANJE.

AMERICA.

COUPONS.

ENGELSCHE FONDSEN in LONDEN 6 December.

AMERICAANSCHE FONDSEN in NEW-YORK 21 October.

BELEENBANK-GELD

PARYS 6 January 1800.

WISSEL-COURS van AMSTERDAM, 13 January 1800, op de volgende STEDEN.

SPECIE COURS.

BANK-GELD 93½ pCt.

DIT BLAD word à f 8 : -'s Jaars uitgegeeven, buiten de Brieven port, des DINGSDAGS en VRYDAGS 's Morgens te Amsterdam, by Nº. COTRAY, op de Blvrsaal, …

図 9-8　アムスラルダムの公債価格表（1800 年）

出典）*Amsterdamsch effectenblad*, no. 4, 13 Jan., 1800.

注）オランダ各州の公債価格のほか，ドイツの領邦国家，デンマーク，スウェーデン，ロシア，ポーランド，スペイン，合衆国，イギリスの各政府公債価格が掲載されている。

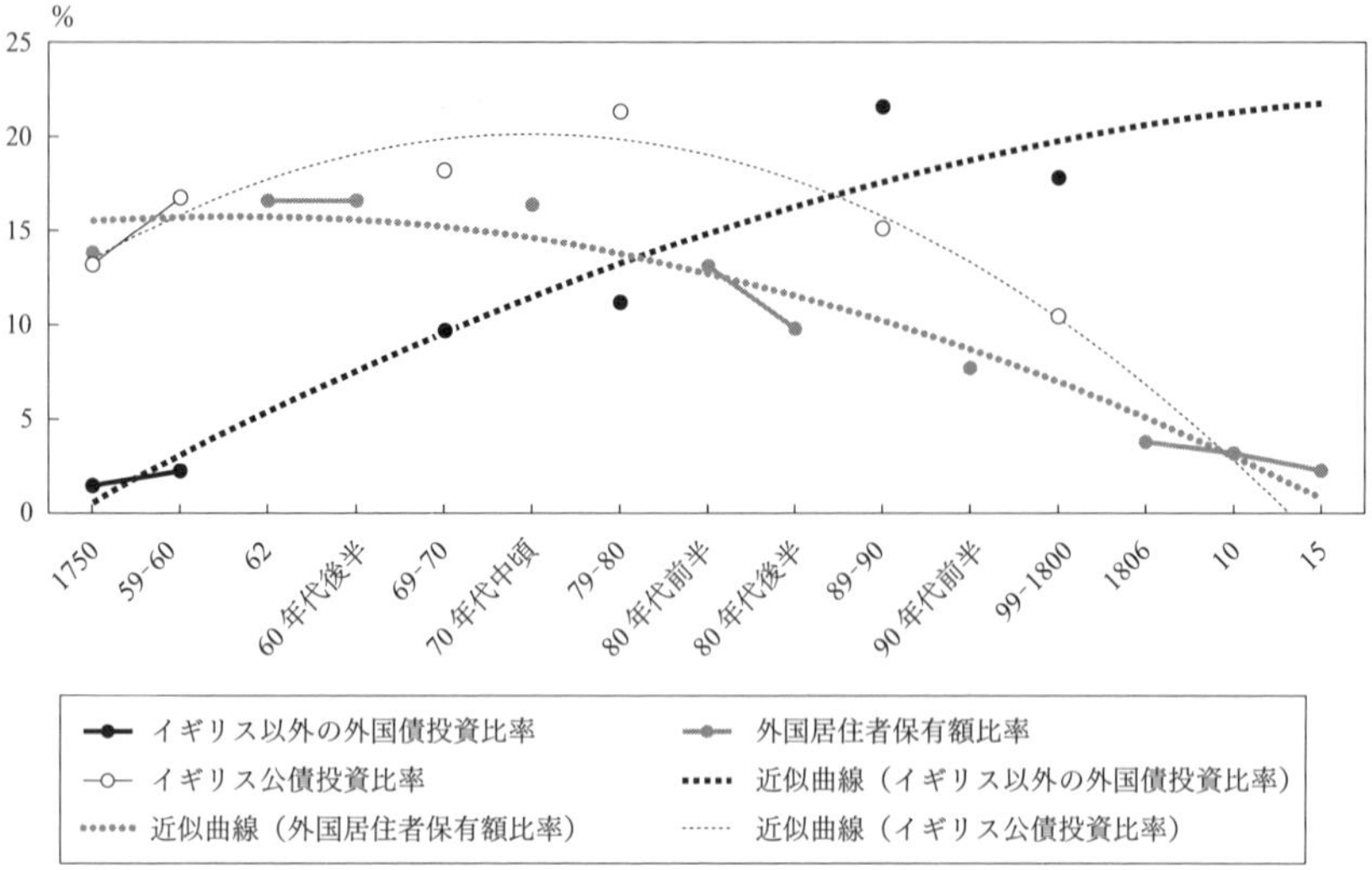

図 9-9　オランダ人の外国債投資の変化（1750〜1815年）

出典）イギリス政府公債および三大特権会社証券の外国居住者保有比率：Wright, 'The contribution of overseas', p. 658, table 1. その他は，Carter, *Getting, spending and investing*, p. 30.

に達した後、下降に転じる一方、イギリス以外のヨーロッパ諸国への投資比率は一七五〇年代以降上昇傾向をみせる。イギリス政府公債に占める外国人投資額の比率が一七八〇年代以降低下していくのは、第四次英蘭戦争を契機にオランダ人からの新規の投資がほぼ停止したこと、および一七九〇年代以降のイギリスでは国内資金が政府の資金需要を満たしたことによる。

一七八〇年代は投資社会のひとつの転換点となった。イギリスではアメリカ独立戦争での敗北後、ウィリアム・ピット（小ピット）による行財政改革が進められ[54]、第6章で触れたリチャード・プライスによる複利型減債論の影響のもとで減債基金および国債管理委員会（第6章の保険数理家ジョン・フィンレイソンは、この組織に属し終身年金の生存記録から生命統計を整備していく）が公債を管理していくこととなった[55]。こうした公債残高の抑制は一七九〇年代の対仏戦争によって阻害されるが、イングランド銀行が兌換停止に追い込まれた後、一七九九年から所得税が導入されることで公債依存からの根本的な脱却が試みられた[56]。

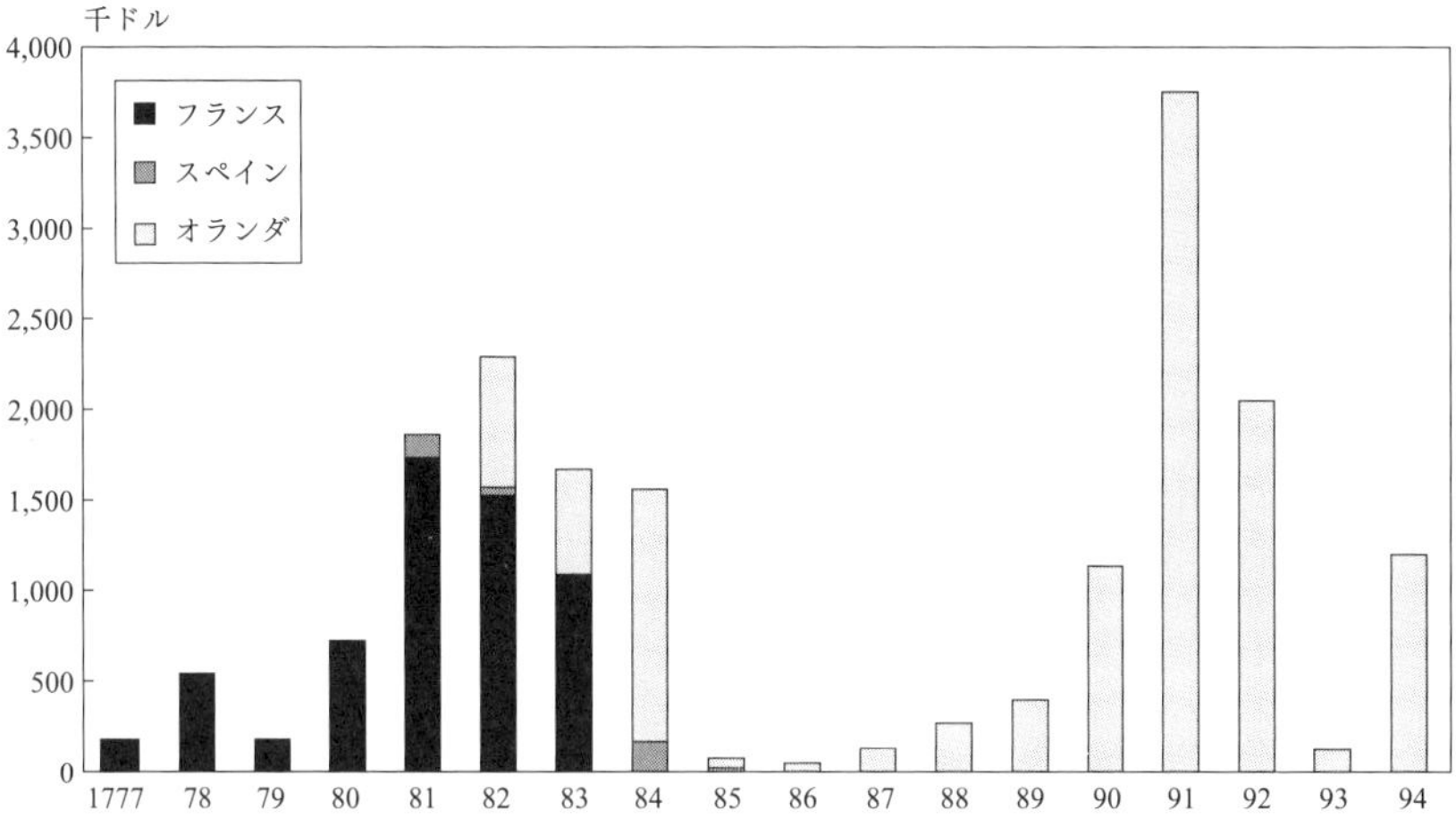

図9-10　アメリカ合衆国の対外政府債務（1777〜94年）

出典）Rafael A. Bayley, *National loans of the United States from July 4 1776. to June 30. 1880*（2nd ed.), Washington : Government printing office, 1882, pp. 99-120より筆者作成。

一方、対照的なのはフランスの動きである。一七七〇年代末からジャック・ネッケルは改革を進め、イギリスのような財政の「公開」による投資社会からの信任＝資金の獲得によって、アメリカ独立戦争による財政悪化を乗り切ろうと試みる。しかし、それは失敗に終わった。その結果、フランスは一七八九年の革命によって事実上の債務不履行に追い込まれた。投資社会からの信任を得られないフランスは、革命中にアシニャ紙幣を発行して、さらに混乱を重ねていく。

最後に、アメリカ合衆国の位置を指摘しておこう。合衆国は独立戦争の戦費調達そのものを投資社会に仰ぐことになる。図9-10が示すように、スペイン、フランスとともに、その資金需要に応えたのは、イギリスへの新規投資を停止したオランダの投資家であった[57]。独立戦争後の債務処理および財政の確立という大問題において、ロバート・モリスやアレグザンダー・ハミルトンは、中央銀行の設置と公信用の確立という投資社会の要求する基準を満たすことで、連邦財政を立ち上げようと試みる[58]。一七九〇年代の合衆国は投資社会内に組み込まれることで、オランダをはじめとする外国借款で獲得した外貨によって公信用を維持する。こうして投資社会がヨーロッパ大陸のみならず合衆国にも拡大した結果、一八二六年には、合衆国第一の人口を誇った都市ニューヨークで熟練工、貿易商、専門職、官吏、小売業、サーヴィス業に従事する人びとの世帯の一一％で、銀行、保険、製造業、鉱業、輸送業といった会社の株式を保有するにいたる。[59]「中流の人びと」が保有する株式は、一八一七年まではトンチンで建設されたニューヨーク・コーヒーハウスで、それ以降はニューヨーク証券取引所で取引された。このような一九世紀初めにニューヨークにみられた光景は、一八世紀にロンドンやオランダの各都市でみられた投資社会のそれにほかならない。

おわりに

証券・資金・情報の流通網は、国家がそれを有用と認め、大量の債券をそこに供給し続けるかぎり、投資社会空間の垂直的・水平的拡大をもたらした。投資社会は国家間の抗争によって誕生したが、逆に国家間の抗争は投資社会の拡大に依存していた。たしかに投資社会という新たに勃興しつつあった広域の空間は、証券の流通価値を保証する売買市場の存在を前提としていた。しかし、市場・投資社会・国家がこのような回路網によって相互に結びつけられてこそ、それらすべてが有効に機能しえたのである。

公債を請け負った少数の人びと、とくにオランダ人公債請負人は、イギリスやオランダ在住の証券投資家と密接に結びつき、新規に起債された政府公債はこれらの関係者を結ぶ経路を政治体間の境界を越境して移動した。逆に、オランダ人やユグノーの公債請負人たちは、投資資金をオランダからイギリスへと国境を越えて移動させる機能をもっていた。その結果、彼らは投資社会空間内において、イギリスからオランダへ政府公債証券と半年に一回の利息金＝年金を政治的な境界を越えて移動させ、逆にオランダやイギリスのロンドン近辺からイギリス政府へ向けて資金を移動する役割を担ったのである。

たしかにラリー・ニールの研究が明らかにしたように、当時のアムステルダム証券市場とロンドン証券市場との証券価格の相関性は高く、流通市場としての統合はそれ以前の時期より飛躍的な進展をみせた(60)。しかし、市場の統合度や市場の効率性、そして銘柄の優良性はあくまで、国際的な資金の移動を促進する必要条件であって、十分条件ではない。

当時のイギリス政府公債の発行市場構造では、流通市場からの影響を受けつつも、公債請負人の人的なネットワークに依拠した閉鎖的な経路が重要な役割を果たしていた。国内における閉鎖的な流通経路は、第1章や第2章で検討した起債者の手元に届けられたリストや、公債請負人による当時の独占批判がそれを象徴している。国内のみならず国外における流通でもまた、オランダ人の公債請負人がもつ経路は重要な役割を果たしていた。第1章や第2章でイギリスの国政やシティの都市政治がもたらした政治的な状況によって、外国人公債請負人が閉鎖的な発行市場に独占的に組み込まれ、かつ本章で示したように、そうした公債請負人がオランダにネットワークを保持していたことによって初めて、オランダ資金はイギリスに移動する構造を獲得したといえる。

一七世紀には州の公信用を確立していたオランダの資金は(61)、一八世紀にはヨーロッパ各国の近代的国家財政および公信用の確立に寄与した。その典型はイギリスとアメリカ合衆国であった。一八世紀中頃にオランダ人はイギリスに資金を貸与することで、イギリスは七年戦争後の環大西洋経済において優位を占めることができた。しかし、その反作用としてアメリカ合衆国の独立を招く。戦費や国家財政確立のための費用もまた、一七八〇年代には投資先を拡大していたオランダによって賄われていく。こうして一八世紀後半における投資社会はその水平的・垂直的な拡大によって、近代世界の形成に影響をおよぼしたのである。

終　章　投資社会とは何か

近世の最末期の人びとが公信用を基軸とする証券によって結びつくことで、どのような社会が生み出されたのであろうか。また、そのような社会は、近代世界の誕生期にあたる一八世紀後半から一九世紀初めにかけて、どのような役割を果たしたのであろうか。本書が取り組んだのは、「イングランド財政金融革命」研究が共通して採用している時間枠・空間枠・分析対象を再考することによって、これらの問題を「投資社会」概念の提起を通じて明らかにすることであった。一八世紀中頃から一九世紀初めにかけての投資社会の勃興を取り上げることで、公債のみならず社会基盤整備のための各種証券類をも視野に入れた結果、新たにどのような事実が発見されたのか。また、何がわかったのであろうか。終章では、政治・社会・文化・経済の各側面にそくして本書の内容をかんたんに整理したうえで、投資社会とは何か、結論を提示したい。

戦争という背景

投資社会の源流は、直接的には中世のイタリア都市国家にある。しかし、投資社会が劇的な成長を遂げていく契機となったのは、近世ヨーロッパ世界の内外で起こった戦争であった。一六世紀に主権国家が成立しはじめて、一九世紀にイギリスがヘゲモニーの地位を獲得するまで、ヨーロッパ社会はほぼ一貫して断続的な戦争状態にあった。戦争が新兵器や戦術の発展によって大規模化し、かつ、市場経済の枠組みのなかで戦争の市場化が進行していくと、交戦国は戦費の膨張に悩まされるようになり、租税でその全額を賄うことはもはや不可能となった。他方、フェルナン・ブローデルのいうとおり、近世のヨーロッパの特徴として遊休資金は各地で使い途なく蓄積されていた。不足していたのは、カネではなく、遊休資金を稼働できる手段と、遊休資金の向かい先となる事業や目的であった。近世ヨーロッパで遊休資金への最大の需要を提供したのは、国家であり戦争であった。あくまで出資者の自由意志にもとづく戦費の借り入れが選択された結果、公信用の確立は戦費に悩む各国の政策担当者にとって最優先される事項となった。実際、イギリスとフランスが戦った第二次百年戦争において、勝敗の帰趨を分けた最重要要因のひとつが、投資社会からの資金調達能力であった。近世最末期のヨーロッパ世界において、投資社会の形成を促進し、資金の流動化をもたらしたのは戦争であった。なかでも七年戦争はその最も重要な契機となった。

政治——公債発行市場の構造的確立

外国人公債請負人たちは、遊休資金を掘り起こしたうえで政治体の境界を越えて移動させ、需要者へ提供することができた。しかし、外国人公債請負人たちが近世世界において比類なき資金需要が見込める「事業」——すなわち戦争——に資金を提供するためには、当該国家の政治状況がそれを許す必要があった。イギリスの場合、それを可能にしたのは、当時の国政とシティの都市政治の状況であり、限定請負制度やヨーロッパ大陸政策といった制度や政策であった。ニューカスル公爵の仕事は、投資社会空間内の政治体間の境界を行き来する資金を「限定請負制度」によって誘引したことにほかならない。彼は公債請負人を用いて政治の層と経済の層との接合に努めたのだ。

オーストリア王位継承戦争から七年戦争初期にかけて、公債の発行市場は国政と都市政治の双方の政治的要因によって構成された。限定請負制度を導入したイギリスは、それまでの都市自治体の支配者層や特権会社といった中間団体への依存から脱却し、少数の個人である「公債請負人」を通じて国際金融ネットワークとそれを経由して移動する遊休資金の誘引に成功する。しかし、外国人公債請負人による起債への独占的な参画は、対抗勢力である反宮廷派ホイッグとトーリからの反発をもたらした。一七五七年債の起債はその象徴であったものの、逆に対抗勢力側の資金調達能力の限界を露呈する結果に終わった。こうして、一七五七年債の起債で確立された発行市場の政治経済的な枠組みのもとで、政治（戦時財政）と経済（金融市場）との界面が、ニューカスル公爵と公債請負人との連携関係によって接合されたのである。その結果、つねに急進主義者を含む対抗勢力からの批判にさらされたものの、公債請負人による限定請負制度は安定した制度となり国内外の投資社会に存在する遊休資金をイギリス政府にもたらした。その後多少の制度的な変更が加えられるものの、シンジケートによる起債は近代を通じて用いられていくことになる。

投資社会の社会構造

リスクを積極的に引き受け、取引を独占していく外国人公債請負人の活動は、まさにブローデルのいう意味での「資本主義」のプレイヤーであった。その頂点に位置したのがヘラルト・ファン・ネックとヨシュア・ファン・ネックの兄弟であった。経済上の機会を求めてロッテルダムからロンドンに渡ったファン・ネック兄弟のコスモポリタンなビジネス活動を支えたのは、排他的で私的であるが、出身のナショナリティにとらわれない人的結合関係であった。彼らは出身地のナショナリティ、宗教、宗派による人的ネットワークを活用し、ときに証券ブローカーの役割を演じつつ、市井の老若男女とイギリスの中央政府とを国際的な資本の移動を経由して接合させた。

しかし、投資社会は近世最末期のヨーロッパ経済の頂点を極めた貿易商だけで構成されたわけではない。増発される公債を吸収した人びとの約半数は、「中流の人びと」、船員や漁師の妻といった労働者層、ますます存在感を強めていった未婚女性や寡婦たちであった。南海泡沫事件時の三倍から一〇倍以上の数に膨んだ彼ら彼女たちは、証券の保有に直接・間接に関与することによって、モネタリに結びついていた人びとなのだ。こうして投資社会は階層差と男女差を超えて垂直に深化していった。さらに、公債は安定的な資産とみなされていくにつれて、慈善、教会、各種の公益的な事業の基本財産として選択されるようになった。

ブローデルは中流の人びとによる公債保有について言及するものの、保有金額比率の低さを根拠に彼ら彼女らの果たした役割について否定的な評価を下す。(1) 彼は公債を彼のいう「資本主義」の領域内に限定して理解するのだ。しかし、彼の判断は誤りである。本書で明らかにしたように、公債は個人の利殖手段のみならず、ライフサイクルに伴う個人の財産の継承手段や中間団体の資産保全手段としても頻繁に活用された。つまり、投資社会の垂直的拡大によって、公債が多種の社会的な機能を担う「公債の社会化」がもたらされたのだ。ブローデルの概念を拝借するならば、投資社会はその垂直的な深化によって独占的・投機的な「資本主義」のみならず「市場経済」や「日常性」をすべて含むもの、いいかえると全体を包摂する方向性をもつものとして理解するべきである。そうすれば、近世における投資社会の勃興と、近・現代における直接金融の土壌の形成と姿をひとつの視野におさめることが可能になるだろう。

投資社会の文化的衝撃

一八世紀中頃から後半にかけての投資社会の拡大は、人びとの証券投資への認識に二つの変化をもたらした。「投機」と「投資」を峻別するという主観的な基準による認識の創出と、「有用な科学」によって投資を合理的にとらえるという客観的な基準による認識の生成である。

公信用とは、国家への信用にほかならない。現在、徴税権をもつ国家の経済的な信用は、原則として当該国の信用体系の最上位に位置する。しかし、歴史的にみれば、国家を信用するという行為はけっして自明なものではない。それでは、投資対象としての国家を信用するという認識はいかに生み出されたのであろうか。投資社会の勃興期に現れた二人の先駆者、トマス・モーティマとイサーク・ド・ピントの思考と営為にそれを探ることができる。

モーティマは伝統的な証券ブローカー批判を継承しつつも、信用の体系的な理解を通じて最も安全とするイギリス公債に全幅の信頼を置く。彼は、インカム・ゲイン目的の取引を「あるべき取引」とする一方、証券ブローカーの相場操作と結びついたキャピタル・ゲイン目的の取引を「ストック・ジョッビング」すなわち「投機」として対置する。宿願である証券ブローカー＝投機の担い手の排除のため、彼はベストセラーとなる『ブローカー入門』を出版する。イギリス公信用への賛美と実践的な取引方法を投資社会の構成員に啓蒙することで、投機を排除しようとするのだ。また、オランダのイサーク・ド・ピントは、七年戦争に勝利したイギリスの国力の源泉としてイギリス政府公債を位置づける。彼は、文芸共和国における伝統的な公債批判を批判し、逆に公債を「サーキュレイション」を促進させる富の源泉としてとらえることで、文芸共和国に衝撃を与えることになる。しかし、公信用を投資社会の基盤にすえる点では一致するものの、両者には原理的な相違点が存在した。市場の仲介者を排除するモーティマの枠組みに投機が存在する余地はなく、市場の流動性を重視するド・ピントの枠組みにとって「サーキュレイション」を促進する投機は不可欠であった。このように投資社会の原初期にはすでに、投機と投資の折衷は本質的に不可能であり、その峻別も論者ごとの主観に頼らざるをえなくなっていた。その後、彼らの思考枠は、投機の排除を主張する人びとと、その必要性を主張する人びとにそれぞれ受け継がれていく。投資と投機の主観的な峻別とともに、彼らの思考のありかたは投資社会認識のフレイムワークとして継承されていく。

思考とその実践は投資社会で連鎖していく。イギリス公債用に信を置きつつ投資と投機という投資社会の根本的な構成原理を問う二冊の書物は、いずれも七年戦争を契機として世に出た。それは、偶然ではなく必然であった。この二冊の影響は大きかった。ジャック・ネッケルは投資社会の実務家であったがゆえに、財務長官として七年戦争敗北後のフランスの財政改革を託される。彼は、ド・ピントから示唆を受け、公信用の確立によるイギリス流の財政金融革命に光を見出そうとするが、それは未完に終わる。ネッケルの『フランス国家財政論』をフランスにかぎらず普遍的な価値をもつ書と評価するとともに英訳して投資社会の読者に提供したのは、ほかならぬモーティマであった。

他方、勃興期の投資社会は、萌芽期の科学と共棲関係にあった。イギリス政府公債の多くは年金の形態をとったため、余命が投資収益を決定する重要な要素となり、その客観的な算出が要請された。一八世紀中頃に投資社会の水平的・垂直的な拡大がみられると、エイブラハム・ド・モアヴルらの研究成果が参照されると同時に、彼らの研究にもまた半年複利の導入など投資社会からの影響がみられるようになる。とくに、一七六〇年代から七〇年代には、リチャード・プライスやウィリアム・モーガンの活躍によって、保険数理学は「ノーサンプトン表」というかたちで一応の到達点をみる。同時期の「信用しうる国家」の生成を背景に、「有用な科学」は投資社会の原理的な支柱となった。それは、年金形式で発行された債券が激増していくなか、投資家と事業者の双方に、客観的で合理的な予測可能性をもたらしたのである。また、投資社会が垂直的に拡大し、トンチン・ソサエティを通じてより下層の人びとも抱合しつつ拡大していくと、信用にもとづく年金は偶然の貧困を防止する手段とみなされていく。さらに、公債管理を通じて起債者側に保有者の死亡情報が集積されていくと、そのデータは科学の現場へと還元され、その合理性の更新に用いられていく。ミシェル・フーコーの「生政治」あるいは「生権力」がここで投資社会と接合されたとみることも可能であろう。(2) こうして、つねに再検討に付されることで学知そのものが合理的であるかぎり、科学が投資社会を支え、投資社会が科学の発展を促進するという共棲関係が、ここに生み出されたのであ

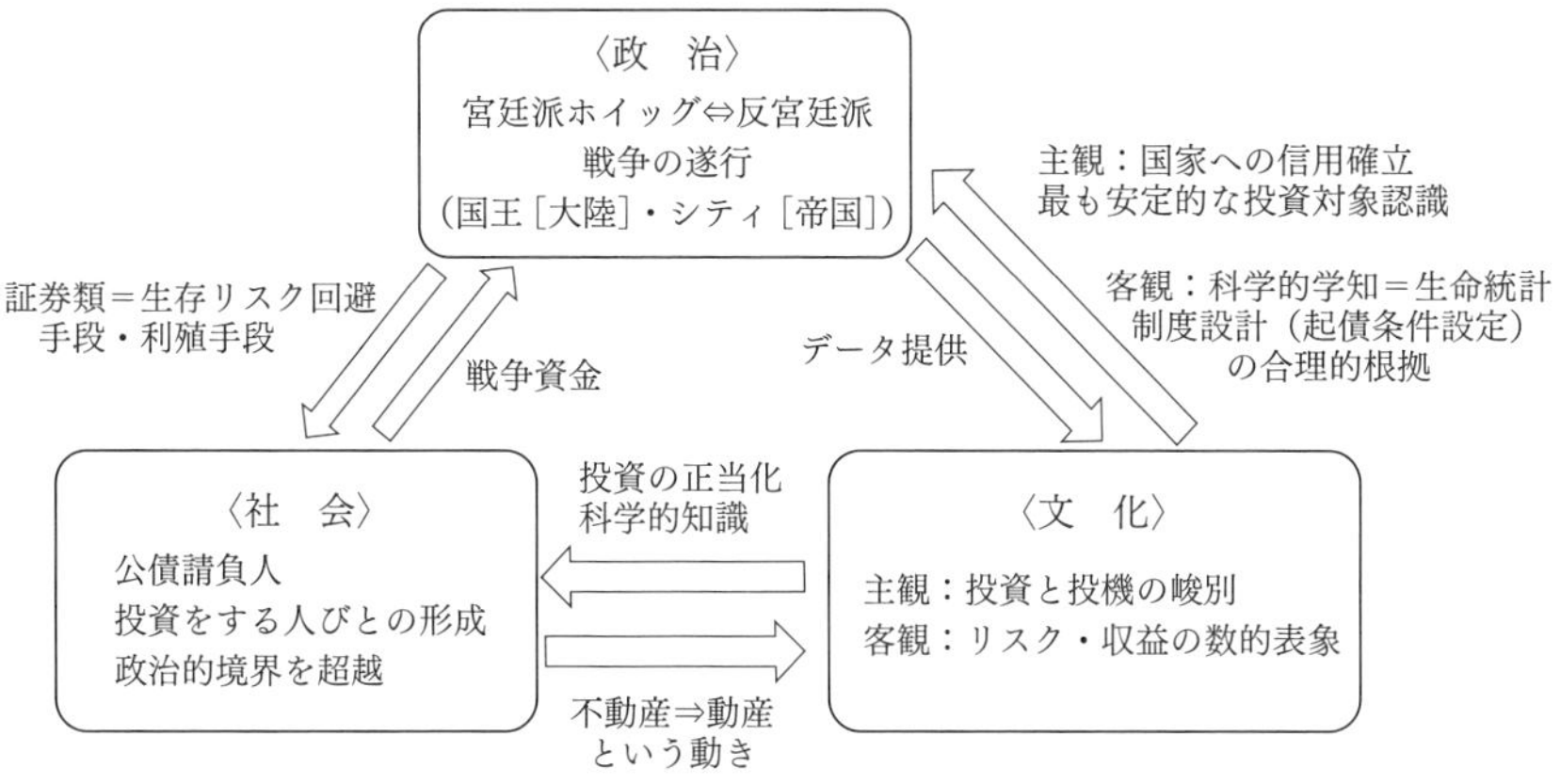

図終-1　勃興期の投資社会における政治・社会・文化の関係

る。投資社会と科学は不即不離の関係を構築したため、投資社会は科学とともに水平的に拡大していく。

近代化と投資社会空間の拡大

投資社会は、政治的・社会的・文化的な要素が結合して生み出された（図終-1）。投資社会は、経済的にはイギリスの近代化の基盤整備費用を提供するとともに、政治体の投資社会への訴求＝凝集化＝投資対象化を伴いつつ、その適用空間を拡大していく。

　ジョン・ブルーアは財政＝軍事国家論において、一八世紀イングランド国家の特殊な構造、すなわち、対仏戦争に勝利をおさめる対外的な強さと、効率的な徴税機構をもつものの地方統治については地方の自律性へ依存するという対内的な弱さが、同時に併存するという構造を指摘する。投資社会は、この財政＝軍事国家の構造に適応し、外国との戦争資金を提供すると同時に、国内における社会基盤の整備費用の一部をも提供した。とくに一八世紀以降、経済が活発化していき、要求される社会基盤整備の水準が上昇すると、維持改修の責任を負う教区が多額の費用を捻出することは困難になっていく。そこで採用されたのは、いわば国政で行われていた戦費調達構造の移植であった。すなわち、査定税をはじめとする当該地域や利用者への経済的な負担を利払い税源として担保に入れることで、投資社会からの資金を獲得するという手法であった。政府が議会制定法で利払い税源と借入金額の上限をオーソライズされたように、社会基盤の整備を進める主体もまた議会制定法を通じて事業主体として徴税徴収および借り入れの権能を授権された。また、時宜に応じて株式会社組織が事業主体として選択されることもあったが、これも同じく議会制定法で公的に認可された。こうして都市の街路整備をはじめとする各種開発行為、橋梁の新設補修、有料道路や運河の建設、教会の建設・補修、上下水道の敷設や排水、夜警・監獄の新設・改修などの治安維持関連費用、各種公共建築物の建設、港湾設備の新設・維持改修、産業基盤の整備といった近代化＝工業化の前提となる各種社会基盤が整備されていく。しかし、これらの主体には投資社会が要求する投資要件を満たす必要があった。形式的には定期的な利払いを確実に実現するための収入源の確定、内部統治体制の確立、権能や効力の限定、異議申し立ての手続きなどが議会制定法に明記されねばならず、実務的には財政状況の公開など通じて投資社会に対して事業内容や返済能力を説明できることが要求されたのである。社会基盤整備の試みは当該地域における投資社会の水平的・垂直的な拡大を促進し、整備が行われる地元の遊休資金の流動化を促進していく。また、投資社会の拡大に伴い、社会基盤整備もまた政治・法制度・慣習の違いに柔軟に対応しつつ政治体の境界を越えていく。投資社会の勃興は近代社会の形成と同時並行的に進んだ。地方の投資社会が提供する資金は、社会的間接資本の形成を促しつつ、やがて開始する世界初の「工業化」の前提条件を準備した。

投資社会の拡大は、各政治体の財政や金融のありかたを変革していく。イングランドの社会基盤整備に多用された――フランス国家財政にも多用された――トンチンは、政治的境界を越えて、アイルランドでも危機に瀕した植民地財政の切り札として大規模に活用される。七年戦争後に顕在化する旧帝国体制の矛盾と混乱のなかで、アイルランドは投資社会に救いを求めたのだ。その結果、イングランドの社会基盤整備が地元の投資家による投資を呼び込んだのに対して、アイルランドでの三度のトンチンは、アイルランドを投資社会に包摂しつつ、アイルランドよりむしろロンドンやヨーロッパ大陸からの投資社会から資金を呼び込むことに成功した。投資社会内で、政治体が資金を求め、それが投資適格とみなされた結果、政治体間の境界を越えて資金が移動したのである。投資社会からの投資を求めた結果、イングランドの社会基盤整備も、アイルランドの植民地財政も、投資社会においては投資対象として同じ地平線上に並置される存在となった。実際、それらは、相場表に債券や株式価格としてその価値を並列して表象され、投資社会の構成員の一覧に供されたのである。

投資社会は国家間の抗争によって誕生したが、逆に国家間の抗争は投資社会の拡大に依存していた。たしかに投資社会という新たに勃興しつつあった広域の空間は、証券の流通価値を保証する二次市場の存在を前提としていた。しかし、市場・投資社会・国家がこのような回路網によって相互に結びつけられてこそ、それらすべてが有効に機能しえたのである。こうしてロンドンのニューカスル公爵とユトレヒトの夫に先立たれた老女とが、イギリス政府公債を媒介とするモネタリな関係で結びつけられたのである。老女の資金は、イギリスに移動して戦費として大陸や新世界に送金され、イギリスの地主は地代の四分の一を地租として納税し、公債請負人を経由して老女に年金として支払う。老女が生涯を閉じると、公債請負人たちは代理人としてロンドンの市場で公債を現金化し、ユトレヒトの老女の遺言執行人に送金する。公債請負人たちのネットワークは、ロンドンとオランダの各都市を結びつけ、オランダからロンドンへ総計二五〇〇万ポンドもの資金を移動させ、逆にロンドンからオランダへ年間数十万ポンドもの資金を移動させた。近世オランダの経済的な優越のもとで集積した資金は、東はロシア、西は合衆国までに拡大した投資社会内の各政治体に送金され、逆に各政治体から利子がオランダへと送金されることになった。証券・資金・情報の流通網は、国家がそれを有用と認め大量の債券をそこに供給し続けるかぎり、投資社会空間の垂直的・水平的な拡大を促進し続けた。こうした投資社会の水平的な拡大は、国家を投資対象とすることで、諸国家に投資適格となるための要件を課していき、諸国家は相場表に公債価格＝金利として表象されて並置される。一七八〇年代から九〇年代にみられたネッケルやアレグザンダー・ハミルトンによる財政改革は、投資社会のそのような水平的な拡大に位置づけられなければならない。

投資社会の勃興とは何だったのか

一八世紀中頃にイギリスで勃興した投資社会は、国家への信用を基盤に据えつつ、これまで述べてきた政治・社会・文化・経済の各面のすべてが組み合わされることによって、人びとが自発的にモネタリな関係で結合された社会であった。それはけっして、人びとがたんに証券を保有していた社会ではない。近世最末期のイギリスで観察される投資社会は、中世のイタリア諸都市でみられる公債保有者集団とはまったく異なる社会である。投資社会は近世のイギリスやオランダをはじめとする西欧世界に豊富に存在していた遊休資金を稼働させることに成功し、まずは国家、次に社会基盤整備の主体を対象に遊休資金を自発的に流動化させることで、同時に利払いのための重税化を通じて強制的な資金の流動化をも実現する。その結果、戦争というかたちで近代的な政治秩序への再編成を促進するとともに、経済社会の近代化＝工業化のための基盤整備をも促した。そのいずれもが負債の発生＝財産としての債券の発生による資金の流動化を通じて可能になったのだ。同時に投資社会では、科学の動員によって投資の予見可能性が確保され、人びとには投資リスクと引き換えに人生のリスクを緩和する手段が与えられた。投資社会は、垂直的な深化によって各種の団体や事業の安定した基本財産の形態を提供し、「公債の社会化」をもたらした。投資社会は、水平的な拡大によって各政治体を包摂し、それぞれに財政改革を促すことで政治体としての凝集性、すなわち徴税の効率化を伴う近代財政国家化を促進した。こうして、どちらかといえば静的で循環的な秩序を基調とする近世の最末期に投資社会は勃興し、自発的な個人が証券投資に参加することで遊休資金の流動化が進展した結果、投資社会は動的な秩序を基調とする近代への移行を支えた。そして投資社会は今なお、水平的・垂直的に拡大し続けているのである。

あとがき

ためらいつつ頁を繰ると、その時はまた確実に近づく。手にした家計簿には、夫から手渡された生活費から幼子の服の代金までが丁寧な文字で書き込まれている。ウォルポール家の家政を細部まで映し出すこの几帳面さは、有能なマーチャントである父親譲りのものなのであろうか。再び頁を繰りはじめると、家計簿上にもまた日常の時間が流れ出す。しかし、それはつかの間のことであった。突如、家計簿の主も足を運んだはずのこの書斎が、いっそう深い静寂に包まれた。家計簿の日付はもう進まない。空欄の乳白色だけが視界を占める。ヨシュア・ファン・ネックの娘エリザベス・ウォルポールは、四人のまだ幼い子どもを残し、二七歳の若さでこの世を去った。

エリザベスが一七六〇年六月九日に亡くなったことは、もちろん知っていた。だからこそ、頁を繰る自分の指が彼女をそこに追いやる気がしてならなかった。ところが、いざその瞬間を迎えると、家計簿で遭遇した永遠の空白は、脳裏に活字で刻み込まれていたその日付とはまったく異なるものであった。生にはかならず死がある。死にもかならず生がある。にもかかわらず、知識としての彼女の死には、その前にあったはずの生が完全に抜け落ちていたのだ。それは記号にすぎなかった。無論、ひとりの人間を知りつくすことは不可能だが、不遜にも彼女のことはある程度は知ったつもりでいた。しかし実際は、何ひとつ知らなかったのだ。

ちょうど一〇年前、早春のウォルタートン湖を臨む午後の書斎でエリザベスの日常と死に遭遇して以来、歴史を書くことに恐れのようなものを感じてきた。はたして彼女の生を叙述する資格はあるのだろうか。ひとりの人間すら満足に叙述できない者が、政治、社会、文化、経済など、高みに立って語ることを許されるのであろうか。二五〇年後の遠い異国に住む人間の筆に反論する術は、もとより彼女には残されていない。歴史を書くという、ある種の傲慢ともいえる行為の重みに、未熟で洞察力に欠く人間が耐えられるのか。何度も自問しつつ、本書の筆を執った。エリザベスやその夫、父、そしてその周囲の人びとが、どのような時代や社会を生きたのか。こうした人びとの生が、異なる空間と時間に生を受けた私たちと、どのようにつながるのか。「投資社会」の勃興を通じてこの課題に取り組んだ本書は、みずからの問いの答えをいまだ見出せぬ者からの、彼ら彼女らへの中間報告でもある。

本書の初出は、以下の通りである。第1章、第3章、第8章には加筆と修正を施した。第2章、第4章、第6章、第7章は全面的に改稿のうえ加筆しており、ほぼ書き下ろしに近い。第5章と第9章は書き下ろしである。

第1章と第2章の一部：「一八世紀のロンドン・シティとイギリス政府公債」『西洋史学』第二〇〇号、二〇〇一年、二〜二五頁。

第3章：「一八世紀ロンドン商人の家族史――ファン・ネック家の事例にみる文化の境界と社会的結合」『人文学報』（京都大学人文科学研究所編）第九一号、二〇〇四年、一〜三七頁。

第4章の一部と第8章の一部：「空間としての投資社会」川北稔・藤川隆男共編著『空間のイギリス史』山川出版社、二〇〇五年、二二二〜二三六頁。

第6章の一部と第7章の一部：「投資社会の勃興と啓蒙――七年戦争後のブリテンにおける改良・アニュイティ・科学的学知」富永茂樹編著『啓蒙の運命』名古屋大学出版会、二〇一一年、七五〜一〇四頁。

第8章：「財政革命・植民地・投資社会――一八世紀後半のアイルランド・トンチン公債」法政大学比較経済研究所・後藤浩子編『アイルランドの経験――植民地・ナショナリズム・国際統合』法政大学出版局、二〇〇九年、一〇九〜一四〇頁。

「投資社会」勃興の全貌をとらえるには、イギリス各州の文書館で可能なかぎり多くの事例を収集するとともに、多種多様な史料を広く求めなければならなかった。この作業は以下の各助成がなければ不可能であった。平成一六〜一八年度科学研究費補助金（若手研究B）「一八世紀後半から一九世紀前半におけるイギリス財政革命の政治的・社会的影響」（研究課題番号 16720174）、平成二〇〜二二年度科学研究費補助金（若手研究B）「近代イギリスにおける社会的インフラストラクチャの整備と『投資社会』」（研究課題番号 20720197）、平成二四〜二六年度科学研究費助成金（基盤研究C）、近代イギリスにおける国家への信用生成の文化的起源」（研究課題番号 24520848）、平成一九年度三菱財団人文科学研究助成『『投資社会』の歴史的起源としての近代イギリス」。なお、本書刊行に際しても、平成二六年度科学研究費補助金（研究成果公開促進費・学術図書）の助成を受けた。関係各位に感謝申し上げる。

いくつかの偶然が重なって近世末の西欧世界に迷い込み、すでに二〇年ほどの歳月が経った。浅学菲才の身ゆえ蝸牛にも劣る遅々とした歩みの産物であるが、これとて周囲の人びとからの支えがなくては日の目をみることはなかった。以下、簡略ではあるが、支えていただいた皆様に感謝の言葉を申し上げたい。

川北稔先生には、真の研究の自由を与えていただいた。悩んだあげく決心した研究テーマを報告したおり、先生はひとこと「金融はおもしろいですよ」とおっしゃった。これを励みにここまで来ることができたように思う。河村貞枝先生には西洋史の基礎を手ほどきいただき、川島昭夫先生には社会史の基礎と英語の読みかたを叩き込んでいただいた。故合阪學、江川慍、竹中亨、杉本淑彦、藤川隆男、渡邊伸の各先生方には、演習や講義を通じて懇切なご指導をいただいた。研究室のリベラルな先輩、同輩、後輩の皆様にも、貴重なご助言をいただいた。

イギリス都市生活史研究会では、故角山榮先生をはじめとする諸先生方からご指導を賜った。生来の遅筆のため、つねに激励いただいた角山先生に本書をご覧に入れられなかったことが残念でならない。故越智武臣先生からお電話を頂戴したことも忘れられない。個々のお名前をあげることはできないが、アイルランド史研究会、イギリス近世史研究会、越境する歴史学研究会、大阪イギリス史研究会、近代社会史研究会の皆様にもお礼申し上げる。

金澤周作さんとは、E・P・トムスンをともに読んで以来、二〇年来の公私にわたるお付き合いとなる。その間、変わらず励ましていただくとともに、つねに刺激を与えていただいた。感謝の言葉を言い尽くせない。

最初の勤務先である京都大学人文科学研究所での経験を抜きにして、本書はありえない。山室信一先生には共同研究班への参加をお許しいただくとともに、学問とはどうあるべきものなのか、身をもってご教示いただいた。「文化相渉班」からは第3章、「空間班」からは「投資社会」概念の着想を得た。また、着任間もないころ、阪上孝先生にオランダ語の修得を激励していただいたこと、山本有造先生に「自分の言葉」で語るよう諭していただいたこと、前川和也先生からご自身に課された研究水準をうかがい身の引き締まる思いをしたことは、すべて礎となっている。富永茂樹先生に「啓蒙班」への参加をお許しいただき、第6章と第7章が生まれた。各研究班の参加者の皆様からも貴重な示唆を頂戴した。籠谷直人先生には名古屋大学出版会に紹介の労をおとりいただいただけではなく、貴重な時間を割いて本書の検討会を開催していただいた。同世代の多くの院生の憧れであった小関隆先生と職場を同じくすることができたのは、僥倖というしかない。多能な助手たちとの思い出は忘れないだろう。現在の職場である大阪経済大学では、経済学部、研究支援課、日本経済史研究所の皆様から多大なご助力を得ている。

ペネロピ・コーフィールド先生には、ロンドン大学での受け入れ教員をお引き受けいただき、ロンドンでの研究を支障なく進めることができた。また、英語の師スーザン・トリンダーさんには、学生時代の親友であるウォルポール卿夫人をご紹介いただいた。その縁で、エリザベスの血をひく現ウォルポール卿に私邸をみずからご案内いただくとともに、家計簿をはじめとする私蔵史料、関係者の肖像画や遺品の数々を拝見する幸運に恵まれた。

本書で使用した史料の多くは、なぜか大部で重いものばかりであった。数カ月間、連日上限数のオーダーを繰り返したにもかかわらず、いつも笑顔とウィンクで応じていただいたブリティッシュ・ライブラリのマニュスクリプト部の皆様、イングランド銀行アーカイヴズのローナ・ウィリアムズさん、各州の文書館の皆様には感謝の念に堪えない。京都大学人文科学研究所図書室、京都大学附属図書館、大阪経済大学図書館、ケンブリッジ大学図書館、そして未知の史料まで添付していただいた武庫川女子大学附属図書館のスタッフの皆様へもお礼申し上げる。

名古屋大学出版会の三木信吾さんから本書出版のお誘いをいただいたのは、四年前の冬のことであった。自他ともに認めるこの怠け者を本当に辛抱強くご督励いただいたおかげで、やっとこの書物が世に出ることになった。心から感謝申し上げる。また、面倒な校正作業を丁寧にご担当いただいた長畑節子さんをはじめ、出版会の皆様、印刷・製本に携わっていただいた皆様、私の知らないところでご助力いただいたすべての方々に深く感謝したい。

公共の紙面ではあるが、家族への謝意をお許しいただきたい。坂本正彦と由起子は、我儘で頑固な息子のやりたいようにさせてくれた。人の親となった今、それがいかに難しいことか、両親の恩をようやく実感しつつある。

最後に林田敏子は、本書の最も厳しい批判者であると同時に、本書を最も理解する研究者でもある。また、最も良き妻であり、泰惺と煕の最も良き母でもある。家計簿の好きな彼女による文字通りの献身がなければ、本書はいうまでもなく、日常の充実した生そのものがありえなかったであろう。

二〇一四年　暮歳　　甲南　好文木の園にて

著　者

《著者略歴》

坂本優一郎《さかもとゆういちろう》

1970 年　大阪府に生まれる
2001 年　大阪大学大学院文学研究科博士課程中退
　　　　京都大学人文科学研究所助手を経て
現　在　大阪経済大学経済学部准教授

投資社会の勃興

2015 年 2 月 28 日　初版第 1 刷発行

定価はカバーに
表示しています

著　者　坂　本　優一郎

発行者　石　井　三　記

発行所　一般財団法人　名古屋大学出版会

〒 464-0814　名古屋市千種区不老町 1 名古屋大学構内
電話(052)781-5027/FAX(052)781-0697

印刷・製本 ㈱クイックス　ISBN978-4-8158-0802-0

乱丁・落丁はお取替えいたします。

索　引

ア　行

カ　行

サ　行

タ　行

ナ　行

ハ　行

マ　行

ヤ　行

ラ・ワ行

図表一覧

参考文献

1　一次史料

1）手稿史料

【イギリス】

The British Library（BL）

Additional Manuscripts（Add. MSS）

4458 ff. 169-185；15943 ff. 58-60；23800 ff. 327, 464；23814 f. 52；32194 f. 381；32196 ff. 337-338；32860 ff. 155, 165；32861 f. 118；32862 ff. 52, 202-203, 364-365；32864 ff. 44-45, 498-499；32866 ff. 393-394；32868 f. 171；32870 f. 437, 254-259；32874 f. 95；32876 ff. 137, 246-248, 266；32879 f. 1；32884 ff. 27, 82, 144-145, 274b-275, 279-280；32901 ff. 246, 305, 343-344, 377, 504-5；32914 ff. 77, 160, 264-267；32916 f. 265；32946 ff. 19, 49-51, 125-127；32961 f. 10；33039 f. 258；33039 ff. 41, 225-226, 301, 414-415；33040 ff. 111, 113, 117-118, 129-130, 141, 143, 169-172, 289, 284-285；33041 f. 51, 55, 57；35872 ff. 229-258；35873 *passim*；35874 *passim*；38337 ff. 109-111.

The National Archives（TNA）

Exchequer

E 401/2598.

National Debt Office

NDO 1/1, 2a, 2b, 3, 4；NDO 3/28, 30, 33, 53；NDO 3/30.

National Savings Committee

NSC 2/1.

Pitt Papers

PRO 30/8, 9.

Probate Records

PROB 11/782, 999, 1029.

State Papers

SP 78/231, 252, 258, 259；SP 36/64.

Treasury

T 1/267, 363, 368, 375, 376, 384, 385, 386；T 29/33, 34.

The Bank Archives（Bank of England）

AC 17/27/271, 274；AC 27/269～270；M 2/110；M 5/48；M 5/447.

Bedfordshire and Luton Archives and Record Service（BLARS）

MO 989.

Cambridge University Library, Department of Manuscripts and University Archives

MS Add.8708.

Derbyshire Record Office（DRO）

D3155/WH7582.

Gloucester Record Office（GRO）

D361-F4；GBR-A1-3-11.

Hampshire Record Office（HRO）

5M52/F26；5M52/TR1.

Lambeth Palace Library

MSS/2690-2750/2706, 2711.

Lincolnshire Archives（LA）

1-DIXON/12/4/3；2-PG-12-6-14；NEL/9-23.

The London Metropolitan Archives

ACC/38/1；B/HRS/510；MA/G/CBF/002, 315；MF/T/001-3；MF/T4；MJ/SP/B/0471；MJ/SP/1787/01/039/001.

Norfolk Record Office（NRO）

SBM 90/1/5；SBM 90/1/9.

Plymouth and West Devon Record Office

1/740-742.

Suffolk Record Office（SRO）

Bury St Edmunds Branch

586/34.

Ipswich Branch

T 20-1, 12；HB 26/412/1758；HD 1651/1.

West Sussex Record Office（WSRO）

ADD MSS 31148-31244.

Wolterton Archives

Box 45L, 17/1/38；Box 70L, 18/9/1.

【オランダ】

Stadsarchief Amsterdam

10663 342 Notaris Archives Daniel van den Brink.

Het Utrecht Archief

U237a001/31；U248a004/7；U201a007/42；U201a008/12；U201a008/31.

2）定期刊行物

Amsterdamsch effectenblad.

The Annual Register.

The Con-Text.

The Covent Garden Journal.

La Gazette de France.
The Gazetteer and New Daily Advertiser.
The Genealogist Magazine.
The Gentleman's Magazine.
Hull Advertiser.
The London Evening Post.
The London Gazette.
The London Magazine.
The Morning Chronicle.
The Original dock and canal list.
The Public Advertiser.
The Test.
The Times.
The Whitehall Evening Post.

3）議会・法律関係刊行史料

Cobbett, William, *The parliamentary history of England from the eariest period to 1803*, vols. 9, 18, London, 1811.

Grant, William Lawson and James Munro, *Acts of the Privy Council of Colonial series*, London : H M's Stationary Office, 1908, III.

Lambert, Sheila（ed.）, *House of Commons sessional papers of the eighteenth century*, vol. 81, Wilmington : Scholarly Resources, 1975-76.

The history and proceedings of the House of Commons from the Restoration to the present time, vol. 9, London, 1742.

National debt. History of the earlier years of the funded debt, from 1694 to 1786, House of Commons Parliamentary Papers, 1898.

Of the report and observations of Mr. Alexander Finlaison. Actuary of the commissioners of the reduction of the National Debt, relating to TONTINES and LIFE ANNUITANTS, and the duration of life among the nominees, House of Commons Parliamentary Papers, 1860.

Report from the committee on the Orphan's Fund, 1812.

Report of J. Finlaison, actuary of national debt, on evidence and elementary facts on which tables of life annuities are foundded, House of Commons Parliamentary Papers, 1829.

Statute at Large.

Trustee of Parliament, *The history of Parliament, the House of Commons*（CD-ROM）, Cambridge : Cambridge University Press, 1998.

4）その他刊行史料

Burke's genealogical and heraldic history of the peerage ; baronetage & knightage（102nd）, London : Burke's Peerage Ltd., 1959.

Grattan, Henry, *Memoirs of the life and times of the Rt. Hon. Henry Grattan*, vol. 1, London, 1839.

Lewis, W. S., L. E. Troide, E. M. Martz and R. A. Smith (eds.), *Horace Walpole's correspondence with Henry Seymour Conway, Lady Ailesbury, Lord and Lady Hertford, Lord Beauchamp and Henrietta Seymour Conway*, New Heaven : Yale University Press, 1974.

Lewis, W. S., and R. S. Brown Jr. (eds.), *Horace Walpole's correspondence with George Montague*, vol. I, New Heaven : Yale University Press, 1975.

Lodge, Sir R. (ed.), *Private correspondence of Chesterfield and Newcastle, 1744–46*, London : the Royal Historical Society, 1930.

North, Dorothy (ed.), *Huguenot wills and administrations in England and Ireland 1617–1849, abstracts of Huguenot wills and administrations* compiled by Henry Wagner FSA, Huguenot Society of Great Britain and Ireland Quarto Series, LX, 2007.

La Rochefoucauld, François, duc de (with an introduction by Jean Marchand ; translated with notes by S. C. Roberts), *A Frenchman in England 1784*, Cambridge : Cambridge University Press, 1933.

Moens, W. J. C. (ed.), *The marriage, baptismal, and burial registers, 1571 to 1874, and Monumental Inscriptions, of the Dutch Reformed Church, Austin Friars, London with a short account of the strangers and their churches*, Lymington [private printed], 1884.

The Oxford Dictionary of National Biography.

Roberts, R. A. (ed.), *Calendar of Home office papers of the reign of George III, 1760–1775*, 4 vols., London : Longman & Co. etc., for H. M. S. O., 1878–1899.

Shaw, W. A. (ed.), *Calendar of Treasury Books and Papers, 1739–1745*, London : H. M. S. O., 1898–1903.

Walpole, Horace (ed. J. Brooke), *Memoirs of King George II*, vol. 2, New Haven : Yale University Press, 1985.

Yorke, Philip Chesney, *The life and correspondence of Philip Yorke, earl of Hardwicke, lord high chancellor of Great Britain*, vol. 2, Cambridge : Cambridge University Press, 1913.

5) その他同時代刊行物

A list of the persons on whose lives the sum of 175,000l. was subscribed, pursuant to an Act of Parliament passed in the kingdom of Ireland, [Dublin], 1777.

Anon., *A dispassionate remonstrance of the nature and tendency of the laws now in force*, London, 1751.

——— *A letter to a modern dissenting Whig concerning the present juncture of affairs*, London, 1701.

——— *A letter to Robert Morris, Esq.*, London, 1771.

——— *A new guide to the public funds : or, Every man his own stock-broker*, London, [1825?].

——— *A new system of patriot policy*, 1757.

——— *A pocket companion for the purchasers of stock in any of the public funds*, London, [1790].

——— *A serious address to the proprietors of the publick funds*, London, 1744.

——— *A view of the present state of Ireland*, Dublin, 1780.

——— *An essay on the constitution of England, London*, 1765.

——— *An essay upon publick credit*, London, 1748.

——— *Considerations upon a proposal for lowering the interest of all the redeemable national debts to three per cent. per ann.*, London, 1737.

——— *Essays, I. On the public debt. II. On paper-money, banking, &c. III. On frugality*, London, 1755.

——— *Exchange-alley : or, the stock-jobber turn'd gentleman*, London, 1720.

——— *Party spirit in time of publick* [*sic*] *danger*, London, 1756.

——— *Reflections : moral and prudential, on the last will and testament of Gerard Van Neck, Esq. ; deceas'd in which his character is attempted*, London, 1750.

———[George Grenville?], *The present state of the nation*, London, 1768.

——— *The sentiments of a great man upon proposals for the general reduction of interest to three per cent.*, London, 1751.

Arbuthnot, John, *Of the laws of chance* (4th ed.), London, 1738.

Aristarchus, *The grand question debated : after the dialogistic manner of Lucian*, London, [1755?].

Arnold, Cornelius, *Commerce. A poem*. By Mr. Corns. Arnold., (2nd ed.), London, [1751].

Associated Society to raise a fund for erecting a coffee-house, *Copy of the deed or charter, entered into by the Associated society to raise a fund for erecting a coffee-house and other buildings*, Cork, 1794.

B—n, B., *A master-key to the rich ladies treasury. or, the widower and batchelor's directory*, London, 1742.

Bank of England, *A list of the names of all such proprietors of the Bank of England*, London : J. Humfreys, 1738.

Barnard, Sir J., *A defense of several proposals for raising of three millions for service of the government ; for the year 1746*, London, 1746.

Bayley, Rafael A., *National loans of the United States from July 4 1776. to June 30. 1880* (2nd ed.), Washington : Government printing office, 1882.

Bentham, Jeremy, *Circulating Annuities, &c.* [London], [1801].

Black, William, *An arithmetical and medical analysis of the diseases and mortality of the human species* (2nd ed.), London, 1789.

Blackstone, William, *Commentaries on the laws of England*, vol. 1, Oxford, 1765.

Boston Tontine Association, *The constitution of the Boston Tontine Association*, Boston, 1791.

Briscoe, John, *A discourse on the late funds of the Million Act*, London, 1694.

Bruce, John, *Considerations on the necessity of taxing the annuities granted by Parliament in the reigns of King William, and Queen Anne*, London, 1734.

Burdy, Samuel, *The history of Ireland from the earliest ages to the Union*, Edinburgh, 1817.

Campbell, John, *A political survey of Britain*, vol. 2, London, 1774.

Carey, George G., *Every man his own stock-broker* (2nd ed.), London, 1821.

Clarendon, R. V., *A sketch of the revenue and finances of Ireland and of the appropriated funds, loans and debt of the nation from their commencement*, London, 1791.

Clerke, George, *The dealers in stock's assistant* (2nd ed.), London, [1725?].

Compte rendu au roi, Paris, 1781.

Compton, Charles, *A treatise on tontine*, London, 1838.

Concanen, Matthew, *The speculatist. A collection of letters and essays, moral and political, serious and humorous*, London, 1730.

Condorcet, Jean-Antoine-Nicolas de Caritat, marquis de, *Esquisse d'un tableau historique des progrès l'esprit human : ouvrage posthume de Condorcet*, [1795?] (前川貞次郎訳『人間精神進歩の歴史』角川書店，1966 年).

Davenant, Charles, *New dialogues upon the present posture of affairs, the species of mony, national debts, publick revenues, Bank and East-India Company*, London, 1710.

Decker, Matthew, *An essay on the causes of the decline of the foreign trade*, London, 1744.

———, *An essay on the causes of the decline of the foreign trade*, Dublin, 1749.

———, *Serious considerations on the several high duties*, London, 1743.

Defoe, Daniel, *Essays upon several projects*, London, 1702.

———, *The anatomy of Exchange-Alley : or, a system of stock-jobbing. Proving that scandalous trade*, London, 1719.

———, *The free-holders plea against stock-jobbing elections of Parliament men* (2nd ed.), London, 1701.

———, *The villainy of stock-jobbers detected, and the causes of the late run upon the bank and bankers discovered and considered*, London, 1701.

———, *The free-holders plea against stock-jobbing elections of parliament men*, London, 1701.

Denholm, James, *An historical account and topographical description of the city of Glasgow and suburbs*, Glasgow, 1797.

Dublin Tontine Company, *Scheme of the Dublin Tontine Society for the benefit of survivors*, [Dublin?], [1790].

———, *Articles of agreement entered into by and between the subscribers to the Dublin Tontine Company*, Dublin, 1791.

Earle, William, *A new catalogue of the extensive and well-chosen collection of English books ; being part of Earle's original French, English, Spanish and Italian circulating library ; established upwards of 60 years in Frith-Street, Soho*, [London], [1799].

Eglinton, Alexander Montgomerie, *An inquiry into the original and consequences of the public debt*, Edinburgh, 1753.

Déon de Beaumont, Charles Geneviève Louis Auguste André Timothée, *Memoires pour servir a l'histoire générale des finances. Par M. Déon de Beaumont*, Londres [i.e. Paris], 1758.

Fairman, William, *The stocks examined and compared*, London, 1795.

Finlaison, John, *Life annuities*, London, 1829.

Fortune, Thomas, *An epitome of the stocks and publick funds*, London, 1796.

———, *Fortune's epitome of the stocks & public funds*, London, 1820.

Foundling Hospital, *A list of the present governors and guardians of the Hospital for the Maintenance and Education of Exposed and Deserted Young Children*, [London], [1740].

Friend to Ireland in the British Parliament, *Thoughts on a fund for the improvement of credit in Great Britain*, London, 1780.

Fry, Thomas, 'Private Tontines', in London Corresponding Society, *The moral and political magazine of the London Corresponding Society* 1, London, 1796, pp. 73–74.

———, 'On the INQUIRY of certain SCHEMES for TONTINES, which have been offered to the public by private persons', in London Corresponding Society, *The moral and political magazine of the London Corresponding Society* 1, 1796, p. 33.

Gentleman long resident in India, *Reflections on the present state of our East India affairs*, London, 1764.

Grattan, Henry, *Memoirs of the life and times of the Rt. Hon. Henry Grattan*, vol. 1, London, 1839.

Graunt, John, *Natural and political observation*, London, 1662.

Green's register, for the state of Connecticut : with an almanack, for the year of our Lord, 1795, New-London, [1794].

Grellier, John James, *The term of all the loans which have been raised for the public service during the last fifty years*, London, 1799.

Gurney, Joseph, *The trial of John Vestenburg : for forging a draught for 4500.1 upon the Governor and Company of the Bank of England, in the name of Sir Joshua Van Neck and Company ... on Tuesday the 5th day of May, 1772, ... Taken verbatim in short-hand by Joseph Gurney*, London, 1772.

Hales, Charles, *The bank mirror*, London, [1796].

Hamilton, Robert, *Inquiry concerning the rise and progress, the redemption and present state, and the management of the national debt of Great Britain and Ireland* (3rd ed.), Edinburgh, 1818.

Harverty, Martin, *The history of Ireland, ancient and modern*, Dublin, 1867.

Hendricks, Frederick, 'On the financial statistics of British government annuities (1808–1855) and the loss sustained by the government in granting annuities', *Journal of the Statistical Society of London* 19, 1856, pp. 325–384.

———, 'On the early history of tontines', *Journal of the Institute of Actuaries* 10, 1861–1863, pp. 205–240.

Hodgson, James, *The valuation of annuities upon lives*, London, 1747.

Kent, Henry, *The directory : containing an alphabetical list of the names and places of abode of the directors of companies persons in publick business*, London, 1736.

Kentish Tontine Society, *Government security. Rules, and articles of the Kentish Tontine*, Maidnstone, 1792.

Kimber, E. and R. Johnson, *The baronetage of England*, London, 1771.

List of subscribers to the Tontine Scheme in the City of Glasgow, [Glasgow], [1815].

London Hospital, *A list of the governors of the London Hospital*, [London], [1765?].
MacPherson, David, *Annales of commerce*, IV, 1803.
Marine Society, *A list of the subscribers to the Marine society, from June 1756, to December*, 1757.
Merchant of London, A letter from a merchant of the city of London, to the R—t H—ble W— P— Esq. (2nd ed.), London, 1757.
Minerva Universal Insurance, *The first three parts of the Minerva Universal Insurance! for fire, lives, annuities, and impartial tontine*, London, 1797.
Moivre, Abraham de, *Annuities on lives* (4th ed.), London, 1752.
———, *The doctrine of chances*, London, 1718.
———, *Annuities upon lives*, London, 1725.
Morgan, William, *Memoirs of the life of the Rev. Richard Price*, London, 1815.
———, *The doctrine of annuities and assurances on lives and survivorships*, London, 1779.
Morris, Gael, *Tables for renewing and purchasing of leases. As also for renewing and purchasing of lives*, London, 1735.
Mortimer, Thomas, *Dictionary of trade and commerce*, London, 1766.
———, *Every man his own broker*, 1760-1809.
———, *The elements of commerce, politics and finances*, London, [1772].
———, *The remarkable case of Thomas Mortimer, Esq ; late His Majesty's Vice-Consul for the Austrian Netherlands : addressed without permission* (2nd ed.), London, 1770.
Necker, Jacques, *A treatise on the administration of the finances of France*, London, 1785.
———, *De l'administration des finances de la France*, Paris, 1784.
New British Tontine, *Government security. Oct. 1, 1792. The new British tontine*, [Bristol?], 1792.
———, *Rules and articles of the New British Tontine*, Bristol, 1792.
Paterson and Eve, *A catalogue of an elegant library of rare and valuable books, chiefly English, most of which relate to natural history, antiquities, and the polite arts*, [London], [1768].
Paul, George Onesiphorus, Sir, *A second address on the subject of a reform of prisons*, [Gloucester?], [1783?].
Peel, Robert, Sir, *The national debt productive of national prosperity*, Warrington, 1787. *transactions of The Royal Society of London*, 1693, pp. 17-198, 654-656.
Petty, William, *An essay concerning the multiplication of mankind* (2nd ed.), London, 1686.
———, Sir, *Observations upon the Dublin-bills of mortality*, 1683.
Pinto, Isaac de., *An essay on circulation and credit, in four parts ; and a letter on the jealousy of commerce*, London, 1774.
———, *Traité de la circulation et du crédit : contenant une analyse raisonnée des fonds d'Angleterre*, Amsterdam : Chez Marc Michel Rey, 1771.
Plowden, Francis Peter, *An historical review of the state of Ireland*, vol. 2, London, 1805.
Postlethwaye, Malachy, *The universal dictionary of trade and commerce* (4th ed.), 1774.
———, *The merchant's public counting-house : or, new mercantile institution : wherein is shewn, the necessity of young merchants being bred to trade*, London, [1750].

———, *A dissertation on the plan, use, and importance, of the Universal dictionary of trade and commerce*, London, 1749.

———, *Great-Britain's true system*, London, 1757.

———, *The Universal Dictionary of Trade and Commerce* (1st ed.), London, 1751.

Price, Richard, *An appeal to the public, on the subject of the national debt*, London, 1772.

———, *Observations on reversionary payments*, London, 1771.

———, *Observations on the expectations of lives*, London, 1769.

Pultney, William, *Reflections on the domestic policy*, London, 1761.

Purser, William, *Compound interest and annuities*, London, 1634.

Right Worshipful Lodge of Free and Accepted Masons, *Proposals for raising 5,000l. for the use of the Society of Free and Accepted Masons, for the purpose of building a hall, &c. by way of tontine*, [London?], [1775].

Rochester, Chatham, Brompton and Strood Tontine Association, *Articles, rules and orders, to be observed by the Rochester, Chatham, Brompton and Strood, Tontine Association*, [Rochester?], 1791.

Royal Universal Tontine Society, *Rules and orders*, Bristol, 1791.

Sinclair, John, Sir, *Proposals for establishing by subscription, a joint stock tontine company*, London, 1799.

———, *The history of the public revenue of the British Empire* (3rd ed.), vol. 3, 1804.

Society for the Encouragement of Arts, Manufactures, and Commerce, *A list of the Society for the encouragement of arts, Manufactures and Commerce. March the 21st. 1759*, [London], [1759].

———, *A list of the Society for the encouragement of arts, manufactures and commerce*, June 5, 1760, [London], [1760].

South Sea Company, *A List of the names of the corporation of the governor and Company of merchants of Great Britain, trading to the South Seas*, London, 1747.

St. George's Hospital, *An account of the proceedings of the governors of St. George's hospital near Hyde-Park-Corner, from its first institution, October the nineteenth 1733*, [London], [1744].

St. Thomas's Hospital, *A list of the governors of St. Thomas's Hospital in Southwark*, 1736. [London], [1736].

Stewart, Robert, *Popular history of Ireland from the earliest period to the present time*, London, 1851.

Swift, Jonathan (ed. Herbert Davis), *The history of the four last years of the Queen*, Oxford : Basil Blackwell, 1964.

———, *The conduct of the allies, and of the late ministry, in beginning and carrying on the present war* (3rd ed.), London, 1711.

Tables for renewing & purchasing of the leases of Cathedral-churches and colleges, Cambridge, 1686.

Tontine Coffee-House, *The constitution and nominations of the subscribers to the Tontine coffee-*

house, New York, 1796.
Universal British Tontine Society, *Laws, rules, and orders*, London, 1791.
Veteran Scheme, *A list of the subscribers to the Veteran Scheme. began at Sir Joseph and Sir Thomas Hankey's, And James Colebrook's, Esq*, London, [1748].
Washington Tontine, *As many of the stockholders have expressed a wish to obtain a complete list of the names of those, on whose lives shares in this company*, [Washington], [1806?].
Whitworth, Sir Charles (ed.), *The political and commercial works of Charles D'Avenant*, London, 1771.
Wilkes, John, *The life and political writings of John Wilkes*, Birmingham, 1769.
Wilkie, David, *Theory of interest, simple and compoun*, Edinburgh, 1794.
Wills, James, *Lives or Illustration and Distinguished Irishmen*, Dublin, 1846.
Wilson, C. H., *A compleat collection of the resolutions of the volunteers, grand juries, &c of Ireland*, Dublin, 1782.
Yorkshire Tontine, *Copy of the deed of covenants, from the trustees, directors*, York, 1790.
Young, Arthur, *A tour in Ireland : with general observations on the present state of that kingdom. Made in the years 1776, 1777, and 1778*, vol. 2, Dublin, 1780.

2 研究文献

1) 欧文文献

Acres, W. M., 'Directors of the Bank of England', *Note and Query* 179(3-6), 1940.
Agnew, David Carnegie Andre, *Protestant exiles from France* (3rd ed.), Edinburgh : Turnbull & Spears, 1886.
Albert, William, *The turnpike road system in England, 1663-1840*, Cambridge : Cambridge University Press, 1972.
Anderson, B. L., 'Provincial aspects of the financial revolution of the eighteenth century', in Davenport-Hines, Richard Peter Treadwell (ed.), *Capital, entrepreneurs and profits*, London : Hambleton Press, 1990, pp. 10-21.
Andrew, Donna, 'Aldermen and big bourgeoisie of London reconsidered', *Social History* 6(3), 1979, pp. 359-364.
Aoki, Yasushi, 'To be a member of the leading gentry : the Suffolk voluntary subscriptions of 1782', *Historical Research* 76(191), 2003, pp. 78-92.
Atack, Jeremy (ed.), *The origin and development of financial markets and institutions : from the seventeenth century to the present*, Cambridge : Cambridge University Press, 2009.
Baker, John Hamilton, *An introduction to English legal history* (3rd ed.), London : Butterworths, 1990.
Barle, Adolphe A. Jr. and Gardiner C. Means, *The modern corporation and private property*, New York : Macmillan, 1932 (北島忠男訳『近代株式会社と私有財産』分雅堂銀行研究社,

1957 年。森杲訳『現代株式会社と私有財産』北海道大学出版会，2014 年).
Bateman, J., *Great landowners of Great Britain and Ireland* (4th ed.), London, 1883.
Baugh, Daniel A., 'Great Britain's 'Blue Water' policy, 1689-1815', *International History Review* 10, 1988, pp. 33-58.
———, 'Maritime Strength and Atlantic Commerce : The uses of 'a grand marine empire' in Lawrence Stone (ed.), *An imperial state at war : Britain from 1689 to 1815*, London : Routledge, 1994.
Beaven, Alfred, *The aldermen of City of London, temp. Henry VM to 1908*, 2vols., London : Eden Fisher, 1908-12.
Binney, J. E. D., *British public finance and administration*, 1774-92, Oxford : Clarendon, 1958.
Borsay, Peter, *The English urban renaissance*, Oxford : Oxford University Press, 1989.
Bosher, J. F., 'Huguenot Merchants and the Protestant International in the Seventeenth Century', *The William and Mary Quarterly* (3rd ser.) 52(1), 1995, pp. 77-102.
Bowen, H. V., *The business of empire : the East India Company and imperial Britain, 1756-1833*, Cambridge : Cambridge University Press, 2006.
———, 'Investment and empire in the later eighteenth century : East India Stockholding, 1756-91', *Economic History Review*, 2nd ser., 42(2), 1989, pp. 186-206.
———, 'The Bank of England during the long eighteenth century, 1694-1820', Roberts, Richard and David Kynaston (eds.), *The Bank of England : money, power and influence 1694-1994*, Oxford : Clarendon Press, 1995, pp. 1-18 (浜田康行・宮島茂紀・小平良一訳『イングランド銀行の 300 年——マネー・パワー・影響』東洋経済新報社，1996 年).
———, '"The pests of human society" : stockbrokers, jobbers and speculators in mid eighteenth-century Britain', *History* 78, 1993, pp. 38-53.
Brewer, John, *Party ideology and popular politics at the accession of George III*, Cambridge : Cambridge University Press, 1976.
———, *The sinews of power : war, money and the English state, 1688-1783*, London : Unwin Hyman, 1989 (大久保桂子訳『財政＝軍事国家の衝撃——戦争・カネ・イギリス国家 1688-1783』名古屋大学出版会，2003 年).
———, 'English radicalism in the age of George III', in John Greville Agard Pocock (ed.), *Three British revolutions : 1641, 1688, 1776*, Princeton : Princeton University Press, 1980, pp. 323-367.
Bridges, Glenys and Sandra Thomas, *A tontine, a theatre and its thespians*, *Gower Journal of the Gower Society* 45, 1994, pp. 38-39.
Browing, Reed, 'The duke of Newcastle and the financial management of the Seven Years' War in Germany', *Journal of the Society for Army Historical Research* 49, 1971, pp. 20-35.
Brown, Peter Douglas and Karl W. Schweizer, *The Devonshire diary : William Cavendish, fourth duke of Devonshire : memoranda on state of affairs 1759-1762*, London : Royal Historical Society, 1982.
Browning, R., 'The duke of Newcastle and the financing of the Seven Years' War', *Journal of*

Economic History 31, 1971, pp. 344–377.

Caffentzis, Constantine George, 'The failure of Berkeley's bank : money and libertinism in eighteenth-century Ireland', in Daniel Carey and Christopher J. Finlay (ed.), *The empire of credit : the financial revolution in the British Atlantic world, 1688–1815*, Dublin : Irish Academic Press, 2011, pp. 229–248.

Cardoso, José Luís and António de Vasconcelos Nogueira, 'Isaac de Pinto (1717–1787) : An enlightened economist and financier', *History of Political Economy* 37(2), 2005, pp. 263–292.

Carey, Daniel, 'An empire of credits ; English, Scottish, Irish and American contexts', in Daniel Carey, and Christopher J. Finlay (ed.), *The empire of credit : the financial revolution in the British Atlantic world, 1688–1815*, Dublin : Irish Academic Press, 2011, pp. 1–22.

Carey, Daniel and Christopher J. Finlay (ed.), *The empire of credit : the financial revolution in the British Atlantic world, 1688–1815*, Dublin : Irish Academic Press, 2011.

Carlos, Ann M. and Larry Neal, 'Amsterdam and London as financial centers in the eighteenth century', *Financial History Review* 18(1), 2011, pp. 21–46.

———, 'The micro-foundations of the early London capital market : Bank of England shareholders during and after the South Sea Bubble, 1720–25', *Economic History Review* 59(3), 2006, pp. 498–538.

———, 'Women investors in early capital markets, 1720–1725', *Financial History Review* 11(2), 2004, pp. 197–224.

———, 'The micro-foundations of the early London capital market : Bank of England shareholders during and after the South Sea Bubble, 1720–25', *Economic History Review* 59(3), 2006, pp. 498–538.

Carlos, Ann M., Karen Maguire and Larry Neal, '"A knavish people..." : London Jewry and the stock market during the South Sea Bubble', *Business History* 50(6), 2008, pp. 728–748.

———, 'Women in the city : financial acumen during the South Sea Bubble', in Anne Laurence, Josephine Maltby and Janette Rutterford (ed.), *Women and their money, 1700–1950 : essays on women and finance*, Routledge International Studies in Business History, 15, London : Routledge, 2009, pp. 33–45.

———, 'Financial acumen, women speculators, and the Royal African Company during the South Sea bubble', *Accounting, Business & Financial History* 16(2), 2006, pp. 219–243.

Carruthers, Bruce C., *City of capital : politics and markets in the English financial revolution*, Princeton and Chichester : Princeton University Press, 1996.

Carter, Alice Claire, *Getting, spending and investing in early modern times : essays on Dutch, English and Huguenot economic history*, Assen : Van Gorcum, 1975.

Chalklin, Christopher William, *English counties and public building, 1650–1830*, London : Hambledon, 1998.

Clapham, John Harold, Sir, *The Bank of England. A history, vol. 1 : 1694–1797*, Cambridge : Cambridge University Press, 1944（英国金融史研究会訳『イングランド銀行——その歴史』ダイヤモンド社，1970 年）.

Clark, Jonathan Charles Douglas, *The dynamics of change : the crisis of the 1750s and English party systems*, Cambridge : Cambridge University Press, 1982.

Colley, Linda, *Britons : forging the nation, 1707-1837*, New Haven : Yale University Press, 1992 (川北稔監訳『イギリス国民の誕生』名古屋大学出版会, 2001 年).

———, 'Eighteenth-century English radicalism before Wilkes', *Transactions of the Royal Historical Society* (5th ser.) 31, 1981, pp. 1-19.

Combs, Mary Beth, 'The Price of Independence : How the 1870 married women's property act altered the Investment risks faced by lower middle class British women', *Journal of Economics* 30(2), 2004, pp. 1-26.

———, 'Wives and household wealth : the impact of the 1870 British married women's property act on wealth-holding and share of household resources', *Continuity and Change* 19(1), 2004, pp. 141-163.

———, '"A measure of legal Independence" : The 1870 married women's property act and the portfolio allocations of British wives', *Journal of Economic History* 65(4), 2005, pp. 1028-1057.

Cooper, R. W., *An historical analysis of the tontine principle*, Philadelphia : University of Pennsylvania, 1972.

———, *An historical analysis of the tontine principle*, Philadelphia : S. S. Huebner Foundation for insurance education, Wharton School, University of Pennsylvania, 1972.

Cope, S. R., 'The stock exchange revisited : a new look at the market in securities in London in the 18th century', *Economica* 45, 1978, pp. 1-21.

Crafts, Nicholas F. R., *British economic growth during the Industrial Revolution*, Oxford : Oxford University Press, 1985.

Cranfield, G. A., 'The "London Evening-Post" and the Jew Bill of 1753, *Historical Journal* 8, 1965, pp. 16-30.

Crouzet, F. M., 'The Huguenots and the English financial revolution', in Patrice Higonnet and David Saul Landes and Henry Rosovsky (eds.), *Favorites of fortune : technology, growth and economic development since the industrial revolution*, Cambridge, Mass. : Harvard University Press, 1991, pp. 221-266.

Cullen, L. M., 'History, economic crises, and revolution : understanding eighteenth-century France', *Economic History Review* 64(3), 1993, pp. 635-657.

Cunningham William, *Alien immigrants to England* (2nd ed.), London : Cass, 1969.

Danley, Mark H and Patrick J. Speelman (eds.), *The Seven Years' War : global views*, Leiden : Brill, 2012.

Daston, Lorraine, *Classical probability in the Enlightenment*, Princeton : Princeton University Press, 1988.

Daunton, Martin J., *Trusting Leviathan : the politics of taxation in Britain, 1799–1914*, Cambridge : Cambridge University Press, 2001.

Davis, Lance and Larry Neal, 'Micro rules and macro outcomes : the impact of micro structure of

the efficiency of security exchanges, London, New York and Paris 1800-1914', *American Economic Review* 88(2), 1998, pp. 40-45.

Davis, Ralph, *The industrial revolution and British overseas trade*, Leicester : Leicester University Press ; Humanities Press, 1979.

Dean, Philis and William Alan Cole, *British economic growth, 1688-1959 : trends and structure*, Cambridge : Cambridge University Press, 1962.

Dickinson, Harry Thomas, *Walpole and the Whig supremacy*, London : English Universities Press, 1973.

Dickson, Peter George Mui, *The financial revolution in England : a study in the development of public credit, 1688-1756*, London : Macmillan, 1967.

Dikinson, H. T., *Liberty and property : political ideology in eighteenth − century Britain*, New York : Holmes and Meier, 1977（田中秀夫監訳／中澤信彦他訳『自由と所有——英国の自由な国制はいかにして創出されたか』ナカニシヤ出版，2006 年）.

Donnan, Elizabeth, 'Eighteenth century English merchants. Micajah Perry', *Journal of Economic & Business* 4, 1932, pp. 70-98.

Doolittle, Ian Geoffrey, *The City of London and its Livery Companies*, Dorchester : Gavin Press, 1982.

Doolittle, Ian, 'Walpole's City Elections Act, 1725', *English Historical Review* 97, 1982, pp. 504-529.

Du Bois, Armand Budington, *The English business company after the Bubble act, 1720-1800*, London : The Commonwealth fund ; H. Milford, Oxford University Press, 1938.

Eldon, Carl William, *England's subsidy policy towards the continent during the Seven Years' War*, Philadelphia : Printed by Times and News Pubishing Co., 1938.

Gaucci, Perry, *William Beckford : first prime minister of the London empire*, New Haven ; London : Yale University Press, 2013.

———, *Emporium of the world : the merchants of London, 1660-1800*, London : Continuum, 2007.

Hancock, David, *Citizens of the world : London merchants and the integration of the British atlantic community, 1735-1785*, Cambridge : Cambridge University Press, 1995.

Gautier, C., 'Un investissement genevois : la tontine d'Irlande de 1777', *Bulletin de la Société d'histoire et d'archéologie de Genève* 10(1), 1952 for 1951, pp. 53-67.

Gelderblom, Oscar and Joost Jonker, 'Public finance and economic growth : the case of Holland in the seventeenth century', *Journal of Economic History* 71(1), 2011, pp. 1-39.

Glass, David Victor, *Numbering the people : the 18th century population controversy and the development of census and vital statistics in Britain*, London : Glass Gregg, 1973.

Grassby, Richard, *Kinship and capitalism : marriage, family, and business in the English speaking world, 1580-1720*, Cambridge : Cambridge University Press, 2001.

Green, David R. and Alastair Owens, 'Gentlewomanly capitalism? Spinsters, widows, and wealth holding in England and Wales, c.1800-1860', *Economic History Review* 56(3), 2003, pp. 510-

536.

Hancock, David, *Citizens of the World : London Merchant and the integration of the British Atlantic Community, 1735–1785*, Cambridge : Cambridge University Press, 1995.

Hargreves, Eric Lyde, *The national debt*, 1930（一ノ瀬篤・斎藤忠雄・西野宗雄訳『イギリス国債史』新評論，1987 年）.

Harris, Bob, '"American idols" : empire, war and the middling ranks in mid-eighteenth-century Britain', *Past & Present* 150, 1996, pp. 111–141.

———, 'Patriotic commerce and national revival : the Free British Fishery Society and British politics, c.1749–58', *English Historical Review* 114(456), 1999, pp. 285–313.

Harris, Ron, *Industrializing English law : entrepreneurship and business organization, 1720–1844*, Cambridge : Cambridge University Press, 2000（川分圭子訳『近代イギリスと会社法の発展——産業革命期の株式会社 1720–1844 年』南窓社，2013 年）.

Hart, Marjolein' t. '"The devil or the Dutch" : Holland's impact on the financial revolution in England, 1643–1694', *Parliaments, Estates & Representation* 11(1), 1991, pp. 39–52.

Henderson, Alfred James, *London and the national government, 1721–42 : a study of City politics and the Walpole administration*, Durham : Duke University Press, 1945.

Hermann, Robin, 'Money and Empire : The Failure of the Royal African Company', in Daniel Carey and Christopher J. Finlay (ed.), *The empire of credit : the financial revolution in the British Atlantic world, 1688–1815*, Dublin : Irish Academic Press, 2011, pp. 97–120.

Hill, Jacqueline R., 'The shaping of Dublin government in the long eighteenth century', in Peter Clark and Raymond Gillespie (ed.), *Two capitals : London and Dublin 1500–1840*, Oxford and London : Oxford University Press for the British Academy, 2001.

Hilt, Eric and Jacueline Valentine, 'Democratic dividends : stockholding, wealth, and politics in New York, 1791–1826', *Journal of Economic History* 72(2), 2012, pp. 332–363.

Hoppit, Julian, 'Compulsion, Compensation and Property Rights in Britain, 1688–1833', *Past & Present* 210, 2011, pp. 93–128.

Israel, Jonathan Irvine, *European jewry in the age of mercantilism, 1550–1750* (3rd ed.), London : Vallentine Mitchell, 1998.

Jennings, R. M. and A. P. Trout *The Tontine : From the Reign of Louis XIV to the French Revolutionary Era*, Philadelphia : University of Pennsylvania, 1982.

———, 'The Irish Tontine (1777) and Fifty Genevans : An Essay on Comparative Mortality', *Journal of European Economic History* 12, 1983, pp. 611–618.

Jones, Gareth Stedman, *An end to poverty? : a historical debate*, London : Profile, 2004.

Joslin, David Maelgwyn, 'London private bankers, 1720–85', *Economic History Review* 7(2), 1954–55, pp. 175–186.

Judd, Gerrit Parmele, *Members of Parliament 1734–1832*, New Haven : Yale University Press, 1955.

Katsuta, Shunsuke, 'German protestant immigration of 1709 : an aspect of the transition from an Ireland of immigration to an Ireland of parliament', K. Kondo (ed.), *State and empire in*

British history : proceedings of the fourth Anglo-Japanese conference of historians, 10–12 Sep. 2003, Tokyo, 2003.

Keynes, John Maynard, *A tract on monetary reform*, London : Macmillan, 1923（「貨幣改革論」宮崎義一・中垣常夫訳『貨幣改革論・若き日の信条』中央公論新社，2005 年）.

Land, M. J., 'Kitty Villareal, the Da Costas and Samson Gideon', *Transactions, Jewish Historical Society of England* 14, 1936 for 1932–5, pp. 271–291.

Langford, Paul, *A polite and commercial people : England, 1727–1783*, Oxford : Oxford University Press, 1989.

———, *Public life and the propertied Englishmen*, Oxford : Oxford University Press, 1991.

———, *The excise crisis : society and politics in the age of Walpole*, Oxford : Clarendon Press, 1975.

———, 'William Pitt and public opinion, 1757', *English Historical Review* 88, 1973, pp. 54–80.

Lart, C. E., *Huguenot pedigrees*, London : Guimaraens & Co., 1928.

Lindemboom, L., *Austin Friars : history of the Dutch Reformed Church in London 1550–1950*, The Hague : Martinus Nijohoff, 1950.

Lüthy, Herbert, *La banque protestante en France : de la révocation de l'Édit de Nantes à la Révolution*, Paris : S. E. V. P. E. N., 1959.

McGrath, Charles Ivar, 'The Irish Experience of "Financial Revolution, 1660–1760"', in Charles Ivar McGrath and Christopher J. Fauske, *Money, power, and print : interdisciplinary studies on the financial revolution in the British Isles*, Newark : University of Delaware Press, 2008, pp. 157–188.

McGrath, Charles Ivar, 'The public wealth is the sinew, the life, of every public measure' : the creation of a national debt in Ireland, 1716–45', in Daniel Carey and Christopher J. Finlay (ed.), *The empire of credit : the financial revolution in the British Atlantic world, 1688–1815*, Dublin : Irish Academic Press, 2011, pp. 171–208.

McGrath, Charles Ivar and Christopher J. Fauske, *Money, power, and print : interdisciplinary studies on the financial revolution in the British Isles*, Newark : University of Delaware Press, 2008.

Middleton, Richard, 'The Duke of Newcastle and the conduct of patronage during the Seven Years' War, 1757–1762', *British Journal for Eighteenth-Century* 12(2), 1989, pp. 175–186.

Mirowski, P., 'The rise (and retreat) of a market : English joint stock shares in the eighteenth century', *Journal of Economic History* 41, 1981, pp. 559–577.

Mitchell, Brian R., *British historical statistics*, Cambridge : Cambridge University Press, 1988（犬井正翻訳監修／中村壽男訳『イギリス歴史統計』原書房，1995 年）.

Mmiddleton, R., *The bells of victory : the Pitt- Newcastle ministry and the conduct of the Seven Years' War, 1757–1762*, Cambridge : Cambridge University Press, 1985.

Moore, Sean D., *Swift, the book, and the Irish financial revolution : satire and sovereignty in Colonial Ireland*, Baltimore : Johns Hopkins University Press, 2010.

Moriarty, T. F., 'The Irish absentee tax controversy of 1773 : a study in Anglo-Irish politics on the

eve of the American revolution', *Proceedings of the American Philosophical Society* 118(4), 1974, pp. 370–408.

Morris, Robert John, 'Men, women and property : the reform of the Married women's property Act, 1870', in Francis Michael Longstreth Thompson (ed.), *Landowners, capitalists and entrepreneurs : essays for Sir John Habakkuk*, Oxford : Oxford University Press, 1994, pp. 171–191.

Mueller, Reinhold C., *Money and banking in medieval and Renaissance Venice, vol. 2 : The Venetian money market : banks, panics, and the public debt, 1200–1500*, Baltimore : Johns Hopkins University Press, 1997.

Murphy, Anne L., *The origins of English financial markets : investment and speculation before the South Sea Bubble*, Cambridge : Cambridge University Press, 2009.

———, 'Demanding 'credible commitment' : public reactions to the failures of the early financial revolution', *Economic History Review* 66(1), 2013, pp. 178–197.

———, 'Learning the business of banking : The management of the Bank of England's first tellers', *Business History* 52(1), 2010, pp. 150–168.

———, 'Trading options before Black-Scholes : a study of the market in late seventeenth-century London,' *Economic History Review* 62(1), 2009, pp. 8–30.

Namier, Lewis Bernstein, Sir, *The structure of politics at the accession of George III* (2nd ed.), London : Macmillan, 1973.

———, 'Sir, Brice Fisher, M. P. : A Mid-Eighteenth Century Merchant his Connections', *English Historical Review* 42, 1927, pp. 514–532.

Neal, Larry, 'The evolution of the structure and performance of the London Stock Exchange in the first global financial market, 1812–1914', *European Review of Economic History* 10(3), 2006, pp. 279–300.

———, *The rise of financial capitalism : international capital markets in the age of reason*, Cambridge : Cambridge University Press, 1990.

———, 'A tale of two revolutions : international capital flows, 1789–1819', *Bulletin of Economic Research*, 43(1), 1991, pp. 57–92.

———, 'Markets and institutions in the rise of London as a financial center in the seventeenth century', in Stanley Lewis Engerman and others (ed.), *Finance, intermediaries, and economic development*, Cambridge : Cambridge University Press, 2003, pp. 11–33.

———, 'The Dutch and English East India companies compared : evidence from the stock and foreign exchange markets', in J. D. Tracy (ed.), *The rise of merchant empires : long-distance trade in the early modern world, 1350–1750*, Cambridge, 1990, pp. 195–223.

———, 'The monetary, financial and political architecture of Europe, 1648–1815', in Leandro Prados de la Escosura (ed.), *Exceptionalism and industrialisation : Britain and its European rivals, 1688–1815*, Cambridge & New York : Cambridge University Press, 2004, pp. 173–190.

———, 'The money Pitt : Lord Londonderry and the South Sea Bubble, or, how to manage risk in an emerging market', *Enterprise and Society* 1, 2000, pp. 659–674

———, *"I am not master of events"*：the speculation of John Law and Lord Londonderry in the Mississippi and South Sea bubbles, New Haven/London：Yale University Press, 2012.

Neal, Larry and Stephen Quinn, 'Networks of information, markets, and institutions in the rise of London as a financial centre, 1660–1720', *Financial History Review* 8(1), 2001, pp. 7–26.

North, Duglass C. and Barry R. Weingast, 'Constitutions and commitment：the evolution of institutions governing public choice in seventeenth-century England', *Journal of Economic History* 49 (4), 1989, pp. 803–832.

Opper, Stefan E., 'The interest rate effect of Dutch money in eighteenth-century Britain', *Journal of Economic History* 53, 1993, pp. 25–43.

Ormrod, David, *The Dutch in London*, London：Her Majesty's Stationery Office, 1973.

———, 'The Atlantic economy and the "Protestant capitalist international", 1651–1775', *Historical Research* 66, 1993, pp. 197–208.

O'Donnell, Terence, *History of life insurance in its formative Years. compiled from approved sources by T. O'Donnell*, Chicago：American Conservation Co., 1936.

Perry, T. W., *Public opinion, propaganda, and politics in eighteenth century England：a study of the Jew Bill of 1753*, Cambridge：Harvard University Press, 1962.

Peters, Marie, *Pitt and popularity：the patriot minister and London opinion during the Seven Years' War*, Oxford：Clarendon Press, 1980.

Pezzolo, Luciano, 'Bonds and government debt in Italian city-states, 1250–1650', in William N. Goetzmann and K. Geert Rouwenhorst (ed.), *The origins of value：the financial innovations that created modern capital markets*, Oxford & New York：Oxford University Press, 2005, pp. 145–163.

Plumb, John Harold, Sir, *The Growth of Political Stability in England, 1675–1725*, London：MacMillan, 1967.

Poacock, J. G. A., *The Machiavellian moment：Florentine political thought and the Atlantic republican tradition*, Princeton University Press, 1975, 2nd ed., 2003（田中秀夫・奥田敬・森岡邦泰訳『マキァヴェリアン・モーメント——フィレンツェの政治思想と大西洋圏の共和主義の伝統』名古屋大学出版会，2008 年）.

Poitras, Geoffrey, *The early history of financial economics, 1478–1776：from commercial arithmetic to life annuities and joint stocks*, Northampton：Edward Elgar, 2000, pp. 143–221.

Pressnell, Leslie, *Country banking in the industrial revolution*, Oxford：Clarendon Press, 1956.

Price, Jacob M., *Perry of London：a family and a firm on the seaborne frontier, 1615–1753*, Cambridge：Harvard University Press, 1992.

Price, Jacob Myron, *France and the Chesapeake：a history of the French tobacco monopoly, 1674–1791, and of its relationship to the British and American tobacco trades*, Ann Arbor：University of Michigan Press, 1973.

Rabin, Dana Y., 'The Jew Bill of 1753：masculinity, virility, and the nation, *Eighteenth-Century Studies* 39(2), 2006, pp. 157–171.

Riley, James Clifford, *International government finance and the Amsterdam capital market, 1740–*

1815, Cambridge : Cambridge University Press, 1980.

Rogers, Nicholas, *Crowds, culture, and politics in Georgian Britain*, Oxford : Clarendon Press, 1998.

———, *Whigs and cities : popular politics in the age of Walpole and Pitt*, Oxford : Clarendon Press, 1989.

———, 'Money, land and lineage : the big bourgeoisie of Hanoverian London', *Social History* 4 (3), 1979, pp. 437–454.

Roseveare, Henry, *The financial revolution, 1660–1760*, London : Longman, 1991.

Rudé, George F. E., *Hanoverian London, 1714–1808*, London : Secker, 1971.

Sainsubury, John, 'John Wilkes, debt, and patriotism', *Journal of British Studies* 34(2), 1995, pp. 165–195.

Sandoval-Straus, A. K., 'Why the hotel? : liberal visions, marechant capital, puplic sphere, and the creation of an Americak Institution', *Business and Economic History* 28(2), 1999, pp. 256–257.

Schwizer, Karl W. and John L. Bullion, The vote of credit controversy, 1762, *British Journal for Eighteenth-Century Studies* 15, 1992, pp. 175–188.

Scouloudi, I. (ed.), *Huguenots in Britain and their french background, 1550–1800. Contributions to the historical conference of the Huguenot Society of London. September 24–25, 1985, London*, London : Macmillan, 1987.

Shanley, Mary Lyndon, *Feminism, marriage, and the law in Victorian England*, Princeton : Princeton University Press, 1989.

Stasavage, David, *Public debt and the birth of the democratic state : France and Great Britain, 1688–1789*, Cambridge : Cambridge University Press, 2003.

———, 'Partisan politics and public debt : The importance of the "Whig Supremacy" for Britain's financial revolution', *European Review of Economic History* 11(1), 2007, pp. 123–153.

Staves, Susan, *Married women's separate property in England, 1660–1883*, Cambridge (MA) : Harvard University Press, 1990.

Sutherland, Lucy Stuart, Dame (ed. A. Newman), *Politics and Finance in the eighteenth century*, London : Hambledon Press, 1984.

Swift, Jonathan (ed. Herbert Davis), *The history of the four last years of the Queen*, Oxford : Basil Blackwell, 1964.

Tailor, Miles, 'John Bull and the iconography of public opinion in England c.1712–1929', *Past & Present* 134, 1992, pp. 93–128.

Targett, Simon, 'Government and ideology during the age of Whig supremacy : the political argument of Sir Robert Walpole's newspaper propagandists', *Historical Journal* 37, 1994, pp. 289–317.

Temin, Peter and Hans-Joachim Voth, *Prometheus shackled : goldsmith banks and England's financial revolution after 1700*, New York ; Oxford : Oxford University Press, 2013.

The Oxford Dictionary of National Biography.

Van Bochove, Christiaan, 'Configuring financial markets in preindustrial Europe', *Economic History Review* 73(1), 2013.

Van Winter, J., *American finance and Dutch investment, 1780–1805 : with an epilogue to 1840*, New York, Arno Press, 1977.

Vigne, Randolph and Charles Littleton, *From strangers to citizens : the integration of immigrant communities in Britain, Ireland and colonial America, 1550–1750*, Brighton : Sussex Academic Press, 2001.

de Vries, Jan and van der Woude, Ad, *The first world economy : success, failure, and perservance of the Dutch economy, 1500–1815*, Cambridge : Cambridge University Press, 1977（大西吉之・杉浦未樹訳『最初の近代経済——オランダ経済の成功・失敗と持続力 1500～1815』名古屋大学出版会，2009 年）.

Walsh, Patrick A., 'The fiscal state in Ireland, 1691–1769', *Historical Journal* 56(3), 2013, pp. 629–656.

Ward, J. R., *The finance of canal building in 18th century England*, Oxford : Oxford University Press, 1974.

Webb, Sidney and Beatrice, *English local government : statutory authorities for special purposes*, London : Longman, 1922.

———, *English local government from the revolution to the Municipal Corporations Act : the manor and the borough*, Part Two, London : Longmans, Green, 1924.

Weir, Robert Ward, 'Tontines, public finance and revolution in France and England, 1688–1789', *Journal of Economic History* 49, 1989, pp. 95–124.

Wennerlind, Carl, *Casualties of credit : the English financial revolution, 1620–1720*, Cambridge (MA) ; London : Harvard University Press, 2011.

Whiffen, Marcus and Frederick Koeper, *American architecture*, vol. 1 : 1607–1860, Cambridge (MA) : MIT Press, 1983.

Williams, Arthur Frederic Basil, *The whig supremacy, 1714–60* (2nd ed. rev. C. H. Stuart), Oxford : Clarendon, 1962.

Wilson, Charles Henry, *Anglo-Dutch commerce and finance in the eighteenth century*, Cambridge : Cambridge University Press, 1941.

———, 'Anglo-Dutch establishment in eighteenth Century', in Charles Henry Wilson et al., *The Anglo-Dutch contribution to the civilization of early modern society*, London : Oxford University Press for the British Academy, 1976, pp. 22–27.

Wilson, Kathleen, *The sense of the people : politics, culture and imperialism in England, 1715–1785*, Cambridge : Cambridge University Press, 1995.

———, 'Citizenship, empire, and modernity in the English provinces, c.1720–1790', *Eighteenth-Century Studies* 29, 1995, pp. 69–96.

———, 'Empire of virtue : the imperial project and Hanoverian culture, c.1720–1785', in Lawrence Stone (ed.), *An imperial state at war : Britain from 1689 to 1815*, London : Routledge, 1993, pp. 128–64.

———, ‘Empire, trade and popular politics in mid-Hanoverian Britain : the case of admiral Vernon’, *Past & Present* 121, 1988, pp. 74–109.

Woodland, Patrick, ‘The House of Lords, the City of London and political controversy in the mid-1760s : the opposition to the cider excise’, *Parliamentary History* 11, 1992, pp. 57–87.

Woolf, Maurice, Joseph Salvador, 1716–86, *Transactions, Jewish Historical Society of England* 21, 1968, pp. 104–37.

Wright, J. F., ‘British government borrowing in wartime, 1750–1815’, *Economic History Review*, 2nd ser., 52, 1999, pp. 355–361.

———, ‘The contribution of overseas savings to the funded national debt of Great Britain, 1750–1815’, *Economic History Review*, 2nd ser., 50, 1997, pp. 657–674.

Yamamoto, Koji, ‘Piety, profit and public service in the financial revolution’, *English Historical Review* 126(521), 2011, pp. 806–834.

2）日本語文献

青木康『議員が選挙区を選ぶ——一八世紀イギリスの議会政治』山川出版社，1997 年。

———「有力ジェントリの条件——十八世紀末イギリス・サフォーク州の一事例」『史苑』第 60(1)，1999 年，138–151 頁。

飯沼二郎『地主王政の構造——比較史的研究』未来社，1964 年。

石坂昭雄『オランダ型貿易国家の経済構造』未来社，1971 年。

板倉孝信「小ピット政権初期（1783〜92 年）における財政改革の再検討（1）」『早稲田政治公法研究』103，2013 年，25–39 頁。

一ノ瀬篤「国債整理基金特別会計とピット減債基金」『桃山学院大学経済経営論集』50(1/2)，2008 年，219–246 頁。

伊藤滋夫「一八世紀フランスの公共事業と地方財政」『西洋史学』201，2001 年，1–21 頁。

———「一八世紀ラングドックにおける地方三部会と金利生活者」『西洋史学』227，2007 年，1–21 頁。

伊藤誠一郎「チャールズ・ダヴナントにおける統治と経済」『三田学会雑誌』85(2)，1992 年，315–336 頁。

岩間俊彦「ミドルマン——イギリス地方都市における商業社会の一側面」吉田伸之・伊藤毅編『伝統都市 4　分節構造』東京大学出版会，2010 年，247–259 頁。

王寺賢太「代表制・公論・信用——『両インド史』の変貌とレナル，ネッケル，ディドロ」富永茂樹編著『啓蒙の運命』名古屋大学出版会，2011 年，39–73 頁。

大倉正雄『イギリス財政思想史——重商主義期の戦争・国家・経済』日本経済評論社，2000 年。

隠岐さや香『科学アカデミーと「有用な科学」——フォントネルの夢からコンドルセのユートピアへ』名古屋大学出版会，2011 年。

オブライエン，パトリック・カール（秋田茂・玉木俊明訳）『帝国主義と工業化 1415〜1974——イギリスとヨーロッパからの視点』ミネルヴァ書房，2000 年。

勝田俊輔「アイルランドのプファルツ移民」（例会　シンポジウム　ヨーロッパの社会史

（一七～二〇世紀）――エスニシティの形成と軋轢をめぐって）『史学雑誌』110(8), 2001年, 87-93頁。

金澤周作『チャリティとイギリス近代』京都大学学術出版会, 2008年。

川北稔「イギリス近世都市の成立と崩壊――リヴァプールを中心に」中村賢二郎編著『都市の社会史』ミネルヴァ書房, 1983年, 62-84頁。

――『工業化の歴史的前提――帝国とジェントルマン』岩波書店, 1983年。

――「穀物・キャラコ・資金の国際移動」濱下武志編『シリーズ世界史への問い3　移動と交流』岩波書店, 1990年, 162-163頁。

――「環大西洋革命の時代」『岩波講座　世界歴史17　環大西洋革命』岩波書店, 1997年, 3-72頁。

川脇慎也「D. ヒュームの租税・公債論と社会秩序論の展開」『経済学史研究』55(2), 2014年, 92-105頁。

川分圭子「ロンドン商人の社会的上昇――ボディントン家の場合」『西洋史学』165, 1992年, 1-18頁。

――「一八世紀のロンドン商人ボウズンキット家の事業展開」『史林』78(5), 1995年, 1-41頁。

――「ロンドン商人とイギリス海外貿易――事業経営と家族」深沢克己編『近代ヨーロッパの探究9　国際商業』ミネルヴァ書房, 2002年, 105-125頁。

小林順「ダニエル・デフォーと国債」『ノートルダム女子大学研究紀要』22, 1992年, 53-64頁。

近藤和彦『民のモラル――ホーガースと18世紀イギリス』筑摩書房, 2014年。

――「カナレットの描いた二つの橋――一八世紀ロンドンにおける表象の転換」近藤和彦・伊藤毅編『江戸とロンドン（別冊　都市史研究）』2007年, 224-240頁。

阪上孝『近代的統治の誕生――人口・世論・家族』岩波書店, 1999年, 第1章。

坂下史「一八三〇年代のロンドンの社会と統治――郊外教区・メトロポリス・中央政府」近藤和彦・伊藤毅編『江戸とロンドン（別冊　都市史研究）』2007年, 65-77頁。

坂巻清『イギリス・ギルド崩壊史の研究――都市史の底流』有斐閣, 1987年。

――「一八世紀ロンドンの支配権力の多元化」中野忠・道重一郎・唐澤達之編『一八世紀イギリスの都市空間を探る――「都市ルネサンス」論再考』刀水書房, 2012年, 127-146頁。

坂本優一郎「イギリス国債と「投資社会」, 1818～1890年――減債・信託貯蓄銀行・郵便貯蓄銀行」『大阪経大論集』61(2), 2010年, 179-204頁。

サザランド, L. S.（岩間正光訳）『十八世紀政治史上のロンドン』未来社, 1969年。

佐村明知『近世フランス財政・金融史研究――絶対王政期の財政・金融と「ジョン・ロー・システム」』有斐閣, 1995年。

杉山忠平『イギリス信用思想史研究』未来社, 1963年。

須永隆『プロテスタント亡命難民の経済史――近世イングランドと外国人移民』昭和堂, 2010年。

仙田左千夫『十八世紀イギリスの公債発行――公債発行と金融社会』啓文社, 1992年。

――『イギリス減債基金制度の研究』法律文化社，1998 年。

竹本洋「D. ヒュームの『政治論集』にかんする試論 (1)」『大阪経大論集』196，1990 年，36-107 頁。

――「D. ヒュームの『政治論集』にかんする試論 (2)」『大阪経大論集』197，1990 年，21-58 頁。

田中敏弘「デイヴィッド・ヒュームの公債論」『經濟學論究』19(3)，1965 年，33-58 頁。

富田俊基『国債の歴史――金利に凝縮された過去と未来』東洋経済新報社，2006 年。

中川順子「外からきたジェントルマン――近世における在英外国人の場合」山本正編『ジェントルマンであること――その変容とイギリス近代』刀水書房，2000 年，39-60 頁。

西川杉子「プロテスタント国際主義から国民意識への自覚へ―― 1680 年代〜1700 年代のイングランド国教会をめぐって」『史学雑誌』105(11)，1996 年，1-29 頁。

ハッキング，イアン（石原英樹・重田園江訳）『偶然を飼いならす――統計学と第二次科学革命』木鐸社，1999 年。

林田敏子「富と国家――パトリック・カフーンと 18，19 世紀転換期イギリス社会」『摂大人文科学』11，2003 年，3-37 頁。

――「港――「繁栄」の光と影」金澤周作編著『海のイギリス史――闘争と共生の世界史』昭和堂，2013 年，102-124 頁。

ヒューム，デイヴィッド（田中秀夫訳）「論説八　公信用について」『政治論集』（近代社会思想コレクション 4）京都大学学術出版会，2010 年。

フーコー，ミシェル（渡辺守章訳）『性の歴史 I　知への意志』新潮社，1986 年。

ブラウン，ハインリヒ（水島一也訳）『生命保険史』明治生命 100 周年記念刊行会，1983 年。

ブローデル，フェルナン（山本淳一訳）『物質文明・経済・資本主義―― 15-18 世紀　II-2 交換のはたらき』みすず書房，1988 年。

松本幸男『建国初期アメリカ財政史の研究――モリス財政政策からハミルトン体制へ』刀水書房，2011 年。

森直人「商業発展と公債累増 (1) ヒューム『政治論集』における二つの「自然史」」『経済論叢』174(5/6)，2004 年，435-449 頁。

――「商業発展と公債累増 (2) ヒューム『政治論集』における二つの「自然史」」『経済論叢』175(2)，2005 年，137-152 頁。

楊枝嗣郎『近代初期イギリス金融革命――為替手形・多角的決済システム・商人資本』ミネルヴァ書房，2004 年。

ローゼンハフト，イヴ「ショッピングとしての投資――仮想ショーウィンドゥの中の無形商品」草光俊雄・眞嶋史叙『欲望と消費の系譜』（シリーズ消費文化史）NTT 出版，2014 年，93-122 頁。

注

序　章 「投資社会」論へ向けて

（1）Malachy Postlethwaite, *The universal dictionary of trade and commerce* (4th ed.), 1774.

（2）Peter George Muir Dickson, *The financial revolution in England : a study in the development of public credit, 1688–1756*, London : Macmillan, 1967. 日本ではこれまで「イギリス財政革命」という訳語がおもに歴史学の分野で定着してきた。しかし，本書の視点からみれば，財政上の制度的革新のみならず，財政需要が創出した金融に対する影響力は無視できない。また，finance という語が財政のみならず金融も指示する両義性そのものに注意を払う必要もあると考えられる。さらに，ディクソンの研究で対象となるのは，あくまでイングランドであって，「イギリス」ではない。とくに，1707 年のスコットランド合邦までは「イギリス」という悩ましい用語で一括することには問題がある。したがって本書では，「イングランド財政金融革命」という訳語を採用する。

（3）John Brewer, *The sinews of power : war, money and the English state, 1688–1783*, London : Unwin Hyman, 1989（大久保桂子訳『財政＝軍事国家の衝撃——戦争・カネ・イギリス国家 1688–1783』名古屋大学出版会，2003 年）.

（4）Eric Lyde Hargreves, *The national debt*, London : E. Arnold & Co., 1930（一ノ瀬篤・斎藤忠雄・西野宗雄訳『イギリス国債史』新評論，1987 年）.

（5）Henry Roseveare, *The financial revolution, 1660–1760*, London : Longman, 1991.

（6）Marjolein't Hart, '"The devil or the Dutch" : Holland's impact on the financial revolution in England, 1643–1694', *Parliaments, Estates & Representation* 11(1), 1991, pp. 39–52 ; Carl Wennerlind, *Casualties of credit : the English financial revolution, 1620–1720*, Cambridge (MA)/London : Harvard University Press, 2011 ; Robin Hermann, 'Money and Empire : The Failure of the Royal African Company', in Daniel Carey and Christopher J. Finlay (ed.), *The empire of credit : the financial revolution in the British Atlantic world, 1688–1815*, Dublin : Irish Academic Press, 2011, pp. 97–120.

（7）Stefan E. Opper, 'The interest rate effect of Dutch money in eighteenth-century Britain', *Journal of Economic History* 53, 1993, pp. 25–43 ; P. Mirowski, 'The rise (and retreat) of a market : English joint stock shares in the eighteenth century', *Journal of Economic History* 41, 1981, pp. 559–577.

（8）Nicholas F. R. Crafts, *British economic growth during the Industrial Revolution*, Oxford : Oxford University Press, 1985.

（9）D. C. North and B. R. Weingast, 'Constitutions and commitment : the evolution of institutions governing public choice in seventeenth-century England', *Journal of Economic History* 49(4), 1989, pp. 803–832.

（10） Bruce C. Carruthers, *City of capital : politics and markets in the English financial revolution*, Princeton/Chichester : Princeton University Press, 1996.

（11） Julian Hoppit, 'Compulsion, compensation and property rights in Britain, 1688-1833', *Past & Present* 210, 2011, pp. 93-128.

（12） Larry Neal, *"I am not master of events" : the speculation of John Law and Lord Londonderry in the Mississippi and South Sea bubbles*, New Haven (CT)/London : Yale University Press, 2012 ; Ann M. Carlos and Larry Neal, 'Amsterdam and London as financial centers in the eighteenth century', *Financial History Review* 18(1), 2011, pp. 21-46 ; Jeremy Atack (ed.), *The origin and development of financial markets and institutions : from the seventeenth century to the present*, Cambridge : Cambridge University Press, 2009 ; Ann M. Carlos, Karen Maguire and Larry Neal, 'Women in the city : financial acumen during the South Sea Bubble', in Anne Laurence and Josephine Maltby and Janette Rutterford (ed.), *Women and their money, 1700-1950 : essays on women and finance* (Routledge International Studies in Business History, 15), London : Routledge, 2009, pp. 33-45 ; Ann M. Carlos, Karen Maguire and Larry Neal, '"A knavish people..." : London Jewry and the stock market during the South Sea Bubble', *Business History* 50(6), 2008, pp. 728-748 ; Ann M. Carlrlos, Karen Maguire and Larry Neal, 'Financial acumen, women speculators, and the Royal African Company during the South Sea bubble', *Accounting, Business & Financial History* 16(2), 2006, pp. 219-243 ; Ann M. Carlos and Larry Neal, 'The micro-foundations of the early London capital market : Bank of England shareholders during and after the South Sea Bubble, 1720-25', *Economic History Review* 59(3), 2006, pp. 498-538 ; Larry Neal, 'The evolution of the structure and performance of the London Stock Exchange in the first global financial market, 1812-1914', *European Review of Economic History* 10(3), 2006, pp. 279-300 ; Ann M. Carlos and Larry Neal, 'Women investors iNealy capital markets, 1720-1725', *Financial History Review* 11(2), 2004, pp. 197-224 ; Larry Neal, 'The monetary, financial and political architecture of Europe, 1648-1815', in Leandro Prados de la Escosura (ed.), *Exceptionalism and industrialisation : Britain and its European rivals, 1688-1815*, Cambridge/New York : Cambridge University Press, 2004, pp. 173-190 ; Larry Neal, 'Markets and institutions in the rise of London as a financial center in the seventeenth century', in Stanley Lewis Engerman et al. (ed.), *Finance, intermediaries, and economic development*, Cambridge : Cambridge University Press, 2003, pp. 11-33 ; Larry Neal and Stephen Quinn, 'Networks of information, markets, and institutions in the rise of London as a financial centre, 1660-1720', *Financial History Review* 8(1), 2001, pp. 7-26 ; Larry Neal, 'The money Pitt : Lord Londonderry and the South Sea Bubble, or, how to manage risk in an emerging market', *Enterprise and Society* 1, 2000, pp. 659-674 ; Lance Davis and Larry Neal, 'Micro rules and macro outcomes : the impact of micro structure of the efficiency of security exchanges, London, New York and Paris 1800-1914', *American Economic Review* 88(2), 1998, pp. 40-45 ; Larry Neal, 'A tale of two revolutions : international capital flows, 1789-1819', *Bulletin of Economic Research* 43(1), 1991, pp. 57-92 ; Larry Neal, 'The Dutch and English East India companies compared : evidence from the stock and foreign exchange markets', in J.

D. Tracy (ed.), *The rise of merchant empires : long-distance trade in the early modern world, 1350–1750*, Cambridge, 1990, pp. 195–223 ; Larry Neal, *The rise of financial capitalism : international capital markets in the age of reason*, Cambridge : Cambridge University Press, 1990.

(13) Marjolein't Hart, '"The devil or the Dutch" : Holland's impact on the financial revolution in England, 1643–1694', *Parliaments, Estates & Representation* 11(1), 1991, pp. 39–52.

(14) Anne L. Murphy, *The origins of English financial markets : investment and speculation before the South Sea Bubble*, Cambridge : Cambridge University Press, 2009 ; do., 'Trading options before Black-Scholes : a study of the market in late seventeenth-century London', *Economic History Review* 62, suppl. 1, 2009, pp. 8–30 ; Anne L. Murphy, 'Learning the business of banking : The management of the Bank of England's first tellers', *Business History* 52(1), 2010, pp. 150–168 ; do., 'Demanding "credible commitment" : public reactions to the failures of the early financial revolution', *Economic History Review* 66(1), 2013, pp. 178–197.

(15) J. E. D. Binney, *British public finance and administration, 1774–92*, Oxford : Clarendon, 1958.

(16) Charles Henry Wilson, *Anglo-Dutch commerce and finance in the eighteenth century*, Cambridge : Cambridge University Press, 1941 ; Alice Claire Carter, *Getting, spending and investing in early modern times : essays on Dutch, English and Huguenot economic history*, Assen : Van Gorcum, 1975.

(17) Daniel Carey, 'An empire of credits ; English, Scottish, Irish and American contexts', in Daniel Carey and Christopher J. Finlay (ed.), *The empire of credit : the financial revolution in the British Atlantic world, 1688–1815*, Dublin : Irish Academic Press, 2011, pp. 1–22 ; Constantine George Caffentzis, 'The failure of Berkeley' s bank : money and libertinism in eighteenth-century Ireland', in Daniel Carey and Christopher J. Finlay (ed.), *The empire of credit : the financial revolution in the British Atlantic world, 1688–1815*, Dublin : Irish Academic Press, 2011, pp. 229–248 ; Charles Ivar McGrath, 'The public wealth is the sinew, the life, of every public measure : the creation of a national debt in Ireland, 1716–45', in Daniel Carey and Christopher J. Finlay (ed.), *The empire of credit : the financial revolution in the British Atlantic world, 1688–1815*, Dublin : Irish Academic Press, 2011, pp. 171–208 ; Sean D. Moore, *Swift, the book, and the Irish financial revolution : satire and sovereignty in Colonial Ireland*, Baltimore : Johns Hopkins University Press, 2010 ; Charles Ivar McGrath, 'The Irish Experience of "Financial Revolution," 1660–1760', in Charles Ivar McGrath and Christopher J. Fauske, *Money, power, and print : interdisciplinary studies on the financial revolution in the British Isles*, Newark : University of Delaware Press, 2008, pp. 157–188.

(18) 公債の存在から英仏両国の民主政の展開の差異をみようとするデイヴィド・スタサベイジの研究はひとつの試みとして位置付けることが可能である。David Stasavage, *Public debt and the birth of the democratic state : France and Great Britain, 1688–1789*, Cambridge : Cambridge University Press, 2003.

(19) アンダーソンが扱うのは個人の抵当権による信用である。B. L. Anderston, 'Provincial

aspects of the financial revolution of the eighteenth century', in R. P. T. Davenport-Hines (ed.), *Capital, entrepreneurs and profits*, London : Frank Cass, 1990, pp. 10–21. 公債との関係は第5章を参照。

(20) 本書はいわゆる「経済還元論」的な枠組みで議論を進めようとしているのではない。本書の立場はあくまで，「投資社会」という空間の生成を，政治的・社会的・文化的・経済的諸局面の相互連関のなかに見出そうとするものであり，経済決定論とはおよそ対極に位置するものである。

第1章　国政・都市政治・国際金融

(1) パトリック・カール・オブライエン，秋田茂・玉木俊明訳『帝国主義と工業化 1415～1974——イギリスとヨーロッパからの視点』ミネルヴァ書房，2000年，第3章。

(2) 七年戦争については，事例研究を含めるときわめて多数の研究が公表されており，すべてに通暁するのは容易ではない。ここでは，七年戦争を巨視的に俯瞰する以下の研究書のみをあげておく。Mark H. Danley and Patrick J. Speelman (eds.), *The Seven Years' War : global views*, Leiden : Brill, 2012.

(3) Peter George Muir Dickson, *The financial revolution in England : a study in the development of public credit, 1688–1756*, London : Macmillan, 1967.

(4) 政府を独自の利益体として把握し，その行動によって市場が構成されるという視点は，本章と異なる部分もあるが，いわゆる新制度派経済学の発想と共通する部分もある。「イングランド財政金融革命」研究の研究史において「新制度派経済学」の枠組みを用いた研究として，以下の二点をあげておく。D. C. North and B. R. Weingast, 'Constitutions and commitment : the evolution of institutions governing public choice in seventeenth-century England', *Journal of Economic History* 49(4), 1989, pp. 803–832 ; Bruce C. Carruthers, *City of capital : politics and markets in the English financial revolution*, Princeton and Chichester : Princeton University Press, 1996.

(5) Sir Lewis Bernstein Namier, *The structure of politics at the accession of George III* (2nd ed.), London : Macmillan, 1973.

(6) Linda Colley, 'Eighteenth-century English radicalism before Wilkes', *Transactions of the Royal Historical Society*, 5th ser., 31, 1981, pp. 1–19 ; Nicholas Rogers, *Whigs and cities : popular politics in the age of Walpole and Pitt*, Oxford : Clarendon Press, 1989 ; do., *Crowds, culture, and politics in Georgian Britain*, Oxford : Clarendon Press, 1998 ; John Brewer, *Party ideology and popular politics at the accession of George III*, Cambridge : Cambridge University Press, 1976.

(7) Larry Neal, *The rise of financial capitalism : international capital markets in the age of reason*, Cambridge : Cambridge University Press, 1990.

(8) 1693年から1713年までの起債総額，約4131万ポンド中，特権会社経由が約1,675万ポンドと，全体の約40%を占める。

(9) イングランド銀行の重役については W. M. Acres, 'Directors of the Bank of England', *Note and Query* 179(3–6), 1940 を，ロンドン市参事会員については A. Beaven, *The alder-*

men of City of London, temp. Henry VM to 1908, 2vols., London : Eden Fisher & Company, 1908–1913 を基礎的な史料として分析する。

(10) Sir John Harold Clapham, *The Bank of England. A history, vol. 1 : 1694–1797*, Cambridge : Cambridge University Press, 1944（英国金融史研究会訳『イングランド銀行——その歴史』ダイヤモンド社，1970 年）; H. V. Bowen, 'The Bank of England during the long eighteenth century, 1694–1820', in Richard Roberts and David Kynaston (eds.), *The Bank of England : money, power and influence 1694–1994*, Oxford : Clarendon Press, 1995, pp. 1–18（浜田康行・宮島茂紀・小平良一訳『イングランド銀行の 300 年——マネー・パワー・影響』東洋経済新報社，1996 年）.

(11) 注 9 にあげた二文献のほか，補足情報として Bank Archives, M5/447.

(12) Donna Andrew, 'Aldermen and big bourgeoisie of London reconsidered', *Social History* 6(3), 1979, p. 360.

(13) 坂巻清「一八世紀ロンドンの支配権力の多元化」中野忠・道重一郎・唐澤達之編『一八世紀イギリスの都市空間を探る——「都市ルネサンス」論再考』刀水書房，2012 年，127–146 頁は，「万華鏡」のようなきわめて複雑で多元的な様相を呈した自治都市ロンドンの司法・立法・行政を手際よく整理している。その他，同『イギリス・ギルド崩壊史の研究——都市史の底流』有斐閣，1987 年，補論も参照。S. Webb and B. Webb, *English local government from the revolution to the municipal corporations act : the manor and the borough*, Part 2, 1924 ; Ian Geoffrey Doolittle, *The City of London and its Livery Companies*, Dorchester : Gavin Press, 1982.

(14) Sir John Harold Plumb, *The growth of political stability in England, 1675–1725*, London : Macmillan, 1967.

(15) 坂巻「一八世紀ロンドンの支配権力の多元化」131–134 頁。Ian Doolittle, 'Walpole's City Elections Act, 1725', *English Historical Review* 97, 1982, pp. 504–529.

(16) Alfred James Henderson, *London and the national government, 1721–42 : a study of city politics and the Walpole administration*, Durham : Duke University Press, 1945, pp. 116–213 ; Kathleen Wilson, *The sense of the people : politics, culture and imperialism in England, 1715–1785*, Cambridge : Cambridge University Press, 1995, pp. 124–132, 149–150 ; Paul Langford, *The excise crisis : society and politics in the age of Walpole*, Oxford : Clarendon Press, 1975.

(17) 坂巻「一八世紀ロンドンの支配権力の多元化」133 頁。

(18) William Cobbett, *The history of Parliament*, IX, 1803, col. 59–60.

(19) 彼は，D. ハンコックの研究で明らかにされた，ロンドンにおける貿易商集団の中核的な存在でもあった。David Hancock, *Citizens of the world : London merchant and the integration of the British Atlantic community, 1735–1785*, Cambridge : Cambridge University Press, 1995, pp. 69–78, 218–221.

(20) Sir John Heathcote, Christopher Tower, Frederick Frankland, Merrick Burrell, Barthlomew Burton, Richard Stranger の 6 名中，4 名は総裁を経験する。

(21) Rogers, *Whigs and cities*, pp. 159–160.

(22) Wilson, *The sense of the people* ; Rogers, *Whigs and cities.*

(23) Cobbett, *The history of parliament*, IX, col. 49–68. *The Oxford Dictionary of National Biography*（以下，*ODNB* と略記）; Trustee of Parliament, *The history of Parliament, the House of Commons*（CD-ROM（以下，*HPHC* と略記）), Cambridge : Cambridge University Press, 1998 のそれぞれ John Barnard の項目をみよ。

(24) Paul Langford, *A polite and commercial people : England, 1727–1783*, Oxford : Oxford University Press, 1989, pp. 49–53.

(25) Elizabeth Donnan, 'Eighteenth century English merchants. Micajah Perry', *Journal of Economic & Business* 4, 1932, pp. 70–98 ; Jacob M. Price, *Perry of London : a family and a firm on the seaborne frontier, 1615–1753*, Cambridge : Harvard University Press, 1992.

(26) Wilson, *The sense of the people*, pp. 153–162 ; Henderson, *London and the national government*, 178–210.

(27) Paul Langford, *Public life and the propertied Englishmen*, Oxford : Oxford University Press, 1991, p. 307 ; Kathleen Wilson, 'Empire, Trade and Popular Politics in Mid-Hanoverian Britain : The Case of Admiral Vernon', *Past & Present* 121, 1988, p. 106.

(28) Lucy Stuart Sutherland, 'Samson Gideon and the reduction of interest, 1749–50', in Lucy Stuart Sutherland (ed. by Aubrey Newman), *Politics and finance in the eighteenth century*, London : Hambledon Press, 1984, p. 400. バーナードも銀行券での取引を支援した。

(29) Sir J. Barnard, *A defense of several proposals for raising of three millions for service of the government ; for the year 1746*, 1746, pp. 37–73

(30) George F. E. Rudé, *Hanoverian London, 1714–1808*, London : Secker, 1971, p. 156.

(31) Dickson, *The financial revolution in England*, pp. 228–243 ; Sutherland, 'Samson Gideon and the reduction of interest', pp. 399–413.

(32) T. W. Perry, *Public opinion, propaganda, and politics in eighteenth century England : a study of the Jew Bill of 1753*, Cambridge : Harvard University Press, 1962 ; G. A. Cranfield, 'The "London Evening-Post" and the Jew Bill of 1753', *Historical Journal* 8, 1965, pp. 16–30 ; Dana Y. Rabin, 'The Jew Bill of 1753 : Masculinity, Virility, and the Nation', *Eighteenth-Century Studies* 39(2), 2006, pp. 157–71.

(33) Rogers, *Whigs and cities*, pp. 89–93. 反対派からこの法の受益者として想定されたのは，ギデオンを筆頭とする富裕なブローカーであった。

(34) Philip Chesney Yorke, *The life and correspondence of Philip Yorke, earl of Hardwicke, lord high chancellor of Great Britain*, Cambridge : Cambridge University Press, vol. 2, 1913, pp. 1–38. ペラムの内政重視政策に対し，ニューカスル公爵は対仏同盟のための積極的な援助金政策を主張した。両者の対立は，ハードウィック伯爵への書簡でも明らかである。

(35) John James Grellier, *The term of all the loans which have been raised for the public service during the last fifty years*, London, 1799, p. 13. 以下，起債条件は本書に負う。

(36) The British Library（以下，BL と略記）Add. MSS, 32862, f. 362.

(37) BL Add. MSS, 32862, f. 52.

(38) BL Add. MSS, 32862, f. 365.

(39) BL Add. MSS, 32862, ff. 202–203 ; 32864, ff. 498–499.

(40) BL Add. MSS, 32864, ff. 44–45.

(41) BL Add. MSS, 32862, ff. 202–203.

(42) Marie Peters, *Pitt and popularity : the patriot minister and London opinion during the Seven Years' War*, Oxford : Clarendon Press, 1980, chapter II, III ; Paul Langford, 'William Pitt and public opinion, 1757', *English Historical Review* 88, 1973, pp. 54–80.

(43) Sutherland, 'The City of London and the Devonshire-Pitt administration, 1756–7' in Sutherland, *Politics and finance*, pp. 94–113 所収の Appendix として復刻された，デヴォンシア・ペーパーの一部を史料として利用する。特記しないかぎり，事実関係はサザランドに負う。ピットの政治史的分析を試みるサザランドに対し，本書は起債そのものを分析する点に違いがある。また，デヴォンシア=ピット連立政権を取り巻く複雑な政治状況は，Jonathan Charles Douglas Clark, *The dynamics of change : the crisis of the 1750s and English party systems*, Cambridge : Cambridge University Press, 1982, pp. 283–353.

(44) ベックフォードについての最新の研究は，Perry Gaucci, *William Beckford : first prime minister of the London empire*, New Haven and London : Yale University Press, 2013 ; Peters, *Pitt and popularity* ; Sutherland, 'The City of London in 18th century politics', in Sutherland, *Politics and finance*, pp. 41–66.（岩間正光訳『一八世紀政治史上のロンドン』未来社，1969 年，5–53 頁).

(45) 当時，市議会は強硬にアメリカ政策を要求していた。Rogers, *Whigs and cities*, pp. 95, 99. 積極的な海軍（Blue Water）については，ダニエル・ボウの論考がある。Daniel A. Baugh, 'Great Britain's "Blue Water" Policy, 1689–1815', *International History Review* 10, 1988, pp. 33–58 ; do., Maritime Strength and Atlantic Commerce : The uses of 'a grand marine empire', in Lawrence Stone（ed.), *An imperial state at war : Britain from 1689 to 1815*, London : Routledge, 1994, pp. 185–222.

(46) BL Add. MSS, 32870, ff. 254–259.

(47) *The Gentleman's Magazine* XXVII, 1757, p. 141.

(48) Peters, *Pitt and popularity*, 68.

(49) *The Public Advertiser*, 3 Feb., 1757.

(50) *The London Evening Post*, 19 Feb. ; 15 Mar. ; 26 Mar. ; 31 Mar., 1757.

(51) *The London Evening Post*, 15 Mar., 1757.

(52) Anon., *Party spirit in time of publick* [*sic*] *danger*, 1756, pp. 16–17.

(53) *The Test*, no. 14, 12 Feb., 1757.

(54) 近藤和彦『民のモラル――ホーガースと 18 世紀イギリス』筑摩書房，2014 年，第 3 章。

(55) *The Test*, no. 17, 5 Mar., 1757.

(56) *The Test*, no. 20, 26 Mar., 1757.

(57) *The Con-Test*, no. 20, 2 Apr., 1757.

(58) The National Archives（以下，TNA と略記）T 1/375/105, 146.

(59) *The Test*, no. 26, 23 Apr., 1757.

(60) TNA E 401/2598.

(61) Rogers, *Whigs and cities*, p. 97 ; do., ‘Money, land and lineage : the big bourgeoisie of Hanoverian London’, *Social History* 4(3), 1979, p. 440. ニコラス・ロジャーズは市参事会員をイングランド商業社会の最富裕層として捉えるが，本書はこの結論を支持しない。

(62) BL Add. MSS 32870, ff. 437–438.

(63) *The London Evening Post*, 14 Apr., 1757 ; Anon., *A new system of patriot policy*, 1757 ; H. Walpole（ed. by J. Brooke）, *Memoirs of King George II*, vol. 2, New Haven : Yale University Press, 1985, p. 251.

(64) Miles Tailor, ‘John Bull and the iconography of public opinion in England c. 1712–1929’, *Past & Present* 134, 1992, pp. 101–103 は，当時の中流層の愛国心と，重税や累積する国債との関係を示唆する。

(65) R. Browning, ‘The duke of Newcastle and the financing of the Seven Years’ War’, *Journal of Economic History* 31, 1971, pp. 344–377.

(66) 1740 年代より分割式の払込みが本格的に普及した。そのため，払込完了前の公債証書（スクリプト）が投機目的で流通したと，トマス・モーティマーは述べる。公債請負人には「名誉と信用のために」請負額を保証する義務が課せられた。彼らが全額を一括で払い込む場合もあれば，第 1 回払込前後に転売する場合もあった。Thomas Mortimer, *Every man his own broker*, 1761.

(67) BL Add. MSS, 32870, f. 437.

(68) TNA T l/363/44–45 ; T l/375/139 ; T 1/384/72–83.

(69) Sutherland, ‘The City of London and Devonshire-Pitt administration, 1756–7’, Appendix A, I.

(70) *Ibid.*, Appendix A, VI.

(71) *Ibid.*, Appendix A, V.

(72) *Ibid.*, Appendix B.

(73) *Ibid.*, Appendix B.

(74) ギデオンについては，*ODNB* の項目および，以下の文献を参照。Lucy Stuart Sutherland, ‘Samson Gideon : 18th century Jewish financier’, in Sutherland, *Politics and finance*, pp. 387–398. ユダヤ人コミュニティの一側面を伝えるものとして，M. J. Land and Kitty Villareal, ‘The Da Costas and Samson Gideon’, *Transactions, Jewish Historical Society of England* 14, 1936 for 1932–5, pp. 271–291.

(75) Sutherland, ‘The City of London and Devonshire-Pitt administration, 1756–7’, Appendix A, VII. サルヴァドーレについては，以下の伝記研究を参照のこと。Maurice Woolf, ‘Joseph Salvador, 1716–86’, *Transactions, Jewish Historical Society of England* 21, 1968, pp. 104–137.

(76) Sutherland, ‘The City of London and Devonshire-Pitt administration, 1756–7’, Appendix A, XIV.

(77) *Ibid.*, Appendix A, XXVI.

(78) Lucy Stuart Sutherland, ‘The City of London and the Devonshire-Pitt administration, 1756–7’ in Sutherland, *Politics and finance*, pp. 67–107.

(79) ゴスリンは積極的な宮廷派というよりも，むしろ反ピット派であった。

(80) Alice Clare, Carter, *Getting, spending and investing in early modern times : essays on Dutch, English and Huguenot economic history*, Assen : Van Gorcum, 1975, pp. 100–106.
(81) Trustee of Parliament, *HPHC*.
(82) Sir Lewis Bernstein Namier, ‘Brice Fisher, M. P.: A mid-eighteenth century merchant his connections’, *English Historical Review* 42, 1927, pp. 518–520.
(83) Sir Lewis Bernstein Namier, *The structure of politics at the accession of George III* (2nd ed.), London : Macmillan, 1973.
(84) W. A. Shaw (ed.), *Calendar of treasury books and papers, 1739–1745*（以下，*CTBP* と略記), London : H. M. S. O., 1898–1903, 4, 17, 31, 72, 188, 195, 216. 数値は史料番号。さしあたり，1742 年分のみあげておく。
(85) *CTBP*, 179, 30 Sep., 1742.
(86) *CTBP*, 5, 1 Mar., 1742 ; Reed Browing, ‘The duke of Newcastle and the financial management of the Seven Years’ War in Germany’, *Journal of the Society for Army Historical Research* 49, 1971, pp. 20–35.
(87) L. M. Cullen, ‘History, economic crises, and revolution : understanding eighteenth-century France’, *Economic History Review* 64(3), 1993, pp. 635–657 ; 青木康『議員が選挙区を選ぶ ―― 一八世紀イギリスの議会政治』山川出版社，1997 年，144–155 頁。
(88) Cornelius Arnold, *Commerce. A poem. By Mr. Corns. Arnold* (2nd ed.), London, [1751], p. 15.
(89) Malach Postlethwayt, *The merchant’s public counting-house*, London, [1750], p. 68.
(90) Sutherland, ‘The City of London and Devonshire-Pitt administration’, Appendix B.
(91) *Ibid.*, Appendix A, VII.
(92) Charles Henry Wilson, *Anglo-Dutch commerce and finance in the eighteenth century*, Cambridge : Cambridge University Press, 1941, pp. 161, 165.
(93) たとえば，ヨシュア・ファン・ネックとジョン・ゴアは，1758 年の 8 月から 12 月にかけてドイツ駐留のイギリス軍に向けて 113,000 ポンドを送金した。同様に，トマス・ウォルポール，ジョーゼフ・メリッシュ，サミュエル・トウチェットによって 150,000 ポンドがドイツに向けて送金されている。そのさい，彼らは同額のオランダ宛手形を振り出して，2 カ月満期の手形で払い戻している。現地ではポンドではなく，リクスダラー貨やダカット貨で送金する必要があったため，そうした為替取引も彼らの業務のひとつであった。国際送金に伴う外貨為替のレイトはつねに政府と送金担当者とのあいだの紛争の原因となっていた。TNA T 29/33/168 ; T 29/34/2. また，楊枝嗣郎『近代初期イギリス金融革命――為替手形・多角的決済システム・商人資本』ミネルヴァ書房，2004 年，68–80 頁も参照。
(94) Peter Douglas Brown and Karl W. Schweizer, *The Devonshire diary : William Cavendish, fourth duke of Devonshire : memoranda on state of affairs 1759–1762*, London : Royal Historical Society, 1982, p. 100.

第2章　七年戦争・公債請負人・党派抗争

(1) BL Add. MSS, 32961, f. 10.

(2) R. Browing, 'The duke of Newcastle and the financing of the Seven Years' War', *Journal of Economic History* 31, 1971, pp. 344-377. その他の関連する研究としては，以下のものがある。R. Middleton, *The bells of victory : the Pitt-Newcastle ministry and the conduct of the Seven Years' War, 1757-1762*, Cambridge : Cambridge University Press, 1985. 仙田左千夫『十八世紀イギリスの公債発行——公債発行と金融社会』啓文社，1992年は，一次史料を使用せず誤りも多いため引用しない。

(3) Sir Lewis Bernstein Namier, *The structure of politics at the accession of George III* (2nd ed.), London : Macmillan, 1973.

(4) Richard Middleton, 'The Duke of Newcastle and the conduct of patronage during the Seven Years' War, 1757-1762', *British Journal for Eighteenth-Century* 12(2), 1989, pp. 175-186.

(5) John Brewer, *English radicalism in the age of George III*, in John Greville Agard Pocock (ed.), *Three British revolutions : 1641, 1688, 1776*, Princeton : Princeton University Press, 1980, pp. 323-367 ; do., *Party ideology and popular politics at the accession of George III*, Cambridge : Cambridge University Press, 1976.

(6) BL Add. MSS, 32876, f. 137

(7) BL Add. MSS, 32874, f. 95.

(8) BL Add. MSS, 32876, f. 137.

(9) BL Add. MSS, 32876, ff. 246-248.

(10) BL Add. MSS, 32876, f. 266.

(11) BL Add. MSS, 32879, f. 1.

(12) BL Add. MSS, 32884, f. 27.

(13) BL Add. MSS, 32884, f. 82.

(14) *The Annual Register*, 1758, p. 103.

(15) BL Add. MSS, 32884, ff. 144-145.

(16) BL Add. MSS, 32884, f. 82.

(17) BL Add. MSS, 32886, ff. 274b-275.

(18) BL Add. MSS, 32886, ff. 279-280.

(19) BL Add. MSS, 32901, ff. 504-505.

(20) BL Add. MSS, 33039, ff. 225-226.

(21) BL Add. MSS, 33039, f. 258.

(22) BL Add. MSS, 33039, f. 301.

(23) BL Add. MSS, 33039, ff. 414-415.

(24) BL Add. MSS, 33039, f. 416.

(25) BL Add. MSS, 32886, ff. 279-280.

(26) BL Add. MSS, 33040, f. 113.

(27) BL Add. MSS, 33040, f. 111.

(28) BL Add. MSS, 33040, f. 142.

(29) BL Add. MSS, 33040, ff. 129–130.
(30) BL Add. MSS, 32901, f. 246.
(31) BL Add. MSS, 32901, f. 305.
(32) BL Add. MSS, 32901, f. 377.
(33) BL Add. MSS, 32901, ff. 343–344.
(34) BL Add. MSS, 33040, ff. 17–18.
(35) *ODNB.*
(36) BL Add. MSS, 33040, ff. 169–172.
(37) BL Add. MSS, 32914, f. 1
(38) BL Add. MSS, 32914, f. 7
(39) BL Add. MSS, 32914, f. 77.
(40) BL Add. MSS, 32914, f. 155
(41) BL Add. MSS, 32914, f. 160
(42) BL Add. MSS, 32914, f. 155
(43) BL Add. MSS, 32914, f. 312–313
(44) BL Add. MSS, 32914, ff. 264–267.
(45) BL Add. MSS, 32194, f. 381.
(46) BL Add. MSS, 32916, f. 265.
(47) BL Add. MSS, 32196, ff. 337–338.
(48) BL Add. MSS, 32928, f. 46.
(49) BL Add. MSS, 33040, f. 289.
(50) BL Add. MSS, 33040, ff. 284–285.
(51) Arthur Frederic Basil Williams, *The Whig supremacy, 1714–60* (2nd ed. rev. C. H. Stuart), Oxford, 1962 ; Harry Thomas Dickinson, *Walpole and the Whig supremacy*, London : English Universities Press, 1973 ; Simon Targett, ‘Government and ideology during the age of Whig supremacy : the political argument of Sir Robert Walpole’s newspaper propagandists’, *Historical Journal*, 37, 1994, pp. 289–317.「ホイッグの優越」と「イングランド財政金融革命」との相互関係をみる本書の問題意識を共有する研究として David Stasavage, ‘Partisan politics and public debt : the importance of the ‘Whig Supremacy’ for Britain’s financial revolution’, *European Review of Economic History* 11(1), 2007, pp. 123–153.
(52) BL Add. MSS, 38337, ff. 109–111.
(53) BL Add. MSS, 32868, f. 171.
(54) BL Add. MSS, 32866, ff. 393–394.
(55) BL Add. MSS, 32946, f. 19.
(56) *ODNB.* なお，このサミュエル・マーチンは，急進派の首領ジョン・ウィルクスと決闘し，ピストルでウィルクスを負傷させたことでも知られる。
(57) BL Add. MSS, 32946, f. 19.
(58) サミュエル・マーチンからトマス・ウォルポール宛の政府契約の罷免通知は，ケンブリッジ大学図書館所蔵のトマス・ウォルポール文書に収められている。Cambridge Uni-

versity Library, Department of Manuscripts and University Archives, Thomas Walpole : Correspondence, MS Add. 8708/76-77.
(59) BL Add. MSS, 32946, ff. 49-51.
(60) BL Add. MSS, 32946, ff. 125-127. この書簡は，政府契約をめぐる騒動から2週間ほどの時間をおいてニューカスル公爵に送られた。したがって，政府契約を返上させられたトマスの描写には，一定のバイアスが存在することを念頭に置く必要がある。
(61) この富くじは，各回とも35,000チケット中当せんは5,800くじ，ハズレは27,200くじであった。
(62) BL Add. MSS, 33041, f. 51.
(63) *The Public Advertiser*, 3 Jun., 1763.
(64) BL Add. MSS, 33041, ff. 55, 57.
(65) 課税問題でも衝突をみせていた。Patrick Woodland, 'The House of Lords, the City of London and political controversy in the mid-1760s : the opposition to the cider excise', *Parliamentary History* 11, 1992, pp. 57-87.
(66) 現在（2014年）のロイヤルバンク・オブ・スコットランド（RBS）は，このアンドリュ・ドラマンによって創立された個人銀行のドラマン銀行を起源とする。
(67) John Wilkes, *The life and political writings of John Wilkes*, Birmingham, 1769, pp. 275-276.
(68) John Sainsubury, 'John Wilkes, debt, and patriotism', *Journal of British Studies* 34(2), 1995, pp. 165-195.

第II部導入

(1) Ann Martina Carlos and Larry Neal, 'Amsterdam and London as financial centers in the eighteenth century', *Financial History Review* 8(1), 2011, pp. 21-46.
(2) 飯沼二郎『地主王政の構造——比較史的研究』未来社，1964年，第3章。
(3) フェルナン・ブローデル，山本淳一訳『物質文明・経済・資本主義——15-18世紀 II-2　交換のはたらき』みすず書房，1988年，第4章。

第3章　公債請負人の基層

(1) *The Gentlemans Magazine* XX, 1750, pp. 393-394.
(2) *Ibid.*, XX, 1750, p. 380.
(3) *Ibid.*, XX, 1750, pp. 401-403.
(4) *The London Magazine*, 1750, pp. 381, 411-415, 432.
(5) Anon., *Reflections : moral and prudential, on the last will and testament of Gerard Van Neck, Esq. ; deceas'd in which his character is attempted*, London, 1750.
(6) 'To Montague, Monday 10 September 1750', in W. S. Lewis and R. S. Brown, Jr. (eds.), *Horace Walpole's correspondence with George Montague*, vol. I, New Heaven : Yale University Press, 1975, pp. 111-112.
(7) 18世紀中頃のロンドンの貿易商についての数少ない研究として，以下のものをあげておく。Perry Gauci, *Emporium of the world : the merchants of London, 1660-1800*, London :

Continuum, 2007 ; David Hancock, *Citizens of the world : London merchants and the integration of the British atlantic community, 1735–1785*, Cambridge : Cambridge University Press, 1995 ; Nicholas Rogers, 'Money, land and lineage : the big bourgeoisie of Hanoverian London,' *Social History* 4, 1979, pp. 437–454 ; 川分圭子「ロンドン商人の社会的上昇――ボディントン家の場合」『西洋史学』165，1992年，1–18頁；同「一八世紀のロンドン商人ボウズンキット家の事業展開」『史林』78(5)，1995年，1–41頁；同「ロンドン商人とイギリス海外貿易――事業経営と家族」深沢克己編『ヨーロッパ近代の探究9 国際商業』ミネルヴァ書房，2002年，105–125頁。

(8) Richard Grassby, *Kinship and capitalism : marriage, family, and business in the English speaking world, 1580–1720*, Cambridge : Cambridge University Press, 2001.

(9) すでにあげた研究以外には，たとえば David Ormrod, 'The Atlantic economy and the "protestant capitalist international", 1651–1775', *Historical Research* 66, 1993, pp. 197–208 ; J. F. Bosher, 'huguenot merchants and the protestant international in the seventeenth century', *The William and Mary Quarterly*, 3rd ser., 52(1), 1995, pp. 77–102.

(10) E. Kimber and R. Johnson, *The baronetage of England*, III, London, 1771, pp. 126–127 ; Charles Henry Wilson, *Anglo-Dutch commerce and finance in the eighteenth century*, Cambridge : Cambridge University Press, 1941, pp. 111–114 ; *The Genealogist Magazine* VIII, 1938–39, pp. 19–20.

(11) *The Genealogist Magazine* VIII, 1938–39, p. 20.

(12) Private Act, 6 George I, c. 6, 'An Act for Naturalizing Gerard Van Neck'.

(13) *ODNB*.

(14) Wilson, *Anglo-Dutch commerce and finance* ; David Ormrod, *The Dutch in London*, London : Her Majesty's Stationery Office, 1973.

(15) ユグノーについては膨大な数の文献がある。ここでは18世紀に限定し，古典的な研究，最新の研究，日本の研究について，それぞれ代表的な文献をあげるにとどめる。David Carnegie Andre Agnew, *Protestant exiles from France* (3rd ed.), Edinburgh : Turnbull & Spears, 1886 ; William Cunningham, *Alien immigrants to England* (2nd ed.), London : Cass, 1969 ; I. Scouloudi (ed.), *Huguenots in Britain and their french background, 1550–1800. Contributions to the historical conference of the Huguenot Society of London. September 24–25, 1985, London*, London : Macmillan, 1987 ; Francis Crouzet, 'The Huguenots and the English financial revolution', in Patrice Higonnet, David Saul Landec and Henry Rosovsky (eds.), *Favorites of fortune : technology, growth and economic development since the industrial revolution*, Cambridge : Harvard University Press, 1991 ; Alice Clare Carter, *Getting, spending and investing in early modern times : essays on Dutch, English and Huguenot economic history*, Assen : Van Gorcum, 1975 ; Randolph Vigne and Charles Littleton, *From strangers to citizens : the integration of immigrant communities in Britain, Ireland and colonial America, 1550–1750*, Brighton : Sussex Academic Press, 2001. 邦語文献として，西川杉子「プロテスタント国際主義から国民意識への自覚へ――1680年代～1700年代のイングランド国教会をめぐって」『史学雑誌』105(11)，1996年，1–29頁；中川順子「外からきたジェ

ントルマン――近世における在英外国人の場合」山本正編『ジェントルマンであること――その変容とイギリス近代』刀水書房，2000 年，39-60 頁；須永隆『プロテスタント亡命難民の経済史――近世イングランドと外国人移民』昭和堂，2010 年。

(16) Jonathan Irvine Israel, *European jewry in the age of mercantilism, 1550-1750* (3rd ed.), London : Vallentine Mitchell, 1998 ; T. W. Perry, *Public opinion, propaganda, and politics in 18h-century England : a study of the Jew Bill of 1753*, Cambridge : Harvard University Press, 1962.

(17) Crouzet, 'The Huguerots and the English financial revolution', p. 229 ; *The Gentleman's Magazine* IV, 1734, p. 572. ディクソンによれば，サー・デニ・デュトリが保有していた三大特権会社（イングランド銀行・南海会社・東インド会社）の株式総額は，額面で 190,699 ポンドにものぼった。Peter George Muir Dickson, *The financial revolution in England : a study in the development of public credit, 1688-1756*, London : Macmillan, 1967, p. 82.

(18) *The Gentleman's Magazine* II, 1732, p. 633.

(19) ステファノ・ドビューズは，ロンドン・シティの正規のブローカー（Sworn Broker）でもあった。Dickson, *The financial revolution*, p. 494.

(20) Carter, *Getting, spending and investing*, p. 92.

(21) *The Gentleman's Magazine* XX, 1750, pp. 393-394 ; The National Archives (TNA) PROB 11/782. この遺言状に触れた研究として，Wilson, *Anglo-Dutch commerce and finance*, pp. 112-116. ウィルソンもヘラルトの遺贈先の構成について触れているが，その意味については踏み込んだ分析を行っていない。

(22) *The Gentleman's Magazine* XX, 1750, pp. 393-394 に掲載された遺言状の原本は，TNA PROB 11/782.

(23) 『ジェントルマンズ・マガジン』も，遺言状の原本も，表 3-1 で示したような順序およびグループ分けにしたがって記述されている。

(24) 表 3-1 の Geertrude Staal は妹，Dina Mulda は Abraham Van Neck の寡婦である。

(25) M. Decker, *Serious considerations on the several high duties*, London, 1743 ; do., *An essay on the causes of the decline of the foreign trade*, London, 1744.

(26) *ODNB* ; Wilson, *Anglo-Dutch commerce and finance*, p. 111.

(27) Wilson, *Anglo-Dutch commerce and finance*, pp. 109-111, 114-116. 彼もまた，ユグノーであるボサンケ（ボウズンキット）家の娘と結婚している。ボサンケ家については，川分圭子「一八世紀ロンドン商人ボウズンキット家の事業展開」『史林』78(5)，1995 年，1-41 頁が詳説する。

(28) Jacob Myron Price, *France and the Chesapeake : a history of the French tobacco monopoly, 1674-1791, and of its relationship to the British and American tobacco trades*, vol. I, Ann Arbor : University of Michigan Press, 1973, pp. 540-541.

(29) 長女の名は Louise Marianne，次女の名は Susanne Louise. 2 人の「マリッジ・セツルメント」については，*Ibid.*, vol. I, p. 541 ; *Ibid.*, vol. II, p. 1020, note 107.

(30) Wilson, *Anglo-Dutch commerce and finance*, pp. 112-114.

(31) *ODNB*.

(32) C. E. Lart, *Huguenot pedigrees*, vol. II, London : Guimaraens & Co., 1928, p. 60 ; Price, *France and the Chesapeake*, vol. I, p. 577 ; Carter, *Getting, spending and investing*, pp. 105–106.

(33) L. Lindemboom, *Austin Friars : history of the Dutch Reformed Church in London 1550–1950*, The Hague : Martinus Nijohoff, 1950, pp. 29–87, 150–173.

(34) W. J. C. Moens (ed.), *The marriage, baptismal, and burial registers, 1571 to 1874, and Monumental Inscriptions, of the Dutch Reformed Church, Austin Friars, London with a short account of the strangers and their churches*, Lymington [private printed], 1884, p. 210.

(35) *Ibid.*, pp. 150, 155.

(36) Wilson, *Anglo-Dutch commerce and finance*, pp. 113–114 ; Crouzet, '*The Huguenot and the English financial revolution*'.

(37) TNA T 1/267/2, ff. 27–47.

(38) *The Gentleman's Magazine* IV, 1734, 572.

(39) BL Add. MSS, 15943, f. 58. 'Power of Attorney from Catharina Amelia, Landgravine dowager of Hsse [sic], to Gerard and Joshua van Neck', Hague, 24 July, 1730.

(40) BL Add. MSS, 15943, f. 60, 'Power of Attorney from Carl and Wilhelm, Princes and Landgraves of Hsse, to John Girardot de Tillieux and Gerard van Neck', Hague, 17 Aug., 1736.

(41) Crouzet, '*The Huguenot and the English financial revolution*', pp. 248–249.

(42) Wilson, *Anglo-Dutch commerce and finance*, pp. 112–113.

(43) Trustee of Parliament, *The history of Parliament, the House of Commons*（CD-ROM. 以下, *HPHC* と略記), Cambridge : Cambridge University Press, 1998. 現在は Web サイト 'The history of Parliement : British political, social, local history'（www.historyofparliamentonline.org）で公開されている（2014年12月23日アクセス)。

(44) James Clifford Riley, *International government finance and the Amsterdam capital market, 1740–1815*, Cambridge : Cambridge University Press, 1980 ; 石坂昭雄『オランダ型貿易国家の経済構造』未来社, 1971年, 第2章。

(45) BL Add. Mss, 23814, f. 52. 'Trustee of the copper loan to Joseph I. Letter to Lord Carteret, 1743' ; Add. MSS, 23818, f. 176. 'Trustee of the copper loan to Joseph I. Letter to T. Robinson, 1744' ; Add. Mss, 23800, ff. 327, 464. 'Trustee of the copper loan to Joseph I. Letter to I. Dunant', 1737.

(46) TNA SP 36/64/352. 'Royal warrant for a bill authorising investment in a loan of £200,000 to the King of Sardinia to help him in the war against France and Spain, to be managed by John Bristow and Gerard van Neck' ; *The Gentleman's Magazine* XIV, 1744, p. 562.

(47) *The Gentleman's Magazine* XIX, 1749, p. 186.

(48) *Ibid.*, XIV, 1744, p. 225.

(49) Price, *France and the Chesapeake*, I, pp. 563–587.

(50) *Ibid.*, I, pp. 564–572.

(51) William Lawson Grant and James Munro, *Acts of the Privy Council of colonial series*, vol. III,

London : H M's Stationary Office, 1908, pp. 796–797.
(52) *Ibid.*, III, p. 797.
(53) *Ibid.*, III, pp. 797–798.
(54) Price, *France and the Chesapeake*, I, p. 575, table 3.
(55) *Ibid.*, vol. I, p. 569.
(56) TNA, SP 78/231 ; SP 78/267 ; Price, *France and the Chesapeake*, I, p. 572. ヘラルト・ファン・ネックの対応については，彼とニューカスル公爵との書簡に記述されている。BL Add. MSS, 32805, ff. 74, 76, 86 ; 32806, ff. 162, 190.
(57) BL Add. MSS, 32805, ff. 25, 88, 167 ; 32806, f. 199 ; 32808, ff. 229, 304 ; 32862, ff. 209, 279 ; 32868, f. 139 ; 32918, f. 384 ; 32919, f. 220.
(58) Price, *France and the Chesapeake*, I, pp. 572–573.
(59) Sir R. Lodge (ed.), *Private correspondence of Chesterfield and Newcastle, 1744–46*, London : the Royal Historical Society, 1930, pp. 85–86, 89.
(60) Price, *France and the Chesapeake*, I, pp. 539–543, 554–555, 557, 563–564, 586, 609, 1018–1019.
(61) BL Add. MSS, 35872, ff. 229–258 ; 35873 *passim* ; 35874 *passim*. 'Passes for ships of, exporting tobacco 1745–1748, 1756'.
(62) *Calendar of Home Office Papers*, III, p. 245. なお，フランス政府とのつながりは，ヨシュアの死まで継続していた模様である。Price, *France and the Chesapeake*, I, p. 585 ; II, p. 1037, note 105.
(63) *The Gentleman's Magazine* XXIV, 1744, p. 105.
(64) *HPHC*, II, p. 321.
(65) Price, *France and the Chesapeake*, II, p. 1037.
(66) *The Gentleman's Magazine* XX, 1750, p. 284.
(67) 'From Gray, Tuesday 31 December 1751', in W. S. Lewis and R. S. Brown, Jr. (eds.), *Horace Walpole's correspondence with Thomas Gray*, vol. II, New Heaven : Yale University Press, 1975, p. 57 ; *The Gentleman's Magazine* XXVIII, 1758, p. 556.
(68) メアリ・アンからトマスへの書簡が6通残っている。Charles Henry Wilson, 'Anglo-Dutch Establishment in Eighteenth Century', in Charles Henry Wilson et al., *The Anglo-Dutch contribution to the civilization of early modern society*, London : Oxford University Press for the British Academy, 1976, pp. 22–27 には，これらの書簡の一部が復刻されている。現在は，ケンブリッジ大学図書館手稿部にトマス・ウォルポール文書として所蔵されている。Cambridge University Library (CUL), Department of Manuscripts and University Archives, Thomas Walpole : Correspondence, MS Add.8708, ff. 25–30, 'To Thomas Walpole, from M. Van Neck, London, 17 Feb., 1748[9]'.
(69) CUL, Thomas Walpole : Correspondence, MS Add.8708, ff. 25–30, 'To Thomas Walpole, from M. Van Neck, London, 7 Mar., 1749'.
(70) CUL, Thomas Walpole : Correspondence, MS Add.8708, ff. 25–30, 'To Thomas Walpole, from M. Van Neck, London, 11 Apr., 1749'.

（71）Wolterton Archives, Box 70L, 18/9/1, 'Household and personal accounts kept by Elizabeth Van Neck, 1750–1759'.

（72）*The Gentleman's Magazine* XXI, 1751, p. 573.

（73）Moens, *The marriage*, p. 215.

（74）レスター伯とコーク卿がこのマナの売却主である。Suffolk Record Office, Ipswich Branch, HB 26/412/1758.

（75）*The Gentleman's Magazine* XLVII, 1777, p. 412.

（76）Wilson, *Anglo-Dutch commerce and finance*, p. 18.

（77）*Ibid.*, p. 17, figure 2.

（78）ホーラティオ・ウォルポールは，フランスをはじめとする大陸諸国との外交交渉の過程を，ニューカスル公爵らイギリス政府要人のみならず，ファン・ネック家にも詳細にわたって知らせている。Wolterton Archives, Box 45L, 17/1/38, 'Horatio Walpole's papers comprising letters, drafts and memoranda re Anglo-French negotiations. Correspondents include the Duke of Newcastle, Joshua Van Neck and Thomas Walpole. 1755–1756 and n.d.'

（79）BL Add. MSS, 32860, ff. 155, 165, 326.

（80）Price, *France and the Chesapeak*, I, p. 577.

（81）TNA T 1/363/45 ; T 1/375/139 ; T 1/384/72–83 ; T 1/385/4 ; T 1/385/68, 70, 78–79 ; T 1/386/49.

（82）'To Hertford, Sunday 5 May 1765', in W. S. Lewis, L. E. Troide, E. M. Martz and R. A. Smith (eds.), *Horace Walpole's correspondence with Henry Seymour Conway, Lady Ailesbury, Lord and Lady Hertford, Lord Beauchamp and Henrietta Seymour Conway*, New Heaven : Yale University Press, 1974, pp. 545–546 ; Crouzet, 'The Huguenot and the English financial revolution', p. 254 ; Wilson, *Anglo-Dutch commerce and finance*, p. 161.

（83）BL Add. MSS, 32861, f. 118 ; 32862, ff. 364–365.

（84）Herbert Lüthy, *La banque protestante en France : de la Révocation de l'Edit de Nantes à la Révolution*, Paris : S. E. V. P. E. N, 1959–61.

（85）'To Mann, Friday 20 June 1760', in *Horace Walpole's correspondence with Sir Horace Mann*, New Heaven : Yale University Press, 1960, p. 416.

（86）ファン・ネック商会の経営については，帳簿類が完全に散逸しているため，その実態は不明である。管見のかぎり，1765 年に起きたファン・ネック商会の手形偽造事件の裁判におけるヨシュア・ファン・ネック，トマス・ウォルポール，ジョサイア・オリヴィエ，そして同商会のその他の従業員らの証言が，同商会の経営の一端をうかがわせる唯一の記述である。この事件はロンドンとオランダを舞台にしており，ファン・ネック商会の商業・金融活動の特質をたくみに利用した事件であるが，これまでの研究ではこの史料が参照されたことはないと思われる。Joseph Gurney, *The trial of John Vestenburg, : for forging a draught for 4500.1 upon the Governor and Company of the Bank of England, in the name of Sir Joshua Van Neck and Company ... on Tuesday the 5th day of May, 1772, ... Taken verbatim in short-hand by Joseph Gurney*, London, 1772.

（87）*The Gentleman's Magazine* XLVII, 1777, p. 412.

(88) TNA PROB 11/1029.

(89) Moens, *The marriage*, p. 188.

(90) Dorothy North (ed.), *Huguenot wills and administrations in England and Ireland 1617–1849, abstracts of Huguenot wills and administrations*, compiled by Henry Wagner FSA, Huguenot Society of Great Britain and Ireland Quarto Series, LX, 2007, p. 294.

(91) François de La Rochefoucauld (with an introduction by Jean Marchand ; translated with notes by S. C. Roberts), *A Frenchman in England 1784*, Cambridge : Cambridge University Press, 1933, pp. 185–190.

(92) Yasushi Aoki, 'To be a member of the leading gentry : the Suffolk voluntary subscriptions of 1782', *Historical Research* 76(191), 2003, pp. 84, 91 ; 青木康「有力ジェントリの条件——十八世紀末イギリス・サフォーク州の一事例」『史苑』60(1)，1999年，138–151頁。

(93) Suffolk Record Office, Bury St Edmunds Branch, 586/34.

(94) Linda Colley, *Britons : forging the nation, 1707–1837*, New Haven : Yale University Press, 1992 (川北稔監訳『イギリス国民の誕生』名古屋大学出版会，2001年).

(95) TNA PROB 11/999.

(96) *The Gentleman's Magazine* LI, 1791, p. 585.

(97) Gerrit Parmele Judd, *Members of Parliament 1734–1832*, New Haven : Yale University Press, 1955, p. 363.

(98) J. Bateman, *Great landowners of Great Britain and Ireland* (4th ed.), London, 1883, p. 233. 18世紀末にはすでに，サフォークのなかでも5本の指に入る規模の庭園を誇っていた。

(99) 「ヴァネック家」からはその後，多数の軍人とオーストラリア総督が出ている。また，カナダからアメリカ合衆国に渡った子孫も多い。*Burke's genealogical and heraldic history of the peerage : baronetage & knightage* (102nd ed.), London : Burke's Peerage Ltd., 1959, pp. 1188–1189.

第4章　証券投資をする人びとの社会

(1) John Maynard Keynes, *A tract on monetary reform*, London : Macmillan, 1923 (宮崎義一・中垣常夫訳「貨幣改革論」『貨幣改革論・若き日の信条』中央公論新社，2005年，100–101頁). 訳文は一部改めた。

(2) Alice Clare Carter, *Getting, spending and investing in early modern times : essays on Dutch, English and Huguenot economic history*, Assen : Van Gorcum, 1975.

(3) Peter George Muir Dickson, *The financial revolution in England : a study in the development of public credit, 1688–1756*, London : Macmillan, 1967, p. 285.

(4) 川北稔『工業化の歴史的前提——帝国とジェントルマン』岩波書店，1983年，312–325頁。フランスについては，佐村明知『近世フランス財政・金融史研究——絶対王政期の財政・金融と「ジョン・ロー・システム」』有斐閣，1995年，第5章。

(5) 公債の歴史については，以下の文献を参照。E. L. ハーグリーヴズ，一ノ瀬篤・斎藤忠雄・西野宗雄訳『イギリス国債史』新評論，1987年；富田俊基『国債の歴史——金利に凝縮された過去と未来』東洋経済新報社，2006年。

（6）Dickson, *The financial revolution in England*, pp. 2–49.

（7）ディクソンは約53万名と推測する。*Ibid*., p. 286.

（8）これらの数値は，Brian R. Mitchell, *British historical statistics*, Cambridge : Cambridge University Press, 1988（犬井正翻訳監修・中村壽男訳『イギリス歴史統計』原書房，1995年，600–601頁）.

（9）坂本優一郎「イギリス国債と「投資社会」，1818～1890年――減債・信託貯蓄銀行・郵便貯蓄銀行」『大阪経大論集』61(2)，2010年，181–190頁。

（10）TNA NSC 2/1.

（11）Sir Robert Peel, *The national debt productive of national prosperity*, Warrington, 1787, p. 49. Mitchell, *British historical statistics*, pp. 575–580（犬井・中村訳『イギリス歴史統計』575–580頁）.

（12）Carter, *Getting, spending and investing*, p. 74.

（13）Sheila Lambert（ed.）, *House of Commons sessional papers of the eighteenth century*, vol. 81, Wilmington : Scholarly Resources, 1975–76.

（14）Dickson, *Financial revolution in England*, p. 300.

（15）John Hamilton Baker, *An introduction to English legal history*（3rd ed.）, London : Butterworths, 1990, p. 552.

（16）Mary Lyndon Shanley, *Feminism, marriage, and the law in Victorian England*, Princeton : Princeton University Press 1989 ; Susan Staves, *Married women's separate property in England, 1660–1883*, Cambridge（MA）: Harvard University Press, 1990 ; Robert John Morris, 'Men, women and property : the reform of the Married women's property Act, 1870', in Francis Michael Longstreth Thompson（ed.）, *Landowners, capitalists and entrepreneurs : essays for Sir John Habakkuk*, Oxford : Oxford University Press, 1994, pp. 171–191 ; Mary Beth Combs, 'Wives and household wealth : the impact of the 1870 British married women's property act on wealth-holding and share of household resources', *Continuity and Change* 19(1), 2004, pp. 141–163 ; do., 'The price of independence : how the 1870 married women's property act altered the investment risks faced by lower middle class British women', *Journal of Economics* 30(2), 2004, pp. 1–26 ; do., '"A measure of legal independence" : the 1870 married women's property act and the portfolio allocations of British wives', *Journal of Economic History* 65(4), 2005, pp. 1028–1057.

（17）Henry Kent, *The directory : containing an alphabetical list of the names and places of abode of the directors of companies persons in publick business*, London, 1736. 岩間俊彦「ミドルマン――イギリス地方都市における商業社会の一側面」吉田伸之・伊藤毅編『伝統都市4 分節構造』東京大学出版会，2010年，247–259頁。

（18）B. B—n, *A master-key to the rich ladies treasury. or, the widower and batchelor's directory*, London, 1742, p. 3.

（19）「＊」は選挙権のみを有する保有者（株式保有額面1,000ポンド以上。なお，選挙権は保有者1名につき1票が与えられた），「＊＊」は選挙権および取締役の被選挙権を有する保有者（株式保有額面2,000ポンド以上），「＊＊＊」は選挙権，取締役被選挙権お

よび副総裁被選挙権を有する保有者（株式保有額面 3,000 ポンド以上），最後に「＊＊＊＊」は選挙権，取締役被選挙権，副総裁被選挙権，総裁被選挙権のすべての権限を有する保有者（株式保有額面 4,000 ポンド以上）をそれぞれ示す。

(20) Bank Archives, M5/48. Bank of England, *A list of the names of all such proprietors of the Bank of England*, London : J. Humfreys, 1738. なお，彼女のすぐ上の 'Sampson Gideon' とは，第 1 章と第 2 章で登場したユダヤ人公債請負人のサムスン・ギデオンである。ギデオンの名に手書きで記入された「99」という数値は，ギデオンが取締役選挙で得た得票数と考えられる。

(21) Ann M. Carlos and Larry Neal, 'The micro-foundations of the early London capital market : Bank of England shareholders during and after the South Sea Bubble, 1720–25', *Economic History Review* 59(3), 2006, pp. 498–538.

(22) TNA NDO1/1.

(23) TNA NDO1/4, f. 22.

(24) Bank Archives, AC 27/262.

(25) TNA T 1/376/50.

(26) TNA T 1/368/82.

(27) Lincolnshire Archives, 2–PG/12/6/14.

(28) Peter Temin and Hans-Joachim Voth, *Prometheus shackled : goldsmith banks and England's financial revolution after 1700*, New York and Oxford : Oxford University Press, 2013, pp. 167–169.

(29) David Maelgwyn Joslin, 'London private bankers, 1720–85', *Economic History Review* 7(2), 1954–55, pp. 175–186.

(30) Leslie Pressnell, *Country banking in the industrial revolution*, Oxford : Clarendon Press, 1956, pp. 415–434, 519.

(31) 最もシンプルな「生残年金」(reversion) は，ペアの片方の死後，残された片方へ給される終身年金である。たとえば，夫が現在 60 歳，妻が 55 歳として，もし夫が 65 歳で死亡して，かつ妻が 80 歳まで生存したとすると，妻は 20 年間年金を受給できる。しかし，夫も妻も 80 歳まで生存すると，妻の年金は 5 年間に短縮され，価値が減じる。さまざまな変形版があるが，ペアのそれぞれの年齢が年金の価値を決定する重要な要素となることに変わりはない。

(32) *Whitehall Evening Post*, 24 Jan., 1799.

(33) *Gazetteer and New Daily Advertiser*, May 18, 1792.

(34) なお，第 1 番と第 11 番のアンドリュ・グラハムは，22 カ月および 24 カ月と保有期間中の最下位を記録しているが，これはアンドリュ・グラハムの死去に伴うものであった。また，この史料の記録は 1798 年から 1809 年に限定されており，各銘柄の保有期間は前後にさらに長期間におよんだ。

(35) Lambeth Palace Library, MSS/2690–2750/2706, 2711.

(36) Dickson, *Financial revolution in England*, p. 292.

(37) 金澤周作『チャリティとイギリス近代』京都大学学術出版会，2008 年，62，64 頁。

(38) Bank Archives, M2/110.

(39) Jeremy Bentham, *Circulating annuities, &c.* [London], [1801].

(40) David Hancock, *Citizens of the world : London merchants and the integration of the British Atlantic community, 1735–1785*, Cambridge : Cambridge University Press, 1995, pp. 264–265.

(41) Bank Archives, AC 27/270, pp. 1881–1882, 2028.

(42) Bank Archives, AC 27/269, pp. 2187, 2189, 2192, 2202, 2217–2218, 2223–2224, 2238, 2245–2246, 2287–2288, 2308, 2315–2316, 2329.

(43) ケインズ『貨幣改革論』105 頁。訳文は一部改めた

第 III 部導入

(1) J. G. A. Poacock, *The Machiavellian moment : Florentine political thought and the Atlantic republican tradition*, Princeton University Press, 1975, 2003（2nd ed.）（田中秀夫・奥田敬・森岡邦泰訳『マキァヴェリアン・モーメント――フィレンツェの政治思想と大西洋圏の共和主義の伝統』名古屋大学出版会，2008 年，とくに第 12〜14 章）.

第 5 章　投資社会の文化史

(1) H. T. Dikinson, *Liberty and property : political ideology in eighteenth-century Britain*, New York : Holmes and Meier, 1977（田中秀夫監訳・中澤信彦他訳『自由と所有――英国の自由な国制はいかにして創出されたか』ナカニシヤ出版，2006 年，とくに第 1 部および第 2 部）.

(2) Daniel Defoe, *The free-holders plea against stock-jobbing elections of Parliament men*（2nd ed.）, London, 1701, p. 16. デフォーの国債論については，小林順「ダニエル・デフォーと国債」『ノートルダム女子大学研究紀要』22，1992 年，53–64 頁。

(3) Defore, *The free-holders plea*, p. 23.

(4) Daniel Defoe, *The villainy of stock-jobbers detected, and the causes of the late run upon the bank and bankers discovered and considered*, London, 1701, p. 5.

(5) Daniel Defoe, *Essays upon several projects*, London, 1702, p. 30.

(6) Daniel Defoe, *The anatomy of Exchange-Alley : or, a system of stock-jobbing. Proving that scandalous trade*, London, 1719, p. 11.

(7) *A letter to a modern dissenting Whig concerning the present juncture of affairs*, London, 1701, p. 19.

(8) Charles Davenant, *New dialogues upon the present posture of affairs, the species of mony* 〔sic〕*, national debts, publick revenues, Bank and East-India Company*, London, 1710, p. 110. 日本におけるダヴナントの信用論についての研究として，杉山忠平『イギリス信用思想史研究』未来社，1963 年，第 1 章；伊藤誠一郎「チャールズ・ダヴナントにおける統治と経済」『三田学会雑誌』85(2)，1992 年，315–336 頁；大倉正雄『イギリス財政思想史』日本経済評論社，2000 年，第 2 章。

(9) Jonathan Swift, *The conduct of the allies, and of the late ministry, in beginning and carrying on the present war*（3rd ed.）, London, 1711, p. 87.

(10) Jonathan Swift (ed. by Herbert Davis), *The history of the four last years of the Queen*, Oxford : Basil Blackwell, 1964, pp. 68–78.「土地」対「貨幣」の二分法から逸脱する事例として，下記の文献を参照。Yamamoto Koji, 'Piety, profit and public service in the financial revolution', *English Historical Review* 126(521), 2011, pp. 806–834.
(11) Anon., *Exchange-alley : or, the stock-jobber turn'd gentleman*, London, 1720, preface.
(12) Matthew Concanen, *The speculatist. A collection of letters and essays, moral and political, serious and humorous*, London, 1730, p. 132.
(13) Sir Charles Whitworth (ed.), *The political and commercial works of Charles D'Avenant*, vol. VI, London, 1771, pp. 217–218.
(14) William Cobett, *The parliamentary history of England from the eariets period to 1806*, vol. 10, (1737–39), London : Hansard, 1812, pp. 62–63. 4%年金保有者に対して，次の (1)〜(4) を選択させる内容であった。(1) 額面金額での償還，(2) 同額面の 3%有期年金（14 年，中途償還なし）と交換，(3) 有期年金（4%で 47 年間，5%で 31 年間，6%で 23.5 年間，7%で 19 年間，8%で 16 年間，9%で 13.75 年間，10%で 12 年間のいずれかを選択）との交換，(4) 終身年金（44 歳以上は 7%，53 歳以上は 7%，59 歳以上は 9%，63 歳以上は 10%）への転換。
(15) Anon., *Considerations upon a proposal for lowering the interest of all the redeemable national debts to three per cent. per ann.*, London, 1737, p. 20.
(16) John Bruce, *Considerations on the necessity of taxing the annuities granted by Parliament in the reigns of King William, and Queen Anne*, London, 1734, p. 7.
(17) *The history and proceedings of the House of Commons from the Restoration to the present time*, vol. 9, London, 1742, p. 411.
(18) Anon., *A serious address to the proprietors of the publick funds*, London, 1744, p. 33.
(19) Malachy Postlethwayt, *A dissertation on the plan, use, and importance, of the Universal Dictionary of Trade and Commerce*, London, 1749, p. 24.
(20) *A dispassionate remonstrance of the nature and tendency of the laws now in force*, London, 1751, p. 1.
(21) Matthew Decker, *An essay on the causes of the decline of the foreign trade*, Dublin, 1749, p. 90.
(22) Alexander Montgomerie Eglinton, *An inquiry into the original and consequences of the public debt*, Edinburgh, 1753, p. 2.
(23) Bob Harris, 'Patriotic commerce and national revival : the Free British Fishery Society and British politics, c. 1749–58', *English Historical Review* 114(456), 1999, pp. 285–313 ; do., '"American idols" : empire, war and the middling ranks in mid-eighteenth-century Britain', *Past & Present* 150, 1996, pp. 111–141.
(24) *Merchant of London. A letter from a merchant of the city of London, to the R—t H—ble W— P— Esq.* (2nd ed.), London, 1757, p. 83.
(25) Aristarchus, *The grand question debated : after the dialogistic manner of Lucian*, London, [1755?], p. 31.

(26) Anon., *Essays, I. On the public debt. II. On paper-money, banking, &c. III. On frugality*, London, 1755, p. 11.
(27) Anon., *The sentiments of a great man upon proposals for the general reduction of interest to three per cent*, London, 1751, pp. 19–20.
(28) Malachy Postlethwayt, *Great-Britain's true system*, London, 1757, p. 3.
(29) *Ibid.*, p. 44.
(30) *Ibid.*, p. 70.
(31) モーティマに本格的に言及した英語文献として，S. R. Cope, 'The Stock Exchange revisited : a new look at the market in securities in London in the 18th century', *Economica* 45, 1978, pp. 1–21 ; Huw. V. Bowen, '"The pests of human society" : stockbrokers, jobbers and speculators in mid eighteenth-century Britain', *History* 78, 1993, pp. 38–53 をあげておく。
(32) Jacques Necker, *De l'administration des finances de la France*, Paris, 1784.
(33) Jacques Necker, *A treatise on the administration of the finances of France*, London, 1783.
(34) Thomas Mortimer, *The British Plutarc*, London, 1762.
(35) Thomas Mortimer, *The elements commerce, politics and finance*, London, 1772.
(36) Thomas Mortimer, *Dictionary of trade and commerce*, London, 1766 ; do., *General commercial dictionary*, London, 1810.
(37) Malachy Postlethwayt, *The Universal dictionary of trade and commerce*, London, 1751.
(38) Thomas Mortimer, *The remarkable case of Thomas Mortimer, Esq ; late His Majesty's Vice-Consul for the Austrian Netherlands : addressed without permission* (2nd ed.), London, 1770.
(39) たとえば，Catherine Comb-brush, *Every man his own business*, London, 1725 ; Giles Jacob, *Every man his own lawyer*, London, 1757 ; John Theobald, *Every man his own physician*, London, [1764] ; John Abercrombie, *Every man his own gardener*, London, 1797 ; Samuel Child, *Every man his own brewer*, London, 1798.
(40) Thomas Mortimer, *Every man his own broker* (3rd ed.), London, 1761, p. 33.
(41) *Ibid.*, pp. 33–34.
(42) *Ibid.*, p. 34.
(43) *Ibid.*, p. 51.
(44) *Ibid.*, p. xx.
(45) *Ibid.*, p. xi–xii.
(46) *Ibid.*, pp. 25–26.
(47) *Ibid.*, pp. 27–28.
(48) *Ibid.*, pp. 35–36.
(49) *Ibid.*, pp. 40–41.
(50) *Ibid.*, p. i.
(51) *Ibid.*, p. i.
(52) *Ibid.*, p. xi–xii
(53) *Ibid.*, p. 3.
(54) *Ibid.*, p. 18.

(55) *Ibid.*, pp. 25–26.
(56) *Ibid.*, p. 36.
(57) *Ibid.*, p. 18.
(58) *Ibid.*, p. 16.
(59) *Ibid.*, pp. 21–22.
(60) なお，早見表そのものは，モーティマに先んじて出版されている。George Clerke, *The dealers in stock's assistant* (2nd ed.), London, [1725?]; Benjamin Webb, *Tables for buying and selling stocks*, London, 1759.
(61) Anon., *An essay on the constitution of England*, London, 1765, pp. 69–71.
(62) Anon., *A letter to Robert Morris, Esq*., London, 1771, p. 44.
(63) パルトニの活動については，以下の文献が詳細に論じており，有益である。大倉正雄『イギリス財政思想史』日本経済評論社，2000 年，とくに第 3 章。
(64) William Pultney, *Reflections on the domestic policy*, London, 1761, p. 56.
(65) Gentleman long resident in India, *Reflections on the present state of our East India affairs*, London, 1764, p. 11.
(66) 東インド会社の株主が経営に関心をみせなかったことについては，実証研究で確認されている。H. V. Bowen, 'Investment and Empire in the Later Eighteenth Century : East India Stockholding, 1756–91', *Economic History Review*, 2nd ser., 42(2), 1989, pp. 186–206; do., *The business of empire : the East India Company and imperial Britain, 1756–1833*, Cambridge : Cambridge University Press, 2006, chapter 1.
(67) Adolphe A. Barle, Jr. and Gardiner C. Means, *The modern corporation and private property*, New York : Macmillan, 1932（北島忠男訳『近代株式会社と私有財産』分雅堂銀行研究社，1957 年。および森杲訳『現代株式会社と私有財産』北海道大学出版会，2014 年）.
(68) デイヴィッド・ヒューム，田中秀夫訳「論説八　公信用について」『政治論集』（近代社会思想コレクション 4）京都大学学術出版会，2010 年。ヒュームの公信用論については，川脇慎也「D. ヒュームの租税・公債論と社会秩序論の展開」『経済学史研究』55 (2)，2014 年，92–105 頁；森直人「商業発展と公債累増（1）ヒューム『政治論集』における 2 つの「自然史」」『経済論叢』174（5/6)，2004 年，435–449 頁；同「商業発展と公債累増（2）ヒューム『政治論集』における二つの「自然史」」『経済論叢』175 (2)，2005 年，137–152 頁；竹本洋「D. ヒュームの『政治論集』にかんする試論（1)」『大阪経大論集』196，1990 年，36–107 頁；同「D. ヒュームの『政治論集』にかんする試論（2)」『大阪経大論集』197，1990 年，21–58 頁；田中敏弘「デイヴィッド・ヒュームの公債論」『經濟學論究』19(3)，1965 年，33–58 頁。
(69) Robert Wallace, *A view of the internal policy of Great Britain. in two parts. Part I*, London, 1764, p. 97.
(70) William Blackstone, *Commentaries on the laws of England*, vol. 1, Oxford, 1765, p. 316.
(71) John Campbell, *A political survey of Britain*, vol. 2, London, 1774, p. 554.
(72) Thomas Mortimer, *Every man his own broker* (7th ed.), London, 1775, p. 36.
(73) Thomas Mortimer, *The elements of commerce, politics and finances*, London, [1772], p. 380.

同書にはジェイムズ・ステュアートへの言及もみられる。

(74) José Luís Cardoso and António de Vasconcelos Nogueira, 'Isaac de Pinto (1717-1787): An enlightened economist and financier', *History of Political Economy* 37(2), 2005, pp. 263-292.

(75) Isaac de Pinto, *Traité de la circulation et du crédit : contenant une analyse raisonnée des fonds d'Angleterre*, Amsterdam : Chez Marc Michel Rey, 1771.

(76) Isaac de Pinto, *An essay on circulation and credit, in four parts ; and a letter on the jealousy of commerce*, London, 1774, p. ii.

(77) *Ibid.*, p. 7.

(78) *Ibid.*, pp. 14-15.

(79) *Ibid.*, p. 16.

(80) *Ibid.*, p. 18.

(81) Mortimer, *The elements of commerce*, pp. 356, *passim*.

(82) *Ibid.*, pp. 356-357.

(83) *Ibid.*, p. 360.

(84) *Ibid.*, p. 378.

(85) *Ibid.*, p. 392.

(86) *Ibid.*, pp. 393-394.

(87) *Ibid.*, p. 398.

(88) Pinto, *An essay on circulation and credit*, pp. 40-41.

(89) *Ibid.*, p. 42.

(90) Mortimer, *The elements of commerce*, pp. 399, 405.

(91) *Ibid.*, pp. 399-400.

(92) なお，これらのテクストでの「投資」にあたる原語の大部分は vest か lay out という言葉である。現在，通常用いられる invest (ment) は当初，東インド会社の積み荷に資金を投じる意味を示していた。証券に投資する意で用いられる例の初出は，1780 年前後頃のようである。*Morning Chronicle and London Advertiser*, 5 Aug., 1780 のトンチンの広告には 'the investment in government stocks'（政府証券に投資）という文言がみえる。モーティマの「早見表」の拡充がそれに近接した 1782 年であることは，示唆的である。ただし，モーティマやド・ピントには investment の語は一度も使われていない。逆に，現在の投機にあたる speculation が証券投機の意で用いられるようになるのは，投資よりも少し早く 1760 年代頃である。モーティマの『ブローカー入門』でも，第 3 版（1761 年）より speculation が投機の意で使用されている。Mortimer, *Every man his own broker* (3rd ed.), p. 162.

(93) ネッケルにとっての信用については，王寺賢太「代表制・公論・信用──『両インド史』の変貌とレナル，ネッケル，ディドロ」富永茂樹編著『啓蒙の運命』名古屋大学出版会，2011 年，39-73 頁。

(94) 「テリュッソン・ネッケル銀行」については，以下の記述を参照。Herbert Lüthy, *La banque protestante en France : de la révocation de l'Édit de Nantes à la Révolution*, Tom 2, Paris : S. E. V. P. E. N., 1959, pp. 160-242.

(95) *Compte rendu au roi*, Paris, 1781.
(96) Jacques Necker, *De l'Administration des finances de la France*, 1784.
(97) Jacques Necker, *A treatise on the administration of the finances of France*, 1783, p. vi.
(98) Mortimer, *The elements of commerce*, pp. 375, 379.
(99) *Ibid.*, p. 376.
(100) *Ibid.*, p. 376.
(101) *The Gentleman's Magazine* XXXI, 1762, pp. 17-20.
(102) Anon., *Every woman her own broker ; or a new guide to the Alley : illustrated with examples real life. containing proper and necessary instruction for every woman, and plainly pointing out the method of making the most of her own charms, without the assistance of female broker, tally-woman, &c. &c.*
(103) 価格を 3 シリングとする史料もある。Tobias Smollett, *The critical review* 15, May 1763, p. 408.
(104) Paterson and Eve, *A catalogue of an elegant library of rare and valuable books, chiefly English, most of which relate to natural history, antiquities, and the polite arts*, [London], [1768], p. 12 ; William Earle, *A new catalogue of the extensive and well-chosen collection of English books ; being part of Earle's original French, English, Spanish and Italian circulating library ; established upwards of 60 years in Frith-Street, Soho*, [London], [1799], p. 92.
(105) 早見表だけが出版された例もある。*A pocket companion for the purchasers of stock in any of the public funds*, London, [1790].
(106) William Fairman, *The stocks examined and compared*, London, 1795.
(107) Thomas Fortune, *An epitome of the stocks and publick funds*, London, 1796.
(108) Thomas Fortune, *Fortune's epitome of the stocks & public funds*, London, 1820.
(109) Charles Hales, *The bank mirror*, London, [1796].
(110) George G. Carey, *Every man his own stock-broker* (2nd ed.), London, 1821.
(111) *A New guide to the public funds : or, Every man his own stock-broker*, London, [1825?].
(112) Fortune, *An epitome of the stocks and publick funds*, pp. 9-10.

第 6 章　年金・科学・投資社会

(1) Jean-Antoine-Nicolas de Caritat, marquis de Condorcet, *Esquisse d'un tableau historique des progrès de l'esprit human : ouvrage posthume de Condorcet*, [1795?]（前川貞次郎訳『人間精神進歩の歴史』角川書店，1966 年）. 訳文は訳書 208 頁によった。
(2) 代表的なものとして，イアン・ハッキング，石原英樹・重田園江訳，『偶然を飼いならす――統計学と第二次科学革命』木鐸社，1999 年。
(3) David Victor Glass, *Numbering the people : the 18th century population controversy and the development of census and vital statistics in Britain*, London : Glass Gregg, 1973.
(4) 全体像は，Lorraine Daston, *Classical probability in the Enlightenment*, Princeton : Princeton University Press, 1988 を参照。本章の主眼は科学と「投資社会」の相互関係をさぐることにある。

(5) Geoffrey Poitras, *The early history of financial economics, 1478–1776 : from commercial arithmetic to life annuities and joint stocks*, Northampton : Edward Elgar, 2000, pp. 143–221.
(6) William Purser, *Compound interest and annuities*, London, 1634, pp. 5–6.
(7) *Tables for renewing & purchasing of the leases of Cathedral-churches and colleges*, Cambridge, 1686.
(8) Gael Morris, *Tables for renewing and purchasing of leases. As also for renewing and purchasing of lives*, London, 1735.
(9) John Graunt, *Natural and political observation*, London, 1662. 阪上孝『近代的統治の誕生——人口・世論・家族』岩波書店，1999年，第1章。
(10) Sir William Petty, *Observations upon the Dublin-bills of mortality*, 1683 ; do., *An essay concerning the multiplication of mankind* (2nd ed.), London, 1686.
(11) E. Halley, 'An estimate of the degrees of mortality of mankind drawn from curious tables of the birth and funerals at the city of Breslaw', *Philosophical transactions of The Royal Society of London*, 1692/93, pp. 596–610 ; do., 'Some further considerations on the Breslaw bills if mortality', *Philosophical transactions of The Royal Society of London*, 1693, pp. 17–198, 654–656.
(12) ハインリヒ・ブラウン，水島一也訳『生命保険史』明治生命100周年記念刊行会，1983年，96–111頁。
(13) Abraham de Moivre, *The doctrine of chances*, London, 1718, p. vi.
(14) John Arbuthnot, *Of the laws of chance* (4th ed.), London, 1738, p. viii.
(15) Abraham de Moivre, *Annuities upon lives*, London, 1725, p. vi.
(16) James Hodgson, *The valuation of annuities upon lives*, London, 1747, p. iv.
(17) Abraham de Moivre, *Annuities on lives* (4th ed.), London, 1752.
(18) BL Add. MSS, 32870, f. 437.
(19) BL Add. MSS, 33040, f. 141.
(20) R. W. Cooper, *An historical analysis of the tontine principle*, Philadelphia : University of Pennsylvania, 1972.
(21) Peter George Muir Dickson, *The financial revolution in England : a study in the development of public credit, 1688–1756*, London : Macmillan, 1967 ; R. M. Jennings and A. P. Trout, *The tontine : from the reign of Louis XIV to the French revolutionary era*, Philadelphia : University of Pennsylvania, 1982, pp. 16–25, 51–61 ; T. O' Donnell, *History of life insurance in its formative years*, Chicago : American Conservation Company, 1936, pp. 159–163.
(22) *Ibid*., pp. 163–165 ; Dickson, *The financial revolution in England*, pp. 52–53.
(23) O'Donnell, *History of life insurance*, pp. 165–167.
(24) Robert Hamilton, *Inquiry concerning the rise and progress, the redemption and present state, and the management of the national debt of Great Britain and Ireland* (3rd ed.), 1818, pp. 62–63.
(25) Charles Compton, *A treatise on tontine*, London, 1838, pp. 9–10 ; Robert W. Cooper, *An historical Analysis of the Tontine Principle*.

(26) たとえば，*London Gazette*, 5 Nov., 179；*Whitehall Evening Post*, 8 Nov., 1791；*Morning Chronicle*, 29 Nov., 1792 など。

(27) Lincolnshire Archives, 1-DIXON 12-4-3；Suffolk Record Office（以下，SRO と略記），Ipswich branch, T 20-1, 12.

(28) Lincolnshire Archives, 1-DIXON 12-4-3.

(29) SRO, Ipswich Branch, T 20-1, 1-11.

(30) Yorkshire Tontine, *Copy of the deed of covenants, from the trustees, directors*, York, 1790.

(31) Rochester, Chatham, Brompton and Strood Tontine Association, *Articles, rules and orders, to be observed by the Rochester, Chatham, Brompton and Strood, Tontine Association*, [Rochester?], 1791.

(32) Kentish Tontine Society, *Government security. Rules, and articles of the Kentish Tontine*, Maidnstone, 1792.

(33) Universal British Tontine Society, *Laws, rules, and orders*, London, 1791.

(34) Royal Universal Tontine Society, *Rules and orders*, Bristol, 1791.

(35) New British Tontine, *Government security. Oct. 1, 1792. The new British tontine*, [Bristol?], 1792；New British Tontine, *Rules and articles of the New British Tontine*, Bristol, 1792.

(36) たとえば，*Gazetteer and New Daily Advertiser*, 19 Feb., 1790；*Public Advertiser*, 18 Jun., 1791 など。

(37) Thomas Fry, 'On the INQUIRY of certain SCHEMES for TONTINES, which have been offered to the public by private persons', in London Corresponding Society, *The moral and political magazine of the London Corresponding Society*, vol. 1, 1796, p. 33.

(38) Minerva Universal Insurance, *The first three parts of the Minerva Universal Insurance! for fire, lives, annuities, and impartial tontine*, London, 1797.

(39) Richard Price, *Observations on reversionary payments*, London, 1771.

(40) Richard Price, *An appeal to the public, on the subject of the national debt*, London, 1772.

(41) Richard Price, *Observations on the expectations of lives*, London, 1769.

(42) Price, *An appeal to the public*, pp. 41-44.

(43) E. L. ハーグリーヴズ，一ノ瀬篤・斎藤忠雄・西野宗雄訳『イギリス国債史』新評論，1987年。

(44) Thomas Mortimer, *The elements commerce, politics and finance*, London, 1772, pp. 431-439.

(45) William Morgan, *Memoirs of the life of the Rev. Richard Price*, London, 1815.

(46) ブラウン『生命保険史』203頁。

(47) William Morgan, *The doctrine of annuities and assurances on lives and survivorships*, London, 1779.

(48) Gareth Stedman Jones, *An end to poverty? : a historical debate*, London : Profile, 2004.

(49) LMA, MJ/SP/1787/01/039/001.

(50) Thomas Fry, 'Private Tontines', in London Corresponding Society, *The moral and political magazine of the London Corresponding Society*, vol. 1, 1796, pp. 73-74.

(51) コンドルセ，前川貞次郎訳『人間精神進歩の歴史』角川文庫，1966年，208頁。

(52) 当時の文献としては，Eon de Beaumont, Charles Geneviève Louis Auguste André Timothéed, *Memoires pour servir a l'histoire générale des finances. Par M. Déon de Beaumont*, Londres [i.e. Paris], 1758 を一例としてあげておく。また，トンチンについては近年の唯一の研究例として以下の文献がある。D. R. Weir, 'Tontines, public finance and revolution in France and England, 1688–1789', *Journal of Economic History* 49, 1989, pp. 95–124.

(53) 隠岐さや香『科学アカデミーと「有用な科学」――フォントネルの夢からコンドルセのユートピアへ』名古屋大学出版会，2012 年，とくに第７章。

(54) 同上，296–299 頁。

(55) Dublin Tontine Company, *Scheme of the Dublin Tontine Society for the benefit of survivors*, [Dublin?], [1790]; Dublin Tontine Company, *Articles of agreement entered into by and between the subscribers to the Dublin Tontine Company*, Dublin, 1791; Boston Tontine Association, *The constitution of the Boston Tontine Association*, Boston, 1791.

(56) *Green's register, for the state of Connecticut: with an almanack, for the year of our Lord, 1795*, New-London, [1794].

(57) *Ibid.*, p. 45.

(58) David Wilkie, *Theory of interest, simple and compoun*, Edinburgh, 1794, pp. 220–224.

(59) William Black, *An arithmetical and medical analysis of the diseases and mortality of the human species* (2nd ed.), London, 1789, p. 262.

(60) John Finlaison, *Life annuities*, London, 1829. ジョン・フィンレイソンについては，イアン・ハッキング，岡澤康治訳「生権力と印刷された数字の雪崩」『思想』1057，2012 年，85–86 頁も参照。

(61) Frederick Hendriks, 'On the financial statistics of British government annuities (1808–1855) and the loss sustained by the government in granting annuities', *Journal of the Statistical Society of London* 19(4), 1856, pp. 325–384; do., 'On the early history of tontines', *Journal of the Institute of Actuaries* 10, 1861–1863, pp. 205–240.

(62) ハッキング『偶然を飼いならす』，とくに第６章。

(63) フランスでも公共事業と「投資社会」の関係を確認できる。伊藤滋夫「一八世紀フランスの公共事業と地方財政」『西洋史学』201，2001 年，1–21 頁および同「一八世紀ラングドックにおける地方三部会と金利生活者」『西洋史学』227，2007 年，1–21 頁。また，トンチンは当時，ヨーロッパ各国に普及しており，それがブリテンでのトンチンにも影響をおよぼしたことにも留意しなければならない。普及については，ブラウン『生命保険史』184–199 頁。影響の具体例は，BL Add. MSS, 4458, ff. 169–185.

第７章　もうひとつの財政金融革命

(1) Peter Borsay, *The English urban renaissance*, Oxford: Oxford University Press, 1989.

(2) Paul Langford, *Public life and the propertied Englishman, 1689–1798*, Oxford: Oxford University Press, 1991, chapter 3.

(3) John Brewer, *The sinews of power: war, money and the English state, 1688–1783*, London: Unwin Hyman, 1989（大久保桂子訳『財政＝軍事国家の衝撃――戦争・カネ・イギリス

国家 1688-1783』名古屋大学出版会，2003 年）．ウェストミンスタ橋の改修やスコットランドの改良事業などへの資金提供例はあるが，それらは例外的といってよい。

（4）本章では先行研究が充実している運河とターンパイクについては詳細には触れない。運河の資金調達を包括的に扱った研究は J. R. Ward, *The finance of canal building in 18th century England*, Oxford : Oxford University Press, 1974，ターンパイクについては William Albert, *The turnpike road system in England, 1663-1840*, Cambridge : Cambridge University Press, 1972.

（5）「イングランド財政金融革命」研究やロンドン資本市場史研究については，序章にあげた各文献を参照のこと。

（6）これらの研究の例外として B. L. Anderson, 'Provincial aspects of the financial revolution of the 18th century', *Business History* 11, 1969, pp. 11-22. アンダーソンは地方の抵当に注目する。

（7）Langford, *Public life and the propertied Englishman*, pp. 250-251.

（8）近藤和彦「カナレットの描いた二つの橋——一八世紀ロンドンにおける表象の転換」近藤和彦・伊藤毅編『江戸とロンドン（別冊 都市史研究）』2007 年，236 頁。

（9）Sidney Webb and Beatrice Webb, *English local government : statutory authorities for special purposes*, London : Longman, 1922.

（10）ウェストミンスタ橋については近藤「カナレットの描いた二つの橋」を参照。

（11）London Metropolitan Archives, MJ/SP/B/0471 ; MJ/SP/B/0471.

（12）London Metropolitan Archives, ACC/38/1.

（13）London Metropolitan Archives, MF/T/001-3.

（14）*The Covent Garden Journal*, 1808, pp. 460-467.

（15）*Hull Advertiser*, 13 Sept., 1794.

（16）West Sussex Record Office, Add. MSS, 31148-31241.

（17）Gloucestershire Archives, GBR-A1-3-11.

（18）Sir Paul George Onesiphorus, *A second address on the subject of a reform of prisons*, [Gloucester?], [1783?], pp. 18-19 ; Christopher William Chalklin, *English counties and public building, 1650-1830*, London : Hambledon, 1998, pp. 165-180.

（19）Onesiphorus, *A second address*, pp. 76-77.

（20）Glenys Bridges and Sandra Thomas, 'A tontine, a theatre and its thespians', *Gower Journal of the Gower Society* 45, 1994, pp. 38-39.

（21）カフーンの事績については，林田敏子「富と国家——パトリック・カフーンと 18，19 世紀転換期イギリス社会」『摂大人文科学』11，2003 年，3-37 頁を参照のこと。

（22）*List of subscribers to the Tontine scheme in the City of Glasgow*, [Glasgow], [1815].

（23）James Denholm, *An historical account and topographical description of the city of Glasgow and suburbs*, Glasgow, 1797, p. 42.

（24）Denholm, *An historical account*, p. 121.

（25）*Ibid.*, p. 174.

（26）Sir John Sinclair, *Proposals for establishing by subscription, a joint stock tontine companyt*,

London, 1799.

(27) 公共的プロジェクトの多くは18世末まで議会制定法の一般法（Public Act）で定められた。しかし，地域特定的な内容をもつ法は，かならずしもすべてが印刷・出版されたわけではなかった。全容をつかむには個別事業の史料を精査するしかないが，史料がすでに散逸した事業も多く，全事業の把握はきわめて難しい。ところが1798年度より，地域特定的な内容をもつ法は，地域特定法（Public Local Act）として一般法から分離されることとなった。1798年度以降，すべての地域特定法は印刷されており，制定法を通じてプロジェクトの概要を把握できる。なお，現実の運用については，いうまでもなく個別事業の史料で確認する必要がある。なお，本章で引用する1797年末以降の制定法は，特記しないかぎり地域特定法の条文である。

(28) Ward, *The finance of canal building*, p. 72.

(29) この時期のセントパンクラス地区については，坂下史「一八三〇年代のロンドンの社会と統治——郊外教区・メトロポリス・中央政府」近藤和彦・伊藤毅編『江戸とロンドン（別冊 都市史研究）』2007年，65-77頁。

(30) 40 Geo. 3. c. 50.

(31) 46 Geo. 3. c. 84.

(32) 林田敏子「港——「繁栄」の光と影」金澤周作編著『海のイギリス史——闘争と共生の世界史』昭和堂，2013年，113-115頁。

(33) Webb, *English local government*, 1922. 18世紀の「株式会社」については，Armand Budington Du Bois, *The English business company after the Bubble Act, 1720-1800*, London : The Commonwealth fund/H. Milford, Oxford University Press, 1938 ; Ron Harris, *Industrializing English law : entrepreneurship and business organization, 1720-1844*, Cambridge : Cambridge University Press, 2000（川分圭子訳『近代イギリスと会社法の発展——産業革命期の株式会社 1720-1844年』南窓社，2013年）.

(34) 38 & 39 Geo. 3. c. 4.

(35) 46 Geo. 3. c. 34（スカーバラ港）および55 Geo. 3. c. 186（ラムズゲイト港）.

(36) 42 Geo. 3. c. 106.

(37) 45 Geo. 3. c. 30.

(38) 39 Geo. 3. c. 69.

(39) 43 Geo. 3. c. 140.

(40) 46 Geo. 3. c. 85 ; 48 Geo. 3. c. 11 ; 49 Geo. 3. c. 17.

(41) 39 Geo. 3. c. 59.

(42) 40 Geo. 3. c. 47.

(43) 川北稔「イギリス近世都市の成立と崩壊——リヴァプールを中心に」中村賢二郎編著『都市の社会史』ミネルヴァ書房，1983年。

(44) 40 Geo. 3. c. 68.

(45) 39 Geo. 3. c. 53.

(46) 44 Geo. 3. c. 78.

(47) 39 Geo. 3. c. 28.

(48) 43 Geo. 3. c. 9.
(49) 43 Geo. 3. c. 62.
(50) 51 Geo. 3. c. 126.
(51) 55 Geo. 3. c. 20.
(52) 51 Geo. 3. c. 151.
(53) 46 Geo. 3. c. 89
(54) 44 Geo. 3. c. 47.
(55) 45 Geo. 3. c. 91.
(56) 46 Geo. 3. c. 124.
(57) 50 Geo. 3. c. 145.
(58) 46 Geo. 3. c. 119.
(59) 49 Geo. 3. c. 189.
(60) 49 Geo. 3. c. 192.
(61) 46 Geo. 3. c. 136.
(62) 46 Geo. 3. c. 27（コーン上水道会社）と 38 Geo. 3. c. 137（コウルチェスタ上水道会社）.
(63) 40 Geo. 3. c. 1.
(64) 50 Geo. 3. c. 46 および 47.
(65) 39 Geo. 3. c. 72.
(66) 45 Geo. 3. c. 117.
(67) Bedford and Luton Archives and Record Service, MO 989, f. 3.
(68) Bedford and Luton Archives and Record Service, MO 989, ff. 10-13.
(69) Right Worshipful Lodge of Free and Accepted Masons, *Proposals for raising 5,000l*. for the use of the Society of Free and Accepted Masons, for the purpose of building a hall, &c. by way of tontine, [London?], [1775].
(70) 42 Geo. 3. c. 55.
(71) 44 Geo. 3. c. 19.
(72) 39 Geo. 3. c. 77.
(73) 46 Geo. 3. c. 54.
(74) Webb, *English local government*, pp. 386-389, 467.
(75) 44 Geo. 3. c. 8.
(76)「孤児基金」(Orphan's Fund）はそもそも，シティのフリーメンの孤児の養育を目的に死亡したフリーメンの遺産を管理する基金であった。その後，当初の目的から逸脱して流用されていく。
(77) London Metropolitan Archives, MA/G/CBF/002 ; MA/G/CBF/315 ; MF/T4.
(78) ポール・ラングフォードによれば，法の制定にかかる 500 ポンド前後の費用は通常，任意の出資によることが多かったが，法案がかならずしも議会を通過するとはかぎらないため，こうした出資にはギャンブル的な要素もあったという。Langford, *Public life and the propertied Englishman*, p. 250.

(79) Suffolk Record Office Ipswich Branch, HD 1651/1.
(80) Lincolnshire Archives, 1-DIXON/12/4/3.
(81) Gloucestershire Archives, D 361-F4.
(82) Plymouth and West Devon Record Office, 1/740-742.
(83) ターンパイク（有料道路）の抵当証券出資者についても同様の傾向を認めることができるが，運河会社株式については地主層を中心とする投資家が重要であった。William Albert, *The turnpike road system in England, 1663-1840*, Cambridge : Cambridge University Press, 1972, pp. 93-119. 地方銀行も出資した。Leslie Pressnell, *Country banking in the industrial revolution*, Oxford : Clarendon Press, 1956, pp. 372-400.
(84) 37 Geo. 3. c. 1.
(85) 38 Geo. 3. c. 62.
(86) Associated Society to raise a fund for erecting a coffee-house, *Copy of the deed or charter, entered into by the Associated society to raise a fund for erecting a coffee-house and other buildings*, Cork, 1794.
(87) 43 Geo. 3. c. 45.
(88) 49 Geo. 3. c. 80.
(89) Marcus Whiffen and Frederick Koeper, *American architecture*, vol. 1 : 1607-1860, Cambridge（MA）: MIT Press, 1983, pp. 122-123.
(90) Washington Tontine, *As many of the stockholders have expressed a wish to obtain a complete list of the names of those, on whose lives shares in this company*, [Washington], [1806?].
(91) A. K. Sandoval-Straus, 'Why the Hotel? : Liberal visions, marechant capital, puplic sphere, and the creation of an Americak Institution', *Business and Economic History* 28(2), 1999, pp. 256-257.
(92) Tontine Coffee-House, *The constitution and nominations of the subscribers to the Tontine coffee-house*, New York, 1796.
(93) *Ibid.*, p. 13.

第 8 章　投資社会空間の拡大

(1) Peter George Muir Dickson, *The financial revolution in England : a study in the development of public credit, 1688-1756*, London : Macmillan, 1967.
(2) 植民地における「財政金融革命」研究としては，以下の例がある。Charles Ivar McGrath, 'The public wealth is the sinew, the life, of every public measure' : the creation of a national debt in Ireland, 1716-45' in Daniel Carey and Christopher J. Finlay（ed.）, *The empire of credit : the financial revolution in the British Atlantic world, 1688-1815*, Dublin : Irish Academic Press, 2011, pp. 171-208 ; Sean D. Moore, 'Vested' interests and debt bondage : credit as confessional coercion in colonial Ireland' in Carey, *The empire of credit*, pp. 209-228 ; Eoin Magennis, 'Whither the Irish Financial Revolution? : Money, Banks, and Politics in Ireland in the 1730s', in Charles Ivar McGrath and Christopher J. Fauske, *Money, power, and print : interdisciplinary studies on the financial revolution in the British Isles*, Newark : Uni-

versity of Delaware Press, 2008, pp. 189–208.

（3）R. M. Jennings and A. P. Trout, ‘The Irish Tontine（1777）and Fifty Genevans : An Essay on Comparative Mortality’, *Journal of European Economic History* 12, 1983, pp. 611–618 ; C. Gautier, ‘Un investissement genevois : la tontine d’Irlande de 1777’, *Bulletin de la Société d’histoire et d’archéologie de Genève* 10(1), 1952 for 1951, pp. 53–67.

（4）川北稔「環大西洋革命の時代」『岩波講座　世界歴史 17　環大西洋革命』岩波書店，1997 年，3–72 頁。

（5）*A view of the present state of Ireland*, Dublin, 1780, p. 85.

（6）Patrick A. Walshu, ‘The fiscal state in Ireland, 1691–1769’, *Historical Journal* 56(3), 2013, p. 638.

（7）John Brewer, *The sinews of power : war, money and the English state, 1688–1783*, London : Unwin Hyman, 1989（大久保桂子訳『財政 = 軍事国家の衝撃――戦争・カネ・イギリス国家 1688–1783』名古屋大学出版会，2003 年）.

（8）*A view of the present state of Ireland*, Dublin, 1780, p. 87.

（9）*National debt. History of the earlier years of the funded debt, from 1694 to 1786*（Parliamentary papers, ［C. 9010］ H. C.（1898）. LII, 269）, 1898, pp. 36–41.

（10）The Irish Act 4 Geo. I, c. 2.

（11）Friend to Ireland in the British Parliament, *Thoughts on a fund for the improvement of credit in Great Britain*, London, 1780, pp. 15–16.

（12）C. H. Wilson, *A compleat collection of the resolutions of the volunteers, grand juries, &c of Ireland*, Dublin, 1782, p. lix.

（13）T. F. Moriarty, ‘The Irish absentee tax controversy of 1773 : a study in Anglo-Irish politics on the eve of the American revolution’, *Proceedings of the American Philosophical Society* 118(4), 1974, pp. 370–408.

（14）Terence O’Donnell, *History of life insurance in its formative years. compiled from approved sources by T. O’Donnell*, Chicago : American Conservation Co., 1936, pp. 165–167.

（15）David. R. Weir, ‘Tontines, public finance and revolution in France and England, 1688–1789’, *Journal of Economic History* 49, 1989, pp. 95–124.

（16）Robert Hamilton, *Inquiry concerning the rise and progress, the redemption and present state, and the management of the national debt of Great Britain and Ireland*（3rd ed.）, Edinburgh, 1818, pp. 62–63.

（17）Francis Peter Plowden, *An historical review of the state of Ireland*, vol. 2, London, 1805, pp. 147, 156–157.

（18）Samuel Burdy, *The history of Ireland from the earliest ages to the Union*, Edinburgh, 1817, p. 411.

（19）Plowden, *An historical review*, p. 162.

（20）R. V. Clarendon, *A sketch of the revenue and finances of Ireland and of the appropriated funds, loans and debt of the nation from their commencement*, London, 1791, p. 111.

（21）Robert Stewart, *Popular history of Ireland from the earliest period to the present time*,

London, 1851, p. 161 ; Plowden, *An historical review*, pp. 169–170.

(22) Plowden, *An historical review*, p. 161.

(23) Martin Harverty, *The history of Ireland, ancient and modern*, Dublin, 1867, p. 705.

(24) 'The Lord Lieutenant to Lord North. Dublin Castle, April 29, 1778', in Henry Grattan, *Memoirs of the life and times of the Rt. Hon. Henry Grattan*, vol. 1, London, 1839, pp. 319–321.

(25) 'The Lord Lieutenant to Lord North. Dublin Castle, April 30, 1778', in Grattan, *Memoirs*, pp. 321–323.

(26) 'The Lord Lieutenant to Lord North. Dublin Castle, May 16, 1778', in Grattan, *Memoirs*, pp. 324–325.

(27) Arthur Young, *A tour in Ireland : with general observations on the present state of that kingdom. Made in the years 1776, 1777, and 1778*, vol. 2, Dublin, 1780, p. 177.

(28) Clarendon, *A Sketch of the revenue and finances of Ireland*, p. 111 ; Plowden, *An historical review*, p. 162 ; James Wills, *Lives or Illustration and Distinguished Irishmen*, Dublin, 1846, vol. V, p. 186.

(29) *A list of the persons on whose lives the sum of 175,000l. was subscribed, pursuant to an Act of Parliament passed in the kingdom of Ireland*, [Dublin], 1777. この記録からは出資者を特定することはできない。出資者と名義人の氏名が併記されているナショナル・アーカイヴズ所蔵の文書 NDO 3/27 との照合が必要。

(30) 事例順に，*A list of the persons*, pp. 10, 31, 42, 54. 以下，同様。

(31) *Ibid.*, pp. 29, 15, 24, 28, 6, 14.

(32) *Ibid.*, pp. 18, 49, 14, 16, 15, 23, 43, 23, 20, 35.

(33) *Ibid.*, pp. 9, 18, 39.

(34) *Ibid.*, pp. 30, 47, 56, 2, 28, 6, 4, 62, 17, 17, 43, 18, 47, 55, 49.

(35) 1777 年トンチンに大口の出資をしたジュネーヴの出資者は，フランス・トンチンの主たる投資集団でもあり，フランスからはしばしば「投機集団」ともみなされた。Jennings and Trout, 'The Irish Tontine', pp. 611–618.

(36) *A list of the persons*, pp. 31, 20, 13, 5, 18, 36, 58, 16, 16.

(37) *Ibid.*, pp. 10, 27.

(38) *Ibid.*, p. 59.

(39) Hampshire Record Office（以下，HRO と略記）5M52/F26, 'LIFE ANNUITIES No. 969 3 CLASS Established in Ireland by Act of Parliament, Session 1775'.

(40) HRO 5M52/F26, Anon., 'Irish Tontine With all the Particulars Relating to it, To be Recd. at Boldero & Co. Lombard Street, London', 1775–?.

(41) HRO 5M52/TR1, 'assignment of 3 mortgages securities in Basingstoke Canal Navigation for 300L, 200L, 100L.'

(42) Norfolk Record Office（NRO）SBM 90/1/5, 'Irish Tontine'.

(43) 史料によって，名義人名が混乱しているが，最終的な死亡日を記録した史料がヘンリを名義人としているため，その記述を優先する。TNA NDO 3/30, p. 8.

(44) TNA NDO 3/30, 'A list of the persons on whose lives the sum of 300,000l. was subscribed',

pp. 8, 78 ; NDO 3/28, ff. 4, 72.

(45) NRO SBM 90/1/5.

(46) NRO SBM 90/1/9, 'Deed of Irish Tontine of 1773.'

(47) TNA T 1/375/105.

(48) TNA NDO 3/28 および 3/33.

(49) TNA NDO 3/53.

(50) TNA PRO 30/9/106, 111, 117, 120. 年金支払い・名義変更・送金を担ったボルデロ銀行が強硬に抵抗している。

(51) Jacqueline R. Hill, 'The shaping of Dublin government in the long eighteenth century', in Peter Clark and Raymond Gillespie (ed.), *Two capitals : London and Dublin 1500–1840*, Oxford and London : Oxford University Press for the British Academy, 2001, pp. 156–157.

(52) Derbyshire Record Office D3155/WH7582 には，このトンチンの証書が保存されている。出資者は，ダービー居住の 20 歳の男性，ユージビアス・ホートン。自己名義での 400 ポンドの出資である。証書の裏面には，1777 年 2 月 5 日より 1822 年 2 月 26 日までの，手書きの年金受給記録がある。

第 9 章　投資社会と国際金融

(1) Reinhold C. Mueller, *Money and banking in medieval and Renaissance Venice, vol. 2 : The Venetian money market : banks, panics, and the public debt, 1200–1500*, Baltimore : Johns Hopkins University Press, 1997 ; Luciano Pezzolo, 'Bonds and government debt in Italian city-states, 1250–1650', in William N. Goetzmann and K. Geert Rouwenhorst (ed.), *The origins of value : the financial innovations that created modern capital markets*, Oxford and New York : Oxford University Press, 2005.

(2) Marjolein't Hart, '"The devil or the Dutch" : Holland's impact on the financial revolution in England, 1643–1694', *Parliaments, Estates & Representation* 11(1), 1991, pp. 39–52.

(3) Larry Neal, *The rise of financial capitalism : international capital markets in the age of reason*, Cambridge : Cambridge University Press, 1990.

(4) John Brewer, *The sinews of power : war and the English state, 1688–1783*, London : Unwin Hyman, 1989 (大久保桂子訳『財政＝軍事国家の衝撃——戦争・カネ・イギリス国家 1688–1783』名古屋大学出版会，2003 年).

(5) John Briscoe, *A discourse on the late funds of the Million Act*, 1694, p. 23.

(6) Peter George Muir Dickson, *The financial revolution in England : a study in the development of public credit, 1688–1756*, London : Macmillan, 1967, p. 306.

(7) BL Add. MSS, 32928, f. 46.

(8) Anon., *An essay upon publick credit*, 1748, pp. 7, 11.

(9) Sir Robert Peel, *The national debt productive of national prosperity*, Warrington, 1787, p. 10.

(10) Charles Henry Wilson, *Anglo-Dutch Commerce and Finance in the eighteenth century*, Cambridge : Cambridge University Press, 1966 (reprinted), p. 190 ; Stefan E. Oppers, 'The interest rate effect of Dutch money in eighteenth-century Britain', *Journal of Economic History* 53,

1993, p. 28.

（11）J. F. Wright, 'The contribution of overseas savings to the funded national debt of Great Britain, 1750–1815', *Economic History Review* 2nd ser., 50, 1997, pp. 657–674 ; do., 'British government borrowing in wartime, 1750–1815', *Economic History Review* 2nd ser., 52 1999, pp. 355–361.

（12）Dickson, *Financial Revolution in England*, p. 324.

（13）South Sea Company, *A List of the names of the corporation of the governor and Company of merchants of Great Britain, trading to the South Seas*, 1747.

（14）Wright, 'The contribution of overseas', p. 666, table 3.

（15）Carter : Alice Clare Carter, *Getting, spending and investing in early modern times*. Assen : Van Gorcum, 1975, p. 40. Boas : Carter, *ibid.*, p. 68. Grenville（?）: Anon. [George Grenville?], The present state of the nation, 1768. Lodewijk Theodarus graaf van Nassau La Leck（Lord North）: William Cobbett, *The parliamentary history* 18, 1813 cols. 1315–30 ; Carter, *ibid.*, p. 21. Sinclair : Sir John Sinclair, *The history of the public revenue of the British Empire*（3rd ed.）, vol. 3, 1804, Appendix no. 5, pp. 160–163. Bell : *Essays on agriculture, with a plan for the speedy and general improvement of land in Great Britain*, Edinburgh, 1802, p. 184. Peel : Sir Robert Peel, *The national debt productive of national prosperity*, Warrington, 1787, p. 10.

（16）Sinclair, *The history of the public revenue*, Appendix no. 5, p. 160.

（17）Oppers, 'The interest rate effect of Dutch money', p. 28.

（18）Carter, *Getting, spending and investing*, p. 33.

（19）1762 年の利子率は，シンクレアの示す外国人保有元本と外国人に支払われる利子・配当金額から算出される 3.85％を利用した。なお，1782 年におけるそれは 3.90％である。

（20）Philis Dean and William Alan Cole, *British economic growth, 1688–1959 : trends and structure*, Cambridge : Cambridge University Press, 1962.

（21）Ralph Davis, *The industrial revolution and British overseas trade*, Leicester : Leicester University Press/Humanities Press, p. 89.

（22）Bank Archives, AC 17/27/274/4520, 4526.

（23）Bank Archives, AC 17/27/274/4360, 4478.

（24）Bank Archives, AC 17/27/271/2695, 2719, 2734, 2800, 2823, 2841, 2895, 2905.

（25）Wilson, *Anglo-Dutch commerce and finance*, Appendix F.

（26）Bank Archives, AC 17/27/267/181, 340.

（27）Bank Archives, AC 17/270/2187 *passim*.

（28）第 1 章や第 2 章で分析の対象とした出資リストは，彼らのような顧客を含むリストであった。イングランド銀行では出資完了後でないと保有者登録されないため，イングランド銀行の保有者名簿および取引記録には，公債請負人が自己勘定用に請け負った債券以外に彼らの氏名が記録されることはない。

（29）TNA PRO 30/8/88, ff. 15–16.

(30) この回状が今日に残されたのには経緯がある。ヘンリ・レッグとともにこの起債を主導した首相ウィリアム・ピットの探索網が，配達中の回状を傍受したうえで，ピットの手元までオランダ語の現物が届けられたのだ。その結果，「ピット文書」として他の膨大なピット宛の書簡類とともにナショナル・アーカイヴズに収められることとなった。したがってピットは，第 1 章でレッグが企画する起債にヨシュア・ファン・ネックがどのように関与しようとしているのか，あらかじめ知っていたものと考えられる。
(31) TNA PRO 30/8/85, ff. 40–41, 46–47.
(32) Bank Archives, AC 17/271/2917, 2919, 2945, 2970, 2972, 2976, 2980, 2990.
(33) Christiaan Van Bochove, ‘Configuring financial markets in preindustrial Europe,’ *Economic History Review* 73(1), 2013, p. 269.
(34) Het Utrecht Archief, U201a008/31.
(35) Het Utrecht Archief, U237a001/31.
(36) Het Utrecht Archief, U201a007/42.
(37) Het Utrecht Archief, U201a008/12.
(38) Het Utrecht Archief, U248a004/7.
(39) TNA NDO1/2a, 1/2b, 1/3.
(40) Wright, ‘The contribution of overseas savings’, p. 666, table 4.
(41) Van Bochove, ‘Configuring financial markets’, p. 269.
(42) 川北稔「穀物・キャラコ・資金の国際移動」濱下武志編『シリーズ世界史への問い 3 移動と交流』岩波書店，1990 年，162–163 頁。
(43) Van Bochove, ‘Configuring financial markets’, pp. 268–269.
(44) *Ibid.*, p. 251.
(45) TNA SP 78/259, f. 82.
(46) *La Gazette de France*, 31 Oct., 1763.
(47) J・ド・フリース，A・ファン・デァ・ワウデ，大西吉之・杉浦未樹訳『最初の近代経済——オランダ経済の成功・失敗と持続力 1500～1815』名古屋大学出版会，2009 年，141 頁。
(48) TNA SP 78/258, ff. 252–2b.
(49) TNA SP 78/258, ff. 251–1b.
(50) TNA SP 78/258, f. 252.
(51) TNA SP 78/259, f. 31.
(52) *La Gazzette de France*, 26 Déc., 1763.
(53) 石坂昭雄『オランダ型貿易国家の経済構造』未来社，1971 年。
(54) 板倉孝信「小ピット政権初期（1783～92 年）における財政改革の再検討 (1)」『早稲田政治公法研究』103，2013 年，25–39 頁。
(55) 仙田左千夫『イギリス減債基金制度の研究』法律文化社，1998 年；一ノ瀬篤「国債整理基金特別会計とピット減債基金」『桃山学院大学経済経営論集』50(1/2)，2008 年，219–246 頁。

（56）Martin J. Daunton, *Trusting Leviathan : the Politics of Taxation in Britain, 1799–1914*, Cambridge : Cambridge University Press, 2001, pp. 20–25.

（57）J. Van Winter, *American finance and Dutch investment, 1780–1805 : with an epilogue to 1840*, New York : Arno Press, 1977.

（58）邦語文献のみあげる。松本幸男『建国初期アメリカ財政史の研究――モリス財政政策からハミルトン体制へ』刀水書房，2011 年。

（59）Eric Hilt and Jacueline Valentine, 'Democratic dividends : stockholding, wealth, and politics in New York, 1791–1826', *Journal of Economic History* 72(2), 2012, pp. 344–348.

（60）Larry Neal, *The rise of financial capitalism : international capital markets in the age of reason*, Cambridge : Cambridge University Press, 1990, p. 146.

（61）1791 年では 6% であった。Oscar Gelderblom and Joost Jonker, 'Public finance and economic growth : the case of Holland in the seventeenth century', *Journal of Economic History* 71(1), 2011, pp. 1–39.

終　章　投資社会とは何か

（1）フェルナン・ブローデル，山本淳一訳『物質文明・経済・資本主義――15-18 世紀 II-2　交換のはたらき』みすず書房，1988 年，316 頁。

（2）ミシェル・フーコー，渡辺守章訳『性の歴史 I　知への意志』新潮社，1986 年，177 頁。

付表1　イングランド銀行取締役（1694〜1764年就任者）

ギ	参	シェ	市	庶	氏　　名	就任期間（年数）	総裁	副総裁	職業・特記事項	称号	EIC	SSC
●	●	●	●		Houblon, Sir John	1694-1712(18)	1694-97		貿易商（ロンドン）	K	●	
					Godfrey, Michael	1694-95(01)		1694-95	〃			
					Huband, Sir John	1694-97(03)			オクスフォード大学マスター	B		
●	●			●	Houblon, Sir James	1694-1700(06)			貿易商（ロンドン）		●	
●	●	●			Gore, Sir William	1694-1706(12)			〃	K		
				●	Scawen, Sir William	1694-1722(28)	1697-99	1695-97	貿易商	K	●	
●	●	●	●	●	Furnes, Sir Henry	1694-1702(08)			ストンキング商人・海外取引	KB		
●	●	●	●	●	Abney, Sir Thomas	1694-1722(26)			魚商組合マスター	K		
●	●	●			Hedges, Sir William	1694-1700(06)			トルコ貿易商	K	●	
					Bridges, Brook	1694-1708(14)			内国消費税委員			
●	●	●	●	●	Bateman, Sir James	1694-1711(17)	1705-07	1703-05	貿易商（ロンドン）	K	●	●
●				●	Boddington, George	1694-95(01)			トルコ貿易商			
					Denew, James	1694-1702(08)			貿易商（ロンドン）			
					Goddard, Thomas	1694-1700(06)			〃			
					Houblon, Abraham	1694-1708(14)	1703-05	1701-03	〃			
●	●	●	●	●	Heathcote, Sir Gilbert	1604-1733(39)	1709-11, 23-25		スペイン・東西インド貿易商	KB		
					Jansen, Sir Theodore	1694-1719(25)			フランドル移民・貿易商	KB		●
	●				Lordell, John	1694-1720(26)			貿易商（ロンドン）			
●					Lethieullier, Samuel	1694-1710(16)			〃			
					Patterson, William	1694-95(01)			創設者・服地商組合			
					Raworth, Robert	1694-1707(13)			貿易商（ロンドン）			
					Smith, John	1694-1713(19)						
●					Sedgwick, Obadiah	1694-97(03)			〃			
					Tench, Nathaniel	1694-1709(15)	1699-1701	1697-99	〃			
●	●	●	●	●	Ward, Sir John	1694-1726(32)	1701-03	1699-1701	服地商組合マスター	K		
●				●	Knight, John	1694-97(03)			関税委員			
				●	Stevens, Anthony	1695-95(2w)			財務府監査委員・海軍出納官			
				●	Godfrey, Peter	1695-98(03)			貿易商（ロンドン）		●	
				●	Cope, Sir John	1695-1702(07)				B		
●					Cornish, Henry	1695-1700(05)			印紙税委員			
●	●	●	●	●	Ashursrt, Sir William	1697-1714(17)			服地商組合マスター	K		
●	●			●	Bristow, Robert	1697-1707(10)			貿易商（ロンドン）			
	●				Chamberlain, Charles	1697-1705(08)			〃			
	●	●			Eyeles, Sir Francis	1697-1715(18)	1707-09	1705-07	服飾商組合	B		
				●	Gould, Sir Nathaniel	1697-1720(23)	1711-13	1709-11	トルコ貿易商（ロンドン）	K		
					Lock, Samuel	1697-98(01)			貿易商（ロンドン）			
●					Page, John	1697-1711(14)			〃			
					Shipman, John	1697-1722(25)			〃			
					Bulteele, Samuel	1697-1708(11)			〃			
					Dawsoone, William	1698-1708(10)			〃		●	
●	●	●	●		Delme, Sir Peter	1698-1728(30)	1715-17	1713-15	魚商組合マスター	K		
				●	Gott, Peter	1698-1700(02)			鉄製造・鉄商人	B		

（つづく）

ギ	参	シェ	市	庶	氏　名	就任期間（年数）	総裁	副総裁	職業・特記事項	称号	EIC	SSC
●	●	●	●		Levett, Sir Richard	1698-1700(02)			タバコ商人	K		
				●	Stratdord, Francis	1698-99(01)			ハンブルク商人			
					Devink, John	1699-1710(11)			貿易商（ロンドン）			
					Perry, Richard	1699-1701(02)			〃			
				●	Rudge, John	1699-1740(41)	1713-15	1711-13	〃			●
					Reychardson, Jacob	1699-1708(09)			〃			
●	●	●			Thorold, Sir Charles	1699-1700(01)			鉄商組合マスター	K		
					Des Bouverie, Sir William	1700-11(11)		1707-09	トルコ貿易商	B		
				●	Diston, Josaih	1701-23(22)		1721-23	ブラックウェル・ホール仲買人			
					Gould, John	1701-30(29)			貿易商（ロンドン）		●	
					Hanger, John	1701-33(32)	1719-21	1717-19	トルコ貿易商			
					South, Humphrey	1701-03(02)			西インド商人			
●	●	●	●	●	Clayton, Sir Robert	1702-07(05)			服地商組合マスター	K		
●	●	●	●		Conyer, Sir Gerard	1702-37(35)	1717-19	1715-17	塩商人組合マスター	K		
					Hill, Abraham	1702-04(02)			貿易商			
					Heathcote, Samuel	1702-08(06)			貿易商（イーストランド・ロンドン）			
				●	Hodges, Sir William	1703-14(11)			貿易商（ロンドン・カディス）	B	●	
●	●	●	●		Peers, Sir Charles	1705-12(07)			塩商人組合マスター・関税委員	K		
●	●			●	Scawen, Sir Thomas	1705-29(24)	1721-23	1719-21	貿易商（フランドル）	K		
				●	Cope, Sir John, jr.	1706-21(15)			地主？	KB		
					Dolliffe, Sir James	1708-10(02)			貿易商	K		●
					Emilie, John	1708-10(02)			スペイン貿易商			
				●	Gore, William	1709-12(03)			貿易商（ロンドン）			●
					Beck, Sir Justus	1710-17(07)			〃	B		
					Comelison, William Henry	1710-13(03)			〃		●	
				●	Dolbe, John	1710-15(05)			西インド商人			
					Powell, Jeremiah	1710-15(05)			紳士服地商			
					Dutry, Sir Dennis	1711-14(03)			貿易商・銀行	B	●	
					Fetherston, Heneage	1711-11(2M)			エセクスの地主出身			
					Jackson, Sir Philip	1711-24(13)			地主？	K		
●	●	●	●	●	Thorold, Sir George	1711-22(11)			貿易商（ロンドン）	KB	●	
					Ward, John	1711-18(08)			ケントの地主			
					Atwood, Robert	1712-37(25)			貿易商（ロンドン）			
					Cary, Richard	1712-22(10)			貿易商（ロンドン・アンティグア）			
					Hodges, Sir Joseph	1712-13(01)			ロイヤルソサエティ・フェロー	B	●	
●	●	●			Knipe, Sir Randolph	1712-28(16)			トルコ貿易商	K		
					Lethieullier, Christopher	1712-34(22)			貿易商（ロンドン）			
					Raper, Matthew	1712-13(01)			〃			
				●	Bristow, Robert	1713-20(07)			貿易商		●	
					Edmonds, John	1713-19(06)			貿易商（ロンドン）			
					Houblon, Sir Richard	1713-20(07)			ハートフォードのシェリフ			
				●	Chiswell, Richard	1714-21(07)			トルコ貿易商			
					Joliffe, Sir William	1714-42(28)			〃	K	●	
					Lyell, Henry	1714-15(01)			貿易商（ロンドン）			

ギ	参	シェ	市	庶	氏　名	就任期間（年数）	総裁	副総裁	職業・特記事項	称号	EIC	SSC
					Thompson, William	1714-28(14)	1725-27	1723-25				
●	●	●	●	●	Eyles, Sir John	1715-17(02)				B	●	●
					Eaton, Barrington	1716-32(16)			織物商			
					Fauquier, John Francis	1716-26(10)			帰化（1698年）			
				●	Morice, Humphry	1716-25(09)	1727-29	1725-27	貿易商（ロンドン）			
					Raper, Moses	1716-42(26)			絹商人（ロンドン）			
●	●	●	●	●	Eyles, Sir Joseph	1717-33(16)			トルコ・地中海貿易	K	●	
●	●	●	●	●	Humfreys, Sir William	1719-30(11)			鉄・乾物商人	KB	●	
				●	Du Cane, Richard	1720-30(10)			貿易商（ロンドン）			
				●	Holden, Samuel	1720-40(20)	1729-31	1727-29	ロシア商人・ロシア会社総裁			
					Benson, Bryan	1721-58(37)	1735-37	1733-35	貿易商（ロンドン・ヨーク）			
					Cooke, Thomas	1721-52(31)	1737-40	1735-37	トルコ貿易商（ロンドン）			
					Carbonnell, Delillers	1722-47(25)	1740-41	1738-40				
				●	Gould, Nathaniel	1722-38(16)		1737-38	貿易商（ロンドン）			
					Herring, Henry	1722-52(30)			〃			
				●	Twonshend, The Hon. Horatio	1722-36(14)	1713-35	1731-33				●
●	●	●	●		Bellamy, Sir Edward	1723-49(26)	1731-33	1729-31	魚商組合役員	K		
					Howard, Mathew	1723-38(15)			貿易商（ロンドン・ノーフォーク）			
					Olmius, John	1723-31(08)		1731-31	貿易商（ロンドン）			
●	●	●	●		Forbes, Sir Francis	1724-27(03)			エセクスのハイシェリフ	K		
					Fawkenner, William	1724-52(28)	1743-45	1741-43	貿易商（ロンドン）			
				●	Heathcote, Sir John	1725-35(10)				B		
					Nicoll, John	1726-31(05)						
●	●	●			Porten, Sir Francis	1726-27(01)			織物商組合マスター	K		
				●	Broocksbank, Stamp	1728-43(15)	1741-43	1740-41	トルコ商人			
					Gaultier, James	1728-48(20)			貿易商（ロンドン）			
					Hunt, Wiliam	1728-63(25)	1749-52	1747-49	貿易商（ロンドン）・地主			
					Snelling, William	1728-40(12)			トルコ貿易商			
					Boehm, Clement	1729-34(05)			貿易商（ロンドン）・帰化			
					Paice, Joseph	1730-37(07)			貿易商（ロンドン）			
					Raper, Mathew, jr.	1730-48(18)						
					Spliman, James	1730-62(32)			雑貨商組合マスター			
●	●	●			Alsop, Robert	1731-37(07)					●	
					Bance, John	1731-55(24)			貿易商（ロンドン）			
					Neale, Henry	1732-47(15)						
					Thornton, Robert	1732-48(16)			〃			
					Savage, Cahrles	1733-47(14)	1745-47	1743-45	貿易商（ロンドン）・地主		●	
					Lethierllier, Benjamin	1734-60(26)		1749-50			●	●
					Longuest, Benjamine	1734-61(27)	1747-49	1745-47	貿易商（ロンドン）			
●	●	●	●		Thompson, Sir John	1734-50(16)			ワイン商組合マスター	K		
				●	Tower, Christopher	1734-40(06)						
					Dodsworth, John Eaton	1734-57(23)			貿易商（ロンドン）			
				●	Frankband, Frederick	1736-38(02)			貿易商			
					Trench, Samuel	1736-41(05)			ロンドン市民・塩商人			

（つづく）

ギ	参	シェ	市	庶	氏　　名	就任期間（年数）	総裁	副総裁	職業・特記事項	称号	EIC	SSC
					Sheafe, Alexander	1737-65(28)	1752-54	1750-52	貿易商（ロンドン）			
					Chiswell, Richard, jr.	1730-54(24)			貿易商（ロンドン・コンスタン）			
●	●	●			Lequesne, Sir John	1738-41(03)			帰化ユグノー・食糧雑貨商組合	K		
					Mee, Benjamin	1738-45(07)			ロンドン市民・毛皮商人			
					Weyland, Mark	1738-42(04)			貿易商（ロンドン）			
					Fonnereau, Claude	1730-40(10)			帰化ユグノー貿易商（ロンドン）			
					Palmer, Charles	1730-63(23)	1754-56	1752-54	貿易商（ロンドン・ヨーク）			
					South, John	1739-62(23)			貿易商（ロンドン）			
					Beachcroft, Matthews	1741-59(18)	1756-58	1754-56	〃			
					Nettleton, Robert	1741-55(14)			〃			
					Whately, Thomas	1741-64(23)						
				●	Burrell, Sir Merrick	1742-64(22)	1758-60	1756-58	〃	B		
					Lever, James	1742-49(07)			〃			
					Salwey, Theophilus	1742-60(18)			エセクスの地主？			
					Marsh, Robert	1743-73(30)	1762-64	1760-02				
					Theobald, James	1743-56(13)			地主？			
					Salisbury, Robert	1744-60(16)			貿易商（ロンドン）			
					Thomas, Peter	1744-60(16)			〃			
				●	Burton, Bartholomew	1746-70(24)	1760-62	1758-60	〃			
					Thornton, Godfrey	1748-52(04)			〃			
					Weyland, John	1748-67(19)	1764-66	1762-64	〃			
●	●	●	●		Winterbottom, Thomas	1749-52(03)			布地職人組合マスター			
					Boehm, Charles	1750-69(19)						
					Clarmont, Matthew	1750-72(22)	1767-69	1764-66	貿易商（リンウッド商会）			
					Handrey, Samuel	1750-56(06)						
				●	Stratton, Richard	1750-58(08)			トルコ貿易商			
					Thompson, Harry	1750-65(15)			ポルトガル貿易商			
	●	●	●	●	Fludyer, Sir Samuel	1753-68(15)		1766-68	ブラックウェル・ホール仲買人	KB		
				●	Sargent, John	1753-87(14)			服地商			
					Cooper, William	1754-68(14)	1769-71	1767-69				
					De la Haize, Phlip	1754-69(15)						
●	●	●	●		Chitty, Sir Thomas	1755-62(07)			雑貨卸売商	K		
					Du Cane, Peter	1755-83(28)						
					Payne, Edward	1756-94(38)	1771-73	1769-71	西インド貿易商			
					Plumber, Thomas	1756-76(20)			貿易商（ロンドン）			
					Theobald, Peter	1756-68(12)						
					Dingley, Robert	1757-67(10)			マグダレン病院創立者			
					Sperling, James	1757-00(23)	1773-75	1771-73	貿易商（ロンドン）			
					Plant, Henry	1759-84(25)					●	
					Beathcroft, Samuel	1760-96(36)	1775-77	1773-75	〃			
					Brander, Gustvas	1761-79(18)						
					Booth, Daniel	1761-88(27)	1779-81	1777-79	〃			
					Comwafl, John	1761-75(24)			銀行家			
					Gaussen, Peter	1761-88(27)	1777-79	1770-77	貿易商（ロンドン）			

ギ	参	シェ	市	庶	氏　　名	就任期間（年数）	総裁	副総裁	職業・特記事項	称号	EIC	SSC
					Langston, James Haughton	1761-78(17)		1775-76	貿易商（ロンドン）			
					Wilcox, Edmund	1761-67(06)			〃			
					Bowden, William	1763-80(17)			聖トマス病院会計長			
				●	Ewer, William	1763-89(26)	1781-83	1779-81	雑貨商・トルコ貿易商			
					Neave, Sir Richard	1763-1811(48)	1783-85	1781-83	貿易商（ロンドン）ハドソン湾会社	B		
					Fisher, John	1764-74(10)			服地商			
					Hake, Christopher	1764-81(17)						

出典）Bank Archives, M 5/447 ; W. M. Acres, 'Directors of the Bank of England', *Note and Query* 179(3-6), 1940 ; A. Beaven, *The Aldermen of City of London, temp. Henry VM to 1908*, 2vols., London : Eden Fisher, 1908-12 ; Trustee of Parliament, *The history of Parliament, the House of Commons* (CD-ROM), Cambridge : Cambridge University Press, 1998 ; Sir John Harold Clapham, *The Bank of England. A history, vol. 1 : 1694-1797*, Cambridge : Cambridge University Press, 1944（英国金融史研究会訳『イングランド銀行――その歴史』ダイヤモンド社，1970 年）.

注）「ギ」：シティのギルド役員（マスター），「参」：シティの市参事会員，「シェ」：シティのシェリフ，「市」：ロンドン市長，「庶」：庶民院議員，「称号 K」：ナイト，「称号 B」：バロネット（准男爵），「EIC」：東インド会社取締役，「SSC」：南海会社取締役。

付表 2　議会制定法にみる 1798～1815 年

番号	年	制定法	州	都市・地域・教区	内容	借入枠・資本金
1	1797	38G III. c. 1	Southamptonshire	Southampton	教会補修・再建	—
2	1798	19	Kent	Hythe	改良	2,000
3		21	Scotland	Leith	港湾改良	40,000
4		26	Nottinghamshire	Newark upon Trent	市場・改良	利 500
5		34	City of London	St. Sepulcher's	救貧院	8,000
6		46	Sommersetshire	Wincanton	歩道改良他	利 300
7		59	Wiltshire	Malmesbury	〃	—
8		60	Middlesex	Little Tower Hill	下水	6,000
9		61	City of London	Temple Bar	改良	—
10		62	Hertfordshire	St. Albans	教会補修・再建	2,790
11		69	Gloucestershire	St. Philip & St. George	救貧・救貧院	1,500
12		70	Norfolk	Outwell	排水	8,000
13		72	Lancashire	Liverpool	防衛	3,000
14	1799	39G III. c. 2	Kent	Margate	港湾改良	3,000
15		5	Devon	Brixham Habour & Market	港湾改良・改良	6,000
16		28	Shropeshire	Cressage	橋梁	6,000
17		41	Middlesex	Holborn	救貧・救貧院	6,000
18		43	Sufolk	Samford	〃	1,400
19		44	Scotland	Leith	港湾改良	80,000
20		53	〃	Kelso	橋梁	1,500
21		54	Lancashire	Liverpool	港湾改良	120,000
22		61	Wiltshire	Trowbridge	改良	利 300
23		69	City of London	London	港湾改良	500,000
24		70	Yorkshire	Grimsby	港湾改良・改良	30,000
25		82	City of Westminster	Westminster	建築	6,000
26	1800	39 & 40G III. c. 1	Cambridgeshire	Isle of Ely	排水	2,000
27		4	Norfolk	Great Yarmouth	港湾改良	25,000
28		35	Middlesex	Hampstead	救貧・救貧院	6,000
29		41	Scotland	Wich Tree	橋梁	—
30		43	City of London	Temple Bar	改良	90,000
31		47	〃	Port of London	港湾改良	1,200,000
32		48	Wiltshire	Aldboure	救貧・救貧院	2,000
33		49	Middlesex	St. Pancras	改良	50,000
34		50	〃	Russell Square	〃	4,000
35		51	Essex	Chelmsford	教会補修・再建	5,000
36		59	〃	Fullbridge	橋梁	4,000
37	1801	41G III. c. 30	Yorkshire	Sculcoats	改良	3,000
38		39	Warwickshire	Birmingham	〃	6,000
39		51	Scotland	Greenock	港湾改良・改良	60,000
40		52	〃	Port Glasgow	港湾改良	15,000
41		53	Sussex	Rye	〃	1,000
42		54	Kent	Sheerness	港湾改良・改良	—
43		62	Warwickshire	Coventry	救貧・救貧院	15,000
44		66	Yorkshire	Rotherham	市場・改良	4,150

の各種社会基盤整備の動き

主体			利払い設定			証券				譲渡	減債	繰上償還	借り換え	備考
Com.	Trust	法人他	Rate	Duty	他	債券	年金	トンチン	株					
	●		●				●					●		
	●		●	●		●	●	●		●		●	●	
		都市自治体	●	●		●					●		●	
	●		救貧税				●			●				
●			●		使用料									
●			●		〃	●								
●			●			●	●			●				
		〃			孤児基金	●								
	●		●				●							
●			救貧税											
●			●			●	●							
●	●	〃	●											
●			●			●	●							
	●			●	使用料	●								
	●				〃				●	●				
		Governor	●			●	●			●		●		
		Director	●			●				●				
			●			●								
	●				〃									
		Company	●						●					
●			●		〃	●	●							
		〃	●	●					●					
		〃	●	●					●					
●														
●			●			●								
●				●										
		Vestry	救貧税				●							
	●				〃									
		市議会			孤児基金	●	●							
		Company	●			●			●					
			●			●								
●			●											
●			●			●	●							
	●		●			●	●							
●			●			●	●							
●			●		使用料	●	●							
●			●			●	●							
			●	●		●	●							
	●		●	●		●								
●			●			●								
●			●	●			●			●		●	●	
		Director	●				●			●				
		Company			〃				●	●				The Company of the Rotherham Market Place

（つづく）

番号	年	制定法	州	都市・地域・教区	内　容	借入枠・資本金
45	1801	67	Darham	Newcastle upon Tyne	橋梁・改良	1,000
46		126	Sommersetshire	Bathwick	改良	1,500
47		131	Middlesex	St. Pancras	〃	50,000
48		132	Hampshire	Winchester	監獄	3,000
49	1802	42G III. c. 13	Middlesex	Shoreditch	改良	10,000
50		28	〃	Islington	救貧・救貧院	3,000
51		47	Scotland	Aberdeen	監獄	7,000
52		48	〃	Kilmarnock	改良	10,000
53		56	Kent	Chatham	救貧・救貧院	3,000
54		57	Norfolk	Norwich	〃	30,000
55		71	Lancashire	Liverpool	取引所	80,000
56		72	Middlesex	Westminster	教会・救貧	6,000
57		73	City of London	Temple Bar	改良	50,000
58		90	Kent	Maidstone	〃	9,500
59		91	Yorkshire	Kingstone upon Hull	港湾改良	3,000
60		107	Scotland	Thurso	〃	8,000
61	1803	43G III. c. 9	Hertfordshire	St. Albans	教会補修・再建	4,000
62		10	Middlesex	Kensington	改良	2,000
63		11	〃	Chealsea	〃	—
64		20	〃	St. Giles in the Fields	墓地・チャペル	10,000
65		21	Southamptonshire	Southampton Harbour	港湾改良	30,000
66		27	Norfolk	King's Lynn	改良・市場	—
67		47	Cheshire	Chealsea	改良	1,000
68		48	Yorkshire	Hemingbrough	橋梁	8,000
69		49	〃	Loftsome	〃	2,400
70		55	Scotland	Alloa	港湾改良・改良	3,000
71		57	〃	Dysart Harbour	港湾改良	4,000
72		59	Sussex	Worthing	改良	20,000
73		60	Ireland	Sligo	〃	8,000
74		62	Essex	Dagenham	教会補修・再建	4,000
75		89	Kent	Sheerness	港湾改良	1,500
76		121	Scotland	Grasgaw & Newwark	改良	4,000
77		124	City of London	City of London		100,000
78		125	Lankashire	Brackburn	市場・改良	3,000
79		126	London	East India	港湾改修	200,000
80		128	Bedfordshire	Bedford	改良及び橋梁	11,000
81		129	Woucester	Severn	橋梁	50,000
82		131	Kent	Deptford	〃	25,000
83		139	Middlesex	St. Pancras	改良	—
84		140	Gloucestershire	Bristol	港湾改良	250,000
85		133	Middlesex	St. John	教会・墓地	7,000
86	1804	44G III. c. 8	Hertfordshire	St. Albans	改良	4,000
87		15	Huntingdonshire	Ramsey	排水	3,000
88		19	Kent	Milton-next-Sittingbourne	改良	—
89		27	City of London	Temple Bar	〃	100,000

主　体			利払い設定			証　券				譲渡	減債	繰上償還	借り換え	備　考
Com.	Trust	法人他	Rate	Duty	他	債券	年金	トンチン	株					
		自治体	●			●								
●			●			●				●		●	●	
●			●			●	●			●		●	●	
●			●			●				●		●		
	●		●			●	●			●				
	●		●			●								
●			●			●				●	●			
●					使用料・他	●								
		Guardian	救貧税				●			●				
		Governor	〃			●				●				
		Company							●	●				The Company of Proprietors of the Liverpool Exchange
	●		●				●			●				
		都市自治体			孤児基金									
●			●											
		〃	●	●		●								
		Company	●	●					●	●				Thurso Harbour Company
	●		●			●	●							
●			●			●								
●			●			●								
	●	Vestry	●	●		●	●			●				
●				●		●	●	●		●				
●			●			●	●	●		●			●	
●			●			●				●	●			
		Company			使用料	●								
		〃			〃	●				●				
	●		●			●								
	●			●	〃									
●			●			●				●				
●			●	●			●							
	●		●				●			●				
●			●			●	●			●				
	●		●			●								
		〃							●					
	●		●			●				●				
		〃				●	●		●	●				
●			●			●	●			●			●	
		〃							●	●				
		〃							●	●				The Deptford Creek Bridge Company
●			●			●	●			●				
		〃							●	●				Bristol Dock Company
	●		●				●			●				
●			●			●	●			●				
●			●		税	●								
●			●			●	●			●		●	●	
		都市自治体			孤児基金		●							

（つづく）

番号	年	制定法	州	都市・地域・教区	内容	借入枠・資本金
90	1804	37	City of London	West India Dock	港湾改良	70,000
91		47	Middlesex	St. Pancras	救貧・救貧院	10,000
92		53	Kent	Deptford	改良	6,000
93		56	Wales	Swansea	港湾改良	10,000
94		78	Surrey	Staines	橋梁	6,000
95		85	Middlesex	St. Martin-in-the Fields	墓地・チャペル他	4,000
96	1805	45G III. c. 30	Scotland	Ardrossan	港湾改良	40,000
97		32	Scotland	Leith	〃	80,000
98		42	Yorkshire	Kingstone upon Hull	〃	3,000
99		44	Southamptonshire	Portsmouth	監獄	1,800
100		53	City of London	Port of London	港湾改良	60,000
101	1805	56	Wocestershire & Warwickshire	Redditch	教会	3,000
102		78	Scotland	Rummey	橋梁	2,500
103		91	Cheshire	Stockport	救貧・救貧院	4,000
104		95	Yorkshire	Scarborough	改良	3,000
105		99	Middlesex	St. Pancras	救貧・救貧院	15,000
106		100	Sussex	Lewes	教会補修・再建	2,000
107		101	Sufolk	Ipswich	港湾改良	8,000
108		117	Surrey	Wapping & Rotherhithe	拱道	140,000
109		119	London	South London	上水道	50,000
110	1806	46G III. c. 1	Middlesex	Islington	照明・夜警	2,000
111		4	Surrey	Chertsey	教会補修・再建	6,000
112		16	City of London	St. Sepulcher	救貧	6,000
113		16	Lincolnshire	King's Lynn	改良	—
114		26	Glocestershire	Bristol	〃	20,000
115		27	Lancashire	Colne	上水道	3,500
116		33	Yorkshire	Scarborough	港湾改良	—
117		34	Wales	Porthdinlleyn	〃	20,000
118		35	Glocestershire	Bristol	〃	250,000
119		36	Scotland	Leith	改良	—
120		42	Staffordshire	Lichfield	〃	2,000
121		43	Sussex	Lewes	〃	10,000
122		44	Norfolk	Nofolk	救貧	5,000
123		45	Glocestershire	Westagete	橋梁	15,000
124		60	Middlesex	Uxbridge	改良	
125		61	Norfolk	Great Yarmouth	教会補修・再建	8,000
126		67	〃	Norwich	改良	20,000
127		68	Hertfordshire	St. Albans	教会補修・再建	2,000
128		89	Middlesex	St. Mary's Whitechapel	教会・救貧・労役	4,000
129		91	Scotland	Dunbar	港湾改良	5,000
130		117	Gloucestershire	Cheltenham	改良	10,000
131		118	Northamptonshire	Daventry	改良・ホール建築	3,000

主体			利払い設定			証券				譲渡	減債	繰上償還	借り換え	備考
Com.	Trust	法人他	Rate	Duty	他	債券	年金	トンチン	株					
	●								●	●				
	●		●			●				●		●		
●			●			●				●			●	
	●		●	●		●								
	●				使用料	●								
	●		●				●							
		Company							●	●				Ardorossan Harbour Company
		都市自治体	●			●								
		Company							●					The Dock Company of Kingston upon Hull
	●		●											
		都市自治体			統合基金	●								
	●				座席賃貸他	●								
	●				使用料	●								
●	●				地代他	●	●			●				
●			●			●				●				
		Director	●			●	●			●	●	●	●	
●			●			●	●			●		●	●	
●			●	●		●				●				
		Company							●	●				Thames Archway Company
		〃							●	●				The Company of the Proprietors of the South London Waterworks
●			●				●			●				
●			●			●	●							
	●		●				●							
			●			●								
●			●			●				●				
		〃							●					The Company of Proprietors of Colne Waterworks
●			●			●				●				
		〃							●					
		〃							●					Bristol Dock Company
			●											
●			●			●	●			●				
●			●			●				●				
						●				●				
	●				使用料	●								
●			●				●			●				
	●		●	●			●			●			●	
●			●			●				●			●	
			●											
			●			●	●			●				
	●		●	●		●								
●			●				●			●		●		
●			●			●				●		●	●	

（つづく）

番号	年	制定法	州	都市・地域・教区	内　容	借入枠・資本金
132	1806	119	Middlesex & Surrey		上水道	30,000
133		123	Ireland, Dublin	St. George		14,000
134		124	Middlesex	St. Marybone	墓地・教会	10,000
135		134	〃	Bloomsbury Square	改良	800
136		136	Scotland	Glasgow	上水道	100,000
137	1807	47G III. c. 10 (s1)	Surrey	Chertsey	教会補修・改築	6,000
138		15	Warwickshire	Birmingham	教会敷地・墓地	6,000
139		47G III. c. 2 (s2)	Kent	Folkestone	港湾改良	22,000
140		4	Scotland	Perth	官公庁庁舎	10,000
141		8	Berkshire	Windosr	改良	2,000
142		31	City of London	Port of London	港湾改良	45,000
143		43	Berkshire & Oxfordshire	Culham	橋梁	4,000
144		69	Kent	Dover	港湾改良	60,000
145		75	Ireland	Limerick	改良	3,000
146		76	Northambarland	Wallsend	橋梁	—
147		77	Nottinghamshire	Standard Hill	チャペル	10,000
148		84	Sussex	Chichester	改良・市場	—
149		85	Scotland		救貧	—
150		109	Ireland	Dublin	改良	44,000
151		110	Scotland	Peterhead	港湾改良	15,000
152		111	Kent	Woolich	改良	12,000
153		117	Sussex	River Adur	河川治水	—
154	1808	48G III. c. 2	Hampshire	Winchester	改良	5,000
155		7	Middlesex	East London	港湾改良	150,000
156		10	Glocestershire	Bristol	〃	180,000
157		20	Scotland	Aberdeen	監獄	12,000
158		22	Norfolk	King's Lynn	病院・上水道	1,000
159		41	Scotland	Inverness	改良・橋梁	3,000 (5,000)
160		44	〃	Glasgow	ガス	30,000
161		45	Ireland	Fermoy	改良	5,000
162		77	Glocestershire	Tewkesbury	橋梁	5,000
163		86	Middlesex	St. Pancras	改良	50,000
164		104	Scotland	Berwick-upon-Tweed	港湾改良	—
165		107	Sussex	Lewes	庁舎建築	15,000
166		109	Oxfordshire & Berkshire	Heleney-upon-Thames	橋梁	1,500
167		137	Essex	Colchester	上水道	10,000
168	1809	49G III. c. 4	Lincolnshire	Gainsburg	改良	—
169		17	Glocestershire	Bristol	港湾改良	100,000
170		25	Lancashire	Rochdale	上水道	2,000

主体			利払い設定			証券				譲渡	減債	繰上償還	借り換え	備考
Com.	Trust	法人他	Rate	Duty	他	債券	年金	トンチン	株					
		Company							●	●				The Company of Proprietors of the West Middlesex Waterworks
	●		●		賦課	●	●			●		●	●	
		Vestry	●		手数料	●				●		●		
●			●											
		Company							●					The Company of the Glasgow Waterworks
			●				●							
	●		●				●							
		〃							●					
		都市自治体				●				●				
●			●			●								
		〃			統合基金	●								
		Company							●	●				The Company of Proprietors of the Sutton Courtney Bridge
		Waden				●	●							
●			●			●				●		●	●	
	●		●				●							
●					座席売・貸	●	●			●				
		都市自治体			使用料	●	●			●		●		
		ファンド												The fund of the Burgh & Parochial Schoolmasters
		都市自治体												
	●		●			●				●				
●			●			●	●			●		●	●	
	●		●	●	使用料	●				●				
●			●		〃	●	●							
		Company							●					East London Waterworks
		〃							●					Bristol Dock Company
●			●			●								
		都市自治体				●				●				
		〃	●	●		●					●			
		Company							●					The Company of Proprietors of the Cranstonehill Waterworks
●			●			●				●			●	
	●				〃	●								
●			●			●	●			●		●	●	
●				●		●				●				
	●			●		●	●			●				
●					〃	●								
		〃							●	●				The Company of the Proprietors of the Colchester Waterworks
	●					●	●			●			●	
		〃							●					Bristol Dock Company
		〃							●					The Company of the Proprietors of the Rochdale Waterworks

（つづく）

番号	年	制定法	州	都市・地域・教区	内　容	借入枠・資本金
171	1809	70	London & Westminster	House Lottery	改良	100,000
172		77	Sufolk	Southwold	港湾改良	10,000
173		79	Wales	Swansea	改良	10,000
174		80	Ireland	Dublin	上水道	32,000
175		81	Warwickshire	Birmingham	監獄・庁舎	11,000
176		83	Scotland	Edingburgh	港湾改良	税収 3 分の 1
177		84	Sommersetshire	Tauton	橋梁	10,000
178		85	Norfolk	Norwich	〃	8,000
179		114	Sussex	Worthing	改良	3,000
180		116	Scotland	Gatehead	教会補修・再建	7,000
181		117	Kent	Margate	改良・港湾改良	25,000
182		118	Southamptonshire	Portsmouth	港湾改良	40,000
183		126	Yorkshire	Ouse	橋梁	6,000
184		139	Durham	Durham	監獄・庁舎庁舎	500
185		140	Shropeshire	Oswerstry	改良	3,000
186		142	Middlesex	Vauxhall	橋梁	200,000
187		143	Berkshire	Wallingford	〃	6,000
188		144	Buckinghamshire	Newport	〃	12,000
189		156	City of London	Port of London	港湾改良	20,000
190		184	Surrey	Bermondsey	救貧	5,000
191		189	Kent & Surrey	Deptford & Greenwich	上水道	100,000
192		191	City of London	Strand	橋梁	500,000
193		192	Lancashire	Manchester & Salford	上水道	60,000
194	1810	50G III. c. 5	Middlesex	Norton Folgate	改良	1,500
195		20	Southamptonshire	Southampton	上水道	8,000
196		23	Norfolk	Great Yarmouth	改良	20,000
197		25	Durham	Bishop Wearmouth	〃	—
198		26	Kent	Dover	〃	11,000
199		27	Durham	Sunderland	改良・治水	3,000
200		30	Yorkshire	Halifax	市場	3,000
201		38	Sussex	Brigthelmstone	改良	3,000
202		39	Norfolk	Norwich	橋梁	8,000
203		40	Yorkshire	Pontefract	改良	—
204		41	〃	Kingstone upon Hull	〃	3,000
205		43	Sufolk	Lowestoft	〃	4,000
206		44	Middlesex	Chealsea	墓地・教会他再建	9,000
207		46 & 47	Cambridgeshire & Norfolk	Isele of Ely	改良・治水	7,000
208		68	Scotland	Kilmarnock	改良・市場・警察	3,000
209		70	〃	Aberdeen	港湾改良	140,000
210		71	Middlesex	Hampstead	墓地	4,000
211		77	Cambridgeshire	Moreton's Leam	治水	2,000
212		82	Bedfordshire	Bedoford	改良・橋梁	5,000

主体			利払い設定			証券				譲渡	減債	繰上償還	借り換え	備考
Com.	Trust	法人他	Rate	Duty	他	債券	年金	トンチン	株					
●			●			●				●			●	
●			●			●	●			●				
		都市自治体	●		地代									
	●		●			●	●			●				
		〃	●	●		●				●	●			
	●					●								
				●	使用料	●	●			●				
●			●			●								
	●				座席賃料	●								
●			●			●					●			
		Company							●	●				The Company of the Proprietors of the Portsmouth Waterworks
		都市自治体		●	使用料	●								
		治安判事	州●			●								
●			●			●				●				
		Company							●	●				Vauxhall Bridge Company
	●				〃	●				●				
	●				〃	●	●			●		●	●	
		〃							●					London Dock Company
		Governor	●			●	●							
		Company							●	●				The Company of the Proprietora of the Kent Waterworks
		〃							●					The Company of the Proprietora of the Strand Bridge
		〃							●	●				The Company of the Proprietors of the Manchester and Salford Waterworks
	●		●				●			●				
●						●								
●			●		現金収入	●	●			●		●	●	
●			●			●								
●			●	●	使用料	●	●			●				
●				●	〃	●				●				
	●					●	●			●				
●			●			●	●			●				
		都市自治体		●	〃		●			●		●		
●						●	●			●				
●			●			●	●			●				
●			●			●	●			●				
	●	Vestry			埋葬料他	●	●			●				
●			●		税	●								
●						●				●				
	●		●	●	使用料									
	●		救貧税		埋葬料		●			●				
●			●		税	●				●				
●					使用料		●							

（つづく）

番号	年	制定法	州	都市・地域・教区	内　容	借入枠・資本金
213	1810	124	Glocestershire	Savern Tunnel	トンネル	20,000
214		130	Warrickshire	Birmingham	教会補修・再建	5,000
215		131	Middlesex	West Middlesex	上水道	160,000
216		141	Southamptonshire	Romsey	改良	2,500
217		145	Lancashire	Stockport	墓地・教会	12,000
218		146	Devon	Exeter	改良	600
219		147	Middlesex	St. Pancras	〃	20,000
220		149	Middlesex	St. Luke's Parish	〃	—
221		150	〃	Islington	上水道	10,000
222		151	City of London	Fosdyke	港湾改良	750,000
223		153	London		街路照明	200,000
224		155	Lancashire	Liverpool	上水道	—
225		157	Scotland	Greenock	改良・港湾改良	10,000
226		159	Southamptonshire	Southampton	改良	3,000
227		160	Middlesex	St. Pancras	〃	20,000
228		207	Surrey		港湾改良	130,000
229		208	Middlesex	Shadwell	救貧	5,000
230	1811	51G III. c. 8	Hertfordshire	Ware	改良	1,000
231		29	Scotland	Kincardine	橋梁	—
232		43	Essex	Colchester	改良	6,000
233		61	Scotland	Dunfermline	〃	6,000
234		72	Lincolnshite	Fosdyke	橋梁	14,000
235		126	Berkshire & Wiltshire	Hungerford	教会	4,500
236		133	Durham	Berwick-upon-Tweed	橋梁	100,000
237		134	Middlesex	Islington	墓地・教会敷地	3,000
238		143	Lancashire	Liverpool	改良・港湾改良	600,000
239		151	Middlesex	St. Marylebone	教会補修・再建	150,000
240		152	Kent	Sevenoaks	〃	—
241		154	Devon	Barnstaple	改良・市場	—
242		155	Middlesex	St. Pancras	改良	50,000
243		166	London	Southwark	橋梁	400,000
244		195	Cornwall	Porthlen	港湾改良	30,000
245		196	Devon	Plymouth	〃	50,000
246		199	Kent	Woolwich	〃	120,000
247		203	City of London	Temple Bar	改良	40,000
248	1812	52G III. c. 13	Sussex	Westsirle & Beddingham	救貧	10,000
249		14	Surrey	Southwark	改良	15,000
250		19	Middlesex	Drury Lane Theatre	劇場建築	130,000
251		37	Kent	Strood	教会・救貧院	3,000
252		48	Middlesex	Westminster	下水道	5,000
253		49	Scotland	Cupar	監獄	4,000
254		51	Surrey	Guildford	改良	5,300

主体			利払い設定			証券				譲渡	減債	繰上償還	借り換え	備考
Com.	Trust	法人他	Rate	Duty	他	債券	年金	トンチン	株					
		Company							●					Severn Tunnel Company
●					座席売却他	●				●				
		〃							●					The Company of the West Middlesex Waterworks
●			●				●			●			●	
	●		●				●			●		●	●	
●			●			●				●		●		
●			●			●	●			●		●	●	
	●		●			●	●			●				
		〃							●					The Company of the Proprietors of the Holloway Waterworks
		〃							●					
		〃							●					Gas Light and Coke Company
		〃												
●			●	●		●								
●			●			●	●			●				
●			●			●	●			●		●	●	
		〃							●	●				The Commercial Docks Company
●			●			●				●				
●			●			●	●			●				
	●				使用料	●				●				
●			●	●	重量料金他	●				●				
●			●	●		●								
		〃							●	●				The Company of the Proprietors of the Fosdyke Bridge
	●		●			●	●			●				
		〃							●					Berwick and Kelso Railway Company
	●		●		埋葬料		●			●				
	●		●			●								
		Vestry	●		埋葬料他		●	●		●				
	●		●				●			●				
●					賃料他	●	●			●				
●			●			●	●			●				
		Company							●	●				Southwark Bridge Company
		〃							●	●				Pothleven Harbour Company
		〃							●	●				Sutton Pool Company
		〃							●	●				Woolwich Ferry Company
		都市自治体			孤児基金	●	●			●				
		Directors			基金	●				●				
●			●			●		●		●		●	●	
	●								●					The Trustees of the Theatre Royal Durury Lane
	●		●					●		●				
●			●		税他	●	●			●		●	●	
●			●			●								
●			●			●				●				

（つづく）

番号	年	制定法	州	都市・地域・教区	内容	借入枠・資本金
255	1812	52	Scotland	Grasgaw, Craston Hill	上水道	30,000
256		53	Ireland	Dublin	港湾改良・橋梁	10,000
257		73	Kent	Deal	改良	8,000
258		75	Middlesex	Wapping	〃	—
259		80	Warrickshire	Stradford-upon-Avon	橋梁	40,000
260		105	Lincolnshire	Boston	港湾改良	20,000
261		109	Devon	Exter	教会補修・再建	5,000
262		110	Hertfordshire	Bishop Storford	〃	5,000
263		111	Surrey	Southwark & Bermondsey	改良	3,000
264		113	Warrickshire	Birmingham	〃	24,000
265		146	Middlesex	Highgate	拱道	7,000
266		147	Surrey	Vauxhall	橋梁	100,000
267		148	Middlesex	Greenwich	港湾改良	20,000
268		172	Scotland	Edinburgh	警察	5,000
269		183	City of London	Blackfriars	橋梁	20,000
270		196	Isle of Wight	Ryde	港湾改良	30,000
271		209	City of London		監獄	95,000
272	1813	53G III. c. 11	Middlesex	Islington	救貧・救貧院	—
273		34	Durham	Porthleven	港湾改良	3,000
274		36	Middlesex	West Middlesex	上水道	160,000
275		37	〃	Mile End	救貧	1,000
276		38	〃	Hanover Square	改良	10,000
277		62	〃	Marylebone	〃	40,000
278		77	Scotland	Edinburgh	監獄	20,000
279		79	Surrey & Kent		下水道	40,000
280		82	Kent	Margete	改良	5,000
281		83	Worcester	Kidderminster	〃	4,000
282		85	Middlesex	Kensington	墓地	5,000
283		86	Surrey	Clapham chapel of Ease	教会補修・再建	6,000
284		112	Middlesex	Shoreditch	改良	10,000
285		113	〃	Bethnal Green	〃	5,000
286		114	Lancashire	Everton	教会	11,500
287		115	Stafforshire	Hanley	市場	—
288		117	Scotland	Perth	監獄	8,000
289		118	Cheshire	Warrington	改良	20,000
290		124	Scotland	Slaney	橋梁	税 3 分の 1
291		162	Surrey	St. Giles Camberwell	救貧・救貧院	12,000
292		164	Buckinghamshire	Chepping Wycombe	改良	—
293		180	Glocestershire	Twekesbury	〃	2,500
294		184	Middlesex	Strand	橋梁	200,000
295	1814	54G III. c. 5	〃	Bryanston Square	改良	5,000
296		6	Middlesex	Dorset Square	〃	2,000
297		7	〃	Montague Square	〃	2,000

主体			利払い設定			証券				譲渡	減債	繰上償還	借り換え	備考
Com.	Trust	法人他	Rate	Duty	他	債券	年金	トンチン	株					
		Company							●					The Company of the Proprietors of the Craston Hill Waterworks
		都市自治体												
●			●	●	使用料他	●	●			●			●	
●			●			●	●			●				
●					使用料	●				●				
		〃	●	●		●				●				
	●		●			●	●			●				
	●		●			●								
●			●			●	●	●		●				
●			●			●	●			●				
		Company							●					Highate Archway Company
		〃							●					Vauxhall Bridge Company
		〃							●					Poplar and Greenwich Ferry Company
●			●			●								
		都市自治体			孤児基金	●								
		Company							●	●				Ryde Pier Company
		都市自治体			〃		●							
	●		●			●				●				
●				●		●								
		Company							●					
	●		救貧税			●								
●			●			●	●	●		●	●	●	●	
●			●			●	●			●		●		
●				●		●								
			●				●							
●			●			●				●				
●			●			●	●			●				
	●		教会税			●	●			●				
	●		●			●	●			●				
	●		●			●				●				
	●		●			●				●				
	●								●					
	●				地代他	●	●							
			●			●								
●			●			●								
			●	●		●				●	●			
		Vestry	●			●				●				
						●	●			●			●	
●			●			●								
		Company							●	●				The Company of the Proprietors of the Strand Bridge
	●		●			●	●			●				
	●		●			●				●				
	●		●			●				●				

（つづく）

番号	年	制定法	州	都市・地域・教区	内容	借入枠・資本金
298	1814	10	Southamptonshire	Gosport	改良	2,500
299		13	Cheshire	Macclesfiled	〃	4,000
300		32	Lancashire	Newton	教会補修・再建	3,500
301		42	Surrey	Lewisham	救貧	8,000
302		45	Warwickshire		庁舎建築	15,000
303		106	Staffordshire	Wolverhampton	改良・市場	2,000
304		109	Durham	Gateshead	改良	—
305		112	Surrey	Lambeth	教会	15,000
306		113	〃	Newington	救貧・救貧院	1,000
307		117	Durham	Bishop Wearmouth	橋梁	30,000
308		170	Scotland	Edinburgh	監獄・庁舎	50,000
309		172	Devon	Plymouth	救貧・改良	5,000
310		173	Middlesex	St. Pancras	改良	30,000
311		193	Northamptonshire	Northampton	橋梁	12,000
312		194	Middlesex	Limehouse	救貧院	15,000
313		198	Scotland	Glasgow	橋梁・改良	6,000
314		218	Wocestershire	Ombersley	教会・救貧院	—
315		219	Middlesex	St. Katherine's Precinct	改良	—
316		230	Ireland	Londonderry	橋梁・改良	6,000
317	1815	55G III. c. 5	Cheshire	Stockport	教会	12,000
318		7	Southamptonshire	Basingstoke	改良	3,000
319		9	Herefordshire	Hereford	庁舎	—
320		20	Berkshire & Wiltshire	Hungerfod	教会補修・再建	4,500
321		22	Lancashire	Preston	改良	10,000
322		23	Wiltshire	New Sarum	〃	3,000
323		24	Wales	Abergavenny	〃	6,000
324		27	Staffordshire	Lichfield	改良・上水道	2,000
325		28	Devon	Clifton Dartomouth	改良・市場	2,000
326		31	Scotland	Perth	庁舎	10,000
327		43	Southamptonshire	Andover	改良	4,000
328		44	Wocestershire	Dudley	教会	7,000
329		56	Scotland	Perth	監獄	4,000
330		57	Berkshire	Abingdon	墓地	利 100
331		58	Middlesex	Kentish Town	改良	1,500
332		69	Dorset	Melcombe Regis	教会補修・再建	20,000
333		71	Yorkshire	Ouse Bridge	橋梁	10,000
334		73	Scotland	Paisley	監獄	15,000
335		84	Kent	Ramsgate	港湾改良	50,000
336		94	Oxfordshire	Oxford	橋梁	16,000
337		96	Sommersetshire	Bathwick	教会・救貧院	5,000

出典）1798～1815年（38 Geo. 3-55 Geo. 3）の Public Local Acts.
注）—および空欄は記載なし。「債券」には mogage, loan, bond が含まれる。借入枠・資本金の「利」は利子

主体			利払い設定			証券				譲渡	減債	繰上償還	借り換え	備考
Com.	Trust	法人他	Rate	Duty	他	債券	年金	トンチン	株					
	●		●				●			●				
●			●			●								
	●		●			●				●		●		
		Vestry	●			●	●			●				
		四季裁判所判事	州●			●				●				
●					他	●	●			●				
●			●			●	●			●				
	●		●		使用料	●	●			●		●		
		Governor	●			●	●			●		●	●	
								Lottery						
●			●			●				●				
●			●				●					●	●	
●			●			●								
●			●		〃	●	●			●		●	●	
		Vestry 他	救貧税			●	●			●				
		都市自治体			市歳入									
	●		●			●	●			●				
			●				●							
		〃			使用料	●								
	●					●								
●			●			●	●			●		●		
●			●			●				●				
	●		●				●							
●			●		その他徴発	●				●		●	●	
●			●	●		●				●	●			
					地代・料金	●								
●			●				●							
●			●			●	●			●				
●			●			●								
●			●			●	●			●		●	●	
	●		●			●	●			●		●		
		〃	救貧税		市財政他	●								
	●		●			●				●				
●			●				●			●				
	●		●			●				●				
●			州●		使用料	●								
●						●								
●			●	●		●				●		●		
	●				〃	●				●				
	●		●		座席料・代金	●				●		●	●	

総額の上限額。